新三板挂牌实战

操作详解与实战要点

DETAILED OPERATION & PRACTICAL POINTS

涂成洲◎著

法律出版社 LAW PRESS·CHINA

目　　录

第一篇　理论篇

第二篇　案例篇

第一篇

理论篇

part 1

第一章　新三板发展历程及现状

第一节　新三板的由来

说到新三板的由来，就不得不从最开始的三板讲起。为了解决股份公司法人股的转让问题，我国设立了 STAQ 和 NET 法人股流通市场，被称为“两网”。1998 年金融危机爆发，我国金融监管层开始对国内证券市场进行全面清理。1999 年“两网”正式停止运营，大量资金被套，从而引发了股民群体性上访事件，威胁到资本市场的稳定和发展。为了解决主板市场退市公司与 STAQ、NET 的股份转让问题，2001 年中国证券业协会设立了证券公司代办股份转让系统，为区别于主板市场故将其称为“三板”。2001 年 7 月 16 日，由申银万国证券公司代办的杭州大自然正式进入代办股份转让系统，标志着“三板”市场的正式诞生。同年年底，水仙股份从主板退市并成为第一家在代办股份转让系统挂牌的主板退市公司，紧接着其他退市公司和“两网”公司相继挂牌。虽然代办股份转让系统完成了退市机制建设的历史使命，但是中国的资本市场仍然不够活跃。于是，一场关于“三板”的变革悄然来临。

2006 年 1 月，为落实国家自主创新战略、推动科技型企业借力资本市场发展，代办股份转让系统第一次“扩容”，中国证券业协会发布了《证券公司代办股份转让系统中关村科技园区非上市股份有限公司股份报价转让试点办法》及相关配套文件，将北京市中关村科技园区内具备规定资质的非上市高科技公司纳入代办股份转让系统中实现融资，北京中关村园区非上市股份有限公司“代办股份转让系统”开始进入试点。为将该股份报价系统与原“三板”区分开来，遂称其为新三板。2006 年 2 月 7 日，国务院发布《国务院关于实施〈国家中长期科学和技术发展规划纲要（2006～2020 年）〉若干配套政策的通知》，其中第 19 条提出，推进高新技术企业股份转让工作。启动中关村科技园区未上市高新技术企业进入证券公司代办系统进行股份转让试点工作。这是国务院对新三板试点的认可。2012 年 8 月，国务院批准扩大试点园区范围，新增上海张江、武汉东湖和天津滨海 3 个高新区。

2013 年 1 月 16 日，全国股份转让系统正式揭牌成立，承接原证券公司代办股份转让系统的全部挂牌公司，开始形成非上市股份转让的全国性证券交易场所。该市场运作平台的运营管理工作由中国证券业协会转为由全国中小企业股份转让系统有限责任公司负责。2013 年 2 月，中国证券监督管理委员会颁布《全国中小企业股份转让系统有限责任公司管理暂行办法》和《全国中小企业股份转让系统业务规则（试行）》；同年 6 月 19 日，新三板市场第一次“扩容”，国务院第 13 次常务会议决定将全国股份转让系统试点扩容至全国。

2013 年 12 月 13 日，国务院正式发布《关于全国中小企业股份转让系统有关问题的决定》

（国发〔2013〕49 号），明确了全国中小企业股份转让系统的性质、功能和定位。从市场定位来看，新三板是和深交所、上交所齐名的第三个全国性证券交易所，不过其针对的对象为全国中小企业。全国中小企业股份转让系统定位于非上市公司发行和公开转让股份的市场平台，为公司提供股份交易、发行融资、并购重组等资本市场服务，为市场参与者提供信息、技术和培训等服务。

而新三板较之前的代办股份转让系统究竟新在什么地方呢？首先，在新三板中挂牌的企业均为创新型、创业型和成长型中小微企业，而不是原系统中的退市企业及原 STAQ、NET 系统挂牌公司。其次，新三板不隶属于沪深证券市场的主板和中小企业板，是全国性的非上市股份有限公司股权交易平台，在投资者准入方面设置比交易所市场更为严格的投资者适当性管理制度。再次，新三板设计了优化的协议转让、做市转让及竞价交易等多样化方式。新三板作为一种以"三板"为基础的股权转让系统，其融资模式具有创新性，相较于其他市场具有宽松的入场条件、较短的挂牌时间、高效的融资效率等特点。最后，新三板设置了专门的运营公司——全国中小企业股份转让系统有限责任公司作为运营管理机构。

根据《全国中小企业股份转让系统业务规则（试行）》第 2.1 条的规定，股份公司申请挂牌应当符合下列条件：

（1）依法设立且存续满两年。有限责任公司按原账面净资产值折股整体变更为股份有限公司的，存续时间可以从有限责任公司成立之日起计算。

（2）业务明确，具有持续经营能力。

（3）公司治理机制健全，合法规范经营。

（4）股权明晰，股票发行和转让行为合法合规。

（5）主办券商推荐并持续督导。

（6）全国股份转让系统公司要求的其他条件。

随着市场的发展，为了适应市场的需要，全国股转系统进一步明确了企业在新三板挂牌的标准，于 2017 年 9 月 6 日发布了修订后的《全国中小企业股份转让系统股票挂牌条件适用基本标准指引》，对企业的股本、财务数据等提出了要求。

第二节　新三板的发展现状

从 2006 年 1 月的中关村园区股份转让报价系统试点到 2012 年 8 月国务院批准扩大试点园区范围，新增上海张江、武汉东湖和天津滨海 3 个高新区，再到 2013 年 1 月全国中小企业股份转让系统正式挂牌落户北京金融街，新三板逐步实现由区域性试点到全国性扩容。新三板市场从 2013 年 1 月 16 日设立以来，不断以"新三板速度"改写着拓展资本市场覆盖面的速度和提高资本市场服务实体经济能力的深度。截至 2017 年年底，新三板挂牌公司的数量与总市值已经达到 11 630 家和 4.94 万亿元，分别是市场初建时的 33 倍和 90 倍。2013 年到 2017 年，新三板经历了全国扩容、交易系统及挂牌系统上线、做市商制度的推出及其竞争机制的完善、三大政策的出炉、分层制度的推出及完善、引入集合竞价等重大变革，其政策突破性和包容性始终走在我国多层次资本市场建设的前端。

五年来，新三板经历了发展的高峰期。相关数据显示，仅2015年10月19日至23日这一周，新三板新增106家挂牌公司，5个交易日成交金额达27.99亿元。当然，新三板也经历了发展过程中的“寒冬季”，2017年11月13日，新三板做市指数(899002.CSI)跌破1000点，这是新三板自2015年4月牛市之后首次跌破1000点。无论是在高峰期还是在“寒冬季”，新三板不忘初心，始终聚焦服务创新型、创业型、成长型中小微企业，截至2017年年底，新三板全市场中小微企业占比为95%，挂牌公司呈现出了研发创新驱动、高成长的显著特征，高新技术企业、战略新兴产业占比分别达到60%和25%。截至2018年1月16日，新三板共有挂牌企业11 623家，总股本6745亿股，累计融资接近4100亿元，行业覆盖全部89个行业大类，地域覆盖超过了地级市的90%，成长为全球上市(挂牌)企业数量最多的证券交易场所。

新三板挂牌公司通过定向发行股票进行自主融资是新三板市场的重要功能及价值之一，不少中小企业通过新三板股票发行的方式解决了部分资金短缺问题。有统计数据显示，截至2017年年底，新三板市场共有5540家挂牌公司完成了8620次股票发行，全市场普通股股票融资金额逐年增长，五年累计实现普通股融资4087.42亿元。其中，中小微企业融资占比达到71%，高新技术企业融资占比为66%，战略新兴产业融资占比37%；有1109家尚未盈利的企业通过新三板实现了股票融资，占融资企业家数的20%以上。(见图1－1)

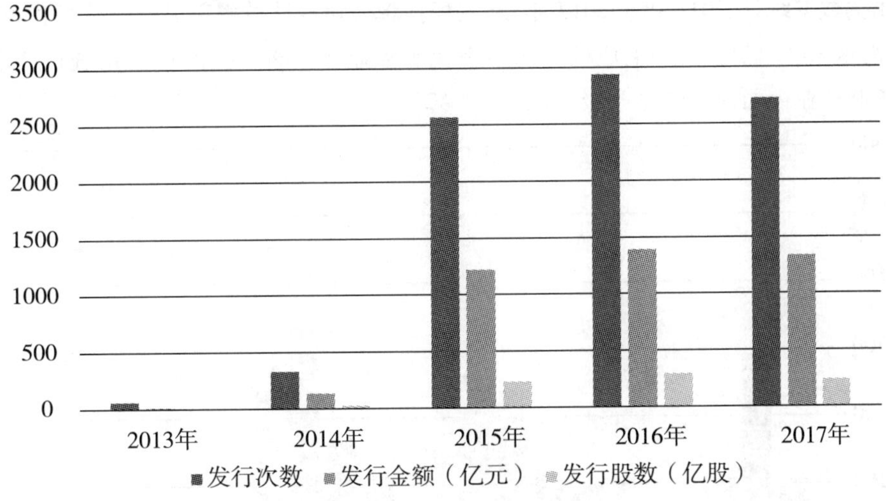

图1－1　2013～2017年新三板股票发行情况

虽然新三板股票发行市场一定程度解决了部分企业的资金问题，但由于市场的流动性比较差，大多数中小企业依旧在为资金发愁。解决市场的流动性问题是未来新三板发展的重中之重。

2017年12月22日，在新三板市场经历了一段“寒冬季”后，全国股转公司发布了新制定的《全国中小企业股份转让系统挂牌公司分层管理办法》和《全国中小企业股份转让系统股票转让细则》，迈出了新三板改革的关键步伐。在2016年推出分层管理时，主要从盈利性、成长性和市场认可度等三个方面设置了三套差异化的创新层标准，将市场分为创新层和基础层。经过前期两次市场层级调整，截至新规发出时，新三板共有1354家创新层公司，其在资产规模、经营业绩等方面总体上都优于基础层公司，初步实现了优质企业集聚，分层分类管理理念得到市场各方认同。

但毕竟分层还处在探索阶段，2016 年分层管理办法确定的分层标准还存在优化调整的空间。全国股转公司根据分层实践情况，对创新层的部分准入和维持标准进行了调整，如在差异化准入标准中，调减净利润标准，提高营业收入标准，新增竞价市值标准。在共同准入标准中增加“合格投资者人数不少于 50 人”的要求。将维持标准改为以合法合规和基本财务要求为主等。这样的调整可以促进更多优质企业向创新层聚集，提高创新层公司的公众化水平。

同时，为了与分层制度的完善相配套，全国股转公司对交易制度和信息披露制度也进行了改革，尤其是对交易制度进行了重大改革，引入了集合竞价制。交易制度的改革确立了新的新三板市场的价格发现机制，也许可以从一定程度上改变以往协议定价的不公允、不认可的状况，把定价权交给市场定夺，这也为持续改善市场流动性奠定了基础。

除了股票发行、新的分层制度的推出、交易制度的改革，新三板市场作为多层次资本市场的重要组成部分，在大力发展直接融资的基础之上，新三板并购重组情况也十分活跃，新三板通过自身发展不断推动着多层次资本市场的融资并购功能的完善及效率提升。发展五年来，新三板市场已初步形成了多元化的直接融资体系，畅通了民间投资渠道，弥补了多层次资本市场融资功能的不足。

据相关数据统计，2015 年至 2017 年，新三板挂牌公司累计披露重大资产重组和收购 1002 次，交易总额 1526 亿元，其中七成以上属于现代服务业和战略新兴产业公司进行产业整合，或者传统制造业公司谋求转型升级。（见图 1－2）

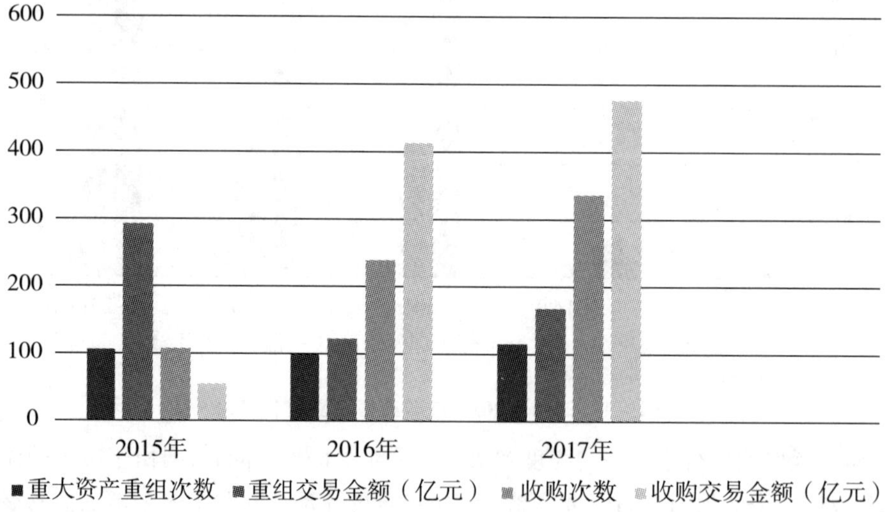

图 1－2　2015～2017 年新三板并购重组情况

新三板作为服务于中小微企业的融资市场，应有自己的一席之地，而不是成为 A 股的预备队。笔者认为 2017 年 12 月出台的新三板交易制度改革措施，在一定程度上将会改善交易流动性，如果改善效果明显，则新三板可能对大量的由于尚未盈利而不满足主板上市条件的互联网企业具有很大的吸引力。相比较 A 股市场，新三板挂牌门槛低、挂牌时间短、审核速度快，在新三板流动性改善的基础上，很多中小企业可能更加青睐在新三板上市。

第三节　新三板的价值和功能

新三板作为一个专门面向全国成长型、科技型、创新型非上市股份公司进行股权挂牌转让和定向增资的交易平台，对企业、投资者和整个资本市场而言都有着难以替代的价值和功能。

一、对企业而言的价值和功能

1. 新三板能提高企业管理水平

只要企业准备登陆新三板，就需要在专业机构的指导下进行股权改革，明晰企业的股权结构和高层职责。另外，目前新三板挂牌公司的信息披露要求很好地促进了企业的规范管理和健康发展，增强了企业的发展后劲。规范的企业运作和完善的法人治理结构，能够提升企业决策的有效性和风险防控能力。

2. 新三板是企业融资的平台

企业的经营和发展与融资息息相关，新三板无疑是企业融资的一个更大的平台。挂牌上市之后，企业的每份股份将会有一个比较公允的价格，企业可以通过股权抵押、定向增发股票等方式进行融资，也就不必将融资渠道局限在银行贷款和政府补助上。新三板“小额、快速、按需”的融资模式也符合中小企业的融资期待，在市场规则及制度不断完善之后，新三板挂牌企业在未来还能够用更多的方式进行融资。

3. 新三板能促进企业价值的实现

企业在新三板挂牌之后，证券交易市场能够充分挖掘公司股权价值，有效提升公司股权的估值水平，充分展示公司的未来发展潜力以及成长性。在实践中，企业在新三板挂牌之后，其估值水平较未挂牌之前均会有明显提升。

4. 新三板能促进股票转让

挂牌公司的股票可以在全国股份转让系统公开转让，为公司股东、离职高管以及创投、风投（PE 私募股权投资）等机构提供退出渠道，同时也为看好公司发展的外部投资者提供进入的渠道。

5. 新三板能够促进企业信用提升

企业在新三板挂牌，就相当于将自己暴露在阳光下，证监会将会对挂牌企业进行统一监管。新三板的信息披露制度，使投资者在对企业进行投资时信赖度上升，这时的企业相当于除了本身的信用以外还会有律所、券商等中介机构的信用注入，因为律所等中介机构会对企业作出调查报告，而券商相当于保荐人，这时企业就不再是只有企业的信用。相较于未挂牌时，此时的企业更让人信赖。

二、对投资者而言的价值和功能

1. 新三板为价值投资的投资者提供平台

新三板的存在，使价值投资成为可能。价值投资是指在一家企业的市场价格相对于其内在价值大打折扣时买入其股份，以期该企业后续的发展价值。无论是个人还是机构投资者，投入新三板公司的资金在短期内几乎不可能收回。因此，在新三板企业投资，更适宜用价值投资的方式。

2. 新三板通过监管降低投资者股权投资风险

投资自然会有风险，而怎么降低风险是每一个投资者都在思考的问题。新三板制度的确立，使在新三板挂牌的企业股权投融资行为也被纳入交易系统并且受到主办券商的监督和中国证监会的监管，这样投资风险会有所降低。

3. 新三板成为私募股权基金退出的新方式

股份报价转让系统的搭建，对于投资新三板挂牌公司的私募股权基金来说成为一种资本退出的新方式，挂牌企业也因此成为私募股权基金的另一个投资热点。

三、对资本市场而言的价值和功能

从2006年设立到今天，新三板逐渐成长为我国场外市场的一个重要组成部分。作为中国多层次资本市场体系中发挥承上启下作用的重要环节，新三板能够解决中小企业以及正处于创业期、成长期的企业融资问题，从而能够全面推动我国市场经济的良性发展。由于新三板的针对对象为中小型企业，而在新三板出现之前我国并没有针对中小企业融资的有效平台，因此新三板的出现弥补了我国资本市场的缺口。另外，如果新三板日后建立起完善的转板制度，则能够为我国资本市场转板制度的建立与完善提供有利条件。

无论对企业、对投资者还是对整个资本市场而言，新三板都发挥巨大的作用。

新三板能够带给我们一种多样化、多层次的资本市场路径，作为利用资本市场来支持中小型创新型、成长型企业发展的平台，新三板促进的是科技与经济的共同发展。新三板从最开始的试点成功到现在的逐步扩容，更像是一个对处于发展早期的高科技企业以及战略新兴产业进行快速孵化的巨型机器。在中国经济急需结构调整和转型的今天，这一被誉为中国"纳斯达克"的交易平台是我们当下的必然选择。我们也完全有理由相信新三板最后会发展成为统一监管并且为中小创新型、成长型企业服务的全国性场外市场。

第二章　新三板的挂牌标准

第一节　新三板的挂牌条件

一、新三板挂牌的基本条件

《国务院关于全国中小企业股份转让系统有关问题的决定》(国发〔2013〕49 号)指出,"境内符合条件的股份公司均可通过主办券商申请在全国股份转让系统挂牌"。《全国中小企业股份转让系统业务规则(试行)》第 2.1 条规定,股份有限公司只要符合下列条件就可以申请挂牌:

(1)依法设立且存续满两年。有限责任公司按原账面净资产值折股整体变更为股份有限公司的,存续时间可以从有限责任公司成立之日起计算。

(2)业务明确,具有持续经营能力。

(3)公司治理机制健全,合法规范经营。

(4)股权明晰,股票发行和转让行为合法合规。

(5)主办券商推荐并持续督导。

(6)全国股份转让系统公司要求的其他条件。

针对以上挂牌条件,具体要求如下:

(一)依法设立且存续满两年,有限责任公司按原账面净资产值折股整体变更为股份有限公司的,存续时间可以从有限责任公司成立之日起计算

1. 拟挂牌公司依据《公司法》等法律、法规及规章的规定向公司登记机关申请登记,并已取得《企业法人营业执照》,且在存续期间每年均通过工商年检或已提交工商年报。

(1)拟挂牌公司设立的主体、程序合法、合规。

①如果拟挂牌公司为国有企业的,需要提供相应的国有资产监督管理机构或国务院、地方政府授权的其他部门、机构关于国有股权设置的批复文件。

②如果拟挂牌公司为外商投资企业的,须提供商务主管部门出具的外商投资企业设立的批复文件或备案文件。

2016 年 10 月 8 日,商务部发布《外商投资企业设立及变更备案管理暂行办法》(商务部令 2016 年第 3 号),将不涉及国家规定实施准入特别管理措施的外商投资企业设立及变更事项,由审批改为备案管理。

③如果拟挂牌公司系根据 2006 年 1 月 1 日修改之前的《公司法》设立的股份公司,须提

供国务院授权部门或者省级人民政府的批准文件。

(2)拟挂牌公司股东的出资合法、合规,出资方式及比例应符合《公司法》相关规定。

①如果拟挂牌公司的股东存在以实物、知识产权、土地使用权等非货币财产出资的,相应实物、知识产权、土地使用权均应当评估作价,核实财产,明确权属,财产权转移手续必须办理完毕。此外,非货币财产出资的比例还应符合设立时《公司法》的相关规定。

②如果拟挂牌公司存在以国有资产出资的,应遵守有关国有资产评估的规定。

③拟挂牌公司应缴足注册资本,不存在出资不实的情形。在实践中,因为目前《公司法》实施注册资本认缴制,股东可通过公司章程自由约定出资缴纳时间,很多公司基于对外宣传或招投标等因素的考虑,将公司的认缴注册资本设置得很大(如一两亿元),而公司的实际业务规模根本不需要这么大的注册资本,并且股东也没有能力将注册资本全部缴足,但是公司挂牌或上市都要求注册资本必须要全部实缴。在这种情况下,公司一般就只能采取减资的方式,但减资需要一定的时间成本,因此建议公司对于注册资本金的设置尽量从实际业务需求出发,与公司的业务发展情况相匹配。

2. 拟挂牌公司存续满两个完整的会计年度。一个完整的会计年度指 1 月 1 日起至 12 月 31 日止。

全国股转系统不强制要求最近一期财务报表必须以季度、半年度或者年度报表为准,可以任意月度报表为准,但其最近一期审计截止日不得早于改制基准日。财务报表有效期为最近一期审计截止日后 6 个月内,特殊情况下可申请延长至多不超过 1 个月;特殊情况主要是指企业办理信息披露、股份登记等挂牌手续事宜。

申请挂牌公司递交申请文件时至财务报表有效期截止日短于 2 个月的,申请挂牌公司、主办券商及其他中介机构应做好有可能加期审计的准备。

3. 有限责任公司按原账面净资产值折股整体变更为股份有限公司的,存续时间可以从有限责任公司成立之日起计算。整体变更不应改变历史成本计价原则,不应根据资产评估结果进行账务调整,应以改制基准日经审计的净资产额为依据折合为股份有限公司股本。申报财务报表最近一期截止日不得早于改制基准日。

4. 关于国有企业的国有股权设置批复文件的具体要求。

申请挂牌公司涉及国有控股或国有参股情形,如无法提供国资主管部门出具的股权设置批复文件的,在中介机构明确发表公司不存在国有资产流失的意见的前提下,可按照以下方式解决:

(1)以国有产权登记表(证)替代国资部门批复文件。

根据《国家出资企业产权登记管理暂行办法》规定,国有产权登记表(证)是经过国资主管部门审核通过的,如申请挂牌公司无法提供国资主管部门批复文件的,可以用国有产权登记表(证)替代。

(2)针对财政参与出资的政府引导型股权投资基金,可以以决策文件替代国资或财政部门的批复文件。

若财政参与出资的政府引导型股权投资基金有地方政府(含地市、区县级)批准的章程或管理办法,并且章程或管理办法对引导性投资基金的决策程序做了合法、明确的规定,且该基金对申请挂牌公司的投资符合决策程序,则经过各部门代表签字的决策文件可替代国资或财政部门批复文件,作为国有股权设置的依据。对于不规范的决策文件(如会议纪要等),应由律师事务所对该类型文件的有效性进行鉴证,以保证文件的真实、有效、合法。

(3)针对不属于国资部门管理的申请挂牌公司以及央企或国企多级子公司,可提供上级主管部门出具的批复或经其盖章的产权登记表。

对于国有股权不归属国资部门(包括财政部、国资委及其地方机关)监管的申请挂牌公司(如归属中科院、教育部、地方政府、地方教委、地方文资办等部门管理的申请挂牌公司),以及属于央企或国企多级子公司的申请挂牌公司,可提供上级主管部门(或国有集团公司)出具的批文或经主管部门盖章的产权登记表,作为国有股权设置的批复文件。

(4)对国有做市商暂不要求其提供国资或财政部门的批复文件。

针对做市商不以长期持有或参与公司经营为目的,证券公司不再做市后,其所持有挂牌公司股票也将转入证券公司自营账户中的情形,不要求其提供国资或财政部门的批复文件。

(二)业务明确,具有持续经营能力

1. 拟挂牌公司能够明确、具体地阐述其经营的业务、产品或服务、用途及其商业模式等信息。

2. 拟挂牌公司可同时经营一种或多种业务,每种业务应具有相应的关键资源要素,该要素组成应具有投入、处理和产出能力,能够与商业合同、收入或成本费用等相匹配。(公司可同时经营多种业务,这与 IPO 要求主营业务突出有所差别,主要是基于中小企业在企业发展初期确实可能存在经营多种业务的可能,而不像达到 IPO 标准的企业那样业务相对更为成熟,这也是新三板包容性的体现,实践中已经有相应的双主业公司挂牌成功)

(1)拟挂牌公司的业务如需取得相关主管部门审批的,应取得相应的资质、许可或特许经营权等。

(2)拟挂牌公司业务须遵守法律、行政法规和规章的规定,符合国家产业政策以及环保、质量、安全等要求。

3. 拟挂牌公司基于报告期内(至少为两个完整会计年度,下同)的生产经营状况,在可预见的将来,有能力按照既定目标持续经营下去。

(1)拟挂牌公司业务在报告期内应有持续的营运记录,不应仅存在偶发性交易或事项。营运记录包括现金流量、营业收入、交易客户、研发费用支出等。

(2)拟挂牌公司最近两个完整会计年度的营业收入累计不低于 1000 万元;因研发周期较长导致营业收入少于 1000 万元,但最近一期末净资产不少于 3000 万元的除外。

(3)拟挂牌公司报告期末股本不少于 500 万元,每股净资产不低于 1 元/股。

(4)拟挂牌公司应按照《企业会计准则》的规定编制并披露报告期内的财务报表,拟挂牌公司不存在《中国注册会计师审计准则第 1324 号——持续经营》中列举的影响其持续经营能力的相关事项,并由具有证券、期货相关业务资格的会计师事务所出具标准无保留意见的审计报告。

财务报表被出具带强调事项的无保留审计意见的，应全文披露审计报告正文以及董事会、监事会和注册会计师对强调事项的详细说明，并披露董事会和监事会对审计报告涉及事项的处理情况，说明该事项对公司的影响是否重大、影响是否已经消除、违反公允性的事项是否已予以纠正。

(5)拟挂牌公司不存在依据《公司法》第180条规定解散的情形，或法院依法受理重整、和解或者破产申请。

《公司法》第180条规定，公司因下列原因解散：

①公司章程规定的营业期限届满或者公司章程规定的其他解散事由出现；

②股东会或者股东大会决议解散；

③因公司合并或者分立需要解散；

④依法被吊销营业执照、责令关闭或者被撤销；

⑤人民法院依照《公司法》第182条的规定予以解散。

(三)公司治理机制健全，合法规范经营

1. 拟挂牌公司已按规定建立健全股东大会、董事会、监事会和高级管理层(以下简称“三会一层”)组成的公司治理架构，制定了相应的公司治理制度，并能证明有效运行，保护股东权益。

(1)拟挂牌公司依法建立“三会一层”，并按照《公司法》《非上市公众公司监督管理办法》《非上市公众公司监管指引第3号——章程必备条款》等规定建立全面完整的公司治理制度。

(2)拟挂牌公司“三会一层”应按照公司治理制度进行规范运作，在报告期内应遵守《公司法》的相关规定。

(3)拟挂牌公司董事会应对报告期内公司治理机制执行情况进行讨论、评估。

(4)全国股转系统对于拟挂牌公司是否设立独立董事未做强制要求，企业可根据自身企业特点制定相关规定。

2. 拟挂牌公司及其控股股东、实际控制人、董事、监事、高级管理人员、下属子公司(下属子公司指公司的全资、控股子公司或通过其他方式纳入合并报告的公司或其他法人，下同)须依法开展经营活动，经营行为合法、合规，不存在重大违法违规行为。

(1)拟挂牌公司及下属子公司的重大违法违规行为，是指拟挂牌公司最近24个月内因违反国家法律、行政法规、规章的行为，受到刑事处罚或适用重大违法违规情形的行政处罚。

①行政处罚，是指经济管理部门对涉及公司经营活动的违法违规行为给予的行政处罚。

②重大违法违规情形，是指被行政处罚的实施机关给予没收违法所得、没收非法财物以上行政处罚的行为，但处罚机关依法认定不属于重大违法违规情形的除外；被行政处罚的实施机关给予罚款的行为，除主办券商和律师能依法合理说明或处罚机关认定该行为不属于重大违法违规行为的外，都视为重大违法违规情形。

③拟挂牌公司及下属子公司最近24个月内不存在涉嫌犯罪被司法机关立案侦查，尚未有明确结论意见的情形。

(2)控股股东、实际控制人合法合规,最近24个月内不存在涉及以下情形的重大违法违规行为:

①控股股东、实际控制人受刑事处罚;

②受到与公司规范经营相关的行政处罚,且情节严重;

③涉嫌犯罪被司法机关立案侦查,尚未有明确结论意见。

(3)现任董事、监事和高级管理人员应具备和遵守《公司法》规定的任职资格和义务,不存在最近24个月内受到中国证监会行政处罚或者被采取证券市场禁入措施的情形。

(4)拟挂牌公司及其法定代表人、控股股东、实际控制人、董事、监事、高级管理人员、下属子公司,在申请挂牌时应不存在被列为失信联合惩戒对象的情形。

依据国家发展改革委、最高人民法院等发布了《关于印发对失信被执行人实施联合惩戒的合作备忘录的通知》及《中国证监会关于对失信被执行人实施联合惩戒的通知》(证监发〔2016〕60号)的有关要求,申请挂牌公司及其控股子公司、申请挂牌公司的"法定代表人、控股股东、实际控制人、董事、监事、高级管理人员",自申报报表审计基准日至申请挂牌文件受理时不应存在被列入失信被执行人名单、被执行联合惩戒的情形。挂牌审查期间被列入失信被执行人名单、被执行联合惩戒的,应在规范后重新提交申请挂牌文件。

3. 拟挂牌公司在报告期内不应存在股东包括控股股东、实际控制人及其关联方占用拟挂牌公司资金、资产或其他资源的情形。如有,拟挂牌公司应在申请挂牌前予以归还或规范。

(1)占用公司资金、资产或其他资源的具体情形包括:向公司拆借资金;由公司代垫费用,代偿债务;由公司承担担保责任而形成债权;无偿使用公司的土地房产、设备等资产;无偿使用公司的劳务等人力资源;在没有商品和劳务对价情况下使用公司的资金、资产或其他资源。

(2)占用公司资金、资产或其他资源的行为应在申请挂牌相关文件签署前予以归还或规范。资金或其他动产应当予以归还(完成交付或变更登记);人力资源或以其他形式占用的,应当予以规范。

4. 拟挂牌公司及下属子公司应设有独立财务部门进行独立的财务会计核算,相关会计政策能如实反映企业财务状况、经营成果和现金流量,会计核算规范。

5. 拟挂牌公司与控股股东、实际控制人及其控制的企业之间不存在同业竞争的情形。

在实践中,中介机构对构成同业竞争的主体都进行了扩大核查,除了控股股东、实际控制人及其控制的企业外,还包括持股5%以上的重要股东、控股股东、实际控制人近亲属控制的企业。

(四)股权明晰,股票发行和转让行为合法合规

1. 拟挂牌公司的股权结构清晰、权属明确、真实确定、合法合规,股东特别是控股股东、实际控制人及其关联股东或实际支配的股东持有拟挂牌公司的股份不存在权属争议或潜在纠纷。

(1)拟挂牌公司的股东不存在国家法律、法规、规章及规范性文件规定不适宜担任股东的情形。

（2）申请挂牌前存在国有股权转让的情形，应当遵守国有资产管理规定。

（3）申请挂牌前外商投资企业的股权转让应当遵守商务部门的相关规定。

（4）挂牌前，申请挂牌公司的股东可为公司贷款提供股权质押担保，贷款用途为公司日常经营，履行公司决策程序，订立书面质押合同，依法办理出质登记。只要不存在股权纠纷和其他争议，原则上不影响其挂牌。对于存在股权质押情形的，申请挂牌公司应在《公开转让说明书》中充分披露。

（5）全国股转系统允许股权激励未行权完毕的公司申请挂牌，如实披露股权激励相关情况，不影响公司的股权清晰。

2. 拟挂牌公司的股票发行和转让依法履行必要的内部决议、外部审批（如有）程序，股票转让须符合限售的规定。

（1）拟挂牌公司股票发行和转让行为合法合规，不存在下列情形：

①最近 36 个月内未经法定机关核准，擅自公开或者变相公开发行过证券；

②违法行为虽然发生在 36 个月前，目前仍处于持续状态，但《非上市公众公司监督管理办法》实施前形成的股东超 200 人的股份有限公司经中国证监会确认的除外。

（2）拟挂牌公司股票限售安排应符合《公司法》和《全国中小企业股份转让系统业务规则（试行）》的有关规定。

3. 在区域股权市场及其他交易市场进行权益转让的拟挂牌公司，申请股票在全国股份转让系统挂牌前的发行和转让等行为应合法、合规。

根据《国务院关于全国中小企业股份转让系统有关问题的决定》（国发〔2013〕49 号）相关规定，在符合《国务院关于清理整顿各类交易场所切实防范金融风险的决定》（国发〔2011〕38 号）要求的区域性股权转让市场进行股权非公开转让的公司，符合挂牌条件的，可以申请在全国股份转让系统挂牌公开转让股份。

对于在已通过国务院清理整顿各类交易场所部际联席会议检查验收的区域性股权转让市场挂牌的公司，申请在全国股份转让系统挂牌前须暂停其股份转让（或摘牌）；取得全国股份转让系统公司出具的同意挂牌的函后，必须在办理股份初始登记前完成在区域性股权市场的摘牌手续。

对于在国发〔2013〕49 号文件发布之前，已在尚未通过国务院清理整顿各类交易场所部际联席会议检查验收的区域性股权转让市场挂牌的公司，须在申请挂牌前完成摘牌手续，由主办券商和律师核查其在区域性股权市场挂牌期间是否符合国发〔2011〕38 号文件的规定，并发布明确意见。

对于在国发〔2013〕49 号文件发布之后，在尚未通过国务院清理整顿各类交易场所部际联席会议检查验收的区域性股权转让市场挂牌的公司，全国股份转让系统公司将在该区域性股权转让市场通过国务院清理整顿各类交易场所部际联席会议检查验收后受理其挂牌公开转让的申请。

（五）主办券商推荐并持续督导

1. 拟挂牌公司须经主办券商推荐，双方签署《推荐挂牌并持续督导协议》或《财务顾问协议》。

2. 主办券商应完成尽职调查和内核程序，对拟挂牌公司是否符合挂牌条件发表独立意见，并出具推荐报告。

3. 根据《全国中小企业股份转让系统主办券商管理细则（试行）》的规定，证券公司在全国股份转让系统开展相关业务前，应当向全国股份转让系统公司申请备案，成为主办券商。

4. 为股份公司提供中介服务的会计师事务所或律师事务所，不需要向全国股转系统申请核准或备案。但根据财政部、中国证监会相关规定，会计师事务所执行证券、期货相关业务，必须取得证券、期货业务许可证；根据司法部、中国证监会相关规定，从事证券法律业务的律师事务所及其指派律师，须按照《律师事务所从事证券法律业务管理办法》及《律师事务所证券法律业务执业规则（试行）》的要求开展查验、制作和出具法律意见书等执业活动。

5. 对于企业股改的会计师事务所是否具有证券、期货相关业务资格，全国股份转让系统公司无强制性要求；但申请挂牌时向全国股份转让系统公司提交的财务报告应当经具有证券、期货相关业务资格的会计师事务所审计。

二、金融类企业挂牌的特殊要求

2016 年 5 月 27 日，全国中小企业股份转让系统有限责任公司发布《关于金融类企业挂牌融资有关事项的通知》，就金融类企业挂牌事宜进行了进一步的明确。2016 年 9 月 5 日，全国中小企业股份转让系统有限责任公司发布了一系列针对金融企业挂牌的信息披露指引文件。

1. “一行三会”监管企业

所谓“一行三会”监管企业，指由中国人民银行、中国银监会、中国证监会、中国保监会监管并持有相应监管部门颁发的《金融许可证》等证牌的企业。这类企业除符合上述现行基本挂牌条件外，要求“一行三会”监管企业在进行挂牌信息披露时应结合相关指标的分析以及内控措施等充分揭示信用风险、流动性风险、操作风险及其他风险；应披露业务监管的相关情况，包括但不限于监管层级安排，监管的主要思路及具体措施；应披露与业务开展相关的情况，包括但不限于业务符合现行规定和监管要求的情况，业务的风险控制具体制度安排及相应措施；应披露报告期内监管指标情况，并分析波动原因以及是否符合监管标准等。

2. 私募基金管理机构

为有效控制金融风险，全国中小企业股份转让系统要求拟挂牌的私募基金管理机构除需满足上述新三板挂牌的基本条件外还需满足以下 8 个方面的挂牌条件：

（1）私募基金管理机构的管理费收入与业绩报酬之和须占收入来源的 80% 以上。

（2）私募基金管理机构持续运营 5 年以上，且至少存在一支管理基金已实现退出。

（3）私募基金管理机构作为基金管理人在其管理基金中的出资额不得高于 20%。

（4）私募基金管理机构及其股东、董事、监事、高级管理人员最近 3 年不存在重大违法违规行为，不属于中国证券基金业协会“黑名单”成员，不存在“诚信类公示”列示情形。

(5)创业投资类私募基金管理机构最近3年年均实缴资产管理规模在20亿元以上,私募股权类私募基金管理机构最近3年年均实缴资产管理规模在50亿元以上。

(6)已在中国证券基金业协会登记为私募基金管理机构,并合规运作、信息填报和更新及时准确。

(7)挂牌之前不存在以基金份额认购私募基金管理机构发行的股份或股票的情形;募集资金不存在投资沪深交易所二级市场上市公司股票及相关私募证券类基金的情形,但因投资对象上市被动持有的股票除外。

(8)全国股转公司要求的其他条件。

此外,私募基金管理机构挂牌时除需满足以上条件外,在信息披露方面也有特别规定。全国股转公司要求拟挂牌的私募基金管理机构应披露:①管理模式相关的情况,包括但不限于基金管理模式;②设立及日常管理相关的情况,包括但不限于存续基金的基本情况;③基金投资相关的情况,包括但不限于投资项目的遴选标准、投资决策体系及执行情况;④项目退出相关的情况,包括但不限于累计已退出项目数量、累计已退出项目的投资总额;⑤基金清算相关的情况,包括但不限于基金名称、存续时间、实缴金额、清算原因、清算进展、基金及申请挂牌公司收益情况;⑥财务信息相关的情况,包括但不限于报告期内收入来源,收入确认方法,收入和成本(费用)结构,收入、成本(费用)等应与业务内容相匹配等。

3. 其他具有金融属性企业

小额贷款公司、融资担保公司、融资租赁公司、商业保理公司、典当公司等具有金融属性的企业(以下统称其他具有金融属性企业)大多处于新兴阶段,所属细分行业发展尚不成熟,监管政策尚待进一步明确与统一,面临的监管形势错综复杂,行业风险突出。因此,在相关监管政策明确前,全国中小企业股份转让系统暂不受理其他具有金融属性企业的挂牌申请。对申请挂牌公司虽不属于其他具有金融属性企业,但其持有其他具有金融属性企业的股权比例20%以上(含20%)或为第一大股东的,全国中小企业股份转让系统也暂不受理,对已经受理的,予以终止审查。

第二节　新三板拟挂牌企业的“硬伤”

“硬伤”一词主要出现在企业IPO过程中,特指企业IPO过程中的实质性障碍。而就新三板而言,挂牌条件已不能再宽容了,也没有很高的财务门槛,企业基本都能挂牌,怎会有“硬伤”一说?其实不然,在实践中,全国中小企业股份转让系统曾劝退过一定数量的企业。所以,新三板挂牌还是存在“硬伤”的,并非想上就能上。

一、不具有持续经营能力

根据《挂牌条件标准指引》的规定,拟挂牌企业必须要有持续经营能力,报告期内有持续经营记录,且在可预见的将来,有能力按照既定目标持续经营下去。

如果拟挂牌公司存在以下情形之一的,将被认定为不具有持续经营能力:

(1)未能在每一个会计期间内形成与同期业务相关的持续营运记录;

(2)报告期连续亏损且业务发展受产业政策限制;

(3)报告期期末净资产额为负数;

(4)存在其他可能导致对持续经营能力产生重大影响的事项或情况。

如果拟挂牌公司存在上述情形之一,都将构成新三板挂牌的实质障碍,当然也构成企业生存的障碍。

二、存在重大违法违规行为

根据《挂牌条件标准指引》的规定,拟挂牌公司及其控股股东、实际控制人、董事、监事、高级管理人员须依法开展经营活动,经营行为合法、合规,不存在重大违法违规行为。

通过众多新三板挂牌项目,不难发现拟挂牌企业都存在或多或少的不合规问题,但大多都能找到相关依据合理解释为一般违法违规行为,通常都不会构成实质障碍,但重大违法违规行为除外。在实践中,违法违规行为区分"重大"和"一般"主要从以下几个因素综合判断:违法违规的性质,是否有明确的法律依据能够说明不构成重大违法违规,是否存在主观故意,是否造成恶劣的社会影响,拟挂牌企业受到处罚后的态度,是否发生在报告期内,与拟挂牌企业持续经营的关联/影响程度,拟挂牌企业后续规范措施等。

三、行业相关法律政策不明朗的

例如,2014 年,团队曾承办过一个 P2P 企业的新三板挂牌项目,股份制改造完成后,最终因相关法律法规、政策不明朗,P2P 行业风险较高,缺乏监管而被全国股转系统劝退。

2015 年,中国人民银行、中国证监会等十个部门发布《关于促进互联网金融健康发展的指导意见》(俗称互联网金融行业"基本法")之后,互联网金融企业登陆资本市场的窗口即将打开。尽管如此,P2P 企业挂牌新三板依旧没有明确的法律以及政策支持,所以挂牌新三板的机会窗口目前仍未打开。

针对特殊行业,比如上述提到的小额贷款公司、融资担保公司、融资租赁公司、商业保理公司、典当公司等具有金融属性的企业,在法律、法规、政策不明朗,缺乏行业监管的情形下,建议在承办前提前与全国股份转让系统进行充分沟通。

四、存在同业竞争的

在实践中,同业竞争问题被业界普遍认为是构成新三板挂牌的实质障碍之一。从众多申报挂牌企业的反馈意见中不难发现,全国股转系统对拟挂牌企业同业竞争问题的解决一直保持着高度关注。

同业竞争可以在挂牌公司与实际控制人、控股股东及其他关联方之间建立隐蔽且顺畅的利益转移通道,对挂牌公司的损害以致对广大投资者利益的损害是无穷的。在实际核查中,对同业竞争的主体判断都采取了扩大解释,不仅仅指实际控制人和控股股东及其控制的企业,还包括持股 5% 以上的重要股东、实际控制人及控股股东的近亲属控制的企业。而对同业的核查,通常遵循"实质重于形式"的原则进行各方面的综合判断,充分考虑客观影响。如果拟挂牌企业想要登陆新三板,则必须下决心并采取合适的方法将同业竞争问题彻底解决。如果拟挂牌公司存在同业竞争却没有采取有效措施予以彻底解决的，同业竞争将构成拟挂牌企业的实质障碍。

五、存在虚假陈述、重大遗漏和误导性陈述的

《全国中小企业股份转让系统业务规则（试行）》明确规定，申请挂牌公司及其他信息披露义务人、主办券商应当真实、准确、完整、及时地披露信息，不得有虚假记载、误导性陈述或者重大遗漏。这是全国股转系统对拟挂牌公司的原则性要求之一。拟挂牌公司不可妄想通过隐瞒或者采取虚假陈述和误导性陈述的方式，规避中介机构及监管机构的关注。拟挂牌公司一旦向全国股转系统申报，其申报材料就会被披露，根本无法保证没有人不了解内幕，所以这样做风险是很大的。

2013年有一个项目最后就败在了这里，中介机构加班加点的工作，好不容易顺利提交了审核，等待全国股转系统的反馈，谁知等来的却是一封举报信。在回复举报内容的过程中，经过再三考虑，主办券商最终因企业的不诚实行为放弃了这个项目，申请撤回了所有申报材料。企业向中介机构刻意隐瞒相关内容，导致所有的工作前功尽弃，企业也为此付出了不小的代价。所以，拟挂牌公司必须真实、准确、完整、及时地披露信息，不可心存侥幸，否则这将成为企业挂牌的实质障碍。

六、会计核算薄弱，不规范

尽管全国股转系统对拟挂牌公司没有设置很高的财务门槛，但仍然要求拟挂牌公司要有独立的财务部门进行独立的财务核算，制定财务制度并有效执行，规范会计核算基础。会计核算如果违背会计准则和企业具体实务，财务报告就不能真实地反映企业情况，特别是会导致会计政策滥用或错误使用，这必然构成企业挂牌的实质障碍。

2016年上半年有家企业联系笔者所在单位希望可以由我们辅导上新三板，让我们和会计师先去尽职调查，然后给出整改意见。驻场后，我们发现这家企业竟然没有财务部门，没有财务人员，没有合同，从未记过账；连最基本的财务都没有，更别说要按照会计准则进行会计核算了，难怪项目一开始连推荐券商都没有。本案中，财务规范是这家企业的首要任务，否则新三板根本无从谈起。

表 2-1 新三板核心规则

核查类型	核查内容	要求
主体资格	股本要求	报告期末股本不少于 500 万元
	经营年限	依法存续满两个完整的会计年度
	主营业务	主营业务明确,具有持续经营能力
	股东适格性	如实披露,并给出解决方案,确保股东适格
	股份代持	申报基准日之前清理,并充分合理解释代持原因、清理过程
	实际控制人变更	如实披露变更的原因、变更前后经营变化情况及董事、高管变化情况,并提示风险
	主营业务发生重大变化	如实披露,一般不构成障碍
	董事、高管发生重大变化	如实披露变更的原因及变更前后公司的经营情况,一般不构成障碍
	突击入股	如实披露,不构成障碍
	对赌	不允许与拟挂牌公司进行对赌
	股东出资	出资真实、充足
	子公司出资	按照子公司公司章程,重要子公司出资足额到位
	子公司核查	业务收入占申请挂牌公司 10% 以上的子公司视同拟挂牌主体核查
独立性	"五个独立"	财务独立、机构独立、人员独立、场所独立、资产独立
	同业竞争	控股股东、实际控制人及其控制的企业不得存在同业竞争
	关联交易	减少和规范,大额关联交易必须给出合理解释并保证价格公允,但关联交易比重不宜过高
公司治理与规范运作	家族治理结构	民营企业比较普遍
	重大违法违规	最近 24 个月内会构成实质性障碍
	税款欠缴	原则上清缴
	核定征收	一般在最后一年或者一期改为查账征收
	劳动用工	合法合规,临时用工、季节性用工未强制要求清理,但需要合理解释
	社保、住房公积金缴纳	可逐步规范,报告期内出现的问题需合理解释
	关联资金/资源占用	申报前全部清偿/规范,挂牌前查 3 次
	行政处罚	重大行政处罚将构成障碍
	未办理资质许可	非业务必备的不构成障碍
	诉讼、仲裁	重大诉讼、仲裁事项将构成障碍
	失信被执行人	提交申请挂牌文件前必须规范
审核主体	挂牌同时定向发行	中国证监会(超过 200 人)或者全国股份转让系统(未超过 200 人)审核
	再融资(挂牌后定向发行)	中国证监会(超过 200 人)核准或者全国股份转让系统(未超过 200 人)备案

第三章　尽职调查

第一节　法律尽职调查概述

一、概述

新三板挂牌尽职调查，是指券商、会计师事务所、律师事务所、评估机构等各中介机构在遵循勤勉尽责、诚实信用原则的基础上，通过各种有效方法、途径和步骤对拟挂牌企业进行充分尽职调查，掌握其主体资格、股权变动、历史增资、业务资质、资产权属、债权债务、关联方及关联交易、同业竞争、税务、劳动用工、合法合规运营等重大事项的法律状况和企业的管理及财务状况等，对拟挂牌企业是否符合新三板业务规则所要求的挂牌条件进行调查和核查，并对调查及核查的结果作出法律分析和判断。

律师事务所作为拟挂牌企业的服务中介之一，主要负责对拟挂牌企业的法律状况进行全面尽职调查，发现企业存在的法律问题，并依据法律规定作出相应的法律分析和判断，最终提出解决方案。

二、律师尽职调查的目的和原则

（一）尽职调查的目的

律师通过遵守有关法律法规和职业道德规范的要求，对拟挂牌企业进行尽职调查，对企业的法律状况进行全面了解分析，发现存在的法律问题并给出法律建议，帮助企业进行规范，使企业在法律层面符合全国中小企业股份转让系统的挂牌条件。此外，尽职调查也是律师出具法律意见书的基础，其最终目的是让挂牌企业的投资者有利于依据法律意见书作出投资决策，使投资者有充分理由确信：

1. 在律师尽职调查的基础上，拟挂牌企业符合《全国中小企业股份转让系统业务规则（试行）》规定的挂牌条件；

2. 法律意见书中所披露的信息真实、准确、完整，不存在虚假记载、误导性陈述和重大遗漏。

（二）尽职调查的原则

律师在对企业进行法律尽职调查的过程中需要遵循一定的工作原则，以保证尽职调查工作客观、全面、真实，将企业挂牌新三板可能存在的法律问题全面提出并给予相应的法律意见或建议。

1. 独立性原则

律师尽管是受当事人委托进行法律尽职调查，但是，律师并不从属于当事人，其地位是独立的，意见也是独立的，不受委托人的意志所左右。律师事务所作为拟挂牌企业的尽职调查参与机构之一，应当避免受到与被调查企业可能存在的经济利益关系的影响，公正执业，对企业的法律状况进行全面、客观的梳理，既不受委托人意志左右，也不受其他中介机构的干预。

2. 客观性原则

律师的法律尽职调查工作应当在客观公正的立场上真实、准确、谨慎地反映被调查企业的情况，以第一手的原始基础资料为主要依据。对于客户提供的信息或项目律师从其他渠道获取的信息，都必须有合法、合规的书面依据，且项目律师应该谨慎、客观、全面记录核查过程及核查方式。

3. 全面性原则

律师尽职调查的内容应该要全面，尽可能全面地反映被调查企业的各个层面，及时发现存在的法律问题。当然，这依赖于律师提供的尽职调查清单的全面性。此外，律师就尽职调查涉及的每一个层面，需要调查所有可调查的材料，采取所有可使用的调查方式，多角度、全面、如实反映问题。

4. 审慎性原则

律师在尽职调查过程中应持审慎态度，审慎履行核查和验证义务，对所获得的事实材料合理存疑，并反复从多角度论证。

5. 保密性原则

由于在尽职调查过程中律师可能接触到大量被调查企业的非公开信息和资料，律师事务所项目人员应当注意这些信息和资料的保密，与被调查企业签署保密协议，对尽职调查工作底稿实施保密措施，不得向不相关主体透露，避免损害被调查企业的合法正当利益。

三、律师尽职调查的程序

（一）签订《专项法律服务合同》和《保密协议》

在律师进行尽职调查前，拟挂牌公司和律师事务所应签订挂牌的《专项法律服务合同》和《保密协议》，合同是律师进行尽职调查的授权性文件，保密是律师执业的基本道德和尽职调查的基本准则。

（二）设计尽职调查清单

尽职调查清单由律师根据拟挂牌公司的具体情况进行设计。尽职调查的主要内容包括：公司的设立与存续（公司的历史沿革）；公司的业务资质及经营许可；公司的法人治理结构；公司的股东情况；公司的财务状况；公司的资产状况；关联交易和同业竞争；税务状况；劳动用工情况；重大合同履行情况及重大债权债务情况；诉讼、仲裁或行政处罚情况；股权演变情况；环保及安全生产情况等。

在向拟挂牌公司发送法律尽职调查清单之前，律师可以将设计好的尽职调查清单征求公司的意见和建议。一般情况下，律师会发送一份标准的尽职调查清单给拟挂牌公司，后续根据公司提供资料的情况及尽职调查的不断深入，再陆续向公司发送有针对性的补充尽职调查清单。

（三）提交给拟挂牌公司，收集相应的资料

律师应当将尽职调查清单及相应附件提交给拟挂牌公司，并给公司合理的期间准备相关的资料。在提供清单的时候，律师可以建议提交文件的截止时间，以便推动项目的进程。

在收到拟挂牌公司提供的资料后，律师应当核对复印件与原件，做好资料清单并准备资料索引，由双方代表签字确认。由于挂牌项目周期较长，在没有经过双方交接确认的程序下，往往会出现资料最后不知道在哪方或不确定相关资料是否已提供的情况。由双方对资料清单进行共同确认以避免推诿，也是规避律师执业风险的最佳途径。

（四）补充法律尽职调查

律师在对收到的资料进行初步研究判断后，应当就仍未收集到的资料和需要进一步了解的事项，拟定补充尽职调查清单，直到查明情况或者拟挂牌公司确认不愿或无法提供相关文件甚至无端回避相关事实为止。

（五）审阅尽职调查资料

律师对尽职调查中收集到的资料，应当从资料的来源、时间、内容和形式、资料之间的内在联系及资料要证明的事实进行审查。律师在审阅相关文件时应细致认真，对文件的完整性、真实性、合法性、关联性等问题进行谨慎的分析和判断。

（六）制作尽职调查工作底稿

在取得尽职调查资料后，律师应当及时、准确、真实地制作工作底稿。工作底稿的质量是判断律师是否勤勉尽责的重要依据，也是律师防范执业风险的重要保障。

尽职调查的工作底稿有助于律师高效率地完成尽职调查报告，并且方便日后的查找、核对工作。这个阶段形成的初步尽职调查工作底稿，是在股改之前完成的。股改完成后，律师应当继续补充收集尽职调查资料，并形成底稿，两者结合起来便是整个项目完整的工作底稿。

（七）撰写法律尽职调查报告

法律尽职调查报告是律师初步尽职调查后所形成的书面文件。律师应当对尽职调查的对象进行全面的说明和分析，使尽职调查报告真实、准确地反映被调查对象的情况；如果拟挂牌公司仍然存在应当反映但尚不被知悉的信息，尽职调查报告应当披露尚不被知悉的信息的情况，并说明为了进一步调查该信息，下一步的工作将如何开展。

尽职调查报告不仅仅是对调查事实简单的罗列，还应当对在尽职调查中发现的问题进行分析，并逐一提出解决方案或整改措施。

第二节 法律尽职调查的主要途径及内容

一、法律尽职调查的主要途径

1. 拟改制挂牌公司

拟挂牌公司的配合是律师进行尽职调查最富效率甚至是最主要的途径之一。律师向公司发出根据拟挂牌公司情况设计的尽职调查清单,拟挂牌公司根据清单的要求逐一准备相应资料,如公司的工商内档、营业执照等基本证书、资质证书、“三会”会议记录、董监高的名单及职务、财务报表、组织结构图、各种权利证明文件、主要资产明细、重要合同、员工名册、各项管理制度等,这些文件在公司积极配合的时候,是比较容易得到的。

当然,律师在尽职调查的过程中,不能完全依赖于拟挂牌公司所提供的资料,对于某些重大事项和疑虑事项,应当通过其他途径进行独立调查和核实。

2. 登记机关

公司在经营的过程中,往往会涉及一些登记机关,如工商登记部门、土地登记机构、知识产权登记机构、房产登记机构等。律师可以到当地工商登记部门查阅该企业的工商底档,进而了解到企业的成立日期、存续状况、注册资本和股东及股权结构、企业性质、企业章程、企业法人代表等基本情况及历史沿革情况;律师还可以通过到土地和房产登记机构查阅,取得公司的土地房产取得、售出和抵押的第一手资料。通过走访登记机关所获得的信息和资料可靠程度应该是最高的。

3. 拟挂牌公司所在地政府及所属各职能部门

当地政府(包括其相关职能部门)也是一条重要的信息来源。在企业经营过程中,会有工商部门、税务部门、社保及住房公积金管理部门、环保部门、质监部门、安监部门和其他有关政府部门对企业进行监管,而这些部门所反馈的信息往往更具有公信力。

4. 拟挂牌公司聘请的各中介机构

在新三板挂牌项目的过程中,除了律师以外,拟挂牌公司还会聘请主办券商、会计师、资产评估师进行尽职调查。虽然各中介机构尽职调查的重点有所不同,但其获取的信息也可以相互印证。

5. 拟挂牌公司的债权人、债务人

在可能的情况下,律师可以就拟挂牌公司的重大债权债务情况,向相关的债权人和债务人进行调查。基于审计工作也需要对该事项进行专业性核查的考虑,律师和注册会计师可以互相配合,通过函证、谈话记录、书面说明等方式,对公司的重大债权债务有一个详细完整的了解。

二、法律尽职调查的主要内容

新三板挂牌法律尽职调查的主要目的是通过对基础材料的梳理、核查、分析,找出公司存在的与挂牌条件不符的问题,并提出解决方案或规范措施,使拟挂牌公司符合《全国中小企业股份转让系统业务规则(试行)》规定的挂牌条件。

基于《全国中小企业股份转让系统业务规则(试行)》规定的挂牌条件,法律尽职调查的主要内容包括以下几个方面:

1. 公司的主体资格

在法律尽职调查中,审查公司主体资格主要是为了核查目前拟挂牌公司是否为合法存续的主体。首先,应当关注其工商注册信息,主要有企业性质、注册资本、法定代表人、住所、经营范围、营业期限、股东、年检/年报提交情况等信息,同时关注企业是否被列入经营异常名录,被列入的原因是什么。其次,应当关注拟挂牌公司是否持有公司在设立及营运过程中需要持有的所有证照,如内资的有限责任公司需要持有营业执照、税务登记证、组织机构代码证、银行开户许可证及机构信用代码证(五证合一后企业提供营业执照即可)。若涉及外商投资的,还需要持有外商投资企业批准证书、外商投资企业财政登记证、国家外汇管理局业务登记凭证等证书。

小贴士:在查询企业工商信息的时候,可通过以下网址进行查询:

全国企业信用信息公示系统:http://gsxt. saic. gov. cn/;

深圳市市场监督管理局(商事主体信用信息平台):http://www. szcredit. com. cn/web/GSPT/index. html;

香港公司注册处综合咨询系统:http://www. icris. cr. gov. hk/csci/。

2. 公司的历史沿革

拟挂牌公司的历史沿革是需要重点关注的部分,拟挂牌公司所提供的资料可看出拟挂牌公司自设立营运到现在所存在的问题。因此,在审查拟挂牌公司历史沿革的时候,需要重点关注以下几个问题:

第一,应关注拟挂牌公司是否依法设立,设立时有无履行法定程序,若拟挂牌公司属于外商投资企业,是否有获得公司所在地外经贸部门的批准等。

第二,应关注公司依法设立以来,每次变更是否具备相应的文件,如董事会决议(执行董事决定)、股东会决议、公司章程修正案或新的公司章程、验资报告、工商部门的核准文件;若拟挂牌公司属于外商投资企业,则还需要获得公司所在地外经贸部门的批准。不过2016年10月8日以后,将不涉及国家规定实施准入特别管理措施的外商投资企业设立及变更事项,由审批改为了备案管理。另外,2014年2月7日国务院印发《注册资本登记制度改革方案》后,各地工商行政管理部门逐步改变工商登记需要提交的资料,不再登记实收资本,无须提交验资报告。

第三,应当关注拟挂牌公司在历史沿革中股东出资的问题,主要关注出资完整性、合规性、方式及比例,如公司股东出资方式、首次出资金额、出资到位时间、货币出资比例是否符合公司设立时《公司法》的规定等。同时应当关注在历次出资中,股东是否存在出资不实、虚假出资、抽逃出资的问题。如公司存在股东以非货币财产(如实物、知识产权、土地使用权等)出资的情形,则需要关注出资时有没有验资报告,是否有具备资质的中介机构对非货币财产进行评估,是否依法办理相应的过户登记手续等。在实践中,以非货币财产出资经常会出现出资不实的情况,如公司股东以不享有所有权的非货币财产出资、未对出资的非货币财产进行资产评估等。

【案例】　实物出资未作资产评估

石金科技(833069)第五期出资中实物出资未作资产评估

截至2008年10月21日,某有限公司收到股东缴纳的新增投资款人民币249.88万元,其中,股东以货币出资折合人民币58.94万元,实物出资折合人民币190.94万元。其中,计入注册资本244.517 4万元,溢余人民币金额5.361 5万元计入其他应付款。该出资经深圳某会计师事务所于2008年10月24日出具《验资报告》(龙泽验字〔2008〕第111号)验证。本次实物出资系进口设备,仅有海关报关单,未经商检机构进行检验,无商检机构出具的检验报告。2015年4月15日,本次实物出资经由深圳市某资产评估有限公司进行追溯评估,出具了《关于深圳市某股份有限公司委托评估设备的价值评估书》评估报告,评估价值为人民币1 909 349.49元。公司控股股东、实际控制人李某已就该事项出具承诺函,承诺如果石金科技因该出资瑕疵而被相关部门处罚,其将无条件、不可撤销地予以全额承担。

第四,应当关注拟挂牌公司在历史沿革中股东持股及股权变动的问题。在审查历次股权变动时,应核查历次股权转让的背景或原因、股权转让协议、股权转让价格(定价依据)、工商变更、转让款支付情况(支付凭证)、个税缴纳情况、董事会的变化情况等。通过对前述内容的审核判断每一位股东是否合法持有公司股权,股权有无潜在纠纷,是否存在股权代持的情况。若拟挂牌公司属于外商投资企业,还需要审查该股权转让是否获得公司所在地外经贸部门的批准。

第五,如公司已完成股份制改造的,应对有限责任公司整体变更为股份有限公司(以下简称改制)进行重点调查,调查内容包括:查阅公司改制的批准文件、营业执照、公司章程、工商登记资料等文件,判断公司改制的合法合规性;查阅审计报告、验资报告等,调查公司改制时是否以变更基准日经审计的原账面净资产额为依据,折合股本总额是否不高于公司净资产;查阅董事会和股东会决议等文件,调查公司最近两年内主营业务和董事、高级管理人员是否发生重大变化,实际控制人是否发生变更,如发生变化或变更,判断对公司持续经营的影响。

第六,需要根据拟挂牌公司的工商内档资料核查公司自设立以来的经营范围变更信息,看是否依照法律规定的程序进行并办理变更登记。如在变更经营范围后存在特许经营项目,是否有获得相关部门的审批及颁发生产经营许可证书,公司是否存在超范围、超经营资质经营的情况。

第七,如拟挂牌公司存在董事、监事、高级管理人员变更情况的,应当关注公司是否有按照《公司法》规定召开相应的股东会或者董事会,并作出决议。

第八,还应当关注拟挂牌公司是否按照法律规定报送公司年检报告,公司最近24个月是否因违反国家法律、行政法规等行为而受到刑事处罚或者因重大违法违规情形而受到行政处罚;若存在前述情况,其受到处罚的原因是什么,后续是否有整改,整改效果如何。

【法律依据】 对重大违法违规的认定

《中华人民共和国行政处罚法》(节录)(2009年8月27日修正)

第八条 行政处罚的种类:

(一)警告;

(二)罚款;

(三)没收违法所得、没收非法财物;

(四)责令停产停业;

(五)暂扣或者吊销许可证、暂扣或者吊销执照;

(六)行政拘留;

(七)法律、行政法规规定的其他行政处罚。

《全国中小企业股份转让系统股票挂牌条件适用基本标准指引(试行)》(节录)(2017年11月1日)

三、公司治理机制健全,合法规范经营

(二)合法合规经营,是指公司及其控股股东、实际控制人、下属子公司(下属子公司指公司的全资、控股子公司或通过其他方式纳入合并报告的公司或其他法人,下同)须依法开展经营活动,经营行为合法、合规,不存在重大违法违规行为。

1. 公司及下属子公司的重大违法违规行为,是指公司最近24个月内因违犯国家法律、行政法规、规章的行为,受到刑事处罚或适用重大违法违规情形的行政处罚。

(1)行政处罚是指经济管理部门对涉及公司经营活动的违法违规行为给予的行政处罚。

(2)重大违法违规情形是指,凡被行政处罚的实施机关给予没收违法所得、没收非法财物以上行政处罚的行为,属于重大违法违规情形,但处罚机关依法认定不属于的除外;被行政处罚的实施机关给予罚款的行为,除主办券商和律师能依法合理说明或处罚机关认定该行为不属于重大违法违规行为的外,都视为重大违法违规情形。

(3)公司及下属子公司最近24个月内不存在涉嫌犯罪被司法机关立案侦查,尚未有明确结论意见的情形。

3. 公司股东

审查拟挂牌公司股东情况的时候,需要核实公司股东股权的合法性和真实性,主要包括:

(1)通过查阅公司股权结构图、股东名册、公司重要会议记录、决议以及公司历次股权变动的相关文件,调查公司的股权结构,股东持股比例(包括直接和间接持股比例),以及直接或间接持股是否存在质押或其他有争议的情况,判断公司控股股东及实际控制人。

(2)通过查阅具有资格的中介机构出具的验资报告,咨询公司律师或法律顾问,询问管理层和会计人员,到工商行政管理部门查询公司注册登记资料,调查公司股东的出资是否及时到位,出资方式是否符合有关法律、法规的规定。

(3)调查公司股东之间是否存在关联关系,股东中是否有专业投资机构及其参与公司治理的情况。

(4)调查公司管理层及核心技术人员的持股情况和所持股份的锁定情况。

(5)调查公司控股股东及实际控制人有无违法违规情况以及公司股东是否存在法律法规

规定的不适宜担任股东的情况。

(6)调查公司股东对外投资及兼职情况。

(7)调查公司控股股东、实际控制人是否存在被列入失信被执行人名单、被执行联合惩戒的情形。

4. 公司董事、监事、高级管理人员情况

在对拟挂牌公司的董事、监事、高级管理人员进行核查时,首先,应关注拟挂牌公司董事、监事、高级管理人员国籍、教育经历、工作经历、家庭成员、对外兼职、对外投资情况,劳动合同签署情况、对外投资情况等基本信息。在尽职调查阶段核查上述信息的方式,主要是通过让拟挂牌公司董事、监事、高级管理人员填写中介机构提供的核查表的形式进行。但对于核查表中的信息中介机构应采取适当的方法进行确认核查,以确保信息的真实性、准确性。其次,应关注拟挂牌公司董事、监事、高级管理人员是否存在《公司法》第 146 条规定的不得担任公司的董事、监事、高级管理人员的情形,且未来股份制改造后拟选任的董事、监事、高管不存在《公司法》第 146 条规定的情形。

【法律依据】 董事、监事、高管的选任条件

《中华人民共和国公司法》(节录)(2013 年 12 月 28 日修正)

第一百四十六条 有下列情形之一的,不得担任公司的董事、监事、高级管理人员:

(一)无民事行为能力或者限制民事行为能力;

(二)因贪污、贿赂、侵占财产、挪用财产或者破坏社会主义市场经济秩序,被判处刑罚,执行期满未逾五年,或者因犯罪被剥夺政治权利,执行期满未逾五年;

(三)担任破产清算的公司、企业的董事或者厂长、经理,对该公司、企业的破产负有个人责任的,自该公司、企业破产清算完结之日起未逾三年;

(四)担任因违法被吊销营业执照、责令关闭的公司、企业的法定代表人,并负有个人责任的,自该公司、企业被吊销营业执照之日起未逾三年;

(五)个人所负数额较大的债务到期未清偿。

公司违反前款规定选举、委派董事、监事或者聘任高级管理人员的,该选举、委派或者聘任无效。

董事、监事、高级管理人员在任职期间出现本条第一款所列情形的,公司应当解除其职务。

除董事、监事、高级管理人员个人提供的信息以外,还需要核查拟挂牌公司董事、监事、高级管理人员在中国人民银行征信系统的信用记录是否良好,最近 24 个月内是否受到中国证监会行政处罚或者被采取证券市场禁入的情形,以及是否存在被列入失信被执行人名单、被执行联合惩戒的情形。

5. 公司的独立性

拟挂牌公司的独立性分为人员独立、财务独立、机构独立、业务独立和资产独立五部分。

该部分尽职调查主要通过调查公司与控股股东、实际控制人及其控制的其他企业在业务、资产、人员、财务和机构方面的分开情况,判断拟挂牌企业的独立性,核查的内容包括但不限于:

（1）通过查阅公司组织结构文件，结合公司的生产、采购和销售记录考察公司的产、供、销系统，分析公司是否具有完整的业务流程、独立的生产经营场所以及供应、销售部门和渠道，通过计算公司的关联采购额和关联销售额分别占公司当期采购总额和销售总额的比例，分析是否存在影响公司独立性的重大或频繁的关联方交易，判断公司业务独立性。

（2）通过查阅相关会议记录、资产产权转移合同、资产交接手续和购货合同及发票，确定公司固定资产权属情况；通过查阅房产证、土地使用权证等权属证明文件，了解公司的房产、土地使用权、专利与非专利技术及其他无形资产的权属情况；关注金额较大、期限较长的其他应收款、其他应付款、预收及预付账款产生的原因及交易记录、资金流向等从而判断公司资产独立性。

调查公司最近两年内是否存在资产被控股股东、实际控制人及其控制的其他企业占用，或者为控股股东、实际控制人及其控制的其他企业提供担保的情形；调查公司关联方资金占用和偿还情况，以及公司为防止股东和关联方资金占用或者转移公司资产、资金及其他资源的行为所采取的措施和相应的制度安排，并根据调查结果判断公司资产独立性。

（3）通过查阅股东单位员工名册及劳动合同、工资明细表，与管理层及员工交谈，取得高级管理人员的书面声明等方法，调查公司高级管理人员从公司关联企业领取报酬及其他情况，调查公司员工的劳动、人事、工资报酬以及相应的社会保障是否完全独立管理，判断其人员独立性。

（4）通过与管理层和相关业务人员交谈，查阅公司财务会计制度、银行开户资料、纳税资料等，调查公司会计核算体系，财务管理和风险控制等内部管理制度的建立健全情况，判断公司财务独立性。

（5）通过实地调查、查阅股东大会和董事会决议关于设立相关机构的记录、查阅各机构内部规章制度，了解公司的机构是否与控股股东完全分开且独立运作，是否存在混合经营、合署办公的情形，是否完全拥有机构设置自主权等，判断其机构独立性。

6. 公司业务情况

首先，应关注拟挂牌公司经营范围，在经营期间是否具备相应的资质，主要看拟挂牌公司是否持有供、产、销环节应有的批文及证照。若公司的经营范围涉及特许经营项目的，则需要审查拟挂牌公司是否在开展业务前取得相应的特许经营许可证，证照的有效期至何时，从而分析拟挂牌公司的经营是否符合法律法规的规定。

我国的特许经营许可种类繁多，如从事货运类业务的，需要持有《道路运输经营许可证》；如从事食品生产经营类业务的，则需要持有《食品经营许可证》；如从事药品生产经营类业务的，则需要持有《药品生产许可证》及《药品经营许可证》；如从事危险化学物品采购、调拨、销售活动的，则需要持有《危险化学品经营许可证》；如从事危险废物收集、贮存、处置活动的，则需要持有《危险废物经营许可证》；若从事建筑业施工企业进行生产、施工活动的，则需要持有《安全生产许可证》，等等。

其次，应关注拟挂牌公司的经营范围及业务流程，通过整理拟挂牌公司的业务流程、类型来分析目前拟挂牌公司企业业务的营运状况、经营范围及业务的合法性，看公司的业务是否明确，是否存在会影响公司持续经营能力的问题。

7. 公司关联交易情况

在进行新三板法律尽职调查的时候，关联方及关联交易是需要重点关注的问题，对拟挂牌公司关联方的审查主要是为了防止利益输送。

根据《企业会计准则第36号——关联方披露》的规定，一方控制、共同控制另一方或对另一方施加重大影响，以及两方或两方以上同受一方控制、共同控制或重大影响的，构成关联方。关联方主要包括：

（1）该企业的母公司。

（2）该企业的子公司。

（3）与该企业受同一母公司控制的其他企业。

（4）对该企业实施共同控制的投资方。

（5）对该企业施加重大影响的投资方。

（6）该企业的合营企业。

（7）该企业的联营企业。

（8）该企业的主要投资者个人及与其关系密切的家庭成员。主要投资者个人，是指能够控制、共同控制一个企业或者对一个企业施加重大影响的个人投资者。

（9）该企业或其母公司的关键管理人员及与其关系密切的家庭成员。关键管理人员，是指有权力并负责计划、指挥和控制企业活动的人员。与主要投资者个人或关键管理人员关系密切的家庭成员，是指在处理与企业的交易时可能影响该个人或受该个人影响的家庭成员。

（10）该企业主要投资者个人、关键管理人员或与其关系密切的家庭成员控制、共同控制或施加重大影响的其他企业。

明确关联方的范围后，需要调查公司的关联方、关联方关系及关联方交易，说明相应的决策权限、决策程序、定价机制等情况，并根据交易的性质和频率，分别评价经常性和偶发性关联交易对公司财务状况和经营成果的影响。通过与公司管理层交谈、查阅公司股权结构图和组织结构图、查阅公司重要会议记录和重要合同等方法，确认公司的关联方及与关联方关系。通过与公司管理层、会计机构和主要业务部门负责人交谈、查阅账簿和相关合同、听取注册会计师意见等方法，调查公司关联方交易的以下内容：

（1）决策是否按照公司章程或其他规定履行了必要的审批程序；尤其是定价是否公允，与市场独立第三方价格是否有较大差异。如有，应核实原因。

（2）来自关联方的收入占公司主营业务收入的比例、向关联方采购额占公司采购总额的比例。

（3）关联方的应收、应付款项余额分别占公司应收、应付款项余额的比例是否较高，关注关联方交易的真实性和关联方应收款项的可收回性。

（4）关联方交易产生的利润占公司利润总额的比例是否较高。

（5）关联方交易有无大额销售退回情况。如有，关注其对公司财务状况的影响。

（6）是否存在关联方关系非关联化的情形，如与非正常业务关系单位或个人发生的偶发性或重大交易，缺乏明显商业理由的交易，实质与形式明显不符的交易，交易价格、条件、形式等明显异常或显失公允的交易，应当考虑是否为虚构的交易、是否实质上是关联方交易、该交易背后是否还有其他安排。

(7)关联方交易存在的必要性和持续性,以及减少和规范关联方交易的具体安排。

(8)关联资金拆借(资源)占用情况。如有,关注其发生和解决情况。

8. 公司同业竞争情况

审查调查公司与持股5%以上的主要股东、控股股东、实际控制人及其控制的其他企业是否存在同业竞争。

通过询问公司控股股东、实际控制人,查阅营业执照,实地走访生产或销售部门等方式,调查公司控股股东、实际控制人及其控制的其他企业的业务范围,从业务性质、客户对象、可替代性、市场差别等方面判断是否与公司从事相同、相似业务,从而判断是否构成同业竞争。对存在同业竞争的,要求公司就其合理性作出解释,并调查公司为避免同业竞争采取的措施以及作出的承诺。

9. 公司重大债权、债务的情况

主要调查公司的重大债务,重点关注将要履行、正在履行以及虽已履行完毕但可能存在潜在纠纷的重大合同(包括但不限于采购合同、借贷合同、担保合同等)的合法性、有效性;是否有因环境保护、知识产权、产品质量、劳动安全、人身权等原因产生的债务;公司金额较大的其他应付款是否因正常的生产经营活动发生,是否合法。

10. 公司的主要财产问题

关于公司主要财产部分的尽职调查,需要调查公司主要财产的合法性,是否存在法律纠纷或潜在纠纷以及其他争议。通过查阅公司房产,土地使用权,商标、专利、版权、特许经营权等资产,以及主要生产经营设备等主要财产的权属凭证、相关合同等资料,咨询公司律师或法律顾问的意见,必要时进行实地查看。重点关注公司是否具备完整、合法的财产权属凭证,商标权、专利权、版权、特许经营权等的权利期限情况,判断是否存在法律纠纷或潜在纠纷。

小贴士:查询与知识产权相关情况的网站

中国版权保护中心:http://apply. ccopyright. com. cn/cpcc/regquery/onlineRegisterForms. jsp;

中国商标网:http://sbj. saic. gov. cn/cmsb/;

中国及多国专利审查信息查询:http://cpquery. sipo. gov. cn/;

美国IRS关于税务相关信息:https://www. irs. gov/;

美国专利商标查询:https://www. uspto. gov/;

欧盟商标查询:https://euipo. europa. eu/ohimportal/en/。

11. 公司的法人治理情况

关于公司的法人治理结构情况,需要通过查阅公司章程,了解公司组织结构,查阅股东大会、董事会、监事会(以下简称“三会”)有关文件,调查公司“三会”的建立健全及运行情况,说明前述机构和人员履行职责的情况,关注公司章程和“三会”议事规则是否合法合规,是否建立健全投资者关系管理制度,是否在公司章程中约定纠纷解决机制。

此外，还需调查公司治理机制的执行情况并出具核查意见，调查内容包括但不限于：

(1)是否依据有关法律法规和公司章程发布通知并按期召开"三会"；会议文件是否完整，会议记录中时间、地点、出席人数等要件是否齐备，会议文件是否归档保存；会议记录是否正常签署。

(2)董事会和监事会是否按照有关法律法规和公司章程及时进行换届选举。

(3)董事会是否参与了公司战略目标的制定，检查其执行情况；董事会对管理层业绩进行评估的机制和执行情况。

(4)涉及关联董事、关联股东或其他利益相关者应当回避的，公司是否建立了表决权回避制度，检查其执行情况。

(5)监事会是否正常发挥作用，是否具备切实的监督手段，包括职工代表监事履行职责的情况。

(6)"三会"决议的实际执行情况，未能执行的会议决议，相关执行者是否向决议机构汇报并说明原因。

12. 公司税务及财政补贴情况

关于税务部分的核查，需要调查了解公司的纳税情况是否符合法律、法规和规范性文件的要求。通过询问公司税务负责人，查阅公司税务登记证，了解公司及其控股子公司执行的税种、税率，查阅公司的纳税申报表、税收缴款书、税务处理决定书或税务稽查报告等资料，关注公司纳税情况是否符合法律、法规和规范性文件的要求，公司是否存在拖欠税款的情形，是否受过税务部门的处罚，若有被处罚的情形，需核查被处罚的原因、相关情况是否得以规范，规范效果如何。通过查阅公司有关税收优惠、财政补贴的依据性文件，判断公司享受优惠政策、财政补贴是否合法、合规、真实、有效。关于财政补贴部分的核查，需要调查了解公司享有的财政补贴是否合法合规，调查财政补贴的来源、归属、用途及对公司财务状况的影响。

13. 环境保护及安全生产

环境保护问题对于生产型的拟挂牌公司是需要特别关注的，自从2015年8月12日天津爆炸事件以后，拟挂牌公司的安全生产、环境保护问题被重点关注。

(1)环境保护。

关于拟挂牌公司的环境保护问题，需要先根据业务实质情况判断公司所处的行业是否为重污染行业，再根据行业情况确定核查内容及范围。

若公司不属于重污染行业，尽职调查时主要关注公司建设项目的环保合规性，包括且不限于公司建设项目的环评批复、环评验收及"三同时"验收等批复文件的取得情况；公司是否需要办理排污许可证以及取得情况；公司是否存在环保违法和受处罚的情况。

若公司属于重污染行业，则需要从以下几个方面分别予以核查：

①关于公司建设项目，需核查公司建设项目的环评批复、环评验收及"三同时"验收等批复文件的取得情况。建设项目未完工或尚未取得相关主管部门的验收文件的，需核查环评批复文件中的环保要求的执行情况。对建设项目环保事项的合法合规性发表意见。

②关于污染物排放，需结合公司的业务流程核查公司是否存在污染物排放。若存在污染物排放，应核查公司的排污许可证取得和排污费缴纳情况，公司是否属于污染物减排对象，公

司的排放是否符合标准，是否遵守重点污染物排放总量控制指标。

③关于公司的日常环保运转，需核查公司有关污染处理设施是否正常有效运转；公司的环境保护责任制度和突发环境应急预案建设情况；公司是否申报工业固体废物和危险废物及处理情况；公司是否有禁止使用或重点防控的物质处理问题。

④公司是否被环保监管部门列入重点排污单位名录，是否依法公开披露环境信息。

⑤公司是否存在环保事故、环保纠纷或潜在纠纷，是否受到处罚等；公司曾受到处罚的，是否构成重大违法行为，以及公司的相关整改情况。

此外，还需核查公司是否存在排污许可、环评等行政许可手续未办理或未办理完成等环保违法情形；若存在，关注违法原因以及公司的补救措施，相应补救措施的进展及是否可行、可预期。

(2)安全生产。

关于安全生产问题，需调查了解拟挂牌公司是否需要取得相关部门的安全生产许可及取得情况，建设项目安全设施的验收情况；公司日常业务环节安全生产、安全施工防护、风险防控等措施；公司报告期以及其后是否发生安全生产方面的事故、纠纷、处罚的情况，如发生，公司的整改措施情况，以及安全事故的发生对公司持续经营的影响；安全事故的发生是否构成重大违法违规行为。

【法律依据】

《安全生产许可证条例》(2014 年 7 月 29 日修正)

第二条　国家对矿山企业、建筑施工企业和危险化学品、烟花爆竹、民用爆炸物品生产企业(以下统称企业)实行安全生产许可制度。

企业未取得安全生产许可证的，不得从事生产活动。

14. 公司诉讼、仲裁或行政处罚的情况

关于该部分的核查，主要通过对公司控股股东、实际控制人、董监高、核心技术(业务)人员进行访谈，询问公司律师或法律顾问，核查公司是否存在违约金或诉讼、仲裁费用、行政处罚费用的支出，走访公司住所地的法院、仲裁机构和政府部门等，调查公司是否存在重大诉讼、仲裁和其他重大或有事项，分析该等已决和未决诉讼、仲裁与其他重大或有事项对公司的重大影响，并取得管理层对公司重大诉讼、仲裁和其他重大或有事项情况及其影响的书面声明。

除前述访谈、询问、走访外，还应通过相关专门网站查询方式，独立核查确认相关信息。

小贴士：核查公司诉讼、仲裁、行政处罚情况的网站

最高人民法院“裁判文书”：http://www.court.gov.cn/wenshu.html；

中国法院网“裁判文书”：http://old.chinacourt.org/cpws/；

北京法院网：http://bjgy.chinacourt.org/index.shtml；

最高人民法院“全国法院被执行人信息查询”：http://zhixing.court.gov.cn/search/；

中国执行信息公开网：http://shixin.court.gov.cn/。

15. 劳动用工、社会保险及住房公积金的情况

拟挂牌公司的劳动用工、社保住房公积金问题是需要重点关注的问题。目前,许多公司普遍存在未为公司员工购买社会保险及住房公积金的问题,部分公司存在未与公司员工依法签订劳动合同的问题。

首先,要关注拟挂牌公司与员工签订劳动合同的情况,劳动合同的内容是否符合《劳动法》《劳动合同法》等法律的规定。关注拟挂牌公司是否与劳务派遣公司签订过任何劳务派遣合同;若有,需要关注劳务派遣合同中的条款是否符合《劳务派遣暂行规定》的规定。同时,需要关注劳务派遣合同中被派遣员工在拟挂牌公司中所享有的权利及需要履行的义务,派遣员工的工资、劳动报酬和福利待遇的核算方式,劳务派遣方是否与派遣人员签订两年以上固定期限的劳动合同以及工伤问题。

其次,应当关注公司为在册员工购买社会保险及住房公积金的情况。根据《社会保险法》的规定,拟挂牌公司应为员工购买养老保险、医疗保险、失业保险、生育保险和工伤保险。住房公积金应当按照拟挂牌公司当地的缴纳政策进行缴纳。

最后,应当关注公司在最近两年内是否存在劳动纠纷案件,是否存在公司员工集体罢工、游行示威等情况;若存在罢工、游行的情况,则需要核查是否被投诉至相关劳动部门。

第四章 股份制改造

第一节 股份制改造的动因与原则

由于在创业板上市的公司必须是股份有限公司,因此,对于拟在创业板上市的非股份有限公司来说,其首先面临的一个问题便是上市的主体资格问题,即如何将非股份有限公司改造为股份有限公司。本节所称的股份制改造,即将非股份有限公司形式的企业,如有限责任公司,依法改造成为股份有限公司的过程,也可以将其简称为“股改”或“改制”。

一、股份制改造的动因

《公司法》规定只有股份有限公司才有资格上市募集资金,而有限责任公司则没有资格,那么股份有限公司与有限责任公司究竟有何不同?股份有限公司相对于有限责任公司有何优势?

(一)有限责任公司和股份有限公司的含义

1. 有限责任公司的含义

有限责任公司又称有限公司,在英美称为封闭公司或私人公司。它是指根据法律规定的条件成立,由50个以下股东共同出资,并以其认缴的出资额对公司的经营承担有限责任,公司是以它的全部资产对其债务承担责任的企业法人。

2. 股份有限公司的含义

股份有限公司又称股份公司,在英美称为公开公司或公众公司。它是指注册资本由等额股份构成,股东通过发行股票筹集资本。我国《公司法》规定,股份有限公司是指其全部资本分为等额股份,股东以其所持股份为限对公司承担责任,公司以其全部资产对公司的债务承担责任的企业法人。

(二)有限责任公司与股份有限公司两者之间的异同

1. 有限责任公司与股份有限公司的共同点

公司制的基本共性在于它们都是以许多股东共同投资入股形成公司法人制度为基本特征的。股份公司是典型的资合公司,重在资本的稳定,以维持对外信用,实现股东的利益。有限责任公司和股份有限公司的共同点表现在:

(1)实行了资本三原则。一是“资本确定原则”。在公司设立时,必须在公司章程中确定公司固定的资本总额,并全部认足,即使增加资本额,也必须全部加以认购。二是"资本维持原则"。公司在其存续期间,必须维持与其资本额相当的财产,以防止资本的实质性减少,确保债权人的利益,同时,也防止股东对盈利分配的过高要求,使公司确保正常的业务运行。三是"资本不变原则"。公司的资本一经确定,非经严格的法定程序,不得随意改变,否则,就会使股东和债权人利益受到损害。股东拥有转让股权的权利和自由,但不得抽回股本,公司增资或减资,必须严格按法定条件和程序进行。

(2)实行了"两个所有权分离"原则,即公司的法人财产权和股东投资的财产权的分离。第一,依据我国《公司法》的规定,在公司登记注册后,股东不得抽回投资,不再直接控制和支配这部分财产。第二,"两个所有权分离"不是两者的互相否定。因为股东的财产一旦投入公司,即构成法人财产,股东对该财产的所有权即转化成为股东持有的公司股权。股东不会因此丧失自己投资的财产权,其仍依法享有所有者的资产受益权、收益权、处分权和重大事项决策表决权以及管理者的选择权,同时可以依法自由转让股权,在公司终止时,依法享有行使分配剩余财产的终极所有权。

(3)实行了"有限责任"原则。有限责任公司股东以其出资额为限对公司承担有限责任,公司以其全部资产对公司的债务承担无限责任。股份有限公司股东以其所持股份为限对公司承担有限责任,公司以其全部资产对公司的债务承担无限责任。

(4)公司都具有法人地位。依照法律或公司章程的规定,代表企业法人行使职权的人称为法定代表人。企业法人是指取得法人资格,自主经营,自负盈亏的经济实体,法人是具有民事权利主体资格的社会组织。

2. 有限责任公司与股份有限公司的差异

股份有限公司作为法人和市场的主体,对其生产经营活动承担民事责任。股份有限公司的产权关系决定了股东利益共享、风险共担、盈亏自负的经营机制。有限责任公司与股份有限公司相比较,其主要差异见表4-1:

表4-1 有限责任公司与股份有限公司区别

	有限责任公司	股份有限公司
表现形式	一般有限公司、一人公司、国有独资公司	股份有限公司
股东责任	每个股东以其所认缴的出资额为限对公司债务承担财产责任	股东以其所认购的股份为限对公司债务承担财产责任
信用基础	兼具人合性和资合性,有限责任公司各股东之间不仅有资产的联合关系,还具有一定的人身信用关系	典型的资合性,股份有限公司的信用在于独立的财产
设立方式	发起设立	发起设立、募集设立
股东人数	50人以下	有下限无上限,发起人2~200人
注册资本体现方式	划分为比例	划分为等额股份

续表

	有限责任公司	股份有限公司
股东证明	股东缴纳出资后，必须经依法设立的验资机构验资并出具出资证明	公司的股份采取股票的形式，股东出资后持有公司的股票
组织机构	可以简化组织机构，股东人数较少或者规模较小的有限责任公司，可以设1名执行董事，不设董事会；股东人数较少或者规模较小的有限责任公司，可以设1名至2名监事，不设监事会	不得简化组织机构，除股东大会外，均得设立董事会（董事5名至19名）和监事会（成员不得少于3人）
股权转让	①股东之间可以相互转让其全部出资或部分出资 ②股东向股东以外的人转让出资时，必须经股东会决议通过 ③股东向股东以外的人转让股权，应当经其他股东过半数同意	①股东持有的股份可以依法转让 ②发起人持有的本公司股份，自公司成立之日起1年内不得转让 ③公司董事、监事、高级管理人员在任职期间每年转让的股份不得超过其所持有本公司股份的25%，所持本公司股份自公司股票上市交易之日起1年内不得转让。前述人员离职后半年内不得转让所持有的本公司股份
所有权与经营权分离程度	股东一般参与公司经营管理，公司所有权与经营权分离程度不明显	股东一般设立或聘请专门管理机构，公司所有权与经营权分离程度较为突出
信息披露程度	低，有限责任公司的经营和财务会计情况无须向社会公示	高，股份有限公司的经营和财务会计情况必须向股东或者社会公众（典型如上市公司）公示

（三）股份有限公司的比较优势

相对于有限责任公司来说，股份有限公司具有更加突出的优点。诸如，更能促进资金的横向融通和经济的横向联系，提高资源配置的总体效益；具有更为完善的治理机制，便于更好地进行自我约束，自我发展；如具备一定条件，股份有限公司可以上市发行股票，可以迅速募集到公司发展所需要的资金，同时为股票投资者开拓了投资渠道，扩大了投资的选择范围，适应投资者多样性的投资动机、交易动机和利益的需求，一般来说能为投资者提供获得较高收益的可能性。

也正是股份公司具有的上述优点，才使其更加符合现代企业制度的要求，从而成为现代企业制度的典型。换言之，股份制改造的目的就是建立现代企业制度，即“产权清晰、权责明确、政企分开、管理科学”。

通过股份制改造，原有的企业可以完善企业法人治理结构，提升企业的竞争力，为企业持续、快速发展提供良好的制度保证，也为其以后顺利登陆资本市场扫除障碍、铺平道路。

二、股份制改造的原则

对于拟在创业板上市以发行股票作为最终目的的股份制改造，其在改制过程中应遵循以下原则：

1. 合法合规性原则

改制重组需按照《公司法》《证券法》及中国证监会有关规定进行，以满足发行上市的要求。

2. 产权清晰原则

产权清晰原则即明确企业财产的投资人是谁，其在企业中享有多少份额的财产权。《首次公开发行股票并在创业板上市管理办法》（以下简称《管理办法》）第 15 条明确规定，发行人的股权清晰，控股股东和受控股股东、实际控制人支配的股东持有的发行人股份不存在重大权属纠纷。为改制后的股份制公司在创业板上市扫清产权模糊的法律障碍。

3. 效益最佳原则

效益最佳原则是通过优化的股权结构设计，实现资产的最佳结合，使重组后的公司资产效益达到最佳水平，提高资产收益率，以利于取得较高的股票发行价格，扩大筹资规模。这是资产重组的一项重要原则。①

4. 主营业务突出原则

《管理办法》规定，欲在创业板上市的股份有限公司应在最近两年内主营业务没有发生重大变化。因此，股份制改造特别要注意改制公司主营业务是否有发生重大变化。

在这里，首先，要区分企业的经营性财产与非经营性财产，应将非经营性财产剥离，以保障企业的主营业务突出与盈利目标的实现。由于我国过去存在企业办社会的传统，为了使企业符合在创业板上市、向社会公开发售股票的条件，拟上市企业在资产重组过程中应将不宜计入上市公司的非经营性资产、代管资产等从公司剥离出来。这些非经营性资产包括但不限于学校、医院、幼儿园、食堂、职工宿舍等企业办社会占用或拥有的资产。

其次，企业在股份制改造过程中，应形成清晰的业务发展目标，合理配置存量资源，形成核心竞争力和持续发展能力，以使公司主营业务突出，使改制公司能顺利在创业板上市。

5. 组织结构健全、完善原则

《管理办法》对公司的组织结构作出了相对详细的规定。因此，欲在创业板上市的企业在改制过程中应加强公司内部的组织管理机构建设，使其健全。公司股东大会、董事会、监事会的设置符合法律规定，建立独立董事、董事会秘书、审计委员会制度，并通过制度确保相关内部机构和人员能够依法履行职责。

6. 运营规范原则

为了使股改后的股份有限公司能在创业板顺利上市，在改制过程中就应当注意通过制度设计使公司运营规范，符合创业板上市条件。在这里主要强调两点：一是避免同业竞争，二是减少关联交易。

同业竞争，是指拟上市公司与其他关联企业或关联方就某一产品或可替代产品以及市场存在竞争关系。这里所说的关联企业或关联方主要是指拟上市公司的控股股东、实际控制人

---

① 王立华主编：《中国律师办案全程实录：股票发行与上市》，法律出版社 2006 年版，第 32～33 页。

以及其控制的企业。此外，上市公司的其他发起人也不应与上市公司进行同业竞争。他们如果从事与上市公司相同的业务则会产生利益冲突，可能损害其他小股东的利益。因此，拟上市公司应通过资产重组等方式对此进行处理，避免与上述关联方形成同业竞争。

关联交易是股份公司与其他关联方之间的交易。法律和有关监管规定并不禁止关联交易，但达到一定金额的关联交易必须披露且应经过严格的关联交易决策程序来批准，保证其遵守市场公平定价原则，以免关联方对股份公司的利益造成损害。减少关联交易也是为了降低股份公司对关联方的依赖性。关联交易频繁、复杂或未经过严格的关联交易决策制度，则可能被认定为不宜上市的公司。因此，股份有限公司应制定严格的审批程序制约关联交易，并尽可能规范、减少关联交易。

第二节　股份制改造前期准备工作

企业在正式开始股份制改造之前，为了股份制改造工作的顺利有序进行，一般都要做一些基本的准备工作，这些工作包括由股东会作出股份制改造的决议，成立负责股份制改造项目的筹备小组，聘请专门顾问机构等。

一、成立股改筹备小组

拟改制企业一般要成立改制筹备小组，公司主要负责人全面统筹，小组由公司抽调行政办公室、财务及熟悉公司历史、生产经营情况的人员组成，其主要工作包括：

(1)全面协调企业与省、市各有关部门、行业主管部门、中国证监会派出机构以及各中介机构的关系，并全面督察工作进程；

(2)配合会计师及评估师进行会计报表审计、盈利预测编制及资产评估工作；

(3)与中介机构合作，处理与改制有关法律事务，包括编写公司章程、各种关联交易协议、发起人协议等；

(4)负责投资项目的立项报批工作和提供项目可行性研究报告；

(5)完成各类董事会决议、公司文件、申请主管机关批文，并负责新闻宣传报道及公关等活动。

一个具有一定专业知识、组织、协调、公关工作能力强的股改筹备小组对公司改制成功有着重要的作用，其能有力地推动改制工作的顺利进行。

二、中介机构在股改中的作用与遴选

企业改制，尤其是针对欲在创业板上市的股份制改造而言，其更是一项复杂的系统法律工程，具有较强的专业综合性，涉及法律、财务、土地、资产评估等方面，倘若缺少具有专业知识的各中介结构参与，只依赖拟改制企业本身是不可能完成的，况且法律也要求企业在改制上市过程中必须提交专业中介机构的意见书或评估报告等。因此，唯有拟改制企业与各专业中介机构分工合作，各司其职，才能保障企业改制以及上市业务的顺利进行。

一般来说，在企业改制上市过程中涉及的主要中介机构有会计师事务所、律师事务所、资

产评估机构、保荐机构等。

(一)会计师事务所

1. 会计师事务所在改制中的作用

企业改制是一项系统而复杂的过程,改制企业所涉及的总资产、财务、长短期投资、债权债务、净资产等情况均需要会计师事务所进行审计,并出具审计报告,摸清改制企业的资产权益以及负债等情况。只有这样,才能确保企业改制行为的规范实施,为企业改制成功提供可靠的保障。

根据我国有关法律及有关会计准则规定,会计师事务所在企业改制的专项审计中主要发挥如下作用:

(1)对改制标的企业的财务与经营状况的鉴证作用,明确标的企业财务报表的可信度。

通过会计师事务所及其会计师对改制企业的审计,证实和了解改制标的企业的财务、会计以及经营状况,是否存在虚假记载或违法违规行为,从而判断改制企业的资产、负债和出资人权益的真实状况。

(2)参与企业改制方案的策划、设计与可行性研究。

在明确企业改制的方式、方向和宗旨的基础上,从审计专业角度和层面参与企业改制方案的策划、设计与拟订,充分发挥会计师事务所注册会计师等专业人士的知识和经验丰富的优势和特点,指导拟改制企业界定产权、清理债权债务、核实资产数额、清算企业资产数量等事务,帮助企业从财务上理顺产权关系、确立企业改制方案以及改制后企业的经营和发展目标与方式。

(3)为企业改制提供专业的咨询服务。

会计师事务所拥有审计、财务、税务和经济管理等方面的专家和从业人员,具有丰富的审计、财务等管理经验、技巧和知识,通过专业的审计活动和服务,可以为企业改制方案的设置和拟定提供专业化的管理意见和建议,从而保证企业改制的依法顺利实施。

2. 会计师事务所的遴选标准

拟改制企业在选择会计师事务所时,应主要考虑以下几个方面:

(1)资质。

承办企业改制审计业务的会计师事务所应依法设立并有效存续,具有从事企业财务审计业务的执业资格;3 年内未因违法违规执业而受到有关监管机构的处罚,会计师事务所内部执业质量控制管理制度健全。

参与和承办企业改制审计业务的会计师事务所的专业工作人员也应当具备相应资质,即承办审计事务的审计人员应当为具备合法有效执业资格的从业人员;负责企业改制项目的负责人为具有合法执业资格的注册会计师,且 3 年内无违法违规执业行为或记录。

(2)项目团队。

负责审计的项目团队应有一定比例的、具有改制上市经验的注册会计师,而且具有一定的稳定性。

(3)经验。

审计机构应当具有丰富的改制上市审计经验。

(二)律师事务所

1. 律师事务所在改制中的作用

在市场经济条件下,企业改制离不开律师的参与,因为任何一个简单的事项和行为都会涉及许多方面的法律问题,选择合法有效的方式和措施实施改制才会使改制具有法律效力,如果企业改制者或参与人不了解企业改制中所涉及的法律规定,就可能因违反法律规定而承担责任。作为专业法律服务机构的律师,熟知法律法规的规定,具有较为丰富的专业经验以及经办企业改制业务的技能,掌握企业改制的最新法律信息和行业变化信息,专门研究和实践改制方面的专业技巧,熟知法律法规禁止、限制或允许的界定和规定,可以更加规范、合法、有效地帮助企业完成复杂而系统的改制工程,预防改制风险以及可能发生的损失或纠纷。

一般来说,律师在企业改制业务中的主要作用有:

(1)为拟改制企业提供必要的法律、法规以及政策咨询服务和改制辅导工作。

企业改制涉及资产处置、企业债权债务的处理、股份公司的成立等多项重大问题,涉及《公司法》《合同法》《劳动法》《担保法》《民法通则》等一系列法律法规,有关国家机关还为企业改制出台了一系列的专门政策与规定。对这些,拟改制企业缺乏系统和全面的了解与把握。律师可以利用其所了解和掌握的法律、法规、政策以及改制的最新信息,协助企业对改制进行可行性分析,并选择改制形式,从而使改制工作合法有效地开展。

(2)协助改制企业正确设计、策划、制定和实施改制方案。

企业改制方案是企业改制的核心和基础文件,设计、策划、制定一个好的改制方案,企业改制便成功了一半。律师在改制方案的设计、策划和制定过程中,应重点处理好以下几个方面的问题:

第一,解决好改制的合法性和可行性问题。

第二,理顺改制所涉及的法律关系。

第三,按照股份有限公司的要求建立法人治理结构。

第四,协助企业履行必要的审批程序。

(3)协助改制企业草拟、修改、审查有关企业改制的法律文件。

在企业进行股份制改造设立股份有限公司的过程中,律师应协助起草或出具的文件主要包括发起人协议、股份有限公司(未上市)公司章程、“三会”议事规则、关于国有股权设置的法律意见书、关于股份有限公司设立的法律意见书等。

2. 律师事务所的遴选标准

对于拟改制企业而言,律师事务所的选择可以从以下几个方面进行考虑:

(1)专业性。

在2002年年底以后,律师的证券从业资格取消,凡是律师均可以从事证券法律服务。但是在选择律师事务所时,还是要看其是否具有证券从业的专业经验和服务团队。

(2)沟通协调能力。

律师事务所以及律师要能较好地与相关部门以及其他中介机构进行沟通和配合。

(3)项目团队。

除了律师事务所的规模和经验外,还要考察律师团队特别是主办律师的经验、水平等因素。

(三)资产评估机构

1.资产评估机构在改制中的作用

资产评估是企业改制实施过程中的重要环节之一,资产评估的结果关系到能否对企业存量资产进行一个正确的评价和估算,从而准确、合理地维护投资者与企业自身的合法权益。在企业改制过程中,资产评估往往涉及对企业普通资产、土地使用权、商标权、专利权等资产的评估,对土地使用权、商标权、专利权的评估需要具有相应资质的资产评估机构进行。

在企业改制过程中,资产评估机构一般具有如下作用:

(1)有利于摸清改制企业的资产存量。

在市场经济条件下,资产价值的增值、贬值或消灭受多种因素的影响和制约,如在生产过程中的消耗和补偿、市场供求关系的平衡交替、通货膨胀、经济危机等因素。通过资产评估机构的评估,可以真实、客观地反映资产在某一时点的价值,从而为资产的所有人提供真实的资产价值数据。

(2)促进企业的结构调整与资产重组。

为实现企业及其资产的重组和资源的优化配置,减少资本流动的成本和摩擦,实现资产重组的合理性,按照市场规律的要求进行公平合理的产权交易,必须有资产评估机构对拟转让资产的价值进行评估,发挥资产评估机构客观公正的作用,维护产权交易各方的合法权益。

(3)参与企业改制方案的策划、设计和可行性研究。

资产评估机构具有资产评估知识、技术和经验、资格的专业机构和从业人员,可以充分发挥资产评估机构的专业优势和条件,协助改制标的企业理顺产权关系、合理选择改制模式,有针对性地提出建设性或指导性的意见或建议。

(4)为企业改制提供有关资产评估方面的咨询服务。

资产评估机构一般拥有经验丰富的资产评估专业人士,他们了解、熟知我国有关资产评估方面的法律、法规、政策以及知识、技术和市场信息与动态,对企业改制中遇到或提出的疑问、难题,均可以给予专业性或指导性的意见或建议,为企业改制提供所需要的咨询服务,从而推动企业改制的进程。

2.资产评估机构的遴选标准

在委托资产评估机构时,应根据评估目的选用不同的资产评估机构。就欲在创业板上市的改制企业而言,其在选择资产评估机构时应从以下几个角度进行遴选:

(1)资格。

资产评估应选择具有证券从业资格的资产评估机构,土地评估应选择具有土地评估资格的资产评估机构。

(2)项目团队。

负责评估的项目团队应具有一定比例的、具有改制上市经验的注册评估师,并且具有一定的稳定性。

(3)经验。

资产评估机构应当具有丰富的改制上市评估经验。

(四)保荐机构

1. 保荐机构在改制中的作用

保荐机构一般为企业发行上市的主承销商,在企业没有单独聘请财务顾问时还担任财务顾问的角色。作为企业改制上市的总协调人,保荐机构在改制阶段负责改制的全面协调工作,在推荐发行人首次在创业板上市前,应当按照证监会的要求对发行人进行辅导。在发行上市阶段,保荐机构一般负责证券发行的主承销工作,依法对公开发行募集文件进行核查,向证监会出具保荐意见。保荐机构应当尽职推荐发行人证券发行上市,在发行上市后,保荐机构应当持续督导发行人履行规范运作、信守承诺、信息披露义务。

保荐机构的主要职责与工作如下:

(1)制定改制上市的方案与时间表;

(2)与企业共同编制招股说明书;

(3)制作申报文件,出具保荐意见;

(4)对申报材料进行内核,并出具内核意见;

(5)在证监会审核过程中,对审核部门的反馈意见进行汇总,组织企业和中介机构出具专项说明,就其中重大事项、经营状况、经营业绩、重大关联交易等发表意见;

(6)与企业确定发行方式、发行方案,出具定价分析报告,与企业确定发行价格;

(7)组织承销团,确定销售计划等。

2. 保荐机构的遴选标准

拟改制企业在选择保荐机构时,应主要把握如下两个原则:

(1)符合资质原则。

拟改制上市企业在选择券商时,必须选择具备保荐资格的券商,中国证监会只受理具备保荐资格的券商提交的证券发行上市推荐文件。因此,企业与券商接触中,要注意查看其营业执照等相关文件,鉴别其是否具有保荐、承销资格。为规避券商自身变动带来的风险,企业选择券商时,一般都会选择创新类和规范类券商,并尽可能选择创新类券商。

(2)"门当户对"原则。

随着市场的发展和完善,证券公司的分工越来越明显,有些券商主要侧重于做大项目,有些券商则专注于中小企业。作为欲在创业板上市的创新性高新企业,应选择实力强、信誉好、经验丰富、精力充沛的中介机构。实力强,主要看其注册资本大小、保荐代表人多少,是否有较大规模;信誉好,主要看其过去工作质量、服务态度、诚信情况,包括有无受到证监会处分;经验丰富,主要看对某个行业的熟悉程度,承担该行业和中小企业项目数量的多少,以及对某个地区企业的熟悉程度,是否在当地做过类似的项目;精力充沛,主要看该券商目前人员从业经验、近期首发上市项目多少，券商将本企业项目放在其整个业务构成中的哪个位置。

拟改制上市企业的改制上市筹备小组为了能以最合理的价格聘请到最合适的中介机构，以促使企业改制上市的顺利进行，宜采用招标的方式选用中介机构。在聘请中介机构时，一般可以按照如下程序操作：

(1)统一招标评标。

改制上市筹备小组可以要求中介机构制作投标文件，投标文件一般包括中介资质、业务历史和经验、现有团队状况、对发行状况的认识、对本企业上市的初步方案、拟进入现场的团队状况、对证监会审核及发审委审核情况的了解等资料。

(2)选择性考察。

从站队排列的中介机构中选择 2 至 3 家，组织人员到其总部和曾经成功保荐上市的企业了解考察。在这些工作之后，可先确定并签订企业改制的合同，发行上市的合作合同暂不签订。

(3)确定发行上市的中介机构。

企业改制过程是各中介机构合作的首个磨合期，许多问题会在此期间显露，发行上市的合作合同在改制合作期完成后签订，有利于企业最终选择到合适、满意的中介机构。

三、拟股改企业与各中介机构的协调

在改制上市过程中，企业与中介机构之间、中介机构彼此之间高效的沟通、良好的协作是企业改制顺利完成的一个极为重要的因素。因此，拟改制企业与各中介机构都必须重视协调沟通工作。

为了更好地发挥中介机构的作用，更大限度地提高企业价值和改革力度，双方应建立起定期和不定期“碰头”制度，及时沟通信息，总结经验教训，发现并解决问题。这种工作协调会，不仅在企业与中介机构之间不可缺少，在中介机构之间也十分必要。

(一)拟股改企业与中介机构的协调

对中介机构，企业要虚心听取他们的意见和建议，尊重他们的专业判断，但绝不能撒手不管，也不能过分迷信他们的经验，做到依靠但不依赖。尤其要防止两种情况，第一种是当企业内部出现重大利益调整而意见未最终明确前，中介机构常常容易“和稀泥”，甚至缺乏原则性。企业应要求中介机构就有争议的问题拿出首尾一致、明确的、负责任的意见和建议。当然，企业能否尊重中介机构的意见，能否理性对待并公正评价，是中介机构能否真实地表达他们的意见并坚持原则的关键。第二种是中介机构尤其是境外机构往往更善于保护自己而不愿承担责任。为了其自身利益，他们有可能选择不是对公司最有利的方式和方法，甚至有时操纵信息。为此，在整个工作过程中，企业应要求中介机构提前拿出每一个阶段切实可行的工作计划，并要求他们适时、真实地提供充分的信息。同时，为了有效地推进工作进程和确保企业自身利益，企业很有必要建立自己的信息渠道。这种信息渠道包括内部的，也包括来自外部市场和其他专业机构的。

(二)中介机构之间的协调

会计师事务所、律师事务所、资产评估机构、保荐机构等各中介机构之间应制定沟通机制,彼此协调,尽可能步调一致,争取改制工作的顺利完成以及改制后股份公司的成功上市。在协调过程中,一般由保荐机构担任主协调人,其他各中介机构应尊重其地位,并积极配合其开展工作。

第三节 股份制改造的标准与程序

成立股份有限公司需要具备哪些条件?股份制改造的标准是什么?对于欲在创业板上市的企业来说,其力求在股份制改造中达到什么标准?拟改制企业进行股份制改造的一般程序如何?本节拟就这些问题进行探讨。

一、股份制改造的标准

股份制改造的浅层次标准就是拟改制企业通过股份制改造,使企业形式由原先的有限责任公司变为股份有限公司。对于达到这一标准需要具备哪些条件,《公司法》《证券法》等相关法律法规中均有明确的规定。

1. 发起人符合法定人数

《公司法》第78条规定,设立股份有限公司,应当有2人以上200人以下为发起人,其中须有半数以上的发起人在中国境内有住所。这也就是说,如果欲改制的原有限责任公司的股东不足2个,则需要补充到2个作为发起人;如果欲改制的原有限责任公司的股东已经超过2个,则只需要从中选择2个或全部作为股份有限公司的发起人。

2. 有符合公司章程规定的全体发起人认购的股本总额或者募集的实收股本总额

《公司法》第80条规定,股份有限公司采取发起设立方式设立的,注册资本为在公司登记机关登记的全体发起人认购的股本总额。在发起人认购的股份缴足前,不得向他人募集股份。股份有限公司采取募集方式设立的,注册资本为在公司登记机关登记的实收股本总额。法律、行政法规以及国务院决定对股份有限公司注册资本实缴、注册资本最低限额另有规定的,从其规定。

发起人可以用货币出资,也可以用实物、工业产权、非专利技术、土地使用权作价出资。发起人以货币出资时,应当缴付现金。发起人以货币以外的其他财产权出资时,应当进行评估作价,核实财产,并折合为股份,且应当依法办理其财产权的转移手续,将财产权由发起人所有转归公司所有。

3. 股份发行、筹办事项符合法律规定

股份发行、筹办事项符合法律规定,是设立股份有限公司所必须遵循的原则。

股份的发行,是指股份有限公司在设立时为了筹集公司资本,出售股份和募集资金的法律行为。这里讲的股份的发行是设立发行,是设立公司的过程中,为了组建股份有限公司,筹集组建公司所需资本而发行股份的行为。设立阶段的发行分为发起设立发行和募集设立发行两种。发起设立发行,是指由公司发起人认购应发行股份的一部分,其余部分向社会公开募集,并由社会公众认购该股份的行为。

股份有限公司的资本划分为等额股份,即每一股的金额相等。股份的发行实行公开、公平、公正的原则,且必须同股同权、同股同利。同次发行的股份、每股的发行条件、发行价格应当相同。

《公司法》第83条至第86条规定,以发起设立方式设立股份有限公司的,发起人以书面形式认足公司章程规定及发行的股份后,应即缴纳全部股款。以募集设立方式设立股份有限公司的,发起人认购的股份不得少于公司股份总数的35%,其余股份应当向社会公开募集。发起人向社会公开募集股份时,必须依法经国务院证券管理部门批准,并公告招股说明书,制作认股书,由依法批准设立的证券经营机构承销,签订承销协议,同银行签订代收股款协议,由银行代收和保存股款,向认股人出具收款单据。招股说明书应当附有发起人制定的公司章程,并载明下列事项:(1)发起人认购的股份数;(2)每股的票面金额和发行价格;(3)无记名股票的发行总数;(4)募集资金的用途;(5)认股人的权利、义务;(6)本次募股的起止期限及逾期募足时认股人可以撤回所认股份的说明。

4. 发起人制定公司章程,采取募集方式设立的需经创立大会通过

股份有限公司的章程,是股份有限公司重要的文件,其中规定了公司最重要的事项,它不仅是设立公司的基础,也是公司及其股东的行为准则。因此,公司章程虽然由发起人制定,但以募集设立方式设立股份有限公司的,必须召开由认股人组成的创立大会,并经创立大会决议通过。

【法律依据】 公司章程的内容

《中华人民共和国公司法》(2013年12月28日修正)

第八十一条 股份有限公司章程应当载明下列事项:

(一)公司名称和住所;

(二)公司经营范围;

(三)公司设立方式;

(四)公司股份总数、每股金额和注册资本;

(五)发起人的姓名或者名称、认购的股份数、出资方式和出资时间;

(六)董事会的组成、职权和议事规则;

(七)公司法定代表人;

(八)监事会的组成、职权和议事规则;

(九)公司利润分配办法;

(十)公司的解散事由与清算办法;

(十一)公司的通知和公告办法;

(十二)股东大会会议认为需要规定的其他事项。

5. 有公司名称,建立符合股份有限公司要求的组织机构

名称是股份有限公司作为法人必须具备的条件。公司名称必须符合企业名称登记管理的有关规定,股份有限公司的名称还应标明“股份有限公司”字样。股份有限公司必须有一定

的组织机构，对公司实行内部管理并对外代表公司。股份有限公司的组织机构是股东大会、董事会、监事会和经理。股东大会作出决议；董事会是执行公司股东大会决议的执行机构；监事会是公司的监督机构，依法对董事、经理和公司的活动实行监督；经理由董事会聘任，主持公司的日常生产经营管理工作，组织实施董事会决议。

6. 有固定的生产经营场所和必要的生产经营条件

生产经营场所为公司开展正常的经营活动提供了必要的空间条件，同时，公司开展正常的经营活动也必须要具备一定的生产经营条件。拟改制企业的原有生产经营场所和生产经营条件可以继续为新设立的股份有限公司所用，当然也可以另辟场所。

二、股份制改造的程序

股份制改造的程序因拟改制企业主体性质的不同而有所差异。例如，国有企业改制为股份有限公司的改制筹备小组应当由企业国有资产所有者（各级国有资产管理部门）代表会同各方发起人共同组成，且必须经过资产评估和产权界定的程序。但改制的大部分程序都基本相同，此处，以有限责任公司改制为股份有限公司为例详细地介绍改制的基本程序。

（一）设立改制筹备小组

有限责任公司一旦确定了改制上市的目标，即进入实质性操作阶段。公司董事会应根据国家有关法律法规的规定，结合企业的具体情况，成立改制筹备委员会或筹备小组。该筹备小组通常由董事长或董事会秘书或类似人员牵头，汇聚公司生产、技术、财务、管理等方面的负责人，不定期召开会议，就改制过程中遇到的有关问题进行商讨，必要时还应提请董事会决定。

（二）选择发起人

法律规定，设立股份有限公司应当有 2 人以上 200 人以下的发起人。如果拟改制的有限责任公司现有股东人数满足该要求，则可以直接由现有股东以公司净资产共同发起设立；如果现有股东不足或现有股东有不愿意参加本次发起设立的，则应当引入新的股东作为发起人，由现有股东向其转让部分股权，对公司股权结构进行改组，然后由改组后的股东以公司净资产共同发起设立股份有限公司。股东的变更应当满足申请发行前最近两年内实际控制人不发生变化的要求。因此，在这一过程中选择发起人是十分重要的，它将直接影响到股份有限公司以后的运作。各个企业通常在改制前都已经联系好合适的发起人，也有些企业会借机引入战略投资者或风险投资者，以及具有行业背景或专业技术背景的企业或企业化经营的事业单位，以便壮大企业的综合实力。

（三）聘请中介机构

公司成立改制筹备小组后，筹备小组即可联系和聘请中介机构，包括保荐机构、律师事务所、审计机构、资产评估机构等。中介机构均应当具备从业资格，譬如保荐机构应具有中国证监会颁发的从事证券承销业务和推荐发行业务资格证书；律师事务所应具有司法行政机关颁发的且经过年检的律师事务所执业证；审计机构应当具有从事证券业务的执照，审计师应当是具有从事证券业务资格的注册会计师；担任资产评估机构的会计师事务所应具有中国证监会和财政部颁发的资产评估业务资格证书和从事证券业务的资格证书。

筹备小组在经过慎重考察后，应当确定本次改制上市的各中介机构人选，并与之签署委托协议或相关合同，正式建立委托关系。

当改制筹备小组完成聘请中介机构的工作任务后，应组织中介机构召开协调会。为了改制工作的顺利进行，筹备小组、保荐机构等中介机构应通过讨论列出本次改制与上市中所要做的具体工作、完成时间以及相应的实施主体，然后按照时间表积极开展工作。

以下为一企业在改制过程中制定的时间表，其基本内容、格式值得参考与借鉴。（见表4－2）

表4－2 A企业改制为股份有限公司工作时间

——纳斯达克全球精选市场首次发行要求

目标	×年×月×日之前上报申请文件		
会议时间	×年×月×日	会议地点	A企业会议室
会议主题	确定时间表		
参会机构	改制上市筹备小组 保荐机构 律师事务所 会计师事务所 评估机构		
具体事务时间进程安排			
序号	时间	工作内容	负责单位
1	×月×日	召开总协调会 具体内容： 1. 确定工作时间表 2. 讨论改制的关键问题 3. 制定公司、中介机构通信录	企业筹备小组 各中介机构
2	×月×日	将第一次协调会备忘录发给各方	企业筹备小组
3	×月×日	变更为股份有限公司所需法律文件和程序	保荐机构 律师
4	×月×日	各中介机构尽职调查问题清单	保荐机构 律师 会计师
5	×月×日	提供尽职调查文件	企业
6	×月×日	企业名称预先核准	企业
7	×月×日	审计报告初稿	审计师
8	×月×日	评估报告初稿	评估师
9	×月×日	改制方案初稿抄送各方	保荐机构
10	×月×日	讨论确定最终的改制方案，解决遗留问题	企业筹备小组 各中介机构
11	×月×日	审计报告定稿	会计师

续表

12	×月×日	发起人协议、公司章程第一稿	律师
13	×月×日	评估报告定稿	评估师
14	×月×日	资产评估报告获得国有资产监督管理部门确认	企业 评估师
15	×月×日	公司章程定稿 发起人会议、签署发起人协议	律师 企业
16	×月×日	土地资产评估获得国有土地行政管理部门的批复	企业
17	×月×日	国有股权设置法律意见书	律师
18	×月×日	股份有限公司设立法律意见书(草稿)	律师
19	×月×日	汇总申报国有股权设置方案批复的申请文件	保荐机构 企业
20	×月×日	股份有限公司国有股权设置方案获得国有资产监督管理部门的批准	企业
21	×月×日	股份有限公司设立法律意见书定稿	律师
22	×月×日	汇总编制股份有限公司设立申请文件	企业 中介机构
23	×月×日	向省市政府体改委提交股份有限公司的申请报告和其他申请文件	企业
24	×月×日	取得省政府设立股份有限公司的批文	企业 保荐机构
25	×月×日	出资验资	相关发起人 会计师
26	×月×日	准备创立大会法律文件	企业 律师
27	×月×日	创立大会召开,通过公司章程,选举董事、监事等	保荐机构 律师 企业
28	×月×日	办理工商注册登记,取得企业法人营业执照	企业
签字确认	企业:　　保荐机构:　　评估机构: 会计师事务所:　　律师事务所: 时间:×年×月×日		

（四）尽职调查、资产评估与审计

在公司与各中介机构签署委托协议之后,各中介机构即应进场工作,分别对公司的有关情况进行调查和审计。其中,保荐机构应对公司整体情况尤其是商务经营情况进行全面的调查,并在调查的基础上起草本次改制上市的招股说明书;律师应对公司的法律事宜进行全面调查,并起草法律意见书和律师工作报告;会计师事务所对公司近3年的财务状况进行审计,形成审计报告;资产评估师对公司的资产状况进行评估,形成资产评估报告。以上工作均需要经过一段时间的调查和审计工作。公司一方面应与各中介机构配合,如实提供文件和资料;另一方面可以着手本次改制的其他工作。

(五)产权界定

在公司筹备的过程中,为了准确确定公司资产,区分其他主体的资产,有时还应当进行财产清查。在财产清查的基础上,对企业财产权进行甄别和确认。尤其是占有国有资产的公司,应当在改制前对占有的国有资产进行评估,并重新确认国有产权,避免国有资产受到损害。对于一般非国有企业或非国有控股的有限责任公司,如果采取整体变更的方式设立股份有限公司,只需要履行严格的审计程序,可以不进行产权界定。

(六)国有股权设置

在改制过程中还应注意到,如果发起人中有国有企业,或者改制后的股份有限公司的某一股东为国有单位或国有控股单位,则在申请设立股份有限公司之前还应办理国有股权设置手续。该手续应当由该国有股股东向其上级国有资产监督管理部门申请办理。譬如,在改制设立某股份有限公司时,其中有两个发起人为国有企业,分别持有股份有限公司少部分的股权,其投入该股份有限公司的资产形成的股权属于国有股权。因此,虽然这两个发起人并不具有控股地位,在该股份有限公司设立时仍应履行国有股权设置程序,由这两个发起人分别向有权的国有资产监督管理部门申请设置国有股权,在取得国有股权设置与管理关系的批复文件后方能向股份有限公司所在地人民政府或国务院的有关部门申报设立股份有限公司。通常在申报国有股权设置申请书的同时,还要求公司律师就国有股权设置出具法律意见书。

(七)制定改制方案

在拟改制公司资产确定后,各方应当对改制方案涉及的以下几个主要问题达成一致:

首先,股份有限公司的注册资本的数额。应当由各发起人共同商定净资产的折股比例,根据净资产的折股比例确定注册资本的数额。

其次,各发起人的持股比例。有限责任公司整体变更时各发起人的持股比例应按照改制前各发起人在原公司中的股权来确定。如果股权比例有变动,需要在整体变更之前的有限责任公司阶段完成。

上述两项确定后,本次改制的主体框架基本上可以确定下来。筹备小组应在此基础上制定改制方案,并由各发起人签署发起协议书和公司章程草案。

除上述文件外,公司在改制中还应形成如下改制文件或公司文本:股东会关于公司改制的决议、改制申请书、改制可行性研究报告、发起人框架协议或发起人协议、公司章程以及企业改制总体设计方案等。在改制过程中还可能随时需要起草其他文件,如国有股权设置申请书、企业内部管理制度等。这些文件,有些需要由改制筹备小组起草,有些则需要改制筹备小组与各中介机构以及专家共同商议起草。前述工作，都是公司改制中的基础性工作。

（八）申请并办理设立报批手续

在以上工作完成后，筹备小组应根据需要向政府有关部门办理相关审批手续。存在国有股权的应向国有资产监督管理部门申请办理国有股权设置的批文；改制方案含有以国有土地出资的还需要有国有土地管理部门出具的国有土地处置方案批复。审批的时间通常需要1个月左右，有的公司可能还会被要求补充文件或材料，甚至被要求修订有关方案。这一段时间的长短往往取决于前期工作的充分与周密程度。

（九）认缴以及招募股份

在股权设置的基础上，根据公司形式，投资者应按股权结构认缴股份。

如以发起设立方式设立股份有限公司，发起人应当书面认足公司章程规定其认缴的股份；一次缴纳的，应即缴纳全部出资；分期缴纳的，应即缴纳首期出资。以实物、工业产权、非专利技术或土地使用权等非货币出资的，应经过资产评估并依法办理该财产权的转移手续。

根据《公司法》第84条的规定，以募集设立方式设立股份有限公司的，发起人认购的股份不得少于公司股份总数的35%，其余部分依法向社会公开募集。

发起人不能按时足额缴纳股款的，应对其他发起人承担违约责任。各发起人缴纳股款后应经过会计师事务所的验资确认。会计师事务所应就验资结果出具验资报告。

（十）注册成立股份有限公司，完成登记手续

根据《公司法》以及有关法律、法规的规定和股份有限公司设立的实践情况，股份有限公司的设立与其他形式营业主体的设立相比较为复杂，具有股份人数多、股份等额划分、设立形式法定严格的特点。此处就股份有限公司的设立作一介绍。

1. 股份有限公司的登记注册机构

根据《公司登记管理条例》第6条至第8条的规定，关于股份有限公司注册登记的管辖范围有如下规定：

（1）国家工商行政管理总局负责下列股份有限公司的登记：

①国务院国有资产监督管理机构履行出资人职责的公司以及该公司投资设立并持有50%以上股份的公司；

②外商投资的股份有限公司；

③依照法律、行政法规或者国务院决定的规定，应当由国家工商行政管理总局登记的股份有限公司；

④国家工商行政管理总局规定应当由其登记的其他股份有限公司。

（2）省、自治区、直辖市工商行政管理局负责本辖区内下列股份有限公司的登记：

①省、自治区、直辖市人民政府国有资产监督管理机构履行出资人职责的公司以及该公司投资设立并持有50%以上股份的公司；

②省、自治区、直辖市工商行政管理局规定由其登记的自然人投资设立的股份有限公司；

③依照法律、行政法规或者国务院决定的规定，应当由省、自治区、直辖市工商行政管理局登记的股份有限公司；

④国家工商行政管理总局授权登记的其他股份有限公司。

(3)设区的市(地区)工商行政管理局、县工商行政管理局，以及直辖市的工商行政管理分局、设区的市工商行政管理局的区分局，负责本辖区内下列股份有限公司的登记：

①前述(1)和(2)所列股份有限公司以外的其他股份有限公司；

②国家工商行政管理总局和省、自治区、直辖市工商行政管理局授权登记的股份有限公司。

2. 股份有限公司的登记注册事项

根据《公司登记管理条例》的规定，股份有限公司注册登记的主要事项有：

(1)股份有限公司的名称；

(2)股份有限公司的住所；

(3)股份有限公司的法定代表人姓名；

(4)股份有限公司的注册资本；

(5)股份有限公司的类型；

(6)股份有限公司的经营范围；

(7)股份有限公司的营业期限；

(8)股份有限公司发起人的姓名或者名称。

公司的登记事项应当符合法律、行政法规的规定。不符合法律、行政法规规定的，公司登记机关不予登记。

3. 设立股份有限公司应提交的注册文件

根据《公司法》以及《公司登记管理条例》的规定，设立股份有限公司，应当由董事会向公司登记机关申请设立登记。以募集方式设立股份有限公司的，应当于创立大会结束后30日内向公司登记机关申请设立登记。

申请设立股份有限公司，应当向公司登记机关提交下列文件：

(1)公司法定代表人签署的设立登记申请书；

(2)董事会指定代表或者共同委托代理人的证明；

(3)公司章程；

(4)发起人的主体资格证明或者自然人身份证明；

(5)载明公司董事、监事、经理姓名、住所的文件以及有关委派、选举或者聘用的证明；

(6)公司法定代表人任职文件和身份证明；

(7)企业名称预先核准通知书；

(8)公司住所证明；

(9)国家工商行政管理总局规定要求提交的其他文件。

以募集方式设立股份有限公司的，还应当提交创立大会的会议记录以及依法设立的验资机构出具的验资证明；以募集方式设立股份有限公司公开发行股票的，还应当提交国务院证券监督管理机构的核准文件。

法律、行政法规或者国务院决定规定设立股份有限公司必须报经批准的，还应当提交有关批准文件。

4. 核准、登记成立

根据《公司登记管理条例》的规定，对于申请人提交的材料，公司登记机关审查后决定是否予以受理，决定予以受理的，应当出具《受理通知书》；决定不予受理的，应当出具《不予受理通知书》，说明不予受理的理由，并告知申请人享有依法申请行政复议或者提起行政诉讼的权利。

公司登记机关作出准予公司设立登记决定的，应当出具《准予设立登记通知书》，告知申请人自决定之日起10日内，领取企业法人营业执照；公司登记机关作出不予登记决定的，应当出具《登记驳回通知书》，说明不予登记的理由，并告知申请人享有依法申请行政复议或者提起行政诉讼的权利。

第四节　股份制改造方案设计

拟改制企业股东会在通过股份制改造决议、聘请相关中介机构后，就要协同着手设计股份制改造方案。股份制改造方案设计的成败直接关系到股份制改造的成功与否，因此拟改制企业对此要足够重视。设计改制方案要先由有关中介机构进行尽职调查，再根据尽职调查的情况设计股份制改造方案。

一、股份制改造尽职调查

拟改制企业成立改制上市筹备小组并依法聘请各中介机构后，便应组织召开中介机构协调会，在第一次中介机构协调会后，各方就应进入工作状态。律师应在协调会所确定的时间内对企业的有关情况进行一次全面的法律尽职调查。严格来讲，企业改制上市的尽职调查应按股份有限公司设立的时间先后划分为两个阶段。股份有限公司设立前的调查主要是以股份有限公司设立为目的的调查，而设立后的调查主要是以股票发行和上市为目的的调查。尽管其调查侧重点不同，但其涵盖的总体范围与内容基本是一致的，都是为了从法律角度全面审查企业的状况，而且这两个阶段前后相承，密不可分。改制前调查详细周密，则股票发行与上市阶段的调查工作便会轻松很多。故此，律师与各中介机构应重视改制前的调查工作。此外，会计师事务所、保荐机构也应当根据自己机构的业务专长对拟改制企业进行相应的尽职调查。

（一）律师事务所的尽职调查

拟改制企业的律师顾问在股份有限公司设立前的尽职调查主要针对以下问题：

1. 拟改制企业是否合法设立并有效、合法存续；
2. 拟改制企业股权结构和组织形式演变过程是否合法；
3. 投资各方的主体资格、企业性质及其是否依法履行了出资手续；
4. 拟改制企业的对外投资情况，包括其控股和参股的企业，以及分支机构情况；
5. 拟改制企业及其控股子公司的主营业务，其主营业务赖以存在和发展的业务要素及其独立性；

6. 拟改制企业及其控股子公司的资产状况，以及其独立性；

7. 拟改制企业的控股股东及拟改制企业以外的其他下属企业的有关情况，其各自的主营业务和资产状况，确定拟改制企业与其他关联方的关系及是否存在同业竞争；

8. 拟改制企业的内部机构设置情况及其功能，董事会、监事会和高级管理人员的情况；企业自设立以来的重要股东会决议、董事会决议等；

9. 拟改制企业的人员招聘、劳动用工情况；

10. 拟改制企业依法纳税情况。

（二）会计师事务所的尽职调查

一般来说，会计师事务所应着重从以下几个方面进行调查：

1. 持续经营方面

经营性现金流是了解目标企业持续经营状况最为原生态的指标，与可人为操作的会计利润相比，更能真实反映目标企业的生存状态。因此，会计师事务所应当重视拟改制企业的持续经营情况。

2. 内部控制方面

取得并阅读拟改制企业的内部控制文件，通过穿行测试和遵从性测试，了解并评价内控设计的合理性及执行的有效性。

3. 财务方面

了解拟改制公司的会计政策、财务结构、资信程度、资产质量、盈利能力及遗留成本等情况。视内控状况考虑对拟改制企业现有财务资料的采信程度，但对重要项目的调查程序必须实施到位，如贷款卡查询程序，股票、期货等高风险投资的函证程序，重大资产权属验证程序。对目标企业已作提示的抵押、担保、或有事项、未决诉讼等事项，要追踪后续发展情况。对未作提示的风险事项，更要作为调查工作的重中之重。此外，重视财务数据与非财务数据的配比分析，也能为发现舞弊风险找到切入点。

4. 税务方面

了解拟改制企业现行税负构成、税收待遇，纳税及扣缴义务的履行情况。对享受税收优惠的企业，了解优惠期结束后的负担情况；对未全面履行纳税义务的企业，定量评析其税务风险。根据拟改制企业性质、行业特点，把握调查重点。

5. 财务预测方面

财务尽职调查所做的预测必须是全面财务预测，一般包括收入、投资规模、资金需要、重大会计政策变动等内容，最终体现在现金流量预测和盈利能力预测上。注册会计师必须把预测置于行业前景、政策导向、利率、汇率、税制变化等宏观经济趋势下评估。此外，对预测涉及的基本事实，必须保持应有的职业怀疑态度，慎之又慎地反复核实。

（三）保荐机构的尽职调查

根据证监会发布的《保荐人尽职调查工作准则》的规定，保荐人在企业改制过程中的尽职调查主要涉及如下内容：

1. 取得发行人改制的相关资料，包括改制前原企业（或主要发起人）的相关财务资料及审计报告、资产和业务构成情况、上级主管部门同意改制的批复文件，以及发行人的改制方案、人员安置方案、审计报告、评估报告等，并通过与发行人董事、监事、高级管理人员及其员工谈话，咨询中介机构等方法，核查发行人在改制时业务、资产、债务、人员等重组情况，分析判断是否符合法律、法规及证券监管、国有资产管理、税收管理、劳动保障等相关规定。

2. 调查改制前原企业或主要发起人的资产构成和业务构成情况，改制前原企业的业务流程，以及原企业和发行人业务流程间的联系；调查发行人成立以来，在生产经营方面与主要发起人的关联关系及演变情况。分析判断发行人改制是否清晰、彻底，是否已将与发行人业务有关的生产经营性资产及辅助设施全部投入股份公司，是否保证了发行人供应系统、生产系统、销售系统等方面的独立性和完整性，以及与原企业或主要发起人在法律关系、产权关系、业务关系（如现实的或潜在的关联交易和同业竞争等）、管理关系（如托管等）等方面是否存在重大瑕疵。

（四）调查方法

一般来说，各中介机构在改制过程中的调查可以采用如下方法：

1. 起草并向公司提供尽职调查所需文件清单；
2. 根据尽职调查所需文件清单要求公司提供有关文件或资料；
3. 与拟改制企业有关负责人员进行会谈，了解拟改制企业历史沿革、主营业务、资产、关联关系、财务、纳税等情况；
4. 走访拟改制企业生产经营场地、设施，进行实地考察；
5. 走访政府有关部门，了解对拟改制企业的监管情况；
6. 向工商行政部门查询企业档案；
7. 向有关单位发出征询函；
8. 参考其他中介机构的工作成果。

二、股份制改造方案的内容

尽职调查不是为了调查而调查，其最终目的是发现拟改制企业存在的法律、财务、税务等问题，根据这些问题选择对应的解决方案，进而设计最有效率、最切合拟改制企业自身的改制方案。

拟改制企业改制筹备小组、保荐机构等中介机构应根据尽职调查的结果彼此沟通协商，就如何设计高效、切实的改制方案进行反复讨论。一般来说，提出的改制方案应能解决尽职调查中反映出来的诸多问题，并保障经改制重组后确能符合股份有限公司的设立要求，并尽可能地达到在创业板上市的要求。

一份完整的改制方案至少应当包括如下内容：

1. 企业概况。

企业概况主要包括企业名称及其历史沿革、所在行业、主要产品、隶属关系、在职职工的人数、下岗职工和离岗退养职工的人数、离退休职工的人数、企业占地面积、企业资产（包括资本）的构成等内容。

2. 企业近3年经营状况。

企业经营状况主要用近3年企业所完成的各项技术经济指标来描述,对当前生产经营面临的困难作出说明。

3. 企业改制的指导思想和基本原则。

4. 企业资产的现状和处置情况。

(1)改制前账面的总资产、总负债、净资产;

(2)评估后的总资产、总负债、净资产;

(3)资产评估结果的确认情况;

(4)企业资产的核销、剥离、提留情况;

(5)土地资产的处置;

(6)经核销、剥离、提留后的国有净资产的处置情况。

5. 企业改制的形式和内容。

(1)改制的范围:整体改制、部分(车间、分厂、分公司)改制;

(2)企业改制选择的形式,如股份合作制、股份有限公司;

(3)改制后企业的名称;

(4)注册资本和资本结构;

(5)出资人(发起人)和出资方式;

(6)法人治理结构;

(7)建立职工持股会的,说明职工持股的情况;

(8)经营者购买股份期权的形式和数额。

6. 改制后企业经营范围(含经营方式)。

7. 改制后企业的发展规划和经济效益预测。

(1)改制后企业的投资计划;

(2)改制后企业转换经营机制的初步打算;

(3)改制后企业的盈利水平预测;

(4)改制后企业的风险分析。

8. 需要政府支持和协调解决的问题和政策要求。

三、股份制改造方案示例

杭州H有限公司股份制改造总体方案

一、释义

H公司:杭州H有限公司

金　立:杭州金立实业有限公司

东　远:杭州东远有限责任公司

宁实达:杭州宁实达有限责任公司

乌　致:杭州乌致实业有限公司

天翼达:杭州天翼达贸易有限公司

金东方:杭州金东方有限公司

金天逸:杭州金天逸有限公司

乌石厂:杭州乌石精细化工厂

二、拟改制主体——H公司基本情况

1992年10月,经杭州市工商行政管理局批准注册,目前公司注册资本为5000万元。

H公司主要从事石油化工助剂、油品添加剂、化纤催化剂、表面活性剂等的生产和销售,并具有自营进出口权。

目前股东情况:

股东	出资额(万元)	出资比例(%)
郭开达	2629.64	52.6
郭远宜	1203.51	24.1
陈　方	689	13.8
职工持股会	478.54	9.5
合计	5000	100

H公司被杭州市市科委认定为高新技术企业。NS－102汽油清净剂、NS－Q系列汽油安定性改进剂、NS－H8活化剂、T2201十六烷值改进剂被杭州市市科委认定为高新技术产品,其中NS－H8活化剂被浙江省科技厅认定为高新技术产品。

H公司获得浙江质量保证中心质量体系认证证书(注册号:2649B0035),建立和实施了符合ISO9002:1994标准要求的质量体系。该体系覆盖的范围包括炼油用:防垢剂、脱硫剂、脱盐剂、活化剂、钝化剂;油品用:燃油清净剂、安定性改进剂、无灰分散剂;农药乳化剂;破乳剂产品的生产与服务全过程。

2006年年末,H公司总资产为13 587万元,净资产为6885万元,主营业务收入11 749万元,营业利润为2091万元,净利润为613万元。上述数据为母公司报表数据,但对外投资超过20%股权的,公司采用成本法而非权益法核算,应作为会计差错进行追溯调整,调整后的数据应优于目前情况。

三、本次改制目的和原则

(一)改制目的

进一步明晰公司产权,初步建立现代企业制度,完善公司法人治理结构,为公司持续、快速发展提供良好的制度保证。

(二)改制原则

假定:本次改制的终极目标是申请并完成公开发行股票并上市。

1. 合法合规性

改制重组需按照《公司法》《证券法》及中国证监会有关规定,以满足发行上市的要求。

2. 主营业务突出

股份有限公司应形成清晰的业务发展目标,合理配置存量资源,形成核心竞争力和持续发展能力。

3. 避免同业竞争

同业竞争问题是证监会及发行审核委员会关注的重点问题之一，如有，则应在报告期内解决，至少必须在上会前加以解决。

4. 减少、规范关联交易

关联交易亦是证监会及发行审核委员会关注的重点问题之一，应保证股份有限公司业务的完整性及独立性，减少并规范关联交易。

5. 产权清晰

保证股份有限公司产权关系清晰，股权明确，不存在法律障碍。

6. 优化股权结构

通过制定合理的股权结构（包括股本规模及股权结构），为股份有限公司建立规范的法人治理结构、高效的管理体制，并最终为公开发行股票并上市打下良好的基础。

四、本次改制方案

根据尽职调查情况，结合多次中介机构的讨论与H公司的要求，建议本次设立股份有限公司采取以H公司为主体整体变更设立股份有限公司的方式。变更前的H公司需要进行资产重组，重组主要内容如下：

（一）对H公司进行增资

增资方式：

1. 郭开达、郭远宜、陈方等H公司主要股东以其拥有的金立全部或部分股权对H公司进行增资，具体股权比例等对金立进行审计和整体评估后再做确定，但必须保证增资后金立成为H公司的控股子公司。

注意：公司应尽快向杭州市工商行政管理局咨询，以股权出资的可行性，各地规定不尽一致。

2. 引进战略股东或其他法人股东，优化股权结构

H公司目前的股东均为自然人，在目前法律及政策环境下公开发行上市的难度较大，建议在本次增资时，适当引进战略股东包括但不限于产业基金，与公司采购、销售等有关的石化集团。这样，一方面，可以增加公司净资产，进而增加股份有限公司股本规模；另一方面，可以优化公司股权结构，提升公司市场形象。

3. 关于公司股东拟以无形资产增资问题

建议：审慎。

由于本次变更以H公司为主体，按照中国证监会有关规定，公司应在招股书及其他申请文件中充分披露公司设立前后历次资产评估及验资情况，并提供相关的资产评估报告及验资报告。

如果一定要以无形资产增资，我们建议：首先，对作为出资的无形资产所有权确认没有争议（律师发表意见）；其次，出资时必须进行产权过户。

4. 转出职工持股会所持股份

目前，职工持股会持有H公司9.5%的股权。按证监会有关要求，职工持股会为非营利

性机构，不能作为股份有限公司股东，故应将职工持股会所持股份转让。

需要说明的是，如果郭开达等股东以金立股权增资时H公司增资方案不能得到杭州市工商行政管理局的同意，则可以采取变通方式：郭开达等股东先寻找名义买家，将持有的金立股权出让，取得出让现金（通过银行贷款方式等），然后以出让现金对H公司进行增资。H公司增资完成后，H公司再购买金立50%以上的股权，使之成为H公司的控股子公司。

（二）业务、资产及机构重组

由于H公司股东控制及参股的企业较多，股权较为复杂，为理顺股权关系、突出主业，符合业务与资产相匹配的原则，我们建议对以下公司/企业进行整合：

1. H公司

目前，H公司主要控股及参股企业如下图：

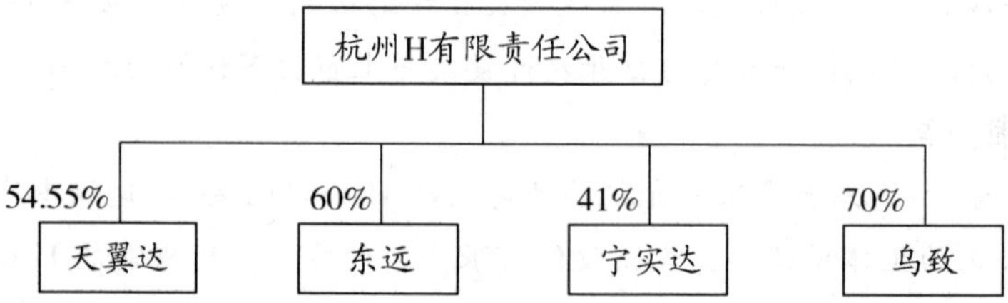

①天翼达公司

概况	成立日期：1998年12月18日　营业范围：贸易类公司	
股东	出资额（万元）	股权比例（%）
H公司	60	54.55
杭州市余杭区海协	50	45.45
合计	110	100

说明：2006年年末总资产为140万元，2006年实现销售收入1400万元，营业利润为9.7万元，净利润为7万元。2006年实现净利润20万元。

建议：

将天翼达公司注销或将股权转让。

②东远公司

概况	成立日期：1999年3月　营业范围：多功能复合车用燃料油清净剂、石油化工助剂、添加剂、催化剂	
股东	出资额（万元）	股权比例（%）
H公司	660	60
上海燕大工贸公司	440	40
合计	1100	100

说明：2006年年末，东远公司总资产为1853万元，净资产为1285万元，2006年实现销售收入9150万元，营业利润为263万元，净利润为166万元。

东远公司2006年固定资产中，固定资产净值为542万元，其中机器设备为407万元，且盈利能力较强，故建议：

H公司与上海燕大工贸公司协议受让全部股权，使之成为H公司全资子公司，然后注销法人资格，使之成为H公司的分公司或H公司整体的一部分。

优点：进行业务和资产整合，扩大股份有限公司资产规模，主营业务更加突出，避免同业竞争，减少关联交易。

③宁实达

概况	成立日期：2001年9月　营业范围：PTA生产用催化剂、石油化工催化剂、助剂、添加剂	
股东	出资额（万元）	股权比例（%）
H公司	574	41
河北惠远物业管理公司	546	39
杭州扬石化实业公司	280	20
合计	1400	100

说明：2006年年末总资产为2702万元，净资产为1629万元，2006年实现销售收入2554万元，营业利润为802万元，净利润为360万元。2006年年末固定资产为822万元，其中本年新增机器设备525万元。

依据上述资料，我们建议：

H公司与其他股东协商，受让全部或部分股权，至少要保证受让后宁实达成为H公司的控股子公司。

优点：可以纳入股份有限公司合并会计报表，提高股份有限公司资产规模及盈利能力，同时可避免同业竞争，减少关联交易。

④乌致

概况	成立日期：1999年4月　营业范围：流通领域	
股东	出资额（万元）	股权比例（%）
H公司	140	70
江西赣州宜凯化工厂	60	30
合计	200	100

说明：2006年总资产437万元，净资产328万元，2006年实现净利润-45万元。

基于上述资料，我们建议：

将乌致公司注销或将所持股份全部转让。

为提高本次股份制改造质量，保证公司顺利公开发行并上市，我们建议重组后的H公司组织架构图如下：

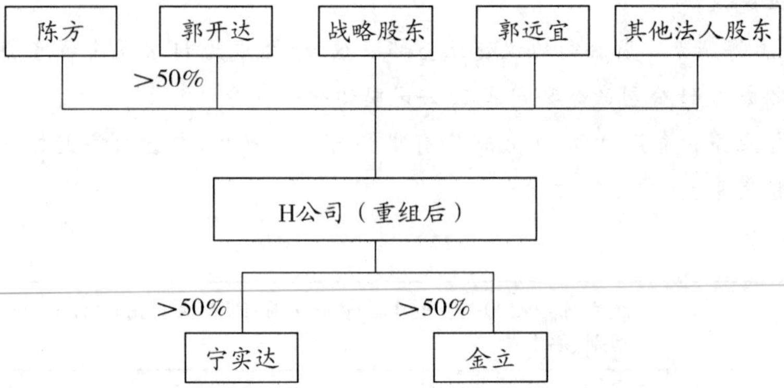

2. 金立

目前金立主要控股及参股企业如下图：

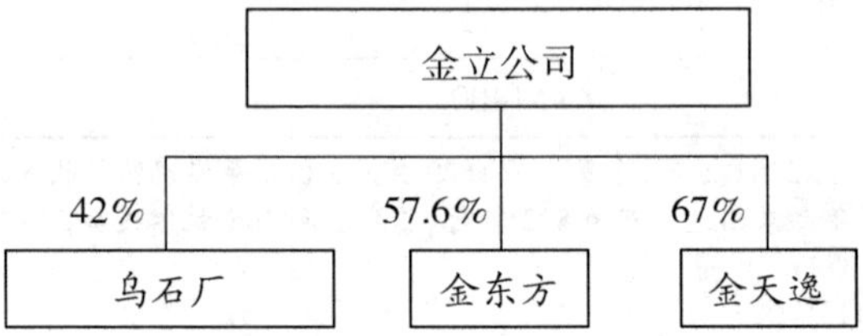

①乌石厂

成立日期：　　　　注册资金：

股东：金立　　　　投资额：____万元，占42%

尚未提供资料

建议：

将金立所持乌石厂股权全部转让。

②金东方

概况	成立日期：1998年5月	
股东	出资额（万元）	股权比例（%）
金立公司	780	57.6
乌鲁木齐物资装备公司	300	22.2
杭州建筑安装工程公司	173	12.8
杭州基建物资供应公司	100	7.4
合计	1353	100

说明：2006年年末金东方总资产3725万元，净资产1652万元，2006年实现销售收入1874万元，净利润16万元。2006年应收账款余额1860万元，其中H公司648万元，金立公司1129万元。

2006年年末固定资产为1405万元，其中通用设备为1329万元，另据介绍，金立生产用设备为金东方所有。

建议：

金立公司协议收购金东方全部股权，使之成为金立公司全资子公司，然后注销法人资格，使之成为H公司的分公司或H公司整体的一部分。

优点:进行业务和资产整合,扩大股份公司资产规模,主营业务更加突出,避免同业竞争,减少关联交易,尤其解决金立公司生产设备与销售收入不匹配问题。

③金天逸

目前已进入破产清算程序。

(三)人员与组织机构重组

尽职调查发现,出于效率等方面的考虑,目前H公司与金立公司及其他关联公司之间存在严重的人员、机构、办公场所不分的现象,我们建议:

根据上述业务、资产及机构重组的方案,将与H公司经营有关的人员纳入H公司,财务部及财务人员应独立,办公场所应分开。

金立公司可以与H公司签署房屋租赁协议,不能再合署办公,财务人员也应独立。

H公司与金立公司应根据经营需要建立健全内部组织机构。

(四)土地使用权的处置

按现行法规,目前股份有限公司处置土地使用权的方法主要有:

1. 股份有限公司向土地主管部门缴纳土地出让金,取得土地使用权;

2. 股份有限公司与土地主管部门签署土地租赁协议,每年缴纳土地租金,取得土地使用权;

3. 国家以土地出资,界定为国有股权。

通过尽职调查发现,H公司目前尚未取得土地使用权,正在办理出让手续。由于金立公司处于本次拟取得的土地范围内,故待H公司取得土地使用权证后,金立公司应与H公司签署土地租赁协议。

五、结论

此改制方案是在尽职调查的基础上,充分比较了重新发起设立及以金立公司为变更主体方案的基础上,结合公司、会计师等方面意见形成的初步改制方案。

此方案的主要优点:

1. 整体变更,公司经营业绩可以连续计算,缩短改制及发行上市时间;

2. 可以保证H公司原有字号得以存续;

3. 优化公司股权结构,明晰投资关系;

4. 通过业务、资产及机构整合,主营业务进一步突出,壮大股份有限公司规模;

5. 避免同业竞争,最大程度上减少了关联交易;

6. 其他。

总体上,我们认为,此改制方案是可行的。

H公司改制项目组

×年×月×日

第五章　新三板交易规则及相关制度

第一节　新三板交易规则

根据《全国中小企业股份转让系统股票转让细则》的规定，新三板挂牌企业的股票转让方式主要有三种，即做市转让、竞价转让、协议转让。做市转让和竞价转让是挂牌企业盘中时段主要的两种交易方式，如果挂牌企业有2家以上做市商为其提供做市报价服务的，可以采取做市转让方式。此外，其他挂牌企业在盘中都只能采取竞价转让方式。而协议转让既适用做市转让的挂牌股票，又适用竞价转让的挂牌股票，只要单笔申报数量或转让金额符合全国股份转让系统规定标准的股票转让，都可以进行盘后协议转让。

与沪深股票类似，已开通全国股份转让系统挂牌股票买卖权限的投资者，可通过书面委托方式或电话、自助终端、互联网等自助委托方式委托主办券商买卖股票。

新三板挂牌公司股票转让时间为每周一至周五9:15至11:30、13:00至15:00，转让时间内因故停市，转让时间不作顺延。遇法定节假日和全国股份转让公司公告的休市日，全国股份转让系统休市。

新三板买卖股票的申报数量为1000股或其整数倍，如果卖出股票时余额不足1000股，须一次性申报卖出。

新三板股票转让的计价单位为“每股价格”，股票转让的申报价格最小变动单位为0.01元人民币，股票转让单笔申报最大数量不得超过100万股，协议转让除外。

投资者买入的股票，买入当日不得卖出。做市商在做市报价过程中买入的股票，买入当日可以卖出。

新三板股票转让的计价单位为“每股价格”。股票转让的申报价格最小变动单位为0.01元人民币。股票转让单笔申报最大数量不得超过100万股，协议转让除外。

一、竞价转让

挂牌企业股票主要采用竞价转让方式，包括集合竞价方式和连续竞价方式。

集合竞价，是指对一段时间内接受的买卖申报一次性集中撮合的竞价方式。采取集合竞价转让方式的股票，基础层股票每天只撮合一次，即每个转让日的15:00，对接受的买卖申报进行集中撮合；创新层股票每天撮合五次，即每个转让日的9:30、10:30、11:30、14:00、15:00，对接受的买卖申报进行集中撮合。

连续竞价，是指对买卖申报逐笔连续撮合的竞价方式。采取连续竞价转让方式的股票，每个转让日的9:15至9:25为开盘集合竞价时间,9:30至11:30、13:00至14:55为连续竞价时间,14:55至15:00为收盘集合竞价时间。

投资者可以以同一证券账户在单个或多个主办券商的不同证券营业部买入股票。采取集合竞价转让方式的股票,申报有效价格范围为前收盘价的50%至200%。如果没有前收盘价的,成交首日不设申报有效价格范围。采取连续竞价转让方式的股票,开盘集合竞价的申报有效价格范围为前收盘价的上下20%以内。连续竞价、收盘集合竞价的申报有效价格范围为最近成交价的上下20%以内;当日无成交的,申报有效价格范围为前收盘价的上下20%以内。

二、做市转让

做市交易是指做市商在全国股份转让系统持续发布买卖双向报价,并在其报价数量范围内按其报价履行与投资者的成交义务。

在做市转让方式下,投资者之间不能成交,可以采用限价委托方式委托主办券商买卖股票。限价委托是指投资者委托主办券商按其限定的价格买卖股票的指令,主办券商必须按限定的价格或低于限定的价格申报买入股票;按限定的价格或高于限定的价格申报卖出股票。

在做市转让方式下,当日股票开盘价为该股票当日第一笔成交价,收盘价为该股票当日最后一笔成交前15分钟成交量加权平均价(含最后一笔交易)。当日无成交的,以前收盘价为当日收盘价。

三、协议转让

单笔申报数量不低于10万股,或者转让金额不低于100万元人民币的股票转让,才可以进行协议转让。投资者可以采用成交确认委托方式委托主办券商买卖股票,申报时间为每个转让日的9:15至11:30、13:00至15:30。每个转让日的盘后15:00至15:30为协议转让的成交确认时间。

协议转让的成交价格应当不高于前收盘价的200%或当日已成交的最高价格中的较高者,且不低于前收盘价的50%或当日已成交的最低价格中的较低者。

此外,因收购、股份权益变动或引入战略投资者等原因导致挂牌企业股票转让的,也可以申请特定事项协议转让。目前,关于特定事项协议转让的具体办法暂时还没有制定发布。

表5-1 全国股份转让系统交易规则

制度	主要内容
大股东交易限制	在挂牌前持有的股票分三批解禁,每批解禁数量为其挂牌前所持股票的1/3,解禁的时间分别为挂牌之日、挂牌期满1年和2年。主办券商为开展做市业务取得的做市初始库存股票除外
交易方式	可以采取协议方式、做市方式、竞价方式或其他中国证监会批准的转让方式
交易时间	每周一至周五上午9:30至11:30,下午13:00至15:00

续表

制度	主要内容
涨跌幅限制	股票转让不设涨跌幅限制
数量限制	申报数量应当为1000股或其整数倍。余额不足1000股部分,应一次性申报卖出
单笔申报数量	单笔申报最大数量不得超过100万股
计价单位	每股价格,股票转让申报价格最小变动单位为0.01元人民币
申报效力	当日有效
交易频率	投资者买入的股票,买入当日不得卖出; 做市商买入的股票,买入当日可以卖出

第二节 新三板定向发行制度

新三板挂牌公司在全国股份转让系统可以进行股权融资和债权融资,目前主要的融资方式是发行普通股票,即新三板定向增发。新三板定向增发又称新三板定向发行,是指申请挂牌公司、挂牌公司向特定对象发行股票的行为,其作为新三板股权融资的主要功能,对解决新三板挂牌企业发展过程中的资金瓶颈发挥了极为重要的作用。

一、定向发行制度

(一)挂牌同时进行定向发行

《全国中小企业股份转让系统业务规则(试行)》第4.3.5条规定:"申请挂牌公司申请股票在全国股份转让系统挂牌的同时股票发行的,应在公开转让说明书中披露。"该条明确了企业在新三板挂牌的同时可以定向发行股票,但应在公开转让说明书中予以披露。同时,需要在法律意见书中进行披露并就发行行为的合法合规性发表明确意见。定向发行股东人数不超过200人的,中国证监会豁免核准。

允许挂牌企业在挂牌同时进行定向股权融资,凸显了新三板的融资功能;同时,由于增加了企业挂牌时的股份数量,可以解决未来做市商库存股份来源问题。企业挂牌的同时进行定向发行,并不是一个强制要求,拟挂牌企业可以根据自身对资金的需求来决定是否在挂牌同时进行股权融资。

(二)储架发行

储架发行,是指一次核准,分期发行的再融资制度。该制度主要适用于定向增资需要经中国证监会核准的情形(股东人数超过200人的情形),可以减少行政审批次数,提高融资效率,赋予挂牌公司更大的自主发行融资权利。

《非上市公众公司监督管理办法》第44条规定:"公司申请定向发行股票,可申请一次核准,分期发行。自中国证监会予以核准之日起,公司应当在3个月内首期发行,剩余数量应当在12个月内发行完毕。超过核准文件限定的有效期未发行的,须重新经中国证监会核准后方可发行。首期发行数量应当不少于总发行数量的50%,剩余各期发行的数量由公司自行确定,每期发行后5个工作日内将发行情况报中国证监会备案。”

储架发行制度可在一次核准的情况下为挂牌公司1年内的融资留出空间。例如,挂牌公司在与投资者商定好300万元的投资额度时,可申请600万元的发行额度,先完成300万元的发行,后续300万元的额度可与投资者根据实际经营情况再行商议发行或者不发行,并可重新商议增发价格。该制度除了能为挂牌公司节约大量的时间和成本外,还可以避免挂牌公司一次融资额度过大,造成股权过度稀释或资金使用效率低下。

虽然新三板的储架发行制度不存在制度上的障碍,但实践中除新三板做市公司融信租赁(831379)曾于2015年提及过拟采取储架发行方式进行股票发行外,再无其他公司提及。而且融信租赁(831379)最终也未采取储架发行的方式。储架发行相关细则或指引仍需中国证监会及全国股转公司明确。

(三)定向发行无限售期要求

新三板定向发行的股票,除非定向增发对象自愿作出关于股份限售方面的特别约定,否则,定向发行的股票无限售期要求,股东可以随时转让。

但无限售期要求的股东不包括挂牌公司的董事、监事、高级管理人员所持新增股份,其所持新增股份应遵守《公司法》第141条第2款的限售规定,即公司董事、监事、高级管理人员应当向公司申报所持有的本公司的股份及其变动情况,在任职期间每年转让的股份不得超过其所持有本公司股份总数的25%;所持本公司股份自公司股票上市交易之日起1年内不得转让。上述人员离职后半年内,不得转让其所持有的本公司股份。公司章程可以对公司董事、监事、高级管理人员转让其所持有的本公司股份作出其他限制性规定。

(四)定向增发对象

1. 人数有上限要求

《非上市公众公司监督管理办法》第39条规定,该办法所称定向发行包括向特定对象发行股票导致股东累计超过200人,以及股东人数超过200人的公众公司向特定对象发行股票两种情形。

上述所称特定对象的范围包括下列机构或者自然人:

(1)公司股东;

(2)公司的董事、监事、高级管理人员、核心员工;

(3)符合投资者适当性管理规定的自然人投资者、法人投资者及其他经济组织。

公司确定发行对象时,符合上述第(2)项、第(3)项规定的投资者合计不得超过35名。

核心员工的认定,应当由公司董事会提名,并向全体员工公示和征求意见,由监事会发表意见后,经股东大会审议批准。

投资者适当性管理规定由中国证监会另行制定。

根据上述规定,首先,公司在册股东参与定向发行股票的认购时,不被计算在35名认购投资者数量中,相当于扩大了认购对象的数量;其次,将董事、监事、高级管理人员、核心员工单独列示为一类特定对象,实则在鼓励挂牌公司的董事、监事、高级管理人员、核心人员持股,将董事、监事、高级管理人员、核心员工的利益和股东所有者利益绑定,降低道德风险;最后,将核心员工纳入定向增资的人员范围,明确了核心员工的认定方法,使原本可能不符合投资者适当性管理规定的核心员工也有了渠道和方法成为公司的股东,且增资价格协商确定,有利于企业灵活进行股权激励,形成完善的公司治理机制和稳定的核心业务团队。

2. 合格投资者认定

(1)机构投资者。①实收资本或实收股本总额500万元人民币以上的法人机构。②实缴出资总额500万元以上的合伙企业。③合格境外机构投资者(QFII)、人民币合格境外机构投资者(RQFII)等机构投资者。根据2017年7月1日开始实施的《全国中小企业股份转让系统投资者适当性管理细则》的规定,法人机构500万元人民币注册资本的构成和缴纳情况需要为实收资本。合伙企业的实缴出资总额依据会计师事务所出具的最近一期审计报告或合伙人的实缴出资证明文件进行认定。

(2)金融产品。证券公司资产管理产品、基金管理公司及其子公司产品、期货公司资产管理产品、银行理财产品、保险产品、信托产品、经行业协会备案的私募基金等理财产品,社会保障基金、企业年金等养老金,慈善基金等社会公益基金,可以申请参与挂牌公司股票公开转让。

(3)自然人投资者。投资者本人名下最近10个转让日的日均金融资产500万元人民币以上,金融资产是指银行存款、股票、债券、基金份额、资产管理计划、银行理财产品、信托计划、保险产品、期货及其他衍生产品等;且具有两年以上证券、基金、期货投资经历,或具有2年以上金融产品设计、投资、风险管理及相关工作经历,或具有《证券期货投资者适当性管理办法》第八条第一款规定的证券公司、期货公司、基金管理公司及其子公司、商业银行、保险公司、信托公司、财务公司,以及经行业协会备案或者登记的证券公司子公司、期货公司子公司、私募基金管理人等金融机构的高级管理人员任职经历。

对自然人投资者证券投资经验或相关专业背景、培训经历的判断,需要投资者主动提供有关会计、金融、投资、财经等相关专业的学历证书、考试合格证明文件、培训证书等材料,证明自身具备相关专业背景或培训经历,并接受主办券商的风险测评。(见图5-1)

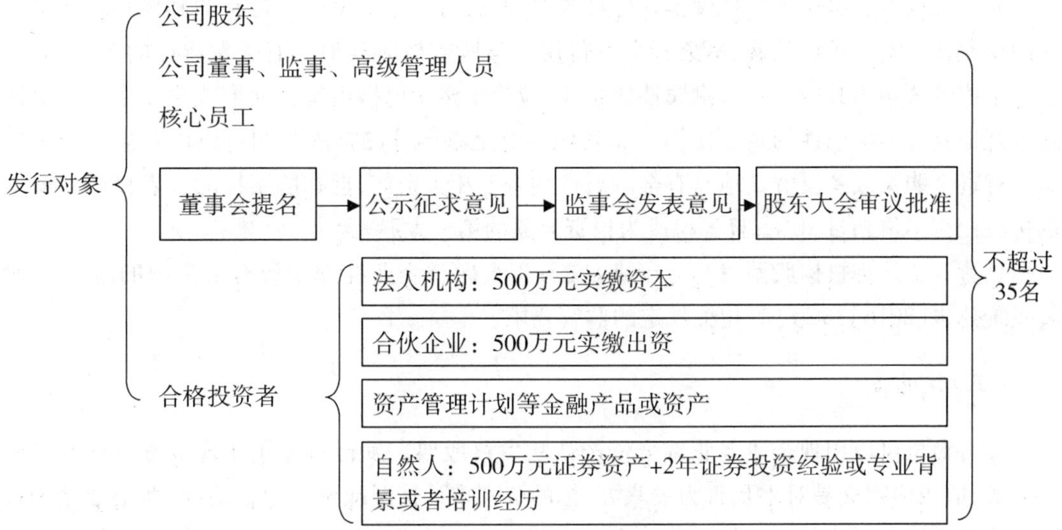

图 5-1 定向增发对象结构

3. 主体合法性

(1)失信联合惩戒

根据全国中小企业股份转让系统于 2016 年 12 月 30 日发布的《关于发布〈关于对失信主体实施联合惩戒措施的监管问答〉》(股转系统公告〔2016〕94 号),为落实《国务院关于建立完善守信联合激励和失信联合惩戒制度加快推进社会诚信建设的指导意见》(国发〔2016〕33 号)对重点领域和严重失信行为实施联合惩戒的要求,进一步明确与申请挂牌公司、挂牌公司等市场主体有关的失信联合惩戒措施,全国中小企业股份转让系统有限责任公司制定了《关于对失信主体实施联合惩戒措施的监管问答》。

根据该问答,自 2016 年 12 月 30 日起,全国股转公司对失信联合惩戒对象实施惩戒措施,限制其在全国股份转让系统挂牌、融资。挂牌公司在股票发行业务中涉及失信联合惩戒对象的,应符合以下监管要求:挂牌公司实施股票发行,主办券商和律师应当对挂牌公司等相关主体和股票发行对象是否属于失信联合惩戒对象进行核查并发表意见。挂牌公司或其控股股东、实际控制人、控股子公司属于失信联合惩戒对象的,在相关情形消除前不得实施股票发行。挂牌公司股票发行对象属于失信联合惩戒对象的,主办券商和律师应对其被纳入失信联合惩戒对象名单的原因、相关情形是否已充分规范披露进行核查并发表明确意见。挂牌公司应当在《股票发行情况报告书》中对上述情况进行披露。

(2)私募机构或类金融机构

根据全国中小企业股份转让系统于 2016 年 8 月 8 日发布的《关于发布〈挂牌公司股票发行常见问题解答(三)——募集资金管理、认购协议中特殊条款、特殊类型挂牌公司融资〉的通知》,以及《关于金融类企业挂牌融资有关事项的通知》(股转系统公告〔2016〕36 号)的规定,其他具有金融属性的挂牌公司在相关监管政策明确前,应当暂停股票发行、重大资产重组等相关业务。

非其他具有金融属性的挂牌公司发行股票的，发行对象不得以所持有的其他具有金融属性的企业相关资产进行认购；募集资金不得用于参股或控股其他具有金融属性的企业；如果其股东或子公司为其他具有金融属性的企业，应当承诺不以拆借等任何形式将募集资金提供给该其他具有金融属性的企业使用。非其他具有金融属性的挂牌公司可以以募集资金之外的自有资金购买或者投资其他具有金融属性的企业相关资产，但在购买标的或者投资对象中的持股比例不得超过20%，且不得成为投资对象的第一大股东。

私募基金管理机构股票发行应当满足《关于金融类企业挂牌融资有关事项的通知》（股转系统公告〔2016〕36号）等相关规定的监管要求。

（五）认购方式

发行对象可以用现金或者非现金资产认购发行股票。发行对象用非现金资产认购发行股票的，应当说明交易对手是否为关联方、标的资产审计情况或资产评估情况、董事会关于资产定价合理性的讨论与分析等。非现金资产为股权资产的，应当经具有证券、期货等相关业务资格的会计师事务所审计，提供会计师事务所出具的标的资产最近1年一期的审计报告，审计截止日距离审议该交易事项的股东大会召开日不得超过6个月；如果非现金资产为非股权资产的，应当经具有证券、期货等相关业务资格的资产评估机构评估，提供资产评估事务所出具的评估报告，评估基准日距离审议该交易事项的股东大会召开日不得超过1年。

资产交易价格以经审计的账面价值为依据的，挂牌公司董事会应当结合相关资产的盈利能力说明定价的公允性。

资产交易根据资产评估结果定价的，在评估机构出具资产评估报告后，挂牌公司董事会应当对评估机构的独立性、评估假设前提和评估结论的合理性、评估方法的适用性、主要参数的合理性、未来收益预测的谨慎性等问题发表意见。

（六）定价依据

新三板挂牌公司定向增发的股票定价采用市场化定价，可以与特定对象协商谈判，也可以进行路演、询价。目前，几乎所有的挂牌公司就股票定价依据都众口一词：定价为参考公司所处行业、成长性、每股净资产、市盈率等因素，与投资者沟通后确定。但也有少数公司明确是以每股净资产作为定向发行价格的，但这些公司的共同点是都仅对原股东与核心员工进行定向发行，没有外部投资者参与。

（七）募集资金的使用

1. 募集资金的使用

挂牌公司募集资金应当用于公司主营业务及相关业务领域。除金融类企业外，募集资金不得用于持有交易性金融资产和可供出售的金融资产或借予他人、委托理财等财务性投资，不得直接或者间接投资于以买卖有价证券为主营业务的公司，不得用于股票及其他衍生品种、可转换公司债券等的交易；不得通过质押、委托贷款或其他方式变相改变募集资金用途；暂时闲置的募集资金可以进行现金管理，经履行法律、法规、规章、规范性文件以及公司章程规定的内部决策程序并披露后，可以投资于安全性高、流动性好的保本型投资产品。

挂牌公司应当防止募集资金被控股股东、实际控制人或其关联方占用或挪用，并采取有效措施避免控股股东、实际控制人或其关联方利用募集资金投资项目获取不正当利益。

挂牌公司应当按照发行方案中披露的募集资金用途使用募集资金，改变募集资金用途的，应当在董事会审议后及时披露，并提交股东大会审议。

2. 募集资金的专户管理

挂牌公司应当建立募集资金存储、使用、监管和责任追究的内部控制制度，明确募集资金使用的分级审批权限、决策程序、风险控制措施及信息披露要求。

挂牌公司募集资金应当存放于公司董事会为本次发行批准设立的募集资金专项账户（以下简称专户），并将专户作为认购账户，该专户不得存放非募集资金或用作其他用途；挂牌公司应当在发行认购结束后验资前，与主办券商、存放募集资金的商业银行签订三方监管协议，三方监管协议应当在股票发行备案材料中一并提交报备。

挂牌公司董事会应当每半年度对募集资金使用情况进行专项核查，出具《公司募集资金存放与实际使用情况的专项报告》，并在披露挂牌公司年度报告及半年度报告时一并披露；主办券商应当每年就挂牌公司募集资金存放及使用情况至少进行一次现场核查，出具核查报告，并在挂牌公司披露年度报告时一并披露。

3. 股票发行方案的信息披露要求

（1）挂牌公司股票发行方案中应当详细披露本次发行募集资金的用途并进行必要性和可行性分析：

①募集资金用于补充流动资金的，应当结合公司目前的经营情况、流动资金情况，说明补充流动资金的必要性和测算的过程。

②募集资金用于偿还银行贷款的，应当列明拟偿还贷款的明细情况，披露募集资金偿还贷款对挂牌公司经营和财务状况的影响。

③募集资金用于项目建设的，应当结合项目立项文件、工程施工预算、采购协议及其他资金使用计划量化说明资金需求和资金投入安排。

④募集资金用于股权收购的，应当对标的资产与挂牌公司主业的相关程度、协同效应进行说明，列明收购后对挂牌公司资产质量及持续经营能力的影响。

⑤募集资金用于购买非股权资产（构成可独立核算会计主体的经营性资产）的，发行前挂牌公司应当与交易对方签订合同或协议，在发行方案中披露交易价格，并有审计报告或者资产评估报告的支持。

⑥挂牌公司发行股份购买资产构成重大资产重组并募集配套资金的，应当从以下方面进行说明，包括但不限于：挂牌公司前次募集资金金额、具体用途及剩余资金安排；本次配套募集资金与本次重组事项的相关性，募集资金金额是否与挂牌公司及标的资产现有生产经营规模、财务状况相匹配等。独立财务顾问应当对募集资金用途、合理性、必要性进行核查并发表明确意见。

⑦募集资金用于其他用途的，应当明确披露募集资金用途、资金需求的测算过程及募集资金的投入安排。

(2)挂牌公司股票发行方案中应当详细披露前次发行募集资金的使用情况,包括募集资金的具体用途、投入资金金额及对挂牌公司经营和财务状况的影响等。

挂牌公司的主办券商应当在"主办券商关于股票发行合法合规性意见"中就挂牌公司本次发行是否符合募集资金专户管理要求、是否符合募集资金信息披露要求等逐项发表明确意见。

(八)特殊条款的监管要求

挂牌公司股票发行认购协议中签订的业绩承诺及补偿、股份回购、反稀释等特殊条款应当满足以下监管要求:

1. 认购协议应当经过挂牌公司董事会与股东大会审议通过。

2. 认购协议不存在以下情形:

(1)挂牌公司作为特殊条款的义务承担主体;

(2)限制挂牌公司未来股票发行融资的价格;

(3)强制要求挂牌公司进行权益分派,或不能进行权益分派;

(4)挂牌公司未来再融资时,如果新投资方与挂牌公司约定了优于本次发行的条款,则相关条款自动适用于本次发行认购方;

(5)发行认购方有权不经挂牌公司内部决策程序直接向挂牌公司派驻董事或者派驻的董事对挂牌公司经营决策享有一票否决权;

(6)不符合相关法律法规规定的优先清算权条款;

(7)其他损害挂牌公司或者挂牌公司股东合法权益的特殊条款。

3. 挂牌公司应当在股票发行情况报告书中完整披露认购协议中的特殊条款;挂牌公司的主办券商和律师应当分别在《主办券商关于股票发行合法合规性意见》《股票发行法律意见书》中就特殊条款的合法合规性发表明确意见。

(九)金融属性挂牌公司

根据《关于金融类企业挂牌融资有关事项的通知》(股转系统公告〔2016〕36号),其他具有金融属性的挂牌公司①在相关监管政策明确前,暂停股票发行、重大资产重组等相关业务。

非其他具有金融属性的挂牌公司发行股票的,发行对象不得以所持有的其他具有金融属性的企业相关资产进行认购;募集资金不得用于参股或控股其他具有金融属性的企业;如果其股东或子公司为其他具有金融属性的企业,应当承诺不以拆借等任何形式将募集资金提供给该其他具有金融属性的企业使用。非其他具有金融属性的挂牌公司可以以募集资金之外的自有资金购买或者投资其他具有金融属性的企业相关资产,但在购买标的或者投资对象中的持股比例不得超过20%,且不得成为投资对象的第一大股东。

私募基金管理机构股票发行应满足《关于金融类企业挂牌融资有关事项的通知》等相关

---

① 其他具有金融属性的挂牌公司,指小额贷款公司、融资担保公司、融资租赁公司、商业保理公司、典当公司等具有金融属性的挂牌公司(不包括"一行三会"监管的企业、私募基金管理机构)。

规定的监管要求。

二、优先股发行制度

（一）优先股概述

优先股，是指其股份持有人优先于普通股股东分配公司利润和剩余财产，但参与公司决策管理等权利受到限制，在正常情况下不参与公司治理的特殊类型股票。但优先股也并非完全不参与公司的经营决策，而是仅对特定事项享有表决权，包括：

（1）修改公司章程中与优先股相关的内容；

（2）一次或累计减少公司注册资本超过10%；

（3）公司合并、分立、解散或变更公司形式；

（4）发行优先股；

（5）公司章程规定的其他情形。

此外，如果公司累计3个会计年度或连续2个会计年度未按约定支付优先股股息的，股东大会批准当年不按约定分配利润的方案次日起，优先股股东有权出席股东大会与普通股股东共同表决，每股优先股股份享有公司章程规定的一定比例表决权。

表5－2　优先股与普通股的区别

项目	优先股	普通股
产品属性	权益/债务融资	权益融资
分配顺序	先于普通股	次于优先股
投资者权利	正常情况下无表决权	《公司法》、公司章程规定的股东权利
融资期限	无期限或期限较长	通常无期限
收益支付	定期分配股息	股息不固定，不还本
收益来源	公司税后利润	公司税后利润

并非所有的公司都适合发行优先股股票，通常以下几类公司适合发行优先股：

（1）银行类金融机构，通常可以通过发行优先股补充一级资本，满足资本充足率的监管要求；

（2）资金需求量较大、现金流稳定的公司，通过发行优先股可以补充低成本的长期资金，降低资产负债率，改善公司的财务结构；

（3）创业期、成长初期的公司，股票估值较低，可以通过发行优先股在不稀释控制权的情况下融资；

（4）拟进行并购重组的公司，发行优先股可以作为收购资产或换股的支付工具。

根据《国务院关于开展优先股试点的指导意见》（国发〔2013〕46号）、《优先股试点管理办法》（证监会第97号令）、《全国中小企业股份转让系统优先股业务指引（试行）》等法律法规的规定，目前我国上市公司中的上证50指数公司可以公开发行优先股，其他上市公司、新三板挂牌公司、注册在境内的境外上市公司可以非公开发行优先股，优先股的发行和转让应在沪深交易所、全国股份转让系统内进行。

（二）挂牌公司非公开发行优先股需要满足的条件

新三板挂牌公司非公开发行优先股首先需要满足三个基本条件，即合法规范经营、公司治理机制健全、依法履行信息披露义务。除此之外，根据《优先股试点管理办法》的相关规定，还需要符合以下要求：

（1）不存在《优先股试点管理办法》规定的禁止发行优先股的情形；

（2）相同条款的优先股应当具有同等权利，同次发行的相同条款的优先股，发行条件、发行价格和票面股息等各项条款应当相同；

（3）不得发行在股息分配和剩余财产分配上具有不同优先顺序的优先股；

（4）已发行的优先股不得超过公司普通股股份总数的 50%，且筹集资金不得超过发行前净资产的 50%；

（5）非公开发行优先股的票面股息率不得高于最近两个会计年度的年均加权平均净资产收益率；

（6）优先股每股票面金额为 100 元；

（7）非公开发行优先股每次发行对象不得超过 200 人，且相同条款优先股的发行对象累计不得超过 200 人。

（三）非公开发行优先股的发行对象

新三板挂牌公司只能向合格投资者非公开发行优先股，合格投资者主要包括以下几类：

（1）经有关金融监管部门批准设立的金融机构，包括商业银行、证券公司、基金管理公司、信托公司和保险公司等；

（2）上述金融机构面向投资者发行的理财产品，包括但不限于银行理财产品、信托产品、投连险产品、基金产品、证券公司资产管理产品等；

（3）实收资本或实收股本总额不低于人民币 500 万元的企业法人；

（4）实缴出资总额不低于人民币 500 万元的合伙企业；

（5）合格境外机构投资者（QFII）、人民币合格境外机构投资者（RQFII）、符合国务院相关部门规定的境外战略投资者；

（6）除发行人董事、高级管理人员及其配偶以外的，名下各类证券账户、资金账户、资产管理账户的资产总额不低于人民币 500 万元的个人投资者；

（7）经中国证监会认可的其他合格投资者。

与定向发行普通股票相比，定向发行优先股股票的发行对象有一定的差异，主要的差异体现在：（1）发行人的董事、高级管理人员及其配偶不能认购本公司非公开发行的优先股；（2）公司普通股股东、核心员工不符合 500 万元以上证券资产标准的，不能作为合格投资者参与认购优先股。

目前，新三板挂牌公司进行优先股发行的也有不少，如琼中农信（430753）、中视文化（430508）以及晖速通信（834433）。

三、定向增发过程中律师事务所法律意见书的主要内容

根据《非上市公众公司监督管理办法》的规定，新三板挂牌公司进行定向增发时，公司应当按照规定向全国股转公司或中国证监会提交发行情况报告书、律师事务所出具的法律意见书、验资报告等。

律师事务所出具的关于新三板挂牌公司定向发行的法律意见书应至少包括以下主要内容：

(1)豁免申请：挂牌公司是否符合豁免申请核准定向发行的条件；

(2)发行对象：是否符合中国证监会及全国股转公司关于投资者适当性制度的要求；

(3)发行过程及结果的合法合规性；

(4)发行相关合同等法律文件合法合规性的说明，重点对估值调整条款的合法合规性进行说明；

(5)优先认购权：是否保障现有股东优先认购权或公司章程排除优先认购；

(6)资产认购：是否存在非现金认购的情形，资产是否存在法律瑕疵；

(7)是否存在私募投资基金管理人或私募投资基金，是否按照相关规定履行了登记备案程序；

(8)股权清晰：股票发行是否存在股权代持情形；

(9)持股平台：股票发行对象中是否存在持股平台；

(10)连续发行：是否存在连续发行股票的情形；

(11)募集资金专户：是否符合募集资金专户管理的要求，符合募集资金信息披露的要求；

(12)募集资金使用：是否存在取得新增股份登记函前使用募集资金的情形；

(13)失信联合惩戒对象：对挂牌公司等相关主体及发行对象是否属于失信联合惩戒对象的核查意见。

表5-3　全国股份转让系统定向发行制度特点

制度	主要内容
发行时间	可以在挂牌同时定向发行，也可以在挂牌后定向发行
财务指标	不设财务指标
发行时间间隔	没有强制时间间隔
融资规模	没有限定融资规模
募投项目信息披露	对于募投项目的可行性分析、盈利预测等信息也不强制要求披露
限售安排	新增股份不强制限售
发行定价	市场化定价，可以与特定对象协商谈判，也可以进行路演、询价
审查方式	事后备案，形式审查
定向发行人数	除原股东外新增股东合计不得超过35名
发行对象	不允许持股平台成为发行对象
原股东优先认购权	以现金认购的，现有股东在同等条件下对发行的股票有权优先认购。可以参加认购，也可以放弃参加认购。股东放弃优先权可采取签订书面承诺或申明、修改公司章程等方式
连续发行的限制	拟连续发行股票的挂牌公司，应当在前一次股票发行的新增股份登记手续完成后，才能召开董事会审议下一次股票发行方案

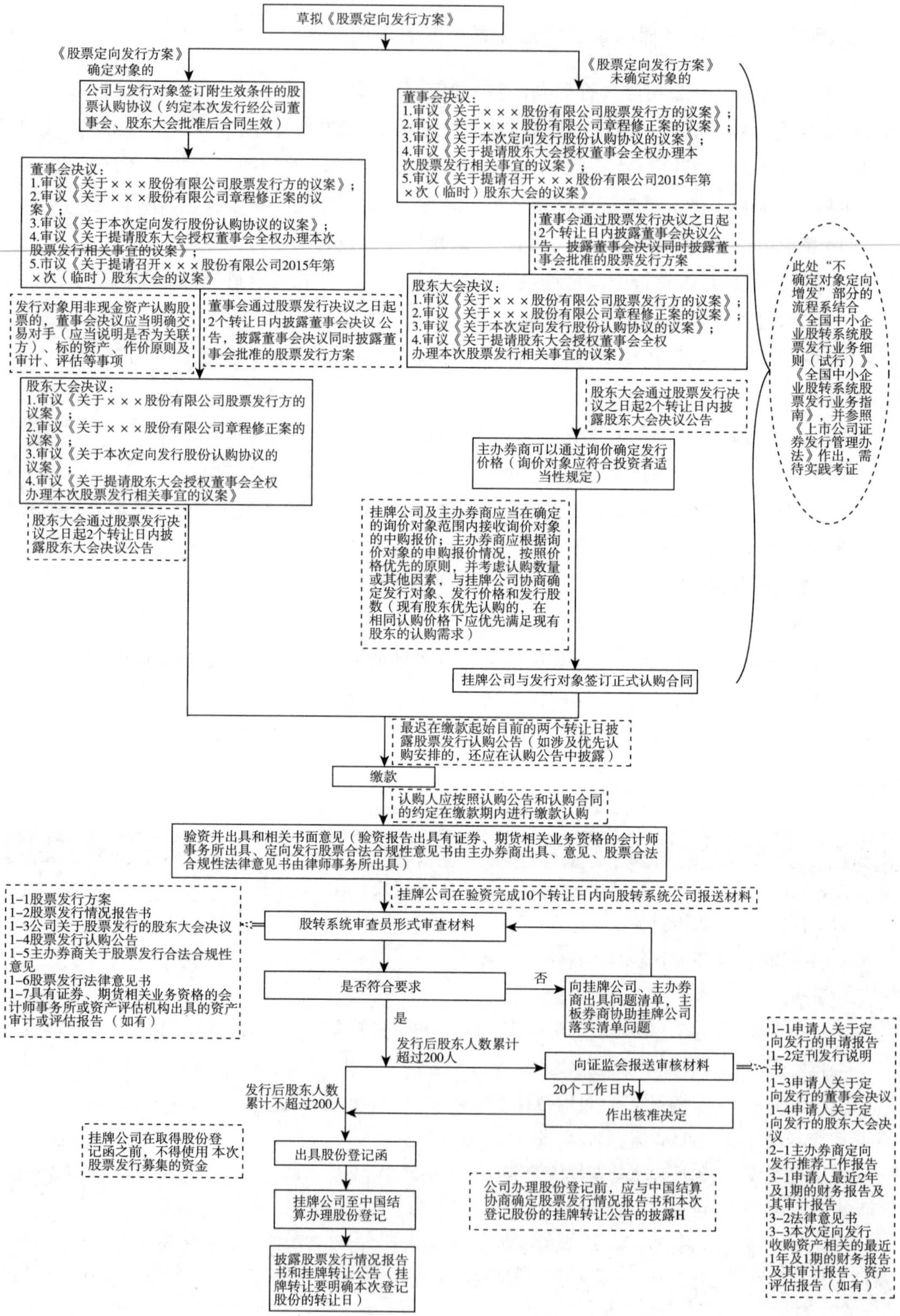
草拟《股票定向发行方案》
《股票定向发行方案》确定对象的
公司与发行对象签订附生效条件的股票认购协议（约定本次发行经公司董事会、股东大会批准后合同生效）
董事会决议：
1.审议《关于×××股份有限公司股票发行方的议案》；
2.审议《关于×××股份有限公司章程修正案的议案》；
3.审议《关于本次定向发行股份认购协议的议案》；
4.审议《关于提请股东大会授权董事会全权办理本次股票发行相关事宜的议案》；
5.审议《关于提请召开×××股份有限公司2015年第×次（临时）股东大会的议案》
发行对象用非现金资产认购股票的，董事会决议应当明确交易对手（应当说明是否为关联方）、标的资产、作价原则及审计、评估等事项
董事会通过股票发行决议之日起2个转让日内披露董事会决议公告，披露董事会决议同时披露董事会批准的股票发行方案
股东大会决议：
1.审议《关于×××股份有限公司股票发行方的议案》；
2.审议《关于×××股份有限公司章程修正案的议案》；
3.审议《关于本次定向发行股份认购协议的议案》；
4.审议《关于提请股东大会授权董事会全权办理本次股票发行相关事宜的议案》
股东大会通过股票发行决议之日起2个转让日内披露股东大会决议公告
《股票定向发行方案》未确定对象的
董事会决议：
1.审议《关于×××股份有限公司股票发行方的议案》；
2.审议《关于×××股份有限公司章程修正案的议案》；
3.审议《关于本次定向发行股份认购协议的议案》；
4.审议《关于提请股东大会授权董事会全权办理本次股票发行相关事宜的议案》；
5.审议《关于提请召开×××股份有限公司2015年第×次（临时）股东大会的议案》
董事会通过股票发行决议之日起2个转让日内披露董事会决议公告，披露董事会决议同时披露董事会批准的股票发行方案
股东大会决议：
1.审议《关于×××股份有限公司股票发行方的议案》；
2.审议《关于×××股份有限公司章程修正案的议案》；
3.审议《关于本次定向发行股份认购协议的议案》；
4.审议《关于提请股东大会授权董事会全权办理本次股票发行相关事宜的议案》
股东大会通过股票发行决议之日起2个转让日内披露股东大会决议公告
主办券商可以通过询价确定发行价格（询价对象应符合投资者适当性规定）
挂牌公司及主办券商应当在确定的询价对象范围内接收询价对象的申购报价；主办券商应根据询价对象的申购报价情况，按照价格优先的原则，并考虑认购数量或其他因素，与挂牌公司协商确定发行对象、发行价格和发行股数（现有股东优先认购的，在相同认购价格下应优先满足现有股东的认购需求）
挂牌公司与发行对象签订正式认购合同
此处“不确定对象定向增发”部分的流程系结合《全国中小企业股转系统股票发行业务细则（试行）》、《全国中小企业股转系统股票发行业务指南》，并参照《上市公司证券发行管理办法》作出，需待实践考证
最迟在缴款起始日前的两个转让日披露股票发行认购公告（如涉及优先认购安排的，还应在认购公告中披露）
缴款
认购人应按照认购公告和认购合同的约定在缴款期内进行缴款认购
验资并出具和相关书面意见（验资报告出具有证券、期货相关业务资格的会计师事务所出具、定向发行股票合法合规性意见书由主办券商出具、意见、股票合法合规性法律意见书由律师事务所出具）
挂牌公司在验资完成10个转让日内向股转系统公司报送材料
1-1股票发行方案
1-2股票发行情况报告书
1-3公司关于股票发行的股东大会决议
1-4股票发行认购公告
1-5主办券商关于股票发行合法合规性意见
1-6股票发行法律意见书
1-7具有证券、期货相关业务资格的会计师事务所或资产评估机构出具的资产审计或评估报告（如有）
股转系统审查员形式审查材料
是否符合要求
否
向挂牌公司、主办券商出具问题清单，主板券商协助挂牌公司落实清单问题
是
发行后股东人数累计超过200人
向证监会报送审核材料
1-1申请人关于定向发行的申请报告
1-2定刊发行说明书
1-3申请人关于定向发行的董事会决议
1-4申请人关于定向发行的股东大会决议
2-1主办券商定向发行推荐工作报告
3-1申请人最近2年及1期的财务报告及其审计报告
3-2法律意见书
3-3本次定向发行收购资产相关的最近1年及1期的财务报告及其审计报告、资产评估报告（如有）
20个工作日内
作出核准决定
发行后股东人数累计不超过200人
挂牌公司在取得股份登记函之前，不得使用本次股票发行募集的资金
出具股份登记函
挂牌公司至中国结算办理股份登记
公司办理股份登记前，应与中国结算协商确定股票发行情况报告书和本次登记股份的挂牌转让公告的披露H
披露股票发行情况报告书和挂牌转让公告（挂牌转让要明确本次登记股份的转让日）

图5－2　定向发行流程

第三节 新三板重大资产重组制度

为规范非上市公众公司的重大资产重组，中国证监会指定并发布了《非上市公众公司重大资产重组管理办法》及配套的格式指引，全国股份转让系统也出台了相应的配套规则。非上市公众公司的重大资产重组制度与上市公司相比较，有很多自己的特点：

(1)减少事前行政干预。对于非上市公众公司的重大资产重组行为，不设事前行政许可，而是以信息披露为重点。仅在发行股份购买资产构成重大资产重组的情况下才需要核准或备案。发行后股东人数超过200人的应在股东大会结束后向中国证监会申请核准，发行后股东人数不超过200人的需在验资完成后10个转让日内向全国股转公司申请备案。

(2)凸显公司自主权。对于一些涉及资产重组的具体事项，公司享有一定的自主权和选择权。比如，不限制支付手段定价、不强制要求对资产重组作出盈利预测等。

(3)简化要求，降低成本。非上市公众公司的重大资产重组不设重组委，且精简信息披露内容，减少公司披露主观描述性的信息等。此外，将主办券商和独立财务顾问捆绑，突出主办券商制度，同时也可以降低公司重组过程中聘请中介的支出。

(4)加强投资者保护。尽管新三板有较高的投资者准入门槛，但投资者权益的保护依旧是关注重点。例如，《非上市公众公司重大资产重组管理办法》规定，公众公司股东人数超过200人的，应当对出席会议的持股比例在10%以下的股东表决情况实施单独计票。前述所称持股比例在10%以下的股东，不包括公众公司董事、监事、高级管理人员及其关联人以及持股比例在10%以上股东的关联人。

一、关于重大资产重组的界定

非上市公众公司重大资产重组，是指公众公司及其控股或者控制的公司在日常经营活动之外购买、出售资产或者通过其他方式进行资产交易，导致公众公司的业务、资产发生重大变化的资产交易行为。

公众公司及其控股或者控制的公司购买、出售资产，达到下列标准之一的，构成重大资产重组：

(1)购买、出售的资产总额占公众公司最近一个会计年度经审计的合并财务会计报表期末资产总额的比例达到50%以上；

(2)购买、出售的资产净额占公众公司最近一个会计年度经审计的合并财务会计报表期末净资产额的比例达到50%以上，且购买、出售的资产总额占公众公司最近一个会计年度经审计的合并财务会计报表期末资产总额的比例达到30%以上。

在实践运用中，针对不同的资产类型，需要按照不同的原则来进行判断：

(1)如果购买的资产为股权的，且购买股权导致公众公司取得被投资企业控股股权的，其资产总额以被投资企业的资产总额或成交金额二者中的较高者为准，资产净额以被投资企业的净资产额或成交金额二者中的较高者为准；如果是出售股权导致公众公司丧失被投资企业控股股权的，其资产总额、净资产额分别以被投资企业的资产总额以及净资产额为准。

除上述情形之外，购买的资产为股权的，其资产总额、资产净额均以成交金额为准；出售的资产为股权的，其资产总额、资产净额均以该股权的账面价值为准。

（2）购买的资产为非股权资产的，其资产总额以该资产的账面值和成交金额二者中的较高者为准，资产净额以相关资产与负债账面值的差额和成交金额二者中较高者为准；出售的资产为非股权资产的，其资产总额、资产净额分别以该资产的账面值、相关资产与负债账面值的差额为准；如果该非股权不涉及负债的，则不适用资产净额标准。

（3）如果是同时购买、出售资产的，应当分别计算购买、出售资产的相关比例，并以二者中比例较高者为准。

（4）如果公众公司在12个月内连续对同一或者相关资产进行购买、出售的，以其累计数分别计算相应数额。已按规定履行相应程序的资产交易行为，无须纳入累计计算的范围。（见表5-4）

交易标的资产属于同一交易方所有或者控制，或者属于相同或相近的业务范围，或者中国证监会认定的其他情形，可以认定为同一或相关资产。

表5-4　重大资产重组判断原则

<table>
<tr><th>标的</th><th>行为</th><th>被投资企业控股股权变化</th><th>财务指标</th><th>确定依据</th></tr>
<tr><td rowspan="5">股权资产</td><td rowspan="2">购买</td><td rowspan="2">取得</td><td>资产总额</td><td>以被投资企业的资产总额或成交金额二者中的较高者为准</td></tr>
<tr><td>资产净额</td><td>以被投资企业的净资产额或成交金额二者中的较高者为准</td></tr>
<tr><td>出售</td><td>丧失</td><td>资产总额、净资产额</td><td>分别以被投资企业的资产总额以及净资产额为准</td></tr>
<tr><td>购买</td><td>/</td><td>资产总额、资产净额</td><td>均以成交金额为准</td></tr>
<tr><td>出售</td><td>/</td><td>资产总额、资产净额</td><td>以该股权的账面价值为准</td></tr>
<tr><td rowspan="3">非股权资产</td><td rowspan="2">购买</td><td rowspan="2">/</td><td>资产总额</td><td>以该资产的账面值和成交金额二者中的较高者为准</td></tr>
<tr><td>资产净额</td><td>以相关资产与负债账面值的差额和成交金额二者中较高者为准</td></tr>
<tr><td>出售</td><td>/</td><td>资产总额、资产净额</td><td>分别以该资产的账面值、相关资产与负债账面值的差额为准；如果该非股权不涉及负债的，则不适用资产净额标准</td></tr>
</table>

注：如果是同时购买、出售资产的，应当分别计算购买、出售资产的相关比例，并以二者中比例较高者为准。

二、实施重大资产重组的条件

新三板挂牌公司如需进行重大资产重组，必须同时满足以下条件：

（1）重大资产重组所涉及的资产定价公允，不存在损害公众公司和股东合法权益的情形；

（2）重大资产重组所涉及的资产权属清晰，资产过户或者转移不存在法律障碍，相关债权债务处理合法；所购买的资产，应当为权属清晰的经营性资产；

(3)实施重大资产重组后有利于提高公众公司资产质量和增强持续经营能力,不存在可能导致公众公司重组后主要资产为现金或者无具体经营业务的情形;

(4)实施重大资产重组后有利于公众公司形成或者保持健全有效的法人治理结构。

公众公司实施重大资产重组时,有关各方应当及时、公平地披露或者提供信息,保证所披露或者提供信息的真实、准确、完整,不得有虚假记载、误导性陈述或者重大遗漏。

三、关于限售规定

如新三板挂牌公司重大资产重组涉及发行股份购买资产的,股份认购方即将持有的公众公司股份则有锁定限售要求。通常情形下,股份认购方自公众公司股份发行结束之日起 6 个月内不得转让;但如果存在下列情形之一的,股份在 12 个月内不得转让:

(1)股份认购方为公众公司控股股东、实际控制人或者其控制的关联人;

(2)股份认购方通过认购本次发行的股份取得公众公司的实际控制权;

(3)股份认购方取得本次发行的股份时,对其用于认购股份的资产持续拥有权益的时间不足 12 个月。

四、关于财务顾问及备忘录

挂牌公司进行重大资产重组,必须聘请独立财务顾问、律师事务所以及具有证券、期货相关业务资格的会计师事务所等证券服务机构出具相关意见。就财务顾问而言,公众公司必须聘请为其提供督导服务的主办券商为独立财务顾问,但存在影响独立性、财务顾问业务受到限制等不宜担任独立财务顾问情形的除外。当然,挂牌公司也可以同时聘请其他具有资质的机构共同担任重大资产重组的财务顾问。在实践中,大多数公司基于成本考虑,聘请的财务顾问是自己的主办券商。

公众公司筹划重大资产重组事项,应当详细记载筹划过程中每一具体环节的进展情况,包括商议相关方案、形成相关意向、签署相关协议或者意向书的具体时间、地点、参与机构和人员、商议和决议内容等,制作书面的交易进程备忘录并予以妥当保存。参与每一具体环节的所有人员应当即时在备忘录上签名确认。重大资产重组交易进程备忘录是挂牌公司进行重大资产重组的重要证明文件。此外,公司应当按照全国股份转让系统的规定及时做好内幕信息知情人登记工作。

五、关于流程

新三板挂牌公司重大资产重组主要分为现金购买资产和发行股份购买资产两种情况。在股东大会召开之前,前述两种情况下的重大资产重组的程序基本一致,即都包括申请暂停转让、提交内幕信息知情人相关资料、召开首次董事会、信息披露、全国股份转让系统审查、申请恢复转让、召开股东大会等。

但在股东大会召开结束之后,上述两种情况的程序会有一定的差异。如果是以现金购买资产的,公司可以继续推进重组进程,完成认购资产过户(见图 5－3);如果是以发行股份认购资产的,公众公司需根据发行股份后人数是否超过 200 人向中国证监会申请核准或向全国股份转让系统申请备案(见图5-4)。

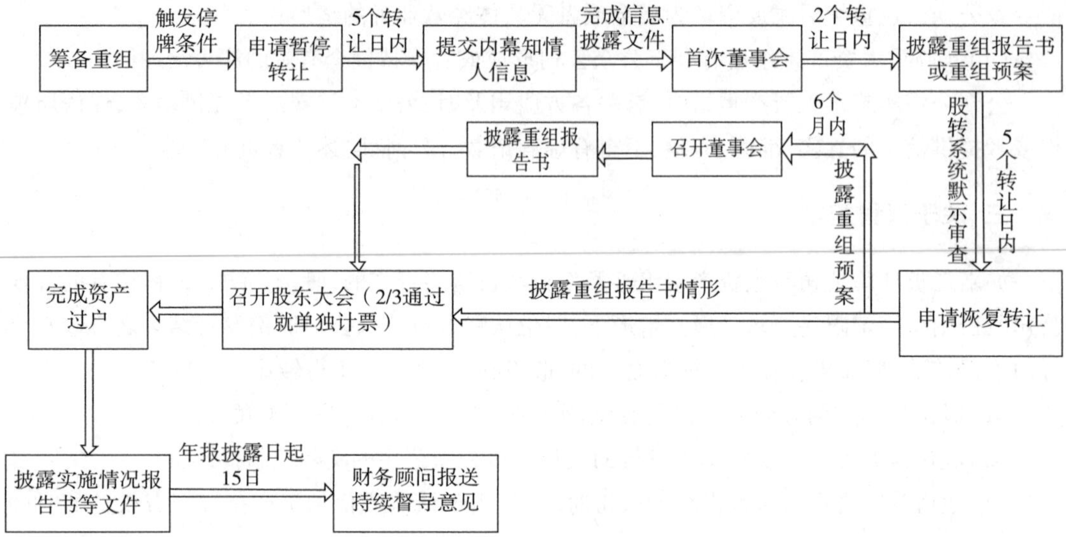

图5-3 重大资产重组流程(现金认购)

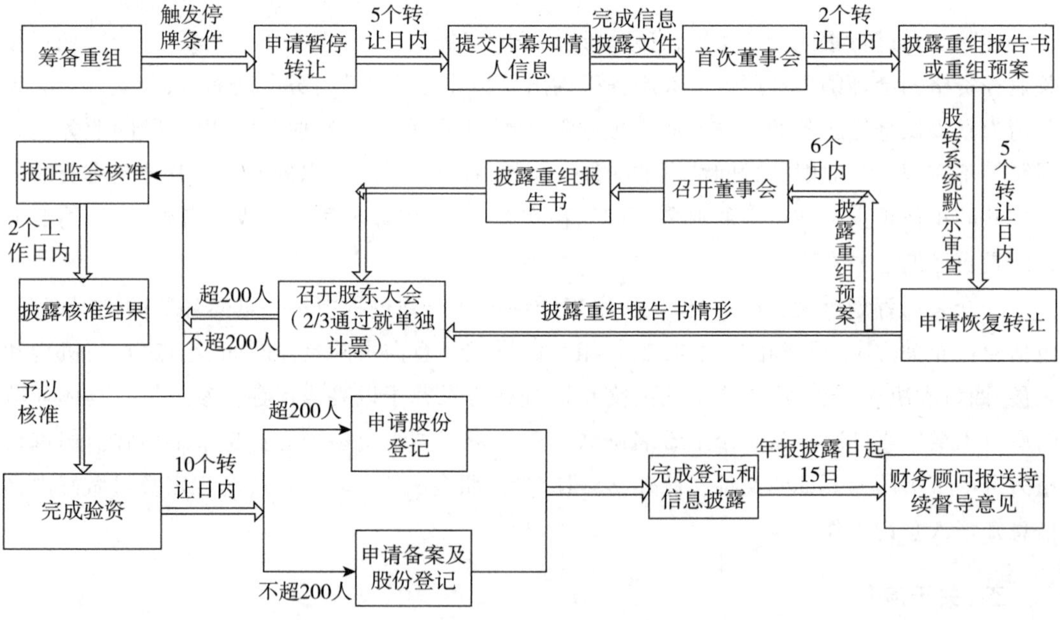

图5-4 重大资产重组流程(发行股份认购)

第二篇

案例篇

part 2

第一章　股东主体适格性问题

一、股东主体适格性问题相关法律规定

股东主体适格性问题主要指公司股东存在法律法规、任职单位规定不得担任股东的情形或者是不满足法律法规规定的股东资格条件等主体资格瑕疵问题。例如,《公务员法》第53条第14项规定,公务员不得从事或者参与营利性活动,在企业或者其他营利性组织中兼任职务。公务员不得投资成为股东且不得因个人营利目的在公司担任董事、监事、经理。中共中央、国务院发布的《关于严禁党政机关和党政干部经商、办企业的决定》以及《关于进一步制止党政机关和党政干部经商、办企业的规定》规定,国家机关法人的干部和职工,除中央书记处、国务院特殊批准的以外,一律不准经商、办企业。国家机关法人的干部和职工不得投资公司成为股东。《中国共产党党员领导干部廉洁从政若干准则》(已失效,以下简称《廉政准则》)第2条规定,禁止私自从事营利性活动,不准个人或者借他人名义经商、办企业。中国共产党党员领导干部不得投资成为股东。此外,还有其他与股东适格性相关的法律法规及政策性文件。

相关特殊身份的股东适格性核查如下:

1. 法人股东

(1)商业银行:有条件允许。

《商业银行法》(2015年8月29日修正)第43条规定,商业银行在中华人民共和国境内不得从事信托投资和证券经营业务,不得向非自用不动产投资或者向非银行金融机构和企业投资,但国家另有规定的除外。

(2)国有企业:允许。

《企业国有资产法》第35条规定,国家出资企业发行债券、投资等事项,有关法律、行政法规规定应当报经人民政府或者人民政府有关部门、机构批准、核准或者备案的,依照其规定。

(3)事业单位:区分参公(禁止)与非参公(有条件允许)。

《中央行政事业单位国有资产管理暂行办法》(国管资〔2009〕167号)第29条规定,各部门行政单位和参照《公务员法》管理的单位,不得将国有资产用于对外投资。其他事业单位应当严格控制对外投资,不得利用国家财政拨款、上级补助资金和维持事业正常发展的资产对外投资。

(4)职工持股或工会:禁止。

中国证监会在《关于职工持股会及工会能否作为上市公司股东的复函》(法律部〔2000〕24号)中答复:“根据国务院《社会团体登记管理条例》和民政部办公厅2000年7月7日印发

的《关于暂停对企业内部职工持股会进行社团法人登记的函》(民办函〔2000〕110 号)的精神,职工持股会属于单位内部团体,不再由民政部门登记管理。对此前已登记的职工持股会在社团清理整顿中暂不换发社团法人证书。因此,职工持股会将不再具有法人资格。在此种情况改变之前,职工持股会不能成为公司的股东。另外,根据中华全国总工会的意见和《工会法》的有关规定,工会作为上市公司的股东,其身份与工会的设立和活动宗旨不一致,可能会对工会正常活动产生不利影响。因此,我会也暂不受理工会作为股东或发起人的公司公开发行股票的申请。"

(5)高校:有条件允许。

《教育部关于积极发展、规范管理高校科技产业的指导意见》(教技发〔2005〕2 号)中规定,高校除对高校资产公司进行投资外,不得再以事业单位法人的身份对外进行投资。

(6)社会团体法人:允许。

根据《民政部、国家工商行政管理局关于社会团体开展经营活动有关问题的通知》(已失效,民社发〔1995〕14 号)规定,开展经营活动的社会团体,必须具有社团法人资格。不具备法人资格的社会团体,不得开展经营活动。社会团体开展经营活动,可以投资设立企业法人,也可以设立非法人的经营机构,但不得以社会团体自身的名义进行经营活动。社会团体从事经营活动,必须经工商行政管理部门登记注册,并领取《企业法人营业执照》或《营业执照》。社会团体设立企业需要取得法人备案。根据《国务院关于取消第二批行政审批项目和改变一批行政审批项目管理方式的决定》(国发〔2003〕5 号)取消了该备案要求。

2. 自然人股东

(1)公务员:禁止。

《公务员法》第 53 条第 14 项规定,公务员不得从事或者参与营利性活动,在企业或者其他营利性组织中兼任职务。第 102 条规定:"公务员辞去公职或者退休的,原系领导成员的公务员在离职三年内,其他公务员在离职两年内,不得到与原工作业务直接相关的企业或者其他营利性组织任职,不得从事与原工作业务直接相关的营利性活动。公务员辞去公职或者退休后有违反前款规定行为的,由其原所在机关的同级公务员主管部门责令限期改正;逾期不改正的,由县级以上工商行政管理部门没收该人员从业期间的违法所得,责令接收单位将该人员予以清退,并根据情节轻重,对接收单位处以被处罚人员违法所得一倍以上五倍以下的罚款。"

(2)事业单位人员(参公):禁止。

《公务员法》第 106 条规定,法律、法规授权的具有公共事务管理职能的事业单位中除工勤人员以外的工作人员,经批准参照本法进行管理。事业单位工作人员同公务员一样受到《公务员法》第 53 条、第 102 条规定的限制。

(3)党政机关领导干部:禁止。

①党政干部。

《中共中央、国务院关于严禁党政机关和党政干部经商、办企业的决定》(中发〔1984〕27 号)中规定,乡(含乡)以上党政机关在职干部(包括退居二线的干部),一律不得以独资或合股、兼职取酬、搭干股分红等方式经商、办企业;也不允许利用职权为其家属、亲友所办的企业谋取利益。党政机关干部可以采取向投资公司投资的方式,为国家和地方的经济发展做贡献,投入的资金可按照银行的规定获得利息,但不能参与有关企业的经营活动,更不得从中分红。

②县以上党和国家机关退(离)休干部。

《中共中央办公厅、国务院办公厅关于县以上党和国家机关退(离)休干部经商办企业问题的若干规定》规定,“党和国家机关的退休干部,不得兴办商业性企业,不得到这类企业任职,不得在商品买卖中居间取酬,不得以任何形式参与倒卖生产资料和紧俏商品,不得向有关单位索要国家的物资,不得进行金融活动”。

③省(部)、地(厅)级领导干部的配偶、子女。

中纪委印发的《关于“不准在领导干部管辖的业务范围内个人从事可能与公共利益发生冲突的经商办企业活动”的解释》(中纪发〔2000〕4 号)及《关于省、地两级党委、政府主要领导干部配偶、子女个人经商办企业的具体规定(试行)》(中纪发〔2001〕2 号)规定,省(部)、地(厅)级领导干部的配偶、子女,不准在该领导干部管辖的业务范围内个人从事可能与公共利益发生冲突的经商办企业活动。

④党员领导干部。

《廉政准则》第 2 条规定:“禁止私自从事营利性活动。不准有下列行为:(一)个人或者借他人名义经商、办企业;(二)违反规定拥有非上市公司(企业)的股份或者证券;(三)违反规定买卖股票或者进行其他证券投资;(四)个人在国(境)外注册公司或者投资入股;(五)违反规定在经济实体、社会团体等单位中兼职或者兼职取酬,以及从事有偿中介活动;(六)离职或者退休后三年内,接受原任职务管辖的地区和业务范围内的民营企业、外商投资企业和中介机构的聘任,或者个人从事与原任职务管辖业务相关的营利性活动。”

《廉政准则》第 15 条规定:“本准则适用于党的机关、人大机关、行政机关、政协机关、审判机关、检察机关中县(处)级以上党员领导干部;人民团体、事业单位中相当于县(处)级以上党员领导干部。国有和国有控股企业(含国有和国有控股金融企业)及其分支机构领导人员中的党员;县(市、区、旗)直属机关、审判机关、检察机关的科级党员负责人,乡镇(街道)党员负责人,基层站所的党员负责人参照执行本准则。”

⑤中央管理干部(以下简称中管干部)。

《中共中央纪委、中共中央组织部关于规范中管干部辞去公职或者退(离)休后担任上市公司、基金管理公司独立董事、独立监事的通知》(中纪发〔2008〕22 号)第 2 条规定:“中管干部辞去公职或者退(离)休后三年内,不得到与本人原工作业务直接相关的上市公司、基金管理公司担任独立董事、独立监事,不得从事与本人原工作业务直接相关的营利性活动。中管干部辞去公职或者退(离)休后可以到与本人原工作业务不直接相关的上市公司、基金管理公司担任独立董事、独立监事。”

(4)国有企业领导:禁止。

《国有企业领导人员廉洁从业若干规定》(中办发〔2009〕26 号)第 5 条规定:“国有企业领导人员应当忠实履行职责。不得有利用职权谋取私利以及损害本企业利益的下列行为:(一)个人从事营利性经营活动和有偿中介活动,或者在本企业的同类经营企业、关联企业和与本企业有业务关系的企业投资入股……”第6条规定:“国有企业领导人员应当正确行使经营管理权,防止可能侵害公共利益、企业利益行为的发生。不得有下列行为:(一)本人的配偶、子女及其他特定关系人,在本企业的关联企业、与本企业有业务关系的企业投资入股……”第2条规定:“本规定适用于国有独资企业、国有控股企业(含国有独资金融企业和国有控股金融企业)及其分支机构的领导班子成员。”

国资委党委印发的《中央企业贯彻落实〈国有企业领导人员廉洁从业若干规定〉实施办法》(国资党委纪检〔2011〕197号)第4条规定:“中央企业各级领导人员应当忠实履行职责。不得有利用职权谋取私利以及损害本企业利益的下列行为……(三)从事同类经营和其他营利性经营活动,违反规定投资入股……”

(5)国有企业职工:有条件允许。

《国务院国有资产监督管理委员会关于规范国有企业职工持股、投资的意见》(国资发改革〔2008〕139号)规定,职工入股原则限于持有本企业股权。国有企业集团公司及其各级子企业改制,经国资监管机构或集团公司批准,职工可投资参与本企业改制,确有必要的,也可持有上一级改制企业股权,但不得直接或间接持有本企业所出资各级子企业、参股企业及本集团公司所出资其他企业股权。

(6)高校领导干部:禁止。

《直属高校党员领导干部廉洁自律“十不准”》(教党〔2010〕14号)中规定,不准以本人或者借他人名义经商、办企业。

(7)现役军人:禁止。

《中国人民解放军内务条令》(军发〔2010〕21号)第127条规定,军人不得经商,不得从事本职以外的其他职业和传销、有偿中介活动,不得参与以营利为目的的文艺演出、商业广告、企业形象代言和教学活动,不得利用工作时间和办公设备从事证券交易、购买彩票,不得擅自提供军人肖像用于制作商品。

(8)未成年人:允许。

《国家工商行政管理总局关于未成年人能否成为公司股东问题的答复》(工商企字131号)规定:“《公司法》对未成年人能否成为公司股东没有作出限制性规定。因此,未成年人可以成为公司股东,其股东权利可以由法定代理人代为行使。”

(9)高校教师:允许。

《教育部关于积极发展、规范管理高校科技产业的指导意见》(教技发〔2005〕2号)第27条规定:“各高校要制定相关政策,鼓励科研人员和教职工积极参与科技成果转化和产业化工作,并将参与该项工作的绩效作为评聘、任用教职员工的依据。要在学校和产业之间建立开放的人员流动机制,实行双向流动。今后高校可根据实际需要向企业委派技术骨干和主要管理人员,这部分人员仍可保留学校事业编制……”

3. 关于双重国籍问题

双重国籍一般指自然人同时拥有两个国家的国籍。国际上有些国家是承认双重国籍的,而根据《国籍法》规定中国是不承认双重国籍的。所以严格来说,中国人在法律上是不会存在双重国籍的,定居外国的中国公民,自愿加入或取得外国国籍的,即自动丧失中国国籍。但是实践中,由于各国国籍或户籍信息系统的独立运作,国家无法及时知悉每个人的国籍变化情况,尤其是在个人没有在境内使用外国国籍的情况下,更是无法控制。一些中国人在取得外国国籍后,并未在中国使用相关外国国籍身份,也没有办理相关中国户籍注销手续,而是继续使用中国的国籍及相关的身份证件,从而产生了事实上的双重国籍。在国内使用中国的户籍身份,在国外则使用外国的护照身份。而法律上从该中国人取得外国国籍的时候,其中国国籍是自动失效的。

中国人在加入外国国籍的同时,是自动丧失中国国籍的,在其已经丧失中国国籍的情况下,不得继续使用中国的国籍身份,同时应当及时办理相应的户籍注销手续。如果仍然继续使用中国的国籍身份,从事相关的民事法律行为,包括投资设立公司等,都是对于我国国籍户籍相关秩序的损害,甚至可能借此规避相关的外资限制性政策,因此是不合规的。

二、核查股东主体适格性的必要性

根据全国中小企业股份转让系统发布的《挂牌审查一般问题内核参考要点(试行)》第1.1条规定,律师需要核查披露:(1)公司股东是否存在或曾经存在法律法规、任职单位规定不得担任股东的情形或者不满足法律法规规定的股东资格条件等主体资格瑕疵问题,并对公司股东适格性发表明确意见。(2)若曾存在股东主体资格瑕疵问题,需核查规范措施是否真实、合法、有效,以及规范措施对公司的影响,并就股东资格瑕疵问题是否影响公司股权明晰、公司设立或存续的合法合规性发表明确意见。股东主体是否适格是企业挂牌新三板的条件之一。

三、解决思路

1. 详细说明股东主体资格瑕疵的背景情况

通过详细核查股东资格相关的全部文件以及相关政策法规,详细说明股东资格瑕疵出现的背景、原因,会引起何种法律后果,最终如何解决股东主体资格瑕疵问题,解决的是否彻底,解决的方式是否合法合规,对公司是否有影响等。

2. 根据核查情况给出相应的解决方案,在股改前规范

如果股东主体资格瑕疵问题出现在公司有限责任阶段,则根据核查情况可以建议该股东转让其所持有的公司全部股权,退出公司不再作为公司股东。律师同时应当核查受让方与该股东的关联关系、转让价格,确认股权转让的真实性,避免存在股权代持;或是建议股东对其瑕疵进行补正,辞去相应的任职,同时承诺对历史上存在的股东主体资格瑕疵问题可能引起的风险或潜在风险承担全部责任。后者必须是该股东主体资格瑕疵问题已经随着时间的推移不存在了,在股改前已经规范,不会影响其作为股份公司发起人、公司股东的资格。

案例1-1　帕特尔830776

【问题】股东存在高校老师、公务员、党政机关领导干部

【问题描述】

请主办券商、律师结合《廉政准则》及其实施办法、《关于规范国有企业职工持股、投资的意见》《公务员法》等相关法律法规规定，补充调查公司部分特殊主体身份股东、高管，自持有公司股份至目前，作为股东、高管身份适格性及其合法合规性，补充发表意见并披露。

【问题解决】①

《中国共产党党员领导干部廉洁从政若干准则（试行）》（中共中央于1997年3月28日发布，已于2010年2月23日被中共中央发布的《廉政准则》②废止，以下简称《廉政准则（试行）》）第2条规定："党员领导干部要严防商品交换原则侵入党的政治生活和国家机关的政务活动。禁止私自从事营利活动。不准有下列行为：（一）个人经商、办企业；（二）违反规定在经济实体中兼职或者兼职取酬，以及从事有偿中介活动；（三）违反规定买卖股票；（四）个人在国（境）外注册公司或者投资入股。"第12条规定："本准则适用于党的机关、人大机关、行政机关、政协机关、审判机关、检察机关中县（处）级以上党员领导干部；人民团体、事业单位中相当于县（处）级以上党员领导干部；国有大型、特大型企业中层以上党员领导干部，国有中型企业党员领导干部，实行公司制的大中型企业中由国有股权代表出任或者由国有投资主体委派（包括招聘）的党员领导干部、选举产生并经主管部门批准的党员领导干部、企业党组织的领导干部。"

《〈中国共产党党员领导干部廉洁从政若干准则（试行）〉实施办法》（中共中央纪律检查委员会于1997年9月3日发布，已于2011年3月22日被中共中央纪律检查委员会发布的《〈中国共产党党员领导干部廉洁从政若干准则〉实施办法》废止，以下简称《〈廉政准则（试行）〉实施办法》）第10条规定："《廉政准则（试行）》第二条第一项所称'个人经商办企业'，是指个人独资经商办企业，与他人合资、合股、合作、合伙经商办企业，私自以承包、租赁、受聘等方式经商办企业。个人经商办企业的，依照《纪律处分条例》第八十八条的规定处理。"

《中国共产党纪律处分条例（试行）》（中共中央于1997年2月27日发布，已于2003年12月31日被中共中央发布的《中国共产党纪律处分条例》③修改，以下简称《纪律处分条例（试行）》）第88条第1款规定："党和国家机关、人民团体中的党员干部，违反规定，经商办企业，或者参与其他营利性的经营活动，或者利用职务上的便利为亲友经商办企业谋利益的，给予警告、严重警告或者撤销党内职务处分。"

《廉政准则（试行）》第2条规定："禁止私自从事营利性活动。不准有下列行为：（一）个人或者借他人名义经商、办企业；（二）违反规定拥有非上市公司（企业）的股份或者证券；（三）违反规定买卖股票或者进行其他证券投资；（四）个人在国（境）外注册公司或者投资入

① 《北京市浩天信和律师事务所关于哈尔滨帕特尔科技股份有限公司申请股票在全国中小企业股份转让系统挂牌并公开转让的补充法律意见书》，第2~7页。

② 该文件已于2015年10月21日被中共中央发布的《中国共产党廉洁自律准则》废止，自2016年1月1日起施行。

③ 该文件已于2015年10月18日被《中共中央关于印发〈中国共产党纪律处分条例〉的通知》修订，自2016年1月1日起施行。

股;(五)违反规定在经济实体、社会团体等单位中兼职或者兼职取酬,以及从事有偿中介活动;(六)离职或者退休后三年内,接受原任职务管辖的地区和业务范围内的民营企业、外商投资企业和中介机构的聘任,或者个人从事与原任职务管辖业务相关的营利性活动。"第 15 条第 1 款规定:"本准则适用于党的机关、人大机关、行政机关、政协机关、审判机关、检察机关中县(处)级以上党员领导干部;人民团体、事业单位中相当于县(处)级以上党员领导干部。"

2011 年《〈中国共产党党员领导干部廉洁从政若干准则〉实施办法》(中纪发〔2011〕19 号)(以下简称《〈廉政准则〉实施办法》)第 10 条规定:"《廉政准则》第二条第一项所称'个人或者借他人名义经商、办企业',是指个人独资或者与他人合资、合股经办商业或者其他企业,以个人或者他人名义入股的形式经办企业,私自以承包、租赁、受聘等方式从事商业和其他经营活动。个人或者借他人名义经商、办企业的,依照《党纪处分条例》第七十七条的规定处理。"第 15 条规定:"《廉政准则》第二条第六项所称'离职',是指以退休之外的方式离开公职,包括辞去公职、被辞退、被开除等情形。'原任职务',是指离职或者退休前最后担(兼)任的职务。在离职或者退休后三年内,接受原任职务管辖的地区和业务范围内的民营企业、外商投资企业和中介机构的聘任,或者个人从事与原任职务管辖业务相关的营利性活动的,依照《党纪处分条例》第八十二条的规定处理。"

《中国共产党纪律处分条例》(中共中央于 2003 年 12 月 31 日发布,以下简称《纪律处分条例(2003 版)》)第 77 条规定:"违反有关规定从事营利活动,有下列行为之一,情节较轻的,给予警告或者严重警告处分;情节较重的,给予撤销党内职务或者留党察看处分;情节严重的,给予开除党籍处分:(一)经商办企业的;(二)个人违反规定买卖股票或者进行其他证券投资的;(三)从事有偿中介活动的;(四)在国(境)外注册公司或者投资入股的;(五)有其他违反有关规定从事营利活动行为的。利用职务上的便利,为其亲友的经营活动谋取利益的,依照前款规定处理。违反有关规定兼职或者兼职取酬的,依照第一款规定处理。"

《公务员法》第 16 条第 1、2 款规定:"公务员职务分为领导职务和非领导职务。领导职务层次分为:国家级正职、国家级副职、省部级正职、省部级副职、厅局级正职、厅局级副职、县处级正职、县处级副职、乡科级正职、乡科级副职。"第 53 条规定:"公务员必须遵守纪律,不得有下列行为:(一)散布有损国家声誉的言论,组织或者参加旨在反对国家的集会、游行、示威等活动……(十四)从事或者参与营利性活动,在企业或者其他营利性组织中兼任职务……"第 102 条规定:"公务员辞去公职或者退休的,原系领导成员的公务员在离职三年内,其他公务员在离职两年内,不得到与原工作业务直接相关的企业或者其他营利性组织任职,不得从事与原工作业务直接相关的营利性活动。公务员辞去公职或者退休后有违反前款规定行为的,由其原所在机关的同级公务员主管部门责令限期改正;逾期不改正的,由县级以上工商行政管理部门没收该人员从业期间的违法所得,责令接收单位将该人员予以清退,并根据情节轻重,对接收单位处以被处罚人员违法所得一倍以上五倍以下的罚款。"

《国务院国有资产监督管理委员会关于规范国有企业职工持股、投资的意见》(以下简称《规范意见》)规定:"关联企业指与本国有企业有关联关系或业务关联且无国有股份的企业。严格限制职工投资关联关系企业;禁止职工投资为本企业提供燃料、原材料、辅料、设备及配件和提供设计、施工、维修、产品销售、中介服务或与本企业有其他业务关联的企业;禁止职工投资与本企业经营同类业务的企业。”

综上，根据公司出具的情况说明，并经律师核查，公司部分特殊主体身份股东、高管，自持有公司股份至目前，作为股东、高管身份适格性及其合法合规性，本所律师补充发表意见并披露如下：

潘政刚于2001年投资设立有限公司时在哈尔滨电力职业技术学院工作。根据中华人民共和国科技部、教育部、人事部、财政部、中国人民银行、国家税务总局、国家工商行政管理局1999年4月20日联合颁布的《关于促进科技成果转化的若干规定》以及哈尔滨电力职业技术学院2013年12月26日出具的《证明》，潘政刚的投资行为符合当时现行有效的政策及规定。据此，本所律师认为，潘政刚作为公司的发起人及董事，符合我国相关法律、法规之规定。

潘政强自2001年投资设立有限公司以来截至目前一直在黑龙江省华源电力开发公司工作。根据黑龙江省华源电力开发公司于2013年12月18日出具的《证明函》，黑龙江省华源电力开发公司与公司不存在同业竞争的情形，且根据北京兴华会计师事务所有限责任公司出具的《审计报告》显示，截至2013年12月31日，公司与黑龙江省华源电力开发公司不存在任何业务往来。此外，黑龙江省华源电力开发公司出具《证明函》载明，公司存续期间与黑龙江省华源电力开发公司不存在提供燃料、原材料、辅料、设备及配件和提供设计、施工、维修、产品销售、中介服务或有其他业务关联的情况。据此，本所律师认为，潘政强作为公司的发起人及董事，符合我国相关法律、法规之规定。

潘政军于2001年投资设立有限公司时在黑龙江省林口县粮食局工作，任科员一职，党派为中国共产党。根据黑龙江省林口县粮食局于2014年4月4日出具的《证明》显示，潘政军已于2001年12月从该单位退休。据此，本所律师认为，根据《廉政准则（试行）》及《〈廉政准则（试行）〉实施办法》相关之规定，潘政军不属于党员领导干部，不适用《廉政准则（试行）》及《〈廉政准则（试行）〉实施办法》，其作为公司的发起人，符合我国相关法律、法规之规定。

潘正林于2001年投资设立有限公司时在黑龙江省林口县政府工作，曾担任县委干事、办公室主任、县委副书记、人大常委会副主任及人大常委会主任等职务，党派为中国共产党。根据林口县人民代表大会常务委员会于2014年4月4日出具的《证明》显示，潘正林已于2002年12月从县人大主任的岗位退居二线，2006年12月正式从该单位退休。据此，本所律师认为，根据《廉政准则（试行）》及《〈廉政准则（试行）〉实施办法》相关之规定，潘正林属于党员领导干部，不得私自从事营利性活动，其投资设立有限公司的行为违反了党内规章制度，其股东资格存在瑕疵。但是，根据《纪律处分条例（试行）》及《纪律处分条例（2003版）》相关之规定，针对潘正林的个人行为，可能面临的处罚分别为：情节较轻的，给予警告或者严重警告处分；情节较重的，给予撤销党内职务或者留党察看处分；情节严重的，给予开除党籍处分，前述处罚均仅作用于潘正林个人，不会影响到有限公司的正常经营。此外，潘正林已于《公务员法》实施同年（2006年）办理了退休手续，离职后3年内亦不存在到与原工作业务直接相关的企业或者其他营利性组织任职，以及从事与原工作业务直接相关的营利性活动的情况，而且公司于2010年年底整体变更设立时早已经超过前述3年的法定限制期，因此潘正林于公司整体变更设立前已经修正了其股东资格的瑕疵，因此其作为公司的发起人，符合我国相关法律、法规之规定。

案例 1-2 大光明 838538

【问题】股东为党政机关领导干部

【问题描述】

请主办券商、律师补充核查公司原股东卢季成的基本情况,并对其于2003年出资设立公司的合法合规性发表明确意见并说明核查程序、核查手段与核查结论。请公司补充披露相关事项。

【问题解决】①

经本所律师访谈卢季成,卢季成的基本情况如下:

卢季成,男,1933年11月出生,身份证号:33010619331105××××,中国国籍,无境外永久居留权,高级工程师,本科学历。1954年至1958年,浙江大学电机系学习;1958年至1961年,浙江电缆厂,担任技术员;1961年至1962年,浙江机械工业研究所,担任技术员;1962年至1984年,浙江机械工业学校,历任教师、电子工程系主任兼系总支书记;1984年至1994年,浙江省电子工业局(浙江省电子工业总公司),任党委副书记、副经理;1994年退休。

2003年1月,卢季成与公司控股股东沈国平投资设立大光明通信系统集成有限公司,并担任杭州大光明通信系统集成有限公司监事。

其于2003年出资设立公司的合法合规性分析如下:

(1)根据《公务员法》第102条第1款的规定,公务员辞去公职或者退休的,原系领导成员的公务员在离职3年内,其他公务员在离职2年内,不得到与原工作业务直接相关的企业或者其他营利性组织任职,不得从事与原工作业务直接相关的营利性活动。

鉴于卢季成于1994年退休,至2003年投资入股大光明有限公司,时间间隔已有9年。因此,卢季成2003年出资设立大光明有限公司的行为不违反《公务员法》的规定。

(2)根据1988年《中共中央办公厅、国务院办公厅关于县以上党和国家机关退(离)休干部经商办企业问题的若干规定》的规定,党和国家机关的退休干部,不得兴办商业性企业,不得到这类企业任职,不得在商品买卖中居间取酬,不得以任何形式参与倒卖生产资料和紧俏商品,不得向有关单位索要国家的物资,不得进行金融活动。党和国家机关的退休干部从事养殖业、种植业生产,进行技术开发、咨询、服务,讲学、写作、翻译,以及从事为改善机关后勤服务而开办小卖部、洗衣房、理发室等经营服务活动,继续按《中共中央、国务院关于严禁党政机关和党政干部经商、办企业的决定》的有关规定执行,取得合理报酬,严格照章纳税,其原享受的退休待遇不变。

而根据1984年《中共中央、国务院关于严禁党政机关和党政干部经商、办企业的决定》的规定,党政机关离休、退休的干部,应该发扬党的全心全意为人民服务、密切联系群众的优良传统,在为社会公益事业服务等方面多做贡献。具有一定科技知识和专业特长的离休、退休干部,经有关部门批准,可以从事技术性、知识性咨询活动,可以举办培训班、补习学校、医疗所等,并取得合理的经济收入;也可以应聘于本地或外地企事业单位从事咨询或讲学活动,依

---

① 《关于杭州大光明通信系统股份有限公司申请股票在全国中小企业股份转让系统挂牌并公开转让的补充法律意见书(一)》,第13~15页。

照合同领取应得的劳动报酬。应聘迁居外地的,可以保持原地户籍,允许随时迁回。离休、退休干部可以从事家庭养殖业、种植业,出售自己的劳动产品。从事上述活动的离休、退休干部,按照有关规定继续领取应领的工资和享受应享受的生活待遇。离休、退休干部经商或办企业,其经营收入如不低于自己应领取或享受的工资、生活待遇,应停发其应领的工资和酌情改变其他生活待遇;如收入低于自己应领取的工资和享受的生活待遇,可酌量发给一部分,保证不低于原待遇。他们经营的企业必须严格按照国家工商行政管理部门的规定,申报批准,并依法经营,照章纳税。

鉴于上述规定,国家禁止退休干部兴办的企业是"商业性企业",不得在商品买卖中居间取酬,不得以任何形式参与倒卖生产资料和紧俏商品,不得向有关单位索要国家的物资,不得进行金融活动。支持具有一定科技知识和专业特长的离休、退休干部从事技术性、知识性咨询活动,可以举办培训班、补习学校、医疗所等,并取得合理的经济收入。他们经营的企业必须严格按照国家工商行政管理部门的规定,申报批准,并依法经营,照章纳税。卢季成利用自己的专业优势,严格按照国家工商行政管理部门的规定,于2003年1月15日与沈国平合资设立杭州大光明通信系统集成有限公司,并取得杭州市工商行政管理局颁发的《企业法人营业执照》。

综上所述,本所律师认为,公司原股东卢季成于2003年出资设立大光明通信系统集成有限公司合法、合规。

案例1-3 微科生物838836

【问题】股东为公务员

【问题描述】

公司股东孙志龙曾为公务员身份。请主办券商及律师核查其作为股东的适格性,其投资并任职于公司是否符合相关规定以及对公司的影响。

【问题解决】①

1. 经核查,2015年10月,孙志龙通过股权转让获得公司0.664 5%的股权,成为公司股东;2015年12月,公司增资完成后,孙志龙持有公司股权比例降低至0.643 1%。2016年2月至今,孙志龙任职公司董事兼董事会秘书。

2. 根据公司股东孙志龙提供的说明,其在朝阳市机关事务管理局任职期间,担任生活服务管理科科员职务,主要业务范围为向朝阳市党委、人大、政府、政协四大领导班子机关提供公共服务,并于2016年1月7日提出辞职申请,2016年1月19日获得朝阳市机关事务管理局批准辞去公职。

3. 根据朝阳市机关事务管理局出具的《关于同意孙志龙同志辞职的批复》,公司股东孙志龙已辞去公职,不再具有公务员身份;且其目前投资并任职于公司并不属于与其原工作业务直接相关的企业或者其他营利性组织,符合《公务员法》中关于限制在职公务员、辞去公职或

① 《关于辽宁微科生物工程股份有限公司申请股票在全国中小企业股份转让系统挂牌的补充法律意见书》,第11~12页。

已退休公务员从事或参与营利性活动的限制性规定。因此，孙志龙目前作为公司股东资格适格，其投资并任职公司符合且不违反法律法规的相关规定。

4. 自2015年10月孙志龙成为公司股东至2016年1月孙志龙辞职不再具有公务员身份的短暂两个多月期间内，孙志龙作为公司股东资格存在瑕疵；但鉴于孙志龙持股比例很低（仅占公司股本总额的0.6431%），且该瑕疵存续时间较短并已在其辞去公务员公职后得到彻底纠正及消除，因此该情形不会对公司经营业务构成可预见的重大不利影响。

案例1－4　汇能科技831843

【问题】股东为大学教授

【问题描述】

请主办券商、律师核查公司股东是否存在法律法规或任职单位规定不适合担任股东的情形，并对公司股东适格性发表明确意见。

【问题解决】①

截至法律意见书出具之日，股份公司共有19位自然人股东，分别为：陈贵军、王甦、徐昶斗、张军、宋小磊、赵书平、周国娡、黄英、田昕、林红华、徐颖、邹晶波、居桂林、李钢、刘舒欣、郝海波、孙奇、孙祥庆和薛晓光。经本所律师核查，截至本补充法律意见出具之日，上述情况并未发生变化。

本所律师查阅了各股东的身份证明文件，证实各股东均为中国居民，并且截至法律意见书出具之日不存在未成年股东。

经本所律师核查，公司股东陈贵军现担任大连理工大学能源与动力学院动力系副教授。本所律师认为，《教师法》和《高等学校教师职业道德规范》并不存在禁止教师成为公司股东的规定，因此，陈贵军作为公司股东并不存在法律上的障碍。

除此之外，经股份公司确认并经本所律师核查，未发现公司股东存在公务员、党政机关的干部和职工或现役军人等禁止担任股东的情形。

基于上述核查，本所律师认为，公司股东均为中国居民且已成年，不存在法律法规或任职单位规定不适合担任股东的情形。

案例1－5　济南科明830943

【问题】股东为大学教授

【问题描述】

经核查，陈清奎、刘道君为济南科明数码技术股份有限公司的实际控制人，二人为夫妻关系，截至本法律意见书出具之日，陈清奎持有公司22.98%股份（共计2 297 602股），刘道君持

---

① 《北京市高朋律师事务所关于大连汇能科技股份有限公司之股份进入全国中小企业股份转让系统挂牌之补充法律意见书》，第3页。

有公司24.45%的股份(共计2 444 805股)。公司董事长兼总经理陈清奎目前在山东建筑大学担任教授、硕士生导师,请主办券商、律师核查陈清奎是否存在违反山东建筑大学、教育行政部门相关规定的情况。

【问题解决】①

根据本所律师对山东建筑大学机电工程学院院长张明勤的访谈记录以及山东建筑大学机电工程学院出具的声明,并经本所律师核查,陈清奎系山东建筑大学机电工程学院教授、硕士生导师,但不担任山东建筑大学及其机电工程学院任何行政职务。

经本所律师核查,教育行政主管部门以及山东建筑大学均没有颁布或制定文件或政策明确禁止不担任行政职务的大学教授在校外企业任职,也未禁止不担任行政职务的大学教授出资设立有限责任公司。

案例1-6 赛普特835346

【问题】股东在加入外国国籍后以中国身份投资设立公司

【问题描述】

请主办券商、律师进一步核查林穗珍女士是否根据《国籍法》《身份证法》《公司法》《出境入境管理法》《外国人在中国就业管理规定》等相关法律法规设立公司、办理在华就业等相关手续,并对是否存在代持、股权明晰、公司依法设立、合法合规经营发表明确意见。

【问题解决】②

1. 关于林穗珍女士是否根据《国籍法》《身份证法》《公司法》《出境入境管理法》《外国人在中国就业管理规定》等相关法律法规设立公司,以及公司是否满足依法设立的条件。

(1)经本所律师核查,赛普特有限公司设立时的股东人数为6人,股东出资总额为50万元,股东共同制定了公司章程,有公司名称和住所并且建立了符合有限责任公司要求的组织机构,符合《公司法》第23条对有限责任公司设立条件的规定。

(2)经核查广州工商局萝岗分局出具的赛普特有限公司工商登记档案、赛普特有限公司设立时的验资报告,赛普特有限公司的设立履行了如下程序:

① 2011年3月25日,取得广州工商局核发的《企业名称预先登记核准通知书》(〔穗〕名称预核内字〔2011〕第08201103250042号),经核准的公司名称为"广州市赛普特医药科技有限公司";

② 2011年4月5日,林穗珍、胡海燕、张静夏、邱鹏新、黄奕俊和银巍签署《广州市赛普特医药科技有限公司章程》以及《广州市赛普特医药科技有限公司任职说明书》,选举林穗珍为执行董事、黄奕俊为监事,聘任胡海燕为经理;

---

① 《北京德恒律师事务所关于济南科明数码技术股份有限公司之股份进入全国中小企业股份转让系统挂牌之补充法律意见书》,第2页。

② 《关于广州市赛普特医药科技股份有限公司申请股票在全国中小企业股份交易系统挂牌并公开转让的补充法律意见书(二)》,第3~7页。

③ 2011年4月18日,广州同忆会计师事务所出具《验资报告》(穗同验字〔2011〕第0172号),出具验资意见:截至2011年4月14日,赛普特有限公司已收到其股东缴纳的注册资本(实收资本)为50万元;

④2011年4月26日,广州工商局萝岗分局向赛普特有限公司核发《企业开业通知书》及《企业法人营业执照》,核准赛普特有限公司注册成立。

(3)经核查,赛普特有限公司设立程序存在如下瑕疵:

根据林穗珍女士提供的美国护照及其说明,林穗珍女士于2010年4月27日取得美国国籍,但是未及时申请办理注销中国国籍的相关手续,仍可使用中国居民身份证在中国境内从事民事活动。由于林穗珍女士同时持有及使用美国护照和中国居民身份证,产生了事实上的双重国籍现象。按照《国籍法》的规定,我国不承认双重国籍。

根据赛普特有限公司的工商登记档案,林穗珍女士设立赛普特有限公司时使用的身份证明文件为中国居民身份证,未使用美国护照。由于林穗珍女士在设立赛普特有限公司时已经取得美国国籍,但未按照《中外合资经营企业法》等外商投资法律法规将赛普特有限公司设立为中外合资经营企业,赛普特有限公司在设立程序上存在瑕疵。

(4)虽然赛普特有限公司设立时存在上述瑕疵,但鉴于:

①赛普特有限公司符合当时有效的《公司法》对有限责任公司设立条件的规定,并且赛普特有限公司的设立履行了名称预核准、制定公司章程、选举执行董事和监事以及聘请经理、聘请验资机构验资及出具证明、向登记机关提交设立申请并取得《企业法人营业执照》等法定程序,符合《公司法》《公司登记管理条例》等法律法规对有限责任公司设立程序的相关要求。

②赛普特有限设立时,林穗珍女士提交的身份证明文件的合法性。

第一,根据赛普特有限公司的工商登记档案,林穗珍女士向广州工商局萝岗分局提交的中国居民身份证由广州市公安局越秀分局签发,符合《身份证法》第8条"居民身份证由居民常住户口所在地的县级人民政府公安机关签发"的规定。

第二,林穗珍提交给广州工商局萝岗分局用于办理赛普特有限公司设立登记的中国居民身份证所记载的信息与林穗珍持有的居民户口簿记载信息一致,该居民身份证为真实资料,不存在提交虚假材料的情形。

第三,赛普特有限设立时,林穗珍女士提交的中国居民身份证为其本人合法持有,该居民身份证真实、有效,林穗珍女士不存在冒用他人居民身份证或使用骗领的居民身份证的情形,亦不存在购买、出售、使用伪造、变造的居民身份证的情形,符合《身份证法》的相关规定。

③赛普特对设立程序瑕疵进行的纠正。

经核查,赛普特有限公司的工商登记档案并经林穗珍女士、颜充先生确认,林穗珍与其子颜充于2015年6月18日签订《股东转让协议》,约定林穗珍将其持有的赛普特有限公司31.50%股权转让给颜充。该等股权转让获得赛普特有限公司的股东会批准,并且其他股东均放弃优先购买权。赛普特有限公司于2015年6月30日办理完毕该等股权转让的变更登记手续,取得广州工商局萝岗分局核发的《准予变更(备案)登记通知书》及变更后的《营业执照》。林穗珍与颜充之间的股权转让意思表示真实,《股东转让协议》内容合法有效,已经履行了必要的法定程序,该等股权转让真实、合法、有效。该等股权转让完成后,林穗珍不再持有公司股权。

④赛普特有限公司自设立以来，并未因上述事项受到工商行政管理部门的处罚。

根据公司出具的说明与承诺、广州工商局萝岗分局出具的合法性证明，公司自成立至今没有因违反法律、法规被工商行政管理部门处罚的情形。

⑤林穗珍女士的出资来源于境内且及时缴纳出资。

根据广州同忆会计师事务所出具的《验资报告》（穗同验字〔2011〕第0172号）、出资缴款凭证和林穗珍女士的说明，林穗珍女士以货币35万元对赛普特有限公司出资，该等出资来源于其中国境内的资产。

⑥根据《指导外商投资方向规定》（国务院令第346号）和《外商投资产业指导目录》等外商投资法律法规，公司自设立至今的经营业务不属于限制类或禁止类的投资项目。

⑦林穗珍女士已出具书面承诺，如果因其国籍问题所产生的设立程序瑕疵导致赛普特有限公司或股东遭受任何损失，林穗珍女士将承担全部责任。因此，赛普特有限公司不会因林穗珍女士的国籍问题而遭受额外的损失。

综上所述，本所认为：第一，林穗珍女士的国籍问题使赛普特有限公司在设立程序上存在瑕疵，赛普特有限公司设立程序的瑕疵已经得到纠正，上述规范措施真实、合法、有效；第二，公司满足依法设立的挂牌条件。

2. 关于林穗珍女士办理在华就业等相关手续的问题。

（1）关于林穗珍女士的双重国籍问题，根据广州市公安局农林派出所于2015年11月25日核发的《户口注销证明》以及林穗珍女士的说明，林穗珍女士已经办理完毕注销中国户籍手续。

（2）林穗珍女士已经办理在华就业的工作许可和居留许可。

经本所律师核查并经林穗珍女士确认，林穗珍女士现持有广东省外国专家局于2013年8月26日签发的《外国专家证》，证件有效期至2018年7月1日，《外国专家证》所登记的林穗珍女士聘用单位为赛普特有限。

经本所律师核查并经林穗珍女士确认，林穗珍女士已于2013年11月5日取得外国人居留许可，经登记的居留事由为工作，许可的有效期至2018年11月4日。

本所认为，林穗珍女士作为持有美国护照的外籍人士在中国工作，已经按照《出境入境管理法》和《外国人在中国就业管理规定》等相关法律法规办理了在华就业许可和居留许可等相关手续。

3. 对是否存在代持、股权明晰，合法合规经营发表明确意见。

（1）关于是否存在代持、股权明晰的问题。

根据赛普特有限公司工商查询档案资料、赛普特有限公司全体股东出具的承诺、赛普特有限公司出具的声明和保证，赛普特有限公司股东所持赛普特有限公司的股份不存在直接或间接代持的情形。林穗珍女士亦出具书面说明，其股份转让给其子颜充系其本人真实的意思表示，其与颜充不存在委托持股的情形。

赛普特有限公司股东的历次出资真实且均已缴足，并履行了必要的验资程序；赛普特有限公司历次股权变动履行了必要的法定程序，不存在纠纷或潜在纠纷；赛普特有限公司设立时的股权设置、股本结构符合当时有关法律、法规及规范性文件的规定，股权明晰，不存在潜在纠纷及风险。

本所认为，赛普特有限公司股份不存在直接或间接代持的情形，股权明晰。

（2）关于合法合规经营的问题。

根据相关政府部门出具的证明、赛普特有限公司和控股股东出具的声明和保证，赛普特有限公司和控股股东在报告期内依法开展经营活动，经营行为合法合规，不存在因违反法律、法规及规范性文件而受到行政处罚的情形。

根据赛普特有限公司的董事、监事和高级管理人员的承诺，赛普特有限公司的董事、监事和高级管理人员不存在报告期内受到中国证监会行政处罚或被采取证券市场禁入措施的情形。

本所认为，赛普特有限公司符合合法合规经营的挂牌条件。

案例1－7 金侨教育835497

【问题】实际控制人在公司存续期间取得外国国籍

【问题描述】

请主办券商及律师核查：（1）实际控制人取得圣基茨和尼维斯国籍的过程，并请对实际控制人中国公民身份与外国国籍是否同时并存、是否合法合规发表明确意见；（2）公司是否为外商投资企业，是否违背《外商投资产业指导目录》关于外商投资教育产业相关限制性规定并发表明确意见，并请充分说明论证依据。

【问题解决】①

本所律师针对上述问题查阅全国企业信用信息公示系统、金侨教育的工商内档资料、刘朝晖的身份证明文件，获取了政府部门的有关认定文件及公司其他资料。

1.经核查，刘朝晖于2013年1月取得圣基茨和尼维斯国籍，于2015年11月25日以持有圣基茨和尼维斯国籍为由向长沙市公安局人口与出入境管理支队申请注销中国户籍，长沙市公安局人口与出入境管理支队未受理其申请，向其出具了载有如下内容的证明："刘朝晖，中国公民，女，身份证号4303××××××××××4054X，户籍所在地为长沙市芙蓉区蓉园路×号××栋××号，该人于2015年11月25日以其取得圣基茨和尼维斯［Saint Christopher（St. Kitts）and Nevis］国籍（护照号：RE0032831）为由，向我单位申请注销其中国户籍。经查，截至2015年11月25日，尚未发现刘朝晖持圣基茨和尼维斯［Saint Christopher（St. Kitts）and Nevis］护照（护照号：RE0032831）在我国出入境的记录。该人在我国仍被认定为且只被认定为中国公民，其申请注销长沙户籍的申请我单位未予受理。"

本所律师认为：我国不承认双重国籍，而且刘朝晖以取得圣基茨和尼维斯国籍为由申请注销中国国籍已被我国国籍主管机关驳回，表明现阶段刘朝晖所持圣基茨和尼维斯国籍不被

① 《关于湖南金侨教育投资管理股份有限公司申请股票在全国中小企业股份转让系统挂牌并公开转让的补充法律意见书（二）》，第3～6页。

我国认可，因此，刘朝晖没有法律意义上的中国公民身份与外国国籍同时并存的情形，不违反法律、法规的规定。

2. 经核查，金侨教育有限公司前身系湖南中台商业经营管理有限公司（以下简称中台商业），成立于2012年4月，注册资本为500万元，由刘朝晖出资10万元（出资比例2%），金侨集团出资490万元（出资比例98%）。2012年4月18日，湘潭市工商局核发了注册号为430300000063246的《企业法人营业执照》，登记的经营范围为：经济与商务咨询服务，策划创意服务，会议及展览服务，市场调查、柜台租赁服务，广告设计与制作（具体以核定的资质为准）。

2014年12月，股东金侨集团将其持有的公司98%的股权（对应的出资额为490万元）转让给金纵投资。2014年12月10日，湘潭市工商局核准了上述变更。2015年5月，金侨教育有限公司注册资本从500万元增加至2000万元，所增加注册资本1500万元由股东金纵投资缴付。2015年5月29日，湘潭市工商局核准了上述变更。

2015年8月，金侨教育有限公司以净资产折股整体变更为股份公司，金侨教育有限公司经审计的净资产为225 988 385.4元，折合为股份公司1亿元股本。金侨教育有限公司整体变更后，刘朝晖在金侨教育持股50万股，持股比例为0.5%。2015年8月14日，湘潭市工商局核准了上述变更，核发了430300000063246号《营业执照》，公司名称变更为“湖南金侨教育投资管理股份有限公司”；公司类型为非上市股份有限公司；住所为湘潭市岳塘区宝塔街道丝绸路×××号金侨中央广场北苑010105号；法定代表人为刘朝晖；营业期限为长期；经营范围：以自有资产进行教育项目投资（不得从事吸收存款、集资收款、受托贷款、发放贷款等国家金融监管及财政信用业务）。

2013年1月，刘朝晖取得了圣基茨和尼维斯国籍。2015年11月18日，湖南省商务厅出具了《关于确认湖南金侨教育投资管理股份有限公司企业性质等问题的函》，具体内容如下：“鉴于湖南金侨教育投资管理股份有限公司（以下简称金侨教育）股东刘朝晖所持50万股为取得外国国籍前投资的内资股，根据国家相关法律法规的规定，刘朝晖取得外国国籍后，金侨教育的企业性质仍为内资企业。金侨教育不存在违反《外商投资产业指导目录》关于外商投资高等教育的限制性规定的情形。”

综上，经核查，本所律师认为：(1)现阶段刘朝晖属中国公民，其投资的金侨教育有限公司属内资企业，不违背《外商投资产业指导目录》的相关规定。(2)刘朝晖投资金侨教育有限公司在前，其取得他国国籍在后，如刘朝晖以后成功申请注销中国国籍，成为外国公民，根据《关于外国投资者并购境内企业的规定》（商务部令2009年第6号）第55条“境内公司的自然人股东变更国籍的，不改变该公司的企业性质”的规定，以及《湖南省商务厅关于确认湖南金侨教育投资管理股份有限公司企业性质等问题的函》，金侨教育亦属内资企业，不属于外商投资企业，不违反《外商投资产业指导目录》。

第二章　出资合法合规性问题

一、股东出资及核查股东出资的必要性

股东出资，是指公司股东在公司设立时或增加注册资本时，认缴相应比例的出资额，并登记于公司章程中，按照公司章程的要求完成注册资本的缴纳。从上述定义可见，股东出资实际隐含着股东认缴出资与股东实缴出资的双重含义。在 2013 年修正的《公司法》实施前，法律对于股东实缴出资的时间、最低金额有一定要求，股东首次实缴出资不得低于认缴注册资本的20%。而在 2013 年修正的《公司法》实施后，除法律另有规定，股东的实缴出资只需依照公司章程的规定，公司法对其实缴出资的时间及金额不再作要求。对于拟在新三板挂牌的企业而言，在股东出资问题上，除须满足《公司法》的要求，还须满足全国股转系统的特别要求。

第一，《挂牌条件标准指引》“依法设立且存续满两年”中要求：“公司股东的出资合法、合规，出资方式及比例应符合《公司法》相关规定。

“（1）以实物、知识产权、土地使用权等非货币财产出资的，应当评估作价，核实财产，明确权属，财产权转移手续办理完毕。

“（2）以国有资产出资的，应遵守有关国有资产评估的规定。

“（3）公司注册资本缴足，不存在出资不实情形。”

第二，《挂牌审查一般问题内核参考要点（试行）》“出资合法合规”中要求：“请主办券商及律师核查以下事项并发表相应意见：

“（1）请核查公司历次出资的缴纳、非货币资产评估和权属转移情况（如有）、验资情况，并就公司股东出资的真实性、充足性发表明确意见。

“（2）请核查出资履行程序、出资形式及相应比例等是否符合当时有效法律法规的规定，对出资程序完备性和合法合规性发表明确意见。

“（3）请核查公司是否存在出资瑕疵，若存在，请核查以下事项并发表明确意见：①核查出资瑕疵的形成原因、具体情形，出资瑕疵对公司经营或财务的影响；②对公司前述出资瑕疵是否存在虚假出资事项、公司是否符合挂牌条件发表意见；③核查公司针对出资瑕疵所采取的规范措施情况，并对规范措施是否履行相应程序并合法有效、是否足以弥补出资瑕疵、出资瑕疵及其规范措施是否会导致公司面临相应的法律风险发表意见；④另请主办券商及会计师核查公司采取的规范措施涉及的会计处理方式是否符合《企业会计准则》的规定。

“请公司就相应未披露事项作补充披露。”

二、股东出资涉及的相关问题

（一）出资不实

出资不实主要指股东出资不实，即公司股东在公司设立或增加注册资本时，违反公司章程规定，未出资或出资不充足，以及在出资后抽逃出资、出资不及时的行为。企业出资充足、及时是企业新三板挂牌的重要条件之一，如果无法合法有效地予以规范，出资不实将构成企业新三板挂牌的实质性障碍。

在实践中，出资不实主要有以下几种情形：

（1）用于出资的非货币资产未进行评估作价或实际价值明显低于出资额；

（2）以非货币资产出资但未办理资产转移手续；

（3）以非法律规定的资产出资；

（4）股东用于出资的资产存在权属瑕疵；

（5）股东设立公司时，为应付验资，将款项转入公司账户后短期内又立即转出，公司未实际占有和使用该款项经营。

【解决思路】

1. 核实出资不实的具体情形，如实披露。

中介机构根据各方尽职调查情况如实、完整、准确地对出资不实的事实进行披露并作出判断，对出资不实的性质和程度进行界定，并就历史上出资不实发生的原因进行如实、客观地阐述。

2. 根据具体情形，提供解决方案。

在尽职调查的基础上，对出资不实的性质进行准确把握，然后在合法合规的基础上给出解决问题的最佳方案。比如，拟挂牌企业出资没有及时到位的，通常建议公司股东及时以现金补足出资，并确认该出资瑕疵没有对任何第三方造成实质性影响；拟挂牌企业存在以非法律规定的资产出资的，通常建议股东用等额现金予以置换；拟挂牌企业存在用于出资的非货币资产未进行评估作价的，公司可以结合标的物的具体情况采取相应的方法进行追溯评估，并根据评估结果确定是否需要由相应股东补足出资不实部分等。无论哪种表现形式的出资不实，建议公司设立时和现有股东都就出资瑕疵出具责任兜底承诺。

3. 主办券商和会计师就公司采取的规范措施（解决方案）涉及的会计处理方式符合《企业会计准则》的规定发表明确意见。

为解决出资不实采取的规范措施如果涉及公司的会计处理方式的，还需要由专业机构（主办券商和会计师）就其是否符合《企业会计准则》的相关规定给出明确意见。

4. 工商管理部门出具专项无违法、违规证明。

如果能取得工商管理部门出具的专项无违法、违规证明当然最好。但如果该出资瑕疵在工商管理部门有历史记录，则建议最好让工商管理部门就该出资瑕疵出具一份专项合规证明。

（二）实物出资未经评估

实物出资未经评估，是指在企业设立或历史增资过程中，股东以实物作价出资，但是该出资过程中没有按照法律法规规定对实物出资进行评估,由此构成了股东实物出资的瑕疵。

我国法律法规允许股东以实物作价出资,同时明确要求要对实物出资额进行评估。依据《公司法》及《挂牌条件标准指引》的规定,股东可以用实物、知识产权、土地使用权等可以用货币估价并可以依法转让的非货币财产作价出资,对作为出资的非货币财产应当评估作价,核实财产,不得高估或者低估作价。股东在以非货币财产出资的,应当依法办理其财产权的转移手续。

【解决思路】

1. 核实历史上实物出资的实际投入状况,披露该实物与公司生产经营的关联性。

实物出资未经评估的出资瑕疵,往往由于实物已投入使用,难以重新进行补充评估。一般情况下,律师和会计师需要结合合同、发票、相关支付结算凭证、购买和投入时间间隔、进出口报关手续文件、《验资报告》或拟挂牌主体的声明等材料,并通过实地走访调查来核实实物出资的实际投入情况及其是否存在高估或者低估作价的情形。此外,还需要核查用于出资的实物与公司生产经营的关联性,是否为公司生产经营重要的资产。

2. 针对核实的实物出资瑕疵的具体情形,提出相应解决方案。

在弥补实物出资未经评估的出资瑕疵时,拟挂牌主体通常可以采取以下两种规范措施:

(1)全体股东一致同意,由股东以相应货币资金置换原实物出资,并进行验资复核。

(2)依法聘请有证券、期货资格的评估机构进行追溯评估(如实物还存在)。

无论采取以上任一规范措施,都建议公司股东和实际控制人能分别出具说明和承诺函。一方面,说明历史上股东实物出资未经评估的原因及具体情形;另一方面,承诺已通过合法有效的方式对该出资瑕疵进行了规范,对公司生产经营不存在任何实质性影响。

3. 详细说明该出资瑕疵对挂牌不构成实质性障碍。

拟挂牌主体要对实物出资的资产清单、出资过程和实物使用情况等进行如实详细的披露,并由律师和会计师对其出资瑕疵的情形和规范的过程进行说明,论证规范措施的合法有效性以及该出资瑕疵不会对公司的生产经营构成实质性影响。

(三)专利出资

专利出资,是指股东在公司设立或增资过程中,以专利技术作价出资,在此过程中涉及权属、作价和出资程序问题,用以出资的专利产权是否明晰、是否属于职务发明、是否有潜在法律风险、专利出资是否评估、评估价值是否合理、是否已交付;专利与公司业务的关系,是否与公司业务紧密相关并对公司的业绩有贡献作用。

我国法律法规允许股东以专利技术作价出资,但须对出资的专利进行评估作价,核实财产,不得高估或者低估作价,并依法办理专利权的转移手续,确保该专利技术不存在纠纷或潜在纠纷。

【解决思路】

1. 对出资的专利技术进行评估。

股东以专利技术出资首先需要对专利技术进行评估,应当委托专业的资产评估机构对出资的专利技术进行资产评估,出具评估报告。评估专利技术的资产价值时,既要核查专利技术出资的合理性，也要核查专利技术和公司主营业务的关联性和该专利技术对公司经济效益的影响，综合对出资的专利技术进行评估。评估得出的资产值是股东以专利技术出资的作价参考标准。

2. 披露该专利技术的减值风险。

专利技术是否具有减值风险会对评估价值产生重大影响，甚至会导致出资不实的情形。因此，拟挂牌主体需要披露该专利技术是否具有减值的风险。结合该行业的技术发展情况，专利出资股东需要说明和披露该专利技术是否处于专利保护期，是否具有排他性，在其相应的领域处于什么发展阶段等。同时由拟挂牌主体出具说明书，对该专利技术的减值风险作出说明和披露。

3. 披露该专利技术与公司主营业务的关系。

出资的专利技术应当与公司的主营业务有一定的关联性，否则会导致出资不实的情形，但若公司对该专利技术存在重大依赖，也会对公司的正常经营发展产生一定的影响。在实践中，拟挂牌主体通常需要披露说明该专利技术与公司经营发展的关联性和经济效益性，并披露对该专利技术的依赖程度，是否存在重大依赖的风险。由拟挂牌主体出具说明书，或者股东、实际控制人出具声明或者承诺函，说明公司对该专利技术的依赖程度，排除重大依赖的情形。

4. 确定该专利技术的权属，排除职务作品的可能，披露该专利技术是否存在纠纷或潜在纠纷。

股东用于出资的专利技术应当保证其不具有任何纠纷或潜在纠纷，比较常见的是专利技术是否属于职务发明的争议。对此，发行人应当核实并详细披露该专利技术的形成过程，同时以相应的认证文件或审批作证明，并披露专利技术资产已办理过户的手续。在排除职务发明的可能性时，需要从专利研发期间研发者是否有使用过公司的资金、材料、技术或者设备等物质条件的情况来披露核实。同时出资者需要对该专利技术上不具有任何第三方可以主张权利作出承诺或者保证，以确保该专利技术权属清晰，不存在纠纷或潜在的纠纷。

若拟挂牌企业的专利技术出资环节存在问题，公司需要采取减资、现金置换或者现金补正等解决方式并请会计师事务所重新验资，以确保出资充足。

（四）债权出资

《公司法》2015 年修订前是采用列举的方式对出资方式进行了明确，包括货币、实物、工业产权、非专利技术、土地使用权。对于债权出资方式虽然未在列，但也没有对债权出资作出禁止性规定。《公司法》修订是采用概括的方式对出资方式予以了规定，包括货币、实物、知识产权、土地使用权等可以用货币估价并可以依法转让的非货币财产作价出资（法律、行政法规规定不得作为出资的财产除外）。债权具有出资的基本条件，即可估价并可转让。

2011 年国家工商行政管理总局发布《公司债权转股权登记管理办法》（已被 2014 年 2 月 20 日公布的《公司注册资本登记管理规定》废止），其对债权转股权进行了明确定义。债权转股权，是指债权人以其依法享有的对在中国境内设立的有限责任公司或者股份有限公司的债权，转为公司股权，增加公司注册资本的行为。2014 年国家工商行政管理总局公布的《公司注册资本登记管理规定》第 7 条延续了对债权出资的认可，即债权人可以将其依法享有的对在中国境内设立的公司的债权，转为公司股权。

鉴于《公司法》等相关法律对非货币出资的要求，股东在以债权出资时，需要对用以出资的债权予以核实，确认债权的真实性、有效性、合法性以及债权的价值，规范债权出资的过程，以保证企业在申请IPO上市或新三板挂牌时，股东出资足额到位，不存在出资不实的情形。

【解决思路】

1. 详细说明债权形成的原因、形成期间、形成方式、相应金额。

通过查阅债权出资相关的全部文件，详细说明债权形成的原因、形成期间、形成方式、相应金额等内容，核查债权形成过程及债权的真实性。如果公司无法提供债权出资相关的原始文件时，则必须由债权出资股东出具相应说明与承诺。

2. 详细阐述债权出资的有效性、合法性。

根据当时有效的《公司债权转股权登记管理办法》，现行有效的《公司法》《公司注册资本登记管理规定》《最高人民法院关于审理与企业改制相关的民事纠纷案件若干问题的规定》，分析债权出资以及债权出资不违反法律、法规及规范性文件的强制性规定。

3. 详细说明债权出资履行了必要的程序，债权出资程序合法合规。

公司就债权转股权已经股东会决议通过，债权人已与公司签署了《债权转股权协议书》，用以转股权的债权已经评估机构评估并出具了相应《资产评估报告》，债权转股权后公司实收资本的增加已经会计师事务所审验并出具《验资报告》。但根据2014年《公司注册资本登记管理规定》，用以转股权的债权无须强制评估。而关于债转股后的验资，可以与整体变更为股份公司时的验资一起做。

（五）股东以借款出资

股东以其向第三方的借款出资设立拟挂牌企业，只要股东与第三方的借款协议真实有效，股东以其借款资金出资设立公司，是允许的。但是股东以借款出资设立了拟挂牌企业，完成了工商登记，取得公司的股权后，若存在制作虚假财务会计报表虚增利润进行分配、通过虚构债权债务关系将其出资转出、利用关联交易将出资转出，或者其他未经法定程序将出资抽回的行为，则会被认定为股东抽逃出资。

【解决思路】

1. 披露股东出资设立公司的资金来源。

公司需要披露股东的出资资金来源，即股东通过与第三方签署合法的借款协议，取得借款金额，并以该笔款项投入公司，若在设立时有验资的要求，则必须同时披露相关的验资报告，以证实出资的真实足额到位。不存在股东虚假出资的情形。

2. 履行相应的程序且该股东补足出资额。

股东与第三方的借款关系并不涉及公司的债权债务。但在公司成立后，股东不得擅自将这笔款项直接转出给贷款人。从《最高人民法院关于适用〈中华人民共和国公司法〉若干问题的规定（三）》的规定来看，股东在公司设立后经过法定的程序或依据真实合理的交易（非关联交易）可以将出资资金转出公司。

但公司在此过程中必须要履行章程规定的董事会、股东会/股东大会的决议，作为拟挂牌企业的股东，必须要保证公司的注册资本全部缴足。因此，可以由股东对公司转出的出资额部分进行补足。

3. 实际控制人、股东出具《承诺函》。

针对上述借款出资事项，由公司实际控制人、控股股东及当事人股东出具《承诺函》，对其历史上的以借款出资的行为若产生债权债务等纠纷或潜在纠纷，或者因此导致公司受到行政处罚，股东都将以个人财产承担全部的责任。

案例2－1 科龙电工837114

【问题】出资不实

【问题描述】

1994年4月，严国民将个体工商户建德市梅城南峰塑料电器配件厂变更为浙江省建德市科龙电器工具有限公司。公司设立时存在手续不规范的情形；1996年4月，浙江省建德市科龙电器工具有限公司第一次增资，存在出资瑕疵。

（1）请公司补充说明并披露公司设立及第一次增资时的出资明细，包括但不限于出资方式、出资金额、作价依据、出资人及股权结构等信息。

（2）请主办券商及律师分别核查前述两次出资瑕疵是否属于违法违规情形、是否构成出资不实、是否对公司经营或财务产生重大不利影响并发表明确意见。

（3）请主办券商及律师核查以货币补足出资的计算依据、前述出资瑕疵规范措施是否充分有效、是否履行法定程序、公司注册资本是否补足、公司股权是否清晰、是否存在股权争议或纠纷、是否存在其他法律风险或后果并发表明确意见。

【问题解决】①

1. 设立及1996年第一次增资时出资的具体情况。

（1）设立时出资的具体情况。

经本所律师核查浙江省建德市科龙电器工具有限公司设立时的工商登记资料，建德市梅城南峰塑料电器配件厂于1994年4月4日向工商登记部门申请从将个体工商户申请变更为有限公司，建德市工商行政管理局梅城工商所于1994年4月7日核准有限公司开业登记。根据1994年4月7日工商行政机关填写的核准企业开业登记事项表，浙江省建德市科龙电器工具有限公司设立时取得的营业执照注册号为14399822－6，设立时的住所为梅城镇城南，法定代表人：严国民，注册资金：30万元，公司类型：有限责任公司。经营范围：主营：电器、工具；兼营：吸塑。

由于申请变更为有限公司时，1993年《公司法》尚未实施，有限公司设立时存在手续不规范的情形。本所律师在工商登记资料中未发现公司设立时相关的章程、股东会决议等资料，各股东对各自的出资方式、出资金额和比例亦未有协议明确约定，同时设立时的注册资本30

---

① 《关于杭州科龙电器工具股份有限公司申请股票在全国中小企业股份转让系统挂牌并公开转让的补充法律意见书之一》，第4～6页。

万元亦未经会计师事务所验资，与1994年7月1日起正式实施的《公司法》的要求不符，存在出资瑕疵。

此外，由于科龙有限公司多次搬迁及时间长远等原因，会计账册不完整，因此本所律师无法核查设立时各股东的具体出资明细情况。

(2)1996年4月第一次增资时的具体出资情况。

经本所律师核查，根据建德市工商行政管理局于1996年5月7日就科龙有限公司第一次增资时的公司变更登记审核表，科龙有限公司的注册资本增加到50.3万元，股东为严国民、严德余。但本所律师未见各股东就本次增资相关的出资金额、出资方式和出资比例所作出的股东会决议。同时，根据建德会计师事务所有限公司于1996年1月17日出具建会所(梅办)验字第02号《建德会计师事务所工商企业验资报告书》，验证确认：科龙有限公司实收资本为50.3万元人民币。但该验资报告书未就50.3万元注册资本的出资构成、各股东具体的出资金额、方式进行验证确认。同时由于科龙有限公司多次搬迁及时间长远等原因，会计账册不完整，因此本所律师无法核查本次增资时各股东的具体出资明细情况。

综上所述，本所律师认为：科龙有限公司设立时签署章程、股东会决议等设立公司必要的文书，且设立时30万元的出资也未经会计师事务所验证确认，违反了当时的《公司法》的相关规定，存在出资瑕疵；同时由于会计账册不完整，本所律师亦无法对公司设立时的出资情况进行核查，因此科龙有限公司设立时可能存在出资不实的情形。1996年4月第一次增资20.3万元，尽管建德会计师事务所有限公司于1996年1月17日出具建会所(梅办)验字第02号《建德会计师事务所工商企业验资报告书》对截至验资日科龙有限公司的实收资本进行了审验，确认科龙有限公司的实收资本为50.3万元，但无法核查具体的出资明细情况，可能存在出资不实的情形。对于前述可能存在出资不实的情形，由于涉及金额较小，不会对公司的经营或财务状态造成重大不利影响。

2. 对可能存在瑕疵的出资所采取的规范措施。

为消除科龙有限公司设立及1996年第一次增资时可能存在的出资瑕疵，2000年8月第二次增资时，股东严国民以货币资金进行了补足。即根据2000年7月24日，浙江省建德市科龙电器工具有限公司第二届第二次股东会决议，科龙有限公司的注册资本增加310万元，其中严国民以货币资金出资120万元，浙江省建德市科龙电器工具有限公司工会委员会以货币资金出资190万元。但严国民在本次增资时实际以银行转账的方式投入资金170万元，且该170万元的出资经建德会计师事务所向中国银行建德支行发出的《银行询证函》发函确认。

设立时的股东严德余及现有股东严国民、严毅分别于2016年1月30日作出承诺：若因前述出资不实而需要承担责任的，本人愿意无条件承担责任；若导致公司损失的，本人将无条件赔偿公司损失。

有限公司以2015年8月31日为基准日将有限公司整体变更为股份有限公司，公司聘请有证券期货资质的会计师事务所中审亚太会计师事务所有限公司对截至2015年8月31日的净资产进行了审计，并出具中审亚太审字(2015)020582号《审计报告》，审计确认：截至2015年8月31日，科龙有限公司的净资产为20 303 032.3元。

发起人以经审计的净资产对股份公司进行出资，中审亚太会计师事务所(特殊普通合伙)

于2015年11月20日出具中审亚太验字(2015)020576号《验资报告》,审验确认:截至2015年11月12日,股份公司已收到全体发起人以其拥有的科龙有限公司2015年8月31日为基准日经审计净资产折合的股本1000万元(壹仟万元整)。因此,公司在整体变更为股份公司时已缴足了注册资本,并经会计师事务所验证确认。

3.综上,本所律师认为:有限公司设立时的出资未经会计师事务所验证确认,同时1996年第一次增资时所出具的《验资报告》亦未就具体的出资金额、出资方式进行确认,可能存在出资瑕疵。但在2000年第二次增资时,公司股东严国民已经以货币资金进行了补足,同时设立时的股东和现有股东均出具对出资瑕疵承担责任的书面承诺,该书面承诺合法有效。此外,公司整体变更为股份公司时的注册资本经有证券期货资质的会计师事务所验证确认,已缴足注册资本。因此,公司目前所采取的规范出资瑕疵的措施合法有效,能确保公司的出资真实充足,不影响债权人的利益,同时股权清晰,不存在股权争议或纠纷。

案例2-2 启程科技839021

【问题】出资不实

【问题描述】

公司在有限公司时期存在出资不实被行政处罚。请主办券商和律师核查此事项,对其是否属于重大违法违规、公司是否符合挂牌条件发表明确意见。

【问题解决】①

经核查,2006年5月公司设立时,公司原股东沈剑铧、徐树威、沈小平、徐世泽、余和辉、陈瑾应缴纳的共计500万元出资款,系由第三方代缴。公司验资完成后,该出资款转出至第三方。其后,公司股东陆续汇付出资用以补充流动资金。

2007年8月17日,杭州市工商行政管理局就公司的上述行为,作出了编号为杭工商经检处字〔2007〕132号《处罚决定书》。《处罚决定书》认为公司构成虚报注册资本,并根据《公司登记管理条例》第68条规定,责令公司改正上述违法行为并处罚款25万元。同日,杭州市工商行政管理局出具编号杭工商经检处字(2007)第2号《分期缴纳罚(没)款通知书》,要求公司于2007年9月6日前缴纳10万元,于2007年11月20日前缴纳15万元。随后,公司分别于2007年9月6日、2007年11月21日向杭州市区财政行政罚款罚缴分离结算分户缴纳罚款10万元和15万元。

本所律师通过查阅公司被处罚当时及注册资本制度变革后的相应法律法规,并会同瑞华所对公司后续注册资本补足作了核查,本所律师认为该事项不属于重大违法违规,也不会对公司的挂牌条件产生实质性影响,主要理由如下:

1.关于"不属于重大违法违规"的依据。

(1)根据《处罚决定书》,本次处罚系依据《公司登记管理条例》(2005年12月18日修订)

---

① 《关于浙江启程电子科技股份有限公司申请股票在全国中小企业股份转让系统挂牌并公开转让的补充法律意见书(一)》,第3~5页。

第68条"虚报注册资本,取得公司登记的,由公司登记机关责令改正,处以虚报注册资本金额5%以上15%以下的罚款;情节严重的,撤销公司登记或者吊销营业执照"之规定,按公司当时500万元注册资本的5%处罚。

(2)《国家工商行政管理总局关于工商行政管理机关正确行使行政处罚自由裁量权的指导意见》指出:"一般地,在实施罚款这一行政处罚时,选择最低限处罚,或者在从最低限到最高限这一幅度当中,选择较低的30%部分处罚时,可视为从轻行政处罚。"该意见同时指出,当事人违法行为社会危害性较小或者尚未产生社会危害后果的,可以依法从轻行政处罚。

为此,本所律师认为公司的处罚系行政机关按当时注册资本的最低限的标准作出,可视为社会危害性较小或者尚未产生社会危害后果的情形,故不属于重大违法违规。

2. 公司业已及时纠正错误,并在股份制改造之前补足注册资本,并未对公司的生产经营及债权人造成影响。

(1)公司收到《处罚决定书》《分期缴纳罚(没)款通知书》后,分别于2007年9月6日、11月21日缴纳全部罚款。

(2)为纠正上述违规行为,2007年8月至2015年12月,公司原股东及现有股东分多次向公司汇付出资款补充流动资金。截至2015年12月30日,虚报注册资本已经全部补足。2016年3月,有限公司整体变更为股份公司时,瑞华所出具了无保留意见的《审计报告》。故公司该违规行为并未影响公司的正常生产经营。

(3)经本所律师核查,并公司承诺,公司自设立以来未发生过作为被告的诉讼案件,亦未被债权人申请强制执行。故公司的该违规行为不损害其债权人利益。

3. 自2013年《公司法》修改将注册资本实缴登记制改为认缴登记制后,与公司注册资本相关的刑事犯罪及行政处罚均指向公司注册资本实缴的公司。故本所律师认为,目前启程科技的违规行为,不应受到行政处罚、刑事处罚。

(1)国务院于2014年2月7日颁布《注册资本登记制度改革方案》规定,除现行法律、行政法规以及国务院决定明确规定实行注册资本实缴登记制的银行业金融机构、证券公司、期货公司、基金管理公司、保险公司、保险专业代理机构和保险经纪人、直销企业、对外劳务合作企业、融资性担保公司、募集设立的股份有限公司,以及劳务派遣企业、典当行、保险资产管理公司、小额贷款公司以外,所有其他企业实行注册资本认缴登记制。

(2)《全国人大常委会关于〈中华人民共和国刑法〉第一百五十八条、第一百五十九条的解释》(2014年4月24日通过)规定:"刑法第一百五十八条、第一百五十九条的规定,只适用于依法实行注册资本实缴登记制的公司。"即《刑法》中"虚报注册资本"和"虚假出资、抽逃出资"两项罪名不再适用于《注册资本登记制度改革方案》中规定的实行注册资本认缴登记制的普通企业。

同时,根据《最高人民检察院、公安部关于严格依法办理虚报注册资本和虚假出资抽逃出资刑事案件的通知》,自2014年3月1日起,除依法实行注册资本实缴登记制的公司[参见《国务院关于印发注册资本登记制度改革方案的通知》(国发〔2014〕7号)]以外,对申请公司登记的单位和个人不得以虚报注册资本罪追究刑事责任;对公司股东、发起人不得以虚假出资、抽逃出资罪追究刑事责任。同时对发生在2014年3月1日以前尚未处理或正在处理的案件，按照《刑法》第12条的精神，即从旧兼从轻原则处理。

（3）《公司注册资本登记管理规定》（2014年2月20日公布）明确了登记机关仅对公司注册资本实缴的公司发生的虚报注册资本行为进行行政处罚。

4. 2016年3月14日，杭州市下城区市场监督管理局出具《证明》，证明公司自2014年1月1日至今，无因违法违规受到行政处罚的记录。

5. 公司全体发起人已出具承诺，若因公司历史上存在出资瑕疵给公司造成的全部损失，由公司全体发起人承担。

结论：

本所律师认为，截至本补充法律意见书出具之日，公司设立时的出资瑕疵未对任何第三方造成任何实质性影响，且已得到纠正，公司注册资本已全部缴足、股东出资真实。公司设立时的出资问题根据现行法律规定不属于重大违法违规行为。因此，出资瑕疵对公司在全国股份转让系统挂牌不构成实质影响，公司符合挂牌条件。

案例2-3 帝杰曼835681

【问题】实物出资未经评估

【问题描述】

公司设立时，股东以实物出资未经评估。请主办券商、律师补充核查以下事项并发表明确意见：（1）实物出资的具体内容，与公司生产经营的关联性，权属转移情况，使用和处置情况；（2）实物出资的合法合规性；（3）出资的真实性、充实性，是否存在出资不实、向关联方输送利益等损害公司利益的情形。

【问题解决】①

1. 根据公司说明以及本所律师核查，公司设立时股东用于出资的实物为电脑和传真机。公司设立时的经营范围为计算机、办公自动化设备、网络产品、通信设备销售，网络工程设计安装，软件设计、销售，电脑培训、维修、咨询服务。股东出资的电脑和传真机均作为公司存货，用于出售。

根据温州会计师事务所出具的（1998）温内验字35号《验资报告》，截至1998年4月11日，帝杰曼有限公司已收到股东投入的50万元注册资本，其中货币资金15万元，实物资产35万元。根据《民法通则》第72条、《公司法》第28条的规定，股东依法办理其财产权的转移手续，帝杰曼有限公司自收到股东投入的实物之时，该出资实物所有权即转让予公司。

1998年公司基于正常的业务售出了该部分电脑与传真机。根据公司说明并经本所律师核查，该部分电脑与传真机的销售价格均高于股东用于作价出资帝杰曼有限公司的价格。

2. 经本所律师核查，股东用于出资的电脑与传真机，因采购时间与投入时间间隔极短，直接以发票价格作为出资作价依据，其间设备价值未发生重大变化，因此股东将上述设备直接

---

① 《关于浙江帝杰曼信息科技股份有限公司申请股票在全国中小企业股份转让系统挂牌并公开转让的补充法律意见书》，第5~6页。

以购买价投入公司,未进行评估;此部分设备价值较小,对报告期内的净资产基本无影响;且公司设立时已通过温州市工商行政管理局的批准。

本所律师认为,公司设立时股东用于出资的实物并未经评估机构评估,与《公司法》规定不符。虽然股东出资行为在程序上存在瑕疵,但有限公司成立后,并未发现作为出资的实物的实际价格显著低于公司章程所定价格,且该部分实物售出时的价格均高于投入价格,实质上不存在股东出资不实的情形,不会对本次挂牌造成实质性影响。

3. 综上所述,出资实物已由温州会计师事务所出具的(1998)温内验字35号《验资报告》验证,股东已足额缴纳注册资本并将出资实物的所有权转让给公司,且出资实物的价格不存在显著低于公司章程所定价额的情形。

本所律师认为,帝杰曼有限公司设立时,股东出资真实、充分、不存在出资不实、向关联方输送利益等损害公司利益的情形。

案例2-4 讯美科技837766

【问题】实物出资未经评估

【问题描述】

关于实物出资,请主办券商、律师补充核查以下事项并发表明确意见:(1)实物出资的具体内容,与公司生产经营的关联性,权属转移情况,使用和处置情况;(2)实物出资的合法合规性;(3)出资的真实性、充实性,是否存在出资不实、向关联方输送利益等损害公司利益的情形。

【问题解决】①

1. 经核查,公司设立时股东以非货币资产出资涉及的主要实物如下:

胡永忠出资实物清单:1套门禁系统、1台写卡器、1台多功能控制器、1台电频转换器、1套宾馆锁、1套报警中心设备、2台报警专用调制器、7台松下CP220摄像机、1台画面处理器、1套报警中心软件、20台松下CP450摄像机。

上述实物均为公司办公用品以及与生产经营密切相关的设备,与业务开展具有关联性。

石昊出资实物清单:1台复印机、1台打印机、2台计算机、2台山特存线式1000V/A、1台交换机、1台传真机、1台扫描仪、1台激光打印机、1套办公用品设施、1台HT-CN320主机、4台解码器、1台监控系统主机、15台摄像机。

上述实物均为公司办公用品以及与生产经营密切相关的设备,与业务开展具有关联性。

胡永忠和石昊出资实物的账面价值合计582 530元,其中500 000元计入注册资本,82 530元计入资本公积,其中胡永忠实物出资的275 000元计入注册资本,63 580元计入资本公积,石昊实物出资的225 000元计入注册资本,18 950元计入资本公积。

以上设备均有重庆市商业出售统一发票,购买日期为1998年7月,为公司设立的当月在市场上购买。

---

① 《关于讯美科技股份有限公司申请股票在全国中小企业股份转让系统挂牌的补充法律意见书(一)》,第17~19页。

经核查,上述出资实物的购买发票和实物转让协议暨注册资金实物转让清单,出资实物的购买发票上显示出资实物的购买人为胡永忠和石昊。胡永忠与石昊分别于1998年7月15日与重庆讯美电子有限公司签署实物转让协议暨注册资金实物转让清单。根据该证明文件,胡永忠与石昊将清单中的实物资产转移到重庆讯美电子有限公司名下,并由重庆渝中会计师事务所于1998年7月15日出具的渝中会师内验(1998)第78号《验资报告》验证,公司股东胡永忠于公司设立时以实物资产出资27.5万元,已于1998年7月15日转让给(投入)公司;公司股东石昊于公司设立时以实物资产出资22.5万元,已于1998年7月15日转让给(投入)公司。据此,上述用作出资的实物其权属已转移至公司。

上述实物出资在公司成立后已转入公司,公司也将该等实物用作公司当时的经营活动,并计入固定资产,并按照相应资产类别计提折旧。截至本法律意见书出具之日,该等设备已折旧完毕,公司按照固定资产报废程序对设备进行了报废,现阶段公司账面已无该等设备,目前不存在需要计提减值准备的情形。

2. 经核查,公司于1998年7月16日设立时股东全部以实物出资,注册资本为50万元。公司当时虽已经验资机构审验但未对实物出资委托评估机构进行评估作价。根据《公司法》(1993年12月29日通过,自1994年7月1日起施行)第24条"对作为出资的实物、工业产权、非专利技术或者土地使用权,必须进行评估作价,核实财产,不得高估或者低估作价"的规定,公司设立时未对实物出资委托评估机构评估的行为,不符合当时的《公司法》规定,存在瑕疵。

本所律师认为,虽然公司设立时的实物出资未经评估存在瑕疵,但不影响实物资产价格公允性的实质性判断,上述实物出资设备均有重庆市商业出售统一发票,购买日期为1998年7月,为公司设立的当月在市场上购买,可以判定是当时的市场价格,具有公允性。而且上述程序瑕疵发生于1998年,至今已有近18年之久,在此期间内公司并未因上述瑕疵问题而遭受主管部门的行政处罚。因此,上述瑕疵未影响公司的合法存续,对本次挂牌不构成实质性法律障碍。

3. 经重庆渝中会计师事务所于1998年7月15日出具的渝中会师内验(1998)第78号《验资报告》验证,公司股东胡永忠于公司设立时以实物资产出资27.5万元,已于1998年7月15日转让给(投入)公司;公司股东石昊于公司设立时以实物资产出资22.5万元,已于1998年7月15日转让给(投入)公司。截至1998年7月15日,公司的注册资本50万元已全部到位。

本所律师认为,公司已履行了相应的验资手续,且已实际交付出资,并且所有实物出资设备均有购买发票等凭证,实物出资设备权属转移合法有效,出资实物均与公司当时开展的业务密切相关。因此,公司不存在出资不实、向关联方输送利益等损害公司利益之情形。

案例2-5 五洲阀门837144

【问题】实物出资未经评估

【问题描述】

关于公司历史沿革中非货币出资,请主办券商、律师补充调查出资明细、权属,无形资产的入账价值是否有充分的依据;参考上述情况及非货币资产与公司业务关联性、价值公允性、权属交付移转等,就无形资产出资是否真实、合法,请主办券商、律师补充发表明确意见。

【问题解决】①

根据公司提供的资料，并经本所律师核查，公司历史沿革中存在两次非货币出资，分别为1993年8月的出资和1995年5月的增资。

1. 公司1993年8月设立时，股东的非货币出资问题

(1)本次实物出资的明细及其与公司业务的关联性

根据工商底档显示，公司用于出资的实物为设备C6140车床1台、C630车床2台、C620车床6台、57－3洗床2台、横臂钻1台、变压器2台、发电机组2套、氧焊机6台、电解机1台，自建厂房面积2090平方米。这些实物都是阀门生产的必备生产设施，1993年9月28日，温州市瓯海区技术监督局出具意见："基本具备条件，同意生产中压阀门，请予办理手续。"

1993年8月2日，温州市瓯海区工商行政管理局永中工商所派员对有限公司(筹)的出资进行了现场调查，填写了《企业开业实地调查表》，对投入生产的实物进行了现场勘查。主要内容为："现有设备C6140车床1台、C630车床2台、C620车床6台、57－3洗床2台、横臂钻1台、变压器2台、发电机组2套、氧焊机6台、电解机1台，自建厂房面积2090平方米。"

(2)本次实物权属及出资价值的公允性

① 2016年2月15日，本次实物出资的当事人陈锦法、王玉燕出具了《关于公司历史沿革中历次实物出资的说明与承诺》，内容为："五洲阀门股份有限公司前身温州五洲阀门有限公司，成立于1993年8月，公司设立时的实缴资本为258万元，其中包括货币出资与实物出资。实物出资为厂房(自建)与生产阀门所需的设备、设施，当时未履行评估程序。本人与陈锦法(王玉燕)根据该等实物资产的市场公允价值共同协商确定作价200万元，其中180万元计入公司的注册资本，另外现金出资78万元。当年用于出资的设备，大部分都是新购置的，在当时是比较先进的。另外，当年用作出资的面积为2090平方米的自建厂房，成为后来五洲阀门能持续发展的根据地之一。上述厂房、设备权属清晰，不涉及相关权属纠纷。我们按照工商部门当时的操作规范，提供了《资金信用(验资)证明》等资料，并配合工商部门所派人员对实物出资进行了现场查验。现本人郑重承诺：公司如上实物出资，均依照工商部门的要求履行了相关程序，出资合法、真实。如因公司历史沿革中实物出资等相关问题导致公司及其他股东的不利影响，由本人承担所有责任"。

②根据公司《企业法人年检报告书》(1994年度)资产负债表显示：固定资产(原价)值为200万元，累计折旧18.5万元，固定资产净值为181.5万元。

③ 1993年7月3日，温州市瓯海区审计事务所审验并出具了《资金信用(验资)证明》，证明显示：经验资该公司自有资金258万元，其中固定资金180万元，流动资金78万元。

(3)本次实物出资的真实性、合法性

①本次出资履行了如下程序。

1993年5月18日，陈锦法等人向温州市瓯海区永昌镇企业办公室提交了《温州市南方阀门有限公司成立的可行性报告》，就设立温州市南方阀门有限公司的相关情况进行说明，获得

① 《关于五洲阀门股份有限公司申请股票在全国中小企业股份转让系统挂牌并公开转让的补充法律意见书(一)》，第30～37页。

温州市瓯海区永昌镇办公室情况属实的认定。

1993年7月3日，温州市瓯海区审计事务所审验并出具了《资金信用（验资）证明》，证明显示：经验资该公司自有资金258万元，其中固定资金180万元，流动资金78万元。

1993年7月23日，温州市瓯海区经济委员会下发了编号为温瓯计经（93）410号《关于同意建立“温州市南方阀门有限公司”的批复》，批复显示：“根据我省浙股（92）10号文件精神，按《有限责任公司规范意见》的要求，经我委审议，同意建立温州市南方阀门有限公司；公司负责人：陈锦法；地址：永昌工业大街；注册资本：贰佰伍拾捌万元；经营范围：主营中压阀门，兼营金属材料，工矿配件；经营方式：制造加工；经济性质：股份制（有限责任公司），实行独立核算，自负盈亏。”（温州市南方阀门有限公司的名称被他人先行注册，后公司改为申请注册温州市五洲阀门有限公司获准。）

1993年8月13日，温州市瓯海区工商行政管理局向公司核发了注册号为14533783－0的《企业法人营业执照》。公司名称：温州市五洲阀门有限公司；法定代表人：陈锦法；注册资本：258万元；经济性质：股份制；经营方式：制造、加工；住所：永昌工业大街；经营范围：中压阀门。

②实物出资未进行评估，存在瑕疵。

本所律师注意到，公司设立时的实物出资未进行评估，存在瑕疵。为了核实本次出资的真实性、充实性，本所律师进行了如下核查：

2016年2月15日，本次实物出资的当事人陈锦法、王玉燕出具了《关于公司历史沿革中历次实物出资的说明与承诺》，承诺显示：“实物出资为厂房（自建）与生产阀门所需的设备、设施，当时未履行评估程序。本人与陈锦法（王玉燕）根据该等实物资产的市场公允价值共同协商确定作价200万元，其中180万元计入公司的注册资本，另外现金出资78万元。”［根据公司《企业法人年检报告书》（1994年度）资产负债表显示：固定资产（原价）值为200万元，累计折旧18.5万元，固定资产净值为181.5万元。］

1993年8月2日，温州市瓯海区工商行政管理局永中工商所派员对有限公司（筹）的出资进行了现场调查，填写了《企业开业实地调查表》，对投入生产的实物进行了现场勘查。主要内容为“经调查公司员工为38人，现有设备C6140车床1台、C630车床2台、C620车床6台、57－3洗床2台、横臂钻1台、变压器2台、发电机组2套、氧焊机6台、电解机1台，自建厂房面积2090平方米。”

2015年8月6日，对公司设立时在职员工胡贵清等6人进行了访谈。胡贵清陈述：“1993年我们搬到了新厂区（现在的旧厂区），成立了五洲阀门，搬过去了一部分旧设备，大部分设备都是新买的。”徐国明陈述：“1993年3月五洲阀门成立，我们到了当时的新厂区，公司厂房设备基本都是新的。”

《有限责任公司规范意见》（国家体改委于1992年5月15日发布）第12条第1款、第3款规定，“股东可以用货币出资，也可以用实物、工业产权、非专利技术、土地使用权作价出资。股东出资的实物，应当为公司生产经营所需的建筑物、设备或其他物资，并应当委托具有资格的资产评估机构进行资产评估，数额不大的，可由股东各方按照国家有关规定确定实物的作价”。本所律师认为，公司设立时，实物出资金额较大，即便经过股东各方协议作价，仍然存在一定瑕疵。

③公司实物出资比例符合法规要求。

根据《有限责任公司规范意见》(国家体改委于1992年5月15日发布)第10条第2款的规定:“公司注册资本应当符合最低限额的规定,并同其经营范围相适应。公司注册资本的最低限额为:(一)生产经营性公司五十万元人民币……”第11条规定:“公司股本总额为全体股东认缴股本的总和。公司股本总额应当由股东一次认足。”第13条规定:“股东的出资必须经国家核准登记的注册会计师验证和出具证明……股东办理公司登记应当将现金出资一次足额存入公司临时账户,并办理实物出资的移转手续。现金以外其他形式的出资,由有关验资机构验证。如有估价不当的,政府授权部门可以责令验资机构重新验证。”第12条第1款、第2款规定:“股东可以用货币出资,也可以用实物、工业产权、非专利技术、土地使用权作价出资。全体股东用货币出资的最低限额为公司法定注册资本最低限额的百分之五十。”由此,公司设立时,实物出资的比例并没有具体的要求,只是对货币出资有最低限额的规定。公司以78万元货币出资,符合《有限责任公司规范意见》的要求。

④主管部门出具的情况说明。

2016年2月26日,温州市龙湾区市场监督管理局出具《情况说明》,该说明显示:“经市场准入系统及内部档案查询,五洲阀门股份有限公司前身系温州市五洲阀门有限公司,设立于1993年8月13日,公司设立时存在股东以实物资产出资的情形,按照当时的操作规范,我局主要通过查验《资金信用(验资)证明》和派员对实物出资进行现场查验的方式对公司股东出资的真实性进行核查。五洲阀门有限公司设立时提交的《资金信用(验资)证明》等文件及相关设立程序符合当时的要求,公司设立出资真实合法。”

综上,本所律师认为,公司设立时实物出资未经评估存在瑕疵;综合实际出资人陈锦法、王玉燕对公司设立实物出资的陈述,温州市瓯海区工商行政管理局永中工商所派员对有限公司(筹)出资进行现场调查并填写的《企业开业实地调查表》,1994年的年检报告,老员工访谈等资料,以及温州市龙湾区市场监督管理局出具的证明公司本次出资真实合法的《情况说明》,如上材料证实了公司设立时实物出资的真实性、合法性,用于出资的实物与公司业务的匹配性。因此,公司设立时用于出资的实物权属清晰并依法交付转移,实物出资价值公允,与公司业务匹配,本次实物出资真实、合法。

2. 公司1995年5月增资时,股东的非货币出资问题

1995年5月,根据生产发展的需要,公司将经营范围变更为:高中压阀门和铸件制造加工,公司股东购置大量设备并作价出资于公司,公司注册资本由原来的258万元人民币变更为870万元人民币。

(1)本次增资履行的相关程序

① 1995年5月8日,温州市五洲阀门有限公司召开股东会会议作出股东会决议,一致同意:将公司名称变更为“浙江省五洲阀门有限公司”;同意增加股东三人,分别为:王庆兴、王临云、王茂林;同意变更公司经营范围为“高中压阀门和铸件制造加工”;同意增加注册资本至870万元。

② 1995年5月25日,温州市瓯海区审计事务所对公司的出资进行了审验并出具《资金

信用(验资)证明》该证明显示:浙江五洲阀门有限公司原注册资本为258万元,现增资612万元,合计注册资本870万元;其中固定资金为7 104 932.5元,流动资金为1 648 129元;资金来源为股东陈锦法、王玉燕、陈光林、王庆兴、王临云、王茂林。同日,温州市瓯海区永昌镇企业办公室在《资金信用(验资)证明》上作了“请给予办理”的批示意见。

③ 1996年5月26日,温州市瓯海区审计事务所向公司出具了《注册资本验证复核回执》,内容为:“根据提供的浙江省五洲阀门有限公司各股东的出资情况资料,经复核,确认该公司注册资本为人民币870万元,请按照核定给其办理有关签证手续。”(注:复核人为原温州市瓯海区审计事务所工作人员林毅。)

④ 1995年6月2日,温州市瓯海区技术监督局向工商局发函,内容为:“兹有温州市五洲阀门有限公司要求申报拟加高中压阀门生产品种,经我局生产条件考核、验收和实物核验,符合标准规定要求,同意拟加高中压阀门产品品种,请工商部门予以办理有关手续。”

⑤ 1995年6月2日,温州市工商行政管理局核准了本次增资,并向公司核发了新的《企业法人营业执照》。

(2)本次实物出资未经评估存在瑕疵

经核查,本次增资的工商底档,未发现相关的评估资料,《资金信用验资证明》也未附有实物明细及相关发票凭证。本次出资后,公司经历了几次搬迁,相关财务凭证已经遗失。因为设备持续更新,当年作为出资的相关设备已经淘汰,不能进行实地核查。公司向本次验资单位发函,请求提供验资的相关底稿文件。2016年2月22日,温州市瓯海区审计局出具《说明函》,该函内容为:“温州市瓯海区审计事务所系我局原下属单位,该事务所在1999年进行了脱钩改制。贵公司所需的由该审计事务所1995年5月出具的关于浙江五洲阀门有限公司的相关验资报告及工作底稿材料,因已过存档保管期限,已做销毁处理,因此无法向贵公司提供,请知悉。”

2016年2月26日,原温州市龙湾区审计师事务所工作人员林毅向公司出具了《说明函》,该函内容为:“本人为原温州市瓯海区审计师事务所工作人员,参与了五洲阀门有限公司前身浙江省五洲阀门有限公司于1995年5月的612万元增资的审验工作。该公司按照本事务所要求,提供了相关的凭证材料,事务所派我与同事亲临现场对实物进行了查验,并制作了该次资产验证的工作底稿。”

(3)主管部门出具的情况说明

2016年2月26日,温州市龙湾区市场监督管理局出具《情况说明》,该说明显示:“经市场准入系统及内部档案查询,五洲阀门股份有限公司前身系温州市五洲阀门有限公司,在1995年6月2日增资612万元,公司就该次增资提供了《资金信用(验资)证明》等材料,我局派员对公司进行了实地核查。由于历史原因,当时未向公司要求提供相关材料。公司设立出资真实合法。”

(4)本次增资当事人的说明与承诺

2016年2月15日,本次增资当事人陈锦法、王玉燕出具了《关于公司历史沿革中历次实物出资的说明与承诺》,其内容为:“1995年5月,为了增加‘高中压阀门和铸件制造加工’经营项目的需要,公司注册资本由原来的258万元增加至870万元,增加的612万元注册资本包括货币与新购置的生产设备。

"对于本次增资,公司依照工商部门要求的程序进行了验资,向验资机构提供了相关的凭证明细,并配合验资机构、工商部门进行了现场核查。本次出资后,公司经历了几次搬迁,相关财务凭证已经遗失。因为设备持续更新,当年作为出资的相关设备已经淘汰,无法进行复验。现本人郑重承诺:公司如上实物出资,均依照工商部门的要求履行了相关程序,出资合法、真实。如因公司历史沿革中实物出资等相关问题导致公司及其他股东的不利影响,由本人承担所有责任。"

综上,本所律师认为,如上材料证实了公司设立时实物出资的真实性、合法性,用于出资的实物与公司业务的匹配性,公司本次出资真实、合法。

案例2-6 泰安众诚830782

【问题】 专利出资合法性

【问题描述】

泰安众诚股份有限公司成立于2011年5月26日,其前身为设立于2002年9月19日的众诚有限公司,泰安众诚于2014年6月4日起在全国股份转让系统挂牌公开转让。其中,泰安众诚的前身众诚有限公司在2008年3月存在以两项专利技术作价1031.91万元进行增资的情形。

请主办券商、律师补充核查以下事项并发表明确意见:(1)请披露该专利技术的评估情况,并补充说明作价的合理性;(2)请结合行业技术更新情况以及专利使用情况补充说明该专利技术是否存在减值风险;(3)请说明出资专利是否属于申请挂牌公司或其他任何单位的职务成果,是否存在纠纷或潜在纠纷;(4)请结合该专利与公司业务的联系说明公司是否对该专利技术存在重大依赖,是否对公司持续经营造成重大不利影响。

【问题解决】①

1.关于股东季桢以专利技术出资的评估情况

经查验,2008年3月,季桢以专利技术"可编程控制及界面显示高低压配电开关智能型综合保护器"(专利号:ZL03216740.7)和"矿用隔爆型磁力起动器与照明综保组合开关"(专利号:ZL200620011358.5)作价1031.91万元向公司增资,分别履行了专利技术的资产评估及评估复核手续,具体如下:

2008年3月21日,泰安华泰会计师事务所出具《资产评估报告书》(华泰评报字〔2008〕第001号),以2008年3月10日为评估基准日,上述两项专利权合计评估值为1031.91万元,其中"可编程控制及界面显示高低压配电开关智能型综合保护器"(专利号:ZL03216740.7)的评估值为723.35万元、"矿用隔爆型磁力起动器与照明综保组合开关"(专利号:ZL200620011358.5)的评估值为308.56万元。

---

① 《关于泰安众诚矿山自动化股份有限公司申请股票进入全国中小企业股份转让系统挂牌的补充法律意见书之一》,第3~11页。

2010 年 12 月 6 日，北京国友大正资产评估有限公司对上述专利出资评估事项进行了评估复核，并出具了《资产评估复核报告》（国友大正评报字〔2010〕第 360 号），确定专利出资时的评估价值基本公允。

2. 关于上述专利投入公司后为公司带来的经济利益流入情况

经查验并根据公司出具的说明，专利技术“可编程控制及界面显示高低压配电开关智能型综合保护器”（专利号：ZL03216740.7）是公司主要产品移变开关及其配件产生收入和利润的重要基础技术，专利技术“矿用隔爆型磁力起动器与照明综保组合开关”（专利号：ZL200620011358.5）使公司生产出了新型的磁力起动器产品。

自 2008 年 3 月以专利出资至 2013 年 12 月 31 日，上述两项专利技术对应产品的销售收入、成本及毛利见表 2－6－1：

表 2－6－1　2008 年 3 月至 2013 年 12 月两项专利技术对应产品的销售收入、成本及毛利

项目	2008 年 3～12 月	2009 年度	2010 年度	2011 年度	2012 年度	2013 年度
增资专利权对应产品的销售收入（万元）	6113.3	8687.72	10 754.25	12 684.01	11 857.66	10 647.84
增资专利权对应产品的销售成本（万元）	2655.91	3724.49	44 410.93	4781.51	5343.26	4045.45
增资专利权对应产品的毛利（万元）	3457.39	4963.22	6343.32	7902.5	6514.4	6602.39

注：配件中有少量转销的矿用隔爆型移动变电站，金额和比例较小。

综上所述，按照公司 2012 年度和 2013 年度平均净利润 22.68% 计算，增资后各年度相关产品净利润较高，从上述专利为公司带来的经济利益流入来看，该作价是合理的。

3. 关于用于出资的两项专利技术摊销年限不一致的原因

经查验相关记账凭证并根据公司出具的说明，专利“可编程控制及界面显示高低压配电开关智能型综合保护器”和“矿用隔爆型磁力起动器与照明综保组合开关”的评估价值分别为 723.35 万元和 308.56 万元，入账价值为评估值，入账日期均为 2008 年 3 月，入账时的摊销年限为专利权的剩余有效期，分别为 5.08 年（折合 61 个月）和 8.58 年（折合 103 个月）。

截至 2013 年 12 月 31 日，两项专利权原始价值、摊销情况和账面价值见表 2－6－2：

表 2－6－2　两项专利权原始价值、摊销情况和账面价值（截至 2013 年 12 月 31 日）

项目	原始价值	摊销月份	已摊销月份	累计摊销额	账面价值
可编程控制及界面显示高低压配电开关智能型综合保护器（万元）	723.35	61	61	723.35	0
矿用隔爆型磁力起动器与照明综保组合开关（万元）	308.56	103	70	209.7	98.86
合计	1031.91	—	—	933.05	98.86

4. 关于“矿用隔爆型磁力起动器与照明综保组合开关”专利技术的减值风险

根据公司出具的相关说明，磁力起动器在矿山井下的应用较为普遍，制造技术也已经较为成熟，就行业技术更新而言，并未出现实质性的突破与改变，反而是公司的专利技术“矿用隔爆型磁力起动器与照明综保组合开关”处于专利保护期内，具有排他性的市场优势。公司在磁力起动器制造的工艺流程设计、质量控制都具有较高水平，技术更新也是基于上述专利应用的基础上，在可预见将来不会发生变化。

此外，公司磁力起动器产品多年来持续性产生经济利益流入，未来仍将继续产生收益，并且“矿用隔爆型磁力起动器与照明综保组合开关”专利技术经过多年摊销后账面价值已经很低（截至2013年年末账面价值为98.86万元，金额很小，占总资产比例仅达0.43%），故其减值风险很小。

5. 关于出资专利技术是否属于职务成果、是否存在任何纠纷或潜在纠纷

（1）专利技术的形成过程

①关于“可编程控制及界面显示高低压配电开关智能型综合保护器”专利技术的研发及形成过程。

经查验并根据公司提供的相关资料及当事人的说明，“可编程控制及界面显示高低压配电开关智能型综合保护器”的设计构思形成于2001年。当时国内移变开关市场尚处于发展初期，专利设计人季桢根据自身专业与思路提出了该专利的核心内容：将可编程序控制器、人机显示界面运用于移变高低压开关的想法。经过反复研究，由季桢及其组织的相关技术人员（该等技术人员除王益红后在公司任职之外，其他人员均未在公司任职，也与公司无其他关联关系）于2002年年初，开始制定基于“可编程序控制器、人机显示界面运用于移变高低压开关技术”的产品设计标准（包括“矿用隔爆型移动变电站用高压配电装置”和“矿用隔爆型移动变电站用低压保护箱”），并着手产品的图纸设计。

2002年5月，季桢等人完成了“矿用隔爆型移动变电站用高压配电装置”“矿用隔爆型移动变电站用低压保护箱”产品的图纸设计及技术标准设定，并根据图纸及技术标准开始研制样机。

2002年6月至8月，季桢及其他参与设计人员研制完成了“矿用隔爆型移动变电站用高压配电装置”“矿用隔爆型移动变电站用低压保护箱”的原型样机，并进行了技术调试。

为了完成上述产品安全标志认证并实现产业化，季桢与王益红、刘汝军、史淑华于2002年9月共同出资设立众诚有限公司，并于2002年9月19日完成了工商设立登记手续。

季桢在众诚有限公司设立的同时即以众诚有限公司名义向山东省质量技术监督局申请了三项样机产品的技术标准审定。山东省质量技术监督局对该技术标准进行了鉴定，并予以备案，具体备案信息见表2-6-3：

表2-6-3 三项样机的标准审定备案信息

序号	标准发布日期	标准实施日期	产品名称	型号	备案号
1	2002年9月10日	2002年10月1日	矿用隔爆型移动变电站用高压配电装置	KBG-250/6000B	3700D8699-2002

续表

序号	标准发布日期	标准实施日期	产品名称	型号	备案号
2	2002年 9月10日	2002年 10月1日	矿用隔爆型移动变电站用低压保护箱	BXBD－800/1140(660)	3700D8700－2002
3	2002年 9月10日	2002年 10月1日	矿用隔爆型移动变电站用低压保护箱	BXBD－500/3300	3700D8701－2002

上述备案信息确认:对于利用"可编程序控制器、人机显示界面运用于移变高低压开关技术"研发形成的三项样机,其技术标准稳定、成型,并在众诚有限公司设立前,即2002年9月10日已经完成产品标准发布。

众诚有限公司一经设立,即以众诚有限公司名义申请上述产品的矿用产品安全标志。2002年10月16日,以众诚有限公司名义申报的上述三项产品的安全标志认证完成初审,煤炭工业安全标志办公室出具了《安全标志申请受理通知书》(〔2002〕第1228号),予以正式受理。

2002年12月19日,众诚有限公司取得上述三项产品的《防爆合格证》;2002年12月30日,众诚有限公司取得上述三项产品的《安全标志准用证》。

2003年4月24日,季桢提出"可编程序控制器、人机显示界面运用于移变高低压开关技术"产品的专利申请。2004年4月28日取得该项专利,专利名称:可编程序控制及界面显示高低压配电开关智能型综合保护器,专利类型:实用新型专利:专利号:ZL03216740.7,专利权人:季桢。

根据公司出具的《关于非职务发明专利的说明》,"可编程序控制及界面显示高低压配电开关智能型综合保护器"作为一项实用新型专利,其核心技术方案是将可编程序控制器、人机界面运用于移变高低压开关,利用可编程序控制器采集电流、电压信息并实时监控,输出控制和保护信号,驱动断路器运行,实现电路保护。"矿用隔爆型移动变电站用高压配电装置""矿用隔爆型移动变电站用低压保护箱"在产品标准、功能上,充分体现了该项专利的核心技术方案,是依据该技术方案所形成的实体产品,其在众诚有限公司设立前已经研制完成,不属于执行众诚有限公司任务的情形。在该项专利技术研发过程中,不存在利用众诚有限公司的资金、设备、零部件、原材料,或者不对外公开的技术资料等物质技术条件的情况。在该专利技术研发完成,且技术方案已经成熟可行后,季桢将该技术投入众诚有限公司使用。在众诚有限公司使用该技术直至季桢取得专利登记前,众诚有限公司未对该专利技术做任何附加投入、技术升级且未发生任何与此相关的研发经费。

经本所律师对公司2002年度、2003年度费用明细和支付凭证的查验,公司在该期间未发生与该项目专利技术研发及申报、登记相关的费用支出。

综上所述,本所律师认为,"可编程序控制及界面显示高低压配电开关智能型综合保护器"专利技术不属于执行众诚有限公司的任务,不存在利用众诚有限公司的物质技术条件的情形,该项专利非职务发明,季桢作为原登记的专利权人,享有合法、完整、有效的所有权。

②关于"矿用隔爆型磁力起动器与照明综保组合开关"专利技术的研发及形成过程。

经查验并根据公司提供的相关资料及当事人的说明,"矿用隔爆型磁力起动器与照明综保组合开关"技术是由专利设计人季桢及由其组织的技术人员(该等技术人员除王益红后在公司任职之外,其他人员均从未在公司任职,也与公司无其他关联关系)根据自身专业及思路提出,其核心技术方案是将防爆型磁力起动器与照明综保开关装置组合在一起,实现磁力起动和照明的双重功能。该专利技术的两个主要组件防爆型磁力起动器与照明综保开关装置是完全独立的两套设备,且都属于通用产品,可以独立使用。"矿用隔爆型磁力起动器与照明综保组合开关"是将该两种通用设备通过物理组装进而实现技术目的,其核心是在现有已成熟的技术和设备基础上进行的功能化组合创新,依赖于设计人员的构思并形成对应的产品图纸,并不需要进行实体实验。

"矿用隔爆型磁力起动器与照明综保组合开关"的研发过程,充分考虑了矿上生产实践中的需求,依赖于研发设计人员对井下工况装备的充分了解,由于磁力起动器与照明综保开关作为两项独立的设备,在井下作业过程中,需要分别独立操作且占用有限的井下空间,专利设计人根据自身专业知识并在熟悉掌握现有设备技术特点的基础上,结合自身的创新性构思,提出了该专利的核心内容,将防爆型磁力起动器与照明综保开关装置组合在一起,在一套装置中实现磁力起动和照明的双重功能,既节省了物理空间,也方便了井下作业。在专利研发过程中,由季桢组织了其他的研发设计人员进行研究,绘制设计了产品图纸,并最终由季桢申报取得了专利。

经查验,2006 年 10 月 22 日,季桢提出该产品的专利申请,并于 2007 年 11 月 7 日取得授权登记,专利名称:矿用隔爆型磁力起动器与照明综保组合开关;专利类型:实用新型专利;专利号:ZL200620011358.5,专利权人:季桢。

根据公司出具的《关于非职务发明专利的说明》,"矿用隔爆型磁力起动器与照明综保组合开关"的技术方案是两项产品的组合应用,其主要依赖于设计人员的构思并形成对应的产品图纸,不涉及实体实验,在该项专利技术的研发过程中,不存在利用众诚有限公司的资金、设备、零部件、原材料或者不对外公开的技术资料等物质技术条件的情况。该项专利申请前,众诚有限公司尚未开展与此产品相关的生产及销售业务,仍以移变开关为主,众诚有限公司也未设定与此项技术相关的产品研发要求,该项专利技术系由季桢等人利用自身专业研发形成,不属于执行众诚有限公司任务的情形。在该专利技术研发完成,且技术方案已经成熟可行后,季桢将该技术投入众诚有限公司使用。在众诚有限公司使用该专利技术直至季桢取得专利登记前,众诚有限公司未对该专利技术做任何附加投入、技术升级且未发生任何与此相关的研发经费。

经本所律师对众诚有限公司在 2005 年度至 2007 年度期间的费用明细和支付凭证进行查验,公司在该期间未发生与该项专利技术研发及申报、登记相关的费用支出。

综上所述,本所律师认为,"矿用隔爆型磁力起动器与照明综保组合开关"专利技术不属于执行众诚有限公司的任务,不存在利用众诚有限公司的物质技术条件的情形,该项专利非职务发明,季桢作为原登记的专利权人,享有合法、完整、有效的所有权。

(2)关于上述两项专利权是否属于其他单位职务成果、是否存在纠纷或潜在纠纷的情形

经查验并根据本所律师对上述专利设计人的访谈及相关单位出具的说明,在上述专利技

术的研发设计过程中，不存在利用其他单位技术成果研发形成专利的情形；对上述两项专利技术登记在季桢名下，其他专利研发设计人员均无任何异议；季桢出资前对上述两项专利技术享有合法、完整、有效的所有权。在上述两项专利技术研发期间，除孙伟东在专利研发设计期间为自由职业外，其他专利研发设计人员包括王益红、徐建新、王永忠等均由当时所任职单位出具证明：在上述专利研发设计期间，不存在利用所任职单位任务的情形，上述人员参与研发设计的行为与其所任职单位无关联，属于其个人行为；同时一致确认，现上述两项专利权人为众诚股份，与上述设计人员的任职单位无任何关联。

综上所述，本所律师认为，上述用于出资的专利不属于公司或任何其他单位的职务成果，不存在任何纠纷或潜在纠纷。

6. 关于公司是否对出资专利技术存在重大依赖

（1）上述出资专利对公司业务发展的贡献和作用

根据公司出具的说明，专利权“可编程序控制及界面显示高低压配电开关智能型综合保护器”是公司发展壮大的重要技术基础。该专利将可编程序控制器和人机界面相互结合，并应用于移变开关。公司在该项专利的基础上，研发了相应的配套软件，尤其是与可编程序控制器相配套的软件，并形成了多项软件著作权。可编程序控制器结合人机界面及配套软件是构成公司移变开关产品（包括高压真空开关和低压侧保护箱）核心控制和保护系统的主要部分，起到相应的电路模拟信号转换为数字信号、数据处理分析和判断、故障检测、电路分断控制、故障显示等控制和保护作用。该专利的应用办法与经验为公司后期矿用多回路起动器等新产品的研发打下了良好的基础，在完善公司产品结构方面发挥了重要的作用。

公司自成立以来，移变开关及配件始终是营业收入和利润的主要来源，报告期内以上产品的收入占比分别达到89.97%和82.72%，毛利额占比分别达到90.99%和89.96%。

专利权“矿用防爆型磁力起动器与照明综保组合开关”的主要内容是通过防爆型起动器与照明综保开关装置的结合应用，以实现磁力起动和照明的双重功能。由于“矿用防爆型磁力起动器与照明综保组合开关”专利权具有较高的创新性、集约型，因此对公司业务发展具有相应的技术价值和经济价值。公司在该专利的应用基础上，研发并生产出了新型的磁力起动器产品，目前该产品仍在继续进行技术升级与改造，未来将给公司带来更多的收入和利润。

综上，“可编程序及界面显示高低压配电开关智能型综合保护器”和“矿用隔爆型磁力起动器与照明综保组合开关”专利权对公司业务发展具有重要作用。

（2）公司对出资专利是否存在重大依赖

经查验并根据公司出具的说明，季桢用于出资的两项专利技术在公司发展历史上起着十分重要的作用，但在移变开关、磁力起动器之后，公司陆续开发了矿用多回路起动器、矿用变频器，并已经或者即将开展销售，而正在研发中的移动变电站用组合开关、矿用隔爆型高压真空组合配电装置等产品将在未来继续丰富公司产品种类，新产品所依赖的技术种类将更加多样化。随着公司规模逐渐发展壮大、产品种类日渐丰富，拥有的专利权、软件著作权数量不断增加，公司不存在对某一项专利技术的重大依赖。

综上所述，本所律师认为，公司对上述用于出资的专利不存在重大依赖。

案例2－7　博益气动831798

【问题】专利出资瑕疵

【问题描述】

请主办券商、律师核查公司股东历次出资有无瑕疵。如有，请核查出资问题的形成原因、存在的瑕疵及影响，以及公司采取的补正措施，并对以下事项发表明确意见：(1)公司采取的措施是否足以弥补出资瑕疵，公司是否存在相应的法律风险；(2)是否存在虚假出资事项，公司是否符合“股票发行和转让行为合法合规”的挂牌条件。请主办券商、会计师核查以上瑕疵补正的会计处理方式是否符合《企业会计准则》的规定。

【问题解决】①

2005年8月，陈乃克以无形资产评估作价74.44万元对博益有限公司进行增资，其中60.69万元作为注册资本，13.75万元作为资本公积，增加博益有限公司注册资本7.5万美元。2007年3月，陈乃克以无形资产评估作价93.95万元出资，其中93.95万元作为注册资本，增加博益有限公司注册资本12.5万美元。2007年由外资变更为内资时，根据当地工商局的要求，100万美元出资按照变更当日汇率折算注册资本，导致以人民币记账的注册资本减少，故将第二次无形资产出资增加的注册资本调整为55.34万元，增加资本公积38.61万元。陈乃克出资的无形资产为专利技术，均从博益有限公司取得，存在出资瑕疵，影响公司的无形资产原值及摊销。

1.2009年1月15日，博益有限公司股东会决议，股东陈乃克利用2007年度利润分红，首先转入公司实收资本以补足其原来的无形资产出资时实际认缴的注册资本116.03万元，转入资本公积以补足其原来的无形资产出资时产生的资本溢价52.35万元。2009年7月2日，天津正则有限责任会计师事务所出具了津正则验字(2009)内512号《验资报告》，验明上述出资已经缴实。

2.综上所述，本所律师认为，2009年1月，陈乃克以分红所取得的168.39万元现金置换了上述两次无形资产出资所形成的注册资本116.03万元和资本公积52.36万元，合计168.39万元，陈乃克已使用现金补足了上述无形资产出资瑕疵，缴实了全部出资，不存在出资不实的情形，不存在相应的法律风险；公司不存在虚假出资的情形，符合“股票发行和转让行为合法合规”的挂牌条件。

案例2－8　东大高新837710

【问题】专利出资是否存在纠纷

【问题描述】

关于专利出资，请主办券商、律师补充核查以下事项并发表明确意见：(1)是否构成职务

---

① 《关于天津博益气动股份有限公司股票在全国中小企业股份转让系统挂牌的补充法律意见书(一)》，第11～12页。

发明或职务作品、权利归属及认定依据、是否存在权属方面的争议纠纷或潜在争议纠纷；(2)作为出资的专利、技术等的先进性、与公司产品的相关性、与该技术相关的产品的市场前景以及如何为公司带来经济利益流入等。

【问题解决】①

本所律师依据《公司法》《证券法》等有关法律、法规和中国证监会的有关规定，按照律师行业公认的业务标准、道德规范和勤勉尽责精神，以事实为依据，以法律为准绳，对下列材料进行查验：

(1)“铜基无银无镉低压电工触头合金材料”专利权证书(专利号为ZL98120087.7)；

(2)王英杰、哈尔滨市金羚电工合金材料技术开发有限公司出具的书面说明；

(3)王英杰、郑启亨、黄惠仪、程忠贤共同签订协议书；

(4)“低压电器用特种合金电触头材料”专利权证书(专利号为ZL97125818.X)及相关变更通知书；

(5)石钢和哈尔滨工业大学出具的说明；

(6)石钢的本科和研究生毕业证书。

经本所律师查验上述文件，兹就相关问题回复如下：

本所律师针对上述问题核查了公司工商登记档案资料，无形资产出资的评估报告等资料。公司设立时，共王英杰和王千两位自然人用专利进行出资，其他均为法人以专利进行出资。其中自然人以专利出资情况具体如下：

1. 王英杰用于出资的“铜基无银无镉低压电工触头合金材料”专利权(专利号为ZL98120087.7)

经本所律师查验“铜基无银无镉低压电工触头合金材料”专利权(专利号为ZL98120087.7)专利证书，该专利申请日为1998年10月8日。根据王英杰出具的书面说明，在该专利申请时其正在哈尔滨市金羚电工合金材料技术开发有限公司任职，其是利用自身技术和知识发明的该专利，未利用金羚公司的资金、技术或设备等资源，该专利不属于职务发明，完全属于王英杰个人所有。

哈尔滨市金羚电工合金材料技术开发有限公司于2000年1月5日出具书面说明，确认：我公司王英杰先生主持发明的“铜基无银无镉低压电工触头合金材料”专利权(专利号为ZL98120087.7)没有动用金羚公司任何资金、材料和场地，为非职务发明。

此外，本所律师注意到，该专利出资时名义权利人为王英杰、郑启亨、黄惠仪、程忠贤。经本所律师核查，2009年6月，王英杰、郑启亨、黄惠仪、程忠贤共同签订协议书，确认该专利系王英杰主创，郑启亨、黄惠仪、程忠贤愿意放弃该专利投资入股东大高新的共有份额，全部归王英杰享有并进行处置。2015年8月，王英杰已出具说明和承诺，承诺“该专利及其入股形式系我个人所有，我有处置权、转让权和收益权，如出现问题由我承担一切责任”。据此，王英杰所出资专利实际权属系其个人所有，如出现纠纷，王英杰已承诺由其承担一切责任。

---

① 《关于哈尔滨东大高新材料股份有限公司申请股票进入全国中小企业股份转让系统挂牌之补充法律意见书(一)》，第12~14页。

据此，本所律师认为，王英杰所出资的专利不属于职务发明，权利归属及认定清晰，在专利权属方面不存在争议或潜在纠纷。

2. 王千用于出资的"低压电器用特种合金电触头材料"专利权(专利号为ZL97125818.X)

如前述反馈问题(2)中所论述该专利事实上为石钢所有，因使用该专利出资所取得的东大高新股份实际系由石钢拥有，由王千代为持有，代持关系认定已经各方确认无异议。

经本所律师查验"低压电器用特种合金电触头材料"专利权(专利号为ZL97125818.X)专利证书，该专利申请日为1997年12月24日。

根据石钢出具的书面说明及其提供的相应证明文件，该专利申请时，其研究生毕业并入职哈尔滨工业大学，尚未开展实际研究工作，对电触头行业有较为精深研究，该专利完全为其利用自身专业，"低压电器用特种合金电触头材料"是石钢个人从事科研活动的研究成果，其本人对该专利拥有完全的所有权，不是职务发明。

2016年4月6日，哈尔滨工业大学出具说明，确认"石钢自1996年起即不在哈尔滨工业大学任教，不再利用哈尔滨工业大学资金、设备、实验室等从事科研活动，2002年正式从哈尔滨工业大学辞职"。

据此，本所律师认为，石钢所出资的专利不属于职务发明，权利归属及认定清晰，在专利权属方面不存在争议或潜在纠纷。

3. 公司设立时其他专利出资情况

经本所律师核查，东方集团与东大电工的专利出资系企业法人出资，不涉及职务发明或职务作品，专利出资已经评估机构评估，并经验资机构确认已转移至公司，不存在权属方面的纠纷或潜在纠纷。

案例2－9 威旗科技834370

【问题】债权出资的合法性

【问题描述】

2014年4月30日，珠海市威旗防腐科技有限公司(以下简称威旗有限)通过股东会决议，同意股东赖华生、赖华武分别将其持有的截至2014年3月31日对威旗有限的债权转为威旗有限的股权。

请主办券商、律师补充核查以下事项并发表明确意见：(1)用于出资的债权的形成过程，债权的真实性；(2)债转股出资的真实性、合法性、有效性、程序合法合规性，是否存在直接使用公司资金进行出资的虚假出资行为、公司出资是否规范。请公司补充披露相关事项。

【问题解决】①

1. 债权形成过程

(1)债权形成原因

经核查，股东用以出资的债权系在公司建设过程中及投产早期，股东借款给公司用以支

---

① 《关于珠海市威旗防腐科技股份有限公司挂牌申请文件第一次反馈意见的回复》，第6～13页。

付或代公司支付工程款项、购买生产设备及配套设施、购置建筑室内装饰设施、办公设施、生活设施及其他费用支出等方式形成的。

（2）债权形成方式、期间与金额

公司股东赖华生、赖华武于2010年2月至2014年3月31日期间，前后拆借资金或为威旗有限支付的工程项目建设费用、设备购置费用及营运资金等，合计8 855 000元。股东赖华生、赖华武对威旗有限形成的债权8 855 000元，其中，720 000元系股东通过银行存款方式拆借给威旗有限（赖华生分别于2011年4月、2012年12月、2013年7月、2013年10月、2014年3月，通过银行存款方式借给公司作为补充流动资金为20 000.00元、200 000 00元、100 000元、50 000元、350 000元）；8 135 000元系股东为威旗有限代付工程款项、设备及物资采购款以及其他费用支出等形成的债权。

2. 债权真实性

主办券商对股东债权的形成原因、过程以及金额进行了全面的核查，通过实地勘察公司投资建设的厂房，查阅该债权的债转股资产评估报告、验资报告、房地产抵押估价报告、公司报表、明细账、银行存款对账单、现金日记账、记账凭证、借款合同、收据、汇款凭证、建设项目工程资料、工程发票等资料，对该债权的真实性、完整性进行了确认，具体核查过程如下：

（1）核查公司建设工程及生产准备期的投入情况

根据公司的说明与相关工程资料显示，威旗有限厂区主体工程于2008年6月正式动工建设，2011年初步投入使用。厂区内主体项目工程包括厂房、库房A、库房B、库房C，主体工程项目由湛江市建筑工程集团公司珠海公司承建，附属项目由公司自行组织建设。厂区建设总投资约为19 965 000元，其中有决算依据、合同及发票的投资额为18 841 292.37元，虽无相关发票但有相关签字或者盖章的收据金额有508 727.7元，其余614 979.93元的支出主要用于室内装饰、办公设施、生活设施等支出。因公司在前期存在档案管理不完善等情况，对此614 979.93元的支出，公司未保留相应的决算单据、合同、发票或者收据。

经核查，公司建设期（含筹备期）的资金支出包括土地出让价款、契税、建设费用、购置设备费用等费用支出，主要发生在2007年至2013年年底之前。项目资金来源为威旗有限注册资本金500万元，银行借款900万元，向股东借款5 965 000元，总计19 965 000元。公司厂区主要工程在建设过程中的主要支出情况如下：

①土地出让金支出。

2006年9月7日，威旗有限与珠海市国土局签订《珠海市国有土地使用权出让合同》（合同编号：440404－2006－000137），公司以出让方式取得位于珠海市金湾区三灶定家湾工业区的一宗土地，土地面积为11 001平方米，宗地用途为工业，土地出让金为1 430 130元。威旗有限于2006年9月25日、2007年4月16日分别缴纳了上述土地出让金合计1 430 130元，并于2007年4月28日缴纳了上述国有土地使用权出让相关的契税42 904元。

②工程建设支出。

根据威旗有限于2010年6月15日与湛江市建筑工程集团公司及珠海市建力工程建设监理有限公司确认的《珠海市建设工程（决算）书》，工程名称为珠海市威旗防腐科技厂房、库房A、B、C，工程内容为厂房、库房A、库房B、库房C土建工程及水电工程，工程决算总造价为

8 230 160 元。

根据威旗有限于 2012 年 11 月 28 日与上海横海建筑工程有限公司确认的《工程决算书》，威旗有限土建工程附属工程（包括车间钢制平台、钢制埋池储油罐、储油罐），工程结算总价为 2 531 998.97 元。

根据威旗有限于 2011 年 6 月 20 日与珠海乐通达建筑安装工程有限公司确认的《工程结算书》，威旗有限厂区土建附属工程项目（包括混凝土浇灌消防储水池、混凝土浇灌应急储水池、混凝土框架泵房、工具房、值班室）工程结算总价为 2 923 700.00 元。

根据威旗有限于 2011 年 3 月 20 日与珠海乐通达建筑安装工程有限公司确认的《工程结算书》，威旗有限厂区土建附属工程项目（包括厂区道路下水道工程、厂区围墙）工程结算总价为 2 224 999.4 元。

③主要配套设施及设备支出。

根据威旗有限于 2010 年 6 月 3 日与珠海市华盾防雷科技有限公司确认的《工程结算书》，威旗有限厂房，A、B、C 库房及罐区防雷安装工程结算总造价为 208 560 元。

根据广州广日电梯工业有限公司开具的《增值税普通发票》，威旗有限电梯价税合计 122 130 元。根据江门市永业电梯工程有限公司开具的发票，威旗有限电梯安装工程的价款为 37 510 元。

根据威旗有限于 2008 年 7 月 29 日与珠海港区宏大电器安装工程队签订的《合同书》，威旗有限配电工程的工程总承包价为 175 000 元。

根据威旗有限于 2010 年 1 月 18 日与珠海市仁和环保设备有限公司签订的《环保工程施工合同书》，威旗有限环保工程承包总造价为 118 000 元。

根据威旗有限分别于 2010 年 1 月 9 日与深圳市叁星飞荣机械有限公司、于 2010 年 7 月 10 日与广州从化新科轻化设备厂签订的《采购合同》，威旗有限向上述两家单位采购生产设备总金额为 796 200 元。

④材料费、设备费等支出。

根据威旗有限提供的相关方签字或盖章的收据，威旗有限在建设期还存在下列支出，具体见表 2-9-1：

表 2-9-1 威旗有限在建期支出

序号	日期	内容	金额（元）
1	2010 年 12 月 20 日	威旗装修材料费	114 000
2	2010 年 11 月 4 日	装修工程进度费	18 573.8
3	2010 年 10 月 9 日	装修工程费	20 000
4	2010 年 7 月 30 日	装修费	30 000
5	2010 年 7 月 22 日	库房 C 综合楼装修工程费	60 000
6	2009 年 12 月 29 日	实验室家具设备费	24 833
7	2010 年 2 月 6 日	租借勾机费	24 485
8	2010 年 1 月 25 日	库房 C 工程费	100 000
9	2010 年 4 月 17 日	不锈钢防火门费用	8423.9

续表

序号	日期	内容	金额(元)
10	2010 年 4 月 1 日	防火玻璃门费用	15 500
11	2010 年 3 月 15 日	消防防火门订金	5000
12	2010 年 7 月 14 日	防火门费用	29 616
13	2010 年 6 月 18 日	购家具预付订金	11 430
14	2010 年 6 月 29 日	新美家具第二批货款	22 860
15	2010 年 8 月 5 日	家具尾款	3810
16	2010 年 6 月 14 日	装修工程款	20 000
17	2010 年 7 月 19 日	厂房装修大理石费用	17 805
18	2010 年 10 月 22 日	厂区门口填土款	23 940
19	2010 年 7 月 16 日	窗帘费	11 451
20	2010 年 2 月 8 日	工程工人工资结算单	47 000
合计			508 727.7

根据上述资料并经核查,主办券商认为,公司厂区主体建设工程的 97% 以上的支出有相应的合同、发票或收据等做账依据,零星支出采用现金方式进行支付虽然存在不规范的情况,但涉及的金额较小,占总体支出的比重较低,且基本符合公司当时实施建设的客观环境情况,对认定公司提供的总投资金额的真实性不具有重大的影响,因此公司提供厂区主体建设工程的投资额具有真实性及可信度。

(2)核查建设工程项目(厂房、库房等)的价值

通过实地勘察厂房,查阅土地出让合同、工程相关资料、设备购销合同、在建工程明细账、房地产抵押估价报告,主办券商发现:

2013 年,公司向珠海市农商银行贷款,以公司厂房、库房为抵押物,由珠海陆地土地房地产估价有限公司出具房地产抵押估价报告,对公司的厂房、库房进行估价。根据该报告,截至 2013 年 8 月 13 日,该厂房、库房等房地产的价值总额为 20 194 202 元,扣除预处置税费后净值为 17 488 179 元。

2011 年年末,公司建设项目主要部分已竣工验收并投入生产,财务账务处理为在建工程结转固定资产,固定资产账面原值为 15 717 507.07 元。

根据上述资料,本所律师认为,2011 年年末,公司厂房、库房等固定资产的账面原值数 15 717 507.07 元可采信。

(3)核查公司股东生产过程中陆续借给公司款项使用形成的资产

2014 年 1 月至 3 月,公司股东共代公司支出工程费用、设备购置费用等共计 2 890 000 元,公司当期固定资产房屋建筑部分增加了 1 320 000.24 元,机器设备部分增加了 1 280 716.67 元。截至 2014 年 3 月 31 日,固定资产原值合计 18 318 223.98 元。

(4)核查公司资金的来源

通过核查公司提供的财务报表、银行对账单、银行借款合同、在建工程相关资料,本所律

师发现:2008 年至 2010 年,公司处于建设期,无营业收入;2011 年上半年公司投产试运行,2011 年下半年公司正式生产,2011 年全年产生营业收入 3 749 804.02 元,净利润为 -51 056.39元;2012 年全年产生营业收入 11 179 415.73 元,实现微利 1 761.42 元,公司 2013 年全年产生的营业收入为 10 856 398.47 元,净利润为 -604 921.35 元。

因此,公司建设项目资金来源应较为明确,为股东投入(以注册资本金或借款方式)及公司外部融资,而非公司经营实现的收入。又根据公司的工商档案、验资报告、银行对账单、财务账簿等资料,截至 2009 年 11 月,公司注册资本为 500 万元;根据公司借款合同及借款明细账,公司的借款余额为 900 万元。且除上述渠道外,未发现公司在该时期存在通过其他融资渠道融资的情况。因此,公司股东对公司借款 8 855 000 元具有可信度。

3. 债权真实性核查的结论

通过核查债权形成的原因与背景、公司债权形成期间的现金流量情况、债权对应的工程建设项目的价值、股东代付款项或借款的依据与凭证,主办券商认为,股东用以转股权的债权真实、合法、有效。

4. 债转股出资的真实性及是否存在直接使用公司资金进行出资的虚假出资行为

根据前述关于债转股债权的形成过程、债权真实性的核查、公司在债转股发生之前主要会计年度的营业收入及利润情况、股东赖华生及赖华武出具的关于用于出资的债权的资金来源的说明以及债转股资产评估报告、验资报告等资料,主办券商认为,股东系以自有资金通过借款或代垫款项等方式支持公司建设与发展,并由此形成对公司的债权,不存在股东直接使用公司资金进行出资的虚假出资行为,股东债转股出资真实。

5. 债转股出资的合法性、有效性、程序合法合规性,公司出资是否规范

经核查,公司债权转股权履行的程序如下:

2014 年 4 月 30 日,威旗有限股东会通过决议,同意股东赖华生、赖华武分别将其持有的截至 2014 年 3 月 31 日对威旗有限的债权 6 163 000 元、2 692 000 元转为对威旗有限的股权 6 160 000 元、2 640 000 元,并增加威旗有限注册资本 8 800 000 元,债权中超出转增股权额部分作为溢缴资本计入威旗有限资本公积,赖华生、赖华武不再保留对上述债权的索取权,并修改威旗有限《公司章程》中的相应条款。

2014 年 4 月 30 日,赖华生、赖华武与威旗有限签署《债权转股权协议书》,约定赖华生将其持有的截至 2014 年 3 月 31 日对威旗有限的债权额 6 163 000 元中 6 160 000 元转为对威旗有限的股权 6 160 000 元;约定赖华武将其持有的截至 2014 年 3 月 31 日对威旗有限的债权额 2 692 000 元中 2 640 000 元转为对威旗有限的股权 2 640 000 元;赖华生、赖华武对威旗有限的剩余债权(分别为 3000 元、52 000 元)作为对公司的溢缴资本转为资本公积,并不再保留对该部分债权的索取权。

2014 年 5 月 9 日,珠海市永安达资产评估有限公司以 2014 年 3 月 31 日为基准日对赖华生、赖华武用于出资的债权(借款本金)进行了评估,并出具了《赖华生、赖华武拟以对珠海市威旗防腐科技有限公司 885.50 万元债权转股权市场价值评估项目资产评估报告》(珠永安达评报字〔2014〕第 030 号),经评估,赖华生、赖华武对威旗有限持有债权总额 885.50 万元债权的评估价值为 885.50 万元,其中赖华生对威旗有限的债权评估值为 616.30 万元,赖华武对公

司的债权评估值为269.20万元。

2014年5月20日,珠海和通泰会计师事务所出具《验资报告》(和通泰验字第2014-01-0013号),验证截至2014年5月9日,威旗有限已将股东赖华生、赖华武的债权880万元(其中,赖华生的债权616万元,赖华武的债权264万元)转为对威旗有限的投资,威旗有限增加注册资本合计880万元。本次变更后,威旗有限累计注册资本及实收资本变更为1380万元。

2014年5月29日,珠海市工商局金湾分局出具《核准变更登记通知书》(金湾核变通内字〔2014〕第zh14052700308号),威旗有限注册资本及实收资本均变更为1380万元。

经核查,公司本次债权转股权已经股东会决议通过,债权人已与公司签署了《债权转股权协议书》,用以转股权的债权已经珠海市永安达资产评估有限公司评估并出具了《赖华生、赖华武拟以对珠海市威旗防腐科技有限公司885.50万元债权转股权市场价值评估项目资产评估报告》,债权转股权后公司实收资本的增加已经珠海和通泰会计师事务所审验并出具了《验资报告》。

《公司注册资本登记管理规定》第7条规定:"债权人可以将其依法享有的对在中国境内设立的公司的债权,转为公司股权。转为公司股权的债权应当符合下列情形之一:(一)债权人已经履行债权所对应的合同义务,且不违反法律、行政法规、国务院决定或者公司章程的禁止性规定;(二)经人民法院生效裁判或者仲裁机构裁决确认;(三)公司破产重整或者和解期间,列入经人民法院批准的重整计划或者裁定认可的和解协议。用以转为公司股权的债权有两个以上债权人的,债权人对债权应当已经作出分割。债权转为公司股权的,公司应当增加注册资本。"

经核查本次债权转为实收资本相关的借款协议等资料,主办券商认为,2014年赖华生、赖华武以债权转股权的方式分别出资616万元、264万元,股东赖华生、赖华武已经履行债权所对应的合同义务,该行为未违反法律、行政法规、国务院决定或者公司章程的禁止性规定,符合《公司注册资本登记管理规定》的规定。

综上所述,主办券商认为,公司股东该次用以转股权的债权为真实、合法、有效之债权,债权转股权后各股东出资均真实、充足,不存在直接使用公司资金进行出资的虚假出资行为。股东债权转股权已履行了必要、合法且完备的程序,债权转股权符合当时有效法律法规的规定,公司本次债权转股权出资规范。

案例2-10 泰山体育837739

【问题】债权出资的合法性

【问题描述】

请主办券商、律师补充核查以下事项并发表明确意见:(1)用于出资的债权的形成过程,债权的真实性;(2)债转股出资的真实性、合法性、有效性,是否存在直接使用公司资金进行出资的虚假出资行为、公司出资是否规范;(3)分析债权出资以后,公司的货币出资低于注册资本的30%,公司存在的被处罚的风险。

【问题解决】①

1. 用于出资的债权的形成过程及真实性

(1)背景。

山东泰山在线公司设立于2009年2月23日,注册资本5000万元。2010年5月24日,山东泰山在线公司变更注册资本为18 500万元。泰山体育产业集团有限公司设立山东泰山在线公司的目的,就是为了收购深圳泰山在线公司的股权,从而在泰山体育产业集团有限公司体育产业板块之下构建一个新的体育产业科技板块,即智能科学健身设备、体育信息技术服务产品的研发、生产和销售。山东泰山在线公司设立后,于2009年3月20日收购了深圳泰山网络技术股份有限公司持有的深圳泰山在线公司全部股权。

由于公司属于技术驱动型公司,前期研发投入资金大,资金来源于股东借款。山东泰山在线公司以借款方式向公司投入资金。

(2)经本所律师核查,公司的母公司山东泰山在线公司拆借给公司的资金,主要用于公司研发费用。截至2010年6月30日期间,山东泰山在线公司向公司拆借资金金额121 569 360.8元,公司归还山东泰山在线公司79 123 490.45元,欠款额为42 445 870.35元。

(3)上述借款资金往来,深圳广诚会计师事务所于2010年7月15日出具了深诚专审〔2010〕第Z021号《专项审计报告》,报告中附有《与山东泰山在线科技有限公司往来明细表》《大额往来款凭证及原始单据》。

针对《与山东泰山在线科技有限公司往来明细表》《大额往来款凭证及原始单据》,本所律师进行了核查,该资金往来真实。

2. 债转股出资的真实性、合法性、有效性

(1)根据上述资金往来明细,山东泰山在线公司对公司的债权是真实的。

(2)尽管当时实施的《公司法》及2005年12月27日国家工商行政管理总局公布的《公司注册资本登记管理规定》,未对债权转股权作出规定,但早在2003年1月3日,最高人民法院颁布的《关于审理与企业改制相关的民事纠纷案件若干问题的规定》(法释〔2003〕1号)第14条第1款规定:"债权人与债务人自愿达成债权转股权协议,且不违反法律和行政法规强制性规定的,人民法院在审理相关的民事纠纷中,应当确认债权转股权协议有效。"这也就是说尽管该司法解释限定适用于企业改制中的债权转股权,但毕竟也突破了当时实施的《公司法》的规定。

2010年11月15日,公司向深圳市市场监督管理局提交了公司股东以对公司借款形成的债权转为股权增加注册资本的申请,得到深圳市市场监督管理局批准。

就在本次增资变更之后的2010年12月23日,深圳市政府五届人大常委会第十八次会议审议通过了深圳市市场监督管理局《关于鼓励社会投资促进经济发展方式转变的若干实施意见》,并以深府办〔2010〕111号《深圳市人民政府办公厅转发深圳市市场监督管理局关于鼓励社会投资促进经济发展方式转变的若干实施意见的通知》下达,其中第16条规定:"试行企业

---

① 《关于深圳泰山体育科技股份有限公司申请股票在全国中小企业股份转让系统挂牌并公开转让之补充法律意见书(一)》,第13~17页。

债权出资登记。制定企业债权出资登记办法，进一步拓宽企业注册资本出资方式。投资人以其对公司或者第三人的债权转为向公司的出资，允许其办理注册登记。”

据此，本所律师认为，尽管当时实施的《公司法》对债权转股权没有明确具体规定，但本次债转股得到深圳市市场监管局的批准，因此，本次出资是真实有效的。

(3)山东泰山在线公司不存在使用公司资金进行虚假出资的行为。

2010 年 7 月 16 日，深圳广诚会计师事务所出具了深诚验字(2010)第 209 号《验资报告》，由公司股东山东泰山在线公司债权转增资本，转增基准日期为 2010 年 6 月 30 日，将股东债权 4000 万元转增注册资本。

因此，本所律师认为，山东泰山在线不存在虚假出资行为。

(4)公司出资规范。

为确保债权转股权的规范化，公司聘请深圳广诚会计师事务所对公司与山东泰山在线公司之间的资金往来实施了专项审计，并出具了验资报告，就程序而言是规范的。

3. 分析债权出资以后，公司的货币出资低于注册资本的 30%，公司存在的被处罚的风险

理由如下：

(1)公司本次债权转股权之后，公司注册资本中货币出资比例低于注册资本的 30%，不符合当时实施的《公司法》及 2005 年 12 月 27 日国家工商行政管理总局公布的《公司注册资本登记管理规定》。

(2)为实施债权转股权，2010 年 11 月 15 日公司向深圳市市场监督管理局提交了公司股东以对公司借款形成的债权转为股权增加注册资本的申请，得到深圳市市场监督管理局批准。

(3)现行有效的《公司法》已经取消了对于股东货币出资最低比例的限制。

(4)《行政处罚法》第 29 条规定：“违法行为在二年内未被发现的，不再给予行政处罚。法律另有规定的除外。前款规定的期限从违法行为发生之日起计算；违法行为有连续或者继续状态的，从行为终了之日起计算。”

2004 年《最高人民法院关于审理行政案件适用法律规范问题的座谈会纪要》第 3 部分规定：“根据行政审判中的普遍认识和做法，行政相对人的行为发生在新法施行以前，具体行政行为作出在新法施行以后，人民法院审查具体行政行为的合法性时，实体问题适用旧法规定，程序问题适用新法规定，但下列情形除外：(一)法律、法规或规章另有规定的；(二)适用新法对保护行政相对人的合法权益更为有利的；(三)按照具体行政行为的性质应当适用新法的实体规定的。”

基于上述分析，本所律师认为，尽管公司本次债转股后，货币出资比例低于注册资本的 30%，但因得到深圳市企业登记部门的批准，且现行《公司法》已取消货币出资比例的限制。因此，根据《行政处罚法》以及《最高人民法院关于审理行政案件适用法律规范问题的座谈会纪要》的规定，不存在被行政处罚的风险。

案例 2－11　许继配电 839205

【问题】债权出资的合法性

【问题描述】

关于债权出资，请主办券商、律师补充核查以下事项并发表明确意见：（1）用于出资的债权的形成过程，债权的真实性；（2）债转股出资的真实性、合法性、有效性，是否存在直接使用公司资金进行出资的虚假出资行为、公司出资是否规范。

【问题解决】①

1. 用于出资的债权的形成过程及真实性

根据公司提供的情况说明、本次债权转股权形成过程中的相关财务记账凭证、银行转账凭证、台账、收款收据以及河南智信资产评估有限公司于 2014 年 4 月 20 日出具的编号为豫智资评报字（2014）第 028 号的《资产评估报告书》、许昌育立联合会计师事务所于 2015 年 10 月 27 日出具的编号为许育立验字（2015）第 001 号的《验资报告》等资料，本次用于出资的债权产生的原因系许继有限公司在 2011 年至 2013 年因生产资金紧张，分期分批向公司员工借款而形成，债权的具体情况见表 2－11－1：

表 2－11－1　许继有限公司 2011～2013 年向公司员工借款情况

序号	姓名	借款时间	财务凭证号	借款金额（元）	转股时间	财务凭证号	转股金额（元）
1	朱印帅	2011 年 8 月	2108	40 500	2014 年 4 月	1061	40 500
2	宋中杰	2011 年 8 月	1041	40 500	2014 年 4 月	1063	40 500
		2013 年 3 月	2007	50 000	2014 年 4 月	1063	50 000
3	万世明	2011 年 8 月	2125	47 250	2014 年 4 月	1065	47 250
4	毛良军	2011 年 8 月	1051	47 250	2014 年 4 月	1066	47 250
5	赵　琴	2013 年 12 月	2033	100 000	2014 年 4 月	1067	100 000
6	孙可友	2011 年 8 月	2108	47 250	2014 年 4 月	1068	47 250
		2012 年 10 月	2066	100 000	2014 年 4 月	1068	100 000
7	王学勇	2012 年 10 月	2066	100 000	2014 年 4 月	1069	100 000
		2013 年 12 月	2014	80 000	2014 年 4 月	1069	80 000
8	石颜勇	2012 年 10 月	2066	100 000	2014 年 4 月	1070	100 000
		2013 年 3 月	2007	100 000	2014 年 4 月	1070	100 000
9	张淑敏	2011 年 5 月	2081	200 000	2014 年 4 月	1071	200 000
		2011 年 8 月	2133	40 500	2014 年 4 月	1071	40 500

① 《关于许昌许继配电股份有限公司申请股票在全国中小企业股份转让系统挂牌并公开转让的补充法律意见（一）》，第 16～18 页。

续表

序号	姓名	借款时间	财务凭证号	借款金额（元）	转股时间	财务凭证号	转股金额（元）
10	冯定高	2011 年 8 月	2146	364 500	2014 年 4 月	1072	364 500
		2012 年 1 月	2066	100 000	2014 年 4 月	1072	100 000
11	屈留民	2011 年 8 月	2148	337 500	2014 年 4 月	1073	337 500
		2013 年 3 月	2007	250 000	2014 年 4 月	1073	250 000
12	姜莉	2011 年 5 月	2085	50 000	2014 年 4 月	1074	50 000
		2011 年 8 月	2109	90 000	2014 年 4 月	1074	90 000
		2013 年 12 月	2033	400 000	2014 年 4 月	1074	400 000
13	胡明强	2013 年 3 月	2001	300 000	2014 年 4 月	2063	300 000
		2013 年 3 月	2007	300 000	2014 年 4 月	2063	300 000
		2013 年 12 月	2033	330 000	2014 年 4 月	2063	330 000
合计		—	—	3 615 250	—	—	3 615 250

根据 2016 年 4 月 25 日公司全体股东出具的《确认函》以及本所律师对公司实际控制人、董事长、总经理胡明强、财务总监赵琴的访谈，结合公司与上述 13 位债权人的资金往来明细、银行转款凭证、记账凭证、豫智资评报字（2014）第 028 号《资产评估报告书》、许育立验字（2015）第 001 号《验资报告》及该 13 名人员与公司签订的《债权转股权协议》，上述债权均真实。经本所律师查询全国企业信用信息公示系统、中国裁判文书网、全国法院被执行人信息系统、信用中国，并通过在百度、360 综合搜索、有道、中国搜索、微信、新浪微博、腾讯微博、百度贴吧等网络公开查询渠道中输入关键词“许昌许继配电股份有限公司”“许昌许继配电有限公司”，无公司本次债权转股权存在不真实情况的相关信息。

基于以上所述，本所律师认为本次债权转股权的债权真实。

2. 债转股出资的真实性、合法性、有效性

2014 年 4 月 14 日，许继有限公司召开公司股东会，同意公司注册资本由 1501 万元增资至 2000 万元，由 30 位股东缴足。499 万元的增资包含债权出资和货币出资两部分，其中 3 615 250 元出资为债权转股权，剩余 1 374 750 元为货币出资。

2014 年 4 月 20 日，河南智信资产评估有限公司出具了编号为豫智资评报字（2014）第 028 号的《资产评估报告书》，截至评估基准日 2014 年 4 月 14 日，许继有限公司 13 名股东债权的评估值为 3 615 25 元。

2014 年 4 月 21 日，上述 13 名债权人分别与许继有限公司签订了《许昌许继配电有限公司债权转股权协议》，约定将对许继有限公司享有的债权按照 1∶1 的比例转为对许继有限公司的出资。本次债权转股权的债权数额共计 3 615 250 元。

2014 年 5 月 23 日，许昌市工商局核准上述变更登记，并为许继有限公司换发了《营业执照》。

2015年10月27日，许昌育立联合会计师事务所出具编号为许育立验字(2015)第001号的《验资报告》，审验结果为：截至2014年4月28日，许继有限公司已收到新增注册资本499万元。其中，股东以持有许继有限公司的债权作价出资3 615 250元，具体为：胡明强以持有许继有限公司的债权作价出资930 000元；姜莉以持有许继有限公司的债权作价出资540 000元；屈留民以持有许继有限公司的债权作价出资587 500元；冯定高以持有许继有限公司的债权作价出资464 500元；张淑敏以持有许继有限公司的债权作价出资240 500元；石颜勇以持有许继有限公司的债权作价出资200 000元；王学勇以持有许继有限公司的债权作价出资180 000元；孙可友以持有许继有限公司的债权作价出资147 250元；赵琴以持有许继有限公司的债权作价出资100 000元；毛良军以持有许继有限公司的债权作价出资47 250元；万世明以持有许继有限公司的债权作价出资47 250元；宋中杰以持有许继有限公司的债权作价出资90 500元；朱印帅以持有许继有限公司的债权作价出资40 500元。

2016年4月25日，公司全体股东出具了《确认函》，对上述3 615 250元债权转股权的转让人和数额进行了追认，同时对债权的真实性、债权转股权不存在任何异议、股东与股东、股东与公司之间亦不存在纠纷或潜在纠纷的事实，进行了确认。并且全体股东于2016年7月15日又出具承诺，上述债权真实，不损害公司债权人、其他股东及公司在全国股份转让系统挂牌后的公众股东的合法利益。

综上，本所律师认为，许继有限公司13人的债权出资行为履行了必要的法律程序，是当事人真实的意思表示，并不违反法律、行政法规的强制性规定，亦未损害国家、集体或者第三人利益，真实、合法、有效，不存在直接使用公司资金进行出资的虚假出资行为，出资行为规范，且对公司、公司债权人的合法权益提供了必要保障。

案例2－12　威奥科技832310

【问题】借款出资的合法性

【问题描述】

公司股东薛瑞雷、王学慧分别向安泰炼化借款1000万元，用于对公司增资。请主办券商、律师核查此次股东借款出资的合法性、真实性、合理性并发表意见。

【问题解决】①

2013年8月14日，股份公司召开股东大会，通过决议：一是公司增加注册资本2000万元人民币，由现有股东薛瑞雷及王学慧两人以现金全额认购，每人1000万股，每股1元；二是公司股东陈新艺将所持股份转让给孔德宏、周铭、莫文胜和陈力新。2013年8月14日，华光会计师事务所出具了《验资报告》(新华会验字〔2013〕065号)。经审验，截至2013年8月14日止，股份公司已收到股东缴纳的新增注册资本(实收资本)合计2000万元，各股东均以货币出资。鉴于股份公司本次增资前注册资本及实收资本为2000万元，因此，截至2013年8月14

---

① 《关于新疆威奥科技股份有限公司申请股票在全国中小企业股份转让系统挂牌并公开转让的法律意见书》，第27～31页。

日，本次增资完成后股份公司注册资本及实收资本为4000万元。

2013年8月15日，克拉玛依市工商局向股份公司换发了变更后的《企业法人营业执照》，公司注册资本及实收资本均变更为4000万元。

本次增资完成后，公司股东出资及持股情况见表2-12-1：

表2-12-1　增资完成后公司股东出资及持股情况

序号	股东姓名	持股数(万股)	持股比例(%)	出资方式
1	薛瑞雷	1262.52	31.563 0	货币
2	王学慧	1242.02	31.050 5	货币
3	赵淑珍	81.5	2.037 5	货币
4	何金成	40	1.000 0	货币
5	刘晓军	40	1.000 0	货币
6	戈江霖	40	1.000 0	货币
7	王久文	40	1.000 0	货币
8	张建华	40	1.000 0	货币
9	李卫华	40	1.000 0	货币
10	孔德宏	48	1.200 0	货币
11	王建安	40	1.000 0	货币
12	周　铭	48	1.200 0	货币
13	莫文胜	48	1.200 0	货币
14	朱宪廷	35	0.875 0	货币
15	朱　瑞	35	0.875 0	货币
16	许钦彬	35	0.875 0	货币
17	周登中	35	0.875 0	货币
18	李铁僧	35	0.875 0	货币
19	杨治堂	35	0.875 0	货币
20	苏全友	35	0.875 0	货币
21	马建萍	35	0.875 0	货币
22	刘华林	35	0.875 0	货币
23	缪浩波	32.52	0.813 0	货币
24	沈一兵	32.52	0.813 0	货币
25	杨　和	32.52	0.813 0	货币
26	蔡　拉	32.52	0.813 0	货币
27	刘玉岩	32.52	0.813 0	货币
28	王勇军	32.52	0.813 0	货币

续表

序号	股东姓名	持股数(万股)	持股比例(%)	出资方式
29	张新春	32.52	0.813 0	货币
30	刘法顺	32.52	0.813 0	货币
31	阿地力·卡米里	32.52	0.813 0	货币
32	李建国	32.52	0.813 0	货币
33	连德胜	32.52	0.813 0	货币
34	努尔尼沙·沙吾提	32.52	0.813 0	货币
35	侯 福	32.52	0.813 0	货币
36	张欣平	32.52	0.813 0	货币
37	冯旭东	32.52	0.813 0	货币
38	林雅洁	32.52	0.813 0	货币
39	徐建华	32.52	0.813 0	货币
40	李 江	28	0.700 0	货币
41	周 斌	6.52	0.163 0	货币
42	张国涛	6.52	0.163 0	货币
43	崔 军	6.52	0.163 0	货币
44	李建平	6.52	0.163 0	货币
45	席俊良	5	0.125 0	货币
46	刘 庆	5	0.125 0	货币
47	唐洪卫	5	0.125 0	货币
48	方三春	5	0.125 0	货币
49	王焕志	5	0.125 0	货币
50	侯新成	5	0.125 0	货币
51	陈力新	13.52	0.338 0	货币
52	周炳泉	5	0.125 0	货币
53	逄在江	5	0.125 0	货币
54	田 刚	5	0.125 0	货币
55	王建廷	5	0.125 0	货币
56	祝铁军	4.52	0.113 0	货币
合计		4000	100	

关于本次增资的资金来源问题：

2013 年 8 月 12 日，安泰炼化与薛瑞雷、王学慧分别签署《借款合同》，约定安泰炼化分别向薛瑞雷、王学慧借款 1000 万元，用于对公司增资。借款期限为 3 年，在借款到期前可以申请一次延期，取得安泰炼化书面同意后可一次性延期2年。双方约定待股份公司在新三板成功挂牌后，根据新三板有关规定用薛瑞雷、王学慧各自所持的600万股做质押。

根据上述《借款合同》以及本所律师访谈了解的内容，本次增资来源于向安泰炼化的借款。本所律师认为：

（1）从增资的资金来源角度考虑，股东以借款出资不违反相关法律法规的规定。

（2）从股东资格的确认角度考虑，本次增资，薛瑞雷、王学慧履行了缴付增资的义务，增资资金经华光会计师事务所验资到位；股份公司已将本次增资变化记载于股东名册，并依法履行了工商变更登记手续。上述程序均确认了薛瑞雷、王学慧本次增资的股东资格。

（3）从借款双方角度考虑，安泰炼化向薛瑞雷、王学慧提供借款经安泰炼化董事会审议，履行了必要的内部审批程序；双方签署的《借款合同》系真实的意思表示，不存在非法集资等应当认定无效的情形。根据《最高人民法院关于人民法院审理借贷案件的若干意见》（已被《最高人民法院关于审理民间借贷案件适用法律若干问题的规定》废止）、《最高人民法院关于如何确认公民与企业之间借贷行为效力问题的批复》（法释〔1999〕3号）、《最高人民法院关于依法妥善审理民间借贷纠纷案件促进经济发展维护社会稳定的通知》（法〔2011〕336号）的相关规定，民间借贷除法定情形外，只要双方当事人意思表示真实即可认定有效；人民法院依法保护合法的借贷利息。

（4）借款合同约定“借款期限为3年；经安泰炼化书面同意后可一次性延期2年”；目前上述债务尚未到期，不存在“个人所负数额较大的债务到期未清偿”情形，不影响薛瑞雷、王学慧任职资格。

（5）从增资必要性角度考虑，本次增资系股份公司发展生产经营之需要，根据新华会验字〔2013〕065号《验资报告》，薛瑞雷、王学慧本次增资已经到位；根据本所律师访谈，增资后股东不存在抽逃出资的行为，未损害股份公司及其他股东的利益。

综上，本所律师认为，股东薛瑞雷、王学慧以借款出资不违反相关法律法规的规定；本次增资履行了股东大会决议、验资、工商变更登记程序，薛瑞雷、王学慧因增资而形成的股权权属明晰；本次增资不会对本次挂牌构成实质性法律障碍。

案例2-13 新伟科技832230

【问题】借款出资引起的债权纠纷

【问题描述】

请主办券商、律师核查公司出资履行程序的完备性、合法合规性并发表意见。

【问题解决】①

根据公司工商登记资料及经本所律师核查，新伟有限公司在2013年2月、2013年7月进行过三次增资。2013年2月，第一次、第二次增资均聘请了验资机构河南新纪元会计师事务

① 《关于开封市新伟电子科技股份有限公司申请股票进入全国中小企业股份转让系统挂牌及公开转让之补充法律意见书（一）》，第8～14页。

所有限公司对股东出资情况进行了验证,并分别出具了编号为豫新验字(2013)35 号、豫新验字(2013)44 号的《验资报告》;2013 年 7 月,增资聘请了验资机构河南正天联合会计师事务所对股东出资情况进行了验证,并出具了编号为豫正天验字(2013)第 07B - 003 号的《验资报告》。上述三次增资均办理完成相关工商变更登记。

根据公司确认并经本所律师核查,上述三次增资所涉及全部货币资金共计 1950 万元,均为股东毛伟从无关联第三方自然人任慧、王明明、贺晴晴、卢予蔚处借款取得,各次增资手续完成后,毛伟将该等款项通过新伟有限公司的账户直接归还给无关联第三方自然人任慧、王明明、贺晴晴、卢予蔚,同时将该笔款项共计 1950 万元作为无关联第三方自然人任慧、王明明、贺晴晴、卢予蔚分别对新伟有限公司的负债。为彻底纠正上述出资不规范及毛伟占用新伟有限公司资金的行为,2014 年 4 月 28 日,毛伟分别向任慧、王明明、贺晴晴、卢予蔚通过其个人账户支付现金人民币 5 300 000 元、9 700 000 元、2 500 000 元、2 000 000 元(合计 1950 万元),并在当天通过该四人的个人账户向新伟有限公司归还上述资金。

针对上述事项,公司控股股东、实际控制人毛伟出具《承诺函》,承诺若因其历史上以借款出资的行为产生债权债务纠纷,或者导致公司遭受行政处罚,将以个人财产承担全部责任。

根据《最高人民法院关于修改关于适用〈中华人民共和国公司法〉若干问题的规定的决定》(法释〔2014〕2 号)第 8 条之规定:“删去《最高人民法院关于适用〈中华人民共和国公司法〉若干问题的规定(三)》(法释〔2011〕3 号,以下简称《规定(三)》)第十二条第一项,并将该条修改为‘公司成立后,公司、股东或者公司债权人以相关股东的行为符合下列情形之一且损害公司权益为由,请求认定该股东抽逃出资的,人民法院应予支持:(一)制作虚假财务会计报表虚增利润进行分配;(二)通过虚构债权债务关系将其出资转出;(三)利用关联交易将出资转出;(四)其他未经法定程序将出资抽回的行为。’”即原规定的“股东将出资款项转入公司账户验资后又转出”的行为不再视为抽逃出资。同时,《国家工商行政管理总局关于股东借款是否属于抽逃出资行为问题的答复》(工商企字〔2002〕第 180 号)认为:“股东以出资方式将有关财产投入到公司后,该财产的所有权发生转移,成为公司的财产,公司依法对其财产享有占有、使用、收益和处分的权利。公司借款给股东,是公司依法享有其财产所有权的体现,股东与公司之间的这种关系属于借贷关系,合法的借贷关系受法律保护,公司对合法借出的资金依法享有相应的债权,借款的股东依法承担相应的债务。因此,在没有充分证据的情况下,仅凭股东向公司借款就认定为股东抽逃出资缺乏法律依据。”因此,本所律师认为,毛伟在 2013 年 2 月、2013 年 7 月三次增资中,将新增出资在验资后转出的行为实为大股东资金占用,不应认定为抽逃出资。截至法律意见书出具之日,毛伟已经全额归还了占用的公司资金。

综上,本所律师认为:

(1)公司历次出资均已履行了必要的法律程序,该等程序完备。

(2)公司历史上存在股东以借款出资并于验资后归还借款的行为,鉴于该等占用资金已经全部归还,截至本补充法律意见书出具之日,公司不存在注册资本不实的情形,也不存在公司其他股东起诉公司或毛伟的情形;且公司控股股东、实际控制人毛伟已出具承诺函,承诺以个人财产承担全部责任。因此,该等出资瑕疵不会成为本次挂牌的实质性障碍。

案例 2－14　京源环保 831540

【问题】借款出资合法性

【问题描述】

请主办券商、律师核查公司历次增资是否合法合规、是否已实缴货币增资、是否存在抽逃出资等情况。

【问题解决】①

根据公司工商登记资料及经本所律师核查，有限公司在 2009 年进行过一次增资，本次增资聘请了验资机构无锡嘉誉会计师事务所有限公司对股东出资情况进行了验证，并出具了锡嘉会验(2009)944 号《验资报告》，且办理完成相关工商变更登记。

根据公司出具的情况说明并经本所律师核查，本次增资所涉及全部货币资金共计 792 万元，均为股东李武林从第三方借贷取得，本次增资手续完成后，经京源水工同意，李武林将该笔款项通过有限公司直接还给第三方，同时将该 792 万元作为李武林及和丽共同对有限公司的负债。为彻底纠正上述出资不规范及占用有限公司资金的行为，李武林在 2013 年向有限公司汇入资金共计 1058 万元，归还了对京源水工的全部应付款项。

本所律师认为，京源水工股东从第三方借款出资投入到京源水工，经会计师事务所审验，确认京源水工本次增资全部实缴到位。李武林从有限公司借出该笔款项归还第三方后，公司将李武林借出的 792 万元作为李武林及和丽对有限公司的共同负债。李武林从公司借出资金的行为，形成李武林、和丽与公司之间的债权债务关系，李武林此后陆续偿还了该笔借款，根据《国家工商行政管理总局关于股东借款是否属于抽逃出资行为问题的答复》，本所律师认为，李武林的借款行为不构成抽逃出资。

---

① 《关于江苏京源环保股份有限公司申请股票在全国中小企业股份转让系统挂牌并公开转让的补充法律意见书(一)》，第 5 页。

第三章　改制设立问题

一、公司整体变更

拟挂牌新三板企业必须是股份有限公司，股份有限公司的设立有两种形式：发起设立和募集设立，募集设立的股份公司在实践中已经很少了，大部分还是通过发起设立的方式成立。而整体变更具体是属于哪一种方式呢？

"整体变更"的概念来源于《全国中小企业股份转让系统业务规则（试行）》第2.1条第1项挂牌条件的规定，其要求变更前的公司依法设立且存续满两年。有限责任公司按原账面净资产值折股整体变更为股份有限公司的，存续时间可以从有限责任公司成立之日起计算。在实践中，整体变更的具体操作既不同于募集设立，也不同于发起设立，而是两种方式的混合，包含两种设立方式的一些特征。整体变更的操作程序更多是由中介机构在实践中不断摸索出来的，而没有严格的操作规定或指引，所以对于相关整体变更的操作程序也不能完全照搬照套，而是要在批判的基础上研究相关程序的目的和意义，每一项程序是否有充分的法律依据，是否是必备程序还是可做可不做。有了这样一个基本思路和理念之后，对于整体变更过程中的各种问题也就能有一个比较清晰的认识。

整体变更的优势在于其持续经营时间可以从有限责任公司成立之日起计算，满足全国股转系统要求股份公司必须存续满2年的挂牌条件。

《挂牌审查一般问题内核参考要点（试行）》在公司设立部分要求主办券商及律师核查公司设立（改制）的出资审验情况，如以评估值入资设立股份公司，补充说明是否合法、合规，是否构成"整体变更设立"。整体变更的问题是核查公司设立是否合法合规的问题。主要包括以下几个方面：

（1）发起人、股东要满足《公司法》的人数要求。

（2）整体变更履行必要的程序，如履行相关股东会、董事会决议，制定公司章程，变更公司名称，建立符合股份有限公司要求的组织机构等。

（3）确定审计基准日，聘请具有证券期货资格的会计师事务所出具审计报告，核查股东出资真实足额到位，认缴的出资已经完成实缴，并由具有证券期货资格的资产评估机构出具资产评估报告。要满足整体变更时，折合的实收股本总额不得高于公司净资产额的要求。

（4）发起人签署《发起人协议》，召开创立大会，以审计的账面净资产按照一定比例折为股份有限公司的注册资本。并办理工商登记，领取《营业执照》。

（5）有限责任公司整体变更后承继公司变更前的债权、债务。

具体的法规有：《公司法》第24条规定，有限责任公司由50个以下股东出资设立。第78

条规定，设立股份有限公司，应当有2人以上200人以下为发起人，其中须有半数以上的发起人在中国境内有住所。第95条规定，有限责任公司变更为股份有限公司时，折合的实收股本总额不得高于公司净资产额。

《挂牌条件标准指引》同时规定："依法设立，是指公司依据《公司法》等法律、法规及规章的规定向公司登记机关申请登记，并已取得《企业法人营业执照》。"其中要求：第一，公司设立的主体、程序合法、合规。国有企业需提供相应的国有资产监督管理机构或国务院、地方政府授权的其他部门、机构关于国有股权设置的批复文件；外商投资企业须提供商务主管部门出具的设立批复文件；《公司法》2005年修订前设立的股份公司，须取得国务院授权部门或者省级人民政府的批准文件。第二，公司股东的出资合法、合规，出资方式及比例应符合《公司法》相关规定。以实物、知识产权、土地使用权等非货币财产出资的，应当评估作价，核实财产，明确权属，财产权转移手续办理完毕；以国有资产出资的，应遵守有关国有资产评估的规定；公司注册资本缴足，不存在出资不实情形。

二、解决思路

企业在公司设立时，存在程序性的瑕疵，可能导致公司不符合"整体变更设立"，针对此种情况，一般可以采取以下步骤进行解决和规范：

1. 详细说明设立程序瑕疵问题

通过查阅公司设立相关的全部文件，详细说明公司设立存在的瑕疵、具体形成的原因，分析其存在的法律后果。

2. 相关部门出具文件

针对公司设立瑕疵事项，请相关的主管部门出具法律文件对公司整体变更过程中的瑕疵问题进行确认，不构成重大违法违规行为，表明设立瑕疵的程序性事项不会对挂牌造成实质性影响。

3. 要符合整体变更的核心要求

公司整体变更时，存在的瑕疵不得对以下要点有实质性改变：公司整体变更不应改变历史成本计价原则，不应根据资产评估结果进行账务调整，应以改制基准日经审计的净资产额为依据折合为股份有限公司股本。

三、特殊问题

（一）净资产低于注册资本问题

企业在进行股份制改造前有时会出现净资产低于注册资本的情形，具体可能是由于公司以前年度经营亏损或其他资产重组的财务处理等原因导致的，根据《公司法》第95条规定，有限责任公司变更为股份有限公司时，折合的实收股本总额不得高于公司净资产额。因此，拟挂牌企业股改时净资产是不得低于实缴注册资本的，否则拟挂牌企业将无法直接进行股改，也就不能变更为股份有限公司，也就不符合申请挂牌的主体要求。

【解决思路】

拟挂牌企业在有限责任公司整体变更为股份公司之前应调整公司的净资产不能存在低

于公司的实收资本的情形。对于存在净资产低于注册资本的情形,一般可以采取以下解决思路:

1.减资

净资产低于注册资本的情况下,通过减少注册资本的方式,使净资产与注册资本相匹配,以符合股改的要求。具体的减资手续一般需要在股改基准日之前完成,同时因为减资的时间手续一般需要花费两三个月的时间,如果时间非常紧凑的,也可以减资和股改同时进行。具体而言,即可以在基准日后开始减资,然后与股改一起办理工商变更手续。

在实践中,大部分人可能对于减资还是有一定的认识误区,认为公司减资会影响公司的上市,会对上市后的资本运作有一定的负面影响,因而不愿意采用减资方式。确实,影响是会有的,一个正常经营的企业,业务发展越来越好,需要的资金量也越来越大,一般都是增加注册资本的,减资可能就反映出公司的经营不是很好。但是从上市的角度来说,减资不会直接成为否决的理由,减资的目的背景清晰,程序履行完整,减资后不会影响公司的持续经营能力,一般审核部门也是予以认可的。

2.股东或其他主体溢价增资

溢价增资,是指增资方通过高于1元/股(或1元/1元注册资本)的价格向公司增资,以此来提高净资产,弥补原净资产与注册资本之间的差额。根据增资的主体不同,可以是原股东通过货币出资溢价增资,溢价部分出资转为公司资本公积金,也可以引进战略投资者、财务投资者对公司进行溢价增资,还可以是设立员工持股平台对公司进行溢价增资。不过,除非公司未来有强劲、明朗的发展潜力,否则在净资产低于注册资本的情形下后面两类主体溢价增资的可能性是微乎其微的。

3.股东向拟挂牌企业捐赠

公司接收股东的捐赠,除非合同、协议约定作为资本金(包括资本公积)且在会计上已做实际处理的,否则都将按照《企业所得税法》作为"接受捐赠收入"纳入收入总额,并计算缴纳企业所得税。因此,如果作为资本公积是可以不纳税的。

4.延迟审计基准日

若时间允许,拟挂牌公司预期将来可以改善公司经营状况和盈利情况,则可以采取延迟股改审计基准日的方法,暂停股改程序,待公司经营状况改善后,通过经营利润弥补相应的亏损后,使净资产与注册资本匹配,再重新启动股改程序。

(二)整体变更无评估报告问题

《公司注册资本登记管理规定》(国家工商行政管理总局令第64号)第13条规定,有限责任公司变更为股份有限公司时,折合的实收股本总额不得高于公司净资产额。有限责任公司变更为股份有限公司,为增加资本公开发行股份时,应当依法办理。该管理规定自2014年3月1日起正式施行,删除了原规定的"有限责任公司的净资产应当由具有评估资格的资产评估机构评估作价,并由验资机构进行验资"。在2013年修正后的《公司法》第95条规定了有限责任公司变更为股份有限公司时,折合的实收股本总额不得高于公司净资产额。删除了原有的"有限责任公司的净资产应当由具有评估资格的资产评估机构评估作价,并由验资机构进行验资”。《挂牌条件标准指引》中规定，有限责任公司按原账面净资产值折股整体变更为股份有限公司的，存续时间可以从有限责任公司成立之日起计算。整体变更不应改变历史成本计价原则，不应根据资产评估结果进行账务调整，应以改制基准日经审计的净资产额为依据折合为股份有限公司股本。此处明确指出了拟挂牌企业进行整体变更为股份公司时，需要以审计的净资产额为折股基础，而不要求资产评估报告。

报告期内，拟挂牌企业的历史沿革上，在《公司注册资本登记管理规定》《公司法》修改前已经进行的整体变更若只有审计报告、验资报告而没有进行评估，则属于历史沿革上的整体变更瑕疵。而在相关法规修改后进行整体变更时则不再强制要求进行评估，而且不再以评估净资产作为折股基础。

需要注意的是，《公司法》第 27 条第 2 款规定，对作为出资的非货币财产应当评估作价。即对于无形资产出资部分依法应当进行评估。

【解决思路】

对于历史沿革上公司在相关法规修改前进行整体变更为股份公司时没有进行评估，只有验资报告、审计报告的情形，一般解决思路如下：

1. 确定整体变更的时间

根据公司工商登记的整体变更为股份公司的时间，核查当时适用的法律对评估报告的要求。对于相关法规修改后的公司整体变更，若当地工商局无特殊要求，则一般不需要再进行资产评估。

在实践中，拟挂牌新三板企业的整体变更取得评估报告并非是必要的，但是为了股东对企业的实际资产情况有进一步了解，对比审计的净资产额，企业往往也会选择进行资产评估。

2. 论证当时的审计报告、验资报告体现的资产真实性

对于相关法规修改前进行的整体变更有审计报告、验资报告而没有评估报告，则需要结合当时的审计报告和验资报告，论证整体变更时公司的资产的真实性。同时可以聘请评估机构进行追溯评估。

3. 由当地工商局出具合法合规证明

当公司历史沿革上的整体变更已经取得工商局的认可，且不要求评估报告，则可向当地工商局申请出具合法合规说明，证明公司整体变更取得营业执照的过程合法合规。

（三）公司设立无验资报告问题

公司设立时的注册资本、公司变更注册资本及实收资本，在《公司注册资本登记管理规定》修改之前，是必须由验资机构进行验资并出具验资证明的。在修改之前，公司只有银行询证函而没有取得验资报告，除当地工商局有特别规定的外，公司一般是无法取得工商局登记的，存在验资瑕疵。

根据《公司注册资本登记管理规定》（国家工商行政管理总局令第 22 号）第 6 条规定，公司设立时股东或者发起人的首次出资、公司变更注册资本及实收资本，必须经依法设立的验资机构验资并出具验资证明。根据 2014 年国家工商行政管理总局令第 64 号对《公司注册资本登记管理规定》的修改中删除了该验资要求条款。

因此,公司在设立时、变更时的注册资本,在 2014 年前是必须取得验资报告的,否则仅有银行询证函是属于验资瑕疵的情形;而在 2014 年后相关法律法规不再强制要求验资的情形下,取得银行询证函没有验资报告,不会构成申请挂牌的实质性障碍。

【解决思路】

1. 验资机构追溯验资

如果是公司历史沿革上欠缺了必要的验资程序,仅有银行询证函作证明,为了挂牌顺利通过审核,公司可以聘请验资机构对历史沿革下的验资瑕疵进行追溯验资,弥补该瑕疵。

2. 实际控制人及控股股东要作出声明和承诺

公司要披露该部分出资或资本变更情形真实足额到位,取得的相关审计报告、银行询证函等是真实有效的,不存在损害公司股东的情形,同时承诺由实际控制人及其控股股东承担该验资瑕疵对公司可能产生的损失。

3. 向相关政府部门申请出具证明

有的地区存在特殊的优惠政策,验资报告并非是必需的,拟挂牌企业既要详细披露该优惠政策,论证其适用于本企业。同时向当地政府部门申请出具说明,证明公司没有验资报告并没有违反地方的特殊优惠政策,并不存在虚假情形等违法违规行为。

(四)验资报告、审计报告内容有误

拟挂牌企业的历史沿革中的验资报告、审计报告若存在错误,可能会导致公司注册资本出资不实、违反《公司法》《企业会计准则》等相关法律法规的规定,直接导致其不满足申请挂牌的"依法设立、出资合法合规、业务明确且具有持续经营能力"等条件,不仅构成对企业申请挂牌的实质性障碍,还有受行政处罚的风险。

但根据验资报告、审计报告的实际情况,若能提供充分证据证明当时验资、审计的事实已经实际履行,或者已经通过事后措施有效地弥补了报告的瑕疵,在取得相关行政部门的同意下,拟挂牌企业在充分披露报告的错误瑕疵以及后续的有效弥补措施后可以继续申请挂牌。相关报告错误的原因和问题严重程度,将决定着拟挂牌企业的挂牌可能性。

《挂牌条件标准指引》明确规定,挂牌条件为:"依法设立且存续满两年""具有持续经营能力""公司合法合规经营"等。同时,《全国中小企业股份转让系统业务规则(试行)》第 4.2.4 条也规定:"挂牌公司及其他信息披露义务人应当对其披露信息内容的真实性、准确性、完整性承担责任。"对于验资报告、审计报告出现错误,可能会导致公司设立时出资不实,历史增资上的瑕疵等,甚至存在公司、股东违法违规的情形,这都涉及公司主体合法性、历史沿革的合法合规性以及公司的持续经营能力等方面。

《全国中小企业股份转让系统业务规则(试行)》第 1.7 条规定:"主办券商、会计师事务所、律师事务所、其他证券服务机构及其相关人员在全国股份转让系统从事相关业务,应严格履行法定职责,遵守行业规范,勤勉尽责,诚实守信,并对出具文件的真实性、准确性、完整性负责。"因此,验资报告、审计报告出错误,也会涉及相关中介机构的责任,会有受到行政处罚的风险。

因此,验资报告、审计报告存在错误,公司、股东、信息披露负责人以及中介机构存在行政

处罚的风险，情节的严重程度将决定公司申请挂牌的可能性。但通过采取弥补解决措施，在情节轻微，没有构成实质性障碍下，还是有成功挂牌的机会。

【解决思路】

1. 采取弥补措施

公司针对验资报告、审计报告的错误情形，采取相应的弥补措施，如相关资产未真实出资，则相关股东尽快履行出资手续；如相关资产实际价值不符，则股东可以现金置换该部分瑕疵出资等。实际控制人及公司股东需要采取应对措施弥补公司历史沿革的瑕疵，以确保公司虽存在有错误的报告，但相关当事人已经直接或间接地真实履行自己的义务或进行了有效的弥补。

2. 复核相关报告

公司要聘请中介机构对存在错误的验资报告、审计报告进行复核，通过复核报告披露原报告详细的错误内容，复核最初需验资、审计的事实是否已经真正履行等。可以同时聘请评估机构对相关资产进行追溯评估，辅助证明公司历史沿革上的资本、资产等财产变化的真实、合法、合规，报告的错误情形已经得到弥补等。

3. 详细披露报告的瑕疵和弥补措施

公司需要真实披露验资报告、审计报告的错误原因、形成的过程及问题的严重性等信息。说明该错误下，报告反映的事实履行的真实情况，是否构成出资不实或其他违法违规情形，以及详细披露公司采取的弥补措施，是否有效地覆盖了报告瑕疵的影响范围。

4. 向主管部门申请出具合规证明

根据报告错误的严重程度，在充分采取了弥补措施后，可以向当地行政部门申请出具说明，披露公司的报告瑕疵问题并已经弥补了瑕疵，证明公司在报告期内不存在重大违法违规行为。

案例3－1 金川科技837205

【问题】改制评估报告未经国资备案、净资产低于注册资本

【问题描述】

请公司结合首次变更为股份公司的瑕疵及瑕疵规范情况、改制情况说明公司是否符合“依法设立、存续满两年”的挂牌条件。请主办券商及律师补充核查并发表明确意见。

【问题解决】①

1. 公司符合“依法设立”的挂牌条件

(1)2010年7月金川金属有限公司整体变更为原股份公司

如《法律意见书》第6部分“公司的股本及演变/(二)公司前身历次股本变动”所述，2010年7月金川金属有限整体变更为原股份公司(首次变更)的具体情况如下：

2010年5月12日，中瑞岳华会计师事务所有限公司出具中瑞岳华审字〔2010〕第06108号《审计报告》，确认截至2009年12月31日，金川金属有限公司经审计的净资产为

---

① 《北京市嘉源律师事务所关于兰州金川新材料科技股份有限公司申请股票在全国中小企业股份转让系统挂牌并公开转让的补充法律意见书(一)》，第3～6页。

1 396 898 654.88 元。

2010 年 7 月 12 日，甘肃省国资委作出甘国资产权〔2010〕200 号《关于兰州金川新材料科技股份有限公司（筹）国有股权设置及股权管理方案的批复》，同意兰州金川新材料科技股份有限公司（筹）国有股权设置及股权管理方案。

2010 年 12 月 6 日，中联资产评估有限公司出具中联评报字〔2010〕第 1095 号《兰州金川金属材料技术有限公司设立股份公司项目资产评估报告》，确认金川金属有限公司股东全部权益在评估基准日 2009 年 12 月 31 日的净资产账面价值为 139 689.87 万元，评估值为 158 735.47万元。根据公司的确认，前述资产评估结果未经甘肃省国资委备案。

金川金属有限公司首次变更为股份公司已履行了必要的内部决策，并履行了相关审计、资产评估及验资程序，不存在按评估值入资设立股份公司的情形；但存在资产评估结果未经甘肃省国资委备案的瑕疵。

对于前述瑕疵，2016 年 2 月 23 日，甘肃省国资委出具《关于兰州金川新材料科技股份有限公司设立及变更过程中国有资产管理有关事项的意见》，对 2010 年 7 月金川金属有限公司整体变更为原股份公司予以确认，并确认虽然前述变更存在程序性的瑕疵，但未造成国有资产流失。

（2）2015 年 7 月原股份公司变更为有限责任公司金川科技有限公司

如《法律意见书》第 6 部分“公司的股本及演变/（二）公司前身历次股本变动”所述，2015 年 7 月，原股份公司变更为有限责任公司金川科技有限公司。本次原股份公司变更为金川科技有限公司存在未对原股份公司进行资产评估的瑕疵。

对于前述瑕疵，2016 年 2 月 23 日，甘肃省国资委出具《关于兰州金川新材料科技股份有限公司设立及变更过程中国有资产管理有关事项的意见》，对 2015 年 7 月原股份公司变更为金川科技有限公司予以确认，并确认虽然前述变更存在程序性的瑕疵，但未造成国有资产流失。

（3）2015 年 11 月，金川科技有限公司整体变更为股份公司金川科技

如《法律意见书》第 4 部分“公司的设立”所述，金川科技有限公司于 2015 年 11 月整体变更为金川科技的具体情况如下：

2015 年 10 月 23 日，瑞华出具了瑞华审字〔2015〕62040111 号《审计报告》。根据该报告，截至 2015 年 9 月 30 日，金川科技有限公司经审计的净资产为 427 288 045.78 元。

2015 年 10 月 23 日，中企评估出具了中企华评报字（2015）第 4041 号《兰州金川新材料科技有限公司拟整体变更为股份有限公司项目评估报告》。根据该报告，截至 2015 年 9 月 30 日，金川科技有限公司的净资产评估值为 52 371.60 万元。该评估报告结果已于 2015 年 11 月经甘肃省国资委备案。

2015 年 12 月 10 日，甘肃省国资委作出甘国资发产权〔2015〕369 号《甘肃省政府国资委关于兰州金川新材料科技股份有限公司国有股权管理有关问题的批复》，同意金川科技的国有股权设置方案。

综上，金川科技有限公司整体变更为金川科技已履行了必要的内部决策程序，履行了相关审计、资产评估及验资程序，不存在按评估值入资设立股份公司的情形；并履行了国有股权管理审批程序；金川科技的设立符合我国《公司法》等法律法规的规定。

2. 公司符合“存续满两年”的挂牌条件

根据公司提供的资料及确认并经本所经办律师核查,2010 年 7 月,金川金属有限公司整体变更为原股份公司;2015 年 7 月,原股份公司变更有限责任公司金川科技有限公司;2015 年 11 月,金川科技有限公司整体变更为金川科技,均未改变历史成本计价原则,未根据资产评估结果进行账务调整,公司存续期自金川金属有限公司 2004 年 11 月设立之日起计算,已满两年。因此,公司符合“存续满两年”的挂牌条件。

3. 结论意见

综上,本所认为:2010 年 7 月,金川金属有限整体变更为原股份公司;2015 年 7 月,原股份公司变更为有限责任公司金川科技有限公司;2015 年 11 月,金川科技有限公司整体变更为股份公司金川科技,均已履行了必要的内部决策程序,履行了必要的审计、资产评估及验资程序。但仍存在,2010 年 7 月,金川金属有限公司整体变更为原股份公司时的资产评估报告未经国资主管部门备案;2015 年 7 月,原股份公司变更为金川科技有限公司未对原股份公司进行资产评估的瑕疵。2016 年 2 月 23 日,甘肃省国资委出具《关于兰州金川新材料科技股份有限公司设立及变更过程中国有资产管理有关事项的意见》,对上述瑕疵事项予以了确认。因此,公司符合“依法设立”的挂牌条件。

同时,前述三次变更均未改变历史成本计价原则,未根据资产评估结果进行账务调整,公司存续期自金川金属有限公司 2004 年 11 月设立之日起计算,已满两年。因此,公司符合“存续满两年”的挂牌条件。

案例 3－2 星辰股份 838433

【问题】外资转内资发生减资未经公告程序

【问题描述】

请主办券商和律师就公司设立所履行的程序作进一步补充核查,并就以下事项发表明确意见:(1)公司设立(整体变更)是否符合当时商务部门制定的规章及规范性文件的规定;(2)公司设立(整体变更)是否履行了必要的审批程序,是否合法、合规;(3)外资企业股权变更程序的合法合规性。

【问题解决】①

1. 有限公司设立情况

经本所律师核查星辰有限公司设立时的工商登记文件、主管部门出具的审批文件等相关文件,并查阅相关法律法规,星辰有限设立情况如下:

1992 年 10 月 12 日,合肥电缆厂出具合缆销售字(1992)116 号《关于呈报申报合肥星辰电线电缆有限公司项目建议书的请示》,经与香港胜惠有限公司商定,拟与香港胜惠有限公司合资经营合肥星辰电线电缆有限公司。经双方商定,项目总投资 550 万美元,注册资本 450 万美元,合

① 《关于合肥星辰电线电缆股份有限公司申请股票在全国中小企业股份转让系统挂牌的补充法律意见(一)》,第 2～7 页。

肥电缆厂以电磁线车间作为投资,估价 250 万美元占股 55%;香港胜惠有限公司以现金或设备(实物)形式出资 200 万美元,占股 45%。

1992 年 10 月 30 日,合肥市机械工业公司出具合机企(1992)210 号《关于申报“合肥星辰电线电缆有限公司项目建议书”的请示》,合肥电缆厂与香港胜惠有限公司协商,拟在合肥市合资经营“合肥星辰电线电缆有限公司”,请求合肥市计划委员会审批。

1992 年 11 月 9 日,合肥市计划委员会出具计项字(1992)688 号《关于合肥电缆厂与香港胜惠有限公司兴办合肥星辰电线电缆有限公司(暂定)项目建议书的批复》,同意合肥电缆厂与香港胜惠有限公司兴办合肥星辰电线电缆有限公司(暂定)项目建议书。

1992 年 11 月 12 日,合肥电缆厂与香港胜惠有限公司签订《中外合资合肥星辰电线电缆有限公司经营企业合同》。

1992 年 11 月 23 日,合肥会计师事务所出具合会字(1992)第 89 号《资产评估报告》,确认合肥电缆厂出资资产重置价值为 1091.07 万元,折余价值(现值)为 839.27 万元。

1993 年 2 月 15 日,合肥市国有资产管理处出具合国资(1993)005 号《关于对合肥电缆厂部分出资资产评估结果的确认通知》,确认合肥电缆厂出资资产重置价值为 1091.07 万元,折余价值(现值)为 839.27 万元。1994 年 3 月 3 日,合肥电缆厂完成出资资产的国有资产产权登记,根据 353401015600148 号《国有资产产权登记表》,确认合肥电缆厂向合肥星辰电线电缆有限公司投资。

1992 年 12 月 8 日,合肥市计划委员会出具计项字(1992)793 号《关于合肥电缆厂与香港胜惠有限公司兴办合肥星辰电线电缆有限公司项目可行性研究报告的批复》,同意合肥电缆厂与香港胜惠有限公司双方共同编制的合资企业项目可行性研究报告。

1992 年 12 月 15 日,合肥电缆厂向合肥市对外经济贸易委员会呈报合缆技改字(1992)150 号文《关于要求批准成立“合肥星辰电线电缆有限公司”的请示》,请求审查批准成立“合肥星辰电线电缆有限公司”。

1992 年 12 月 24 日,合肥市对外经济贸易委员会出具合外经(1992)0357 号《关于同意成立合肥星辰电线电缆有限公司的批复》,批复同意合肥电缆厂与香港胜惠有限公司在安徽省合肥市合资成立合肥星辰电线电缆有限公司。

1992 年 12 月 28 日,安徽省人民政府出具外经贸皖府资字(1992)682 号《外商投资企业批准证书》。

1993 年 1 月 8 日,合肥市工商行政管理局核发了工商企合皖合副字第 00088 号《企业法人营业执照》。企业名称为合肥星辰电线电缆有限公司,注册资本 400 万美元,企业类型为中外合资经营企业。

1993 年 6 月 28 日,合肥会计师事务所出具合会字(1993)第 111 号《验资报告书》。截至验资日止,合肥电缆厂投入 1 467 697.70 美元(8 455 700 元),占应投资额的 61.15%;香港胜惠有限公司投入 300 000 美元(1 728 360 元),占应投资额的 18.75%。

根据合肥会计师事务所合会字(1993)第 111 号《验资报告》,合肥电缆厂出资合计人民币 845.57万元;根据合肥会计师事务所出具的合会字(1992)第 89 号《资产评估报告》,合肥电缆厂出资资产重置价值为 1091.07 万元,折余价值(现值)为 839.27 万元。《验资报告》与《资产评估报告》相比,多出6.3万元。经核查合肥电缆厂出资资产移交清单,差异原因为:部分实物如561只模具、模盘、一台图文传真机作为资产移交给有限公司时,未进行评估。虽然在星辰有限公司设立时存在部分实物出资未经评估即作价投入公司,设立之后股东双方未按照《经营合同》约定履行全部出资义务,但未经评估部分资产价值相对较小,外方股东亦未因此提出异议。而星辰有限公司于2004年变更为内资企业时,根据当时《公司法》的相关规定,以实缴金额作为变更后星辰有限公司的注册资本,经过了合肥市对外经济贸易局的批复,工商部门予以了核准登记,公司亦未因上述瑕疵而受到工商部门、合肥市对外经济贸易局的处罚,因此上述瑕疵不构成公司挂牌的实质性障碍。

经本所律师核查,星辰有限公司设立时已经依照当时的《中外合资经营企业法》《中外合资经营企业法实施条例》《中外合资经营企业合营各方出资的若干规定》等法律法规关于中外合资企业设立的相关规定,依法履行了可行性研究报告审批及其他设立文件审批手续,并取得相关主管部门核发的《外商投资企业核准登记通知书》《外商投资企业批准证书》《企业法人营业执照》等相关文件。

因此,本所律师认为,星辰有限公司的设立符合当时商务部门制定的规章及规范性文件的规定,履行了必要的审批程序,符合当时的法律法规。

2. 星辰有限公司整体变更为股份公司情况

本所律师核查了公司工商资料及整体变更设立为股份有限公司的文件,包括但不限于有限公司股东会决议、发起人协议、审计报告、资产评估报告、验资报告、董事会会议记录和决议、创立大会暨第一次股东大会会议记录和决议、监事会决议、公司章程、企业名称变更核准通知书、企业法人营业执照等资料文件。

根据现行《公司法》及《公司登记管理条例》相关规定,有限公司整体变更设立为股份有限公司向合肥市工商行政管理局提交了《公司登记(备案)申请书》等文件资料。合肥市工商行政管理局核准了有限公司整体变更为股份公司变更登记申请,并核发了新的《营业执照》。

星辰有限公司整体变更为股份公司时,公司性质已经为内资企业,符合当时商务部门制定的规章及规范性文件,股份公司设立不涉及商务部门等外部部门的审批。

经核查,本所律师认为,星辰有限公司设立及星辰有限公司整体变更为股份有限公司均符合当时有效的法律法规之规定,均依法履行了必要的内部决策程序和外部审批及登记程序,公司设立合法、合规。

3. 外资企业股权变更程序的合法合规性

对外贸易经济合作部、国家工商行政管理局1997年5月28日发布的《关于印发〈外商投资企业投资者股权变更的若干规定〉的通知》(〔1997〕外经贸法发第267号)第2条规定:“本规定所称的外商投资企业投资者股权变更,是指依照中国法律在中国境内设立的中外合资经营企业、中外合作经营企业、外资企业(以下统称为企业)的投资者或其在企业的出资(包括提供合作条件)份额(以下称为股权)发生变化。包括但不限于下列主要原因导致外商投资企业投资者股权变更:……(二)企业投资者经其他各方投资者同意向其关联企业或其他受让人转让股权……”

2004年2月22日,公司外方股东香港胜惠有限公司与张红果签订了《股权转让协议》,约定:“香港胜惠有限公司将持有的公司股权转让给张红果,公司中方股东合肥市工业投资控股有限公司作为同意方,亦在该协议上签字盖章。”

2004 年 2 月 23 日,合肥星辰电线电缆有限公司召开董事会并作出决议,同意香港胜惠有限公司将持有合肥星辰电线电缆有限公司 40% 的股权转让给张红果。

2004 年 3 月 5 日,合肥市对外贸易经济合作局出具合外经(2004)36 号《关于同意合肥星辰电线电缆有限公司股权变更的批复》,批复同意:“你公司外方股东香港胜惠有限公司将其所投入的相应股权全部转让给中国公民张红果。张红果将享有并承担香港胜惠有限公司在你公司相应的权利和义务;股权转让后,你公司不再是外商投资企业。”

2004 年 3 月 12 日,安徽正大会计师事务所出具皖正大审字(2004)421 号《审计报告》。经审验,截至 2003 年 12 月 31 日,合肥星辰电线电缆有限公司实收资本人民币 10 190 560 元。其中合肥市工业投资控股有限公司出资人民币 8 462 200 元,香港胜惠有限公司出资人民币 1 728 360 元。根据合肥市对外贸易经济合作局 2003 年 3 月 24 日合外经(2003)43 号《关于同意合肥星辰电线电缆有限公司股权变更的批复》,中方股东由合肥市国有资产控股有限公司变更为合肥市工业投资控股有限公司。

2004 年 4 月 12 日,安徽正大会计师事务所出具皖正大验字(2004)564 号《验资报告》。经审验,公司本次变更前的注册资本为 400 万美元,实际投入 176 77 万美元,折合人民币 10 190 560 元,已经合肥会计师事务所审验,并于 1993 年 6 月 28 日出具合会验字(1993)第 111 号《验资报告》。截至 2004 年 4 月 10 日,变更后的注册资本实收金额为人民币 10 190 560元。变更后股东合肥市工业投资控股有限公司出资人民币 8 462 200 元,占股 83%;张红果出资 1 728 360 元,占股 17%。

2004 年 4 月 16 日,合肥市工商行政管理局核准了外资转内资及注册资本变更事宜并换发了注册号为 3401001006845 的《企业法人营业执照》,企业类型为有限责任公司。

公司本次因股权转让而进行工商变更登记中,根据对外贸易经济合作部、国家工商行政管理局发布的《关于印发〈外商投资企业投资者股权变更的若干规定〉的通知》第 19 条第 3 款规定:“因企业投资者股权变更而使中方投资者获得企业全部股权的,在申请变更登记时,企业应按拟变更的企业类型的设立登记要求向登记机关提交有关文件。经登记机关核准后,缴销《中华人民共和国企业法人营业执照》,换发《企业法人营业执照》。”因此,公司以实缴的 10 190 560 元作为变更后的内资企业的注册资本,导致公司注册资本减少。外方香港胜惠有限公司与张红果签订了《股权转让协议》,合肥市工业投资控股有限公司、星辰有限公司董事会、合肥市对外贸易经济合作局均同意了上述股权转让,工商部门亦核准了此次股权变更登记,并核发了新的《企业法人营业执照》。

综上,本所律师认为,根据《公司法》当时的规定,应当以实缴资本作为注册资本。公司本次股权转让外资转内资企业时,虽然减资程序未经公告,存在瑕疵。但是,外资转内资的股权转让,经过了审计和验资程序,外方香港胜惠有限公司与张红果签订了《股权转让协议》,合肥市工业投资控股有限公司、星辰有限公司董事会、合肥市对外贸易经济合作局均同意了上述股权转让,工商部门亦核准了此次股权变更登记。

虽然,本次外资股权转让过程中,注册资本减少未经公告程序,存在瑕疵,但股权转让程序合法合规,本次注册资本减少也未对公司生产经营产生重大不利影响,因此不构成公司挂牌的实质性障碍。

案例 3－3 德运塑业 831349

【问题】公司净资产低于注册资本

【问题描述】

公司自设立至股改前一直频繁增资，直至股改前将注册资本由5098万元减资至1500万元。请公司补充说明并披露：(1)请公司说明在股改前减资的真实减资原因及是否存在其他相关利益安排；(2)增资和减资时所履行的程序。

请主办券商及律师补充核查前述事项并就以下问题发表明确意见：(1)设立时是否存在出资不实的瑕疵，减资行为是否存在损害其他股东利益的情形；(2)对前述出资与减资行为是否履行了相应程序、是否合法合规。

【问题解决】①

1. 德运有限公司减资

德运有限公司减资前的注册资本为5098万元，由于公司存在多年的经营亏损，且存在股东认缴的部分出资由于章程约定的缴纳期限未至，从而尚未缴足的情形，导致公司净资产低于注册资本5098万元，根据大华出具的大华审字〔2014〕005523号《审计报告》，德运有限截至2014年3月31日账面净资产为15 074 574.73元。当时德云有限公司拟整体变更为股份有限公司，根据《公司法》第95条的规定，“有限责任公司变更为股份有限公司时，折合的实收股本总额不得高于公司净资产额”。为符合此项规定，德运有限公司履行法定程序，依法进行了减资。

2. 德运有限公司减资程序

德运有限公司于2014年2月14日召开了股东会，此次德运有限公司的注册资本由5098万元减资至1500万元得到了全体股东的一致同意。

经核查，德运有限公司的减资行为系由于公司亏损，且存在股东认缴的部分出资尚未缴足的情形导致净资产低于注册资本，以及为了有限公司整体变更为股份公司时公司能够符合《公司法》有关规定而进行的，同时得到了全体股东的一致同意，不存在因出资不实而减资以及损害股东利益的情形。

案例 3－4 物润船联 831096

【问题】公司净资产低于注册资本

【问题描述】

请主办券商及律师结合2013年12月赵德鹏向朱光辉转让公司55%股权、朱光辉和朱政向光辉投资和侯维忠转让公司19.9%股权的定价依据，补充说明朱光辉当月向公司增资价格

① 《上海市锦天城律师事务所关于公司申请股票在全国中小企业股份转让系统挂牌公开转让的补充法律意见书(一)》，第10～12页。

的公允性,同时请公司补充披露朱光辉当月向公司增资8万元的原因。

【问题解决】①

1. 2013年12月4日,赵德鹏将其所持有的物润有限公司55%的股权以人民币550万元转让给朱光辉;2013年12月18日,朱光辉所持物润有限公司4.9%的股权以49万元的价格转让给侯维忠,朱光辉、朱政将所持物润有限公司15%的股权以150万元的价格转让给光辉投资。因当时的净资产与注册资本差额不大,因此,上述股权转让价格依据均参照公司注册资本。

2. 由于物润有限公司拟以2013年12月31日作为改制基准日,经会计师事务所初审,2013年11月仍存在亏损,收入规模偏小,为避免出现2013年12月31日(改制基准日)净资产低于注册资本的情形,影响整体变更为股份公司的时间,2013年12月26日,朱光辉决定新增投入88万元,其中8万元作为注册资本,80万元作为资本公积。朱光辉系公司实际控制人,向物润有限公司增资的原因特殊,增资价格与当月进行的股权转让的价格无可比性,但符合公司经营的实际需要,未损害公司及他人利益。

案例3-5 酷武股份837241

【问题】净资产低于注册资本

【问题描述】

公司亏损导致公司净资产低于注册资本,无法直接进行股改。

【问题解决】②

鉴于《公司法》第95条规定,有限责任公司变更为股份有限公司时,折合的实收股本总额不得高于公司净资产额。因前期业务扩张较快,投入较大,导致公司连续亏损后净资产低于注册资本。为顺利推进股改,且符合挂牌条件中的注册资本均已实缴的条件,2015年5月5日,神州通投资作出股东决定,决定将公司注册资本由5000万元减少至2000万元,并相应修改公司章程。

2015年5月6日,有限公司在《上海商报》上刊登了本次减资的公告。2015年6月25日,有限公司出具了《有关债务清偿及担保情况说明》,公司编制了资产负债表及财产清单,在作出减资的股东会决议之日起10日内通知了债权人,并于2015年5月6日在报纸上刊登了减资公告。2015年7月13日,上海市宝山区市场监督管理局颁发了新的《企业法人营业执照》。

案例3-6 中集新材838747

【问题】公司在股改前净资产低于注册资本无法直接进行股改

① 《万商天勤(上海)律师事务所关于公司申请股票在全国中小企业股份转让系统挂牌并公开转让之补充法律意见书》,第2页。

② 《北京市大成(深圳)律师事务所关于上海酷武供应链管理股份有限公司申请股票在全国中小企业股份转让系统挂牌并公开转让的法律意见书》,第21~22页。

【问题解决】①

鉴于《公司法》第95条规定，有限责任公司变更为股份有限公司时，折合的实收股本总额不得高于公司净资产额。因公司在报告期前收购子公司（新会中集、徐州中集）股权时，实际支付的现金与在合并日按照取得被合并方所有者权益账面价值的份额之间的差异，确认为"资本公积"或"留存收益"导致公司净资产低于注册资本。为顺利推进股改，符合挂牌条件中的注册资本均已实缴的条件，且为配合公司后续管理层及员工激励，实现管理层及员工以有限的资金增资并占公司一定比例股权的目的，公司决定进行减资。

2015年9月25日，公司股东会作出决议，同意公司注册资本由15 000万元变更为7836.4万元，中国国际海运集装箱（集团）股份有限公司出资5877.3万元，占注册资本的75%；深圳南方中集集装箱制造有限公司出资1959.1万元，占注册资本的25%。

2015年9月25日，公司股东签署《章程修正案》。

2015年9月29日，中集木业于《东莞日报》公告减资至7836.4万元之事宜。债权人自接到公司书面通知书之日起30日内，未接到通知书的自本公告之日起45日内，有权要求本公司清偿债务或者提供相应的担保，逾期不提出的视其为没有提出要求。

2015年12月10日，东莞市工商行政管理局核准了上述变更事宜。公司本次减资根据《公司法》规定编制了资产负债表及财产清单，自作出减资股东会决议之日起10日内通知相关债权人，并于30日内在报纸上公告，公告期内无债权人要求公司提前清偿债务或者提供相应担保，公告期满后公司申请工商变更并取得核准，公司本次减资合法合规，不存在损害公司债权人利益的情形。

案例3－7 远梦家居835735

【问题】外商投资股份有限公司设立

【问题描述】

2011年7月，有限公司整体变更股份公司。请主办券商和律师就公司股改是否符合当时商务部的有关规定作补充核查并发表明确意见。

【问题解决】②

远梦家纺整体变更为股份公司的时间为2011年7月15日，当时外商投资股份有限公司适用的有关规定为《关于设立外商投资股份公司若干问题的暂行规定》（对外贸易经济合作部令1995年第1号，以下简称《暂行规定》）、《关于加强外商投资企业审批、登记、外汇及税收管理有关问题的通知》（外经贸法发〔2002〕575号，以下简称《通知》）、《商务部关于下放外商投资股份公司、企业变更、审批事项的通知》（商资函〔2008〕50号）。

---

① 《北京市大成（深圳）律师事务所关于中集新型环保材料股份有限公司申请股票在全国中小企业股份转让系统挂牌并公开转让的法律意见书》，第24页。

② 《关于远梦家居用品股份有限公司申请股票在全国中小企业股份转让系统挂牌并公开转让的补充法律意见书（一）》，第2～7页。

经本所律师核查,远梦家纺整体变更为股份公司远梦家居的合规情况如下:

(1)股份公司采取发起方式设立,符合《暂行规定》第5条规定。

2011年5月3日,国家工商行政管理总局核发了核准号为(国)名称变核外字〔2011〕第83号的《企业名称变更核准通知书》,核准的名称为"远梦家居用品股份有限公司"。

2011年5月11日,广东正中珠江会计师事务所出具了编号为广会所审字〔2011〕第11000580039号的《审计报告》,经审验,截至2011年3月31日远梦家纺经审计的账面净资产为235 723 769.7元。

2011年5月12日,北京天健兴业资产评估有限公司出具了编号为天兴评报字(2011)第213号的《资产评估报告书》。

2011年5月16日,远梦家纺全体股东作为股份公司的发起人签署了《发起人协议》,约定全体发起人以有限公司截至2011年3月31日经审计的账面净资产235 723 769.7元按1∶0.318 2的折股比例折合为股份公司股本75 000 000股,由各发起人按照其原持有有限公司的股权比例,以各自在有限公司中的权益所对应的净资产足额认购。各发起人具体认购的股份数额及持股比例见表3-7-1:

表3-7-1　截至2011年5月16日,发起人具体认购股份数额及持股比例

序号	发起人股东	持股数量(股)	持股比例(%)
1	许镇智	55 350 000	73.8
2	陈楚庄	6 150 000	8.2
3	今日资本十二	13 500 000	18
合计		75 000 000	100

2011年5月16日,远梦家纺召开董事会会议并作出《东莞市远梦家用纺织品有限公司改制董事会决议》,同意公司由有限责任公司整体变更发起设立为股份有限公司。

2011年6月4日,广东省对外贸易经济合作厅下发《关于合资企业东莞市远梦家用纺织品有限公司转制为外商投资股份有限公司的批复》(粤外经贸资字〔2011〕205号),批复如下:同意远梦家纺转制为外商投资股份有限公司,并更名为远梦家居用品股份有限公司。转制后,股份公司总股本75 000 000股,每股面值1元,其中许镇智持有55 350 000股,占73.8%;陈楚庄持有6 150 000股,占8.2%;在香港注册的今日资本投资十二(香港)有限公司持有13 500 000股,占18%。注册资本为7500万元。

2011年6月8日,广东省人民政府颁发了《台港澳侨投资企业批准证书》(商外资粤股份证字〔2011〕0009号)。

2011年6月11日,远梦家居召开创立大会暨第一次股东大会,会议审议通过了相关议案。同日,远梦家居召开了第一届董事会第一次会议,选举许镇智为董事长、法定代表人;聘任陈楚庄为副董事长;聘任许镇智为总经理;聘任李鹏鹏为董事会秘书;聘任陈楚庄为副总经理;聘任周柏祥为财务总监。同日,远梦家居召开了第一届监事会第一次会议,选举陈国铭为监事会主席。

2011年6月11日，广东正中珠江会计师事务所出具了编号为广会所验字（2011）第11000580051号的《验资报告》，经审验，截至2011年7月8日，远梦家居（筹）以经审计的远梦家纺截至2011年3月31日的净资产235 723 769.7元为折股依据，全部折合为远梦家居（筹）的股份75 000 000股，每股面值1元。

2011年7月15日，公司取得了由东莞市工商行政管理局颁发的注册号为441900000032921的《企业法人营业执照》。

本所律师认为，股份公司采取发起方式设立，符合《暂行规定》第5条规定的"公司可采取发起方式或者募集方式设立"。

（2）股份公司有一名发起人为外资股东，符合《暂行规定》第6条第1款规定。

根据本所律师的核查，远梦家纺整体变更为股份公司远梦家居时，股份公司各发起人具体认购的股份数额及持股比例见表3－7－2：

表3－7－2　股份公司发起人具体认购的股份数额及持股比例

序号	发起人股东	持股数量（股）	持股比例（%）
1	许镇智	55 350 000	73.8
2	陈楚庄	6 150 000	8.2
3	今日资本十二	13 500 000	18
合计		75 000 000	100

其中，发起人股东今日资本十二注册地为中国香港。今日资本十二成立于2007年11月5日，股本和股东实缴股款均为80 000港元，公司编号为1181772，注册办事处地址为9/F.，Tung Ning Building，249－253 Des Voeux Central，Hong Kong，公司类型为有限公司，董事为邓文婷，经营范围为Investment Holding。截至本补充法律意见书出具之日，今日资本十二的股东持股比例见表3－7－3：

表3－7－3　截至本补充法律书出具之日今日资本十二的股东持股比例

序号	股东	持股数量（股）	持股比例（%）
1	Capital Today Investment Ⅻ Limited	80 000	100
合计		80 000	100

本所律师认为，股份公司有一名发起人为外资股东，符合《暂行规定》第6条第1款"以发起方式设立的公司，除应符合公司法规定的发起人的条件外，其中至少有一个发起人应为外国股东"的规定。

（3）股份公司注册资本为在登记注册机关登记注册的实收股本总额，公司注册资本为7500万元，符合《暂行规定》第7条规定。2011年6月11日，广东正中珠江会计师事务所出具了编号为广会所验字（2011）第11000580051号的《验资报告》，经审验，截至2011年7月8日，远梦家居（筹）以经审计的远梦家纺截至2011年3月31日的净资产235 723 769.7元为折股依据，全部折合为远梦家居（筹）的股份75 000 000股，每股面值1元。

2011 年 7 月 15 日，股份公司取得了由东莞市工商行政管理局颁发的注册号为441900000032921 的《企业法人营业执照》。根据该《企业法人营业执照》，股份公司注册资本7500 万元，实收资本 7500 万元。

本所律师认为，股份公司注册资本为在登记注册机关登记注册的实收股本总额，公司注册资本为 7500 万元，符合《暂行规定》第 7 条"公司的注册资本应为在登记注册机关登记注册的实收股本总额，公司注册资本的最低限额为人民币 3 千万元，其中外国股东购买并持有的股份应不低于公司注册资本的 25%"的规定。

(4)股份公司设立时外资股东出资比例为 18%，并已取得《台港澳侨投资企业批准证书》(商外资粤股份证字〔2011〕0009 号)、《企业法人营业执照》(注册号:441900000032921)，符合《通知》第 2 条的规定。

根据本所律师的核查，远梦家纺整体变更为股份公司远梦家居时，外资股东今日资本十二的出资比例为 18%。

2011 年 6 月 4 日，广东省对外贸易经济合作厅下发《关于合资企业东莞市远梦家用纺织品有限公司转制为外商投资股份有限公司的批复》(粤外经贸资字〔2011〕205 号)，批复如下：同意远梦家纺转制为外商投资股份有限公司，并更名为远梦家居用品股份有限公司。转制后，股份公司总股本 75 000 000 股，每股面值 1 元，其中：许镇智持有 55 350 000 股，占73.8%；陈楚庄持有 6 150 000 股，占 8.2%；在香港注册的今日资本投资十二(香港)有限公司持有 13 500 000 股，占 18%。注册资本为 7500 万元。

2011 年 6 月 8 日，广东省人民政府颁发了《台港澳侨投资企业批准证书》(商外资粤股份证字〔2011〕0009 号)。根据该《台港澳侨投资企业批准证书》，股份公司的企业类型为"外商投资股份制(外资比例低于 25%)"。

2011 年 7 月 15 日，股份公司取得了由东莞市工商行政管理局颁发的注册号为441900000032921 的《企业法人营业执照》。根据该《企业法人营业执照》，股份公司的公司类型为"股份有限公司(台港澳与境内合资、未上市)(外资比例小于 25%)"。

本所律师认为，股份公司设立时外资股东出资比例为 18%，符合《通知》第 2 条"根据现行外商投资有关法律、法规的规定，中外合资、中外合作外商投资企业的注册资本中外国投资者的出资比例一般不低于 25%。外国投资者的出资比例低于 25% 的，除法律、行政法规另有规定外，均应按照现行设立外商投资企业的审批登记程序进行审批和登记。通过审批的，颁发加注'外资比例低于 25%'字样的外商投资企业批准证书；取得登记的，颁发在'企业类型'后加注'外资比例低于 25%'字样的外商投资企业营业执照"的规定。

(5)远梦家纺本次整体变更为股份有限公司，符合外商投资审批权限要求《商务部关于下放外商投资股份公司、企业变更、审批事项的通知》(商资函〔2008〕50 号)第 2 条"限额以下(转制企业以评估后的净资产值计算)外商投资股份公司的设立及其变更(包括限额以下外商投资上市公司其他有关变更)，由省级商务主管部门负责审批(第三条涉及事项除外)"的规定。根据《外商投资产业指导目录(2007 年修订)》(国家发展和改革委员会、商务部令第 57 号)，远梦家纺属于"鼓励外商投资产业目录"下的"纺织业"企业，适用前述《商务部关于下放外商投资股份公司、企业变更、审批事项的通知》的规定。远梦家纺以 2011 年 3 月 31 日为基准日经评估后的净资产值为30 559.6万元，根据该条规定，远梦家纺改制的审批机关为省级商务主管部门。2011年6月4日，广东省对外贸易经济合作厅下发《关于合资企业东莞市远梦家用纺织品有限公司转制为外商投资股份有限公司的批复》（粤外经贸资字〔2011〕205号），批复同意远梦家纺转制为外商投资股份有限公司，并更名为远梦家居用品股份有限公司。该项批复符合商务部下发的通知要求，合法合规。

2011年6月8日，拟设立的股份公司取得广东省人民政府颁发的《台港澳侨投资企业批准证书》（商外资粤股份证字〔2011〕0009号），2011年7月15日，取得了由东莞市工商行政管理局颁发的注册号为441900000032921的《企业法人营业执照》。远梦家纺整体为股份公司。

综上，本所律师认为，远梦家纺整体变更为股份公司远梦家居符合当时法律法规的要求。

案例3-8 天蓝环保833772

【问题】外商投资股份有限公司设立

【问题描述】

请主办券商和律师补充核查公司由内资企业转变为中外合资企业、股改程序的合规性，就公司是否符合依法设立的挂牌条件发表明确意见。

【问题解决】①

1. 公司由内资企业转变为中外合资企业程序的合规性

经本所律师核查公司全套工商变更资料、公司股东会决议、《验资报告》、公司股东出具的承诺以及工商主管部门出具的证明等，公司由内资企业转变为中外合资企业程序如下：

2007年4月8日，浙江天蓝召开股东会并作出决议，同意公司注册资本增至25 925 926元，由欧陆科仪（远东）、北京国投认缴增加的注册资本，公司变更为中外合资有限公司。欧陆科仪（远东）以3500万元溢价认购新增注册资本5 185 186元，占注册资本的20%，用美元现汇折合人民币支付，并在变更公司营业执照时缴付3000万元，其中5 185 186元认缴注册资本，其余部分进入资本公积，剩余500万元在公司营业执照变更之日起1年内缴付。北京国投以500万元溢价认购新增注册资本740 740元，占注册资本的2.857%，并在变更公司营业执照时全额缴付，其中740 740元认缴注册资本，其余部分进入资本公积。

2007年4月29日，各方签署《增资协议》，对增资事宜作出相应约定。

2007年5月18日，各方签署了合资合同及公司章程。

2007年7月10日，浙江省对外贸易经济合作厅核发了编号为浙外经贸资函〔2007〕306号《关于浙江天蓝环保脱硫除尘有限公司增资并购的批复》，同意浙江天蓝上述增资事宜，并同意各方签署的合资合同及章程。

2007年7月11日，浙江省人民政府核发了批准号为商外资浙府资字〔2007〕01047号《台港澳侨投资企业批准证书》。

---

① 《关于浙江天蓝环保技术股份有限公司申请股票在全国中小企业股份转让系统挂牌并公开转让的补充法律意见书（一）》，第12~16页。

2007年8月3日,杭州明德会计师事务所出具杭明德会验字(2007)第108号《验资报告》,确认截至2007年8月1日,已收到欧陆科仪(远东)、北京国投缴纳的新增注册资本5 925 926元,均为货币出资。其中,欧陆科仪(远东)以货币出资400万美元,按缴款当日外汇中间价1:7.566折合人民币3026.4万元,5 185 186元作为实缴注册资本款,24 814 814元作为资本溢价计入资本公积,剩余的264 000元计入其他应付款,北京国投以货币出资500万元,其中,740 740元作为实缴注册资本款,剩余的4 259 269元作为资本溢价计入资本公积。

2008年7月3日,杭州明德会计师事务所出具杭明德会验字(2008)第149号《验资报告》,确认浙江天蓝于2008年7月2日收到欧陆科仪(远东)港币5 398 382元,按当日汇率折算成人民币4 750 306.24元,连同杭明德会验字(2007)第108号《验资报告》中欧陆科仪(远东)出资额溢缴款作为其他应付款的264 000元,共计人民币5 014 306.24元,其中计入资本公积人民币5 000 000元,其余14 306.24元仍计作其他应付款。

2007年8月6日,杭州市工商行政管理局核准了浙江天蓝的变更登记申请并换发了《企业法人营业执照》。

本次变更完成后,浙江天蓝的股权结构见表3-8-1:

表3-8-1 2007年8月6日后浙江天蓝的股权结构

股东名称	出资额(万元)	出资方式	出资比例(%)
吴忠标	820.48	现金	31.646
欧陆科仪(远东)	518.518 6	现金	20
王德明	423.46	现金	16.334
王智能	242.12	现金	9.339
陈日会	219.92	现金	8.483
程常杰	148.86	现金	5.742
支伟华	127.12	现金	4.903
北京国投	74.074	现金	2.857
黄荣富	18.04	现金	0.69
合计	2592.592 6	—	100

本所律师核查了上述文件后认为,公司由内资企业转变为中外合资企业的程序合法合规。

2.公司股改程序的合规性

经本所律师查验公司全套工商变更资料、公司整体变更为股份公司的董事会或股东大会决议、《验资报告》、《发起人协议书》、公司股东出具的承诺以及工商主管部门出具的证明等,公司股改的程序如下:

(1)经核查,天蓝有限公司系自然人吴忠标、王云友、徐正德于2000年5月18日依据《公司法》合法设立且有效存续的有限责任公司,并获得杭州市工商行政管理局颁发的注册号为3301002060209的《企业法人营业执照》,具备整体变更为股份公司的主体资格。

(2)2011年5月17日,天健会计师事务所出具天健审〔2011〕4393号《审计报告》,确认截至2011年4月30日,天蓝有限公司的所有者权益为99 502 012.05元。

(3)2011年6月24日,天蓝有限公司取得了浙江省工商行政管理局颁发的(浙工商)名称变核外〔2011〕第061878号《企业名称变更核准通知书》,核准天蓝有限公司的名称变更为"浙江天蓝环保技术股份有限公司"。

(4)2011年6月25日,天蓝有限公司召开董事会,全体董事一致同意将天蓝有限公司整体变更设立为股份有限公司,同意以审计后的净资产99 502 012.05元按1.658 4:1比例折合为变更后股份公司的注册资本6000万元,分为6000万股,每股面值1元,其余净资产39 502 012.05元计入股份公司的资本公积。

(5)2011年6月25日,吴忠标、王德明、王智能、支伟华、程常杰、黄荣富、欧陆科仪(远东)、北京新联、合蓝科技签署了《关于变更设立浙江天蓝环保技术股份有限公司的发起人协议书》,约定以2011年4月30日经审计的账面净资产折股整体变更为股份有限公司,并对各发起人以净资产折股的数额、发起人的权利和义务、天蓝有限的债权债务等作出了约定。

(6)2011年8月3日,杭州市对外贸易经济合作局下发杭外经贸外服许〔2011〕163号《准予变更浙江天蓝环保技术股份有限公司行政许可决定书》,并于2011年8月4日向公司核发变更后的商外资浙府资字〔2007〕01047号《台港澳侨投资企业批准证书》。

(7)2011年8月3日,浙江天蓝环保技术股份有限公司(筹)召开创立大会暨第一次股东大会,会议审议通过了《公司章程》,并选举产生了第一届董事会成员、第一届监事会股东代表监事。同日,公司第一届董事会第一次会议选举产生了董事长并聘任了总经理及其他高级管理人员,公司第一届监事会第一次会议选举产生了监事会主席。2011年8月1日,天蓝有限公司召开职工代表大会,选举产生了公司第一届监事会职工代表监事。

(8)2011年8月19日,天健会计师事务所出具天健验(2011)341号《验资报告》,确认截至2011年8月18日,天蓝环保(筹)已收到全体出资者所拥有的截至2011年4月30日天蓝有限公司经审计的净资产99 502 012.05元。根据《公司法》的有关规定,按照公司的折股方案,将上述净资产折合实收资本60 000 000元,折股溢价39 502 012.05元计入资本公积。

(9)2011年8月30日,杭州市工商行政管理局向公司核发了变更后的330100400005284号《企业法人营业执照》,住所为萧山区北干街道兴议村,法定代表人为吴忠标,注册资本为6000万元,公司类型为股份有限公司(台港澳与境内合资、未上市)(外资比例低于25%),经营范围为:研发、成果转让:大气污染防治设备,环境治理设备;设计、安装、承包、运行管理:脱硫脱硝大气污染防治设备、环境治理设备及工程;生产:脱硫脱硝大气污染防治设备;销售本公司生产的产品。营业期限自2000年5月18日至长期。

本次公司整体变更设立时注册资本为6000万元,折合股份6000万股,股权结构见表3-8-2:

表3-8-2　2011年8月30日后公司股权结构

股东名称	所持股份数(万股)	出资方式	持股比例(%)
吴忠标	1819.644	净资产折股	30.327 4
欧陆科仪(远东)	1200	净资产折股	20
王智能	1024.764	净资产折股	17.079 4
王德明	939.192	净资产折股	15.653 2
合蓝科技	301.32	净资产折股	5.022
支伟华	281.934	净资产折股	4.698 9
程常杰	228.846	净资产折股	3.814 1
北京新联	164.28	净资产折股	2.738
黄荣富	40.02	净资产折股	0.667
合计	6000		100

本所律师核查了上述文件后认为,公司股改的程序合法、合规。

综上所述,本所律师认为,公司由内资企业转变为中外合资企业、股改程序均合法、合规,符合依法设立的挂牌条件。

案例3-9　雅昌管业832998

【问题】外资企业股权变更

【问题描述】

请主办券商和律师就公司设立所履行的程序作进一步补充核查,并就以下事项发表明确意见:(1)公司设立(整体变更)是否符合当时商务部门制定的规章及规范性文件的规定;(2)公司设立(整体变更)是否履行了必要的审批程序,是否合法、合规;(3)外资企业股权变更程序的合法合规性;(4)在公司由外资转为内资的情况下是否涉及税收优惠补缴问题。

【问题解决】①

1.经本所律师核查公司相关档案、审批文件和公司的说明,雅昌管业设立时和整体变更时的情况如下:

(1)公司设立时。

2003年3月26日,深圳市经济贸易和信息化委员会颁发了批准号为外经贸粤深外资证字〔2003〕0650号的《台港澳侨投资企业批准证书》,批准(香港)雅昌发展有限公司货币出资港币1 000 000元设立雅昌有限,外资股权比例不少于25%。公司经营范围为生产经营不锈钢制品及有关技术咨询,符合《外资企业法》(2000年修正)第3条、《外资企业法实施细则》(2001

---

① 《关于深圳市雅昌管业股份有限公司申请股票进入全国中小企业股份转让系统挂牌并公开转让之补充法律意见书》,第74~77页。

年修订)第3条、第4条和《外商投资产业指导目录》(2002年修订)中“(十五)金属制品业……3.高档建筑五金件、水暖器材及五金件开发、生产”的规定。雅昌有限公司设立时不存在《外资企业法实施细则》(2001年修订)第5条规定的情况,即“申请设立外资企业,有下列情况之一的,不予批准:(一)有损中国主权或者社会公共利益的;(二)危及中国国家安全的;(三)违反中国法律、法规的;(四)不符合中国国民经济发展要求的;(五)可能造成环境污染的”。

(2)公司整体变更时。

2014年12月8日,深圳市经济贸易和信息化委员会颁发了批准号为深经贸信息资字〔2014〕1041号《关于同意深圳雅昌管业有限公司变更为外商投资股份有限公司的批复》文件。批复同意雅昌有限公司以净资产折股31 914 894股股本设立股份公司。公司营业执照标注外资比例少于25%。公司经营范围为许可经营项目:不锈钢制品、高压喷涂管材、管件的研发、批发、进出口及相关配套业务(不涉及国营贸易管理商品,涉及配额、许可证管理及其他专项规定管理的商品,按照国家有关规定办理),从事相关经济技术咨询(不含限制项目)。符合《外资企业法》(2000年修正)第3条、《外资企业法实施细则》(2001年修订)第3条、第4条和《外商投资产业指导目录》(2011年修订)中“(十六)金属制品业……2.建筑五金件、水暖器材及其五金件开发、生产”的规定。

综上,本所律师认为,雅昌管业设立及整体变更均符合当时商务部门制定的规章及规范文件的规定。

2.经本所律师查阅相关审批文件,2003年3月26日,深圳市经济贸易和信息化委员会颁发了批准号为外经贸粤深外资证字〔2003〕0650号的《台港澳侨投资企业批准证书》,批准(香港)雅昌发展有限公司货币出资港币1 000 000元设立雅昌有限公司;2014年12月8日,雅昌管业取得深圳市经济贸易和信息化委员会深经贸信息资字〔2014〕1041号《关于同意深圳雅昌管业有限公司变更为外商投资股份有限公司的批复》文件。批复同意雅昌有限公司以净资产折股31 914 894股股本设立股份公司。

综上,本所律师认为,公司设立和整体变更时履行了必要的审批程序,雅昌管业设立和整体变更合法、合规。

3.经本所律师核查公司工商档案和批准文件,雅昌管业涉及外资股权转让或变更的事件共三次,其履行程序情况如下:

2008年4月28日,公司召开董事会决议同意上述股权转让事宜,并同意将公司变更为内资有限责任公司,公司名称变更为深圳雅昌管业有限公司。深圳市龙岗区贸易工业局于2008年6月30日发布编号为深贸工资龙复〔2008〕311号的《关于外资企业“雅昌管业(深圳)有限公司”股权转让、企业性质变更的批复》,同意公司将其持有的50%的股权以500万港元转让给史援朝,另外50%的股权以500万港元转让给冯琳。股权转让后,企业性质变更为内资企业。2014年5月14日,公司召开股东会,决议同意股东卓刚将其持有的公司2.538%的股权,折合81万元的注册资本转让给康日国际,卓刚将其持有的公司2.538%的股权,折合81万元的注册资本转让给香港居民龚菊山,其他股东放弃优先购买权。2014年4月25日,深圳市龙岗区经济促进局颁发了编号为深外资龙复〔2014〕0215号《关于深圳雅昌管业有限公司股权并购变更设立为中外合资企业的批复》,批复同意股东卓刚将其持有的公司2.538%的股权,折合81万元的注册资本转让给香港公司康日国际,卓刚将其持有的公司2.538%的股权,折合81万元的注册资本转让给香港居民龚菊山。

2014年10月12日,雅昌有限公司董事会通过决议,全体董事一致同意将雅昌有限公司依法整体变更为股份有限公司,聘请立信会计师担任本次整体变更的审计机构,审计基准日为2014年8月31日。2014年11月25日,雅昌有限公司董事会通过决议,确认立信会计师出具的信会师报字〔2014〕第310632号审计报告的审计结果,同意雅昌有限公司全体股东作为拟变更的股份有限公司的股东,每位股东以其在雅昌有限公司的出资比例乘以雅昌有限公司经审计的账面净资产作为出资,按照1∶3.006 9的比例折股后,转为股份有限公司的31 914 894股股本,剩余净资产64 048 547.95元作为股份有限公司的资本公积金。2014年10月21日,深圳市市场监督管理局核发的〔2014〕第82476424号《企业名称变更核准通知书》,核准雅昌有限公司拟变更的股份有限公司的名称为“深圳市雅昌管业股份有限公司”。

综上,本所律师认为雅昌管业历次涉及外资的股权变更均履行了法定程序,并在主管工商机关进行了备案,其变更合法、合规。

4. 2008年4月28日,公司召开董事会决议同意上述股权转让事宜,并同意将公司变更为内资有限责任公司,公司名称变更为深圳雅昌管业有限公司。

深圳市龙岗区贸易工业局于2008年6月30日发布编号为深贸工资龙复〔2008〕311号的《关于外资企业“雅昌管业(深圳)有限公司”股权转让、企业性质变更的批复》,同意公司将其持有的50%的股权以500万元港币转让给史援朝,另外50%的股权以500万元港币转让给冯琳。股权转让后,企业性质变更为内资企业。

经本所律师核查公司的相关财务数据和公司股东、高级管理人员、财务人员的说明,公司自2003年设立以来,即开始对产品的研发投入,历经两年多的时间后,公司产品开始成规模销售。至公司由外资企业变更为内资企业之后,公司销售收入在弥补历年投入和亏损后,实现微弱盈利。

公司2007年为深圳市高新技术企业,可享受深圳地方性所得税优惠政策,并按照15%的企业所得税率缴纳所得税。公司2008年7月变更为内资有限责任公司后,仍享受前述地方性优惠政策,所得税率未发生变化。因此,公司不会因为丧失外商投资企业身份引起的补缴税收优惠情况而导致企业所得税税率发生变化,故不会引起税收优惠补缴情况的发生。

综上,本所律师认为在公司由外资转为内资的情况下不涉及税收优惠补缴问题。同时,公司实际控制人史援朝、陈卫东、冯琳就此问题作出承诺,如公司税务主管机关认为,在公司由外资转为内资的情况下,存在应补缴税收优惠的情况,三股东将承担全部应缴税款及全部责任,不会对公司的正常经营产生影响。

案例3-10 万通液压830839

【问题】股改无评估报告

【问题描述】

关于万通液压有限公司整体变更为股份公司时未履行评估手续对公司本次挂牌的影响

问题。

【问题解决】①

经核查，万通液压有限公司于2014年3月在整体变更为股份公司的过程中未履行资产评估手续。

根据相关规定，非货币出资设立公司需要评估作价，但万通液压有限公司系以净资产折股的方式整体变更为股份公司，根据2014年3月1日起实施的《公司注册资本登记管理规定》（国家工商总局令第64号）等规定，工商部门对有限公司整体变更为股份公司已不再强制要求提交评估报告等类似文件。经核查，在万通液压有限公司以净资产折股方式整体变更设立股份公司过程中，当地工商部门亦未要求公司提供评估报告。2014年3月26日，日照市工商局核发了注册号为371121228001949的《营业执照》，核准万通液压有限公司整体变更设立股份公司，至今当地工商部门亦无任何异议。目前，股份公司的经营状态为存续（在营、开业、在册）。

根据万通液压有限公司发起人股东签署的《发起人协议》以及股份公司设立的其他相关文件，股份公司是以万通液压有限公司经审计的净资产值177 331 710.07元（以2014年2月28日为基准日）折合成股本60 000 000股而设立的股份公司。经核查，万通液压有限公司经审计的净资产值远大于股份公司注册资本，股改前后注册资本保持不变，不存在股份公司上述净资产值低于注册资本的情况，亦不存在出资不实的情况。

万通液压有限公司以净资产折股方式整体变更设立股份公司事项已经公司全体股东一致同意，全体股东亦同意股份公司的注册资本及股权结构，且无任何异议。

综上，公司是由万通液压有限公司以其经审计的净资产值折股而整体变更设立的股份公司，万通液压有限公司经评估的净资产值仅是公司在整体变更为股份公司时的一个参考值，而非万通液压有限公司整体变更为股份公司的折股依据，万通液压有限公司整体变更设立股份公司前后的注册资本一致；万通液压有限公司整体变更设立股份公司已经全体股东一致同意，至今无任何异议；当地工商部门已核准万通液压有限公司整体变更设立为股份公司，未要求公司提供评估报告，至今亦未提出任何异议，目前股份公司经营状态为存续（在营、开业、在册）。因此，本所律师认为，万通液压有限公司没有履行资产评估手续对股份公司的设立和公司本次挂牌均不构成实质性的法律障碍。

案例3－11 和泰塑胶830825

【问题】股改无评估报告

【问题解决】②

和泰有限公司以经审计后的净资产折股整体变更设立和泰塑胶过程中未履行评估手续。

---

① 《关于山东万通液压股份有限公司申请股票在全国中小企业股份转让系统挂牌并公开转让的补充法律意见（三）》，第3～4页。

② 《关于重庆和泰塑胶股份有限公司申请股票在全国中小企业股份转让系统挂牌并公开转让的法律意见书》，第15页。

2013年11月20日，开元资产评估有限公司对截至2011年11月30日的和泰有限公司净资产进行了追溯评估，并出具了开元评报字〔2013〕144号《重庆和泰塑胶有限公司整体变更为股份有限公司之公司净资产价值追溯评估报告》。根据该评估报告，和泰有限公司符合《公司法》规定的出资条件的净资产评估值为1107.81万元。和泰有限公司经评估的净资产值高于和泰有限公司变更为股份有限公司时折合的实收股本总额1000万元。

综上，本所律师认为，和泰塑胶设立时已履行名称预先核准、审计、验资、召开创立大会、签署发起人协议等必要程序，虽公司设立时未履行评估手续可能存在一定程序瑕疵，但根据开元评报字〔2013〕144号《重庆和泰塑胶有限公司整体变更为股份有限公司之公司净资产价值追溯评估报告》及重立会验（2011）第2249号《验资报告》，和泰有限公司经评估的净资产值不低于和泰塑胶设立时的总股本，公司设立时的股份重组，该等程序瑕疵对本次挂牌不构成实质性影响。

案例3－12 超能国际836686

【问题】公司设立无验资报告

【问题描述】

公司设立时的注册资本为100万元，由自然人徐德馨、金树强、陈浩祥出资组建。2015年8月25日，深圳建纬会计师事务所出具建纬验资报字（2015）8号《验资报告》，对申请设立登记的注册资本的实收情况进行了重新审验。（1）请公司补充说明并披露公司对设立时注册资本进行重新审验的原因。（2）请主办券商及律师核查公司设立时履行程序时的合法合规性及注册资本的充足性并发表明确意见。

【问题解决】①

1. 超能有限公司于2012年7月13日由自然人徐德馨、金树强、陈浩祥出资成立，注册资本为100万元。超能有限公司于2012年7月11日在中国建设银行深圳市福华支行开立了验资账户，并由该行出具《银行询证函回函》，后于2012年7月12日通过“深圳市政务信息资源共享电子监督系统”进行验资，无纸质的验资报告。经公司反馈以及本所律师通过深圳市工商局查询热线（0755－12315）查询，当时公司在持有银行询证函并通过“深圳市政务信息资源共享电子监督系统”的验资后，无须再行提交纸质版的验资报告。后公司为进一步规范设立时的程序，由深圳建纬会计师事务所于2015年8月25日出具建纬验资报字（2015）8号《验资报告》，重新对公司设立时的注册资本进行审验。

2. 根据公司的工商资料，超能有限公司成立时由中国建设银行深圳市福华支行出具《银行询证函回函》，证明陈浩祥、徐德馨、金树强于2012年7月12日分别按其出资比例缴足73万元、20万元、7万元，总计100万元的注册资本。根据深圳建纬会计师事务所于2015年8月25日出具建纬验资报字（2015）8号《验资报告》，截至2012年7月12日，超能有限公司已收

---

① 《关于深圳市超能国际供应链管理股份有限公司申请股票在全国中小企业股份转让系统挂牌并公开转让的补充法律意见书（一）》，第4页。

到股东陈浩祥、徐德馨和金树强缴纳的注册资本（实收资本）合计人民币100万元，出资方式为货币。

综上，本所律师认为，超能有限公司在履行出资设立的程序时，未向深圳市工商局提交纸质版的验资报告，虽符合深圳市工商局的要求，但仍存在一定瑕疵。后公司已通过重新验资予以进一步规范，且超能有限公司成立时注册资本已按照公司章程的规定按时充分缴足，对公司本次申请挂牌不存在实质性障碍。

案例3-13 高科中天831800

【问题】公司增资无验资报告

【问题描述】

请主办券商、律师、会计师根据《关于新修〈公司法〉施行后挂牌条件及其指引调整情况的公告》规定，说明股东是否按公司章程规定出资、制作核查出资工作底稿及取得出资证明文件（包括但不限于验资报告、打款凭证）等情况，并就公司股东出资是否真实、缴足发表明确意见；请主办券商、律师核查公司出资履行程序的完备性、合法合规性并发表意见。

【问题解决】①

1. 公司的历次出资情况

（1）高科有限公司的设立

高科有限公司于2005年4月1日依法成立。公司设立时由马俊杰、李珍、万清昆共同以货币出资100万元设立，其中马俊杰出资45万元、李珍出资45万元、万清昆出资10万元。2005年3月30日，马俊杰、李珍、万清昆分别将出资款45万元、45万元、10万元缴存入高科有限公司在北京市工商局指定的北京市海淀区海淀南路农村信用合作社颐和园路分社专用账户041309010302×××7号账户内。

《北京市工商行政管理局关于转发市政府办公厅〈关于同意在中关村科技园区进行高新技术企业注册登记改制改组试点的通知〉的通知》（京工商发〔2000〕127号）第4条规定："注册资本100万元以下的高新技术公司，其股东可以分二期缴纳出资，也可以自公司成立之日起六个月内一次缴清全部出资，此类企业应在章程中载明出资期限和金额，在设立登记时不提交验资报告。"

因此，高科有限公司设立时未通过会计师事务所出具《验资报告》的方式进行验资符合相关法律文件的规定。

（2）第一次增资（2011年4月）

2011年4月19日，高科有限公司召开股东会，决议同意：①将公司注册资本增加至200万元，其中马俊杰增加实缴货币90万元；卫慧娟增加实缴货币4万元；黄艳丽增加实缴货币4万元；王杰增加实缴货币2万元。②公司注册资本变更后新修订的公司章程。北京润鹏冀能

---

① 《关于北京高科中天技术股份有限公司申请公司股票在全国中小企业股份转让系统挂牌并公开转让的补充法律意见书（一）》，第7~13页。

会计师事务所有限责任公司对高科有限公司本次新增注册资本及实收资本情况进行了审验，并于2011年4月22日出具了京润(验)字(2011)209187号《验资报告》。审验结果:截至2011年4月20日,高科有限公司已收到马俊杰、王杰、卫慧娟、黄艳丽缴纳的新增注册资本(实收资本)合计人民币100万元,新增实收资本占新增注册资本的100%。马俊杰、王杰、卫慧娟、黄艳丽于2011年4月20日将出资额人民币100万元(其中马俊杰人民币90万元、卫慧娟人民币4万元、黄艳丽人民币4万元、王杰人民币2万元)缴存入北京高科中天科技开发有限公司在工商局指定的中国农业银行北京市海淀区支行营业部专用账户0501010400×××× 8号账户内。

(3)第二次增资(2011年9月)

2011年9月20日,高科有限公司召开股东会,决议同意:①将公司注册资本增加至300万元,其中马俊杰增加实缴货币90万元;卫慧娟增加实缴货币4万元;黄艳丽增加实缴货币4万元;王杰增加实缴货币2万元。②公司注册资本变更后新修订的公司章程。马俊杰、王杰、卫慧娟、黄艳丽于2011年9月21日将出资额人民币100万元(其中马俊杰人民币90万元、卫慧娟人民币4万元、黄艳丽人民币4万元、王杰人民币2万元)缴存入北京高科中天科技开发有限公司在工商局指定的中国农业银行北京市海淀区支行营业部专用账户05010104011××××号账户内。

(4)第三次增资(2011年11月)

2011年11月4日,高科有限公司召开股东会,决议同意:①将公司注册资本增加至400万元,其中马俊杰增加实缴货币90万元;卫慧娟增加实缴货币4万元;黄艳丽增加实缴货币4万元;王杰增加实缴货币2万元。②公司注册资本变更后新修订的公司章程。马俊杰、王杰、卫慧娟、黄艳丽于2011年11月7日将出资额人民币100万元(其中马俊杰人民币90万元、卫慧娟人民币4万元、黄艳丽人民币4万元、王杰人民币2万元)缴存入北京高科中天科技开发有限公司在工商局指定的中国农业银行北京市海淀区支行营业部专用账户05010104012××××号账户内。

(5)第四次增资(2012年4月)

2012年3月28日,高科有限公司召开股东会,决议同意:①将公司注册资本增加至500万元,其中马俊杰增加实缴货币90万元;卫慧娟增加实缴货币4万元;黄艳丽增加实缴货币4万元;王杰增加实缴货币2万元。②公司注册资本变更后新修订的公司章程。马俊杰、王杰、卫慧娟、黄艳丽于2012年3月30日将出资额人民币100万元(其中马俊杰人民币90万元、卫慧娟人民币4万元、黄艳丽人民币4万元、王杰人民币2万元)缴存入北京高科中天科技开发有限公司在工商局指定的中国农业银行北京市海淀区支行营业部专用账户05010104014××××号账户内。

(6)第五次增资(2012年5月)

2012年5月25日,高科有限公司召开股东会,决议同意:①将公司注册资本增加至700万元,其中马俊杰增加实缴货币180万元;卫慧娟增加实缴货币8万元;黄艳丽增加实缴货币8万元;王杰增加实缴货币4万元。②公司注册资本变更后新修订的公司章程。马俊杰、王杰、卫慧娟、黄艳丽于2012年5月25日将出资额人民币200万元(其中马俊杰人民币180万元、卫慧娟人民币8万元、黄艳丽人民币8万元、王杰人民币4万元)缴存入北京高科中天科技开发有限公司在工商局指定的中国农业银行北京市海淀区支行营业部专用账户05010104015××××号账户内。

(7)第六次增资(2012年7月)。

2012年7月19日,高科有限公司召开股东会,决议同意:①将公司注册资本增加至900万元,其中马俊杰增加实缴货币180万元;卫慧娟增加实缴货币8万元;黄艳丽增加实缴货币8万元;王杰增加实缴货币4万元。②公司注册资本变更后新修订的公司章程。马俊杰、王杰、卫慧娟、黄艳丽于2012年7月20日将出资额人民币200万元(其中马俊杰人民币180万元、卫慧娟人民币8万元、黄艳丽人民币8万元、王杰人民币4万元)缴存入北京高科中天科技开发有限公司在工商局指定的中国农业银行北京市海淀区支行营业部专用账户05010104016××××号账户内。

(8)第七次增资(2012年10月)。

2012年10月9日,高科有限公司召开股东会,决议同意:①增加新股东刘馨、石荣兴,同意原股东卫慧娟将其持有的高科有限公司全部36万元出资额分别转让给刘馨18万元、石荣兴18万元。②将公司注册资本增加至1000万元,其中马俊杰增加实缴货币90万元;刘馨增加实缴货币2万元;黄艳丽增加实缴货币4万元;王杰增加实缴货币2万元;石荣兴增加实缴货币2万元。③公司注册资本变更后新修订的公司章程。马俊杰、王杰、刘馨、石荣兴、黄艳丽于2012年10月10日将出资额人民币100万元(其中马俊杰人民币90万元、刘馨人民币2万元、石荣兴人民币2万元、黄艳丽人民币4万元、王杰人民币2万元)缴存入北京高科中天科技开发有限公司在工商局指定的中国农业银行北京市海淀区支行营业部专用账户05010104017××××号账户内。

2. 高科有限公司历次增资时的验资情况

本所律师根据核查,确认高科有限公司设立后进行过七次增资,该七次增资均严格按照高科有限公司当时合法有效的公司章程所规定的程序进行操作。除2011年4月第一次增资时由北京润鹏冀能会计师事务所有限责任公司出具了验资报告,其余六次均无验资报告。

根据北京市工商局海淀分局2011年发布的《六项新措施服务核心区市场准入》第4条"简化内资企业验资手续,允许以货币出资设立及增资时不再提交验资报告"的规定,本所律师就高科有限公司上述六次增资过程未进行验资的相关事宜走访了高科有限公司工商登记主管机关北京市工商局海淀分局。根据北京市工商局海淀分局咨询窗口答复,北京市工商局海淀分局对辖区内内资企业验资流程实行简化手续,允许股东在以货币出资设立公司及以货币对公司进行增资时不再提交验资报告。因此,高科有限公司所涉及的六次增资均无验资报告符合相关规定。

经核查,高科有限公司设立和七次增资共八次股东出资均为现金出资,除2011年4月第一次增资外,设立及其余六次增资均无验资报告。本所律师认为,高科有限公司设立和六次增资虽然无验资报告,但是均为股东现金出资/增资,股东均将出资款/增资款存入工商局指定的专用账户内,高科有限公司亦及时办理了工商登记/变更手续,履行了必要的验资和工商登记程序,符合工商局的相关规定,对本次挂牌不构成重大影响。

3. 整体变更为股份有限公司(2014 年 1 月)

2014 年 1 月 5 日,高科有限公司召开股东会,决议同意将公司整体变更为股份有限公司,同意股份公司以截至 2013 年 12 月 31 日的净资产,按照原股东持股比例折股,折合 1000 万股,每股面值人民币 1 元,折合后净资产余额计入资本公积。会后,全体股东签署了《发起人协议》。

2014 年 1 月 21 日,高科股份召开首次股东大会,确认瑞华会计师事务所出具的瑞华审字〔2014〕第 01690002 号审计报告的结果,即截至 2013 年 12 月 31 日,公司总资产 11 484 895.87 元,总负债 1 138 223.08 元,净资产 10 346 672.79 元;确认北京龙源智博资产评估有限责任公司出具的龙源智博评报字(2013)第 A1050 号评估报告的结果,即截至 2013 年 12 月 31 日,公司评估总资产 11 614 282.44 元,总负债 1 138 223.08 元,净资产 10 476 059.36 元。2014 年 1 月 21 日,瑞华会计师事务所(特殊普通合伙)出具的瑞华验字〔2014〕第 0160001 号《验资报告》对公司整体变更为股份有限公司时各发起人股东的出资进行了验证。

4. 律师意见

综上所述,高科有限公司设立和七次增资共八次股东出资均为现金出资;高科有限公司整体变更为股份有限公司时,股东出资方式为以净资产出资。除 2011 年 4 月第一次增资以及整体变更为股份有限公司外,高科有限公司设立及其余六次增资均无验资报告。高科有限公司设立和六次增资虽然无验资报告,但是均为股东以现金方式出资,股东均将出资款/增资款存入工商局指定的专用账户内,高科有限公司亦及时办理了工商登记/变更手续,履行了必要的验资和工商登记程序,符合工商局的相关规定。公司股东历次出资均按照《公司章程》的相关规定真实出资,历次出资均足额缴足,并履行了必要的验资程序。

本所律师认为,公司股东已按照《公司章程》的相关规定出资,出资真实、缴足。

公司出资履行程序的完备性、合法合规性情况如下:

(1)公司历次出资程序的相关情况

本所律师根据核查,确认高科有限公司设立后进行过七次增资,以及高科有限公司整体变更为股份有限公司时,股东出资方式为以净资产出资。公司历次增资均严格按照公司当时合法有效的公司章程所规定的程序进行操作。高科有限公司的历次增资除 2011 年 4 月第一次增资时由北京润鹏冀能会计师事务所有限责任公司出具了验资报告,其余均无验资报告。针对上述问题,本所律师查阅了《北京市工商行政管理局关于转发市政府办公厅〈关于同意在中关村科技园区进行高新技术企业注册登记改制改组试点的通知〉的通知》(京工商发〔2000〕127 号),其规定:"注册资本 100 万元以下的高新技术公司,其股东可以分二期缴纳出资,也可以自公司成立之日起六个月内一次缴清全部出资,此类企业应在章程中载明出资期限和金额,在设立登记时不提交验资报告。"因此,高科有限公司设立时未进行验资符合相关法律文件的规定。

为进一步确认高科有限公司设立时出资以及历次增资无验资报告是否合法合规,主办券商和律师走访了高科有限公司工商登记主管机关北京市工商局海淀分局,根据北京市工商局海淀分局咨询窗口答复,北京市工商局海淀分局对辖区内内资企业验资流程实行简化手续,允许股东在以货币出资设立公司及以货币对公司进行增资时不再提交验资报告。因此，高科有限公司所涉及的六次增资均无验资报告符合相关规定。

(2)律师意见

本所律师认为，公司历次出资程序完备、合法、合规。

案例 3－14 鼎合远传 834547

【问题】公司增资无验资报告

【问题描述】

申报材料显示，有限公司设立登记过程中出资未进行中介机构验资的行为。请主办券商及律师对该事项进行进一步核查并发表明确意见。

【问题解决】①

经核查，公司历史上共有四次因增资未进行中介验资，具体情况如下：

1. 2013 年增资的验资情况

(1)2013 年 4 月有限公司第一次增资

2013 年 4 月 17 日，有限公司召开股东会，决议将有限公司注册资本增加到 210 万元。所增的 200 万元出资中，周斌增加货币出资 180 万元，其中，实缴部分 36 万元，认缴而未缴部分 144 万元，认缴而未缴部分的出资时间为 2015 年 4 月 11 日前；天津万商增加货币出资 20 万元，其中，实缴部分 4 万元，认缴而未缴部分 16 万元，认缴而未缴部分的出资时间为 2015 年 4 月 11 日前。未进行中介验资。根据广发银行北京中关村支行交存入资资金凭证，周斌增加实缴货币出资 36 万元、天津万商增加实缴货币出资 4 万元，已缴付到位。2013 年 4 月 17 日，北京市工商行政管理局海淀分局核准了本次变更并颁发了新的营业执照。

(2)2013 年 7 月有限公司增加实缴注册资本

2013 年 7 月 10 日，有限公司召开股东会，决议同意周斌增加实缴出资 114 万元，天津万商增加实缴出资 16 万元。未进行中介验资。根据北京银行航天支行交存入资资金报告单，周斌增加实缴货币出资 144 万元、天津万商增加实缴货币出资 16 万元，已于 2013 年 7 月 31 日缴付到位。2013 年 7 月 31 日，北京市工商行政管理局海淀分局核准了本次变更。

(3)2013 年 11 月有限公司第二次增资

2013 年 11 月 29 日，有限公司召开股东会，决议将有限公司注册资本增加到 262.5 万元，所增的 52.5 万元出资中，邓旭增加货币出资 5.25 万元；瀚霖瑞通增加货币出资 47.25 万元。未进行中介验资。根据北京银行航天支行交存入资资金报告单，邓旭增加货币出资 5.25 万元、瀚霖瑞通增加货币出资 47.25 万元，已于 2013 年 12 月 16 日缴付到位。2013 年 12 月 16 日，北京市工商行政管理局海淀分局核准了本次变更并颁发了新的营业执照。

经核查，上述增资无验资报告，根据当时有效的《公司法》(2005 年修订)第 29 条“股东缴

① 《关于鼎合远传技术(北京)股份有限公司股票在全国中小企业股份转让系统挂牌并公开转让的补充法律意见书》，第 6 ~ 9 页。

纳出资后,必须经依法设立的验资机构验资并出具证明”的规定,有限公司在上述增资时的出资没有经过验资机构验资,在程序上不符合当时有效的《公司法》的规定。但是2010年12月23日起实施的《中关村国家自主创新示范区条例》第13条规定,在示范区设立企业,以货币作为初次出资或者增资的,可以银行出具的企业交存入资资金凭证或者以依法设立的验资机构出具的验资证明作为验资凭证。北京市人民政府令第234号发布的自2011年6月24日起实施的《中关村国家自主创新示范区企业登记办法》第12条规定,在示范区内设立内资企业或者内资企业增加注册资本,投资人以货币出资的,可以以商业银行出具的《交存入资资金凭证》作为验资证明。有限公司在上述增资时的出资没有经过验资机构验资,但提供银行出具的交存入资资金凭证的行为,是根据当时北京市的相关规定办理的,增资已经过有限公司股东会决定,且制作了必需的文件,并经工商登记机关核准登记,资金已实际到位。因此,本所律师认为,以上增资真实有效。

2. 2015年增资的验资情况

2015年4月22日,有限公司召开股东会,决议将有限公司注册资本增加到328.125万元。其中,所增的65.625万元出资,由亚盈投资以货币出资16.406 2万元、丰玖投资以货币出资24.609 4万元、瀚霖汇以货币出资24.609 4万元。未进行中介验资。根据中国工商银行网上银行电子回单,亚盈投资以货币出资16.406 2万元、丰玖投资以货币出资24.609 4万元、瀚霖汇以货币出资24.609 4万元,已缴付到位。2015年4月22日,北京市工商行政管理局海淀分局核准了本次变更。根据自2014年3月1日起实行的《全国人民代表大会常务委员会关于修改〈中华人民共和国海洋环境保护法〉等七部法律的决定》,对《公司法》(2005年修订)作出的修改,已删去第29条:“股东缴纳出资后,必须经依法设立的验资机构验资并出具证明。”现行《公司法》(2013年修正)不再强制要求验资。

本所律师认为,有限公司2015年增资,亚盈投资、丰玖投资及瀚霖汇有中国工商银行网上银行电子回单作为验资证明,符合现行法律、法规及规范性文件的规定,不存在出资不实的情况。

3. 有限公司整体变更为股份公司的验资情况

2015年8月3日,经北京市工商局海淀分局核准,有限公司依法整体变更为“鼎合远传技术(北京)股份有限公司”,各股东以净资产折股的方式缴足实收资本至2000万元,验资后在工商部门办理了变更备案登记,股东按时出资,足额到位。

综上所述,本所律师认为,公司不存在未按法律规定缴纳出资的情形,公司出资真实,合法、有效存续。

案例3-15 祥云股份834607

【问题】验资报告瑕疵

【问题解决】[①]

1. 需要说明的问题

(1)《验资报告》的复核及资产评估情况

根据京都天华会计师事务所有限公司(现更名为"致同会计师事务所(特殊普通合伙)")于2011年5月31日出具的京都天华验字(2011)第0164号《验资复核报告》,原武会师验字(1997)第37号《验资报告》存在瑕疵如下:

①同兴工贸应以货币资金300万元出资,而实际用实物资产硫精矿出资,且并未在1997年7月31日前到位,而是自1997年7月至1998年1月分四批到位,且未予评估。2011年5月31日,湖北众联资产评估有限公司出具了鄂众联评咨字〔2011〕第15号《评估咨询报告》,对上述实物资产价值予以确认。

②九江矿冶应以货币资金200万元出资,而实际用实物资产硫精矿出资,且未在1997年7月31日前到位,而是自1997年9月至1998年5月分六批到位,并未予评估。2011年5月31日,湖北众联资产评估有限公司出具了鄂众联评咨字〔2011〕第16号《评估咨询报告》,对上述实物资产价值予以确认。

③财振会计应以货币出资270万元,根据武穴市财政局于2010年12月8日出具的《武穴市财政局关于湖北祥云(集团)化工股份有限公司发起设立时发起人股东武穴市财振会计实业公司出资情况的复函》,其出资由武穴市财政局代为支付,并已于1997年7月31日前实缴完毕。

④武穴投资应以货币出资150万元,但截至1997年7月31日实际到位货币资金仅50万元,根据武穴市财政局武财发〔1997〕96号《关于同意代垫武穴市投资公司部分股本的通知》,余款100万元由其代为支付。2003年12月,武穴投资以148万元将其持有的祥云股份150万股股份转让给胡华文,胡华文于2008年6月19日将转让款中的100万元支付至祥云股份并冲减了武穴市财政局欠款,至此原武穴投资认购股份实缴到位。

⑤工会委员会应以货币出资1600万元,但截至1997年7月31日实际到位出资150万元,另外1450万元由祥云有限公司的净资产未折股部分代垫。具体包括两部分:一是以1996年12月31日为基准日祥云有限公司经评估的净资产价值7036.68万元超过经批准的净资产折股金额6287.65万元后的部分,即749.03万元;二是祥云有限公司1997年1月至7月实现的经审计的净利润835.281562万元中的700.97万元。上述工会委员会出资事项已经武穴国资局武国资字〔1997〕8号文件《关于同意将部分国有资产暂借给祥云集团工会委员会的通知》及武穴市人民政府武政函〔2011〕14号《关于湖北祥云(集团)化工股份有限公司发起设立及国有股权转让有关问题的批复》确认。《验资复核报告》结论意见认为,武会师验字(1997)第37号《验资报告》所存在的瑕疵和问题未对祥云股份的股本到位产生实质影响,截至2008年6月19日其股本8888万元已全部实缴完毕。

(2)资产转移情况

另经核查,2000年5月29日,湖北省工商行政管理局向祥云股份下发《限期整改通知

① 《关于湖北祥云(集团)化工股份有限公司在全国中小企业股份转让系统挂牌并公开转让之法律意见书》,第19~20页。

书》,载明武穴国资局所持6297.65万股国家股在祥云股份办理注册登记后未就有关土地使用权及房产所有权及时办理产权转移手续,并限期整改。上述事项已于2000年7月18日整改完毕,有关土地使用权及房产所有权已转移至祥云股份名下并报湖北省工商局备案。

2. 主管机关的确认情况

2015年8月12日,黄冈市人民政府向湖北省人民政府提交了《关于确认湖北祥云(集团)化工股份有限公司历史沿革中相关问题的请示》,明确武穴市人民政府已对祥云股份需确认的历史沿革中的相关问题进行核查,祥云股份发起设立行为已按照法律、法规、规章及规范性文件的要求履行了相关程序,手续完备,合法有效,不存在纠纷及潜在纠纷。

3. 小结

本所律师认为,祥云股份的设立已获有关主管部门批准,其设立时出资及《验资报告》存在瑕疵事项已经鄂众联评咨字〔2011〕第15号《评估咨询报告》及京都天华验字(2011)第0164号《验资复核报告》复核验证,截至2008年6月19日,祥云股份全部股本已足额缴纳完毕,上述瑕疵已经弥补并获得相关主管机关确认,不存在出资不实之情形。祥云股份设立符合《公司法》等相关法律法规的规定。

案例3-16　环宇环保837075

【问题】验资报告与实际出资不符

【问题描述】

公司设立时,存在验资报告与实际出资情况不符、出资实物未履行评估程序等瑕疵;2002年12月,有限公司第一次增资存在工商登记反映的股东出资情况与实际不一致、实物出资未履行评估程序等瑕疵;2007年2月,有限公司第二次增资存在出资瑕疵。

(1)请公司分别补充说明并披露出现前述出资瑕疵的具体原因。

(2)请主办券商及律师分别核查前述出资瑕疵是否属于违法违规情形、是否构成出资不实、是否对公司经营或财务产生重大不利影响并发表明确意见。

(3)请主办券商及律师核查前述出资瑕疵规范措施是否充分有效、是否履行法定程序、公司注册资本是否补足、公司股权是否清晰、是否存在股权争议或纠纷、是否存在其他法律风险或后果并发表明确意见。

(4)请主办券商及律师结合公司在设立及增资过程中的瑕疵核查公司是否符合"合法规范经营""股权明晰,股票发行和转让行为合法合规"的挂牌条件并发表明确意见,请主办券商针对前述事项说明推荐理由。

【问题解决】①

1. 根据2015年2月9日瑞华出具的瑞华专审字(2015)31020002号《验资复核报告》,并经本所律师对上述实物资产购买时双方签订的协议、卖方出具的收款凭证等原始资料的核

① 《北京市中洲律师事务所关于辽宁环宇环保科技股份有限公司申请股票在全国中小企业股份转让系统挂牌并公开转让的补充法律意见书》,第15~18页。

查，公司于2001年2月设立时，股东王宇以机器设备等作价1 969 500元的实物出资未履行评估手续，不符合当时《公司法》的相关规定。主要原因在于公司设立之初股东、财务人员不懂资产评估方面的规定，造成未按法律规定进行评估，但是股东王宇已于公司设立时将作为实物出资的机器设备等物品交付公司实际占有、使用，公司实际上已经作为这些机器设备的所有权人并享有所有权人权利，并经过工商登记，且并未损害债权人利益，亦未影响公司持续经营。

根据2015年2月9日瑞华出具的瑞华专审字(2015)31020002号《验资复核报告》，并经本所律师核查，环宇净化2002年12月第一次增资时未有实物出资，上述出资与验资报告不符，同时该次出资亦未计入2002年实收资本，不符合当时《公司法》的相关规定。此次实物出资的评估瑕疵在于公司股东、财务人员不懂资产评估方面的规定，导致本次评估未针对准备出资的实物进行评估，而未对公司全部实物资产进行评估的结果。但是本次出资已经过工商登记，且由于此次实物增资数额为50万元，增资额度较少，并未影响债权人利益及公司的实际经营。

公司在本次反馈意见回复期间补充提供2007年2月环宇净化第二次增资的相关资料，现对本次增资补充披露如下：根据公司补充提供的大石桥市第二建筑工程公司2015年3月10日补充开具的发票显示，公司2007年建造排架厂房工程共支付4 552 166元工程款，公司2007年1月19日、2006年11月26日购买车辆分别支付103 000元、265 000元。根据公司出具的说明，前述工程款及购车款均由股东王宇垫付，该次实物出资实际系股东王宇以为公司建造的厂房、为公司购买的汽车等实物出资，该厂房及汽车登记在公司名下，并由公司实际使用。本次增资已经过工商登记，并未影响债权人利益及公司的实际经营。

2. 经核实，环宇净化2001年2月设立时作为出资的实物，股东王宇购买后均于2001年1月20日投入环宇净化，机器设备的占有、使用、收益、处分等权能，均由环宇净化行使。公司本次出资已取得有关验资证明，办理了工商登记，取得了营业执照并通过历年年检，未影响公司设立及存续的有效性，公司自环宇净化设立至今正常经营未损害债权人利益。并且，公司股东已以现金补足并置换，同时履行了工商登记手续。本次出资瑕疵，不构成出资不实、未对公司经营或财务产生重大不利影响，由于本次出资瑕疵已经纠正，将来也不会对公司经营或财务产生重大不利影响。

经核实，环宇净化2002年12月第一次增资时未有实物出资，但此次出资额度较小，未影响环宇净化的实际经营且已经取得有关验资证明，环宇净化据此办理了工商登记，取得了营业执照并通过历年年检，不影响环宇净化设立及存续的有效性，且公司股东已以现金补足并置换。本所律师认为，本次出资瑕疵不构成出资不实、未对公司经营或财务产生重大不利影响，由于本次出资瑕疵已经纠正，将来也不会对公司经营或财务产生重大不利影响。

经核实，环宇净化2007年2月增资系股东王宇以为公司建造的厂房、为公司购买的汽车等实物出资，该厂房及汽车登记在公司名下，并由公司实际使用。

本次增资已经过工商登记，并未影响债权人利益及公司的实际经营。尽管存在评估瑕疵，但公司已取得有关验资证明，并据此办理了工商登记，领取了新的营业执照并通过历年年检，且如今股东已以现金补足并置换，相应规范措施已根据《公司法》等相关文件的规定履行了决策程序。该次出资程序瑕疵未损害环宇有限公司及其他股东的合法权益,不影响环宇净化设立及存续的有效性。本所律师认为,本次出资瑕疵不构成出资不实、未对公司经营或财务产生重大不利影响,由于本次出资瑕疵已经纠正,将来也不会对公司经营或财务产生重大不利影响。

综上,公司历次出资瑕疵均已取得有关验资证明,办理了工商登记,取得了营业执照并通过历年年检,未影响公司设立及存续的有效性,公司自环宇净化设立至今正常经营未损害债权人利益。并且,前述出资瑕疵业已纠正,并履行了工商登记手续。因此,本所律师认为,前述出资瑕疵均不构成出资不实、均未对公司经营或财务产生重大不利影响,由于前述出资瑕疵已经纠正,将来也不会对公司经营或财务产生重大不利影响。

3. 经核查,为纠正环宇净化设立时、2002 年 12 月第一次增资时、2007 年 2 月第二次增资时的三次出资瑕疵,环宇有限公司于 2015 年 2 月 4 日召开股东会,会议确认股东王宇用作设立环宇净化实物出资的机器设备未经评估,无法确定其实际价值;确认环宇净化 2002 年 12 月第一次增资时,股东王宇及原股东杨利、李光波用作出资的固定资产的评估程序及评估报告存在瑕疵;确认环宇净化 2007 年 2 月第二次增资时,股东王宇、王琼用作出资的固定资产的评估程序及评估报告存在瑕疵。

同日,经股东王宇、王琼签订《股东出资补足及置换协议》,达成以下方案:由股东王宇以现金 196.95 万元的现金置换其于环宇净化设立时以机器设备作价缴纳的出资;股东王宇、王琼分别以现金 40 万元、10 万元置换股东王宇及杨利、李光波于环宇净化 2002 年 12 月第一次增资时以固定资产作价 50 万元缴纳的出资;股东王宇以现金 489.37 万元置换其于环宇净化 2007 年 2 月第二次增资时以固定资产作价 489.37 万元缴纳的出资。同时约定环宇有限公司于收到股东王宇、王琼缴纳的上述出资款后,聘请会计师就本次出资出具《验资报告》。

根据 2015 年 2 月 9 日瑞华出具的瑞华专审字(2015)31020002 号《验资复核报告》,股东王宇、王琼已按照环宇有限公司于 2015 年 2 月 4 日召开的股东会决议及 2015 年 2 月 9 日《股东出资补足及置换协议》,将相关款项汇入环宇有限公司的银行账户,通过货币形式将原有实物出资进行置换,环宇净化前述三次出资瑕疵已经纠正。

综上,本所律师认为,前述出资瑕疵规范措施充分有效、履行了法定程序、公司注册资本补足、公司股权清晰、不存在股权争议或纠纷、不存在其他法律风险或后果。

4. 本所律师认为,2001 年 2 月环宇净化设立时,股东王宇用于出资的实物,除尼桑轿车系购自大石桥电站锅炉辅机厂为关联交易外,作为本次出资的其他实物出售方与王宇不存在关联关系,价格系双方协商确定。所有用作出资的实物均自环宇净化设立时交付使用,并由环宇净化切实行使所有权人权利,且该次出资取得验资报告并通过工商登记,取得了营业执照并通过历年年检,不影响环宇净化设立及存续的有效性。并且,公司股东已以现金补足,纠正了上述瑕疵。

本所律师认为,本次出资瑕疵不构成本次挂牌并公开转让的实质性法律障碍。

本所律师认为,环宇净化 2002 年 12 月第一次增资时未有实物出资,但此次出资额度较小,未影响环宇净化的实际经营且已经取得有关验资证明,环宇净化据此办理了工商登记,取得了营业执照并通过历年年检,不影响环宇净化设立及存续的有效性。并且,公司股东已以现金补足。本所律师认为,本次出资瑕疵不构成本次挂牌并公开转让的实质性法律障碍。

本所律师认为,2007 年 2 月环宇净化以实物资产出资,尽管存在瑕疵,但公司已取得有关验资证明,并据此办理了工商登记,领取了新的营业执照并通过历年年检,且如今股东已以现金补足,相应规范措施已根据《公司法》等相关文件的规定履行了决策程序。该次出资程序瑕疵未损害环宇有限公司及其他股东的合法权益,不影响环宇有限公司设立及存续的有效性。本所律师认为,本次出资瑕疵不构成本次挂牌并公开转让的实质性法律障碍。

综上,公司历次出资均已取得有关验资证明,办理了工商登记,取得了营业执照并通过历年年检,未影响公司设立及存续的有效性,公司自环宇净化设立至今正常经营未损害债权人利益。并且,前述出资瑕疵业已纠正,并履行了工商登记手续。

综上,本所律师认为,环宇股份设立时的股权设置、股本结构合法有效、出资真实、充足,出资程序合法、合规,上述出资瑕疵不构成本次挂牌并公开转让的实质性法律障碍。

第四章　股 权 问 题

第一节　股权代持问题

一、股权代持问题

股权代持，又称委托持股，是指实际出资人与他人约定，以该他人的名义（名义股东）代实际出资人履行股东权利和义务的一种股权处置方式。一般情况下，实际出资人与名义股东会就股权代持相关事宜达成一纸协议，将其股份以名义股东的名义登记在工商管理部门，由名义股东对外行使相应的股东权利。股权代持问题会导致拟挂牌公司股权不清晰以及可能引起很多利益纠葛或潜在纠纷。因此，对于拟挂牌公司存在的股权代持问题，一般要求如实披露、合法有效还原。

二、解决股权代持问题的必要性

《挂牌条件标准指引》规定要求，股权明晰，股票发行和转让行为合法合规。其中股权明晰，是指公司的股权结构清晰、权属分明、真实确定、合法合规，股东特别是控股股东、实际控制人及其关联股东或实际支配的股东持有公司的股份不存在权属争议或潜在纠纷。《挂牌审查一般问题内核参考要点（试行）》第 1.4.1 条也对拟挂牌企业的股权明晰提出了具体核查要求。根据《首次公开发行股票并上市管理办法》第 13 条规定，发行人的股权清晰，控股股东和受控股股东、实际控制人支配的股东持有的发行人股份不存在重大权属纠纷。该管理办法第 14 条、第 15 条规定，发行人最近两年内主营业务、实际控制人和高级管理人员未发生重大变化，股权清晰且无重大权属纠纷。

因此，不管是新三板挂牌还是 IPO，都对企业清晰的股权结构有着明确的核查要求，要求企业对股权代持必须予以清理，对股权代持的形成、变更及解除情况进行详细的披露，并对代持形成与解除的真实有效合法性、有无纠纷或潜在纠纷等情况进行核查、披露。

三、解决思路

1. 详细披露股权代持发生的原因、股权代持形成和变动的过程以及股权代持确认的依据等。

通过与名义股东和实际股东的面谈、对公司其他股东、董事、高级管理人员的访谈，详细了解股权代持的具体情况，如股权代持发生的原因、是否签署过股权代持协议、股权对应出资额的缴付情况、所代持股权的变动情况、公司历史上的分红情况等。要合法有效地将股权代持还原，就必须把股权代持的来龙去脉了解清楚，这是解决问题的基础。

2. 根据具体情况给出股权还原的解决方案，并详细披露股权代持还原或清理的过程、股权代持解除的具体时间和方案。

股权代持清理的基本方式都是股权转让，即名义股东将所代持的股权无对价转让给实际股东或实际股东拟要转让的受让人，名义股东退出公司。除股权转让协议和工商变更外，需要股权转让各方就股权代持的相关事宜予以再次书面确认，以避免日后发生股权纠纷。

3. 确认股权代持的合法性，并就股权代持形成、变动和解除的合法性、有效性给出明确的结论性意见。

根据《合同法》以及《最高人民法院关于适用〈中华人民共和国公司法〉若干问题的规定(三)》的相关规定，如代持各方就股权代持的形成、变动及解除的意见均为真实意思表示且不存在《合同法》关于合同无效的情形的，代持行为即为合法有效。

案例 4-1-1 拂尘龙 831426

【问题】股权代持

【问题描述】

(1)2008 年2 月，公司增资至1818 万元，王晋应缴股款229.303 万元(对应比例12.61%)通过其妻乔建瑶代付，王晋的直接持股比例为9.48%，通过其妻代持比例为12.61%；2008 年7月，乔建瑶将其代持股份无偿转让给王晋，王晋直接持股比例恢复为22.09%。请公司补充说明并披露王晋通过其妻代持公司股权的原因以及是否履行相应的决策程序。(2)孙亚新、王继武持有的部分股权，系代王晋、曹玉兰、苏严持有；2014 年1 月，王晋、曹玉兰、孙亚新、苏严、王继武等人通过转让股权解除代持关系。请公司补充说明并披露孙亚新、王继武代王晋、曹玉兰、苏严持有公司股权的原因。请主办券商及律师对前述股权代持及股权代持解除的合理性、真实性、合法合规性、是否存在股权纠纷、是否符合“股权明晰，股票发行和转让行为合法合规”的挂牌条件进行核查并发表明确意见。

【问题解决】①

1. 王晋通过其妻代持公司股权的原因以及是否履行相应的决策程序。

2008 年1 月9 日，有限公司召开股东会，同意公司注册资本由780 万元增至1818 万元，新增1038 万元皆为货币出资，出资额如下：曹玉兰224.897 万元，孙亚新224.897 万元，苏严112.45 万元，孙宏伟220.502 万元，王继武10.38 万元，陈凌云15.57 万元，乔建瑶229.304 万元。此次增资价格为1 元/出资额。

2008 年1 月30 日，北京昊伦中天会计师事务所出具了京昊验字(2008)第508 号《验资报告》，证明截至2008 年1 月30 日，公司新增注册资本1038 万元已全部到位。

---

① 《关于北京拂尘龙科技发展股份有限公司在全国中小企业股份转让系统挂牌并公开转让的补充法律意见(一)》，第1~3 页。

根据本所律师会同海通证券对王晋及其妻乔建瑶的访谈，王晋通过其妻代持公司股权的原因是：因王晋增资用资金来源为夫妻共同共有的家庭资金，经与其妻乔建瑶协商，王晋以乔建瑶的名义参与了本次增资，形成王晋与乔建瑶之间的股权代持关系；后王晋考虑恢复其在有限公司工商登记的第一大股东地位，2008年7月，王晋与乔建瑶以股权转让的方式解除双方股权代持关系。

就此事项，王晋与乔建瑶就双方代持关系出具了《股权代持情况说明》，书面确认：出资款由王晋实际支付，乔建瑶仅为在工商登记注册的名义股东，在王晋的授权下行使各项股东权利；双方之间的股权代持关系已于2008年7月解除，并完成了工商变更登记，双方不存在股权纠纷。

2. 孙亚新、王继武代王晋、曹玉兰、苏严持有公司股权的原因。

2010年12月28日，有限公司召开股东会，同意股东孙宏伟将其持有的全部520.82万元货币出资额转让给孙亚新；免去孙宏伟的执行董事和法定代表人职务，并选举王晋担任执行董事和法定代表人。同日，孙宏伟与孙亚新签署《出资转让协议书》，将其持有的520.82万元货币出资额转让给孙亚新。此次股权转让价格为1元/股。

根据本所律师会同海通证券对孙亚新、王晋、曹玉兰、苏严的访谈，孙亚新代王晋、曹玉兰、苏严持有公司股权行为的形成和解除原因为：2010年12月，就孙宏伟转让其持有有限公司全部股权并退出公司一事，由公司股东孙亚新代表公司其他股东与原公司股东孙宏伟进行股权转让的协商洽谈并达成一致意见，由孙亚新受让孙宏伟持有的有限公司全部股权，双方并签署股权转让协议；由于孙亚新个人资金有限无法向孙宏伟支付全部股权转让价款，孙亚新经与王晋、曹玉兰、苏严协商，由王晋、曹玉兰、苏严与孙亚新共同出资以孙亚新名义受让孙宏伟持有的有限公司全部股权（王晋、曹玉兰、孙亚新、苏严分别出资1 527 728.85元、1 527 728.85元、1 527 728.85元、625 013.46元），因此王晋、曹玉兰、苏严与孙亚新之间形成股权代持关系；2014年1月，为规范公司股权架构，还原真实股权结构，王晋、曹玉兰、苏严与孙亚新协商，以股权转让的形式解除了相应的股权代持关系。

根据本所律师会同海通证券对孙亚新、王晋、曹玉兰、苏严、王继武的访谈，王继武代王晋、曹玉兰、苏严持有公司股权行为的形成和解除原因为：2010年12月，孙宏伟转让其持有有限公司全部股权并退出公司时，王继武亦与孙亚新、王晋、曹玉兰、苏严协商并达成一致意见，决定将其持有的有限公司全部股权（17.232万元出资额）转让给孙亚新、王晋、曹玉兰、苏严。考虑到王继武当时担任公司销售总监，为保证公司开展业务的延续性和便利性，决定王继武仍登记为公司股东，由其代孙亚新、王晋、曹玉兰、苏严持有有限公司的股权，因此该笔股权转让未再办理工商变更登记手续；同时，该次股权转让价款17.232万元，已由孙亚新名义支付给王继武；2014年1月，为规范公司股权结构，还原真实股权结构，王继武与孙亚新、王晋、曹玉兰、苏严之间解除了股权代持关系，并根据孙亚新、王晋、曹玉兰、苏严的授意，将股权转让给汪世俊。

就上述事项，王晋、曹玉兰、孙亚新、苏严、王继武出具《历史股权代持情况说明》，书面确认：自2010年12月至2014年1月期间，孙亚新仅为王晋、曹玉兰、苏严分别对应1 527 728.85元、1 527 728.85元、625 013.46元出资额的在工商登记注册的名义股东，其在王晋、曹玉兰、苏严的授权下，行使三人对应出资额的各项股东权利，孙亚新本人表决权限于其所持有公司的533.28万元出资额（对应出资比例29.33%）。王继武仅为王晋、曹玉兰、孙亚新、苏严分别对应50 546.88元、50 546.88元、50 546.88元、20 679.37元出资额的名义股东，其在王晋、曹玉兰、孙亚新、苏严的授权下，行使四人对应出资额的各项股东权利，王继武本人无表决权；各方的股权代持关系已于2014年1月解除，并完成了工商变更登记，各方不存在股权纠纷。

3. 根据本所律师会同海通证券对上述相关当事人的访谈，查阅相关转款凭证，本所律师认为，上述各方代持关系的形成、变动以及最终的解除，均系各方真实的意思表示，合理、真实；上述代持行为不存在《合同法》第52条规定的欺诈、胁迫及损害国家、社会公共利益或者第三人利益等情形，也不存在任何非法目的，股权代持及其解除行为合法、合规；上述代持关系现均已解除，代持各方对股权代持的形成、解除和目前不存在股权纠纷均已确认，符合《全国中小企业股份转让系统业务规则（试行）》中"股权明晰，股票发行和转让行为合法合规"的挂牌条件。

案例4－1－2 雪人股份002639

【问题】股权代持

【问题描述】

请保荐机构和律师核查并披露雪人有限公司在2004年、2007年、2008年形成自然人股权代持的原因，实际持有人以他人名义代持股份是否存在规避相关法律法规情形。目前已还原为实际持有人持有的股份是否存在纠纷和潜在风险。

【问题解决】①

1. 雪人有限公司在2004年形成自然人股权代持的原因，实际持有人以他人名义代持股份是否存在规避相关法律法规情形

（1）根据发行人及其控股股东林汝捷提供的说明以及本所律师通过对股权代持人和实际持有人的访谈等方式的核查，在雪人有限公司早期的经营过程中，原股东杨大旺、杨建峰等人与林汝捷、陈胜等股东在经营理念方面逐渐出现了分歧，2004年年中，杨大旺、杨建峰等股东提出通过股权转让的方式退出雪人有限公司。为了稳定团队，增强股东对公司发展的共识，股东林汝捷、陈胜、陈存忠经过协商，同意由雪人有限公司当时的生产经营骨干人员以平价受让原股东拟转让的部分出资，并由陈胜、陈存忠代持。

（2）2004年8月28日，雪人有限公司召开股东会作出决议，同意杨大旺、杨建峰等9名股东将其持有雪人有限公司的全部股权分别转让给林汝捷、陈胜和陈存忠；同意雪人有限公司的注册资本由原来的1476万元增加到2008万元，本次增加的532万元，其中由林汝捷增加投资35.5万元，陈胜增加投资11.26万元，陈存忠增加投资33.44万元；本次增资吸收的新股东林中典投资170.68万元，新股东林国雍投资140.56万元，新股东林国雄投资140.56万元。

① 《北京市观韬律师事务所关于公司首次公开发行股票并上市的补充法律意见书（一）》，第11～14页。

在上述股权转让及增资过程中形成如下股权代持情况：

①陈胜受让陈景秀、陈瑜2人持有的雪人有限公司164万元的出资，其中的42.2万元出资系代林汝捷受让，股权转让价款42.2万元由林汝捷实际支付；其中的15.45万元出资系代林长龙受让，股权转让价款15.45万元由林长龙实际支付；其中的12.8万元出资系代林云珍受让，股权转让价款12.8万元由林云珍实际支付；其中的3.86万元出资系代魏德强受让，股权转让价款3.86万元由魏德强实际支付；其中的24.1万元出资系代郑志树受让，股权转让价款24.1万元由郑志树实际支付。林汝捷、林长龙、林云珍、魏德强4人当时均为雪人有限公司员工，林汝捷当时为财务部工作人员，林长龙为销售部经理，林云珍为设计员，魏德强为技术负责人。郑志树系陈胜朋友，通过陈胜介绍，受让了雪人有限公司24.1万元出资，并委托陈胜代持。

②陈存忠受让杨建峰、陈锋二人持有的雪人有限公司225.5万元的出资，其中的73.97万元出资系代林诚明受让，股权转让价款73.97万元由林诚明实际支付；其中60.24万元出资系代陈秋龙受让，股权转让价款60.24万元由陈秋龙实际支付。林诚明为雪人有限公司采购部员工，其委托陈存忠代其受让73.97万元股权，并委托陈存忠代持；陈秋龙与杨大旺系同辈人，且关系较好，故杨大旺等退出时其也跟随退出，但因其看好雪人有限公司的发展前景，故又委托陈存忠代其受让60.24万元股权，并委托陈存忠代持。2007年12月，陈秋龙去世，其在雪人有限的出资由其独子陈亮继承，并继续由陈存忠代持。

③新股东林国雄认购雪人有限公司140.56万元增资，其中的38.07万元增资系代其弟林国俊认购的，由林国雄代持，该部分增资款由林国俊实际支付。

(3)根据发行人及其控股股东林汝捷提供的说明、股权代持人和实际持有人的书面确认以及本所律师核查，雪人有限公司2004年股权转让及增资过程中形成的股权代持均系由实际持有人与代持人协商确定的，均系双方的真实意思表示，不存在违反相关法律、法规和规范性文件的强制性规定的情形，也不存在规避相关法律法规的情形。

2.雪人有限公司在2007年形成自然人股权代持的原因，实际持有人以他人名义代持股份是否存在规避相关法律法规情形

(1)2007年6月，雪人有限公司原股东林中典有意退出雪人有限公司，此时林汝捷有意购买林中典拟转让的出资，基于个人之间的信任关系，林汝捷委托陈胜代其受让林中典持有的雪人有限公司170.68万元出资。

(2)2007年6月20日，陈胜与林中典签署《股权转让协议》，陈胜以170.68万元的价格受让林中典持有的雪人有限公司8.5%的股权，即170.68万元的出资。同日雪人有限公司召开股东会作出决议同意上述股权转让。本次股权转让过程中，陈胜系代林汝捷受让林中典持有的雪人有限公司170.68万元的出资，股权转让价款由林汝捷实际支付。

(3)根据发行人及其控股股东林汝捷提供的说明、股权代持人和实际持有人的书面确认以及本所律师核查，雪人有限公司本次股权转让过程中形成的股权代持系由实际持有人和代持人协商确定的，系双方的真实意思表示，不存在违反相关法律、法规和规范性文件的强制性规定的情形，也不存在规避相关法律法规的情形。

3.雪人有限公司在2008年形成自然人股权代持的原因，实际持有人以他人名义代持股

份是否存在规避相关法律法规情形

(1)2007 年 6 月,雪人有限公司原股东林中典通过股权转让方式退出雪人有限公司后,雪人有限公司股东林国雍和林国雄也提出转让雪人有限公司股权的要求。2008 年 1 月 1 日,林汝捷分别与林国雍和林国雄签署《股权转让协议》,林汝捷以 140.56 万元的价格受让林国雍持有的雪人有限公司 7% 的股权,即 140.56 万元的出资;以 140.56 万元的价格受让林国雄持有的雪人有限公司 7% 的股权,即 140.56 万元的出资。

在上述股权转让过程中形成如下股权代持情况:

①林汝捷受让林国雄所持有的雪人有限公司 140.56 万元出资中,包含林国雄代其弟林国俊持有的 38.07 万元出资,林汝捷实际以 102.49 万元的价格受让林国雄持有的 102.49 万元的出资;林国雄代其弟林国俊持有的 38.07 万元出资,由于林国俊还在雪人有限公司工作,不愿退出,故转由林汝捷代林国俊持有。

②林汝捷受让林国雍所持有的雪人有限公司 140.56 万元出资,其中 48.20 万元出资系代洪金膜受让,股权转让价款 48.2 万元由洪金膜实际支付;其中 25.53 万元出资系代高诚受让,股权转让价款 25.53 万元由高诚实际支付。洪金膜、高诚均系林汝捷朋友,通过林汝捷介绍,分别受让了雪人有限公司 48.2 万元出资和 25.53 万元出资,并委托林汝捷代持。

(2)根据发行人及其控股股东林汝捷提供的说明、股权代持人和实际持有人的书面确认以及本所律师核查,雪人有限公司本次股权转让过程中形成的股权代持均系由实际持有人和代持人协商确定,均系双方的真实意思表示,不存在违反相关法律、法规和规范性文件的强制性规定的情形,也不存在规避相关法律法规的情形。

4. 目前已还原为实际持有人持有的股份是否存在纠纷和潜在风险

根据发行人的工商登记材料、发行人及其股东提供的说明以及本所律师通过对有关的股权代持人和实际持有人访谈等方式的核查,目前已还原为实际持有人持有的股份权属清晰,不存在纠纷和潜在风险。

案例 4-1-3 怀业信息 839138

【问题】股权代持

【问题描述】

关于公司曾存在股权代持的问题,请主办券商和律师核查股权代持的形成原因、解除过程,是否存在潜在纠纷,公司股权是否明晰,公司是否符合挂牌条件。

【问题解决】①

1. 关于公司曾存在股权代持的形成原因和解除过程

经核查,公司曾存在的股权代持发生于 2014 年 4 月。当时,公司第一大股东俞钟同时控制的南京航星信息技术有限公司和南京航星数字视讯技术有限公司与公司的经营范围类似,

---

① 《关于南京怀业信息技术股份有限公司申请股票在全国中小企业股份转让系统挂牌并公开转让之补充法律意见书(一)》,第 7~9 页。

存在因同业竞争而带来的风险。因当时公司并未聘请中介机构进行专业指导,公司实际控制人俞钟误认为采取股权代持方式就可以解决同业竞争问题,为此,俞钟和蒋文浩于 2014 年 4 月 21 日签订了《代持股协议书》,同日,双方按照协议约定签订了《股权转让协议》,俞钟将其持有的南京怀业信息技术有限公司 180 万元出资额(占公司注册资本的 45%)转让给蒋文浩代俞钟持有。

2015 年 7 月,在公司为本次挂牌申请所聘中介机构指导下,公司对代持股及同业竞争情况进行了如下规范:(1)2015 年 7 月 10 日,俞钟和蒋文浩签订了《〈代持股协议书〉解除协议》,约定解除双方于 2014 年 4 月 21 日签订的《代持股协议书》,同日,双方按照协议约定签订了《股权转让协议》,将蒋文浩代俞钟持有的南京怀业信息技术有限公司 900 万元出资额(占公司注册资本的 45%)归还给俞钟。双方之间的代持关系就此解除。(2)分别将南京航星信息技术有限公司(现已更名为南京星盛仕商务信息咨询有限公司)和南京航星数字视讯技术有限公司(现已更名为南京星仕达商务信息咨询有限公司)经营范围进行变更,使上述两家公司在经营范围和主营业务方面与公司不存在任何同业竞争情形。就上述股权代持事宜,当时公司全体股东已出具说明确认:知悉上述股权代持事宜,对此无任何异议。

另经核查,公司于 2015 年 12 月 28 日向当地相关税务机关出具的《股权代持说明》中确认:"为避免同业竞争,俞钟与蒋文浩协议约定以蒋文浩作为公司股东,按公司章程认缴 900 万元股权,占公司总股比 45%,实际该股权由俞钟认缴,由蒋文浩代为持有。在代持期间,蒋文浩作为该股权形式上的拥有者,以蒋文浩的名义在工商局股东登记中具名。俞钟以认缴出资为限,根据公司章程规定,俞钟实际享有股东权利,承担股东义务。"

根据俞钟和蒋文浩出具的《情况说明》,俞钟和蒋文浩于 2014 年 4 月 21 日签订了《代持股协议书》,同日,双方按照协议约定签订了《股权转让协议》,俞钟将其持有的南京怀业信息技术有限公司 180 万元出资额(占公司注册资本的 45%)转让给蒋文浩代俞钟持有。2015 年 7 月 10 日,俞钟和蒋文浩签订了《〈代持股协议书〉解除协议》,约定解除双方于 2014 年 4 月 21 日签订的《代持股协议书》,同日,双方按照协议约定签订了《股权转让协议》,将蒋文浩代俞钟持有的南京怀业信息技术有限公司 900 万元出资额(占公司注册资本的 45%)归还给俞钟。

双方之间的代持关系就此解除。

上述俞钟和蒋文浩出具的《情况说明》业经江苏省南京市南京公证处公证。

2. 关于公司曾存在的股权代持是否存在潜在纠纷,公司股权是否明晰,公司是否符合挂牌条件的问题

本所律师认为,上述股权代持情况发生在有限公司阶段,系公司实际控制人俞钟为解决其控制的其他企业与公司存在同业竞争问题而采取的措施,后经规范,上述关联方同业竞争的问题已经通过变更经营范围等方式解决。

综上所述,本所律师认为,俞钟和蒋文浩签订的《代持股协议书》和《〈代持股协议书〉解除协议》系俞钟和蒋文浩真实意思表示,该两份协议内容真实、合法、有效。双方不存在股权纠纷及潜在股权纠纷的风险。公司股权明晰,依据《标准指引》关于股权明晰的规定,符合挂牌条件。

案例 4-1-4 兴为通 835784

【问题】股权代持

【问题描述】

公司历史上存在股权代持，是否存在股权纠纷及争议。

【问题解决】①

根据公司提供的工商内档资料及罗朝霞、先皓川与邹如虎出具的《股权代持解除协议》《股权代持确认函》等资料，并经本所律师核查，在兴为通有限公司时期，邹如虎与罗朝霞、先皓川之间的股权代持及清理情况如下：

1. 2011 年 7 月 27 日，兴为通有限公司设立，罗朝霞、先皓川为名义股东，其中罗朝霞持股 38%、先皓川持股 62%，实际出资均由邹如虎实际缴付，相关股东权利和义务均由邹如虎实际享受和承担，有限公司实际经营管理均由邹如虎负责。邹如虎自原工作单位辞职后准备投资设立兴为通有限公司，因与原工作单位存在竞业约定，为避免与原工作单位产生争议纠纷而影响兴为通有限公司的经营运作，邹如虎与罗朝霞、先皓川经协商一致，同意以罗朝霞、先皓川的名义进行对外投资。

2. 2012 年 10 月 15 日，兴为通有限公司第一次增资，注册资本由人民币 100 万元增加至 1000 万元并新增股东周麒麟，在新增的 900 万元注册资本中，由名义股东罗朝霞代邹如虎认缴 562 万元，名义股东先皓川代邹如虎认缴 38 万元，前述合计 600 万元的增资款均由邹如虎实际出资。

3. 2014 年 10 月 30 日，为便于统一行使股东权利，在邹如虎的授意及要求下，名义股东先皓川与名义股东罗朝霞签署《股权转让协议书》，约定先皓川将其代邹如虎持有的公司 10% 股权以人民币一元的价格转让给名义股东罗朝霞。有限公司于 2014 年 11 月 13 日办理了本次股权转让的工商变更登记手续。至此，邹如虎与先皓川双方已将股权代持关系解除，双方不存在其他股权代持关系。

4. 2015 年 6 月 11 日，为符合新三板挂牌要求，邹如虎与罗朝霞经协商一致，决定解除股权代持关系并签署《股权代持解除协议》。同日，罗朝霞与邹如虎签订《股权转让协议书》，约定罗朝霞将其名下公司 70% 股权以人民币 700 万元的价格转让给邹如虎。2015 年 6 月 11 日，有限公司办理了该次股权转让的工商变更登记手续。至此，邹如虎与罗朝霞双方已将股权代持关系解除，双方不存在其他股权代持关系。

邹如虎与罗朝霞、先皓川之间存在的股权代持关系是各方真实意思的表示，不存在《合同法》第 52 条规定的合同无效的情形，根据《最高人民法院关于适用〈中华人民共和国公司法〉若干问题的规定（三）》第 20 条“有限责任公司的实际出资人与名义出资人订立合同，约定由实际出资人出资并享有投资权益，以名义出资人为名义股东，实际出资人与名义股东对该合同效力发生争议的，如无合同法第五十二条规定的情形，人民法院应当认定该合同有效”及

---

① 《北京市大成（深圳）律师事务所关于深圳市兴为通科技股份有限公司申请股票在全国中小企业股份转让系统挂牌并公开转让的法律意见书》，第 19～20 页。

《公司法》第32条第3款“公司应当将股东的姓名或者名称向公司登记机关登记;登记事项发生变更的,应当办理变更登记。未经登记或者变更登记的,不得对抗第三人”之规定,邹如虎与先皓川、罗朝霞之间存在的股权代持关系是合法有效的。

案例4-1-5　兴电科技838904

【问题】股权代持

【问题描述】

请公司补充说明并披露:(1)代持关系的确认依据;(2)代持解除程序、方式是否合法、有效;(3)公司股权目前是否仍存在代持或委托持股情形。请主办券商、律师补充核查上述事项并发表明确意见。

【问题解决】①

1. 核查程序

本所律师核查了公司提供的工商登记信息、现有股东出具的股权确认函、《股权代持确认函》,并对股权代持双方陈刚、张一宜进行了访谈。

2. 核查内容及依据

(1)代持关系的确认依据

通过与代持人、被代持人访谈了解到,代持股东张一宜女士与公司实际控制人陈刚为母子关系。陈刚让其母亲为其代为持有兴电科技的股权主要基于两个方面的原因:①公司实际控制人陈刚曾于1996年任职于深圳市力电电子设备有限公司(以下简称力电设备),担任总经理,其后由于受力电设备外资股东排斥,于2001年1月提出辞职。但并未得到力电设备的同意,力电设备要求其在完成其手头的后续工作后方能办理离职。在此期间,陈刚与妻子占慧娟共同创立深圳市力电科技开发有限公司(以下简称力电科技,即兴电科技前身),但一直被力电设备的事务缠身无法完全投入到兴电科技的经营管理工作。此外,由于力电设备与力电科技企业名称过于相似,导致力电设备的债权人误认为两家公司存在关联关系,给力电科技的发展带来不利影响。②后期公司因发展的需要引入新股东晏伟新,但晏伟新与其他股东就公司的发展规划出现分歧。公司实际控制人陈刚为保障公司正常经营管理,便让母亲张一宜继续为其代持部分股权以发挥中间协调作用,由张一宜组织召开股东会讨论沟通公司的经营规划,从而建立股东之间沟通的桥梁和机制。基于前述,陈刚认为张一宜担任公司代持股东直接参加公司股东会,有助于发挥张一宜的沟通协调能力,减少与晏伟新的沟通成本。陈刚与代持股东张一宜协商后,同意由陈刚出资以张一宜的名义认缴公司增资使张一宜成为公司股东;2002年5月,张一宜通过认缴公司增资成为公司股东。张一宜在为陈刚代持股权期间,发挥了良好沟通作用;晏伟新与陈刚在公司的产品设计、公司的未来策略等诸多方面均有不同意见,均由张一宜女士居中协调使双方各自妥协达成一致意见,促进了公司良好的发展。

---

①　《北京市大成(深圳)律师事务所关于深圳市兴电科技股份有限公司申请股票在全国中小企业股份转让系统挂牌并公开转让的补充法律意见书》,第10~13页。

2003 年 5 月，公司股东会同意增资，为了确保大股东地位，陈刚与张一宜协商后，由陈刚实际出资，张一宜认缴公司新增出资额；2010 年由于晏伟新退出，由陈刚实际出资以张一宜的名义受让其部分股权。截至 2014 年 9 月，张一宜合计为陈刚代持兴电科技 51.22% 的股权。由于公司准备新三板挂牌，挂牌企业需要符合“股权明晰、股票发行和转让合法合规”的要求，代持股东与实际股东达成了解除代持关系的一致意见，双方于 2014 年 9 月 23 日签署《股权转让协议》完成代持关系的解除。

2016 年 4 月，陈刚、张一宜共同出具《股权代持确认函》，张一宜确认其为陈刚代持部分股权，历次对有限公司的增资及股权转让的资金均由陈刚实际承担等事实。

（2）代持解除程序、方式是否合法、有效

2014 年 9 月 23 日，深圳市兴电科技开发有限公司作出变更决定，张一宜将其占有有限公司 51.22% 的股权以人民币 204.88 万元转让给陈刚。同日，张一宜与陈刚签订《股权转让协议》，将其占有公司 51.22% 的股权以人民币 204.88 万元转让给陈刚。深圳市龙岗公证处出具了《公证书》，编号为(2014)深龙证字第 12423 号。

本次股权转让已经履行完毕，股权转让方张一宜已配合深圳市兴电科技开发有限公司办理完毕工商变更登记手续。2014 年 10 月 8 日，深圳市市场监督管理局核准了上述变更。

2016 年 4 月，陈刚、张一宜共同出具《股权代持确认函》，张一宜确认其为陈刚代持部分股权，历次对有限公司的增资及股权转让的资金均由陈刚实际承担等事实，同时双方确认代持关系自 2014 年 9 月股权转让完成后彻底解除，不存在任何纠纷或潜在纠纷。

3. 核查意见

综上所述，本所律师认为，张一宜与陈刚之间存在的股权代持关系是各方真实意思的表示，不存在《合同法》第 52 条规定的合同无效的情形，根据《公司法》第 32 条第 3 款“公司应当将股东的姓名或者名称向公司登记机关登记；登记事项发生变更的，应当办理变更登记。未经登记或者变更登记的，不得对抗第三人”之规定，张一宜和陈刚之间存在的股权代持关系及解除方式合法有效，且不会对本次挂牌构成实质性法律障碍。

根据公司全体股东出具的《确认函》，全体股东均确认其所持有的公司股份不存在信托持股、委托代持或其他利益安排，亦不存在股权纠纷或潜在纠纷。据此，本所律师认为，截至本补充法律意见书出具之日，公司股份目前不存在代持或委托持股情形。

第二节　实际控制人股权存在质押问题

一、明确股权质押问题

股权质押又称股权质权，是指出质人以其所拥有的股权作为质押标的物而设立的质押，是企业经营和商业运作中比较常见的一种融资方式。股权质押有可能影响股权的稳定性，如果债务人到期不能清偿债务，那么质押的公司股权就可能易主，从而导致公司实际控制权变化，影响公司的持续经营能力。

二、解决股权质押问题的必要性

根据《挂牌条件标准指引》“股权明晰，股票发行和转让行为合法合规”“（一）股权明晰，是指公司的股权结构清晰，权属分明，真实确定，合法合规，股东特别是控股股东、实际控制人及其关联股东或实际支配的股东持有公司的股份不存在权属争议或潜在纠纷”的规定，《挂牌审查一般问题内核参考要点（试行）》第 1.4.1 条“股权明晰”第 2 项，要求主办券商及律师核查公司是否存在影响公司股权明晰的问题以及相关问题的解决情况，以及公司现有股权是否存在权属争议纠纷情形。

对于拟挂牌企业而言，公司股东的股权质押直接的影响就是可能会影响公司股权的稳定性；如果是实际控制人，还可能导致实际控制人变更，这对企业的正常生产经营显然是很不利的。因此，一般建议股东尤其是实际控制人在挂牌前解除股权质押，保证公司股权及经营的稳定性，但也有例外，比如股东的股权质押是为了挂牌公司的利益，而挂牌公司的盈利能力和偿债能力都有保障，这种情形下股权质押不解除也不会对公司挂牌构成实质性障碍。

三、解决思路

1. 真实、充分、准确地进行信息披露

充分了解实际控制人以其持有公司股权担保债务的具体情况，就股权质押发生的原因、质押合同内容、主管部门登记备案情况、债务人还款情况、还款能力及存在的法律风险真实、充分、准确地披露，并重点阐述相应股权质押履行了必要决策程序，股权质押合法、合规。

2. 根据具体情况给出解决实际控制人股权质押问题的方案

（1）实际控制人在申报前解除股权质押

如实际控制人用于质押的拟挂牌公司股权比例较大，对公司的持续经营可能造成影响的话，则其应在公司挂牌申报前解除股权质押。实际控制人解除股权质押，可根据实际情况采取以下方法，如提前清偿主债务、用其他财产替换质押的股权、与质权人协商无条件解除股权质押。

在实践中，实际控制人只要存在股权质押，基本都建议在申报前予以解除，但也不是绝对的，如下述第二个方案。

（2）制定被担保债权未来的偿还计划及安排

对于新三板挂牌企业，在充分信息披露的基础上，只要实际控制人的股权质押情况对公司持续经营不存在大的影响，就不一定要在申报前解除股权质押。

但这种方案的前提是实际控制人的股权质押对公司持续经营不存在大的影响，那公司需要从如下几个方面去阐述：

首先，公司应对债务人偿债能力进行充分说明，包括企业的现金流动情况、盈利情况以及在银行未使用的授信额度，说明企业具有依约履行的能力，不能按时支付回购款的可能性极小。

其次，需制定被担保债权未来的偿还计划及安排，确保申报之日，债务人严格执行偿还计划，依约按时支付利息，主债务履行正常，不存在违约情形。

3. 实际控制人出具承诺函

如实际控制人在申报前解除股权质押的，实际控制人应出具《承诺函》，承诺已履行完毕股权质押解除手续，其所持股权不存在纠纷或潜在纠纷；如实际控制人未解除股权质押的，由实际控制人出具《承诺函》，承诺不会因股权质押产生纠纷和潜在纠纷，不会因股权质押对公司持续经营能力造成影响。

案例 4－2－1　雪郎生物 830821

【问题】股权质押

【问题描述】

公司总股本 6200 万股，其中第一大股东、共同实际控制人之一李云政所持有公司的 1930 万股全部质押，第七大股东、共同实际控制人之一张春辉持有公司的 300 万股全部质押，第五大股东蒋新一持有公司的 500 万股全部质押。请公司说明该等股权质押担保债权的情况及其履约情况，公司是否存在由于执行担保权利导致公司股权变动、实际控制人变动等情况，是否对公司持续经营产生重大不利影响，是否符合“股权清晰”“具有持续经营能力”的挂牌条件。请主办券商及律师补充核查并发表明确意见。

【问题解决】①

1. 公司股权质押担保债权的情况

2012 年 6 月 15 日，公司与安徽国元信托有限责任公司（以下简称国元信托）签订了《信托贷款合同》（皖国元信集〔贷〕第 20120525－1 号），约定公司向国元信托贷款人民币 1000 万元，贷款期限为 24 个月，公司应于每季度末月的 20 日支付贷款利息。同日，蚌埠融资担保公司与国元信托签订了《保证合同》，约定由蚌埠融资担保公司为上述贷款提供担保。李云政、张春辉、蒋新一分别以其所持公司股权为蚌埠融资担保公司提供了反担保。

2. 公司股权质押担保债权的履约情况

经核查，截至本补充法律意见书出具之日，公司依约按时支付利息，主债务履行正常，不存在违约情形。基于上述情况，本所律师认为，相关股东以所持公司股权质押担保的公司信托贷款债务，公司作为主债务人正常履行债务，未发生违约情形，不存在相关股东由于履行股权质押担保义务而导致公司实际控制人发生变化的情形，未对公司持续经营产生重大不利影响，公司符合“股权清晰”“具有持续经营能力”的挂牌条件。

案例 4－2－2　天线宝宝 834580

【问题】股权质押

---

① 《上海市上正律师事务所关于安徽雪郎生物科技股份有限公司申请股票在全国中小企业股份转让系统挂牌并公开转让的补充法律意见书(一)》，第 7～8 页。

【问题描述】

请公司补充说明并披露公司审查企业股东股权质押情况。请主办券商及律师补充核查公司实际控制人股权质押情况，并对其偿债能力进行量化分析，就公司实际控制是否存在变更风险发表明确意见。

【问题解决】①

1. 股权质押的情况

截至本补充法律意见书出具之日，许志忠持有公司股份数为 68 680 000 股，其中共计 27 000 000股为个人向陈芸霞借款以及公司向江苏润兴融资租赁有限公司进行融资租赁提供股权质押，具体情况如下：

（1）许志忠为个人向陈芸霞借款提供质押担保。

2015 年 9 月 30 日，许志忠、陈妹华与陈芸霞签署《借款合同》和《保证合同》，由陈芸霞提供 500 万元的借款，并约定以许志忠持有公司的 400 万股股份提供质押担保。公司已就许志忠上述担保进行股权质押登记，股权质押登记编号为 35050020150094。

（2）许志忠为公司向江苏润兴融资租赁有限公司进行融资租赁提供质押担保。2015 年 10 月 16 日，公司与江苏润兴融资租赁有限公司签订《融资租赁合同》，约定公司向江苏润兴融资租赁有限公司融资租赁入生产用机器设备，合同金额为 46 136 998. 33 元。同时双方签订《股权质押合同》，约定许志忠以持有公司 2300 万股股份提供质押担保；签订《动产抵押合同》，约定以融资租赁合同项下所有动产（财产价值为 49 573 676. 38 元）提供抵押担保。公司已就许志忠上述担保进行股权质押登记，股权质押登记编号为 35050020150097。

2. 尽职调查过程及分析过程

（1）许志忠的个人借款为股东个人行为，根据公司最近一次股权定增（非做市股票）的价格为 3. 9 元，许志忠 400 万股的股票足以清偿 500 万元借款，具备偿债能力。

（2）公司与江苏润兴融资租赁有限公司签订《融资租赁合同》，合同金额为 46 136 998. 33 元。根据公司最近一次股权定增（非做市股票）的价格为 3. 9 元，许志忠 2300 万股的股票足以清偿合同价款，具备偿债能力。

3. 结论意见

许志忠质押股权占公司股权总额的 15. 6%。若上述股权质押业务出现违约，质权人对股权进行处置，公司可能存在实际控制人发生变更的风险。

案例 4 -2 -3 傲基电商 834206

【问题】实际控制人股权质押

【问题描述】

请主办券商、律师补充核查以下事项并发表明确意见：（1）股权质押程序的合法合规性；

---

① 《关于福建天线宝宝食品股份有限公司申请股票在全国中小企业股份转让系统挂牌并公开转让的补充法律意见书（三）》，第 5 ~6 页。

(2)结合公司财务状况,测算并说明对上述股权质押的行权可能性,以及所对应债务的偿还能力;(3)公司股权权属是否明晰,是否存在潜在纠纷,是否存在公司控制权发生变化的风险、是否影响公司持续经营能力。请公司补充披露相关事项。

【问题解决】①

1. 股权质押程序的合法合规性。

根据公司说明及本所律师核查质押合同及在深圳市市监局网站上核查,公司控股股东、实际控制人陆海传、连会越分别于2015年6月19日、2015年6月24日与浦发银行龙岗支行签订《权利最高额质押合同》,并于2015年7月1日在深圳市市监局办理完毕质押登记手续。本所律师认为,股权质押程序合法合规。

2. 结合公司财务状况,测算并说明对上述股权质押的行权可能性,以及所对应债务的偿还能力。

经本所律师核查傲基有限公司与浦发银行龙岗支行签订的相关协议,上述股权质押所对应的借款合同及具体约定如下:傲基有限公司与浦发银行龙岗支行签订的编号为BC2015032000001195的《融资额度协议》,浦发银行龙岗支行向傲基有限公司提供2700万元循环融资额度,额度使用期限自2015年3月20日至2018年3月18日。傲基有限公司与浦发银行龙岗支行签订的编号为79072015280043的《流动资金借款合同》,该合同为上述《融资额度协议》项下的附属融资文件,约定傲基有限公司向浦发银行龙岗支行借款1000万元用于采购原材料,借款期限自首次提款之日(2015年4月16日)起3年,贷款利率为每笔贷款发放时按中国人民银行公布的于本合同约定的贷款期限同档次的贷款基准利率上浮30%计算,贷款利率按年调整。贷款发放6个月后,每3个月归还本金30万元,余额到期一次性归还。傲基有限公司与浦发银行龙岗支行签订的编号为79072015280057的《流动资金借款合同》,该合同为上述《融资额度协议》项下的附属融资文件,约定傲基有限公司向浦发银行龙岗支行借款1000万元用于采购原材料,借款期限自首次提款之日起1年,自2015年5月5日至2016年5月5日止。本合同项下的借款到期一次性归还。

根据上述协议,公司控股股东、实际控制人陆海传、连会越的实际担保债务金额为2000万元,根据《审计报告》《公开转让说明书》并经本所律师核查公司借款合同、财务数据等信息,截至基准日,公司的资产总计162 611 933.92元,负债总计85 475 489.63元,资产负债率为52.56%,流动比率为1.83倍,速动比率为0.85倍。结合上述财务数据及《流动资金借款合同》约定的借款金额及还款期限,本所律师认为,公司具有对上述债务的偿还能力,公司股权质押的行权的可能性较低。

3. 公司股权权属是否明晰,是否存在潜在纠纷,是否存在公司控制权发生变化的风险、是否影响公司持续经营能力。

经核查公司工商登记资料、深圳市市监局网站的查询结果以及公司股东出具的确认函,公司股东不存在法律法规或任职单位规定不适合担任股东的情形,公司股东具有适格性。公

---

① 《国浩律师(深圳)事务所关于深圳市傲基电子商务股份有限公司申请股票在全国中小企业股份转让系统挂牌并公开转让之补充法律意见书(一)》,第11~13页。

司历次股份发行均经内部审批程序和外部审批程序,公司股权不存在代持情况,股权权属没有争议。据此,本所律师认为公司股权明晰,不存在股权纠纷。

经核查公司工商登记资料,公司股东陆海传直接持有公司 27.047 6% 的股份、通过深圳长果间接持有公司 0.667 9% 的股份,连会越直接持有公司 16.761 9%,两人共同持有公司股份 44.477 4%,虽然其股权已经质押,但股权质押的行权可能性较低,在现有情况下,不存在公司控制权发生变化的风险,不会影响公司的持续经营能力。

综上,本所律师认为,公司实际控制人股权质押程序合法合规;上述股权质押的行权可能性较低,公司具有债务偿还能力;公司股权权属明晰,不存在潜在纠纷,不存在公司控制权发生变化的风险、不会影响公司持续经营能力。

第三节　股权转让价款分期支付

一、股权转让价款分期支付

拟挂牌公司在股本演变中可能涉及股权转让,一般对于股权转让的核查主要包括股权转让的真实、合法、合理。而要确认股权转让的真实、合法、合理,就需要通过核查股权转让的背景原因(包括转让和受让两方的原因)、股权转让价款的定价依据、转让款的支付履行情况等方面进行相应的确认,同时也需要对公司历史上的历次股权转让进行相应的访谈复核确认,避免存在争议纠纷。而股权转让款的分期支付就是其中的一个小问题,一般股权转让协议均会明确约定股权转让款的支付安排,如果协议约定了分期支付,双方按照协议的约定履行即可。但是在上市挂牌核查中,对于分期支付,尤其是时间跨度比较大的分期支付,可能会被重点关注,对于时间跨度过大的合理性,是否符合正常的商业交易惯例,是否可能存在股权代持、是否存在其他的利益安排,都是对分期支付合理的怀疑。因此,对于分期支付的核查,仍然是要从基本的常识出发,通过相应的核查手段打消监管机构可能存在的疑虑,避免发生股权纠纷影响股权清晰。

二、解决思路

关于股权转让价款的分期支付,主要是核查程序的完备性和合理性,除了对股权转让的一般性核查之外,还需要核查分期支付的合理性,尤其是距离申报基准日比较近的股权转让,关注跨时间大的分期支付,是不是双方真实的意思表示,是否有其他特殊的背景原因,受让方是否具备相应的支付能力,通过多角度的核查,确认股权转让分期支付的真实、合法、合理。

案例 4-3-1　科雷特 832039

【问题】股权转让款分期支付

【问题描述】

公司历史上存在股权转让分期支付转让款且未支付完毕。

【问题解决】①

2013年10月31日，公司召开董事会审议深圳市科雷特投资有限责任公司（以下简称科雷特投资）投资购买公司股权事宜，全体董事一致同意股东程建国将其持有公司6.5%的股份以人民币819 000元转让给科雷特投资，同意梁振东将其持有公司3.5%的股份以人民币441 000元转让给科雷特投资。

2013年10月31日，公司召开股东大会，审议股权转让并修改公司章程事宜，全体股东一致同意科雷特投资受让程建国与梁振东共计10%股权并相应修改公司章程股权结构部分。

2013年11月11日，梁振东与科雷特投资就股份转让事项签订《股份转让协议书》，约定按1.26元/股的价格转让其持有的科雷特投资35万股股份（占科雷特投资总股本的3.5%），股份转让价款总计为44.1万元，分两次支付，首次应于股权转让协议生效之日起15日内支付28.7万元，剩余15.4万元应于2018年9月5日前付清。

2013年11月11日，程建国与科雷特投资就股份转让事项签订《股份转让协议书》，约定按1.26元/股的价格转让其持有的科雷特投资65万股股份（占科雷特投资总股本的6.5%），股份转让价款总计为人民币81.9万元，分两次支付，首次应于股权转让协议生效之日起15日内支付53.3万元，剩余28.6万元于2018年9月5日前付清。

截至本法律意见书出具之日，科雷特投资已向程建国、梁振东分别支付股权转让款人民币53.3万元、人民币28.7万元。

第四节　公司股本变更同股不同价

一、股本变更同股不同价

同股不同价，系指公司同一次（或相近时间内的几次）增资或股权转让中涉及的增资（转让）价格不一样。根据《公司法》（2013年修正）第126条的规定，股份的发行，实行公平、公正的原则，同种类的每一股份应当具有同等权利。同次发行的同种类股票，每股的发行条件和价格应当相同；任何单位或者个人所认购的股份，每股应当支付相同价额。

《公司法》的上述规定可概括为"同股同权、同股同价"，该规定仅适用于股份有限公司，而不适用于有限责任公司。股份有限公司的资本可分为均等份额，每一份额对应同等股份及股东权利。而有限责任公司的资本不分为等额的股份，股东权利一般是由出资比例高低决定，但亦可在公司章程中约定其他方式来行使股东权利，如股东可自行约定分红比例。因此，在"同股同权、同股同价"方面，股份有限公司是强制性规定，有限责任公司则具有更多的任意性。

在上市挂牌审核中，对公司的股本演变都是严格核查，这就包括公司的有限公司阶段和股份公司阶段，因此同股同权的核查，一方面是基于《公司法》的相关规定，另一方面也是对于

① 《北京市大成（深圳）律师事务所关于深圳市科雷特能源科技股份有限公司申请股票在全国中小企业股份转让系统挂牌并公开转让的法律意见书》，第20页。

股权清晰这一挂牌基本条件的满足。即使是在有限公司阶段,也应当以同股同权为基本原则,同股不同权的情况属于例外情形,会受到监管机构的重点关注,关注是否存在股权代持、利益输送等安排。

二、解决思路

1. 合理解释同股不同价的原因及影响

如拟挂牌公司在有限责任公司阶段的某一次增资存在股权认购价格差异的问题,法律虽未明确禁止,但股转系统依然会重点关注价格差异的原因及是否存在潜在的纠纷、是否存在其他的利益输送。如拟挂牌公司在股份有限公司阶段,存在增资同股不同价的情形,则更是需要重点关注,详细核查相关的背景情况。

2. 以补差价或退款的方式彻底规范同股不同价的问题

如拟挂牌主体有限责任公司阶段能够对增资同股不同价的情形给予合理的说明,则鉴于法律并未明文禁止有限责任公司增资时同股不同价,增资同股不同价的情形可继续存在。

而针对股份有限公司增资同股不同价的情形,如果没有合理的解释原因,则应当通过补差价或退款的方式对同股不同价的情况进行补正和规范。

3. 原有股东及新增资股东就此事宜出具确认函

如拟挂牌主体系在有限责任公司阶段出现增资同股不同价的情形,在合理说明原因后,原有股东及新增资股东应就此事签订确认函,确认各方对增资价格无异议,不存在潜在的纠纷。

案例 4-4-1 乐活天下 838546

【问题】股份公司增资同股不同价

【问题描述】

公司是否存在影响公司股权明晰的问题及相关问题的解决情况,以及公司现有股权是否存在权属争议纠纷情形。

【问题解决】①

根据公司的工商登记档案资料、股东股权转让或增资的相关协议、股东大会决议文件、本所律师对主要股东进行的访谈,以及相关股东出具的确认文件并经本所律师核查,公司自设立以来历次增资及股权转让过程中曾经存在如下问题:

2015 年 8 月 20 日,公司召开 2015 年第二次临时股东大会并作出决议,同意将公司的注册资本由 2000 万元增加至 5000 万元。根据公司提供的《增资扩股协议》,本次增资对象为百年康健实业、张延悦、郑郁亮及钟伟生,其中百年康健实业和张延悦以每股 1 元的价格认购新增注册资本(股本),郑郁亮和钟伟生以每股 2 元的价格认购新增注册资本(股本),溢价部分

---

① 《关于深圳市乐活天下股份有限公司申请股票在全国中小企业股份转让系统挂牌并公开转让的补充法律意见书》,第 6 ~7 页。

计入资本公积。经本所律师核查，本次增资存在同次发行股票不同发行价格的情况，违反了《公司法》第126条的规定。

为纠正本次增资过程中出现的同股不同价的不规范情形，公司于2016年1月15日召开2016年第一次临时股东大会，审议通过了《关于退回部分增资款的议案》，因郑郁亮和钟伟生于2015年8月增资时，以每股2元的价格认购股份，与同次增资的股东百年康建实业和张延悦认购的股份价格不一致，全体股东一致同意调整该次增资的认购价格为每股1元，并退回郑郁亮和钟伟生缴纳的增资溢价款。公司已将增资溢价款200万元退回至郑郁亮、钟伟生个人账户。

根据公司的股东大会决议、全体股东出具的声明，本所律师认为，本次增资过程中的同股不同价的情形已得以解决，不存在损害股东利益的情形。股东对其持有的公司股权不存在争议或纠纷。

案例4-4-2 新乡日升834004

【问题】股份公司设立同股不同价

【问题描述】

2007年12月，新乡日升成立时存在违反当时《公司法》第127条关于同股同价规定的情形。请主办券商及律师结合相关法律法规的规定核查前述瑕疵是否属于重大违法违规、公司及股东所采取的规范措施的有效性、公司是否符合“依法设立”的挂牌条件并发表明确意见。

【问题解决】①

经核查，新乡日升设立时，日升数控用作出资的实物资产评估价值1990万元，折合1.42元/股；于省宽等27名自然人股东以货币方式出资3510万元，折合1.35元/股，上述出资存在“同股不同价”，不符合当时《公司法》第127条的规定。为了弥补新乡日升“同股不同价”的瑕疵，2011年6月16日，新乡日升召开2011年度第一次临时股东大会审议通过了全体自然人发起人按每股0.07元的价格向新乡日升缴纳认股价差的议案。根据天健正信会计师事务所有限公司出具的天健正信验〔2011〕综字第010072号《验资报告》，截至2011年6月22日，全体自然人发起人缴纳的认股价差金额全部到位。鉴于新乡日升已及时纠正，新乡市工商局未予追究相关责任。并且，全体发起人已作出承诺，承诺对因发起设立新乡日升时折股比例不一致导致的新乡日升损失承担赔偿责任。

本所律师认为，股份公司的发起设立行为实质上是受《发起人协议书》约束的合同行为。全体发起人股东签订《发起人补充协议》，确认了《发起人协议书》系全体发起人的真实意思表示，因此公司的发起设立行为不存在潜在的纠纷，也不存在损害公司及其他股东利益的情况。上述瑕疵未对公司持续经营造成不利影响，也不会影响到公司合法有效存续。鉴于公司股东大会已同意全体自然人发起人向公司缴纳认股价差，且该事项未受到工商行政管理部门

---

① 《关于新乡日升数控轴承装备股份有限公司申请股票在全国中小企业股份转让系统挂牌并公开转让的补充法律意见书》，第4~6页。

的处罚，新乡日升设立时存在的"同股不同价"情形不构成重大违法违规。全体自然人发起人采取现金方式补缴认股价差合法、有效地弥补了设立时的瑕疵。上述瑕疵对公司本次挂牌、转让不构成实质法律障碍，公司仍是依法设立、合法存续的股份有限公司，具备本次挂牌、转让的主体资格。

案例4-4-3　中联信通831495

【问题】公司同次增资同股不同价

【问题描述】

(1)2011年1月，有限公司引入三名新股东：瑞石投资、成都创业、创业投资。请公司补充披露本次增资的价格。(2)2014年4月，股份公司召开第一次临时股东大会引入新股东中电科软件，定增价格为4.8元/股，引入新股东三信新视野，定增价格为5.3元/股。请公司补充披露同次增资同股不同价的原因。

【问题解决】[①]

1. 关于2011年1月有限公司引入三名新股东：瑞石投资、成都创业、创业投资的价格问题

根据公司说明，2011年1月26日，有限公司召开股东会并形成决议，同意吸收瑞石投资、成都创业、创业投资为有限公司新股东；同意新股东以现金投入3000万元，增加注册资本100万元；其中，瑞石投资认缴50万元，成都创业认缴33.33万元，创业投资认缴16.67万元；并相应修改有限公司章程。

根据央济华瑞丰会计师事务所有限公司出具的央瑞(验)报字〔2011〕第005号《验资报告》，瑞石投资实际缴纳新增出资额1500万元，其中实收资本50万元，1450万元列作资本公积；成都创业实际缴纳新增出资额1000万元，其中实收资本33.33万元，966.67万元列作资本公积；创业投资实际缴纳新增出资额500万元，其中实收资本16.67万元，483.33万元列作资本公积。

2. 关于公司2014年4月引进中电科软件和三信新视野的原因及价格问题

2014年4月12日，公司召开2014年第一次临时股东大会，审议通过《关于公司拟实施增资扩股的议案》。该议案载明：公司新增发行股份共计1000万股，分两次实施：第一次发行600万股新增股份，该次股份发行完毕后，公司总股本变更为3600万股；第一次新增股份认购完毕后，立即启动第二次发行400万股新增股份，该次股份发行完毕后，公司总股本变更为4000万股。第一次增资扩股的对象为中电科软件，此次增资后尽快办理工商变更登记工作；第二次增资扩股的对象为三信新视野，于公司第一次增资扩股实施完毕后（以取得工商部门核发的营业执照为标志），公司立即向三信新视野定向增发。

2014年4月13日，公司、公司发起人股东与中电科软件、三信新视野签订《增资协议》，约

---

① 《关于成都中联信通科技股份有限公司申请股票在全国中小企业股份转让系统挂牌并公开转让的补充法律意见书》，第15～17页。

定中电科软件、三信新视野以认购新增股份的方式对公司进行投资。《增资协议》中明确新增发行股份分两次发行，第一次发行600万股，由中电科软件认购，对价为2880万元，其中600万元用于增加公司注册资本，溢价部分2280万元作为公司的资本公积；第二次发行400万股，由三信新视野认购，对价为2120万元，其中400万元用于增加公司的注册资本，溢价部分1720万元作为公司的资本公积。2014年4月14日，公司向成都市高新区工商行政管理局提交变更登记申请，将注册资本增至3600万元，并于2014年4月17日领取变更后的《企业法人营业执照》。2014年5月7日，公司向成都市高新区工商行政管理局提交变更登记申请，将注册资本增至4000万元，并于2014年5月9日公司领取变更后的《企业法人营业执照》。

根据公司说明，公司引进中电科软件和三信新视野两位股东，对其定位和需求不同。公司引入中电科软件，系因其能够为公司提供战略上的资源并能进行业务上的合作，将其视为战略投资人引入的；公司引入三信新视野，系因三信新视野能够为公司提供资金上的支持，将其视为财务投资人引入的。公司在引入中电科软件和三信新视野作为公司的新股东时，分别与中电科软件和三信新视野进行了充分的协商，最终确定中电科软件投入2880万元，认购600万股股份，三信新视野投入2120万元，认购400万股股份。

公司上述两次增资行为系两次独立增资行为，所以增资的价格不同，不存在违反《公司法》第126条的情形；上述两次增资行为的内容及过程合法，不存在潜在法律障碍或者纠纷。

案例4-4-4 南京旭建430485

【问题】涉及国资的同股不同价

【问题描述】

2002年5月25日，旭和科技受让国有股东南京建通10%的股权是否履行国有产权转让管理相关规定。

【问题解决】①

经核查，南京市关于国有产权转让需履行拍卖、招投标等国有股权转让程序的地方性规定，初见于2003年4月23日公布，5月1日施行的《南京市产权交易管理暂行办法》（宁政发〔2003〕85号）。全国性规定则初见于2003年12月31日公布，2004年2月1日施行的《企业国有产权转让管理暂行办法》（国务院国有资产监督管理委员会、财政部令第3号）。而旭和科技受让南京建通10%股权的行为发生于2002年，当时前述相关规定均未公布和施行。可见，虽然上述股权转让未履行拍卖、招投标等国有股权转让程序，但并未违反当时有效法律法规的规定。

上述股权转让主要依据2002年4月23日由南京市人民政府召集南京市经济委员会、南京市外经贸局、南京市工商局以及化建集团、投资公司、旭建公司等相关部门和单位专题研究南京旭建新型建筑材料有限公司重组改制问题，形成的南京市政府办公厅第36号《关于南京

---

① 《关于南京旭建新型建材股份有限公司股票发行之补充法律意见书》，第3~5页。

旭建公司重组改制有关问题的会议纪要》的相关精神及南京建通、旭硝子、伊藤忠、伊藤忠（中国）、香港锦发、投资公司、旭和科技于2002年7月17日签订的《增资及股权转让合同》的相关约定。

南京建通的主管单位化建集团董事会于2002年5月17日达成2002年第1号《关于同意南京建通墙体材料总公司在南京旭建新型材料有限公司股权转让的决议》，比照市有关文件精神，同意南京建通在旭建公司10%股权的一次性出让价为80万元人民币。化建集团于2002年9月3日印发宁化建资字（2002）228号《关于对南京旭建新型建筑材料有限公司增资和股权转让项目合规性审核的意见》，同意《增资及股权转让合同》，确认江苏鼎信会计师事务所有限公司出具的公司截至2001年12月31日的资产评估报告书。

经核查，就旭和科技受让取得的10%股权，根据国有资产监督管理部门于2012年、2013年相关指示精神，旭和科技依据南京市投资公司的增资价格（840万元取得28%的股权，840万元÷28=30万元，即1%的股权价格为30万元），补交了338.611 1万元（旭和科技受让10%的股权应付股权转让款300万元，已于2002年支付80万元，因此，补交股权转让价款220万元、利息118.611 1万元）。目前，上述款项旭和科技均已补交完毕。

2013年10月，《南京市国资委承办来文回复单》确定：经审核，原国有股东南京建通在2002年国有股权转让及增资扩股操作过程中存在出资同股不同价的问题，目前问题已进行了整改完善，所涉及国有权益得到维护。

2013年12月12日，《南京市人民政府关于确认南京旭建新型建材股份有限公司历史沿革有关事项合规性的请示》（宁政发〔2013〕326）确定：南京旭建新型建材股份有限公司历史沿革有关事项已履行了相关程序，符合江苏省、南京市的相关政策规定。

综上，旭和科技受让取得的10%股权是对南京市政府办公厅第36号《关于南京旭建公司重组改制有关问题的会议纪要》的具体贯彻和落实，履行了相关程序，并获得了有权部门的书面批准。此外，旭和科技根据国有资产监督管理部门于2012年、2013年的相关指示精神，按照同股同价的原则，补交了2002年受让南京建通持有公司10%股权的转让款差额及相应利息，南京市国资委已确认前述10%股权转让行为已整改完善，所涉国有权益得到维护。本所律师认为，旭和科技受让取得10%股权行为已符合相关法律法规的规定，不存在潜在的法律纠纷。

案例4－4－5　迪尔化工831304

【问题】股权转让同股不同价

【问题描述】

2003年3月，有限公司进行第一次股权转让。请公司补充披露转让单价分别为1元和2元的原因；请主办券商和律师进行核查，就股权转让的合规性发表意见。

【问题解决】①

《公司法》第71条规定："有限责任公司的股东之间可以相互转让其全部或者部分股权。

① 《关于公司向全国中小企业股份转让系统申请股票挂牌并公开转让的补充法律意见书》，第21～22、24～25页。

股东向股东以外的人转让股权，应当经其他股东过半数同意。股东应就其股权转让事项书面通知其他股东征求同意，其他股东自接到书面通知之日起满三十日未答复的，视为同意转让。其他股东半数以上不同意转让的，不同意的股东应当购买该转让的股权；不购买的，视为同意转让。经股东同意转让的股权，在同等条件下，其他股东有优先购买权。两个以上股东主张行使优先购买权的，协商确定各自的购买比例；协商不成的，按照转让时各自的出资比例行使优先购买权。公司章程对股权转让另有规定的，从其规定。”经本所律师核查，2003 年《公司章程》第 7 条规定：“股东转让其出资额，应严格按照《公司法》的规定，经股东会讨论通过。”公司针对股权转让召开了股东会，转受各方都签订了《股权转让协议》，但各股东向华阳集团转让的股权均未作股权转让事项的书面通知，且在《股权转让协议》中未写明其他股东是否放弃优先购买权，形式上存在瑕疵。

根据公司说明及本所律师核查，2001 年 3 月，公司成立之初，华阳集团未入股公司。随着公司的发展，华阳集团欲以原出资额 2 倍的价格收购公司 51% 股权，从而达到控股的目的，遂于 2003 年 3 月与公司股东签订股权转让协议。但鉴于华阳集团只收购公司 51% 股权，为公平起见，华阳集团承诺以原出资额 2 倍的价格收购每位股东 51% 的出资额，即每 1 元出资额对应 2 元人民币。但由于当时公司经济效益欠佳，部分股东欲转让其所持有的全部出资额，退出公司，遂自愿将剩余的股权与其他股东达成股权转让协议，价格参照实际出资额认定，即每 1 元出资额对应 1 元人民币。本所律师认为：第一，各股东向华阳集团转让股权的行为履行了相应的股东会决策程序，程序合法合规；第二，公司所有股东均参与了此次转让，对股权转让事宜全部知情，并且根据《股权转让协议》的约定实际履行了转让行为，用行动作出了真实意思表示；第三，股权价格由转受双方协商确定属合同双方意思自治行为，不存在损害国家、社会及其他第三方利益的情形，合法有效；第四，上述股权转让行为未损害公司及债权人利益；第五，有限责任公司的股权转让出现“同次转让、不同定价”的情形并不违反法律法规的相关规定。

综上，本所律师认为，此次股权转让行为合法合规。

第五节　对 赌 协 议

一、对赌协议

对赌协议（Valuation Adjustment Mechanism，VAM），又称估值调整机制，是私募股权投资（PE）中常用的一种价值调整机制与合同安排。按照目前学术界的普遍观点，对赌协议从性质上讲应属于射幸合同。所谓射幸合同，一般来说，是指在合同成立时，当事人的给付内容不能确定，须根据将来不确定事实的发生与否来确定给付内容的合同。保险合同、赌博合同均属于典型的射幸合同。在中国的法律传统中，“赌”与违法性天然相连，在世界范围内，赌博合同也因违反公序良俗，被大多数国家立法予以限制或禁止。

对赌协议虽然包含“赌”的字眼，与赌博合同也有着共同的表征，但无论从协议的目的、协议的功能、协议履行的后果等方面都与赌博合同泾渭分明。“对赌”非“赌”，其实质是投融资双方对股权投资价值的或然性安排，是一种投资保障工具、价格发现工具和管理层激励工具。而由于国内翻译的问题，也使融资方与投资方对于估值调整存在较大的认知差异，从而引发了诸多争议。

新三板挂牌对于对赌协议已经持相对比较开放的态度，基本的原则是投资方不能和公司对赌，可以和股东、实际控制人对赌。

二、解决思路

1. 如实、完整地进行信息披露

就对赌协议签署的原因、对赌标的、对赌内容、对赌的主要条款可能引起的法律后果及存在的法律风险充分、如实、完整地披露，保证投资者的全面知悉权。

对赌协议一般赌业绩（一般指净利润），是指被投资公司在约定期间内如不能实现对赌协议中约定的事项时，则会触发协议中约定的一系列条款，从而要求被投资企业或股东补偿投资者的损失，一般是以现金补偿、股份补偿或股份回购的方式。

在赌业绩的同时，投资者一般会要求企业设定一个时间表，通常会约定在某个时间段内被投资企业挂牌新三板或IPO，如果在这个时间内未完成约定的事项，则会触发对赌协议中约定的相关条款，从而影响公司的资金使用、实际控制人变更、公司治理、公司未来的持续经营及公司的其他权益等。

2. 确保对赌协议不涉及挂牌主体，对挂牌主体不存在不利影响

如果公司股东与投资方已经签署了涉及公司承担相关义务和责任的对赌协议，则公司股东与投资方需签署补充协议，剔除涉及公司承担相关义务或责任的条款，或者由公司股东出具承诺函，承担投资方提出的一切责任和义务，同时由投资方出具承诺函，自公司申报全国股份转让系统之日起豁免公司的责任和义务。

如果存在公司股东出具相关承诺函的，还需要详细核查股东履行承诺的能力。

3. 就对赌协议作出合理解释或相应整改

在如实、完整进行信息披露的基础上，对对赌协议作出合理的解释，旨在说明即使是对赌协议中约定的条件达到，也不会对挂牌主体的控制权、持续经营能力等产生不利影响。

案例4－5－1　星龙科技830924

【问题】对赌协议

【问题描述】

2013年12月，力合华睿、力合投资向公司增资，并与公司及实际控制人黄建钟、陈汉新、黄清乐共同签署《投资整体协议》《股份回购协议》，约定在一定情况下两家机构投资者可以要求公司实际控制人以约定的较高价格回购股份。（1）请公司补充提供上述协议文本。（2）请主办券商结合上述协议的主要内容和公司实际控制人的相关承诺，就上述协议的履行是否会对公司资金使用、公司控制权及股权结构、公司治理、公司未来的持续经营、公司其他权益、公司其他股东或债权人的权益产生不利影响，并对公司是否符合“股权明晰，股票发行

和转让行为合法、合规”的挂牌条件发表明确意见。(3)请律师说明公司在协议中的地位和权责关系,并就公司作为协议主体之一,与股东签订的上述协议是否有效、是否对公司产生潜在影响发表明确意见。

【问题解决】①

1. 关于《投资整体协议》《股份回购协议》签订后,公司是否符合“股权明晰,股票发行和转让行为合法合规”的挂牌条件

投资方力合华睿、力合融通与实际控制人黄建钟、陈汉新、黄清乐及公司于 2013 年 12 月 23 日签署了《投资整体协议》和《股份回购协议》。根据以上协议,力合华睿、力合融通与实际控制人黄建钟、陈汉新、黄清乐约定,在满足一定条件时,实际控制人黄建钟、陈汉新、黄清乐共同承担力合华睿、力合融通相关股份的股份回购义务。相关回购条款主要内容如下:

(1)协议约定之投资期为 5 年,从力合华睿、力合融通支付投资款之日起至第 5 年的前一日。(2)投资期内,星龙科技成功登陆新三板、创业板、中小板或主板的,力合华睿、力合融通应按相关的市场规则自主安排退出星龙科技,则黄建钟、陈汉新、黄清乐不再承担回购义务。(3)投资期内,若星龙科技未能进入新三板、创业板、中小板或主板公开交易的,则力合华睿、力合融通有权要求黄建钟、陈汉新、黄清乐在投资期结束时按人民币 370 万元的对价回购力合华睿、力合融通持有的星龙科技之股权及其权益。(4)若星龙科技或黄建钟、黄清乐、陈汉新违约,或违反其等作出的陈述、保证或承诺的,力合华睿、力合融通有权要求黄建钟、陈汉新、黄清乐在收到力合华睿或力合融通通知后的 30 个工作日内,按力合华睿或力合融通通知回购其等持有的部分或全部星龙科技股权,回购对价由总投资款及其溢价构成。溢价按总投资款以 10% 的年利率计算。(5)回购价指回购股份的购买价,包括回购股份所包含的各种股东权益。该等股东权益指依附于回购股份的所有现时和潜在的权益,包括力合华睿、力合融通在星龙科技所拥有的全部股权所代表的动产和不动产、有形和无形资产等权益。黄建钟、陈汉新、黄清乐回购力合华睿或力合融通股权的,若力合华睿或力合融通在投资期间有获得星龙科技分红的,则总回购价应减去相应的分红金额。(6)请求黄建钟、陈汉新、黄清乐回购力合华睿及/或力合融通持有的星龙科技股权为力合华睿及/或力合融通之权利,而非义务;该等权利并不排除力合华睿及/或力合融通选择其他合适之方式和渠道退出星龙科技。(7)协议之各股份回购方之义务为相互连带责任,力合华睿或力合融通得以要求任意一方或多方回购力合华睿或力合融通之部分或全部股份。

2014 年 3 月 26 日,公司实际控制人黄建钟、陈汉新、黄清乐就《投资整体协议》和《股份回购协议》承诺如下:

(1)《投资整体协议》及《股份回购协议》约定的所有涉及股份回购的义务、承诺等均由黄建钟、陈汉新、黄清乐连带共同承担,深圳市星龙科技股份有限公司不会因《投资整体协议》及《股份回购协议》承担任何关于股份回购的义务或责任,或受有任何损失。如深圳市星龙科技股份有限公司就该等回购条款受有损害或损失,黄建钟、陈汉新、黄清乐将连带承担全部责任。

---

① 《北京市大成(深圳)律师事务所关于深圳市星龙科技股份有限公司申请股票在全国中小企业股份转让系统挂牌并公开转让的法律意见书》,第 15 ~ 17 页。

(2)《投资整体协议》及《股份回购协议》中涉及深圳市星龙科技股份有限公司的相关声明、承诺、义务等事项,如深圳市星龙科技股份有限公司需要就该等声明、承诺、义务等事项承担相关责任、受有损害或损失,黄建钟、陈汉新、黄清乐将就深圳市星龙科技股份有限公司受有的全部损害或损失承担不可撤销的连带赔偿责任。

(3)除黄建钟、陈汉新、黄清乐外,深圳市星龙科技股份有限公司的其他股东[不含深圳市力合华睿投资企业(有限合伙)、深圳力合融通投资有限公司]不会因《投资整体协议》及《股份回购协议》承担除因其作为深圳市星龙科技股份有限公司股东应当承担的法定义务或责任以外的任何其他义务或责任。如其他股东因前述协议受有损害或损失,黄建钟、陈汉新、黄清乐将就该等损害或损失承担不可撤销的连带赔偿责任。

力合华睿、力合投资(力合融通)与实际控制人黄建钟、陈汉新、黄清乐及公司于2013年12月23日签署了《投资整体协议》及《股份回购协议》。各方在前述协议中明确约定:投资期内,公司成功登陆新三板、创业板、中小板或主板的,力合华睿、力合投资应按相关的市场规则自主安排退出,若不能进入新三板、创业板、中小板或主板公开交易的,则实际控制人黄建钟、陈汉新及黄清乐回购力合华睿、力合投资持有的所有公司股份。投资有效期为投资款支付之日起至第5年的前一日。

本所律师认为,上述《投资整体协议》及《股份回购协议》涉及的对赌(回购)条款不会对公司本次申请挂牌造成实质性影响,理由如下:

①上述协议涉及的对赌(回购)条款中的回购主体为公司实际控制人黄建钟、陈汉新、黄清乐,而非公司本身,不违反《公司法》的相关规定,不会损害到公司、公司中小股东及公司债权人的利益。如因对赌(回购)条款发生争议,则属公司股东之间的纠纷,与公司无关。

②公司的实际控制权不会因回购义务的履行而发生变化。上述协议中约定的回购主体黄建钟、陈汉新、黄清乐三位股东签署了《一致行动决议》且在公司多年生产经营过程中事实上也形成了一致行动关系,黄建钟、陈汉新、黄清乐应认定为公司的共同实际控制人。因此,无论哪一位股东履行回购义务,公司的实际控制权都不会发生变更。

③黄建钟、陈汉新、黄清乐三位股东履行回购义务,实质是由前述三位回购主体以上述协议中约定条件受让力合华睿、力合投资持有的公司股份。根据《公司法》《公司章程》的相关规定,公司股东之间转让股份(回购)时不需要征得公司其他股东的同意。力合华睿、力合投资已实缴投资,其与黄建钟、陈汉新、黄清乐之间的股权转让行为,符合法律规定,不会影响到其他股东的利益。

④回购主体黄建钟、陈汉新、黄清乐作出承诺,如公司或公司其他股东(不含力合华睿、力合投资)因上述协议受有损害或损失,黄建钟、陈汉新、黄清乐将就该等损害或损失承担不可撤销的连带赔偿责任。2014年3月26日,黄建钟、陈汉新、黄清乐出具了有关前述内容的《承诺书》。

⑤上述协议中未对公司治理结构作出特别约定,回购义务的履行不会影响到公司现有的治理结构。

⑥力合华睿、力合投资已实缴出资(投资),公司现有股权结构清晰、明确,不存在代持等其他情形。如上述协议中的对赌(回购)条款被法院认定无效,也不会影响《投资整体协议》

及《股份回购协议》其他条款的效力，力合华睿、力合投资持有的公司股权明确。

⑦如公司本次申请挂牌成功后，上述协议中的回购条款自动失效，更不会对公司的公司治理、公司未来的持续经营、公司其他权益、公司其他股东或债权人的权益产生不利影响，公司股权结构、公司控制权亦不会发生变化。

综上，本所律师认为，上述协议的签订不会对公司的股权、经营及公司其他股东的利益产生不利影响。上述协议中有关股份回购义务系投资人、实际控制人及公司平等协商确定，且公司及其他股东不承担回购义务，相关条款不违反中国现行法律、法规的相关规定，公司符合“股权明晰，股票发行和转让行为合法合规”的挂牌条件。

2. 关于公司在协议中的地位和权责关系，以及公司作为协议主体之一，与股东签订的上述协议是否有效、是否对公司产生潜在影响

（1）公司在《投资整体协议》中既是力合华睿、力合投资本次投资的标的公司，也是《投资整体协议》权利义务的承担者之一。公司的权利在于接受力合华睿、力合投资的投资；其义务包括就投资事项召开公司内部会议，形成董事会决议、股东会决议等公司文件、办理工商登记等。另外，公司就协议目的作出系列承诺和保证，如保证对其名下的资产和债权享有完整、充分的所有权，已经取得向力合华睿、力合投资披露的专利、商标、非专利技术及其他各项知识产权的所有权和使用权等。作为权利义务的承担者，公司应当作为协议主体签订《投资整体协议》。

《股份回购协议》为《投资整体协议》的补充协议，是对《投资整体协议》对赌（回购）条款的特别约定，公司作为《投资整体协议》的签约主体，也可以作为一方主体签署《股份回购协议》。

在《投资整体协议》和《股份回购协议》中，公司并不是回购股权的主体，不负有股权回购义务，因此不存在因违反《公司法》相关规定而导致上述协议无效的情形。

（2）如前所述，公司股东黄建钟、陈汉新、黄清乐于2014年3月26日作出书面承诺，承诺上述协议中的回购主体为黄建钟、陈汉新、黄清乐。如公司就该等回购条款受有损失，黄建钟、陈汉新、黄清乐将连带承担全部责任；如公司就上述协议中涉及公司的相关陈述、保证、承诺、义务等事项而受有损失的，黄建钟、陈汉新、黄清乐将承担不可撤销的连带赔偿责任。黄建钟、陈汉新、黄清乐的共同承诺排除了公司在上述协议中可能承担的责任。如因对赌（回购）条款产生争议，属股东之间的纠纷，与星龙科技无关。

综上，本所律师认为，公司作为协议主体之一，与股东签订上述协议有效；《投资整体协议》《股份回购协议》的签署不会对公司产生潜在影响，也不构成对本次申请挂牌的实质性影响。

案例4-5-2　铁血科技833658

【问题】对赌协议

【问题描述】

请主办券商和律师补充核查公司、控股股东与财务投资者签署的增资协议中是否存在涉

及业绩、股权回购、优先权、反稀释、挂牌上市等条款的内容。若存在，请主办券商和律师就是否存在损害申请挂牌公司、债权人利益情形发表明确意见，分析公司自然人股东是否具备回购能力，是否影响公司股权的稳定性；请公司补充披露相关内容。

【问题解决】①

1. 根据各方 2013 年 6 月 13 日签署的《关于北京铁血科技有限责任公司的投资协议书》及《〈关于北京铁血科技有限责任公司的投资协议书〉之补充协议书》，投资方享有下述特殊权利：

（1）回购：东方富海（上海）创业投资企业（有限合伙）、东方富海、经纬创达和赵斌在特定情形下有权利单独或者共同地要求目标公司和实际控制股东共同连带地回购投资方所持有的全部股权或部分股权；

（2）共同售股权：如果原股东计划转让其全部或部分的股权，东方富海（上海）创业投资企业（有限合伙）、东方富海、经纬创达和赵斌都享有以同样的转让条件同比例附随拟出售股权的原股东向拟受让方捆绑出让股权的权利；

（3）优先认购权：东方富海（上海）创业投资企业（有限合伙）、东方富海、经纬创达和赵斌都有权按照其持有的目标公司股权比例，以目标公司拟发行新股或新发证券的相同价格、条件和条款，优先认购目标公司任何新增股本；

（4）优先购买权：如东方富海（上海）创业投资企业（有限合伙）、东方富海、经纬创达、赵斌转让所持公司的部分或全部股权时，公司原股东有优先购买权；

（5）反稀释：目标公司和创始股东应保证投资方各方按照本次出资所获得权益价值不被稀释或受到其他损害；

（6）领售权：在满足特定条件的情况下，原股东应当按照与批准投资者相同的条件向第三方转让其持有的所有目标公司股权；

（7）清算优先权：如果目标公司破产清算、解散清算，投资各方享有比目标公司其他股东优先的清偿权利。

根据各方 2015 年 7 月 6 日签署的《〈关于北京铁血科技有限责任公司的投资协议书〉之补充协议书（二）》，各方一致同意为满足目标公司申请股票在全国中小企业股份转让系统挂牌合规要求，解除目标公司在《〈关于北京铁血科技有限责任公司的投资协议书〉之补充协议书》中的部分义务，即自《〈关于北京铁血科技有限责任公司的投资协议书〉之补充协议书（二）》签署之日，投资方享有下述特殊权利：

（1）回购：东方富海（上海）创业投资企业（有限合伙）、东方富海、经纬创达和赵斌在特定情形下有权利单独或者共同地要求实际控制股东回购投资方所持有的全部股权或部分股权；

（2）共同售股权：如果原股东计划转让其全部或部分的股权，东方富海（上海）创业投资企业（有限合伙）、东方富海、经纬创达和赵斌都享有以同样的转让条件同比例附随拟出售股权的原股东向拟受让方捆绑出让股权的权利；

---

① 《关于北京铁血科技股份公司申请股票在全国中小企业股份转让系统挂牌并公开转让之补充法律意见书》，第 2 ~ 6 页。

(3)优先认购权:东方富海(上海)创业投资企业(有限合伙)、东方富海、经纬创达和赵斌都有权按照其持有的目标公司股权比例,以目标公司拟发行新股或新发证券的相同价格、条件和条款,优先认购目标公司任何新增股本;

(4)优先购买权:如东方富海(上海)创业投资企业(有限合伙)、东方富海、经纬创达、赵斌转让所持公司的部分或全部股权时,公司原股东有优先购买权;

(5)反稀释:创始股东应保证投资方各方按照本次出资所获得权益价值不被稀释或受到其他损害;

(6)领售权:在满足特定条件的情况下,原股东应当按照与批准投资者相同的条件向第三方转让其持有的所有目标公司股权;

(7)清算优先权:如果目标公司破产清算、解散清算,投资各方享有比目标公司其他股东优先的清偿权利。

2. 根据各方于 2015 年 3 月 13 日签署的《关于北京铁血科技有限责任公司之增资扩股协议》及力合清源与蒋磊、标的公司于 2015 年 3 月 20 日签署的《关于北京铁血科技有限责任公司增资扩股协议之补充协议》,力合清源享有下述特殊权利:

(1)回购:力合清源在特定情形下有权要求标的公司和原控股股东共同连带地回购投资方所持有的全部股权或部分股权。

(2)优先购买权和共同出售权:原控股股东经投资方和前轮投资人书面同意向公司股东以外的第三方转让其股权时,投资方和前轮投资人享有下列选择权:①按第三方给出的相同条款和条件购买原控股股东拟出售的股权;②按第三方给出的相同条款和条件,与原控股股东共同出售股权。

(3)反稀释:标的公司以任何方式引进新投资者的,应确保新投资者和前轮投资人的投资价格不得低于本协议投资方的投资价格。

(4)优先认购权:标的公司以任何形式进行新的股权融资,投资方和前轮投资人有权按所持股权比例享有优先购买权。

(5)清算优先权:在标的公司发生清算、解散或结束业务或者发生视同清算情形的情况下,投资方和前轮投资人优先获得清算分配,原控股股东承诺对上述义务承担连带责任。

根据力合清源与蒋磊、标的公司于 2015 年 7 月 1 日签署的《关于北京铁血科技有限责任公司增资扩股协议之补充协议(二)》,各方一致同意为满足目标公司申请股票在全国中小企业股份转让系统挂牌合规要求,解除目标公司在《补充协议》(2015 年 3 月 20 日)中的部分义务,即自上述《补充协议(二)》(2015 年 7 月 1 日)签署之日,投资方享有下述特殊权利:

(1)回购:力合清源在特定情形下有权要求原控股股东回购投资方所持有的全部股权或部分股权。

(2)优先购买权和共同出售权:原控股股东经投资方和前轮投资人书面同意向公司股东以外的第三方转让其股权时,投资方和前轮投资人享有下列选择权:①按第三方给出的相同条款和条件购买原控股股东拟出售的股权;②按第三方给出的相同条款和条件,与原控股股东共同出售股权。

(3)反稀释:标的公司以任何方式引进新投资者的,应确保新投资者和前轮投资人的投资价格不得低于本协议投资方的投资价格。

(4)优先认购权：标的公司以任何形式进行新的股权融资，投资方和前轮投资人有权按所持股权比例享有优先购买权。

(5)清算优先权：在标的公司发生清算、解散或结束业务或者发生视同清算情形的情况下，投资方和前轮投资人优先获得清算分配，原控股股东承诺对上述义务承担连带责任。

3. 根据各方于2015年3月20日签署的《关于北京铁血科技有限责任公司之增资扩股协议》及卢咏、李强、李小萍、周云娣、韩枫、关景迪与蒋磊、标的公司签署的《关于北京铁血科技有限责任公司增资扩股协议之补充协议》，卢咏、李强、李小萍、周云娣、韩枫、关景迪享有下述特殊权利：

(1)回购：卢咏、李强、李小萍、周云娣、韩枫、关景迪在特定情形下有权要求标的公司和原控股股东共同连带地回购投资方所持有的全部股权或部分股权；

(2)反稀释：标的公司以任何方式引进新投资者的，应确保新投资者和前轮投资人的投资价格不得低于本协议投资方的投资价格；

(3)优先认购权：标的公司以任何形式进行新的股权融资，投资方和前轮投资人有权按所持股权比例享有优先购买权；

(4)清算优先权：在标的公司发生清算、解散或结束业务或者发生视同清算情形的情况下，投资方和前轮投资人优先获得清算分配，原控股股东承诺对上述义务承担连带责任。

根据卢咏、李强、李小萍、周云娣、韩枫、关景迪与蒋磊、标的公司于2015年7月1日签署的《关于北京铁血科技有限责任公司增资扩股协议之补充协议(二)》，各方一致同意为满足目标公司申请股票在全国中小企业股份转让系统挂牌合规要求，解除目标公司在《补充协议》中的部分义务，即自上述《补充协议(二)》签署之日，卢咏、李强、李小萍、周云娣、韩枫、关景迪享有下述特殊权利：

(1)回购：卢咏、李强、李小萍、周云娣、韩枫、关景迪在特定情形下有权要求原控股股东回购投资方所持有的全部股权或部分股权。

(2)优先购买权和共同出售权：原控股股东经投资方和前轮投资人书面同意向公司股东以外的第三方转让其股权时，投资方和前轮投资人享有下列选择权：①按第三方给出的相同条款和条件购买原控股股东拟出售的股权；②按第三方给出的相同条款和条件，与原控股股东共同出售股权。

(3)反稀释：标的公司以任何方式引进新投资者的，应确保新投资者和前轮投资人的投资价格不得低于本协议投资方的投资价格。

(4)优先认购权：标的公司以任何形式进行新的股权融资，投资方和前轮投资人有权按所持股权比例享有优先购买权。

(5)清算优先权：在标的公司发生清算、解散或结束业务或者发生视同清算情形的情况下，投资方和前轮投资人优先获得清算分配，原控股股东承诺对上述义务承担连带责任。

4. 根据各方于2015年5月25日签署的《关于北京铁血科技股份公司之增资扩股协议》及珠海富海、杭州新线、中瑞和嘉、经纬创达、力合清源、曹国熊、苏航、孙化水、冯哲、杨林与蒋磊和标的公司于2015年5月30日签署的《关于北京铁血科技股份公司增资扩股协议之补充

协议》,珠海富海、杭州新线、中瑞和嘉、经纬创达、力合清源、曹国熊、苏航、孙化水、冯哲、杨林享有下述特殊权利:

(1)回购:珠海富海、杭州新线、中瑞和嘉、经纬创达、力合清源、曹国熊、苏航、孙化水、冯哲、杨林在特定情形下有权要求原控股股东回购投资方所持有的全部股权或部分股权;

(2)反稀释:标的公司以任何方式引进新投资者的,应确保新投资者和前轮投资人的投资价格不得低于本协议投资方的投资价格;

(3)优先认购权:标的公司以任何形式进行新的股权融资,投资方和前轮投资人有权按所持股权比例享有优先购买权。

综上,为公司本次挂牌之目的,公司各股东已对原投资协议或增资协议中所列示的部分权利进行了放弃,并针对各次投资分别签署了补充协议。该等补充协议签订,明确了关于投资者的优先权、回购、反稀释等特殊条款均不涉及需由目标公司(拟挂牌公司)履行的强制性义务,而由投资者与原股东(控股股东)之间履行。该等修改的目的及内容满足了不损害挂牌公司的利益,以及不损害公司债权人的利益。截至本补充法律意见书出具之日,公司股权清晰、稳定,尚未发生触发控股股东回购事项,股权稳定。公司控股股东蒋磊于2015年8月10日提供了《回购能力说明及承诺函》,同时提供了其个人财产相关证明文件。根据该等说明及证明文件,公司控股股东蒋磊将专注于铁血科技的发展和运营,推进公司持续发展及增长。如发生特定情况,蒋磊愿意并具备履行与投资方签署的投资协议和增资扩股协议项下的回购义务的财产实力。

案例4-5-3 众巢科技837797

【问题】对赌协议

【问题描述】

公司原股东、公司与机构投资者之间是否存在"对赌"等投资价格调整、优先权、反稀释、拖带权、认沽权等特殊条款或利益安排;若有,分析公司及该等条款对公司控制权、权益、公司治理的影响,股东之间是否存在(或潜在)纠纷及其对公司治理及正常运营的影响。

【问题解决】①

如法律意见书"第二次增资"部分所述,2015年10月29日第二次增资时,公司及公司实际控制人杨伟光分别与广发信德、珠海康远、珠海互娱、明家科技、横琴安赐签署了投资协议及投资协议之补充协议,签署协议中均约定了业绩承诺及补偿、股份回售等条款;且众巢股份均作为投资协议之补充协议的签署主体,为杨伟光在投资协议之补充协议项下的业绩补偿、股权回购义务及违约责任承担连带保证。经核查,公司及杨伟光已经与广发信德、珠海康远、珠海互娱、明家科技、横琴安赐等投资者,解除或附协议生效条件地解除了相应载明公司作为责任承担主体的原投资协议之补充协议,众巢股份与相关股东之间已不存在对赌内容的约

① 《关于众巢科技(上海)股份有限公司申请股票在全国中小企业股份转让系统挂牌的补充法律意见书》,第8~12页。

定。前述相关解除协议具体约定内容如下：

1. 珠海互娱

公司及公司实际控制人杨伟光与珠海互娱三方于2016年2月3日签署《协议书》,《协议书》作出如下约定:(1)各方一致同意,解除投资协议之补充协议;(2)各方对于投资协议之补充协议解除前已经履行的部分均予以确认。不再要求恢复原状、采取补救措施或要求赔偿损失;各方对于投资协议之补充协议的履行和解除不存在任何争议或潜在争议,各方均放弃向相对方主张任何权利或提出任何诉求或要求。

2. 广发信德、珠海康远

公司及公司实际控制人杨伟光与广发信德、珠海康远四方于2016年2月3日签署《对赌解除协议》,该协议作出如下约定:(1)各方一致同意,解除投资协议之补充协议。(2)各方对于投资协议之补充协议解除前已经履行的部分均予以确认。不再要求恢复原状、采取补救措施或要求赔偿损失;各方对于投资协议之补充协议的履行和解除不存在任何争议或潜在争议,各方均放弃向相对方主张任何权利或提出任何诉求或要求。(3)若公司在新三板市场挂牌申请未被受理、被劝退、被撤回、未获得审核通过或者核准的,则各方同意继续履行投资协议及补充协议。

3. 横琴安赐

公司及公司实际控制人杨伟光与横琴安赐三方于2016年2月3日签署《珠海横琴安赐文化互联股权投资基金企业(有限合伙)与杨伟光、众巢医药咨询(上海)有限公司就之补充协议(二)》,协议作出如下约定:(1)各方一致同意,解除投资协议之补充协议。(2)各方对于投资协议之补充协议解除前已经履行的部分均予以确认。不再要求恢复原状、采取补救措施或要求赔偿损失;各方对于投资协议之补充协议的旅行和解除不存在任何争议或潜在争议,各方均放弃向相对方主张任何权利或提出任何诉求或要求。(3)协议自同时满足以下条件之日起生效:各方签字或盖章,且公司获得在全国中小企业股份转让系统挂牌核准。

4. 明家科技

公司及公司实际控制人杨伟光与明家科技三方于2016年2月3日签署《广东明家科技股份有限公司与杨伟光、众巢医药咨询(上海)有限公司就之补充协议(二)》,协议作出如下约定:(1)各方一致同意,解除投资协议之补充协议。(2)各方对于投资协议之补充协议解除前已经履行的部分均予以确认。不再要求恢复原状、采取补救措施或要求赔偿损失;各方对于投资协议之补充协议的旅行和解除不存在任何争议或潜在争议,各方均放弃向相对方主张任何权利或提出任何诉求或要求。(3)协议自同时满足以下条件之日起生效:各方签字或盖章,且公司获得在全国中小企业股份转让系统挂牌核准。

但是,经本所律师核查,公司控股股东、实际控制人杨伟光与广发信德、珠海康远、明家科技、横琴安赐等投资者新订立的协议中,存在相关业绩承诺、现金补偿、股份回售条款。

广发信德、珠海康远与杨伟光于2016年2月23日签署了《广州广发信德一期健康产业投资企业(有限合伙)、珠海康远投资企业(有限合伙)与杨伟光就〈投资协议〉之补充协议》。根据协议第3条"业绩承诺与补偿",杨伟光承诺:公司2016年、2017年和2018年的净利润分别不低于1000万元、1350万元和1822.5万元。若公司2016年、2017年和2018年任意年度实际净利润低于当年承诺净利润的90%，即分别低于900万元、1215万元和1640.25万元，则杨伟光需向广发信德、珠海康远进行现金补偿，补偿金的计算方式为：补偿现金金额=投资金额×(1－当年实际净利润/当年承诺净利润)。根据协议第4条“股份回售”，杨伟光承诺：公司2016年、2017年和2018年任一年度净利润低于当年承诺净利润的80%，广发信德、珠海康远有权向杨伟光回售其所持公司全部股份，杨伟光应以现金形式收购，回购金额以下述两种计算方式中金额高的为准：(1)投资金额×(1+12%×出资日到回购款支付日天数÷180)－投资方已分得的现金红利－投资方已收到的现金补偿；(2)根据回购日(投资方向回购义务人书面提出要求行使回售权利的当天)公司最近一期审计报表计算的，投资方所持股权对应之净资产。根据协议第5条“取得业绩补偿和回售的选择和保障”，杨伟光承诺：若不按本补充协议的约定收到投资方书面通知后的时限内履行业绩补偿义务或回购义务，或不能完全履行的，应将未履行金额对应的股份无条件质押给投资方。应质押股份的计算方式为：需质押的股份数量=未履行金额/(公司最近一期经审计净资产÷公司总股本)。

明家科技与杨伟光于2016年2月22日签署《广东明家科技股份有限公司与杨伟光就之补充协议(三)》，该协议第3条、第4条和第5条分别约定了“业绩承诺”和“股份回售”等内容。根据协议第3条“业绩承诺”，杨伟光承诺：公司2016年、2017年和2018年的净利润分别不低于1000万元、1350万元和1822万元。根据协议第4条“股份回售”，杨伟光承诺：公司2016年、2017年和2018年任一年度净利润低于当年承诺净利润，明家科技有权向杨伟光回售明家科技所持公司全部股权，杨伟光应以现金形式收购。回购金额以下述两种计算方式中金额高的为准：(1)明家科技投资金额×(1+12%×出资日到回购款支付日天数÷360)－明家科技已分得的现金红利－明家科技已收到的现金补偿；(2)根据回购日(明家科技向回购义务人书面提出要求行使回售权利的当天)公司最近一期审计报表计算的，明家科技所持股权对应之净资产。根据协议第5条“回售的选择和保障”，杨伟光承诺：若不按本补充协议的约定收到明家科技书面通知后的时限内履行业绩补偿义务或回购义务，或不能完全履行的，应将未履行金额对应的股份无条件质押给明家科技。应质押股份的计算方式为：需质押的股份数量=未履行金额/(公司最近一期经审计净资产÷公司总股本)。

横琴安赐与杨伟光于2016年2月22日签署《珠海横琴安赐文化互联股权投资基金企业(有限合伙)与杨伟光就之补充协议(三)》，该协议第3条、第4条和第5条约定了“业绩承诺”“股份回售”等内容。根据协议第3条“业绩承诺”，杨伟光承诺：公司2016年、2017年和2018年的净利润分别不低于1000万元、1350万元和1822万元。根据协议第4条“股份回售”，杨伟光承诺：公司2016年、2017年和2018年任一年度净利润低于当年承诺净利润，横琴安赐有权向杨伟光回售横琴安赐所持公司全部股权，杨伟光应以现金形式收购。回购金额以下述两种计算方式中金额高的为准：(1)明家科技投资金额×(1+12%×出资日到回购款支付日天数÷360)－横琴安赐已分得的现金红利－横琴安赐已收到的现金补偿；(2)根据回购日(横琴安赐向回购义务人书面提出要求行使回售权利的当天)公司最近一期审计报表计算的，横琴安赐所持股权对应之净资产。根据协议第5条“回售的选择和保障”，杨伟光承诺：若不按本补充协议的约定收到横琴安赐书面通知后的时限内履行业绩补偿义务或回购义务，或不能完全履行的，应将未履行金额对应的股份无条件质押给横琴安赐。应质押股份的计算方式式为:需质押的股份数量＝未履行金额/(公司最近一期经审计净资产÷公司总股本)。

本所律师认为,该等条款为杨伟光与相关股东之间自愿订立,内容不涉及众巢股份及其他股东的利益,条款合法有效。本所律师注意到,当该等条款被触发时,杨伟光有义务对该等投资者进行现金补偿或者回购该等投资者所持公司股权;如果杨伟光具备现金补偿金额或者回购款项的支付能力,则其持有的公司股份不会减少,众巢股份不会发生控股股东、实际控制人的变化;如果杨伟光不具备现金补偿金额或者回购款项的支付能力,按照补充协议的规定,其应将未履行金额相应的股份无条件质押给该等投资者;同时,其持有的公司股份的全部或部分存在被司法强制执行用于抵偿回购款项支付义务的可能,由此众巢股份可能发生控制权变动,届时可能造成公司董事会成员的变动等影响公司治理的情况。另外,公司实际控制人出具了《补充承诺函》,确认其具备全部以合法自有资产支付现金补偿金额或者回购款项的能力;即使对赌协议的条款被触发,将全部使用合法自有资产支付现金补偿金额或者回购所需款项,不会变卖、抵押其所有的公司股份致使公司的实际控制权发生变动,不会侵占公司的资产用于现金补偿或回购股份。根据公司即公司实际控制人出具的承诺,公司股东目前不存在现时的纠纷。

第六节　国有股认定

一、国有股的认定

国有股权,包括国家股和国家法人股。其中,国家股指有权代表国家投资的部门或机构以国有资产向拟挂牌公司投资形成的股份,包括以拟挂牌公司现有国有资产折算成的股份;国家法人股,指国有企业、事业单位以及其他单位以其依法占用的法人资产向独立于自己的拟挂牌公司出资,而依法拥有的股权。国有股涉及国有资产的安全问题,拟挂牌企业是否存在国有股,国有股是否履行了相应法律法规规定的程序并取得相关审核批复,都是公司挂牌审核中的重点。

二、国有股的相关要求

根据《全国中小企业股份转让系统业务规则(试行)》规定,拟挂牌企业应当"依法设立""股权明晰";根据《挂牌条件标准指引》规定,拟挂牌公司设立的主体、程序合法、合规,"国有企业需提供相应的国有资产监督管理机构或国务院、地方政府授权的其他部门、机构关于国有股权设置的批复文件"。公司股东的出资合法、合规,"以国有资产出资的,应遵守有关国有资产评估的规定"。以上均是对国有股权的明确审核要求。

拟挂牌公司的国有股,需要履行相应的程序。如《企业国有资产法》第 40 条第 2 款规定:"重要的国有独资企业、国有独资公司、国有资本控股公司的改制,履行出资人职责的机构在作出决定或者向其委派参加国有资本控股公司股东会会议、股东大会会议的股东代表作出指示前,应当将改制方案报请本级人民政府批准。"第 42 条第 1 款规定:"企业改制应当按照规定进行清产核资、财务审计、资产评估,准确界定和核实资产,客观、公正地确定资产的价值。"

《企业国有资产评估管理暂行办法》(国务院国有资产监督管理委员会令第12号)第6条规定,企业整体或者部分改建为有限责任公司或者股份有限公司,应当对资产进行评估。第16条规定,国有资产监督管理机构对资产评估项目所涉及的经济行为是否获得批准进行审核。

因此,合法合规的国有股应当履行必要的资产评估、审批手续。

三、解决思路

1. 核查是否属于国有股

企业在挂牌的过程中应首先依据相关法律法规规定核查是否有国有股,从股权结构、主营业务等方面仔细披露。

2. 详细说明相关程序的履行情况

若经核查,申请挂牌主体存在国有股,在对国有股进行认定与相关披露之后,进一步核查国有出资程序的合规性,核查申请挂牌主体是否需要取得国有股权设置批复,是否需要履行其他的相关程序。

对于存在的程序瑕疵,一方面,向国资委提出申请,以请求补足相关的程序要件。另一方面,要对没有损害国有资产进行论证,由控股股东或实际控制人补充承诺函,保证公司国有股的真实足额到位,相关程序正在补充申请;若存在损害拟挂牌公司或损害国有资产的情形,其将承担相应的赔偿和处罚责任等。

案例4-6-1 中集新材838747

【问题】国有股认定

【问题描述】

公司是否存在国有股东,是否履行国有股权备案审批相关程序。

【问题解决】①

关于国有股权设置批复的情况说明如下:

根据《上市公司国有股东标识管理暂行规定》(国资发产权〔2007〕108号)、《关于施行〈上市公司国有股东标识管理暂行规定〉有关问题的函》(国资厅产权〔2008〕80号)规定,持有上市公司股份的下列企业或单位应确认为国有股东:(1)政府机构、部门、事业单位、国有独资企业或出资人全部为国有独资企业的有限责任公司或股份有限公司。(2)上述单位或企业独家持股比例达到或超过50%的公司制企业;上述单位或企业合计持股比例达到或超过50%,且其中之一为第一大股东的公司制企业。(3)上述第(2)项中所述企业连续保持绝对控股关系的各级子企业。(4)以上所有单位或企业的所属单位或全资子企业。

根据公司控股股东中集集团披露的上市公司年报等公开信息,并经本所律师核查,中集集团的国有股东包括招商局国际(中集)投资有限公司及中远集装箱工业有限公司、中国证券

---

① 《北京市大成(深圳)律师事务所关于中集新型环保材料股份有限公司股票申请在全国中小企业股份转让系统挂牌并公开转让的法律意见书》,第23页。

金融股份有限公司、中央汇金资产管理有限责任公司，其合计持股比例未达到50%，中集集团不存在控股股东，无实际控制人，不符合上述关于国有股东的规定，股东南方集装箱为中集集团控制的企业，股东安瑞信为公司员工激励目的而成立的投资公司，均不符合上述关于国有股东的规定。

综上，中集集团、南方集装箱及安瑞信持有的公司股份不应认定为国有股，无须取得国有股权设置的批复。

案例4-6-2 宏伟供应833770

【问题】国有股认定

【问题描述】

浙江宏伟供应链股份有限公司(以下简称宏伟供应)，成立于2001年8月31日。经查，宏伟供应共有5名股东，其中有3名永康市同舟共创投资企业(以下简称同舟共创)、深圳市中广核德晟股权投资合伙企业(有限合伙)(以下简称中广核德晟)、安徽盘古泓业股权投资中心(有限合伙)(以下简称盘古泓业)为机构投资者。

请主办券商和律师补充核查：

(1)机构投资者的股权结构及主营业务，是否存在国有股、私募基金情形；若存在国有股，请进一步核查国有出资程序的合规性，公司是否需取得国有股权设置批复。

(2)公司、原股东与机构投资者签署的协议中是否存在涉及对赌、股权回购等条款的内容，若存在请进一步核查是否存在损害公司和债权人利益情形。

【问题解决】①

经核查，宏伟供应5名股东中，有3名股东是机构投资者，分别是同舟共创、中广核德晟、盘古泓业。

根据《上市公司国有股东标识管理暂行规定》(国资发产权〔2007〕108号)、《关于施行〈上市公司国有股东标识管理暂行规定〉有关问题的函》(国资厅产权〔2008〕80号)规定，持有上市公司股份的下列企业或单位应确认为国有股东：(1)政府机构、部门、事业单位、国有独资企业或出资人全部为国有独资企业的有限责任公司或股份有限公司。(2)上述单位或企业独家持股比例达到或超过50%的公司制企业；上述单位或企业合计持股比例达到或超过50%，且其中之一为第一大股东的公司制企业。(3)上述第(2)项中所述企业连续保持绝对控股关系的各级子企业。(4)以上所有单位或企业的所属单位或全资子企业。

中广核德晟、盘古泓业属于有限合伙企业，不属于公司制企业；本所律师比照上述规定对两家机构投资人进行核查，具体情况如下：

---

① 《关于浙江宏伟供应链股份有限公司申请股票在全国中小企业股份转让系统挂牌并公开转让之补充法律意见书(一)》，第6~13页。

1. 中广核德晟不应认定为国有股

根据中广核德晟的有限合伙人苏州德晟亨风创业投资合伙企业(有限合伙)(以下简称德晟亨风)合伙协议及其有限合伙人苏州市禾裕科技小额贷款有限公司(以下简称禾裕小贷)章程显示,苏州元禾控股有限公司为国有控股公司,其出资占德晟亨风23.91%;禾裕小贷出资占德晟亨风3.19%,股东苏州工业园禾裕科技金融集团有限公司含国有股,出资占禾裕小贷40%,股东苏州恒润进出口有限公司含部分国有股,出资占禾裕小贷6.67%。根据《关于施行〈上市公司国有股东标识管理暂行规定〉有关问题的函》(国资厅产权〔2008〕80号)规定,苏州工业园禾裕科技金融集团有限公司和苏州恒润进出口有限公司合计持股比例未达到50%,其直接或间接持有的公司股份不应认定为国有股。由于德晟亨风的合伙人直接或间接持有国有股出资比例单个或合计未达到50%,根据《关于施行〈上市公司国有股东标识管理暂行规定〉有关问题的函》(国资厅产权〔2008〕80号)规定,德晟亨风直接或间接持有的公司股份不应认定为国有股。北京银河创新技术发展有限公司应认定为国有股,但其出资占中广核德晟45%,不符合《关于施行〈上市公司国有股东标识管理暂行规定〉有关问题的函》(国资厅产权〔2008〕80号)规定。因此,北京银河创新技术发展有限公司持有中广核德晟的份额不认定为国有股。

综上,中广核德晟所持宏伟供应的股份不应认定为国有股,无须取得国有股权设置的批复。中广核德晟投资宏伟供应已通过内部投资审议,出资合法合规。

2. 盘古泓业不认定为国有股

经核查,盘古泓业的有限合伙人国泰君安创新投资有限公司为国泰君安证券股份有限公司全资子公司。截至本意见书出具之日,国泰君安创新投资有限公司出资占盘古泓业33.33%,其他不含国有股的合伙人出资共计占盘古泓业66.67%。根据《关于施行〈上市公司国有股东标识管理暂行规定〉有关问题的函》(国资厅产权〔2008〕80号)规定,盘古泓业直接或间接持有的公司股份不应认定为国有股。

因此,盘古泓业所持宏伟供应的股份不应认定为国有股,无须取得国有股权设置的批复。盘古泓业投资宏伟供应已通过内部投资审议,出资合法合规。

第五章　董事、监事、高级管理人员适格性问题

一、董事、监事、高级管理人员的适格性问题

董事、监事、高级管理人员的适格性问题是指公司董监高必须满足《公司法》等相关法律法规对其任职资格的规定，不得存在违法违规的情形。公司董事、监事、高级管理人员是公司日常经营活动中的重要主体，要满足相关法律、法规的资质要求，拟挂牌主体的董事、监事、高级管理人员若存在适格性问题，必须在申报前进行处理。

二、保证董事、监事、高级管理人员适格的必要性

《挂牌条件标准指引》规定，董事、监事、高级管理人员应具备和遵守《公司法》规定的任职资格和义务，不应存在最近24个月内受到证监会行政处罚或被采取证券市场禁入措施的情形。

我国《公司法》第146条第1款规定不得担任董事、监事、高级管理人员的五种情形：(1)无民事行为能力或者限制民事行为能力；(2)因贪污、贿赂、侵占财产、挪用财产或者破坏社会主义市场经济秩序，被判处刑罚，执行期满未逾5年，或者因犯罪被剥夺政治权利，执行期满未逾5年；(3)担任破产清算的公司、企业的董事或者厂长、经理，对该公司、企业的破产负有个人责任的，自该公司、企业破产清算完结之日起未逾3年；(4)担任因违法被吊销营业执照、责令关闭的公司、企业的法定代表人，并负有个人责任的，自该公司、企业被吊销营业执照之日起未逾3年；(5)个人所负数额较大的债务到期未清偿。

《公务员法》第42条规定，公务员因工作需要在机关外兼职，应当经有关机关批准，并不得领取兼职报酬。第53条第14项规定，公务员必须遵守纪律，不得从事或者参与营利性活动，不得在企业或者其他营利性组织中兼任职务。第102条第1款规定，公务员辞去公职或者退休的，原系领导成员的公务员在离职3年内，其他公务员在离职2年内，不得到与原工作业务直接相关的企业或者其他营利性组织任职，不得从事与原工作业务直接相关的营利性活动。

因此，法律、法规对拟挂牌公司的董事、监事和高级管理人员的任职资格是有明确的禁止性要求的。律师在尽职调查过程中需要对拟担任董事、监事、高级管理人员的人员进行任职资格核查，并要求其提供由公安部门出具的无犯罪证明和银行出具的信用报告。

三、解决思路

1. 核查公司董事、监事、高级管理人员的身份

律师在进行尽职调查时，必须对拟挂牌公司的董事、监事、高级管理人员人选的基本信

息、工作经历、无刑事犯罪记录、信用记录等方面进行核查，核实其人选不存在违反相关法律法规禁止性规定的情况。

2. 判断董事、监事、高级管理人员任职问题的情形

董事、监事、高级管理人员的拟定人选若存在《挂牌条件标准指引》《公司法》《公务员法》的禁止性情形，则必须更换该拟定人选；若拟挂牌公司历史沿革中的董事、监事、高级管理人员曾存在任职瑕疵，则需要对以往任职进行合理性、合规性解释，说明其对公司挂牌不构成实质性障碍，并根据目前拟挂牌的情况，更换人选或论证瑕疵已消除以确保公司董事、监事、高级管理人员符合相关法律、法规的要求。

3. 详细说明董事、监事、高级管理人员的历史任职资格瑕疵对公司没有造成损害

针对公司以往董事、监事、高级管理人员资格存在瑕疵的情形，需要结合该瑕疵存在期间公司的经营状况和该董事、监事、高级管理人员的工作表现进行分析。依据历次股东会、董事会均符合《公司法》的规定，履行了必要的程序，论证其任职瑕疵没有对公司的实际经营造成实质性损害。若存在一定的损害情形，需要由该任职瑕疵人员、公司控股股东和实际控制人出具相应承诺函，对以往任职资格瑕疵可能造成的损害承担相应的赔偿责任。

4. 保证今后董事、监事、高级管理人员不存在适格性问题

对以往的董事、监事、高级管理人员任职瑕疵问题进行解释、论证后，需要规范今后董事、监事、高级管理人员任职人选。结合个人工作经历、无犯罪记录证明、信用记录等论证新拟定人选满足相关法律法规要求。若是沿用过去存在任职瑕疵的人选，其瑕疵情形必须已经消除；若瑕疵无法消除，则仍需更换相应的任职人选。

5. 选举程序合法、合规

股份公司选举董事、监事、高级管理人员的程序应合法、合规，保证选举程序的公平公正性。选举时，应如实披露董事、监事、高级管理人员的基本信息及从业经历。若与公司实际控制人、控股股东有亲属关系，应如实披露，并建议说明其合理性。

案例 5-1 兴达泡塑 834090

【问题】公务员担任公司董事

【问题描述】

独立董事陆荣德系自 2010 年 12 月起，开始担任兴达泡塑独立董事；2003 年 3 月至 2008 年 1 月期间，陆荣德担任无锡市人民代表大会副主任；2008 年 1 月至 2011 年 6 月期间，陆荣德虽就职于无锡市人民代表大会，但不再担任领导职务。关于吴仲明任职资格，经本所律师核查，吴仲明系 2011 年 5 月担任兴达泡塑独立董事职务；其于 2004 年 4 月退休，退休前担任锡山市财政局局长职务，系国家公务人员，在其离职 3 年后担任兴达泡塑独立董事。请主办券商和律师核查二人任职独立董事的适格性。

【问题解决】①

1. 陆荣德任职资格

经本所律师核查，陆荣德系自2010年12月起，开始担任兴达泡塑独立董事；2003年3月至2008年1月期间，陆荣德担任无锡市人大常委会副主任；2008年1月至2011年6月期间，陆荣德虽就职于无锡市人民代表大会，但不再担任领导职务。根据《公务员法》第53条第14项的规定，公务员不得有在企业或者其他营利性组织中兼任职务的行为。陆荣德于2010年12月担任兴达泡塑独立董事时系国家公务员，存在任职瑕疵，但陆荣德已于2011年6月退休，其之后在兴达泡塑担任独立董事已不属于公务员兼职。经查阅公司历次董事会会议资料，历次董事会议案均全票表决通过。公司独立董事陆荣德自2010年12月至2011年6月虽存在任职瑕疵，但该瑕疵不对公司历次董事会决议的作出构成实质性影响，故该任职瑕疵未对公司经营管理层面带来不利影响。同时，根据《公务员法》第102条第1款"公务员辞去公职或者退休的，原系领导成员的公务员在离职三年内，其他公务员在离职两年内，不得到与原工作业务直接相关的企业或者其他营利性组织任职，不得从事与原工作业务直接相关的营利性活动"的规定，陆荣德退休前担任非领导职务，且兴达泡塑不属于与陆荣德原工作业务直接相关的企业，故自其退休之日起可以担任兴达泡塑独立董事。

2. 吴仲明任职资格

经本所律师核查，吴仲明系2011年5月担任兴达泡塑独立董事职务，其于2004年4月退休，退休前担任锡山市财政局局长职务，系国家公务人员，在其离职3年后担任兴达泡塑独立董事，未违反《公务员法》第102条第1款的规定。

案例5-2　快商科技839014

【问题】教师担任公司董事

【问题描述】

公司董事蔡振华为闽南师范大学计算机学院的教师。请主办券商和律师核查其任公司董事是否合法、合规。

【问题解决】②

1. 有关董事任职资格的法律规定

(1)《公司法》第对董事任职资格的规定

《公司法》第146条第1款规定："有下列情形之一的，不得担任公司的董事、监事、高级管理人员：(一)无民事行为能力或者限制民事行为能力；(二)因贪污、贿赂、侵占财产、挪用财产或者破坏社会主义市场经济秩序，被判处刑罚，执行期满未逾五年，或者因犯罪被剥夺政治权利，执行期满未逾五年；(三)担任破产清算的公司、企业的董事或者厂长、经理，对该公司、

① 《关于兴达泡塑申请股票在全国中小企业股份转让系统挂牌并公开转让的补充法律意见书》，第5~6页。

② 《关于厦门快商通科技股份有限公司申请股票在全国中小企业股份转让系统挂牌并公开转让的补充法律意见书(一)》，第11~13页。

企业的破产负有个人责任的，自该公司、企业破产清算完结之日起未逾三年；（四）担任因违法被吊销营业执照、责令关闭的公司、企业的法定代表人，并负有个人责任的，自该公司、企业被吊销营业执照之日起未逾三年；（五）个人所负数额较大的债务到期未清偿。”

（2）有关高校教师兼职的法律规定

《关于促进科技成果转化若干规定》（国办发〔1999〕29 号，现已废止）规定，“科研结构、高等学校及其科研人员可以采取多种方式转化高新技术成果，创办高新技术企业”，“科技人员可以在完成本职工作的前提下，在其他单位兼职从事研究开发和成果转化活动”。

《关于积极发展、规范管理高校科技产业的指导意见》（教技发〔2005〕2 号）规定：“各高校要鼓励科研人员和教职工积极参与科技成果转化和产业化工作，并将参与该项工作的绩效作为评聘、任用教授员工的依据。要在学校和产业之间建立开放的人员流动机制，实行双向流动。今后高校可根据实际需要向企业委派技术骨干和主要管理人员，这部分人员仍可保留学校事业编制。”

《关于加强高等学校反腐倡廉建设的意见》（教监〔2008〕15 号）规定：“加强对领导干部的管理和监督。学校党政领导班子成员应集中精力做好本职工作，除因工作需要、经批准在学校设立的高校资产管理公司兼职外，一律不得在校内外其他经济实体中兼职。”

《教育部关于做好 2009 年度直属高校产业工作的意见》（教技发〔2009〕1 号）规定：“今后，各校校级领导一律不得在资产公司以外的学校企业中兼职，已兼职的须于 2009 年 6 月底前撤出。此后，校级领导仍在资产公司以外的学校企业中担任职务的，应主动辞去学校党政领导职务。除作为技术完成人，各校领导干部不得通过奖励性渠道持有学校企业的股份。”

《中共教育部党组关于进一步加强直属高校党员领导干部兼职管理的通知》（教党〔2011〕22 号）规定：“直属高校校级党员领导干部原则上不得在经济实体中兼职，确因工作需要在本校设立的资产管理公司兼职的，须经学校党委（常委）会研究决定，并按干部管理权限报教育部审批和驻教育部纪检组监察局备案。”

2. 核查情况

通过查询中国裁判文书网（http://wenshu.court.gov.cn/）、中国执行信息公开网（http://shixin.court.gov.cn/）、闽南师范大学官网（http://www.mnnu.edu.cn/）、蔡振华填写的情况调查表，以及蔡振华户籍所在地公安局出具无刑事犯罪证明，公司董事蔡振华不存在《公司法》第 146 条规定的不得担任董事的情形。

通过查询闽南师范大学官网（http://www.mnnu.edu.cn/）及蔡振华填写的情况调查表、简历，以及蔡振华出具的任职资格说明、闽南师范大学计算机学院出具的证明，蔡振华现任闽南师范大学计算机学院专任教师，不属于闽南师范大学校级领导或学校党政领导干部。

综上，本所律师认为，公司董事蔡振华不存在不具备法律法规规定的任职资格或违反法律法规规定、所兼职单位规定的任职限制等任职资格方面的瑕疵；此外，蔡振华担任闽南师范大学计算机学院专任教师，不属于校级领导或学校党政领导班子成员，且不属于处级干部，因此不存在违反国家法律法规规定担任公司董事的情形。

案例 5－3　森锐科技 839182

【问题】教师担任公司董事

【问题描述】

公司董事唐晓东担任华南师范大学教师、副教授。请主办券商和律师通过走访学校等方式核查其任职董事的适格性。

【问题解决】①

1. 尽职调查过程

主办券商和本所律师与公司董事唐晓东进行专项会议沟通，并对华南师范大学经济与管理学院进行了实地走访；审阅了唐晓东户籍所在地派出所出具的《无犯罪记录证明》、华南师范大学出具的《证明》及唐晓东出具的承诺等文件。

2. 事实依据

唐晓东户籍所在地派出所出具的《无犯罪记录证明》、华南师范大学出具的《证明》及唐晓东出具的承诺等文件。

3. 分析过程

（1）根据唐晓东出具的承诺及广州市公安局天河分局石牌派出所于 2016 年 4 月 14 日出具的《无犯罪记录证明》并经本所律师核查，唐晓东不存在《公司法》第 146 条第 1 款规定的不得担任公司董事的情形：①无民事行为能力或者限制民事行为能力；②因贪污、贿赂、侵占财产、挪用财产或者破坏社会主义市场经济秩序，被判处刑罚，执行期满未逾 5 年，或者因犯罪被剥夺政治权利，执行期满未逾 5 年；③担任破产清算的公司、企业的董事或者厂长、经理，对该公司、企业的破产负有个人责任的，自该公司、企业破产清算完结之日起未逾 3 年；④担任因违法被吊销营业执照、责令关闭的公司、企业的法定代表人，并负有个人责任的，自该公司、企业被吊销营业执照之日起未逾 3 年；⑤个人所负数额较大的债务到期未清偿。并且，根据唐晓东提供的《承诺函》并经本所律师核查，唐晓东不存在最近 24 个月内受到中国证监会行政处罚或者被采取证券市场禁入措施的情形。

（2）根据本所律师对唐晓东的访谈并经本所律师走访华南师范大学经济与管理学院，唐晓东系华南师范大学经济与管理学院在职教师、副教授，但并未在华南师范大学担任任何党政领导职务，亦非华南师范大学党政领导班子成员，不存在《关于加强高等学校反腐倡廉建设的意见》（教监〔2008〕15 号）规定的“学校党政领导班子成员应集中精力做好本职工作，除因工作需要、经批准在学校设立的高校资产管理公司兼职外，一律不得在校内外其他经济实体中兼职”的情形；唐晓东并非在华南师范大学担任相当于县（处）级以上党员领导干部，不存在当时有效的《中国共产党党员领导干部廉洁从政若干准则》规定的“违反规定在经济实体、社会团体等单位中兼职或者兼职取酬，以及从事有偿中介活动”的情形。

（3）根据本所律师对唐晓东的访谈并经本所律师走访华南师范大学经济与管理学院，唐

---

① 《关于广州市森锐科技股份有限公司股票在全国中小企业股份转让系统挂牌并公开转让之补充法律意见书》，第 6 ~ 8 页。

晓东在公司任职董事并未对其在校任教带来任何不利影响,未影响其正常教学。根据华南师范大学人事处于2016年3月14日出具的《证明》,唐晓东2010年度至2014年度的历次考评均为合格,不存在《高等学校教师职业道德规范》规定的"不得从事影响教育教学工作的兼职"的情形。

(4)根据本所律师对唐晓东的访谈并经本所律师走访华南师范大学经济与管理学院,唐晓东在公司担任董事并不违反华南师范大学的规章制度。

4.结论意见

综上,本所律师认为,唐晓东担任公司董事不违反法律强制性规定,具备担任董事的资格;且唐晓东担任公司董事未违反其他规章、制度文件的限制性规定,其任职合法、合规。

案例5-4 十方通837158

【问题】公司董事、高级管理人员曾担任被吊销企业的法定代表人

【问题描述】

实际控制人、公司董事、监事、高级管理人员控制的企业存在因未年检导致营业执照被吊销的情形。请主办券商和律师核查上述情形是否会导致公司法定代表人、董事、监事、高级管理人员任职资格受限,就其适格性发表意见。

【问题解决】①

《公司法》第146条规定:"有下列情形之一的,不得担任公司的董事、监事、高级管理人员:(一)无民事行为能力或者限制民事行为能力;(二)因贪污、贿赂、侵占财产、挪用财产或者破坏社会主义市场经济秩序,被判处刑罚,执行期满未逾五年,或者因犯罪被剥夺政治权利,执行期满未逾五年;(三)担任破产清算的公司、企业的董事或者厂长、经理,对该公司、企业的破产负有个人责任的,自该公司、企业破产清算完结之日起未逾三年;(四)担任因违法被吊销营业执照、责令关闭的公司、企业的法定代表人,并负有个人责任的,自该公司、企业被吊销营业执照之日起未逾三年;(五)个人所负数额较大的债务到期未清偿。公司违反前款规定选举、委派董事、监事或者聘任高级管理人员的,该选举、委派或者聘任无效。"

深圳市路特供应链管理有限公司、深圳市路特商贸有限公司均由卢大路实际控制,并担任其法定代表人,两公司均因未年检而被吊销营业执照,但因此被吊销之日均已超过3年。因此,卢大路的董事和高管的任职资格不因存在上述情形而受限。既然卢大路的董事资格没有瑕疵,又根据《公司法》第13条"公司法定代表人依照公司章程的规定,由董事长、执行董事或者经理担任,并依法登记。公司法定代表人变更,应当办理变更登记"之规定,十方通的公司章程规定卢大路为公司的法定代表人也是合法、合规的。

公司董事和营运总监张亚南投资了深圳市大德广告有限公司,该公司也处在吊销状态,公司的法定代表人为支敬,而非张亚南。同时,张亚南对该公司营业执照的吊销不负个人责

① 《关于深圳十方通信息技术股份有限公司申请股票在全国中小企业股份转让系统挂牌并公开转让之补充法律意见书(一)》,第4~5页。

任。因此，张亚南的董事和高管的任职资格也不因存在上述情形而受限。

综上所述，上述情形不存在导致公司法定代表人、董事、监事、高级管理人员任职资格受限的情况。

案例 5－5　凯纳股份 836410

【问题】公司控股股东、实际控制人曾担任被吊销企业的法定代表人、高级管理人员

【问题描述】

公开转让说明书显示，厦门市凯立贸易有限公司已被吊销营业执照。请公司补充说明吊销原因。请主办券商及律师补充核查控股股东、实际控制人是否存在因上述公司被吊销营业执照而受到处罚的情形或风险，是否因上述情形不具备担任公司董事、监事、高级管理人员的资格，并发表明确意见。

【问题解决】①

经核查，公司的控股股东、实际控制人赵立平曾担任厦门市凯立贸易有限公司董事长兼总经理、法定代表人。厦门市凯立贸易有限公司系因较长时间未开展业务没有办理年检，于2003 年 2 月 18 日被工商行政部门吊销营业执照，该等营业执照被吊销事项已逾 12 年。

《公司法》第 146 条规定："有下列情形之一的，不得担任公司的董事、监事、高级管理人员：……（四）担任因违法被吊销营业执照、责令关闭的公司、企业的法定代表人，并负有个人责任的，自该公司、企业被吊销营业执照之日起未逾三年……"

厦门市工商行政管理局于 2015 年 9 月 14 日出具《证明》，载明公司自 2012 年 1 月 1 日至今未发现因违反工商行政管理法规而受处罚的情形。

据此，本所律师认为，尽管公司控股股东、实际控制人赵立平曾担任被吊销营业执照的公司的法定代表人，但该营业执照被吊销事项已逾 12 年，且赵立平未被工商行政管理部门限制担任公司的董事、监事、高级管理人员及法定代表人，故截至本补充法律意见书出具之日，公司控股股东、实际控制人不存在上述因其担任法定代表人的公司被吊销营业执照而受到处罚的情形或风险，也不存在《公司法》等法律法规规定的不得担任董监高等人员的情形，其符合董事的任职资格，不会因上述事宜而导致其不具备担任公司董事、监事、高级管理人员的资格。

案例 5－6　金钻石油 835347

【问题】公司监事会主席与控股股东为夫妻关系

【问题描述】

关于朱玲仙与王虎财为夫妻关系，请主办券商及律师核查朱玲仙任公司监事会主席是否对监事会发挥其职能造成不良影响。

---

① 《关于厦门凯纳石墨烯技术股份有限公司申请股票在全国中小企业股份转让系统挂牌并公开转让之补充法律意见书》，第 9～10 页。

【问题解决】①

1. 经律师核查,2003 年 12 月 1 日至 2014 年 10 月 20 日期间,朱玲仙一直担任公司的监事,具有履行监事职能的经验和能力。

2. 2014 年 10 月 20 日,经公司创立大会决议通过了《宝鸡金钻石油机械股份有限公司监事会议事规则》,为公司监事和监事会有效地履行监督职责,完善公司法人治理结构指定了明确的规则。

3. 2014 年 10 月 20 日,经公司第一届第一次监事会决议选举朱玲仙为监事会主席。在公司第一届监事成立以后,已召开了 3 次会议,监事会严格按照《公司章程》及《监事会议事规则》勤勉、尽责地履行了各项职能。

综上,本所律师认为朱玲仙担任监事会主席不会对监事会发挥职能造成不良影响。

---

① 《关于宝鸡金钻石油机械股份有限公司股票进入全国中小企业股份转让系统并公开转让的补充法律意见书(一)》,第 10 ~ 11 页。

第六章　控股股东、实际控制人

一、控股股东、实际控制人的定义

根据《公司法》第216条的规定，控股股东，是指其出资额占有限责任公司资本总额50%以上或者其持有的股份占股份有限公司股本总额50%以上的股东；出资额或者持有股份的比例虽然不足50%，但依其出资额或者持有的股份所享有的表决权已足以对股东会、股东大会的决议产生重大影响的股东。实际控制人，是指虽不是公司的股东，但通过投资关系、协议或者其他安排，能够实际支配公司行为的人。

根据《全国中小企业股份转让系统挂牌公司信息披露细则（试行）》第48条的规定，控股股东：指其持有的股份占公司股本总额50%以上的股东；或者持有股份的比例虽然不足50%，但依其持有的股份所享有的表决权已足以对股东大会的决议产生重大影响的股东。实际控制人：指通过投资关系、协议或者其他安排，能够支配、实际支配公司行为的自然人、法人或者其他组织。控制，指有权决定一个公司的财务和经营政策，并能据以从该公司的经营活动中获取利益。有下列情形之一的，为拥有挂牌公司控制权：（1）为挂牌公司持股50%以上的控股股东；（2）可以实际支配挂牌公司股份表决权超过30%；（3）通过实际支配挂牌公司股份表决权能够决定公司董事会半数以上成员选任；（4）依其可实际支配的挂牌公司股份表决权足以对公司股东大会的决议产生重大影响；（5）中国证监会或全国股份转让系统公司认定的其他情形。

控股股东和实际控制人的认定，最初是源于IPO上市条件中涉及公司的实际控制人在报告期内不得发生变更这一要求，因此需要对公司控股股东和实际控制人进行认定，从而论证在报告期内未发生变更。但是新三板目前在实际控制人变更方面没有强制性的要求条件，但是在挂牌条件中涉及公司合法合规的具体规定中，要求控股股东、实际控制人合法合规，最近24个月内不存在涉及重大违法违规行为。因此，就挂牌条件而言，也是需要对控股股东和实际控制人进行认定的。

在认定控股股东和实际控制人时，既要考虑股权投资关系，也要根据实际情况，考虑对股东大会、董事会决议的实质影响、对高管人员的任免起的作用等因素进行判断。控股股东一般是公司的直接持股股东，而对于实际控制人的认定，则需要一直追溯到自然人或国有资产管理单位。

二、控股股东、实际控制人的认定

控股股东的认定和实际控制人的认定是紧密相连的，一般基本的流程是先认定控股股东，再认定实际控制人。具体操作可以先梳理公司的股权架构图，再结合具体的股东持股比例进行认定，如果股权比较分散，可以从公司章程及公司董事及管理层的提名任命方面，综合考虑控制权的归宿。

控股股东的认定相对比较简单，根据公司的股权架构，如果有持股超过50%的股东，则可以直接认定其为控股股东；如果没有持股超过50%，但是接近50%，而其他股东的持股比例又比较分散，同时该股东可以控制公司的董事高管人选的选举和任命，也可以认定其为控股股东；如果公司的股权架构比较分散，没有单一的大股东，持股比例都很低，此种情况下可以认定无控股股东。

控股股东的认定最终是为了确认公司的实际控制人，但控股股东的认定与实际控制人又没有必然的对应关系，可能发生公司有控股股东无实际控制人、公司无控股股东有实际控制人等情形。常见的实际控制人认定情形如下：

1. 认定单一实际控制人

认定单一实际控制人的情形一般是控制方通过直接持股或间接持股的方式，合计控制公司的股份达到50%以上，或者虽然控制的股份比例不足50%，但是接近50%，且公司其他股东持股比例比较分散。前述情形一般相对比较好认定，实践中大部分的情况，尤其是民营企业，公司的股权架构都比较集中，符合认定单一实际控制人的条件。

2. 认定共同实际控制人

共同实际控制人的认定是实践中的一项创新，一般认定单一实际控制人是相对普遍的情况，而共同实际控制人往往是在股权相对比较分散的情况下，作出的一种调整。目的是为了满足IPO发行上市条件关于实际控制人在报告期内不得发生变更的要求，以及通常认为公司拥有实际控制人对于公司的稳定长期持续经营的保障。

共同实际控制人没有法律上的明确界定，其法律依据主要来源于《上市公司收购管理办法》第83条的规定："本办法所称一致行动，是指投资者通过协议、其他安排，与其他投资者共同扩大其所能够支配的一个上市公司股份表决权数量的行为或者事实。在上市公司的收购及相关股份权益变动活动中有一致行动情形的投资者，互为一致行动人。如无相反证据，投资者有下列情形之一的，为一致行动人……一致行动人应当合并计算其所持有的股份。投资者计算其所持有的股份，应当包括登记在其名下的股份，也包括登记在其一致行动人名下的股份。"

在实践中，认定共同实际控制人的主要方式是在相关的主体之间建立一致行动关系，具体可以通过签署一致行动协议的方式实现，但是也不能仅仅凭借一份协议就直接认定一致行动关系，同时还应当结合公司治理结构、历史上的一致行动表决情况等方面进行综合考虑。

如果需要认定多人共同拥有公司控制权的，一般应当符合以下条件：

（1）每人都必须直接持有公司股份和/或者间接支配公司股份的表决权。

（2）发行人公司治理结构健全、运行良好，多人共同拥有公司控制权的情况不影响发行人的规范运作。

（3）多人共同拥有公司控制权的情况，一般应当通过公司章程、协议或者其他安排予以明确。有关章程、协议及安排必须合法有效、权利义务清晰、责任明确。该情况在报告期内且在上市挂牌后的可预期期限内是稳定、有效存在的;共同拥有公司控制权的多人没有出现重大变更。

3. 认定无实际控制人

在股权极为分散的情况下,很可能会出现无实际控制人的情形。无实际控制人的认定随着公司治理市场化的发展,也越来越为人所接受,同时一般出于谨慎性考虑,对于实际控制人的认定尽可能避开无实际控制人,但是如果确实无法认定单一控制或共同控制,在符合相关条件的基础上,也可以认定无实际控制人。

根据公司的情况无法认定实际控制人,比较常见的有两种:(1)公司的股东较多,股权结构非常分散,不存在控股股东和实际控制,最大股东的持股比例甚至低于30%,也没有股东能够通过公司治理结构的安排对股东会、董事会的决议造成实质性重大影响;(2)公司的股权结构并不分散,但单一股东并不能控制公司的股东大会、董事会或对公司的重大决议造成影响。在上述两种情况下,如果股东之间没有协议安排,不构成共同控制,则公司在实际上处于无实际控制人的状态。

三、实际控制人变更

实际控制人变更,是指由于股权投资关系变动或者管理关系变更,导致实际控制人在报告期内发生变更。新三板挂牌条件中未明确限制报告期内实际控制人的变动,全国股转系统之所以关注到实际控制人变更的情形,是考虑到公司的持续经营能力以及业务稳定性是否会受到控制权变动的影响。从目前新三板挂牌案例来看,只要实际控制人的变更不影响公司业务稳定及持续经营能力,则实际控制人变更不影响公司在新三板挂牌。新三板挂牌案例中实际控制人变更情况下,相关法律问题一般解决思路如下:

1. 如实披露实际控制人变更原因

实际控制人发生变动的情形在企业的正常运营的过程中较为少见,控制权发生变动的原因应如实披露,说明是否存在委托代持的情形,是否存在实际控制人不宜直接或间接持股的情形,公司股权是否明晰,是否存在潜在的股权纠纷。

2. 说明实际控制人变更后的影响

公开转让说明书及法律意见书中应详细说明实际控制人变更前后,公司管理团队的变化,说明实际控制人经营公司的持续性、公司管理团队的稳定性。对比实际控制人变更前后公司业务的发展方向、业务具体内容的变化。对比实际控制人变更前后客户的变化情况,以及实际控制人变更前后公司收入、利润变化情况。

案例6-1 星龙科技830924

【问题】共同实际控制人认定

【问题描述】

公司无单一大股东的情况下如何认定公司实际控制人。

【问题解决】①

经核查,公司股东黄建钟、陈汉新、黄清乐应认定为公司共同实际控制人,且报告期内未发生变化。认定依据如下:

1. 黄建钟、陈汉新、黄清乐为公司的创始人,三人对公司共同控制具有历史原因。

自2004年6月9日公司成立至2013年11月28日,陈汉新一直担任公司执行董事兼总经理,为公司法定代表人,负责公司的业务管理工作。黄建钟担任公司总工程师,对公司的经营决策具有重大控制权;黄清乐担任公司研发部经理;黄建钟、黄清乐二人负责公司技术研发工作。三人历史上对公司各项经营决策都具有重大的影响力。

2013年12月17日,股份公司成立后,黄建钟担任公司董事长;陈汉新、黄清乐担任公司董事;陈汉新担任公司总经理,黄清乐担任公司副总经理。

截至本法律意见书出具日,黄建钟、陈汉新、黄清乐合计直接持有星龙科技78.65%股份。

由上,本所律师认为,公司自有限责任公司成立始,黄建钟、陈汉新、黄清乐共同为公司的实际控制人。

2. 黄建钟、陈汉新、黄清乐自有限公司成立开始在各项重大决策时均保持一致意见。

自有限公司成立始,黄建钟、陈汉新、黄清乐在充分沟通协商的基础上,就经营发展并就一致行动达成了共同意见;在每次股东(大)会或董事会召开前,黄建钟、陈汉新、黄清乐就相关讨论事项提前进行沟通,达成统一意见并按照该意见进行表决。

在2014年1月22日之前,黄建钟、陈汉新、黄清乐虽然没有签署过书面一致行动协议,但在多年生产经营过程中事实上形成了一致行动关系,在公司的历次重大事项决策上未出现过重大分歧,一直保持一致。

3. 黄建钟、陈汉新、黄清乐通过约定形成了一致行动关系。

为保证公司控制权的持续、稳定,2014年1月22日,黄建钟、陈汉新、黄清乐签订《一致行动决议》,主要内容如下:

(1)本决议一方或多方拟向董事会或股东大会提出应由董事会或股东大会审议的议案时,应当事先就议案内容与其他方进行充分的沟通和交流,如果其他方对议案内容有异议,各方均应当作出适当让步,对议案内容进行修改,直至各方均认可议案的内容后即向董事会或股东大会提出相关议案,并对议案作出相同的表决意见。

(2)对于非由本决议的一方或各方提出的议案,在董事会或股东大会召开前各方应当就待审议的议案进行充分的沟通和交流,直至各方达成一致意见,并各自以自身的名义在董事会会议或股东大会会议上作出相同的表决意见。如果难以达成一致意见,则各方应以投票时持有公司股份最多的一方的意思为准,如果持有公司股份最多的为两方或多方,则以黄建钟的意思为准。

(3)各方承诺一致行动决议的实施应以不损害中小股东的利益为前提。

(4)本决议自各方签署至公司在全国中小企业股份转让系统挂牌之日起36个月内有效。

---

① 《北京市大成(深圳)律师事务所关于深圳市星龙科技股份有限公司股票申请在全国中小企业股份转让系统挂牌并公开转让的法律意见书》,第17~19页。

（5）各方承诺将严格遵守和履行相关法律、行政法规、中国证监会行政规章及规范性文件规定的关于一致行动人的义务和责任。

（6）本协议各方承诺，除上述《一致行动决议》外，公司股东未曾签订、在本《一致行动决议》有效期内也不会签订任何可能影响公司控制权稳定性的协议，在本《一致行动决议》有效期内也不会作出可能影响公司控制权稳定性的安排。

经核查，本所律师认为，《一致行动决议》系各方真实意思表示，且不违反法律、行政法规的强制性规定，合法有效。黄建钟、陈汉新、黄清乐为公司的共同实际控制人，并且该状态在未来可预期的期间内将保持稳定。

案例6－2 科雷特832039

【问题】共同实际控制人认定

【问题描述】

公司无单一最大股东，如何认定实际控制人。

【问题解决】①

经核查，本所律师认为，公司股东程建国、梁振东应认定为公司共同实际控制人，且报告期内未发生变化。认定依据如下：

1. 程建国、梁振东对公司共同控制具有历史原因。

2007年3月12日，科雷特电子股权发生转让，变更后程建国、梁振东合计直接持有科雷特电子100%股权。自1998年7月科雷特电子成立至2012年1月，程建国一直担任科雷特电子执行董事或董事长、总经理，且为法定代表人，负责战略决策和经营计划。自2007年2月至2012年1月，梁振东一直担任科雷特电子董事、副总经理，负责技术研发和日常运营。

2012年1月，股份公司成立后，程建国担任公司董事长，梁振东担任公司董事、副总经理。

截至本法律意见书出具日，程建国、梁振东合计直接持有科雷特70%股份。

2. 自2007年3月12日起，程建国、梁振东在公司各项重大决策中均保持一致意见。

自2007年3月12日起，程建国、梁振东在充分沟通协商的基础上，就公司经营发展和一致行动达成了共同意见，在每次股东（大）会或董事会召开前，程建国、梁振东均就相关会议事项提前沟通协商，达成一致意见并按照一致意见表决。

在2014年8月1日之前，程建国、梁振东虽然没有签署过书面一致行动协议，但是在多年的生产经营过程中事实上形成了一致行动关系，在公司历次重大事项决策中未出现过任何分歧，一直保持一致。

3. 程建国、梁振东通过书面约定形成了一致行动关系。

2014年8月1日，为保持公司控制权的稳定性和持续性，程建国、梁振东签署《一致行动协议》，主要内容如下：

---

① 《北京市大成（深圳）律师事务所关于深圳市科雷特能源科技股份有限公司股票申请在全国中小企业股份转让系统挂牌并公开转让的法律意见书》，第14～16页。

(1)双方应当在行使公司股东权利,特别是提案权、表决权之前进行充分的协商、沟通,以保证顺利作出一致行动的决定;必要时召开一致行动人会议,促使双方达成采取一致行动的决定。

(2)双方同时作为公司的董事,在董事会相关决策过程中应当确保采取一致行动,行使董事权利。

(3)如果双方在公司经营管理等事项上难以达成一致意见,则以投票时持有公司股份最多的一方的意思为准。

(4)协议双方中的任何一方如转让其所持有的公司股份时应至少提前30天书面通知另一方,另一方享有优先受让权。

(5)本协议自双方签署至公司在全国中小企业股份转让系统挂牌之日起36个月内有效。

(6)在该协议签订之前,双方如就一致行动事项签订其他书面文件,且该书面文件与本协议约定不一致的,以本协议为准。

经核查,本所律师认为,《一致行动协议》系各方真实意思表示,且不违反法律、行政法规的强制性规定,协议合法有效。程建国、梁振东为公司共同实际控制人,并且该状态在未来可预期的时间内将保持稳定。

案例6-3 睿信传媒837837

【问题】单一实际控制人认定

【问题描述】

公开说明书显示,公司股东段晋伟与高琳为夫妻关系,段晋伟为实际控制人。实际控制人认定是否充分、合规,说明认定的理由和依据。

【问题解决】①

1. 控股股东、实际控制人认定的相关依据

《公司法》第216条第2项、第3项规定,“控股股东,是指其出资额占有限责任公司资本总额百分之五十以上或者其持有的股份占股份有限公司股本总额百分之五十以上的股东;出资额或者持有股份的比例虽然不足百分之五十,但依其出资额或者持有的股份所享有的表决权已足以对股东会、股东大会的决议产生重大影响的股东”;“实际控制人,是指虽不是公司的股东,但通过投资关系、协议或者其他安排,能够实际支配公司行为的人”。

《上市公司收购管理办法》第84条规定:“有下列情形之一的,为拥有上市公司控制权:(一)投资者为上市公司持股50%以上的控股股东;(二)投资者可以实际支配上市公司股份表决权超过30%;(三)投资者通过实际支配上市公司股份表决权能够决定公司董事会半数以上成员选任;(四)投资者依其可实际支配的上市公司股份表决权足以对公司股东大会的决议产生重大影响;(五)中国证监会认定的其他情形。”

---

① 《关于山西睿信智达传媒科技股份有限公司申请股票在全国中小企业股份转让系统挂牌并公开转让的补充法律意见(二)》,第3~9页。

2. 报告期内控股股东和实际控制人的变动核查

本所律师查阅了公司的工商档案，结合公司的股权结构、经营管理等因素，对报告期内控股股东和实际控制人的变更进行了核查：

(1)2008 年 12 月至 2015 年 9 月 24 日期间，公司股东为高琳和高艳，高琳出资额为 60.5 万元，高艳出资额为 49.5 万元。段晋伟与高琳为夫妻关系，自公司成立之日起，高琳一直在中国联通山西分公司任普通职员，不参与睿信有限公司的日常经营管理，公司一直由段晋伟实际控制。根据《公司法》第 216 条之规定，认定高琳为公司控股股东，段晋伟为公司实际控制人。

2008 年 12 月至 2015 年 9 月 24 日期间，睿信有限公司股权结构见表 6-3-1：

表 6-3-1　2008 年 12 月至 2015 年 9 月 24 日，睿信有限公司股权结构

序号	股东	出资额(万元)	出资比例	出资方式
1	高　琳	60.5	55%	货币
2	高　艳	49.5	45%	货币
合计		110	100%	—

(2)2015 年 9 月 24 日，根据睿信有限公司 2015 年第二次股东会决议，同意公司原股东高琳将所持公司股权 55% 即人民币 60.5 万元中的 40.5 万元转让给新股东段晋伟，转让价格为 40.5 万元；同意公司原股东高艳将所持公司股权 45% 即人民币 49.5 万元中的 29.5 万元转让给新股东段晋伟，转让价格为 29.5 万元。

股权转让后，股权结构见表 6-3-2：

表 6-3-2　2015 年 9 月 24 日后睿信有限公司股权结构

序号	股东	出资额(万元)	出资比例	出资方式
1	高　琳	20	18.18%	货币
2	高　艳	20	18.18%	货币
3	段晋伟	70	63.64	货币
合计		110	100%	—

本次股权转让后，段晋伟实际控制有限公司的出资比例达到 63.64%，为公司单一最大股东，为公司控股股东和实际控制人。

2015 年 9 月 24 日，根据睿信有限公司 2015 年第三次股东会决议，同意新增注册资本 90 万元，由段晋伟认缴 5.2 万元，于忠认缴 20 万元，乐视云计算机有限公司认缴 20 万元，深圳前海中百通投资管理有限公司认缴出资 4.8 万元，新余明其德投资管理合伙企业(有限合伙)认缴出资 40 万元；同意选举段晋伟为公司执行董事兼经理，并担任法定代表人；同意高琳担任公司监事；同意修改公司章程并通过公司章程修正案。

本次增资后，睿信有限公司股权结构见表 6-3-3：

表6－3－3　增资后睿信有限公司股权结构

序号	股东	出资额(万元)	出资比例(%)	出资方式
1	段晋伟	75.2	37.6	货币
2	高　琳	20	10	货币
3	高　艳	20	10	货币
4	于　忠	20	10	货币
5	新余明其德	40	20	货币
6	乐视云	20	10	货币
7	深圳中百通	4.8	2.4	货币
合计		200	100	—

工商变更完成后，段晋伟出资额为75.2万元，占睿信有限公司出资比例的37.6%，同时担任睿信有限公司的执行董事、法定代表人，对公司董事会、股东会以及日常经营管理均拥有实质影响力，为公司控股股东、实际控制人。

(3)2015年11月，睿信有限公司整体变更为股份有限公司，以2015年9月30日为基准日依法将公司整体变更发起设立为“山西睿信智达传媒科技股份有限公司”。各发起人以其在公司的现有出资比例，以中天运会计师事务所（特殊普通合伙）出具的中天运(2015)审字第90560号《审计报告》为基准，确认2015年9月30日公司净资产额为人民币10 877 539.79元；以有限公司净资产折合为股份公司的实收股本，股份公司的股本总额为1000万元，超过股本的部分列入资本公积金。

股份公司股东及持股比例见表6－3－4：

表6－3－4　股份公司股东及持股比例

序号	股东	出资额(万元)	出资比例(%)	出资方式
1	段晋伟	376	37.6	净资产
2	高　琳	100	10	净资产
3	高　艳	100	10	净资产
4	于　忠	100	10	净资产
5	新余明其德	200	20	净资产
6	乐视云	100	10	净资产
7	深圳中百通	24	2.4	净资产
合计		1000	100	—

股份公司成立后，段晋伟直接持有公司37.6%的股份，高琳直接持有公司10%的股份，段晋伟与高琳为夫妻关系，二人直接持有公司47.6%的股份。新余明其德持有公司20%的股份，段晋伟持有新余明其德1%的份额，是新余明其德的普通合伙人，并担任执行事务合伙人，是新余明其德的实际控制人。段晋伟直接或间接持有的股份所享有的表决权足以对股东

大会的决议产生重大影响，根据《公司法》第216条之规定，认定段晋伟为公司控股股东。

段晋伟担任公司董事长，主持公司的日常经营活动。对股份公司的经营行为、董事会成员选任、股东大会及董事会的表决等事项足以产生重大影响，根据《公司法》第216条之规定，认定段晋伟为公司实际控制人。

3. 公司股东段晋伟与高琳为夫妻关系，段晋伟为实际控制人的认定

根据《上市公司收购管理办法》第83条第2款第9项的规定，如无相反证据，投资者有下列情形的，为一致行动人，即持有投资者30%以上股份的自然人和在投资者任职的董事、监事及高级管理人员，其父母、配偶、子女及其配偶、配偶的父母、兄弟姐妹及其配偶、配偶的兄弟姐妹及其配偶等亲属，与投资者持有同一上市公司股份。

公司控股股东段晋伟与高琳系夫妻关系，高琳持有睿信传媒10%的股份，为段晋伟的法定一致行动人。

同时，高琳在2008年12月至2015年9月期间担任有限公司监事，2015年11月至今担任股份公司董事。其间，在公司历次股东（大）会、董事会的表决中，高琳与段晋伟表决结果相同，历次投票均保持一致。综上所述，本所律师认为：高琳与实际控制人段晋伟为一致行动人。

段晋伟通过其持股数量及所任职位对公司财务管理、人事任免、经营决策等重大事项具有控制力，认定为公司的实际控制人。高琳虽为段晋伟的一致行动人，但其持股数量及任职均对公司的财务管理、人事任免、经营决策等不具备实际控制力，因此未将高琳认定为实际控制人。

综上，本所律师认为，认定段晋伟一人为实际控制人是依据相关法律、法规的规定，并结合各股东持股情况及其对公司经营管理实施的影响作出的，合法、合规。因此，段晋伟被认定为公司实际控制人的理由与依据充分。

案例6-4 中集新材838747

【问题】无实际控制人认定

【问题描述】

公司有控股股东，无实际控制人的认定依据。

【问题解决】①

经本所律师核查，截至本法律意见书出具之日，中集集团直接持有中集新材股份5877.3万股，占公司股份总数63.71%，为公司第一大股东，其持有的股份占股份公司股本总额50%以上，所享有的表决权对股东大会的决议能产生重大影响。

根据中集集团《2014年年度报告》《2015年年度报告》，并经本所律师核查，截至2015年12月31日，中集集团的股权结构如下：

中集集团两大股东招商局国际（中集）投资有限公司及中远集装箱工业有限公司未发生变化，且无其他法人持有中集集团总股本10%或以上的股份［不包括香港中央结算（代理人）

---

① 《北京市大成（深圳）律师事务所关于中集新型环保材料股份有限公司股票申请在全国中小企业股份转让系统挂牌并公开转让的法律意见书》，第21～22页。

有限公司]，无单一大股东持有中集集团股份达到50%以上或持有股份比例虽然不足50%，但依其持有股份所享有的表决权已足以对股东大会的决议产生重大影响的股东，也无通过投资关系、协议或者其他安排，能够实际支配中集集团行为的人，故中集集团不存在控股股东，无实际控制人，且报告期内未发生变化。

依据前述，并结合现行有效的《公司法》第216条的规定，公司的控股股东为中集集团，公司无实际控制人，且报告期内未发生变化。

案例6-5 鹿城银行832792

【问题】无实际控制人认定

【问题描述】

请主办券商、律师核查控股股东、实际控制人认定的理由和依据，并对认定依据是否充分、合法发表意见。请公司补充披露。

【问题解决】①

1. 经本所律师核查，目前公司的控股股东为南京银行股份有限公司。根据公司的说明，并经本所律师核查《公司章程》、工商登记资料、股东大会及董事会会议材料等，目前，南京银行股份有限公司直接持有公司12 852万股股权，占公司注册资本的49.58%；根据《公司法》第216条之规定，控股股东，是指其出资额占有限责任公司资本总额50%以上或者其持有的股份占股份有限公司股本总额50%以上的股东；出资额或者持有股份的比例虽然不足50%，但依其出资额或者持有的股份所享有的表决权已足以对股东会、股东大会的决议产生重大影响的股东。实际控制人，是指虽不是公司的股东，但通过投资关系、协议或者其他安排，能够实际支配公司行为的人。

截至目前，南京银行直接持有公司12 852万股股份，占公司注册资本的49.58%；另外，公司股东杨懋劼（董事长）与南京银行签署了《一致行动人协议》，并且49名职工股东将其合计持有2.79%的股份表决权委托给董事长及股东杨懋劼行使，以使南京银行间接拥有2.79%的股份表决权。从而，南京银行实际支配公司股份表决权合计达到52.37%，实现对鹿城银行的绝对控股地位。因此，认定南京银行为公司控股股东。

2. 截至2014年12月31日，公司控股股东南京银行前十名大股东持股情况见表6-5-1：

表6-5-1 截至2014年12月31日南京银行前十名大股东持股情况

序号	股东名称	持股数量（股）	持股比例（%）
1	南京紫金投资集团有限责任公司	377 998 478	12.73
2	法国巴黎银行	376 520 789	12.68
3	南京高科股份有限公司	333 450 000	11.23

① 《关于昆山鹿城村镇银行股份有限公司申请股票在全国中小企业股份转让系统挂牌并公开转让的补充法律意见书（一）》，第5~6页。

续表

序号	股东名称	持股数量(股)	持股比例(%)
4	法国巴黎银行(QFII)	103 780 304	3.5
5	南京市国有资产投资管理控股(集团)有限责任公司	42 634 346	1.44
6	南京金陵制药(集团)有限公司	33 800 000	1.14
7	南京纺织产业(集团)有限公司	32 256 571	1.09
8	江苏省国信资产管理集团有限公司	31 898 847	1.07
9	维维创新投资有限公司	20 925 000	0.7
10	江苏省盐业集团有限责任公司	16 191 076	0.55

其中,紫金投资、南京市国资集团和南京高科为一致行动人,合计持股比例为25.4%。南京银行的最大单一股东持股比例不超过30%,且公司股份较为分散,南京银行的单一股东无法决定董事会多数席位,且重大经营方针及重大事项的决策均由股东大会讨论决定,无任何单一方能够决定或作出实质性影响。因此,认定南京银行无控股股东,公司无实际控制人。

综上,本所律师认为,认定南京银行股份有限公司为公司控股股东并且公司无实际控制人的理由充分、合法。

案例6-6 绿色新材839048

【问题】夫妻认定为共同实际控制人

【问题描述】

申报文件显示,直接持有25.24%股份的第二大股东徐月美与朱士荣系夫妻关系。请主办券商及律师对不将徐月美认定为共同实际控制人的原因进行说明,并对实际控制人认定的合法合规性发表明确意见。

【问题解决】①

经查阅,我国《公司法》及《全国中小企业股份转让系统挂牌公司信息披露细则(试行)》规定了相关实际控制人及控制的含义见表6-6-1:

表6-6-1 相关实际控制人及控制的含义

规定	具体内容
《公司法》第216条	实际控制人,是指虽不是公司的股东,但通过投资关系、协议或者其他安排,能够实际支配公司行为的人
《全国中小企业股份转让系统挂牌公司信息披露细则(试行)》第48条	实际控制人:指通过投资关系、协议或者其他安排,能够支配、实际支配公司行为的自然人、法人或者其他组织

① 《关于湖州绿色新材股份有限公司申请股票在全国中小企业股份转让系统挂牌并公开转让之补充法律意见书(三)》,第2~5页。

长期实际管理运营公司,对公司股东大会、董事会决议能产生实质影响、对于公司董事和高级管理人员的提名及任免能起重要作用,故其为公司的实际控制人。

公司股东徐月美持有 13 522 727 股股份,持股比例为 25.24%,单个持股比例小于 30%,其对公司股东大会决议不能产生实质性影响。并且,其在公司不担任公司董事会成员,对公司董事会决议不能产生任何影响,对公司经营决策不能产生决定性作用。其虽然担任公司财务负责人,但其只负责公司的日常财务管理,不参与公司的其他经营决策管理。

公司控制权的稳定性能够决定和影响公司的经营方针、决策和经营管理层的任免,为保持公司控制权的稳定,确保公司具有持续健康发展、持续盈利的能力,公司股东朱士荣、徐月美(其中朱士荣与徐月美系夫妻关系)于 2016 年 7 月 28 日签署了《一致行动人协议》,作如下约定:

1. 各方同意,在处理有关公司经营发展且根据《公司法》等有关法律法规和公司章程需要由公司股东大会、董事会作出决议的事项时均应采取一致行动。

2. 采取一致行动的方式为:就有关公司经营发展的重大事项向股东大会、董事会行使提案权和在相关股东大会、董事会上行使表决权时保持一致。

3. 各方同意,本协议有效期内,在任一方拟就有关公司经营发展的重大事项向股东大会、董事会提出议案之前,或在行使股东大会或董事会等事项的表决权之前,一致行动人内部先对相关议案或表决事项进行协调;出现意见不一致时,以一致行动人中所持股份最多的股东意见为准。

4. 在本协议有效期内,除关联交易需要回避的情形外,各方保证在参加公司股东大会行使表决权时按照各方事先协调所达成的一致意见行使表决权。各方可以亲自参加公司召开的股东大会,也可以委托本协议他方代为参加股东大会并行使表决权。

5. 在本协议有效期内,除关联交易需要回避的情形外,在董事会召开会议表决时,相关方保证在参加公司董事会行使表决权时按照各方事先协调所达成的一致意见行使表决权。如担任董事的一方不能参加董事会需要委托其他董事参加会议时,应委托本协议中的他方董事代为投票表决。

6. 本协议自签署之日生效,有效期为 3 年。

经本所律师核查公司的工商内档资料、《一致行动人协议》、公司及股东出具的声明承诺等,公司《一致行动人协议》生效后,公司的实际控制人为朱士荣、徐月美,二人均为公司股东,合计持有公司 76.36% 股份,二人通过《一致行动人协议》来经营管理公司,能对公司经营管理和决策施予重大影响,可实际控制公司的发展方向。在协议有效期内,二人对公司实施共同控制是稳定并有效存在的。

综上,本所律师认为,截至本补充法律意见书出具之日,公司的共同实际控制人为朱士荣、徐月美,该认定是符合我国《公司法》及《全国中小企业股份转让系统挂牌公司信息披露细则(试行)》中对实际控制人的规定,认定合法、合规。

案例 6－7　三精科技 838960

【问题】夫妻认定为共同实际控制人

【问题描述】

股东徐萍为公司控股股东、实际控制人屈扬之配偶。请主办券商、律师就未认定夫妻为共同实际控制人的原因进行分析，就实际控制人认定是否合法充分发表明确意见。

【问题解决】①

公司实际控制人认定为屈扬的原因：

根据《公司法》第 216 条的相关规定，控股股东，是指其出资额占有限责任公司资本总额 50% 以上或者其持有的股份占股份有限公司股本总额 50% 以上的股东；出资额或者持有股份的比例虽然不足 50%，但依其出资额或者持有的股份所享有的表决权已足以对股东会、股东大会的决议产生重大影响的股东。实际控制人，是指虽不是公司的股东，但通过投资关系、协议或者其他安排，能够实际支配公司行为的人。

根据公司提供的说明以及公司实际控制人屈扬和公司股东徐萍分别出具的说明，并经核查公司工商档案资料、公司经营管理决策文件，公司股东屈扬自公司成立时起直接或间接持有公司股权比例始终超过 50%，能够实际支配公司行为，且一直以公司法定代表人、董事长等身份长期参与经营管理，公司股东徐萍在报告期内并未担当公司的董事、监事、高级管理人员或其他管理职务，亦未实际参与公司日常经营管理，现持有公司股权比例仅为 2.7%，对公司经营决策无法造成重大影响。同时，公司控股股东屈扬与公司股东徐萍均为完全民事行为能力人，在行使有关股东等权利的过程中均以自身意思表示而独立行使表决权，不受其他任何一方的控制或重大影响。

据此，本所律师在《法律意见》及《补充法律意见（一）》中认定屈扬为公司实际控制人。

因 2016 年 7 月 21 日，屈扬与徐萍签订了《一致行动协议》，为更全面地保护公司、投资者及其他股东的合法权益，本所律师对公司实际控制人屈扬及其妻子徐萍以访谈等方式进行了进一步的补充核查后，将屈扬和徐萍认定为公司共同实际控制人，理由如下：

1. 屈扬、徐萍系夫妻关系，二人所持公司股份系夫妻共有财产，双方对夫妻共同财产拥有平等的处分权。

《民法通则》第 78 条第 1 款、第 2 款规定："财产可以由两个以上的公民、法人共有。共有分为按份共有和共同共有。按份共有人按照各自的份额，对共有财产分享权利，分担义务。共同共有人对共有财产享有权利，承担义务。"

《婚姻法》第 17 条规定："夫妻在婚姻关系存续期间所得的下列财产，归夫妻共同所有：（一）工资、奖金；（二）生产、经营的收益；（三）知识产权的收益；（四）继承或赠与所得的财产，但本法第十八条第三项规定的除外；（五）其他应当归共同所有的财产。夫妻对共同所有的财产，有平等的处理权。"

---

① 《关于咸阳三精科技股份有限公司申请股票在全国中小企业股份转让系统挂牌并公开转让的补充法律意见（二）》，第 2 ~5 页。

屈扬与徐萍为合法夫妻关系，二人所得公司股份均系双方在婚姻关系存续期间所得，上述股份应为二人共同财产，屈扬和徐萍对其拥有平等的处分权。

2. 认定屈扬、徐萍为共同实际控制人符合《证券期货法律适用意见第 1 号》第 3 条的规定。

根据《〈首次公开发行股票并上市管理办法〉第 12 条对"实际控制人没有发生变更"的理解和适用——证券期货法律适用意见第 1 号》第 3 条第 1 款规定的："发行人及其保荐人和律师主张多人共同拥有公司控制权的，应当符合以下条件：(一)每人都必须直接持有公司股份和/或者间接支配公司股份的表决权；(二)发行人公司治理结构健全、运行良好，多人共同拥有公司控制权的情况不影响发行人的规范运作；(三)多人共同拥有公司控制权的情况，一般应当通过公司章程、协议或者其他安排予以明确，有关章程、协议及安排必须合法有效、权利义务清晰、责任明确，该情况在最近 3 年内且在首发后的可预期期限内是稳定、有效存在的，共同拥有公司控制权的多人没有出现重大变更；(四)发行审核部门根据发行人的具体情况认为发行人应该符合的其他条件"，截至目前，屈扬夫妇符合上述共同控制人的条件，具体如下：

(1)每人都必须直接持有公司股份和/或者间接支配公司股份的表决权。

根据公司工商登记档案等文件并经核查，截至本补充法律意见书出具之日，兹有任何企业或经营性实体，公司控股股东及实际控制人均不存在投资控制其他与股份公司主营业务相同或类似企业的情况，故与公司不存在同业竞争的情形。

(2)公司关联方及关联交易。

认定徐萍为实际控制人，仅使徐萍由"股东、屈扬的配偶"变更为"股东、实际控制人"，因此不影响关联交易的认定，关联交易无变动。

(3)最近两年控股股东、实际控制人违法违规及受处罚情况。

根据徐萍出具的书面说明、个人信用报告、无犯罪记录证明，并经本所律师查询中国裁判文书网(http://wenshu.court.gov.cn/)、中国执行信息公开网(http://shixin.court.gov.cn/)、全国法院被执行人信息查询网(http://zhixing.court.gov.cn/search/)、中国证监会官网等网站，公司实际控制人徐萍最近 24 个月内不存在受到行政处罚、刑事处罚等重大违法违规行为，不存在最近 24 个月内受到中国证监会行政处罚和被采取证券市场禁入措施的情形，也不存在涉嫌犯罪被司法机关立案侦查，尚未有明确结论意见的情形。

(4)公司实际控制人出具的相关声明、承诺。

截至本补充法律意见出具之日，徐萍作为公司共同实际控制人补充出具了关于规范关联交易的承诺函、避免同业竞争承诺、股权锁定承诺等承诺及证明文件，该等承诺及证明文件合法有效，并已得到切实执行。

案例 6-8 群晖股份 835060

【问题】报告期内实际控制人变更

【问题描述】

公开转让说明书显示,公司存在实际控制人变动。请主办券商、律师补充核查以下事项并发表明确意见:(1)实际控制人发生变更的原因,公司股权是否明晰,是否存在潜在的股权纠纷;(2)对比公司管理团队的变化,说明实际控制人经营公司的持续性、公司管理团队的稳定性;(3)对比实际控制人变更前后公司业务的发展方向、业务具体内容的变化;(4)对比实际控制人变更前后客户的变化情况;(5)实际控制人变更前后公司收入、利润变化情况。主办券商就实际控制人变更对公司业务经营、公司治理、董事、监事、高级管理人员变动、持续经营能力等方面是否产生重大影响发表明确意见,公司结合上述内容就实际控制人变更事项做重大事项提示。

【问题解决】①

1. 关于实际控制人发生变更的原因,公司股权是否明晰,是否存在潜在的股权纠纷

报告期内公司实际控制人由李雪梅变更为其女李红。根据李雪梅与公司现有股东吴小平、深圳前海帮客金融服务有限公司及李红共同出具的《股权转让确认函》,公司实际控制人发生变更的原因是公司原实际控制人李雪梅年龄较高(1943 年 10 月出生),近年已经逐渐淡出公司经营管理,而交由其子女李红、李方、李东及公司高管吴小平等人负责。考虑到公司在进入资本市场后将扩大生产经营,李雪梅本人没有精力继续参与公司后续战略发展布局和日常经营,想退休并退出公司不作为公司股东,经与其子女及公司高管沟通协商,一致认为李红一直担任公司副总经理,协助李雪梅管理公司,并负责公司业务开拓及日常经营管理,对公司发展贡献大,由李红接管公司对公司未来发展更有利。故李雪梅将其持有公司的 79% 股权转让给李红控制的前海帮客。至此,李雪梅将公司实际控制权转给李红。

此外,李雪梅及其配偶李德庆和李雪梅的子女李东、李方、李红均已出具《确认函》,确认公司实际控制权由李雪梅转给李红是真实的,不存在委托持股或其他利益安排情形,对公司股权归属不存在任何异议,未来也不会以任何方式提出任何异议。另公司现有股东前海帮客、吴小平、马昊旻均已签署《确认函》,确认均为其名下所持股份的实际持有人,不存在股权代持的情形,历史上也不存在股权代持情形;不存在股权质押、担保、冻结或其他设定第三方权利等影响公司股权明晰的问题,公司现有股权不存在权属争议、纠纷或潜在纠纷情形。

综上,本所律师认为,李雪梅将其对公司的实际控制权转让给李红的行为,属于公司原实际控制人结合自身与公司实际情况,为保障公司未来稳定经营发展而采取的措施,该行为是双方意思自治的体现,符合法律、法规和规范性文件的规定,不影响公司股权结构的明晰,不存在潜在的股权纠纷。

2. 关于实际控制人经营公司的持续性、公司管理团队的稳定性

根据公司提供的材料以及深圳市市场监督管理局的公示信息,报告期内公司实际控制人由李雪梅变更为李红,在此变更前后,公司的管理层和组织机构发生了部分调整。实际控制人变更前,有限公司不设董事会,仅设执行董事一名,为吴小平,变更后执行董事仍为吴小平。

---

① 《深圳市群晖智能科技股份有限公司申请股票在全国中小企业股份转让系统挂牌并公开转让的补充法律意见书(一)》,第 3 ~6 页。

股份公司成立后，公司设立董事会，除选举原执行董事吴小平继续担任董事外，增加了李红、谢辉、张红、李方四名董事，李红为董事长。实际控制人变更前，有限公司仅设监事一名，为陈越兰，变更后监事仍为陈越兰。股份公司成立后，公司设立监事会，由陈立斌、蔡妮、吴炼组成。实际控制人变更前后公司总经理、副总经理、财务负责人未发生变化，总经理均为吴小平，财务负责人均为张红；副总经理自 2009 年 12 月至 2015 年 8 月均是由新的实际控制人李红担任。

综上，本所律师认为，公司在实际控制人变更前后核心管理层未发生重大变化，报告期内公司日常经营管理活动主要由李红、吴小平负责，财务工作由张红负责；且根据《公司法》规范设立了股东大会、董事会和监事会，公司治理结构得到了完善。因此，虽然报告期内公司实际控制人发生变更，但不影响实际控制人经营管理公司的持续性以及公司管理团队的稳定性。

3. 关于实际控制人变更前后公司业务的发展方向、业务具体内容的变化

根据公司提供的资料，并经本所律师核查，实际控制人变更前后，公司的经营范围未发生变化，均为：一般经营项目，即摄像模组、镜头、光学产品、光电产品的销售；电子产品的技术开发（不含生产加工）；半导体照明产品、LED 照明产品、LED 显示屏、通信产品、小家电产品的销售；国内贸易，货物及技术进出口（法律、行政法规、国务院决定规定在登记前须经批准的项目除外）；许可经营项目，即摄像模组、镜头、光学产品、光电产品的生产。实际控制人变更前后，公司的业务具体内容也未发生变化，均为：从事 CMOS 摄像模组光学产品的研发、生产和销售；业务发展方向均为致力于高端摄像头模组的研发生产，成为国内外知名手机厂商的优秀供应商。综上，本所律师认为公司业务的发展方向、业务具体内容均未发生重大变化。

4. 关于实际控制人变更前后客户的变化情况

根据《公开转让说明书》，实际控制人变更前，公司 2015 年 1 ~ 5 月前 5 名客户销售金额及占营业收入比例情况见表 6 – 8 – 1：

表 6 – 8 – 1　2015 年 1 ~ 5 月前 5 名客户销售金额及占营业收入比例

单位名称	销售金额（元）	占比（%）
群晖科技（香港）有限公司	49 288 920.2	43.53
东莞金卓通信科技有限公司	20 267 634.6	17.9
东莞华贝电子科技有限公司	19 750 120.05	17.44
东莞市金铭电子有限公司	13 810 409.64	12.2
步步高教育电子有限公司	3 691 519.88	3.26
前 5 名客户销售金额小计	106 808 604.37	94.33
2015 年 1 ~ 5 月销售金额合计	113 225 985.74	100

根据公司提供的资料，实际控制人变更后，公司 2015 年 6 ~ 9 月前 5 名客户销售金额及占营业收入比例情况见表 6 – 8 – 2：

表6-8-2 2015年6~9月前5名客户销售金额及占营业收入比例

单位名称	销售金额(元)	占比(%)
群晖科技(香港)有限公司	45 283 349.03	41.7
东莞华贝电子科技有限公司	29 323 445.1	27.01
东莞金卓通信科技有限公司	16 846 702.71	15.51
东莞市金铭电子有限公司	4 702 333.93	4.33
惠州 TCL 移动通信有限公司	3 589 020.99	3.31
前5名客户销售金额小计	99 744 851.76	91.86
2015年6~9月销售金额合计	108 559 917	100

综上,本所律师认为,实际控制人变更前后,公司的主要客户未发生重大变化。

5. 关于实际控制人变更前后公司收入、利润变化情况

根据《审计报告》以及公司提供的未经审计的财务数据,公司2015年1月至5月的收入和净利润分别为113 225 985.74元、4 636 688.17元,2015年6月至9月的收入和净利润分别为108 559 917元、2 369 194.29元。

实际控制人变更前后,公司营业收入未发生重大变化,净利润有所下降,根据公司提供的说明,并经本所律师核查,净利润下降的主要原因是:第一,受当前经济形势的影响,公司的客户在2015年第二季度进行的价格调整幅度较大,为保证有充足的订单量,公司牺牲了相对应的毛利润;第二,由于2015年8月份美元兑人民币汇率上升(2015年8月初1美元约兑换6.11元人民币,而到8月底1美元约兑换6.37元人民币),而公司在银行的短期借款均以美元为计算单位,且境外采购芯片的应付账款亦是以美元核算,导致大额汇兑损失约人民币158.61万元。由此可见,实际控制人变更后,公司净利润的下降并非由实际控制人变更引起的。

案例6-9 康平铁科838564

【问题】报告期内实际控制人变更

【问题描述】

关于报告期内公司存在实际控制人变更,请主办券商、律师补充核查以下事项并发表明确意见:(1)实际控制人发生变更的原因,目前公司股权是否明晰,是否存在潜在的股权纠纷;(2)实际控制人变更前后公司收入、利润变化情况。就实际控制人变更对公司业务经营、公司治理、董事、监事、高级管理人员变动、持续经营能力等方面是否产生重大影响发表明确意见。

【问题解决】①

接到反馈意见后,就该反馈问题,本所律师进行了特别核查,翻阅了公司全部工商底档资料;查阅了公司历次股东会、董事会以及监事会决议;核查了公司原股东孙忠正、孙静、赵秀

① 《关于青岛康平高铁科技股份有限公司申请股票进入全国中小企业股份转让系统挂牌并公开转让的补充法律意见书(一)》,第2~4页。

芳、刘晓明、万瑞昕、万光宝、杨波等与绵世股份、南车投资、南车华盛、吾尔堂、云心科技、伍石环境以及张成签订的《股权收购协议》;查阅了公司重大业务合同;与公司管理层进行了访谈;取得了孙忠正等公司原股东与绵世股份等公司股东出具的声明;查阅了公司《审计报告》;取得了公司及相关股东出具的声明。

1. 关于报告期内公司实际控制人发生变更的原因,目前公司股权是否明晰,是否存在潜在的股权纠纷

(1)实际控制人变更的原因

经本所律师核查,报告期内,公司原实际控制人孙忠正以及其他股东赵秀芳、万瑞昕等由于年龄、健康等原因,难以带动公司寻求更大的发展,而其子女等因个人志向等原因也无意接班,所以孙忠正等原股东决定对外转让公司股权;绵世股份因业务转型、拓展投资方向等原因,也长期关注并看好高铁及轨道交通行业,经调研,有意收购公司;南车投资、吾尔堂等其他投资者亦看好公司未来发展前景和投资回报情况,有意一起收购公司。经反复沟通与协商,各方就收购事宜达成一致,签订了股权转让协议,办理了工商变更登记。[前述股权转让事宜具体详见《法律意见书》第二部分正文“七、公司的股本及其演变”之“(十五)第五次股权转让”“(十六)第六次股权转让”]。前述股权转让完成后,郑宽通过绵世股份与云心科技合计控制公司54%的股权,成为公司的实际控制人。

(2)目前公司股权是否明晰,是否存在潜在的股权纠纷

根据公司出具的声明并经本所律师核查,公司自依法设立至今,历次增资均取得了股东(大)会的同意,履行了评估、财产权属转移、验资等手续,股东出资真实、充足,出资方式及出资比例合法、合规;公司存续期间,历次股权转让均按法律规定履行了必要的内部决策程序并办理了工商变更登记手续,合法、有效,不存在任何争议和纠纷。

另查,绵世股份等公司现有股东均系通过收购孙忠正等公司原股东股权的方式取得公司股权(前述股权转让事宜具体详见《法律意见书》第二部分正文“七、公司的股本及其演变”之“(十五)第五次股权转让”“(十六)第六次股权转让”)。

根据相关各方出具的声明并经本所律师核查,该次股权转让均系各方真实意思表示,履行了必要的程序,相关转让、受让行为合法、合规,不存在任何委托持股、信托持股或其他安排,也不存在任何争议或纠纷。综上,本所律师核查后认为,公司股权明晰,不存在潜在的股权纠纷。

2. 关于实际控制人变更前后公司收入、利润变化情况

(1)公司实际控制人变更前后公司收入、利润变化情况。

经核查,根据公司出具的声明,公司实际控制人变更前后公司收入、利润变化情况具体见表6-9-1:

表6-9-1 公司实际控制人变更后公司收入、利润变化情况

单位:元

	2012~2014年下半年平均数	2015年下半年
收入	154 072 418.75(前三年平均收入)	164 518 099.7
净利润	28 952 147.14(前三年平均利润)	32 486 527.52

（2）实际控制人变更对公司业务经营、公司治理、董事、监事、高级管理人员变动、持续经营能力等方面是否产生重大影响发表明确意见。

①关于实际控制人变更对公司业务经营的影响。

实际控制人变更前，公司主要从事高铁、地铁等轨道交通车辆车头及内装件的研发、生产和销售。对根据公司及其股东、实际控制人出具的声明，并经本所律师核查，实际控制人变更后，公司在各方股东的支持下，沿既定业务发展方向前进，提高管理水平，增强竞争优势。公司的战略定位、发展规划、主要供应商和客户、产品种类和生产工艺等均未发生重大变化。因此，实际控制人变更不会对公司业务经营产生重大影响。

②关于实际控制人变更对公司治理的影响。

实际控制人变更前，公司仅设执行董事和监事，未设董事会和监事会，未制定股东会议事规则、总经理工作细则等与公司治理相关的规章制度。实际控制人变更后，在各方股东支持和参与下，公司启用了新的公司章程，制定了股东会议事规则、董事会议事规则、监事会议事规则、总经理工作细则等规章制度；在吸收孙忠正、杨波等原经营团队成员的基础上，组建立董事会、监事会及新管理团队，完善了公司治理结构。2015 年年底整体变更为股份有限公司后，公司按照全国中小企业股份转让系统企业挂牌要求，进一步建立健全了法人治理和内部控制制度。因此，实际控制人变更对公司治理有重大影响，能够促进并提高公司治理水平。

③关于实际控制人变更对董事、监事、高级管理人员变动的影响。

实际控制人变更前，公司由孙忠正担任执行董事兼总经理，刘晓明担任监事，万瑞昕、杨波担任副总经理，赵岸红担任财务总监。公司实际控制人变更后，公司建立董事会、监事会，选举新的董事、监事，董事会重新聘任了高管团队，并增设了董事会秘书和总工程师。除原经营团队成员孙忠正担任董事长职务，杨波担任总工程师职务，目前公司经营团队中的其余董事、监事、总经理、副总经理、董事会秘书、财务总监等均由股东会/股东大会、董事会新选聘的具有丰富管理经验和合理知识结构的人员担任。因此，实际控制人变更对董事、监事、高级管理人员变动具有重大影响，能够提高公司治理水平和经营水平。

④关于实际控制人变更对持续经营能力的影响。

实际控制人变更前，公司经营正常。实际控制人变更后，公司发展战略、经营计划、经营模式保持了连续性，主要客户、供应商、生产工艺、主要产品等均未发生重大变化，资产和负债结构、营业收入、生产成本、净利润、现金流等财务指标均保持正常。截至本《补充法律意见书（一）》出具日，公司不存在任何经营期限届满以及其他任何可能导致公司解散、清算等影响公司存续的情形，也不存在任何可能影响其持续经营能力的情形。因此，实际控制人变更对公司持续经营能力无重大影响，公司持续经营能力不存在任何不利变化。

第七章 业务资质

一、业务资质

企业在从事生产经营活动时,须取得从事生产、经营活动所必需的相关资质、许可、认证和特许经营权等,若未获得资质许可,或者超出业务资质许可范围进行生产经营,则存在受行政处罚的风险,严重情形下可能会构成非法经营及重大违法行为,对企业的持续经营构成实质性障碍,企业挂牌自然也无从谈起了。

二、业务资质核查的必要性

《全国中小企业股份转让系统业务规则(试行)》第2.1条规定,拟挂牌企业需要满足"业务明确,具有持续经营能力;公司治理机制健全,合法规范经营"。《挂牌条件标准指引(试行)》规定"公司业务如需主管部门审批,应取得相应的资质、许可或特许经营权等",要求拟挂牌企业必须取得生产经营所需的全部业务资质。《挂牌审查一般问题内核参考要点(试行)》第1.7.1条也专门就企业业务资质的核查提出了具体要求。在实践中,业务资质的问题是全国股转系统的常规反馈问题,是其关注的要点之一。

因此,拟挂牌企业在申报前必须依法取得其合法合规经营所要求的全部资质证书且能说明不存在无法续期的风险。

三、解决思路

在实践中,业务资质瑕疵的表现主要为公司未取得相关资质证书、公司相关资质证书已经过期、公司的经营超出了业务资质许可的范围等。处理该资质瑕疵的解决思路如下:

1. 详细说明公司业务资质现状

律师在调查拟挂牌企业的业务资质时,应当核查:(1)拟挂牌企业经营所需的全部资质、许可、认证、特许经营权是否齐全。(2)有无超越资质、经营范围、使用过期资质的情况;如有,则需要核查拟挂牌企业的规范方案,实施进程,分析其中的法律风险、控制措施,以证明其不会构成重大违法违规行为。(3)是否存在相关资质将到期的情况;如有,则核查资质续期的情况,分析是否存在无法续期的风险以及其对公司持续经营的影响。律师需要详细说明拟挂牌企业的业务资质的现状;若存在业务资质的瑕疵问题,则需要详细披露公司对此采取的规范措施,分析其对公司经营的影响,并论证该瑕疵不构成重大违法违规行为,不属于实质性障碍。

2. 披露资质瑕疵期间无质量或其他纠纷问题

对于公司存在的业务资质瑕疵期间的生产经营活动进行调查和论证，结合实际的经营状况，披露公司缺乏业务资质进行经营期间，与其客户不存在质量或其他纠纷问题。

3. 弥补业务资质的瑕疵

拟挂牌企业需要在挂牌前申请经营所需的业务资质，在挂牌前取得规范经营所需的全部业务资质，以保障公司合法合规经营，具有持续的经营能力。

4. 控股股东、实际控制人出具承诺函

在弥补公司业务资质瑕疵时，公司的控股股东、实际控制人应当就业务瑕疵出具承诺函，承诺若公司由于业务资质问题而受到行政处罚给公司造成了损失，控股股东、实际控制人将承担相关的赔偿责任和处罚责任。

案例 7－1 戈兰迪 832140

【问题】业务资质不全

【问题描述】

请主办券商、律师核查公司的以下事项并发表明确意见：(1)是否具有经营业务所需的全部资质、许可、认证、特许经营权，对其齐备性、相关业务的合法合规性发表意见；(2)是否存在超越资质、范围经营的情况，是否存在相应的法律风险，公司的风险控制和规范措施，是否构成重大违法行为；(3)是否存在无法续期的风险，对公司持续经营的影响。

【问题解决】①

根据广州戈兰迪的说明并经本所律师核查，广州戈兰迪的主营业务为生产、研发、加工和销售人造石及相关家居产品，依照相关法律法规，生产、研发、加工人造石及相关家居产品无须取得相关部门的审核批准；广州戈兰迪同时向境内外客户销售产品，已取得从事外贸业务的《进出口货物收发货人报关注册登记证书》《对外贸易经营者备案登记表》《自理报检单位备案登记证书》(相关情况请详见《法律意见书》第八部分“公司的业务”)，该等资质均在有效期内。据此，本所律师认为，广州戈兰迪已获得经营业务所需的资质，业务经营合法、合规，不存在超越资质、范围经营的情况及相应法律风险，不存在资质无法续期的法律风险。

经本所律师核查，截至本补充法律意见书出具之日，装饰公司已取得广州市城乡建设委员会核发的 C244052730 号《工程设计与施工资质证书》，但尚未取得《安全生产许可证》。广州戈兰迪的实际控制人田雨与控股股东珠海迪美于 2014 年 12 月 19 日就装饰公司曾经存在未取得相关资质而承揽装修工程业务的情况及现状承诺：“(1)本人/本公司将于装饰公司因无证经营被处以行政处罚时，补偿装饰公司因遭受处罚而造成的所有损失，包括但不限于罚款、整改及补办相关资质的费用等；(2)本人/本公司将监督装饰公司的经营行为，确保在取得相关资质之前不会违规承揽装修工程业务；(3)本人/本公司将积极推进装饰公司办理工程装

---

① 《国浩律师(深圳)事务所关于广州戈兰迪时尚家居制品股份有限公司申请股票在全国中小企业股份转让系统挂牌并公开转让之补充法律意见书(一)》，第 15～16 页。

修业务所需资质的相关事宜。”

据此，本所律师认为，装饰公司虽已取得《工程设计与施工资质证书》，但尚未取得《安全生产许可证》，存在业务经营资质不全的问题，装饰公司正在申请办理相关资质的过程之中，并且在申请办理相关资质期间未承揽建筑装修业务，截至本补充法律意见书出具之日，不存在违反相关法律法规的行为。

案例 7-2 九华山酒 831799

【问题】业务证书是否齐全

【问题描述】

请律师核查公司的以下事项并发表明确意见：(1)是否具有经营业务所需的全部资质、许可、认证、特许经营权，对其齐备性、相关业务的合法合规性发表意见；(2)是否存在超越资质、经营范围的情况，是否存在相应的法律风险，公司的风险控制和规范措施，是否构成重大违法行为；(3)是否存在无法续期的风险，对公司持续经营的影响。

【问题解决】①

1. 公司经工商部门核准的经营范围为：白酒、食用酒精、葡萄酒、果露酒、饮料生产和销售(在许可证有效期内经营)，汽车货运。公司主营业务为：白酒生产与销售，主要生产与销售饮用白酒。

经核查，本所律师认为，公司业务已取得经营业务所需的全部资质和许可。

(1)《全国工业产品生产许可证》

安徽省质量技术监督局于 2012 年 7 月 6 日向九华山有限公司颁发了《全国工业产品生产许可证》，特许生产产品名称为白酒，证书编号为 QS340015010525，证书有效期至 2015 年 7 月 9 日。

公司业务已取得《全国工业产品生产许可证》，具备生产白酒的许可，符合《工业产品生产许可证管理条例》(国务院令第 440 号)第 2 条第 1 项规定。

(2)《食品流通许可证》

2014 年 4 月 1 日，池州市工商行政管理局贵池分局向九华山名酒颁发了编号为 SP3417021110010910 的《食品流通许可证》，许可经营范围为预包装食品兼散装食品，批发兼零售，有效期至 2017 年 3 月 31 日。

专门销售公司白酒产品的公司全资子公司九华山名酒业已取得《食品流通许可证》，具备销售公司拟生产的白酒的许可，符合《食品流通许可证管理办法》(国家工商行政管理总局令第 44 号)第 3 条规定。

(3)《安全生产标准化证书》

2013 年 9 月 30 日，池州市安全生产监督管理局向九华山有限公司颁发了编号为 AQBⅢ

① 《北京市盈科律师事务所关于安徽九华山酒业股份有限公司申请股份进入全国中小企业股份转让系统挂牌公开转让的补充法律意见书》，第 20～22 页。

QG皖201300170号《安全生产标准化证书》，认定九华山有限公司为安全生产标准化三级企业（轻工白酒生产），有效期至2016年10月。

公司业务已根据《企业安全生产标准化基本规范》（标准编号：AQ/T9006—2010）第4.3条、《白酒生产企业安全生产标准化评定标准》（安监总管四〔2011〕114号）的规定取得《安全生产标准化证书》，白酒生产符合国家安全标准。

（4）《质量管理体系认证证书》

2014年7月30日，方圆标志认证集团有限公司向九华山有限公司颁发了质量管理体系认证证书，证明九华山有限公司质量管理体系符合GB/T19001—2008/ISO9001：2008标准要求。覆盖的产品及过程：白酒（浓香型白酒、九华山兼香型白酒、固液法白酒）的生产，有效期至2017年7月29日。

公司白酒（浓香型白酒、九华山兼九华山兼香型白酒、固液法白酒）产品及生产过程质量管理体系符合GB/T19001—2008/ISO9001：2008标准要求，符合《产品质量法》第9条规定。

（5）《省认定企业技术中心证书》

2012年8月，安徽省经济和信息化委员会、安徽省发展和改革委员会、安徽省科学技术厅、安徽省财政厅、安徽省国家税务局、安徽省地方税务局、合肥海关联合向九华山有限公司颁发了《省认定企业技术中心证书》，编号为皖ETC证2012093号。

公司业务已取得《省认定企业技术中心证书》，公司生产白酒的研发、技术获得了有权机关的认可，符合《国家认定企业技术中心管理办法》《安徽省认定企业技术中心管理办法》的规定。

（6）《道路运输经营许可证》

2011年1月6日，池州市贵池区交通运输管理局向九华山有限公司颁发了《道路运输经营许可证》，证书编号为皖交运管许可池字34170220486号，经营范围为道路普通货物运输，有效期至2015年1月6日。

公司业务已获得《道路运输经营许可证》，公司名下机动车辆运输公司产品符合《道路运输条例》规定。

综上，本所律师认为，九华山有限公司已具备白酒生产与销售的业务资质与许可。以上资质和许可的取得合法、合规。

2. 为了核实公司是否存在超越资质、范围经营的情况，本所律师核查了公司2年又1期的重大合同，公司在报告期内签订的合同均在公司依法取得的资质和公司章程规定的经营范围内，未发现超越资质和经营范围开展业务的情形，不存在相应的法律风险。

公司为规范经营，制定出了安全生产制度、产品质量检验制度和标准及其他措施，并有效执行。

2014年9月1日，公司出具声明，确认公司依法开展经营活动，公司不存在超越资质、范围经营的情况，不存在相应的法律风险。

2014年9月1日，池州市工商行政管理局贵池分局出具合规证明，确认公司无任何重大违反工商管理法律、法规的不良记录，未受过工商行政管理部门的处罚。

2014年9月1日，池州市质量技术监督局出具合规证明，确认公司最近3年生产经营及产品符合国家产品质量法律、法规的规定，无任何产品质量违法不良记录，未受过产品质量监督管理部门的处罚。

综上，本所律师认为，公司不存在超越资质、范围经营的情况，不存在相应的法律风险，公司的风险控制和规范措施有效执行，未构成重大违法行为。

3. 为了核实公司资质是否存在无法续期的风险，对公司持续经营的影响，本所律师根据规定上述资质的法律法规，逐一核实了公司现有的条件，未发行无法续期的法律风险。

2014 年 9 月 1 日，公司出具声明，确认公司资质符合相关法律规定，不存在无法续期的风险。

本所律师认为，公司现有条件仍然符合规定上述资质的法律法规的标准要求，不存在无法续期的风险，不会对公司持续经营产生重大影响。

案例 7－3　荆楚网 830836

【问题】业务资质不全

【问题描述】

请主办券商、律师核查以下事项：(1)核查公司资质取得的连续性，报告期内是否存在无资质经营的情形，请分析其法律风险及解决措施；(2)补充核查公司业务资质情况，对公司业务的资质齐备性发表明确意见；(3)关于子公司的资质和无形资产情况，核查子公司业务资质的合法合规性，包括且不限于电子商务业务资质。

【问题解决】①

1. 荆楚网络资质的连续性

(1)2003 年 12 月 4 日，楚天有限公司取得由新闻出版总署核发的新出网证(鄂)字 3 号《互联网出版许可证》，有效期自 2003 年 12 月 4 日至长期。

(2)2008 年 10 月 31 日，楚天有限公司取得由国家广播电影电视总局核发的 1706144 号《信息网络传播视听节目许可证》，有效期至 2011 年 10 月 31 日。2012 年 2 月 13 日，楚天有限公司完成了该业务资质的续期，有效期至 2015 年 2 月 13 日。

(3)2008 年 12 月 24 日，楚天有限公司取得湖北省通信管理局核发的鄂 B2－20080077 号《增值电信业务经营许可证》，有效期至 2013 年 12 月 24 日。2013 年 11 月 25 日，楚天有限公司完成了该业务资质的续期，有效期至 2018 年 11 月 25 日。

(4)2008 年 12 月 24 日，楚天有限公司取得湖北省通信管理局核发的鄂号〔2006〕060123－B011 号《短消息类服务接入代码使用证书》，有效期至 2013 年 12 月 24 日。2014 年 1 月 13 日，楚天有限公司完成了该业务资质的续期，有效期至 2018 年 11 月 25 日。

(5)2010 年 7 月 14 日，楚天有限公司取得由国家广播电影电视总局核发的(鄂)字第 011 号《广播电视节目制作经营许可证》，有效期至 2012 年 7 月 13 日。2012 年 9 月 21 日，楚天有

---

① 《国浩律师(北京)事务所关于湖北荆楚网络科技股份有限公司申请股票在全国中小企业股份转让系统挂牌并公开转让之补充法律意见书(一)》，第 16～23 页。

限公司完成了该业务资质的续期，有效期至 2014 年 9 月 20 日。

(6)2012 年 8 月 14 日，楚天有限公司取得由国务院新闻办公室核发的国新网许可证编号为 4212006001 的《互联网新闻信息服务许可证》。根据荆楚网络提供的《互联网新闻信息服务年度情况记录表》，楚天有限公司通过国务院新闻办公室对该业务资质 2011 年度、2012 年度的年检，不存在报告期内无资质经营的情形。

(7)2013 年 4 月 22 日，楚天有限公司取得湖北省文化厅核发的鄂网文〔2013〕0283－006 号《网络文化经营许可证》，有效期限为 3 年。

综上，报告期内荆楚网络及其前身楚天有限公司依法取得了相关业务资质，并按时办理了相关资质证书的续期，由于需履行法律法规规定的续期程序，业务资质有效期存在部分断档，但鉴于荆楚网络及其前身楚天有限公司未曾因为不具备业务资质或超过许可范围经营而受到相关行业主管部门的处罚，且未因业务资质问题产生任何纠纷，本所律师认为荆楚网络的业务资质连续。

2. 荆楚网络资质的齐备性

(1)荆楚网络的业务资质。

根据荆楚网络的《营业执照》，荆楚网络的经营范围为"互联网信息发布及服务，互联网技术服务及培训；互联网站设计、安装、调试服务；销售计算机软硬件及外围设备；网络产品开发；网吧连锁经营(限分支机构)；日用百货销售；数码冲印；广告代理；市场营销策划；商务信息咨询；网上销售电子产品、办公用品、服装、工艺品；湖北省类第二类增值电信业务中的信息服务业务(含互联网信息服务、短信服务，不含固定网电话信息服务)；网络出版业务；网络视听节目点播(含下载)；影视剧(片)、影视广告、影视专题片制作、交流、发行等广播电视节目制作经营，利用互联网经营艺术品、动漫产品、网络游戏产品运营和网络游戏虚拟货币发行业务。(许可项目、经营范围与许可证核定的经营项目、范围一致)"。

经本所律师检索相关行业法律法规的规定，从事上述业务需具备以下业务资质：

①根据《互联网信息服务管理办法》以及《互联网出版管理暂行规定》(已废止)的规定，从事互联网出版活动，必须经过批准。未经批准，任何单位或个人不得开展互联网出版活动。

2003 年 12 月 4 日，楚天有限公司取得由新闻出版总署核发的新出网证(鄂)字 3 号《互联网出版许可证》，其上载明的出版机构名称为湖北楚天传媒网络科技有限责任公司，出版机构地址为武昌黄鹂路 65 号，法定代表人为阎思甜，业务范围为从事社会科学、文学、艺术(含动画、图片内容互联网出版业务)，有效期自 2003 年 12 月 4 日至长期。

②根据《互联网视听节目服务管理规定》《互联网等信息网络传播试听节目管理办法》的规定，从事信息网络传播视听节目业务，应取得《信息网络传播视听节目许可证》。

2012 年 2 月 13 日，楚天有限公司取得由国家广播电影电视总局核发的 1706144 号《信息网络传播视听节目许可证》，其上载明的开办单位为湖北楚天传媒网络科技有限责任公司，地址为湖北省武汉市武昌区东湖路 181 号，法人代表为邹贤启，有效期自 2012 年 2 月 13 日至 2015 年 2 月 13 日。

③根据《互联网信息服务管理办法》《互联网新闻信息服务管理规定》的规定，从事新闻、

出版、教育、医疗保健、药品和医疗器械等互联网信息服务，依照法律、行政法规以及国家有关规定须经有关主管部门审核同意的，在申请经营许可或者履行备案手续前，应当依法经有关主管部门审核同意。

2012 年 8 月 14 日，楚天有限公司取得由国务院新闻办公室核发的国新网许可证编号 4212006001 号《互联网新闻信息服务许可证》，其上载明的单位名称为荆楚网，法定代表人为邹贤启，注册地点为武汉市东湖路 181 号，业务种类为网站登载新闻业务，网站域名为 www.cnhubei.com。

④根据《广播电视节目制作经营管理规定》，国家对设立广播电视节目制作经营机构或从事广播电视节目制作经营活动实行许可制度，设立广播电视节目制作经营机构或从事广播电视节目制作经营活动应当取得《广播电视节目制作经营许可证》。

2012 年 9 月 21 日，楚天有限公司取得由国家广播电影电视总局核发的(鄂)字第 011 号《广播电视节目制作经营许可证》，其上载明的单位名称为湖北楚天传媒网络科技有限责任公司，法定代表人为邹贤启，地址为武汉市武昌区东湖路 181 号，公司形式为有限责任公司，经营方式为策划、制作、发行，经营范围为影视剧(片)、影视专题片等广播电视节目。

⑤根据《互联网文化管理暂行规定》，从事互联网文化活动的互联网信息服务提供者应当取得《网络文化经营许可证》。

2013 年 4 月 22 日，楚天有限公司取得湖北省文化厅核发的鄂网文〔2013〕0283－006 号《网络文化经营许可证》，其上载明的单位名称为湖北楚天传媒网络科技有限责任公司，地址为武汉市武昌区东湖路 181 号，法定代表人为邹贤启，公司形式为有限责任公司，注册资本为 1000 万元，网站域名为 www.cnhubei.com，经营范围为利用互联网经营艺术品、动漫产品，网络游戏产品运营和网络游戏虚拟货币发行业务，有效期限为 3 年。

⑥根据《电信条例》《电信业务经营许可管理办法》的规定，经营增值电信业务，需取得《增值电信业务经营许可证》。

2013 年 11 月 25 日，楚天有限公司取得湖北省通信管理局核发的鄂 B2－20080077 号《增值电信业务经营许可证》。其上载明的公司名称为“湖北楚天传媒网络科技有限责任公司”，法定代表人为邹贤启，注册资本为 1000 万元，注册住所为武昌东湖路 181 号，业务种类第二类增值电信业务中的信息服务业务(不含固定网电话信息服务)，业务覆盖范围为湖北省，有效期至 2018 年 11 月 25 日。

⑦根据《电信网码号资源管理办法》的规定，国家对码号资源的使用实行审批制度。未经信息产业部和省、自治区、直辖市通信管理局批准，任何单位或者个人不得擅自启用码号资源。

2014 年 1 月 13 日，楚天有限公司取得湖北省通信管理局核发的鄂〔2006〕060123－B011 号《短消息类服务接入代码使用证书》，其上载明的单位名称为湖北楚天传媒网络科技有限责任公司，法定代表人为邹贤启，短消息类服务接入代码为 10622766，有效期至 2018 年 11 月 25 日。

(2)根据《电信条例》及《互联网信息服务管理办法》的规定，国家对经营性互联网信息服务实行许可制度，开办经营性网站需办理《电信与信息服务业务经营许可证》。根据湖北省通信管理局工作人员的说明,网站在创办时需要办理ICP备案,经营性网站还需向湖北省通信管理局申请《增值电信业务经营许可证》,审批后网站获得"鄂B2"经营性许可证,并获准开展网络经营项目。经本所律师检索工业和信息化部地址/域名信息备案管理系统,荆楚网络已依法进行ICP备案,备案号为鄂ICP备13000573号,且荆楚网络持有湖北省通信管理局核发的《增值电信业务经营许可证》,无须办理ICP许可证。

(3)荆楚网络依据相关行业法律法规的要求办理了相关业务资质,荆楚网络及其前身楚天有限公司未曾因为不具备业务资质或超过许可范围经营而受到相关行业主管部门的处罚,且未因业务资质问题产生任何纠纷。综上,本所律师认为荆楚网络的业务资质齐备。

3. 子公司业务资质的合法合规性

关于子公司的资质和无形资产情况,经核查,荆楚网络的全资子公司和控股子公司经营所需的业务资质如下:

(1)手机媒体

根据手机媒体的《营业执照》,手机媒体经营范围为"网络技术服务及培训;软件开发;计算机系统调试服务;广告设计、制作、代理、发布;计算机软件研发、销售",其主营业务为移动增值服务和互动评选活动。根据《电信条例》《电信业务经营许可管理办法》的规定,经营增值电信业务,需取得《增值电信业务经营许可证》。手机媒体作为荆楚网络的全资子公司,实际履行荆楚网络与客户签订的移动增值业务合同,但其尚未取得《增值电信业务经营许可证》。鉴于手机媒体自从事移动增值业务以来,未因业务资质问题受到主管部门的行政处罚,未因承接荆楚网络的移动增值业务而与客户产生诉讼等纠纷,且手机媒体承诺,其将尽快办理相关业务资质,独立开展业务,手机媒体无资质经营的情况不会对其经营产生实质障碍。

(2)文谷文化

根据文谷文化的《营业执照》,文谷文化的经营范围为"文化艺术咨询服务;策划创意服务;投资咨询服务(不含证券、期货咨询);文化产品策划、设计、开发与经营(法律、行政法规规定需行政许可经营的除外);会议及展览服务;文具用品、体育用品的销售;网络数字技术开发;广告设计、制作、发布;动漫产品(不含电影、电视)及动漫衍生品的设计、制作及销售;市场调查;旅游投资;文化赛事活动的组织与策划;非物质文化遗产博览园、博物馆的投资与管理(不含经营);房地产开发与经营;实业投资与管理",其主营业务为文化产业投融资服务。

根据《国务院对确需保留的行政审批项目设定行政许可的决定》并经检索相关行业法律法规,从事上述业务无须获得行政许可。经本所律师核查,文谷文化受委托维护省委宣传部主办的文谷网(域名为hubeici. com),该网站为非经营网站,网站备案号为鄂ICP备12015487号。

(3)楚天神码

根据楚天神码的《营业执照》,楚天神码的经营范围为"网络科技产品领域内的技术开发、技术转让、技术咨询、技术服务;商务信息咨询;网站设计与开发、网页制作;通信系统开发集成;广告的设计、制作、代理、发布。(国家有专项规定的项目经审批后或凭许可证在核定期限内经营)",其主营业务为移动客户端研发推广和荆楚网行业广告代理。

作为荆楚网络的全资子公司,楚天神码的广告业务为代理荆楚网的广告,互联网广告经营者为荆楚网络，楚天神码无须申请相关业务资质。根据《国务院对确需保留的行政审批项目设定行政许可的决定》并经检索相关行业法律法规，楚天神码开展经营范围内的其他业务无须业务资质。

(4)楚天优品

根据楚天优品的《营业执照》，楚天优品的经营范围为“网上销售日用百货、鲜花礼品、电子产品、工艺品、服装鞋帽、玩具、钟表眼镜及其配件、文教用品、体育用品、摄影器材、家具家电、装潢材料、计算机配件、汽摩配件、宠物用品、金银饰品、化妆品、农副产品、计算机软件、通讯设备(专营除外)、一类医疗器械、家居用品；上述产品的批发及佣金代理(拍卖除外)；计算机技术服务及技术咨询；市场营销策划；商务信息咨询；电脑图文设计、制作；网页制作；企业形象策划；票务代理；会务服务；仓储服务(不含危险品，限分支机构经营)；货物进出口、技术进出口、代理进出口(不含国家禁止或限制进口的货物或技术)。(上述经营范围中国家有专项规定的项目经审批后或凭许可证在核定期限内经营)”，其主营业务为电子商务。2014 年 3 月 24 日，楚天优品取得武汉市工商局核发的“SP4201991410027868”《食品流通许可证》，其上载明的单位名称为武汉楚天优品电子商务有限责任公司，经营场所为武汉市东湖新技术开发区关山大道 465 号中国光谷创意产业基地一号楼 910 室，负责人为张先国，公司形式为有限责任公司(法人独资)，许可范围为预包装食品兼散装食品、乳制品(含婴幼儿配方乳粉)批发兼零售，有效期自 2014 年 3 月 13 日至 2017 年 3 月 12 日。楚天优品经营的楚天优品网(域名为 uphubei. com)ICP 备案号为鄂 ICP 备 14003868 号，网站支付方式为第三方支付，无须办理支付牌照。

(5)楚天尚漫

根据楚天尚漫的《营业执照》，楚天尚漫的经营范围为“电脑动画设计；广告设计、制作、代理、发布；计算机软件研发、销售；动漫游戏形象服装、玩具、文具设计、生产、销售；动画形象授权及衍生产品开发和销售。(上述经营范围中，国家有专项规定须经审批的项目、经审批后或凭有效许可证方可经营)”，其主营业务为手机动漫和新闻漫画。

楚天尚漫的相关业务通过荆楚网络经营的荆楚网(域名为 cnhubei. com)中楚天尚漫栏目(c. cnhubei. com)展开，楚天尚漫无须取得相关业务资质。

(6)楚天鑫融

根据楚天鑫融的《营业执照》，楚天鑫融的经营范围为“计算机网络信息技术服务；计算机网络工程设计、施工；网站设计、开发与建设；网页制作；计算机软件批零兼营及技术服务；广告设计、制作、发布、代理；会议及展览服务；标牌、标识设计、安装；舞美设计。(国家有专项规定的项目经审批后或凭有效许可证方可经营)”，其主营业务为荆楚网行业广告代理和金融网站建设。

楚天鑫融的广告业务为代理荆楚网的广告，广告经营者为荆楚网络，楚天鑫融无须申请相关业务资质。楚天鑫融经营湖北金融网(域名为 hbjr. org)由荆楚网金融频道(jr. cnhubei. com)发展而来，目前正在办理 ICP 备案。

(7)数字传媒

根据数字传媒的《营业执照》，数字传媒的经营范围为“户内、户外广告设计、制作、代理、发布”,其主营业务为室内外电子屏及广告代理服务。

根据《户外广告登记管理规定》(已废止),发布“利用户外场所、空间、设施发布的,以展示牌、电子显示装置、灯箱、霓虹灯为载体的广告”应当依照本规定向工商行政管理机关申请户外广告登记,领取《户外广告登记证》。根据湖北省武昌区工商局工作人员的说明,《户外广告登记证》不属于企业资质,公司只需在设置户外广告前根据电子广告屏的具体内容申请。

综上,本所律师认为,手机媒体代理荆楚网增值电信业务,无《增值电信业务经营许可证》,存在瑕疵,但未曾因业务资质问题受到行政处罚,未产生过纠纷,且已承诺将尽快申领相关许可证书,因此,其业务资质瑕疵不对本次挂牌构成实质障碍;楚天鑫融目前正在办理相关业务资质许可;其他子公司均依照法律法规规定具有相关资质,合法、合规经营。

案例 7-4 京格建设 839208

【问题】合同金额超出公司业务资质

【问题描述】

关于公司的建筑资质,请公司补充说明并披露。请主办券商及律师核查以下事项并发表明确意见:(1)所承建的项目是否符合资质等级标准所要求;(2)项目除合同金额外,关于项目的所建面积、层数、跨度等是否符合资质要求,是否存在超越资质经营的情况。

【问题解决】

1. 核查程序

本所律师业已经过以下方式核查:查询相关法律法规;查阅公司资质证书;查阅公司承建项目业务合同;查阅公司承建项目相关竣工验收文件;查看公司及股东出具的情况说明;实地走访部分重大工程项目;并与公司有关股东进行了访谈。

2. 核查结果

(1)报告期内公司承建的项目均是在2015年3月前签署的业务合同,相关业务资质范围要求应当按照《建筑业企业资质等级标准》(建〔2001〕82号,2015年1月1日起失效)执行。

根据《建筑业企业资质等级标准》(建〔2001〕82号,2015年1月1日起失效)等建筑相关规定及公司取得的《建筑业企业资质证书》等资质文件,公司可承包的工程项目范围如下:

①房屋建筑工程施工总承包三级

可承担单项合同额不超过企业注册资本金5倍的下列房屋建筑工程的施工:14层及以下、单跨跨度24米及以下的房屋建筑工程;高度70米及以下的构筑物;建筑面积6万平方米及以下的住宅小区或建筑群体。

②市政公用工程施工总承包三级

可承担单项合同额不超过企业注册资本金5倍的下列市政公用工程的施工:城市道路工程(不含快速路);单跨跨度20米以内桥梁工程;公共广场工程;2万吨/日及以下给水厂;1万吨/日及以下污水处理工程;1立方米/秒及以下给水、污水泵站;5立方米/秒及以下雨水泵站;直径1米以内供水管道;直径1.5米以内污水管道;总贮存容积500立方米及以下液化气贮罐场(站);供气规模5万立方米/日燃气工程;2公斤/平方厘米及以下中压、低压燃气管道、调压站；供热面积50万平方米及以下热力工程；直径0.2米以内热力管道；生活垃圾转运站。

③城市及道路照明工程专业承包三级

可承担单项合同额不超过企业注册资本金5倍的380V及以下的城市广场、道路、公路、建筑物外立面、公共绿地等照明工程。

④建筑装饰装修工程设计与施工二级

取得二级资质的企业可承担单项合同额不高于1200万元的建筑装饰装修工程（建筑幕墙工程除外）。

⑤城市园林绿化企业三级资质

可承揽3万平方米且工程造价在300万元以下园林绿化工程，包括单位附属绿地、居住区绿地、道路绿地、风景林地等各类绿地；

可承揽园林绿化工程中的整地、栽植、建筑及小品、花坛、园路、水系、喷泉、假山、雕塑、广场铺装、驳岸、码头等园林设施及设备安装项目；

可承揽10万平方米以下的园林绿化养护管理工程；

可从事园林绿化苗木、花卉、草坪的培育、生产和经营。

（2）根据公司提供的业务合同、情况说明，报告期内公司全部承建项目的资质符合情况见表7－4－1：

表7－4－1　报告期内全部承建项目资质符合情况

序号	项目名称	合同适用资质等级标准	金额（万元）	项目面积、层数、跨度等情况	资质符合情况
1	华强北站地铁和商业开发土石方、主体及附属结构施工项目	市政公用工程	12 727.96（折算后金额）	建筑面积23 217.46平方米、层数3层、跨度8米	符合
2	深圳市轨道交通7号线BT项目7302标	市政公用工程	8625.69	建筑面积11 683.05平方米、层数2层、跨度8米	符合
3	南安市石井镇贤林大道道路工程路面工程	市政公用工程	8000	长4.7千米、宽55米	符合
4	南昌轨道交通1号线一期工程土建九标奥体中心站主体结构钢筋、混凝土、模具、脚手架以及附属结构施工	市政公用工程	6427.68	建筑面积12 144平方米、层数2层、跨度8米	符合
5	博罗县生活垃圾焚烧发电项目生活办公区建筑工程	房屋建筑工程	1953	建筑面积9406.87平方米、层数4层、跨度6米	符合
6	深圳市轨道交通7号线BT项目7302标深云站地连墙、降水井及格构柱项目	市政公用工程	1326.02	建筑面积19 568.51平方米、层数2层、跨度8米	符合
7	明硐湖国际新城项目环湖景观工程	园林绿化工程	1175	园林设施、设备安装	符合
8	深圳市地铁7号线西丽站一阶段一期部分围护结构工程	市政公用工程	1003.05	建筑面积23 225.5平方米、层数2层、跨度8米	符合

续表

序号	项目名称	合同适用资质等级标准	金额（万元）	项目面积、层数、跨度等情况	资质符合情况
9	5121 标段交通疏解项目、交通疏解工程（道路工程）	市政公用工程	1090.77	路面面积 18 017 平方米	符合
10	华强广场地下室与 7 号线地铁接驳工程	市政公用工程	880.41	长 25.2 米、宽 6 米	符合
11	南山街道妈湾片区社区服务中心社区服务基础设施建设工程	装饰装修工程	183.06	建筑面积 1090 平方米、层数 1 层	符合
12	深圳市前海市政配套土建预留工程 I 土建 5121 标段 9 号线航海路站钢支撑租赁、安装、拆除 I 标	市政公用工程	515.12	钢支撑租赁、安装、拆除	符合
13	400 千伏深圳站扩建第三台 500/400 千伏联络变压器工程 GIS 室屋顶屋面防水改造工程	房屋建筑工程（修缮）	56.2	建筑面积 5213.2 平方米	符合
14	深圳湾口岸 11 号货台修缮工程	房屋建筑工程（修缮）	32.22	建筑面积 421.2 平方米	符合
15	尖岗山泵房改造工程	房屋建筑工程（修缮）	66.13	建筑面积 1305.2 平方米、其中绿化面积约 856 平方米	符合
16	文体中心篮球馆改造工程	房屋建筑工程（修缮）	31.22	建筑面积 895.2 平方米	符合
17	长流陂水厂四楼宿舍修缮工程	房屋建筑工程（修缮）	27.55	建筑面积 391.5 平方米	符合
18	龙岗智慧警务机房工程（小型工程）	房屋建筑工程	90.33	建筑面积 662.62 平方米，层数 2 层	符合
19	平湖街道中心小学教师宿舍外墙装饰	装饰装修工程	80.38	建筑面积 4212 平方米	符合
20	上南水厂钢结构巡检通道	房屋建筑工程	15.1	建筑面积 256 平方米、层数 2 层	符合
21	立新水厂会议室、化验室药品间改造工程	房屋建筑工程（修缮）	12.29	建筑面积 6 平方米	符合
22	龙岗区物管中心 35 栋大楼修缮工程（小型工程）	房屋建筑工程（修缮）	82.5	建筑面积 600 平方米	符合

报告期内公司华强北项目存在超越公司资质范围的情形，相关专项说明如下：

①华强北项目合同签署时未超出公司资质范围，合法、合规。

2013 年 12 月 1 日，公司与中国水利水电第四工程局有限公司深圳地铁 7 号线 7305 标项目部签署《华强北站地铁和商业开发土石方、主体结构及附属结构施工合同》（合同编号：ZS 四局—深圳地铁—2013—001），约定中国水利水电第四工程局有限公司深圳地铁 7 号线 7305

标项目部将深圳地铁7号线7305标华强北地铁和商业开发土石方、主体结构及附属结构施工项目发包给公司，合同总价为12 727.96万元(按照暂定合同总额16 747.31万元下浮24%计算得出)，最终合同总价以经深圳市政府组织评审的最终概算(不包括风险包干费用)并经深圳市审计局通过后直接下浮24%后得出总金额，作为本合同的最终合同额，项目建筑面积为23 217.46平方米、层数为3层、单跨跨度为8米。

其中因华强北项目属于政府概算项目，暂定合同总额16 747.31万元为政府发布的暂定概算价。下浮比例24%为公司向发包方提供的承包报价方案，发包方在综合考虑各家施工企业的下浮比例报价方案、公司资质、项目经验、技术人员等因素的基础上，选择公司作为承包方，故暂定合同总价，经下浮24%计算为12 727.96万元，未超出公司资质范围。但最终的合同总价需以经深圳市政府组织评审的最终概算(不包括风险包干费用)并经深圳市审计局通过后直接下浮24%后得出总金额，作为本合同的最终合同额。

合同经双方签署盖章，是双方的真实意思表示，项目合同金额及建筑面积、层数、跨度等未超出公司经营资质范围，即1.5亿元(市政公用工程施工总承包三级，可承担单项合同额不超过企业注册资本金5倍的市政公用工程的施工)，符合建筑相关法律法规的规定，合同合法有效。

②报告期华强北项目结算金额超出公司资质范围，存在法律风险及责任。

根据公司提供的资料，截至2015年12月31日，华强北项目实际发生合同总金额为1.63亿元，项目建筑面积为34 269.77平方米、层数为3层、单跨跨度为8米，其中项目合同总金额已超出公司经营资质范围，存在瑕疵。

《建筑法》第26条规定，“承包建筑工程的单位应当持有依法取得的资质证书，并在其资质等级许可的业务范围内承揽工程。禁止建筑施工企业超越本企业资质等级许可的业务范围或者以任何形式用其他建筑施工企业的名义承揽工程”。第65条第1款、第2款规定：“发包单位将工程发包给不具有相应资质条件的承包单位的，或者违反本法规定将建筑工程肢解发包的，责令改正，处以罚款。超越本单位资质等级承揽工程的，责令停止违法行为，处以罚款，可以责令停业整顿，降低资质等级；情节严重的，吊销资质证书；有违法所得的，予以没收。”

《最高人民法院关于审理建设工程施工合同纠纷案件适用法律问题的解释》(法释〔2004〕14号)第1条规定：“建设工程施工合同具有下列情形之一的，应当根据合同法第五十二条第(五)项的规定，认定无效：(一)承包人未取得建筑施工企业资质或者超越资质等级的……”

公司合同总金额超出经营资质范围的情形下，合同存在被认定为无效的风险，公司存在被建设管理部门处以责令停止违法行为、罚款处罚的风险。

③具体原因分析和风险防范措施。

虽然目前华强北项目的合同金额超出公司业务资质范围，但该种情形非公司主观故意导致，而是因为合同签署后在履行合同过程中发生重大情势变更，即发包方工程设计发生较大变化导致工程规模扩大，具体为车站长度由原设计268.1米增加为329.9米(增加61.8米)，车站断面面积由原设计597.4平方米增加为676.6平方米(增加79平方米)，从而导致公司相应成本增加，合同总金额超出原合同约定的金额。

目前，公司已经在现场施工完毕并提交竣工验收申请，正在接受项目结算审计，公司已经履行完合同的主要义务。该种情形下，合同的效力不因合同履行过程中的重大情势变更而无效，双方应当继续履行合同。根据本所律师在深圳市住房和建设局网站（http://www.szjs.gov.cn/ztfw/gcjs/cxda/cxda_xzcf/）查询，报告期内未发现公司存在因违反住房和建设相关法律法规而受到行政处罚、警示或不良行为记录。

2016年5月26日，深圳市住房和建设局出具《无违法违规证明函》（深建函〔2016〕1467号）。经查阅该局信息管理系统（http://www.szjs.gov.cn/），深圳市京格建设股份有限公司自2013年1月1日至2016年3月31日期间，在深圳市未发现有违法违规行为的记录。

2016年5月3日，深圳市龙岗区安全生产监督管理局出具《安全生产情况证明表》。经查，深圳市京格建设股份有限公司自2013年1月1日至2016年3月31日，未因违反安全生产法律法规而受到该局行政处罚，该局也未接到有关该公司发生安全生产事故的报告。

2016年3月25日，公司控股股东中经科控股及实际控制人彭梁鸿出具《承诺函》，承诺如因华强北项目合同金额超出公司业务资质范围，被主管部门处罚或合同被认定无效而给公司造成的任何经济损失，控股股东和实际控制人将全额补偿公司相应损失。

公司华强北项目的合同金额超出公司资质范围的瑕疵，系由发包方的客观原因导致的合同变更，非公司主观故意导致，实质上不属于公司主观超越业务许可资质经营的情形，不构成重大违法违规行为，不构成本次申请挂牌的实质性障碍。

3. 核查结论

综上所述，本所律师认为，除华强北项目外，公司承建的项目均符合建筑业企业资质标准的要求，项目合同金额、项目的所建面积、层数、跨度等均符合资质要求，不存在超越资质经营的情况。

第八章　独立性问题

一、独立性问题

独立性一般是指资产、人员、财务、业务、机构五个方面独立。拟挂牌主体的独立性问题是挂牌审核的重点问题之一。在公司的日常经营业务中，拟挂牌公司的业务上若存在依赖经销商的情形，该依赖程度越高，企业的持续经营风险就越大。此外，公司对外协厂商的重大依赖，也会严重影响拟挂牌企业持续经营能力。这部分内容更多强调业务独立。

1. 过度依赖经销商

全国股转系统对于存在过度依赖经销商的情形，一般会重点关注：公司本身是否具有持续的经营能力、公司是否有采取相关措施降低对经销商的依赖性、相关的合同对公司是否具有增长性、经销商是否与公司存在关联关系、经销商对公司是否也存在黏性，是否为市场选择的结果等。

2. 外协厂商问题

部分生产型企业存在将产品的加工环节委托给外协厂商生产的情形。如企业存在外协加工的，需要关注外协厂商是否为关联方、价格是否公允、外协加工部分是否构成公司产品的核心部分、如何确保产品质量符合标准、是否对外协有重大依赖等。对于前述问题的关注，主要是说明公司具有独立性且可持续经营。

二、解决思路

1. 核查经销商、外协厂商与公司的关联关系

首先需要核查确认公司报告期内的外协厂商、重大依赖的经销商的数量及具体名称，结合公司的股东、董事、监事、高级管理人员填写核查表，核查关联关系；必要的情形下，访谈外协厂商的股东、董事、监事、高级管理人员，了解其与公司及公司的股东、董事、监事、高级管理人员是否有关联关系，并出具无关联关系的说明承诺函。

2. 合理解释存在的原因

对于依赖经销商的情形，要披露公司对经销商依赖程度高的原因，从市场行业的角度分析该依赖程度高的合理性。披露公司选择的经销商是严格按照公司的程序性决策的结果，公司依据市场的需求和董事会、股东大会的决策选定公司的经销商，其过程、结果均为合法、合规、合理的。

对于外协厂商的问题，要进一步核查了解公司委托给外协厂商的生产环节，是否属于关键或不可替代的环节，委外加工的费用占比是否过高。若公司对外协厂商不存在依赖，则需

核查外协厂商的可替代性及公司是否有备选外协厂商,依此论证说明公司不会因外协厂商发生变化而影响公司的正常生产经营活动;若公司对外协厂商存在依赖,则需通过访谈、调查的方式了解公司选择该外协厂商的原因、双方的合作模式,确认对外协厂商的依赖不会对公司的持续经营能力产生不利影响。

3. 披露风险并采取相应措施

对经销商的依赖程度高,或外协厂商的关联问题、依赖问题等都会增加公司的持续经营风险。公司要合理及时披露风险,并采取相应的应对措施,如提高直销的比例,逐步降低经销比例;创新业务模式,减少对经销商依赖性;直接与最终客户对接,签订直销合同等。公司需要将其对经销商的依赖程度控制在合理范围内,详细说明外协厂商生产的合法合规性,以保证公司的业务结构具有持续经营能力。

案例 8-1 万农高科 838996

【问题】对经销商依赖程度高

【问题解决】①

关于公司销售依赖经销商渠道的风险如下:公司产品主要为空心菜、豇豆等种子,由于公司种子销售面对的主要为广大的农户,其具有数量庞大、区域广、交易频繁、单次购买金额小的特点,公司直销模式难以满足客户需求。并且农户的种子消费习惯为直接向当地经销商采购,导致必须采用经销商模式,由经销商直接面向广大农户提供种子及售后服务。报告期内公司销售收入主要由经销商销售完成,如公司对经销商管理出现问题,将影响公司未来的销售业绩。

风险防范措施:公司在巩固现有经销商销售的情况下,将不断开发直销模式下的销售方式和大型种子需求客户,以提高种子的直销比例,降低对经销商的依赖。

案例 8-2 抱儿钟秀 838947

【问题】对经销商依赖程度高

【问题解决】②

关于依赖经销商销售的风险如下:2014 年、2015 年公司通过经销商的销售收入占主营业务收入比例分别为 79.52%、82.95%,存在经营业绩依赖经销商的风险,如果经销商由于外部经济微环境、政策环境变化等原因大规模降低对公司产品的采购,将会使公司的经营业绩遭到严重不利影响。

应对措施:公司拟大力发展公司电子商务销售渠道。公司电子商务交易在 2015 年度取得了较快发展,争取 2016 年度在电子商务销售方面取得新的突破。

---

① 《万农高科股份有限公司 2016 年半年度报告》,第 8 页。

② 《安徽省抱儿钟秀茶业股份有限公司公开转让说明书》,第 175 ~ 176 页。

案例8-3 港渊科技837925

【问题】过度依赖供应商

【问题解决】①

公司采用“经销+直销”结合的销售模式。报告期内,为了方便统一管理和维护客户,公司外销业务采用经销模式进行销售,通过控股股东风采国际销往国外终用户或转厂至国内终用户;公司内销业务全部采用直销模式进行销售。报告期内,公司经销业务均通过公司控股股东风采国际进行,风采国际作为公司外销业务的唯一经销商。虽然报告期内公司经销业务收入占比不断下降,但经销业务收入占比仍较高,存在因过度依赖经销商和关联方而给公司持续经营带来不利影响的风险。为了减少公司对关联经销商的依赖程度及关联交易,风采国际正逐步把外销客户转移给公司。

目前,公司与原外销及转厂终客户 NITTA、JANOME、珠海兄弟已签订直接销售合同,由公司直接对上述客户进行销售及服务,风采国际不再参与双方之间的交易;公司与原外销终客户 Kang Yuan Vietnam 的唯一股东 Kang Yuan Co. ,Ltd. 已签订直接销售合同,由公司直接向 Kang Yuan Co. ,Ltd. 销售产品和提供服务,风采国际不再参与双方之间的交易;风采国际正在协调 Brother Industries Saigon. ,Ltd. ,将其转移给公司,客户已初步同意该转移事宜。

风采国际非生产性企业,无产品生产能力。经销模式中,外销客户选择向风采国际采购产品,实质上注重的不是风采国际的供货能力,而是公司的生产能力。外销客户在意愿上更倾向于向公司直接采购,由公司直接供货和服务,与公司形成直接的长期合作关系。风采国际将外销客户转移给公司后,公司与客户已签订直接销售合同,公司的订单数量并没发生实质性的减少。

因此,上述转移客户的过程中,不存在客户流失的情况,对公司持续经营起促进作用。

案例8-4 兴电科技838904

【问题】公司与外协厂商是否存在关联关系或依赖情形

【问题描述】

请主办券商和律师分别就以下事项发表明确意见:(1)外协厂商与公司、董事、监事、高级管理人员是否存有关联关系;(2)公司对外协厂商是否存有依赖。

【问题解决】②

1.核查程序

本所律师核查了公司及董事、监事、高级管理人员的《核查表》,公司出具的无关联关系确认函、外协厂商出具的与公司无关联关系确认函,全国企业信用信息公示系统查询的工商登记信息。

---

① 《中山港渊科技股份有限公司公开转让说明书》,第32~33页。

② 《北京市大成(深圳)律师事务所关于深圳市兴电科技股份有限公司申请股票在全国中小企业股份转让系统挂牌并公开转让的补充法律意见书(一)》,第13~16页。

2. 核查内容及依据

报告期内,公司的外协厂商共有四家,分别为深圳市杰瑞佳科技有限公司(以下简称杰瑞佳)、深圳市至合盛电子有限公司(以下简称至合盛电子)、深圳市捷多邦科技有限公司(以下简称捷多邦)、广州市科荣电子有限公司(以下简称科荣电子)。

(1)杰瑞佳的股东、董事、监事、高级管理人员情况见表8-4-1和8-4-2:

表8-4-1 杰瑞佳的股东

序号	姓名
1	黄宪明
2	曾茂添
3	文勃东
4	甄仕车
5	郑汉武

表8-4-2 杰瑞佳的董事、监事、高管人员

序号	姓名	职务
1	黄宪明	执行董事、总经理
2	甄仕车	监事

(2)至合盛电子的股东、董事、监事、高级管理人员情况见表8-4-3和8-4-4:

表8-4-3 至合盛电子的股东

序号	姓名
1	王福江
2	李磷平

表8-4-4 至合盛电子的董事、监事、高管人员

序号	姓名	职务
1	王福江	执行董事
2	李磷平	监事
3	朱利峰	总经理

根据公司出具的说明并经本所律师核查,目前公司已与至合盛电子结束合作关系。原因为其焊接技术不达标,导致产品不合格,截至本补充法律意见书出具之日,至合盛电子已不再是公司的外协厂商。

(3)捷多邦的股东、董事、监事、高级管理人员情况见表8-4-5和表8-4-6:

表8－4－5　捷多邦的股东

序号	姓名(名称)
1	杭州维库信息科技有限公司
2	王　耀
3	沈自立
4	杨清海
5	曹荣平
6	吴振兴

表8－4－6　捷多邦的董事、监事、高管人员

序号	姓名	职务
1	王耀	执行董事、总经理
2	吴振兴	监事

(4)科荣电子的股东、董事、监事、高级管理人员情况见表8－4－7和表8－4－8：

表8－4－7　科荣电子的股东

序号	姓名
1	岑立
2	郭月山

表8－4－8　科荣电子的董事、监事、高管人员

序号	姓名	职务
1	梁雪萍	执行董事、财务负责人

3. 核查意见

为核实外协厂商与公司、董事、监事、高级管理人员的关联关系，本所律师核查了公司、公司董事、监事、高级管理人员出具的与外协厂商无关联关系的《确认函》，核查了外协厂商的股东、董事、监事、高级管理人员的情况。同时，杰瑞佳、捷多邦、科荣电子出具了与公司无关联关系的《确认函》，确认与公司、公司董事、监事、高级管理人员无关联关系。

因此，本所律师认为，外协厂商与公司、董事、监事、高级管理人员之间不存在关联关系。

根据公司确认，公司主要是将焊接工艺环节委托给外协厂商。因此，外协厂商属于代工性质，不掌握产品的关键技术。

另外，此类代工厂商在珠三角一带资源丰富，公司寻找外协厂商比较容易，并且公司有备选的外协厂商。如外协厂商的生产合格率不能达到公司的要求，公司可随时更换外协厂商，以保证公司始终处于主导地位，不会因外协厂商的因素而影响公司整个业务的运行。因此，公司对外协厂商不存在依赖关系。

综上所述，本所律师认为，外协厂商与公司、董事、监事、高级管理人员不存在关联关系，

公司对外协厂商不存在依赖。

案例 8-5　普利凯 838637

【问题】公司与外协厂商是否存在关联关系或依赖情形

【问题描述】

请主办券商和律师分别就以下事项发表明确意见：(1)外协厂商与公司、董事、监事、高级管理人员是否存有关联关系；(2)公司对外协厂商是否存有依赖。

【问题解决】①

1. 根据公司出具的确认函并经本所律师核查公司与外协厂商的相关合同，报告期内，公司的外协厂商主要为珠海飞扬新材料股份有限公司（以下简称珠海飞扬）。根据在全国企业信用信息公示系统（http://gsxt.saic.gov.cn/）的查询，并经本所律师核查，珠海飞扬的股东、董事、监事、高级管理人员情况见表 8-5-1 和表 8-5-2：

表 8-5-1　珠海飞扬的股东

序号	姓名（名称）
1	深圳市飞扬实业有限公司
2	肖　阳
3	三花控股集团有限公司
4	苏州创东方高新创业投资企业（有限合伙）
5	深圳市达济财富一号合伙企业（有限合伙）
6	北京嘉诚资本投资管理有限公司
7	深圳市雪钧投资有限公司
8	深圳市高新投创业投资有限公司
9	袁兴根
10	深圳市诚泰昌投资有限公司
11	刘　华
12	陈惠勇
13	岳苗苗
14	郭清栗

① 《北京市大成（深圳）律师事务所关于深圳市普利凯新材料股份有限公司申请股票在全国中小企业股份转让系统挂牌并公开转让的补充法律意见书（一）》，第 4 ~ 6 页。

表8-5-2 珠海飞扬的董事、监事、高级管理人员

序号	姓名	职务
1	肖　阳	董事长、总经理
2	傅　兵	副董事长
3	肖增钧	董事
4	郑年武	董事、董事会秘书
5	金昂生	董事
6	谢金龙	董事
7	方天亮	独立董事
8	侯克鹏	独立董事
9	刘登良	独立董事
10	覃厚福	监事会主席
11	龙同锦	监事
12	潘　朕	监事
13	刘　华	财务总监

为核实外协厂商与公司、董事、监事、高级管理人员的关联关系,本所律师分别核查了公司、公司董事、监事、高级管理人员出具的与外协厂商无关联关系的《确认函》、公司董事、监事、高级管理人员的《核查表》、外协厂商的股东、董事、监事、高级管理人员的情况、珠海飞扬出具的与公司无关联关系的《确认函》。

公司董事、监事和高级管理人员出具的《确认函》,确认其本人及其关系密切的家庭成员未直接或间接持有珠海飞扬的股权权益,亦未在珠海飞扬担任职务,与珠海飞扬之间不存在关联关系。

珠海飞扬出具的《确认函》,确认珠海飞扬及其董事、监事、高级管理人员与公司不存在关联关系。

因此,本所律师认为,外协厂商与公司、董事、监事、高级管理人员之间不存在关联关系。

2. 根据公司提供的材料,并经本所律师核查,报告期内,公司的整个生产流程全部采用外协生产模式,外协厂商只有一家,为珠海飞扬。

在公司发展的前期阶段,考虑到若公司自建厂房(或租赁厂房),在前期业务量较低的情况下,规模效应未能得到释放,与生产相关的费用相对较大。因此,出于发展阶段以及发展战略的考虑,充分利用上下游资源,前期阶段采用外协的生产模式进行产品生产。

公司与珠海飞扬的具体合作方式如下:(1)公司自身并无实际生产任何化学产品而主要负责产品的研发和销售,公司取得的《危险化学品经营许可证》所记载经营方式为不带仓储贸易经营。因此,为保证产品的生产质量,生产过程中的核心设备均由公司自行采购后放置于外协厂商的生产场所中,委托外协厂商加工生产。(2)公司严格监督外协厂商的生产过程。公司每月会派专人赴外协厂商珠海飞扬的生产现场进行生产督察,并对生产情况进行核查。

(3)公司对产品实施质量控制,对产成品进行抽查,产成品应当经过质量检测后方可装桶入库和对外销售。(4)为防止公司工艺技术泄密,公司与珠海飞扬在《委托代理加工协议》中约定,珠海飞扬应对公司委托在其场地生产的产品工艺技术保密,未经公司同意,不得向第三方泄露,并保证不另行生产、销售其他公司所委托生产的同类产品。

根据公司提供的合同、出库单、付款凭证、发票等,2015 年 8 月,公司开发了新的外协厂商珠海宝丰鑫化工有限公司,双方签署了《委托代理加工协议》。该公司持有危险化学品生产许可证以及排污许可证,具备开展相关业务的许可和资质,可以根据公司需要申请新增 EEP 生产项目开展生产。报告期后,珠海宝丰鑫化工有限公司开始为公司生产 EEP 产品,截至 2016 年 5 月,公司已付款的采购总额约为 274 万元。

综上,本所律师认为,公司的整个生产流程全部采用委外加工的模式,公司对外协厂商存在一定程度的依赖性,但生产的核心环节由公司掌控,公司对外协厂商的依赖并不会对公司的持续经营能力造成重大不利影响。

第九章　关 联 交 易

一、关联交易问题

根据《全国中小企业股份转让系统挂牌公司信息披露细则(试行)》第 31 条、第 32 条及《企业会计准则第 36 号——关联方披露》第 2 章的规定,关联方,是指一方控制、共同控制另一方或对另一方施加重大影响,以及两方或两方以上同受一方控制、共同控制或重大影响。关联交易,是指挂牌公司与关联方之间发生的转移资源、劳务或者义务的事项。根据交易的性质与频率,关联交易可分为经常性关联交易与偶发性关联交易。

根据《挂牌审查一般问题内核参考要点(试行)》的规定,全国股转系统在核查关联交易时,主要关注以下问题:

1. 关联交易披露是否真实、准确、完整

关联交易披露完整的,首先,应确认公司的关联方是否按照《企业会计准则第 36 号——关联方披露》的规定,完整地核查与披露关联方。其次,公司应核查其与关联方是否发生了转移资源、劳务或者义务等行为,具体包括以下类型:

(1)购买或者销售商品;

(2)购买或销售商品以外的其他资产;

(3)提供或接受劳务;

(4)担保;

(5)提供奖金(贷款或股权投资);

(6)租赁;

(7)代理;

(8)研究与开发项目的转移;

(9)许可协议;

(10)代表企业或由企业代表另一方进行债务结算;

(11)关键管理人员的薪酬。

2. 关联交易的必要性与公允性

全国股转系统未禁止关联交易,但由于关联交易可能存在潜在利益输送,或掩盖公司持续经营能力不足的状态,因此全国股转系统对关联交易仍然是高度关注的。公司需结合交易的决策程序、内容、目的、市场价格或其他可比价格等要素,详细披露公司的关联交易是否必要,定价是否公允,占比是否合理,未来是否持续。如经核查,关联交易存在显失公允或其他利益安排,应分析关联交易对公司财务状况的影响,详细说明关联交易的规范措施。如经核查关联交易占比较大,则应分析公司对关联方是否存在重大依赖,对公司业务完整性以及持续经营能力是否存在重大的影响。

3. 关联交易规范制度

挂牌公司在有限责任公司阶段,大多都未设立关联交易制度,但公司在完成股份制改造以后应该在律师、券商等中介机构的协助下建立起相应的关联交易制度。关联交易制度设立后,公司的关联交易应严格履行关联交易制度规定的程序,董事会或股东(大)会在对关联交易进行表决时,关联董事及关联股东应回避。公司挂牌后,应遵守《全国中小企业股份转让系统挂牌公司信息披露细则(试行)》关于关联交易信息披露的相关规定。

4. 关联资金占用

关联资金占用,是指在报告期内公司控股股东、实际控制人及关联方占用公司资金的情形。根据《挂牌审查一般问题内核参考要点(试行)》的规定,全国股转系统高度关注公司关联资金占用问题,必须在申报材料前清理关联资金占用问题。并且,公司必须就关联资金占用建立相应制度,并严格按照相关制度执行。全国股转系统之所以将关联资金占用问题视为红线,是源于股东不得损害公司利益的理念。公司的运行基础是资金,公司的资金一旦被股东或关联方占用,公司的持续经营能力自然受到影响。

二、不构成挂牌障碍的关联交易

在实践中,合理、公允、一定比例并符合相关程序的关联交易一般是允许的。

第一,公司能够结合交易的决策程序、内容、目的、市场价格或其他可比价格等要素详细说明并分析关联交易的公允性和必要性,并得到关联交易是公允、必要、合理的结论。

第二,关联交易的清理目前阶段不具有可行性或者经济性,目前清理关联交易可能需要付出较大成本而挂牌企业无法承担。

第三,关联交易目前正处于逐步规范的过程中,并且有着规范的明确预期,这种情况下一般都需要给予一个比较明确的规范期限。

第四,在考虑和不考虑关联交易的情况下,对拟挂牌企业的业务发展和盈利能力进行对比,以保证投资者对企业有着清晰完整的判断。如有的企业可能主要的盈利能力都来自关联交易,则需要考量这个企业如果没有关联交易是否还能够持续盈利。

三、解决方案

1. 股权转让

如关联企业与拟挂牌主体存在关联交易,拟挂牌主体或其关联方持有该关联企业的股权,则可以考虑将股权转让给无关联第三方(将关联方的股权转让给无关联第三方,实现交易的非关联化,但应注意股权转让的真实性)。采取这种方式解决关联交易,除需披露具体情况外,还需要核查:将股权转让给非关联第三方的真实性和合法性;是否存在委托等代理持股情形;非关联化的理由是否合理;非关联化对发行人独立性、改制方案的完整性以及对生产经营的影响;非关联化后的交易情况是否公允等。

如果关联企业在拟挂牌公司的产供销任意一个或几个环节中扮演了重要角色,则可以考虑将该关联企业或该关联业务收购进来，作为拟挂牌企业的子公司或兄弟公司。购买时应注意价格的公允性和税收减免。

如果关联交易的对象是设备、生产厂房所有权、土地使用权、专利、商标等资产类交易，影响到挂牌企业资产完整性的，则最好将该资产纳入挂牌主体，转让至挂牌公司名下。

2. 注销

如果关联方与拟挂牌主体存在关联交易，而关联方已经停止经营、未实际经营或存在其他可能对拟挂牌主体产生不良的影响（如经营不善、未通过年检、曾受过行政处罚等），可采取注销关联方的方式解决关联交易问题，同时需注意将相关的资产、人员清理完毕。

3. 关联资金拆借的清理

拟挂牌公司普遍存在同一控制人名下企业之间相互资金拆借和抵押担保的情况。在进入报告期之后，此类关联交易应当停止。首先，自然人账户（尤其是实际控制人及其关系密切的自然人账户）和企业账户必须严格分开，不得相互借贷；其次，建立关联交易管理制度，规范相关资金拆借等关联交易；最后，实际控制人承诺不再拆借、占用公司资金/资源。对于已经存在的资金拆借，需要调查是否约定资金占用费或者利息，该关联交易是否损害拟挂牌公司利益，并且必须在申报前全部予以归还清理。

案例9－1　联华盛世 837825

【问题】关联资金占用及关联交易

【问题描述】

公司存在关联方资金往来等关联交易或资金占用的情况。请公司补充说明并披露：(1)关联交易中资金往来的资金性质、发生具体原因和用途、是否为商业行为。(2)拆借公司资金的具体情况、是否构成资金占用、是否符合《贷款通则》有关规定。(3)请公司补充披露上述借款是否履行了内部程序及签署协议并约定利息；若否，请公司披露未履行上述事项的原因，测算未收取的资金占用费对公司财务状况的影响。(4)目前公司章程、内控制度、内外部决议对资金控制制度的有效性。(5)请公司补充披露减少和规范关联交易的具体措施和具体安排的有效性及可执行性。(6)请公司核查对关联方与关联交易的披露是否充分。请主办券商和律师进一步核查并就以下事项发表明确意见：(1)公司是否存在控股股东等占用公司资源、是否存在利益输送和损害公司利益的情形；(2)规范后的关联交易是否履行了必要的程序，相关制度是否已切实执行；(3)归还前后对公司财务状况的影响。

【问题解决】①

1. 经核查，报告期内，公司存在关联法人占用公司资金的情形，具体情况详见《法律意见书》第十三部分“关联交易及同业竞争”。另经核查，截至2016年1月26日，关联方已经全部还清占用的公司资金，公司已不存在控股股东、实际控制人及其关联方占用公司资源的情形，

---

① 《关于北京联华盛世品牌管理顾问股份有限公司股票在全国中小企业股份转让系统挂牌并公开转让的补充法律意见书》，第9～10页。

不存在利益输送和损害公司利益的行为。

2. 股份公司成立后，为规范关联交易且为防范关联方占用公司资源（资金），公司根据相关法律法规制定的《公司章程》，并根据公司章程的规定制定了《关联交易管理办法》，对关联交易的审批权限、程序等作出了规定。但根据公司提供的声明，股份公司成立后，截至本补充法律意见书出具之日，公司未发生新的关联交易。

3. 报告期内公司发生的关联方占用公司资金的情况，对公司财务状况造成了一定的影响。截至2016年1月26日，关联方占用的公司资金已经全部还清，归还后对公司财务状况未造成不利影响。

案例9－2 美嘉欣837812

【问题】关联资金占用及关联交易

【问题描述】

（1）报告期内频繁发生关联方资金拆借的具体原因、是否履行相关的决策程序，是否签订协议、是否向公司支付资金占用费，期后偿还情况，对报告期内公司财务状况的影响。（2）请主办券商核查关联方往来及余额是否披露完整，公司资金是否独立，是否存在股东、关联方占用公司资金的情形并发表明确意见。（3）请公司补充披露对于关联方占用资金的规范措施及相关内部控制。（4）请主办券商和律师就公司为规范关联方交易所采取的措施是否充分、有效，相关内部控制是否完善发表意见。

【问题解决】①

本所律师核查了公司的《公司章程》、财务管理和风险控制等管理制度、关联交易管理办法等内部控制制度以及董事、高级管理人员关于规范关联交易作出的承诺函。

经本所律师核查，公司为规范关联方交易所采取的措施、相关内部控制情况如下：

1.《公司章程》有关关联方占用公司资金等关联交易的规范措施

经本所律师核查，报告期内公司发生的关联交易包括接受关联方担保及关联方资金拆借等，在有限公司阶段，公司未对关联方占用公司资金等关联交易的决策程序等作出明确规定。为了规范公司的关联交易决策程序，2016年1月14日，股份公司召开创立大会制定新的《公司章程》时专门增加了资金占用、关联交易的相关规定。

（1）《公司章程》第36条对控股股东、实际控制人利用其关联关系损害公司利益的情形规定了控股股东、实际控制人损失赔偿的责任：公司的控股股东、实际控制人不得利用其关联关系损害公司利益。违反规定给公司造成损失的，应当承担赔偿责任。公司控股股东及实际控制人对公司和其他股东负有诚信义务。控股股东应严格依法行使股东权利，控股股东不得利用利润分配、资产重组、对外投资、资金占用、借款担保等方式损害公司和其他股东的合法权益，不得利用其控制地位损害公司和其他股东的利益。

---

① 《关于广东美嘉欣创新科技股份有限公司申请股票在全国中小企业股份转让系统挂牌并公开转让的补充法律意见书（一）》，第3～5页。

(2)《公司章程》第 37 条对公司控股股东及其关联方违反规定占用公司资金规定了冻结、偿还机制。公司控股股东及其关联方违反规定占用公司资金,经公司董事会审议批准,可依法申请对控股股东所持公司股份进行司法冻结,凡不能在董事会规定期限内偿还的,可依法通过红利抵债、以股抵债等方式强制其偿还占用的资金。

(3)《公司章程》第 38 条、第 109 条第 3 款规定了关联交易的审批权限及程序。公司与关联自然人发生的交易金额在 300 万元以上的关联交易,与关联法人发生的交易金额在 1000 万元以上且占公司最近一期经审计净资产绝对值 5% 以上的关联交易,由董事会审议通过后报股东大会批准决定。其他关联交易事项由董事会审议批准。公司与关联自然人之间的单次关联交易金额低于人民币 30 万元且低于公司最近一期经审计净资产绝对值 2% 以下的关联交易,与关联法人之间的单次关联交易金额低于 100 万元且低于公司最近一期经审计净资产绝对值 3% 以下的关联交易,董事会授权总经理审议决定。

(4)《公司章程》第 77 条、第 109 条第 3 款规定了关联交易表决的回避程序。股东大会、董事会审议关联交易事项时关联股东、关联董事应回避表决,且总经理根据授权审议关联交易时,如总经理与该关联交易审议事项有关联关系,该关联交易由董事会审议决定。

(5)《公司章程》第 197 条规定了公司对关联交易的信息披露制度。综上可知,为规范交联交易,公司在《公司章程》中从关联方资金占用的防范、追偿机制、关联交易审批权限及程序、关联交易信息披露等多方面进行了规定。

2. 公司的《关联交易管理办法》、财务管理制度等内部控制文件有关关联交易的规范措施。

(1)经核查,公司制定了《关联交易管理办法》,该管理办法共 4 章 20 条,对关联交易的类型、关联方的定义、关联交易的基本原则、关联交易价格的确定和管理、关联交易的批准、关联交易决策文件的保管等作出了详细规定,以确保关联交易的公允、规范。

(2)公司的《信息披露管理制度》第 3 章第 3 节专门对关联交易的审议、信息披露作了规定。

(3)公司制定了有关资金管理、财务管理等内部制度,对公司的货币资金使用、大额现金支付或资金运作审批等的规范管理、控制作出了明确规定。

3. 经核查,公司股东、实际控制人蔡永欣、陈丽明、蔡兆翰、蔡兆选及董事、监事、高级管理人员已于 2016 年 1 月 30 日分别出具了《规范关联交易承诺函》,承诺尽可能减少与股份公司间的关联交易,对于无法避免的关联交易,将严格按照《公司法》《公司章程》《关联交易管理制度》等规定,履行相应的决策程序。

案例 9 - 3 艾德韦宣 837732

【问题】关联资金占用及关联交易

【问题描述】

公司存在关联方资金往来或占用等关联交易,并未签订协议和约定利息。请公司补充说明并披露:(1)关联交易中资金往来的资金性质、发生具体原因和用途、是否为商业行为。

(2)拆借公司资金的具体情况、是否构成资金占用、是否符合《贷款通则》有关规定。(3)请公司补充披露上述借款是否履行了内部程序及签署协议并约定利息;若否,请公司披露未履行上述事项的原因,测算未收取的资金占用费对公司财务状况的影响。(4)目前公司章程、内控制度、内外部决议对资金控制制度的有效性。(5)请公司补充披露减少和规范关联交易的具体措施和具体安排的有效性及可执行性。(6)请公司核查对关联方与关联交易的披露是否充分。请主办券商和律师进一步核查并就以下事项发表明确意见:(1)公司是否存在控股股东等占用公司资源、是否存在利益输送和损害公司利益的情形;(2)规范后的关联交易是否履行了必要的程序,相关制度是否已切实执行;(3)归还前后对公司财务状况的影响。

【问题解决】①

报告期内公司向关联方其他应收款情况见表9-3-1:

表9-3-1 报告期内公司向关联方其他应收款情况

关联方名称	2015年12月31日		2014年12月31日	
	账面金额	坏账准备	账面金额(元)	坏账准备
敬天广告	—	—	1 530 000	—
合计	—	—	1 530 000	—

除上表中的关联资金往来外,公司与关联方不存在其他关联资金往来,该笔关联资金往来的具体情况见表9-3-2:

表9-3-2 关联资金往来的具体情况

关联方名称	金额(元)	起止时间	利率	款项性质
敬天广告	1 530 000	2014年7月10日至2015年4月30日	中国人民银行贷款基准利率上浮20%	资金拆借
合计	1 530 000	—	—	—

注:由于利息金额较小,艾德韦宣实际并未收取。

该笔资金往来主要用于补充敬天广告的流动资金,公司同敬天广告于2014年7月1日签署了《借款合同》,属于商业行为。

上述款项的发生期间为2014年7月10日至2015年4月30日。在该期间内,公司持有敬天广告51%股权,由于暂时性的流动资金短缺,敬天广告向公司拆借153万元用于补充经营流动资金,该资金拆借构成对公司的资金占用。根据公司提供的《借款合同》及相关银行汇款凭证并经本所经办律师核查,上述拆借资金已由敬天广告于2015年4月30日全额偿还给公司。

该笔借款发生在有限公司阶段,上述借款已经履行了总经理决议程序,签署了《借款合同》,合同中约定按照中国人民银行同期贷款基准利率上浮20%收取利息。经核查,该笔借

① 《关于上海艾德韦宣股份有限公司申请股票在全国中小企业股份转让系统挂牌的补充法律意见书(一)》,第40~42页。

款金额153万元，借款期限9个月有余，人民银行同期贷款基准利率为4.35%，按上浮20%计算上浮后的利率水平约为5.22%，该笔借款产生利息金额为5.99万元，由于金额较小，实际并未收取。2015年艾德韦宣净利润金额为4287.43万元，该笔借款不会对艾德韦宣经营业绩产生重大不利影响。

股份公司成立后，公司制定了详细的公司章程，建立了内控制度和资金控制制度。截至目前，公司上述制度得到了有效的执行。

股份公司成立后，公司制定了《公司章程》《股东大会议事规则》《董事会议事规则》《关联交易决策制度》等文件，对公司关联交易的权限及程序作出了详细规定。截至本法律意见书出具之日，公司已按照上述规定规范并逐步减少关联交易。

公司已将上述关联交易相关内容补充披露在《公开转让说明书》第四节“公司财务”的第2项“关联交易情况”之“2.偶发性关联交易”。本所律师通过核查公司章程、关联交易决策制度、关联交易决策文件，对公司股东、董事、监事、高级管理人员进行沟通访谈，查阅公司明细账等方式对关联交易情况进行了核查。得出结论如下：(1)公司不存在控股股东等占用公司资源、利益输送和损害公司利益的情形。(2)规范后的关联交易履行了必要的程序，相关制度已切实执行。(3)公司报告期内存在一笔关联方资金占用，具体情况见表9－3－3：

表9－3－3　公司报告期内关联方资金占用情况

关联方名称	金额(元)	起止时间	利率	款项性质
敬天广告	1 530 000	2014年7月10日至2015年4月30日	中国人民银行贷款基准利率上浮20%	资金拆借
合计	1 530 000	—	—	—

注：由于利息金额较小，艾德韦宣实际并未收取。

上述款项金额相对较小，占用期间利息为5.99万元，未对公司财务状况产生重大不利影响。

案例9－4　恒瑞消防837721

【问题】关联资金拆借

【问题描述】

公司报告期内曾无息向新乡宏铭房地产拆借大额资金，截至2015年10月末，公司应收账款的余额中含有新乡宏铭房地产的大额余款。

(1)请公司补充说明向其拆借资金的必要性。(2)请公司补充说明对于该笔应收账款的收款计划。(3)请公司补充披露公司防范关联方占用资源(资金)的制度及执行情况。(4)请主办券商及会计师补充核查公司与该公司的关联关系、具体交易内容及价格、作价公允性、交易架构的必要性及合理性、结算方式、采购及销售的真实性，是否存在通过上述单位虚增收入的情形，并发表专业意见。(5)请主办券商及律师核查以下事项并发表明确意见：①公司防范关联方占用资源(资金)的制度是否合理，执行是否有效；②报告期内关联方占用资源(资金)

问题(如有)的归还和规范方式是否有效、合理。

【问题解决】①

1. 为进一步完善公司治理,防止股东及其关联方占用或者转移公司资金、资产及其他资源的行为发生,股份公司创立大会会议审议通过了现行的《公司章程》,规定了关联交易的公允决策程序,以切实保护公司及全体股东的利益。公司在《公司章程》中规定公司的控股股东、实际控制人员不得利用其关联关系损害公司利益,违反规定给公司造成损失的,应当承担赔偿责任;规定股东大会审议有关关联交易事项时,关联股东不应当参与投票表决,其所代表的有表决权的股份数不计入有效表决总数,股东大会决议应当充分披露非关联股东的表决情况;规定董事与董事会会议决议事项所涉及的企业有关联关系的,不得对该项决议行使表决权,也不得代理其他董事行使表决权。该董事会会议由过半数的无关联关系董事出席即可举行,董事会会议所作决议须经无关联关系董事过半数通过。出席董事会的无关联董事人数不足3人的,应将该事项提交股东大会审议。同时,为规范公司关联交易行为,股东大会审议通过了《股东大会议事规则》《董事会议事规则》,规定了关联交易的决策程序,还审议通过了《关联交易管理制度》,规定了关联交易应当遵循的原则、定价原则和方法、批准程序和权限。为实现股东和公司之间的财产独立,薛义铭、邓晓丽、刘玉琢、河南锦瑞商务服务中心签署了《不占用公司资产的承诺书》,承诺不以任何理由和方式占用公司资产和资金。综上,本所律师认为,公司明确规定了关联交易公允决策的程序,现已建立、健全了合理的防范关联方占用资源(资金)的制度,并得到有效执行。

2. 通过查阅北京兴华会计师事务所(特殊普通合伙)〔2015〕京会兴审字第60000127号《审计报告》,本所律师认为:

(1)在报告期内,公司尚处于有限公司阶段时,公司本身制度对关联交易没有特别规定,公司不存在关联方占用资源(资金)的问题。

(2)股份公司成立后,依据公司防范关联方占用资源(资金)制定的相关制度,关联方占用公司资源(资金)问题属于关联交易范围,公司亦不存在召开董事会、股东大会审议有关关联交易的议案。因此,报告期内,公司不存在关联方占用资源(资金)情形。

案例9-5 威奥科技832310

【问题】关联交易占比较高

【问题描述】

关于财务、机构、人员、业务、资产的分开情况。请律师就以下事项核查并发表明确意见:(1)公司的财务、机构、人员、业务、资产是否与控股股东和实际控制人及其控制的其他企业分开;(2)核查公司对外的依赖性,其是否影响公司的持续经营能力。

① 《河南恒瑞消防工程股份有限公司申请股票在全国中小企业股份转让系统挂牌的补充法律意见书(一)》,第11~13页。

【问题解决】①

1. 尽职调查过程

本所律师核查了《审计报告》(中喜审字〔2014〕第0055号)、主要资产的权属文件、公司的机构设置情况、开立银行账户情况、纳税资料、劳动合同签署情况;与实际控制人薛瑞雷、王学慧、部分高级管理人员进行了访谈;实地调查了公司的生产车间;取得公司出具的相关说明文件。

2. 事实依据

本所律师根据前述核查过程,取得了《审计报告》(中喜审字〔2014〕第0055号)、土地使用权证、房屋所有权证、组织结构图、开户许可证、纳税申报表、劳动合同、访谈记录、查验记录、说明文件。

3. 分析过程

(1)财务独立性

公司拥有独立的财务会计部门,能够独立进行财务决策;建立了独立的财务会计制度,相关会计政策能如实反映报告期内公司的财务状况、经营成果和现金流量;公司财务独立核算,独立于控股股东,不存在与控股股东、实际控制人及其控制的其他企业共用银行账户的情形,公司作为独立的纳税人,依法独立进行纳税申报,履行纳税义务。

(2)机构独立情况

公司依法设有股东大会、董事会、监事会,各项规章制度完善。公司建立了符合自身经营特点、独立完整的组织结构,各级职能部门充分行使各自职权;公司与控股股东、实际控制人及其控制的其他企业间不存在机构混同的情形。

(3)人员独立性

公司具有独立的劳动、人事、工资等管理体系及独立的员工队伍。公司的董事、监事、总经理及其他高级管理人员严格按照《公司法》《股份公司章程》及其他有关规定产生。公司的高级管理人员未在控股股东、实际控制人及其控制的企业中担任除董事、监事以外的其他职务,未在控股股东、实际控制人及其控制的其他企业领薪;股份公司的财务人员未在控股股东、实际控制人及其控制的其他企业中兼职。

(4)资产独立性

公司初始设立及历次增资,股东已出资并有出资证明文件。公司拥有与生产经营相适应的土地、房产、生产设备、知识产权等资产,拥有独立完整的资产结构。公司的资产独立于股东的资产,与股东的资产产权界定清晰。

(5)业务独立性

公司目前主营业务系自动化焊接设备、自动化焊接生产线的研发、生产和销售以及自动化焊接管理软件的研发和销售,不存在股份公司与其他控股股东、实际控制人及其控制的其他企业业务相同或类似的情形。

公司与安泰炼化关联交易比重较高,存在一定程度依赖。目前公司已经具有独立的资

---

① 《北京市中伦文德律师事务所关于新疆威奥科技股份有限公司申请股票在全国中小企业股份转让系统挂牌并公开转让的补充法律意见书(一)》,第51~53页。

产、人员、财务、机构，其与关联方安泰炼化之间存在较多且金额较大的关联交易，是限于公司目前的经营状况。如果公司不通过安泰炼化采购材料，公司也可以独立向其他供应商采购，通过安泰炼化采购，一是可以利用安泰炼化集中采购的优势，二是可以更好地满足安泰炼化为其生产产品的要求。公司委托安泰炼化加工的机械结构加工技术含量较低，附加值低，对于低附加值的生产环节公司不会投入较大人力、财力自行加工，而且市场上可以加工的供应商很多，公司选择主要由安泰炼化委托加工是基于安泰炼化可以更好地保质保量地完成产品加工任务。公司现阶段产品主要销售给安泰炼化，是由于安泰炼化为了提高生产效率、提高产品质量、降低人力成本，对其压力容器、压力管道焊接生产线进行升级需要公司的焊接自动化设备。由于安泰炼化焊接生产线升级需要大量的设备，又限于公司目前的生产能力，以及公司产品仍处于不断完善中，所以公司现阶段主要是为安泰炼化生产产品，所以其他客户较少。目前，安泰炼化的焊接生产线升级基本完成，公司的产品也已经可以批量生产，公司将集中力量去开拓外部市场，公司与安泰炼化之间的交易将减少。

4. 结论性意见

综上，本所律师认为，公司的财务、机构、人员、业务、资产与控股股东和实际控制人及其控制的其他企业分开；公司不存在影响其持续经营能力的对外依赖性。

案例 9-6 第一物业 837498

【问题】关联交易占比较高

【问题描述】

公司前期收入大部分来源于该关联交易，公司对关联方的收入存在一定的依赖性。请公司结合公司所处行业特点、报告期主要收入来源、公司未来业务规划及目前市场行情详细核查并分析公司业务的独立性、可持续性，并对公司是否符合“业务明确，具有持续经营能力”的挂牌条件发表明确意见。请主办券商及律师核查上述事项并发表意见。

【问题解决】①

对于上述第一物业的关联交易现状以及对挂牌条件产生的影响，本所律师分析如下：

1. 关联交易的认定

报告期内公司服务的小区均为关联方开发的小区，但只有未交房之前的前介服务费是关联交易，房屋交付使用后的物业费用及相关服务费均是向业主收取，不属于关联交易。公司前期收入大部分来源于关联交易，公司对关联方的收入存在一定的依赖性是由物业管理行业特点决定的。

《物业管理条例》第 21 条的规定，在业主、业主大会选聘物业服务企业之前，建设单位选聘物业服务企业的，应当签订书面的前期物业服务合同。第 25 条规定，建设单位与物业买受人签订的买卖合同应当包含前期物业服务合同约定的内容。公司在报告期内的收入来源主

---

① 《北京大成律师事务所关于第一物业（北京）股份有限公司在全国中小企业股份转让系统挂牌并公开转让的补充法律意见书（一）》，第 3 ~ 6 页。

要依靠《前期物业服务合同》进行约定。依据上述规定，交房前的前期物业费用一般是开发商选取的物业公司收取，即一般为开发商的关联公司，所以公司前期物业费用基本来自关联方，但只有未交房之前的前介服务费是关联交易，房屋交付使用后的物业费用及相关服务费均是向业主收取，不属于关联交易。

2. 公司所处行业特点

根据经审计的财务报表，第一物业 2015 年 1 月至 9 月、2014 年度、2013 年度关联物业服务收入分别为 48 989 385.64 元、54 540 323.82 元和 49 617 467.38 元，占当年营业收入的比例分别为 29.08%、29.57% 和 30.92%，占营业收入的比例基本保持不变。

本所律师参阅了盛全物业（股票代码：834070）和开元物业（股票代码：831971）的公开转让说明书。根据两家公司的公开转让说明书所载：盛全物业 2013 年度、2014 年度和 2015 年 1～4 月三个阶段，为关联方提供物业服务的交易金额占同类交易金额的比例分别为31.38%、27.39% 和 15.78%；开元物业 2012 年度、2013 年度和 2014 年 1 月至 6 月三个阶段，为关联方提供物业服务的交易金额占同类交易金额的比例分别为 24.44%、22.21% 和 19.86%。

基于上述物业公司的关联交易数据，中国物业行业具有"物业伴生于开发"的特点。第一物业及其关联公司以当代置业开发的住宅楼盘为核心，形成了"业主服务业态圈"，服务于业主的各业态存在上下游提供产品或服务的必然联系。该等联系系市场客观需求所致，并不会因产品或服务提供方的变化而丧失或产生其他重大不确定性。公司业务独立性不受行业特点的影响。

3. 公司的市场开拓

如前所述，公司业务具备独立性，表现在市场开拓方面，根据公司提供的资料及说明，公司已经获得非关联开发商开发的项目。公司在报告期后已获取了非关联方物业管理业务如表 9－6－1：

9－6－1　公司报告期后已获非关联方物业管理业务

序号	合同名称	甲方	合同金额	合同周期
1	赞城营销中心物业服务合同	太原国投房地产开发有限公司	162.98 万元	2016 年 1 月 12 日至 2017 年 1 月 11 日
2	信达国际金融中心项目体验中心前期物业合同	山西信达房地产开发有限公司	33 万元	2015 的 12 月 1 日至 2016 年 5 月 31 日
3	赞城（一期）前期物业服务合同	太原国投房地产开发有限公司	高层住宅 1.5 元/平方米/月；商铺物业 3 元/平方米/月；电梯运行服务费 0.4 元/平方米/月	2016 年 1 月 12 日至业主委员会成立并与新物业公司签订的物业服务合同生效之日止［若自合同签订之日起 5 年内，赞城（一期）项目尚未成立业主委员会，则本合同服务期至 2021 年 1 月 11 日止］
4	湖南永州宏一·加州小镇物业服务委托合同	湖南宏一地产有限公司	169.89 万元	2016 年 1 月 12 日至 2016 年 9 月 11 日
5	长风国兴小区清洁服务协议	太原国投物业服务有限公司	72.01 万元	2016 年 1 月 25 日至 2017 年 1 月 25 日

4. 目前市场行情及公司未来的业务规划

(1) 目前市场行情

根据《物业管理条例》规定,业主委员会有权决定选聘和解聘物业服务企业,所以物业公司服务质量的优劣和客户的满意度是影响业主更换物业公司的关键因素。

在物业行业,满意度是业主认可物业企业项目管理及服务的结果,业主认可了物业企业,就是认可了物业所提供的服务,就愿意履行物业服务合同并按时缴纳物管费。《2014 年物业服务百强企业研究报告》选取全国 100 多个城市进行了网上调研,调研结果显示,业主对百强企业的整体服务水平满意率为 84.95%。《思特威 2014 年度第一物业业主满意度研究报告》显示,公司业主满意度为 81 分,满意率为 93%,高于物业百强企业 84.95% 的平均水平。上述满意度调查证明公司前期物业服务合同的可持续性良好。

(2) 公司未来业务规划

根据第一物业描述,公司未来业务规划如下:未来公司业务发展将重点布局已实施物业管理的城市。首先,保证已经获取物业管理的项目,依据《前期物业服务合同》约定履行前期物业服务,并通过每半年一次的满意度测评,时刻关注业主意见。其次,公司从 2016 年开始,重点进行市场拓展。通过在管项目优良的品牌效应,向开发商、业委会推荐公司的物业管理服务。

基于上述情况,本律所认为,第一物业关联交易比重较大主要基于业务的客观需求而产生,产品或服务的提供方是否为关联方对此类交易的正常进行不会产生重大不确定性或市场风险。第一物业的主营业务为物业服务,源于业主需求而发生,不受关联方的控制或影响,第一物业满足"业务明确,具有持续经营能力"的挂牌条件。

第十章　同业竞争

关于同业竞争的定义，可借鉴已经失效的《股票发行审核标准备忘录第 1 号》中的定义：同业竞争是指一切直接、间接地控制公司或对公司有重大影响的自然人或法人及其控制的法人单位与公司从事相同、相似的业务。故同业竞争是指挂牌公司的控股股东、实际控制人及其控制的其他企业从事与挂牌公司相同、相似的业务，从而使双方构成或可能构成直接或间接的竞争关系。

一、准确认定同业竞争

我国目前就同业竞争的具体认定标准尚未出台专门的法规或规范性文件。从审核实践来看，监管部门在判断公司与关联方之间是否存在同业竞争时，对于主营业务是否相同或相似，通常会从以下几方面来核查判断：

1. 考察产品或者服务的销售区域或销售对象。若存在销售区域地理距离远、销售对象不同等因素，即使同一种产品或者服务，也可能不发生业务竞争及利益冲突。

2. 如存在细分产品，可考察产品生产工艺是否存在重大差异。若公司与竞争方的产品同属于某一大类行业，但又存在产品细分情形，则两者之间的生产工艺也将可以成为考察是否存在同业竞争的重要方面。

3. 考察公司所在行业的特点和业务方式。有时在具体个案中，监管部门也会结合公司所在行业的特点和业务运作模式来具体判断是否构成同业竞争。

二、真实、充分、准确进行信息披露

就同业竞争发生的原因、关联方基本情况、同业竞争可能引起的法律后果及存在的法律风险真实、充分、准确地披露，保证投资者的全面知悉权。

三、根据具体情况提供解决方案，在挂牌申报前解决同业竞争问题

同业竞争如果存在，对挂牌是一大障碍。因此，如果判断公司存在同业竞争的情形，必须采取相应措施解决，具体如下：

1. 对同业竞争方经营的业务进行调整，使关联方从事的业务与拟挂牌公司的业务不存在竞争关系。此种方式根据实际情况需要进行区分考虑，如果同业竞争方没有实际经营的业务，仅仅是经营范围与拟挂牌公司存在重合的话，可以通过直接变更经营范围的形式解决同业竞争。如果同业竞争方确实存在相同或相似的业务，则可以将相关的业务整合转移到拟挂

牌公司,并且同时变更经营范围,明确后续的经营业务,通过此种方式解决同业竞争。

通过变更业务及经营范围消除同业竞争是最便捷的方式,但实践中采用此种方式的并不多,主要原因还是在于变更经营范围并不能从根本上消除同业竞争,一个企业超越其在工商部门登记经营范围的活动并不会产生无效的法律后果。因此建议尽量优先考虑其他措施。

2. 拟挂牌公司控股股东、实际控制人转让其控制的企业的所有股权。转让同业竞争方的股权至无关联第三方,由无关联第三方控制该企业的经营,则不存在同业竞争的问题了。实践中采取此种方式,需要详细论证和核查转让的必要性,即为什么不将其收购兼并,同时必须保证是转让给无关联第三方。针对无关联第三方的身份核查也是一大风险,监管机构将合理怀疑转让可能是虚假的,即实际控制人可能在外面找了一个无关联第三方来代持股权,通过该种方式规避同业竞争的核查,而要证明不存在虚假转让是不太容易的,因而实践中使用相对比较少。

3. 拟挂牌公司通过受让关联方股权、收购关联方经营性资产和业务的方式,消除与关联方的同业竞争关系。收购同业竞争方作为拟挂牌公司的子公司,将其纳入上市主体之中,或者收购同业竞争方的相关业务和资产,是比较常见的解决同业竞争的方式。同时在收购前需要注意的是,因未来子公司也需要纳入上市的严格核查,满足相应的财务和法律规范性要求,如果子公司存在一些瑕疵或障碍,一般可以考虑不收购主体,而是选择将相关的业务和资产收购,主体进行注销。

4. 注销与拟挂牌公司存在同业竞争的主体。将与拟挂牌公司存在同业竞争的主体注销无疑是最彻底的解决同业竞争的方式。实践中这种方式通常针对未实际开展经营业务但经营范围又与挂牌公司存在一定重合的企业。但是对于那些正常开展业务且积累了一定客户资源的企业来说,可以考虑收购业务并注销主体方式。

上述解决方案和措施并不是单一的,也可以结合在一起使用,同业竞争的解决需要具体问题具体分析,结合公司的业务和发展规划,以及同业竞争方的实际业务、法律、财务情况,综合考虑各方面的因素,选择成本最低同时也符合上市挂牌要求的方案。

拟挂牌公司在采取上述措施后,应同时完成以下事项,彻底消除同业竞争隐患和嫌疑:

1. 拟挂牌公司的总经理、副总经理、董事会秘书、财务负责人等高级管理人员辞去其在同业竞争方的重要职务(如有),并不得在同业竞争企业领薪;

2. 控股股东、实际控制人、持股5%以上的股东作出《避免同业竞争的承诺》,承诺目前没有,将来也不直接或间接从事与挂牌公司构成同业竞争关系的任何业务和活动。

四、制定同业竞争的清理计划,股东出具承诺函

如果同业竞争的发生有着特定历史背景且目前整合很困难,那么在充分信息披露的情况下可以尝试承诺挂牌后逐步规范和解决,但是要详细说明目前整合存在障碍的原因,详细分析该原因是合法合理,并对未来整合的可行性和预期有着明确的表述和时间安排,在申报之前应当已经开始整合部分业务以解决同业竞争问题,而不是纯粹的计划,完全没有落地,这样是很难得到监管机构的认可的。该方式是否一定能得到监管部门的认可存在一定的风险。

案例 10-1 酷武股份 837241

【问题】同业竞争及独立性

【问题描述】

神州通物流与拟挂牌主体存在经营混同及同业竞争。

【问题解决】①

根据查询全国企业信用信息公示系统及神州通物流出具的书面说明，神州通物流的主营业务为仓储管理与配送服务，与公司存在同业竞争。为规范和避免同业竞争，神州通物流控股股东神州通投资决定对集团旗下仓储物流产业进行战略调整和产业整合，决定神州通物流停止经营仓储物流相关业务活动，将神州通物流原有业务及客户、资产、人员转入到酷武股份，并办理全国各地子公司注销及母公司注销手续。

2015 年 5 月 10 日，神州通物流召开股东会并作出股东会决议，同意配合控股股东神州通投资对集团旗下仓储物流产业进行战略调整和产业整合的决定，停止经营神州通物流仓储物流相关业务活动，注销神州通物流在全国各地设立的子公司，并在将神州通物流原有业务客户、资产和人员全部转入到酷武股份后，启动母公司神州通物流的注销程序。

1. 资产并入情况

控股股东神州通集团决定将神州通物流资产净值 713 601.68 元无偿赠予酷武股份，酷武股份对资产按净值入账。

2. 人员并入情况

神州通物流员工共计 201 人，于 2015 年 5 月至 9 月陆续与神州通物流解除了劳动关系，并与酷武股份签订了新的劳动合同，所有人员均从事与原工作相同或相关的工作，工作地区、薪资福利待遇不变，员工社保关系与劳动关系同步转移，在整个劳动关系变动过程中，公司恰当地保护了员工的劳动权益，没有发生劳动纠纷。

3. 业务并入情况

从 2015 年 5 月开始，深圳市爱施德股份有限公司、深圳市朵唯志远科技有限公司等客户逐步与神州通物流解除了业务合同，然后按照相同的条件与酷武股份签订新的业务合同。截至本公开转让说明书签署日，神州通物流共有 51 个客户，其中北京酷人通讯科技有限公司、天津酷人通讯科技有限公司、西藏晟祥通讯器有限公司、江苏汇鸿国际集团中锦控股有限公司业务金额较小，并将于 2015 年 12 月 31 日到期，剩余期限短，合同到期后双方将不再合作，故未将其变更至酷武股份，其余 47 个客户除中国移动通信集团青海有限公司西宁分公司、中国移动通信集团云南有限公司外业务均已转移至酷武股份。未转移的客户中国移动通信集团青海有限公司西宁分公司、中国移动通信集团云南有限公司的业务仍以神州通物流主体与客户进行结算，实质已由酷武股份承接运营，相关的业务切换工作正在进行中。

① 《北京市大成（深圳）律师事务所关于上海酷武供应链管理股份有限公司申请股票在全国中小企业股份转让系统挂牌并公开转让的法律意见书》，第 46 ~ 48 页。

4. 注销情况及进展

截至本法律意见书出具之日，神州通物流已经办理完毕 8 家子公司注销手续，剩余 18 家除母公司深圳市神州通物流有限公司外均已向工商部门申请注销并取得备案通知书。未能注销完毕的 18 家子公司由深圳市神州通物流有限公司出具《避免同业竞争承诺函》，承诺如下：

（1）本公司原主营业务、产品、客户与酷武股份存在重合或竞争情形。但截至本承诺函签署之日，本公司及下属子公司已停止任何与酷武股份及其下属子公司提供的仓储物流供应链服务构成竞争或可能构成竞争的服务，目前本公司已无任何业务，并已经启动本公司及下属子公司的注销程序。

（2）自本承诺函签署之日起，本公司及本公司所投资的企业在完成注销前将不直接或间接经营任何与酷武股份及其下属子公司经营的业务构成竞争或可能构成竞争的业务，也不参与投资任何与酷武股份及其下属子公司生产的产品或经营的业务构成竞争或可能构成竞争的其他企业。

（3）本承诺函有效期限自签署之日起至神州通不再直接或间接持有酷武股份的股权或酷武股份终止在全国中小企业股份转让系统或中国上海/深圳证券交易所上市之日止。如上述承诺被证明是不真实或未被遵守，本公司将向酷武股份赔偿一切直接和间接损失，并承担相应的法律责任。

案例 10－2 九立股份 838373

【问题】同业竞争及独立性

【问题描述】

九立股份与九立商贸等关联方存在同业竞争及经营混同。

【问题解决】[①]

1. 深圳市九立商贸有限公司

根据九立商贸出具的说明等资料，并经本所律师核查，九立商贸报告期内的主营业务为电子产品、通讯及网络产品、计算机及外围设备的出口业务。九立商贸从事的进出口业务与公司构成同业竞争。

根据九立商贸的战略调整，自 2013 年起九立商贸开始将业务逐渐转移至九立供应链有限，目前其业务量逐渐萎缩；截至 2016 年 3 月底，九立商贸已将全部进口业务转移至九立供应链。报告期内，九立商贸进出口金额统计情况见表 10－2－1：

---

① 《北京市大成（深圳）律师事务所关于深圳九立供应链管理股份有限公司申请股票在全国中小企业股份转让系统挂牌并公开转让的法律意见书》，第 55～59 页。

表 10－2－1　报告期内九立商贸进口金额统计情况

九立商贸		2014 年	2015 年
经手货值(元)	交易类业务	766 262 100.55	18 669 267.77
	服务类业务	1 753 908 110.01	16 890 383.41
进口货值合计(元)		2 520 170 210.56	35 559 651.18
出口货值(元)		749 820 779.14	760 557 866.5
合计(元)		3 269 990 989.7	796 117 517.68

九立商贸在资产、负债等方面独立于九立供应链有限公司,其仅在业务方面与九立供应链有限公司存在部分重叠的情况。为解决九立商贸与九立供应链有限公司的部分业务重叠问题,九立商贸股东邹浩、马辉雄通过股东会决议,将九立商贸的剩余供应链业务全部转移至九立供应链有限公司,并将相应的人员、业务并入九立供应链有限公司,九立商贸在将相关业务全部转移至九立供应链有限公司之后,不再开展任何与九立供应链有限公司相关的业务。截至 2015 年 12 月 31 日,九立商贸的人员、业务并入情况如下:

(1)人员并入情况

报告期内,九立商贸合计 197 名员工陆续与九立商贸解除了劳动合同关系,并与九立供应链有限公司签订了新的劳动合同,所有人员均从事与原工作相同或相关的工作,工作地区、薪资福利待遇不变,员工社保关系与劳动关系同步转移。截至 2015 年 12 月 31 日,九立商贸除保留 8 名从事行政事务性工作的人员外,其余人员均已转至九立供应链有限公司。报告期内,九立商贸与九立供应链有限公司的员工数量变化情况见表 10－2－2:

表 10－2－2　报告期内九立商贸与九立供应链有限公司的员工数量变化情况

单位:人

日期	九立商贸	九立供应链有限公司	合计
2014 年 1 月	151	25	176
2014 年 2 月	151	27	178
2014 年 3 月	147	28	175
2014 年 4 月	87	89	176
2014 年 5 月	51	124	175
2014 年 6 月	47	125	172
2014 年 7 月	46	124	170
2014 年 8 月	45	128	173
2014 年 9 月	45	129	174
2014 年 10 月	44	130	174
2014 年 11 月	43	135	178
2014 年 12 月	40	139	179

续表

日期	九立商贸	九立供应链有限公司	合计
2015 年 1 月	41	138	179
2015 年 2 月	41	137	178
2015 年 3 月	41	137	178
2015 年 4 月	42	144	186
2015 年 5 月	42	153	195
2015 年 6 月	40	157	197
2015 年 7 月	41	154	195
2015 年 8 月	34	173	207
2015 年 9 月	33	167	200
2015 年 10 月	30	166	196
2015 年 11 月	9	189	198
2015 年 12 月	8	189	197

(2)业务并入情况

①进口业务

自 2013 年开始,九立商贸的客户开始转移至九立供应链有限公司。英迈电子商贸(上海)有限公司、深圳市佳创视讯技术股份有限公司等进口类客户逐步与九立商贸解除了业务合同,并按照相同的条件与九立供应链有限公司签订新的业务合同。截至 2016 年 3 月底,九立商贸进口类业务已全部转移至九立供应链有限公司,转移过程见表 10－2－3:

表 10－2－3 九立商贸进口类业务向九立供应链有限公司的转移过程

年份(年)	2013	2014	2015
转移客户数量(个)	12	27	15
累计转移数量(个)	12	39	54

②出口业务

九立商贸运营时间久,其出口类业务资质为 A 类,报关与通关效率高,而九立供应链有限运营时间相对较短,其出口类业务资质为 C 类,报关与通关效率低。由于报关与通关效率的差别,短时间内九立商贸难以将全部出口类客户转移至九立供应链有限公司。截至 2015 年 12 月 31 日,九立商贸出口类业务转移情况见表 10－2－4:

表 10－2－4 截至 2015 年 12 月 31 日九立商贸出口类业务转移情况

年份(年)	2013	2014	2015
转移客户数量(个)	0	0	7
累计转移数量(个)	0	0	7

截至2015年12月31日，九立商贸尚有3家客户未转移至九立供应链有限公司。基于此种情况，为避免可能存在的同业竞争，同时维系好重要客户，九立供应链有限公司与深圳市九立商贸有限公司签署《委托经营管理协议》和《关于解决同业竞争问题的协议书》，约定九立商贸将其剩余无法转移的出口类业务委托九立供应链经营管理，并支付其管理费用。委托期限内，九立供应链有限公司全面负责九立商贸的出口服务业务，为九立商贸的出口客户提供包括供应链方案设计、采购、库存管理、资金结算、关务物流以及信息系统支持等诸多环节在内的一体化供应链服务。《委托经营管理协议》和《关于解决同业竞争问题的协议书》同时约定，待九立供应链有限公司取得海关颁发的B类出口资质后，九立商贸立即停止开展供应链相关的业务，仅作为投资管理公司继续存在。

2. 九立物流（香港）有限公司

根据九立物流（香港）出具的说明等资料，并经本所律师核查，九立物流（香港）在报告期内为九立商贸进出口业务的境外收发货平台，与九立供应链的子公司八达集团存在同业竞争。为解决九立物流（香港）与八达集团的业务重叠问题，九立物流（香港）通过股东会决议，将九立物流（香港）相应的人员、业务并入八达集团。

（1）人员并入情况

九立物流（香港）员工共计22人，截至2015年12月31日，人员已经全部转入八达集团，转入八达集团人员均从事与原工作相同或相关的工作，工作地区、薪资福利待遇不变。在整个劳动关系变动过程中，公司恰当地保护了员工的劳动权益，没有发生劳动纠纷。

（2）业务并入情况

九立物流（香港）作为九立商贸的子公司，其业务定位与八达集团一样，仅作为九立商贸进出口业务的境外收发货平台存在，并非九立商贸业务合同的签署主体。因此，九立物流（香港）的业务随九立商贸的业务合同变更而并入八达集团（香港）有限公司，不需签署新的业务合同或协议。

九立物流（香港）有限公司在其业务、人员完全并入八达集团（香港）有限公司之后，由于需要维持两位员工的香港工作签证和一台中港商务车牌，九立物流（香港）有限公司将作为空壳公司继续存在，并承诺不再开展实际经营活动。

3. 深圳市九立酒业有限公司

根据九立酒业出具的说明等资料，并经本所律师核查，九立酒业与九立供应链在经营范围上存在“仓储服务，国内贸易，从事货物及技术的进出口业务”的重叠。报告期内，九立酒业的主营业务为红酒的国内销售，不涉及酒类的进出口。2015年12月9日之前，九立酒业作为九立供应链的全资子公司，其酒类的进出口、仓储业务均委托其母公司九立供应链代为运营；2015年12月9日之后，九立酒业的母公司由九立供应链变更为九立商贸，成为与公司同一控制下的关联公司，九立酒业与九立供应链的业务存在相同或相似的部分。

为彻底解决潜在的同业竞争风险，九立酒业与九立供应链签署《关于解决同业竞争问题的协议书》，约定九立供应链除继续为九立酒业提供正常的仓储服务外，不再从事酒类行业的供应链服务，酒类的进出口及国内销售均由九立酒业独立执行；同时，九立酒业承诺未来不会拓展除酒类外的其他业务，亦不会从事与九立供应链构成竞争的相同或相似的业务。

案例 10－3 科雷特 832039

【问题】同业竞争

【问题描述】

实际控制人控制的瑞标电器与公司存在同业竞争。

【问题解决】①

根据在全国企业信用信息公示系统查询的资料及瑞标电器出具的说明，瑞标电器主要从事电能质量产品的销售，提供无功补偿和谐波治理方案。瑞标电器与科雷特构成同业竞争。根据瑞标电器股东程建国、梁振东共同出具的相关说明，自 2009 年 12 月以来瑞标电器没有开展任何实际经营活动。2014 年 10 月 27 日，瑞标电器召开股东会并作出决议，股东一致同意解散注销瑞标电器。截至本法律意见书出具之日，瑞标电器正在办理工商注销手续。

案例 10－4 京泰防护 834816

【问题】同业竞争

【问题描述】

实际控制人控制的部分企业与公司存在同业竞争。

【问题解决】②

1. 关于泰和实业有限公司

根据泰和实业提供的周年申报表等资料及严虹出具的说明，泰和实业自设立以来未开展任何实际经营活动，未从事任何与公司相同或相似的业务。泰和实业与公司不构成同业竞争。

泰和实业有限公司前身系京泰（中国）实业有限公司。2015 年 6 月 9 日，严虹、熊志强辞去泰和实业董事职务。2015 年 6 月 10 日，严虹将持有泰和实业 1 股股份以 1 元港币的价格转让给香港自然人 Chirikiri，Soichi；熊志强将持有泰和实业 1 股股份以 1 元港币的价格转让给香港自然人 Chirikiri，Soichi。根据香港自然人 Chirikiri，Soichi 提供的身份证明文件和严虹及公司其他股东、董事、监事、高级管理人员的《核查表》，以及严虹出具的《确认函》，香港自然人 Chirikiri，Soichi 为无关联第三方，与严虹不存在关联关系。2015 年 6 月 20 日，香港特别行政区公司注册处签发《公司更改名称证明书》，同意京泰（中国）实业有限公司更名为泰和实业有限公司。

2. 关于立泰中国企业有限公司

根据立泰中国出具的说明，立泰中国主营业务为销售安全鞋。立泰中国与京泰防护构成同业竞争。

---

① 《北京市大成（深圳）律师事务所关于深圳市科雷特能源科技股份有限公司申请股票在全国中小企业股份转让系统挂牌并公开转让的法律意见书》，第 35 页。

② 《北京市大成（深圳）律师事务所关于深圳京泰防护科技股份有限公司申请股票在全国中小企业股份转让系统挂牌并公开转让的法律意见书》，第 37～38 页。

根据严义敏配偶董卫提供的遗产承办委托书、注销服务委托书、公证书等资料及其出具的说明，立泰中国股东严义敏已去世，董卫已于2015年5月6日将相关的遗产继承手续委托香港翁宗荣律师行办理，待继承手续完成后将立即启动立泰中国的注销程序。2015年5月12日，董卫签署委托书，委托瑞丰德永管理顾问有限公司办理立泰中国注销事宜。截至本法律意见书出具之日，立泰中国正在办理遗产继承手续。

3. 关于惠州市泰昌鞋业有限公司

根据在全国企业信用信息公示系统查询的资料及惠州泰昌出具的说明，惠州泰昌主营业务为加工销售防护鞋，与京泰防护构成同业竞争。根据公司控股股东、实际控制人严虹出具的说明，惠州泰昌自2010年3月15日以来未开展任何实际经营活动。

2015年5月22日，惠州泰昌召开股东会并作出股东会决议，同意解散注销惠州泰昌，并成立清算组，清算组成员为严虹、李文海、唐明燕。同日，惠州泰昌向惠州市工商行政管理局进行清算组的备案登记。2015年6月4日，惠州泰昌在《惠州日报》上刊登了清算公告。截至本法律意见书出具之日，惠州泰昌正在办理注销手续，目前已经进入税务注销程序。

案例10－5 兴电科技838904

【问题】同业竞争

【问题描述】

兴电机电与公司存在同业竞争。

【问题解决】①

根据在全国企业信用信息公示系统查询的资料及兴电机电出具的说明，公司控股股东、实际控制人陈刚、公司董事刘威等人在2005年6月3日成立的深圳市兴电机电设备安装有限公司与公司在经营范围及实际业务上均存在重合。

为减少和规范关联交易，同时避免发生潜在同业竞争，为了消除上述同业竞争关系，2014年6月27日，公司受让兴电机电原股东合计100%的股权，兴电机电成为公司的全资子公司。目前，相关股东变更手续已履行完毕，兴电机电与公司不存在同业竞争的情形。

案例10－6 昌晖股份837803

【问题】同业竞争

【问题描述】

请主办券商及律师核查深圳百昌行所采取的与公司规范同业竞争的措施是否有效，并发表明确意见。

---

① 《北京市大成（深圳）律师事务所关于深圳市兴电科技股份有限公司申请股票在全国中小企业股份转让系统挂牌并公开转让的法律意见书》，第43页。

【问题解决】①

经核查，为消除深圳百昌行和公司的同业竞争，公司股东、共同实际控制人已采取了相应措施。深圳百昌行两股东谭足锡与邓子豪签订了《股东会决议》，同意将深圳百昌行经营范围由国内商业、物资供销业（不含专营、专控、专卖商品）、经济信息咨询（不含限制项目）更改为经济信息咨询（不含限制项目）。上述经营范围变更事宜于2015年12月30日在深圳市市场监督管理局南山局办理了变更登记。

截至2015年12月30日，深圳百昌行的存货已经为零，目前公司处在歇业状态，正在转型过程中。

为避免产生同业竞争的情形，作为公司的共同实际控制人和深圳百昌行的股东，谭足锡签署了《避免同业竞争承诺书》，承诺内容如下："（1）除公司外，本人目前并没有直接或间接地从事任何与公司的营业执照上所列明经营范围内的业务存在竞争的任何业务活动；本人的配偶、父母、子女未直接或间接从事与公司相同或相似的业务，未对任何与公司存在竞争关系的其他企业进行投资或进行控制。（2）本人将不直接或间接对任何与公司从事相同或相近业务的其他企业进行投资或进行控制；本人在今后的任何时间不会直接或间接地以任何方式（包括但不限于自营、合资或联营）参与或进行与公司的营业执照上所列明经营范围内的业务存在直接或间接竞争的任何业务活动。凡本人有任何商业机会可从事、参与或入股任何可能会与公司生产经营构成竞争的业务，本人会将上述商业机会让予公司。（3）若未来本人直接或间接投资的公司计划从事与公司相同或相类似的业务，本人承诺将在股东大会和/或董事会针对该事项，或可能导致该事项实现及与其相关事项的表决中作出否定的表决。（4）本人将持续促使本人的配偶、父母、子女、其他关系密切的家庭成员在未来不直接或间接从事、参与或进行与公司的生产、经营相竞争的任何活动。（5）本人将不利用对公司的控制关系进行损害公司及公司股东利益的经营活动。如果本人违反上述承诺，本人同意给予公司赔偿。"

公司控股股东、共同实际控制人邓志坚也签署了和上述内容相同的《避免同业竞争承诺书》。

深圳百昌行为避免和公司同业竞争作出承诺："（1）本公司在今后将避免直接或间接地从事任何与昌晖股份的营业执照上所列明经营范围内的业务存在竞争的任何业务活动；（2）本公司将不直接或间接对任何与昌晖股份从事相同或相近业务的其他企业进行投资或进行控制；本公司在今后的任何时间不会直接或间接地以任何方式参与或进行与昌晖股份的营业执照上所列明经营范围内的业务存在直接或间接竞争的任何业务活动。凡本公司有任何商业机会可从事、参与或入股任何可能会与昌晖股份经营构成竞争的业务，本公司会将上述商业机会让予昌晖股份。如果违反上述承诺，本公司同意给予昌晖股份赔偿。"

本所律师认为，截至本《补充法律意见书（一）》出具之日，以上深圳百昌行所采取的与公司规范同业竞争的措施能有效避免双方之间的同业竞争。

---

① 《关于广东昌晖印刷器材股份有限公司申请股票在全国中小企业股份转让系统挂牌并公开转让之补充法律意见书（一）》，第18～19页。

案例 10－7 东方童 837776

【问题】同业竞争

【问题描述】

请公司完整披露控股股东、实际控制人控制的企业情况，包括但不限于股权结构、实际业务等。请主办券商及律师根据核查情况，从企业的经营范围、收入构成、客户和供应商构成、在产业链中的具体定位、相互间的竞争关系、替代性补充核查企业与公司是否存在同业竞争或存在潜在同业竞争风险，并对公司所采取的应对措施是否充分有效发表意见。

【问题解决】①

本所律师业已通过以下方式核查：访谈公司控股股东、实际控制人，控股股东控制企业的工商档案以及工商局出具的注销证明等。经本所律师核查，报告期内，公司控股股东暨实际控制人黄芳曾持有北京东方童辉文化传播有限公司 51% 之股权，并担该公司执行董事兼经理。该公司存续期间的经营范围为“组织文化艺术交流活动（不含演出）；影视策划；会议及展览服务；企业策划；电脑图文设计；市场调查；企业管理咨询；经济贸易咨询；设计、制作、代理、发布广告；技术推广服务；礼仪服务”。与公司经营范围存在部分重合。经本所律师核查，截至法律意见书出具之日，该公司已注销。本所律师认为，公司同业竞争问题已有效解决。截至补充法律意见出具之日，除公司外，控股股东暨实际控制人未在其他企业控股或任职，即不存在控股股东暨实际控制人控制的企业情况。

案例 10－8 金戈炜业 838019

【问题】同业竞争

【问题描述】

请公司补充披露子公司的取得方式，并结合子公司的具体业务补充披露设立或收购各个子公司的必要性以及子公司与母公司的业务衔接情况；公司与子公司的分工合作模式、市场定位及未来发展情况。

【问题解决】②

本所律师核查了子公司纽沛司家居的工商登记资料、公司收购子公司所签署的相关协议、查阅公司及其子公司的相关业务合同、并对其负责人进行了访谈。

经核查，纽沛司家居系由公司实际控制人朱维艳于 2015 年 3 月 18 日认缴出资设立。2015 年 8 月，公司收购朱维艳持有的纽沛司家居 100% 股权，纽沛司家居成为公司的全资子公司。公司收购子公司的必要性如下：

纽沛司家居在被公司收购之前为朱维艳所控制的公司，与公司属于同一控制人控制下的

---

① 《关于北京东方童文化艺术股份有限公司申请股票在全国中小企业股份转让系统挂牌并公开转让的补充法律意见（一）》，第 8 页。

② 《关于江苏金戈炜业环保科技股份有限公司申请股票在全国中小企业股份转让系统挂牌并公开转让之补充法律意见书（一）》，第 10～11 页。

企业，且其主营业务内容与公司较为相近，存在同业竞争，公司将其收购为子公司能够有效解决同业竞争问题。另外，公司收购纽沛司家居是基于公司战略发展需要。公司目前主要以展会、业务开拓等传统的推广模式推广公司的品牌与产品，以代加工、经销、代销等方式销售公司产品，通过经销商或代销商等途径了解市场动态、客户需求。公司基于自身发展现状及未来发展战略，计划在巩固和深化现有经营模式的基础上，择机培植新壁纸品牌"纽沛司"并探索线下特色体验店/专卖店型独家品牌经销的新型营销模式。

经核查，本所律师认为，公司基于消除同业竞争和战略发展需要对纽沛司家居100%股权进行了收购，收购子公司履行了必要的决策程序并办理了工商变更登记手续，收购合法有效。

案例10－9　长阳科技839162

【问题】同业竞争

【问题描述】

请主办券商、律师结合青岛光川的股权转让所履行的程序、定价依据、价款支付、受让方与公司、控股股东、实际控制人、董事、监事、高级管理人员是否存在关联关系、受让方受让股权原因等补充核查上述股权转让的真实性、同业竞争规范措施是否充分、合理，是否有效执行，是否影响公司经营。请公司补充作重大事项提示。

【问题解决】①

1.股权转让真实性核查

(1)青岛光川股权转让履行的程序。

2015年8月14日，刘贵军与金亚东签署了股权转让协议，约定金亚东将其持有的青岛光川100%股权按照金亚东的出资额以人民币180万元的价格转让给刘贵军。

同日，青岛光川作出股东决定，同意公司股东变更为刘贵军，并免去金亚东公司执行董事、法定代表人职务，选举刘贵军为公司执行董事、法定代表人。

2015年12月29日，青岛光川就上述股权转让事宜完成工商变更登记手续并换领了《营业执照》。

经核查，刘贵军向金亚东支付了上述全部股权转让价款。

(2)青岛光川的股权转让的定价依据、价款支付、受让方与公司、控股股东、实际控制人、董事、监事、高级管理人员是否存在关联关系、受让方受让股权原因等经核查，青岛光川在转让前无实际经营业务，转让价格依据出资额转让，受让方刘贵军已向金亚东支付了全部股权转让价款。根据公司、公司控股股东、实际控制人以及董事、监事、高级管理人员的书面确认、刘贵军的访谈笔录并经本所律师核查，刘贵军与公司、控股股东、实际控制人、董事、监事、高级管理人员之间不存在任何关联关系，其受让青岛光川100%股权系出于真实意思表示，股权转让真实、有效。

---

① 《关于宁波长阳科技股份有限公司申请股票在全国中小企业股份转让系统挂牌并公开转让之补充法律意见书(一)》，第23～24页。

综上，本所律师认为，金亚东持有的青岛光川的股权已按股权转让协议约定转让给无关联第三方，转让款已经支付完毕，工商登记变更手续已经完成，股权转让真实有效。

2. 同业竞争规范措施是否充分、合理，是否有效执行，是否影响公司经营核查

经本所律师核查，公司实际控制人金亚东为避免其与公司存在的同业竞争，已将其持有的青岛光川100%股权转让给非关联自然人刘贵军，青岛光川已就上述股权转让完成了工商变更登记，金亚东不再持有青岛光川任何股权，亦不担任青岛光川任何职务。青岛光川在转让前无实际经营业务，与公司之间无业务往来，金亚东转让青岛光川股权不会对公司的正常经营产生不利影响。

因此，本所律师认为，公司实际控制人通过转让股权方式有效解决了同业竞争，同业竞争规范措施充分、合理并有效执行，不会对公司的正常经营产生不利影响。

第十一章　VIE 架构

一、VIE 架构存在的问题

VIE 架构，在国内被称为“协议控制”，是指境外注册的上市实体与境内的业务运营实体相分离，境外的上市实体通过协议的方式控制境内的业务实体，业务实体就是上市实体的VIEs（可变利益实体）。境外离岸公司在境内投资设立一家外商投资企业（WFOE），为国内经营实体提供垄断性咨询、服务和管理并以服务费的形式获得利润。

拟挂牌企业若存在 VIE 架构，则涉及国内外投资者协议控制的问题、国内经营实体的股权清晰独立问题、实际控制人是否发生变更问题、外汇，以及税务是否合规等问题。

二、存在 VIE 架构的企业挂牌要求

（一）拆除 VIE 架构

《首次公开发行股票并上市管理办法》第 12 条、第 13 条的规定要求申请 IPO 的发行人 3 年内主营业务和管理层未发生重大变化，实际控制人没有发生变更，股权清晰且无重大权属纠纷；该管理办法第 14 条、第 15 条还要求发行人最近 2 年内主营业务和管理层未发生重大变化，实际控制人没有发生变更，股权清晰且无重大权属纠纷；《挂牌条件标准指引》也规定，要求股权明晰，股票发行和转让行为合法、合规。其中股权明晰，是指公司的股权结构清晰，权属分明，真实确定，合法、合规，股东特别是控股股东、实际控制人及其关联股东或实际支配的股东持有公司的股份不存在权属争议或潜在纠纷。

我国法律法规对于国内企业申请 IPO 上市或新三板挂牌均要求股权清晰、明确，VIE 架构的搭建涉及境内外的协议控制主体，若存在影响股权清晰、明确的因素时，则必须在申报前对 VIE 架构进行拆除。VIE 架构拆除过程存在股权的频繁变动，是被审核关注的重点。

（二）保留 VIE 架构

并非所有涉及 VIE 架构的拟挂牌企业都必须拆除 VIE 架构。若出于拆除资金、时间成本太高等原因考虑，谋求保留 VIE 架构申请挂牌，结合已有的案例，一般需要同时满足以下条件：

1. 拟挂牌主体要符合外商投资产业指导目录的要求。

拟挂牌主体不得属于外商投资的禁止性产业；若属于外商投资限制性产业，在把协议控制下的国内经营实体视为外资股东的情况下，其持股比例要符合相关限制性规定。

2. VIE 架构的搭建过程应合法、合规。

这部分主要重点是核查 VIE 架构的搭建过程中以及历次变动要满足相关的外汇管理规定、外商或境外投资审批要求、税务等方面要求。

3. 拟挂牌主体不得是协议控制下的国内经营实体。

协议控制下的国内经营实体申请新三板挂牌，是无法回避"股权清晰独立"的审核要求的，因此拟挂牌主体不得是协议控制下的国内经营实体。目前，成功挂牌的案例中，仅存在拟挂牌主体为协议控制下的控股子公司的情形。其中，需要重点说明，该控股子公司独立于其控股股东涉及的协议控制关系。

4. 拟挂牌主体股权明晰。

选择协议控制下的境内实际经营主体的控股子公司作为拟挂牌主体，为满足"股权明晰"要求，该控股子公司作为拟挂牌主体需要满足以下要求：

(1)该控股子公司的利润收入对协议控制下的国内经营实体不存在重大影响；

(2)该控股子公司的股东未与任何第三方存在关于股东权利的控制协议，VIE 搭建和历次变更的控制协议均不涉及该控股子公司；

(3)拟挂牌主体的股东是依据股权控制以持股比例行使股东权利决定公司的重大事项，股东权利的行使不受 VIE 架构的约束；

(4)拟挂牌主体未与任何第三方有转移业务收入的特殊安排，其实际经营收入均留存在拟挂牌主体，其股东依持股比例参与利润分配；

(5)拟挂牌主体的实际控制人在报告期内不发生变更，不存在违反外汇、境外投资规定，其控股股东所持拟挂牌主体的股权结构明晰、合法，不存在权属纠纷或潜在纠纷；

(6)拟挂牌主体的股权具有自由流通性，程序合法，满足股份发行的相关规定。

三、解决思路

结合国内目前已有的案例情况，在处理 VIE 架构的问题上，根据实际情况的不同，可以相应地采用以下解决思路。

(一)拆除 VIE 架构

1. 核查 VIE 架构的搭建过程

结合企业自身的历史沿革，详细披露 VIE 架构的搭建原因、过程、相应的境外投资者等情况。

2. 拆除 VIE 架构，详细披露拆除过程

公司在拆除 VIE 架构时，需要由境外上市主体回购海外投资者持有的境外上市主体的股份(以便集中控制权)；由 VIE 架构下各方签署终止控制协议；基于股权的清晰、稳定、独立，对境内拟挂牌企业进行增资等股权结构调整；最后再对境内外没有被重组进境内拟挂牌公司的其他壳公司进行注销或转让给无关联公司的第三方。具体的拆除步骤需要结合个案特殊性进行设计调整。

3. 披露 VIE 架构搭建和拆除过程中达成的相关协议及其执行、终止情况

详细披露搭建和拆除 VIE 架构过程中，协议各方所达成的相关协议、其具体的执行情况以及终止协议的进程。VIE 架构的拆除由相关各方针对原协议控制协议，签署终止协议，规

定业务发展所产生的经济利益均由境内实际经营主体完全享有,并保证不存在潜在的协议纠纷。

4. 详细说明公司股权清晰且无权属纠纷

境内经营实体终止协议控制后,需要对境内外股权结构进行调整。首先,需要回购境外投资者股份,让境外投资者退出;其次,需要由创始人或其他境内投资者对境内经营实体进行投资,以增资的方式进行股权调整;最后,根据实际情况对境内外的壳公司进行注销处理。因此,发行人需要详细披露说明原境外上市主体、国内的外商独资企业(WFOE)及境内运营实体历次股权变化及其理由,并可以由海外投资者出具承诺函,确认其持有原境外上市主体期间不存在委托持有、信托持有及类似利益安排,以及现行不存在委托持有、信托持有及类似利益安排,并披露壳公司的注销处理情况,以证明公司股权清晰且无权属纠纷。

5. 详细说明实际控制人的变更情况

控制协议的履行情况会影响公司的实际控制权,因此要详细说明实际控制人是否变更,管理层是否稳定。对于控制协议权利未完全行使的,可以财务人从主观和客观上未干涉公司经营为由进行解释,投资人可以出具《确认函》确认是否行使权利;对于行使了控制协议权利的,需要详细披露控制协议权利的行使程度及其是否导致实际控制人发生变更的情况。

6. 详细说明相关外汇办理、税款缴纳的合法合规性

详细说明特殊目的公司的外汇登记问题,关于境外资金返回国内以及在国内结汇并使用的外汇管理问题,以及VIE架构的搭建和拆除过程中涉税事项的执行情况和税款缴纳情况,并向有关部门申请合法合规证明,以确保拟挂牌公司在外汇管理、税务方面的合法合规性。

(二)保留VIE架构

1. 选择合适的拟挂牌主体

参照已有的案例,协议控制下的国内经营实体的境内控股子公司是允许作为挂牌主体的。该挂牌主体同样需要符合《外商投资指导产业目录》对外商投资相关要求,不属于外商投资禁止性产业。如是限制类产业的,应符合相关比例要求。

2. 详细披露VIE架构的搭建过程以及历次变更的情况

披露VIE架构的搭建原因、过程、相应的境外投资者情况、达成的相关协议及其执行情况,并且需要就外汇、税务等合法合规性发表明确意见。若存在程序瑕疵的,则需要申请补办或与有关部门进行协商以取得相关部门出具的合法合规证明,说明其不属于实质性障碍。

3. 详细说明拟挂牌主体的股权结构清晰、明确

说明公司股东未与任何第三方签署关于股东权利的相关协议;公司也未与任何第三方有转移业务收入的特殊安排;VIE的协议控制不涉及该拟挂牌主体;股东依据股权控制关系和持股比例行使股东权利并合法参与公司利益分配。

4. 披露实际控制人的情况

挂牌主体的实际控制人是境外的上市主体,需要披露该上市主体作为实际控制人在报告

期内是否发生变更，同时需要就实际控制人认定的合法合规性发表明确意见。

5. 披露相关外汇办理、税款缴纳的合法合规性

披露特殊目的的公司的外汇登记问题，关于境外资金返回国内以及在国内结汇并使用的外汇管理问题，以及 VIE 架构的搭建和拆除过程中涉税事项的执行情况和税款缴纳情况，并向有关部门申请合法合规证明，以确保拟挂牌公司在外汇管理、税务方面的合法合规性。

案例 11-1　天涯社区 833359

【问题】VIE 架构拆除

【问题描述】

关于公司筹划境外上市及终止，请公司补充披露：(1)海外红筹架构搭建及解除的具体过程，上述过程中涉及的税收事项的办理情况，海外投资者情况及其入股、股权转让及股权回购过程、交易价格及其确定依据，是否存在股份代持或其他利益安排。(2)协议控制具体安排以及涉及的相关利益主体，协议约定内容执行情况。(3)VIE 架构下相关公司的注销情况、境外主体是否持续拥有公司的相关资产，相关资产是否已完成转回至公司。(4)Tianya Community Holdings Limited 历次境外融资的外汇办理情况、海外投资者提供资金支持的形式及途径、是否按照规定已缴纳税款。请主办券商及律师补充核查公司协议控制及解除的合法合规性并发表意见。

【问题解决】①

1. 海外红筹架构搭建反解除的具体过程如下：

(1)海外红筹架构搭建情况。

①设立天涯控股。

2005 年 12 月 21 日，天涯控股在开曼群岛注册成立，初始授权资本为 2 美元，股本为 2 股。同日，邢明持股 100% 的 Tianya Group 受让了 N. D. Nominees Ltd. 和 N. S. Nominees Ltd. 所持天涯控股的全部股份，同时 Tianya Group、李木持股 100% 的 First Sky 及吴淑民持股 100% 的 Happy Join 认购天涯控股新增发行的 998 股普通股，每股面值 1 美元，总股本增加至 1000 股，授权资本增加至 1000 美元。

②引入投资人。

2007 年 4 月 1 日，天涯控股将 1000 股普通股拆分为 1 000 000 股普通股，每股面值稀释为 0.001 美元，同时向天涯控股、First Sky 和 Happy Join 以及投资人 Legend、Zero2 IPO Main Fund、Zero2 IPO Affiliates Fund、SCV、Top Media 和 Google 发行股份。其中 Top Media、Google、Legend 分别以 150 万美元、100 万美元和 50 万美元认购天涯控股 150 万股、100 万股及 50 万股股份。根据天涯社区的说明，投资人本次投资入股的价格由各方协商确定。

本次拆分股份及发行新股完成后的股权结构见表 11-1-1：

---

① 《北京市金杜律师事务所关于天涯社区网络科技股份有限公司股票在全国中小企业股份转让系统挂牌并公开转让的补充法律意见书》，第 79～86 页。

表 11－1－1 2007 年 4 月 1 日后公司股权结构

股东名称	股份数(股)	股权比例(%)
Tianya Group	7 293 000	48.62
First Sky	1 477 200	9.848
Happy Join	767 640	5.118
Legend	1 534 520	10.23
Zero2 IPO Main Fund	702 666	4.684
Zero2 IPO Affiliates Fund	42 210	0.281
SCV	82 764	0.552
Top Media	2 100 000	14
Google	1 000 000	6.667
合计	15 000 000	100

在本次融资中,投资人 Legend、Zero2 IPO Main Fund、Zero2 IPO Affiliates Fund、SCV、Top Media、Google 与天涯控股及其股东、天涯有限公司等主体共同签署了"Share Subscription Agreement"(以下称股份认购协议)和"Members Agreement"(以下称股东协议),协议约定天涯控股及其国内子公司、天涯有限公司的股东应确保天涯控股股东能在形式上和实质上通过天涯控股及其国内子公司控制天涯有限公司。

③设立天涯信息。

天涯控股于 2007 年 2 月 15 日在中国境内成立外商独资有限责任公司天涯信息,注册资本为 130 万美元。

④签署协议控制协议。

根据天涯控股与投资人及其他主体签署的股份认购协议和股东协议,天涯信息与天涯有限公司及/或其股东于 2007 年 4 月签署了一系列协议控制协议:天涯信息与天涯有限公司签署的《独家技术咨询与培训协议》《独家技术支持与技术服务协议》;天涯信息与天涯有限公司及其股东签署的《购股权协议》;天涯信息与天涯有限公司及其股东签署的《股权质押协议》;天涯有限公司各股东签署的授权委托书。海外红筹架构解除情况。回购 Google 股份。2010 年 6 月 21 日,天涯控股董事会、股东会作出决议,同意天涯控股以 290 万美元的价格回购 Google 持有的天涯控股 100 万股股份,同意天涯控股签署相应回购协议、股东协议修正案等交易文件,Google 不再享有相应股东权利,且天涯控股董事将相应改选。

2010 年 6 月 21 日,天涯控股与 Google 签署"Share Repurchase Agreement"(以下称股份回购协议),天涯控股以 290 万美元的价格回购 Google 持有的天涯控股 100 万股股份(每股面值 0.001 美元,Google 认购价格为每股 1 美元);同日,天涯控股各股东签署了股东协议第一次修正案。根据天涯社区的说明,回购 Google 股份的交易价格由交易双方协商确定。

(2)终止协议控制协议。

2011 年 1 月 20 日,天涯控股董事会作出决议,同意解除、终止天涯有限公司在股东协议、股份认购协议项下的一切义务、责任以达到天涯有限公司中国境内上市的目的,同意相应修改股东协议和股份认购协议。

2011 年 1 月 20 日，天涯控股与其各股东签署股份认购协议第一次修正案和股东协议第二次修正案，终止天涯有限公司在股份认购协议和股东协议项下的一切义务、责任，天涯有限公司不再隶属于天涯控股。

2011 年 1 月 20 日，天涯信息与天涯有限公司、君达创投、君联创投、李木、吴淑民、徐豪、倪正东、邢明签署《协议终止合同》，确认天涯信息、天涯有限公司及天涯有限公司股东于 2007 年 4 月 25 日分别或共同签署了《独家技术支持与技术服务协议》《独家技术咨询与培训协议》《购股权协议》《股权质押协议》《授权委托书》（以下统称控制协议）；且控制协议签署后，天涯信息并未向天涯有限公司提供控制协议中约定的相关服务，而天涯有限公司也不存在向天涯信息支付控制协议项下服务费用的义务；约定控制协议于《协议终止合同》签署之日正式终止，控制协议终止后各方将不再受控制协议的约束，任何一方不再享有控制协议项下任何权利和承担任何义务，任何一方均不得向其他方主张控制协议项下的任何权利或要求其他方履行控制协议项下的任何义务；控制协议签署后所产生的任何权利、义务和责任在《协议终止合同》签署之日正式终止并失去效力，任何一方在《协议终止合同》签署后均不得以控制协议的任何条款为由向其他方主张权利；在控制协议终止后，任何一方不会以任何其他一方或各方违反控制协议项下的任何条款为理由对该方提起任何指控或起诉，或要求该方承担任何损失赔偿责任。

（3）境内股权调整。

2010 年 12 月，天涯有限公司增资至 5000 万元，澜讯科信、顾光、王美华、覃业洪、孙巍、严宏、李向园、倪正东、江伟强、詹颖珏、肖旭以及达维投资认缴新增注册资本 1915.704 万元，老股东邢明、李木、吴淑民和君联创投认缴新增注册资本 1084.296 万元。根据天涯社区的说明，在本次增资中，君联创业、倪正东、江伟强为天涯控股其他投资者股东在境内选定的投资人。

根据天涯社区的承诺，天涯控股的股东 Legend 为君联创业的关联方，Zero2 IPO Main Fund、Zero2 IPO Affiliates Fund、SCV 为倪正东的关联方，Top Media 为江伟强的关联方。

根据君联创业、倪正东、江伟强、Legend、Zero2 IPO Main Fund、Zero2 IPO Affiliates Fund、SCV 及 Top Media 分别出具的承诺，君联创业、倪正东及江伟强分别以其合法自有资金认购公司的注册资本，系其真实出资；不存在为任何第三人委托持股、代持股的情形；与任何第三人就其所持有的公司股份不存在任何权属争议及潜在纠纷。

2. 经核查，在搭建海外红筹架构时，公司前身天涯有限公司与相关主体签署了下列协议控制协议：

（1）《独家技术咨询与培训协议》《独家技术支持与技术服务协议》。

2007 年 4 月 25 日，天涯信息与天涯有限公司签订了《独家技术咨询与培训协议》，协议约定由天涯信息向天涯有限公司提供技术培训服务，天涯有限公司每年根据服务提供的具体情况向天涯信息支付服务费用，并按季度支付。

同日，天涯信息与天涯有限公司签订了《独家技术支持与技术服务协议》，约定由天涯信息向天涯有限公司提供技术支持和技术服务，天涯有限公司每季度根据技术支持与技术服务提供的具体情况向天涯信息支付服务费用，按季度支付。

根据天涯社区的说明及天涯信息与天涯有限公司、君达创投、君联创投、李木、吴淑民、徐豪、倪正东、邢明签署的《协议终止合同》，天涯信息并未向天涯有限公司提供《独家技术咨询与培训协议》《独家技术支持与技术服务协议》约定的相关服务，天涯有限公司也不存在向天涯信息支付《独家技术咨询与培训协议》《独家技术支持与技术服务协议》项下服务费用的义务，天涯有限公司亦未曾向天涯信息支付过《独家技术咨询与培训协议》《独家技术支持与技术服务协议》项下的服务费用。

(2)《购股权协议》。

天涯信息与君达创投、君联创投、吴淑民、李木、倪正东、徐豪、天涯有限公司签订了《购股权协议》，协议约定在中国法律允许的情况下，且天涯信息认为适宜的时候，天涯信息有权要求君达创投、君联创投、吴淑民、李木、倪正东、徐豪全部或部分转让所持有的天涯有限公司 100% 的股权，转让方应根据天涯信息要求向天涯信息或其指定的第三方转让天涯有限公司股权。

根据天涯社区的全套工商底档及天涯社区的说明，并经查询全国企业信用信息公示系统，天涯信息或其指定的第三方未受让过公司的股权/股份。

(3)《股权质押协议》。

天涯信息与君达创投、君联创投、吴淑民、李木、倪正东、徐豪、天涯有限公司签订了《股权质押协议》，协议约定君达创投、君联创投、吴淑民、李木、倪正东、徐豪同意将其持有的天涯有限公司 100% 的股权全部质押给天涯信息，作为天涯有限公司履行其在主合同(主合同指上述《独家技术咨询与培训协议》《独家技术支持与技术服务协议》《购股权协议》)项下全部义务的担保。

经核查，《股权质押协议》项下的股权出质未到工商行政管理部门办理相关质押登记。

(4)授权委托书。

君达创投、君联创投、吴淑民、李木、倪正东、徐豪分别出具了《授权委托书》，授权天涯信息或其指定的人士为其代理人就有关持有天涯有限公司股权的事宜全权代表君达创投、君联创投、吴淑民、李木、倪正东、徐豪行使相关权利。

根据天涯社区提供的会议决议、会议纪要等会议文件及天涯社区的说明，上述授权委托书并未实际履行。

根据天涯信息与天涯有限公司、君达创投、君联创投、李木、吴淑民、徐豪、倪正东、邢明于 2011 年 1 月 20 日签署的《协议终止合同》，控制协议签署后，天涯信息并未向天涯有限公司提供控制协议中约定的相关服务，而天涯有限公司也不存在向天涯信息支付控制协议项下服务费用的义务；控制协议于《协议终止合同》签署之日正式终止，控制协议终止后各方将不再受控制协议的约束，任何一方不再享有控制协议项下任何权利和承担任何义务，任何一方均不得向其他方主张控制协议项下的任何权利或要求其他方履行控制协议项下的任何义务。

3. 经核查，海外红筹架构下的相关主体包括境外公司天涯信息、Tianya Group 以及外商独资企业天涯信息。根据天涯社区的说明，公司实际控制人邢明已经开始着手注销上述境内外公司，进展如下：

2015 年 3 月 11 日，天涯信息执行董事作出执行董事决议，同意终止天涯信息经营，依据天涯信息公司章程及外商投资相关的法律法规，对天涯信息进行清算并注销；同意天涯信息组成清算委员会；同意将清算注销决定登报公告债权债务人。经核查，海南省商务厅已接收天涯信息提交的终止经营的申请材料。

根据公司实际控制人邢明的承诺，承诺解散或促使相关主体解散上述境内外公司，并按照管辖地的相关规定办理相应的注销登记手续。

根据天涯社区的说明并经核查,天涯控股等境外主体未持有公司的资产。

4. 公司协议控制及解除的合法合规性。

(1)外汇。

根据天涯社区、邢明、李木、吴淑民的承诺,在天涯社区的海外红筹架构中,邢明、李木、吴淑民作为境内自然人未向境外汇出外汇,境内外商独资企业天涯信息亦未向境外进行过分红,不存在违反外汇汇出的相关法律法规的规定的情形。

根据天涯社区的说明,海外红筹架构搭建时及后续境外融资,境内居民自然人邢明、李木、吴淑民未办理境内居民个人境外投资的外汇登记手续。未办理个人境外投资外汇登记虽然违反当时有效的《国家外汇管理局关于境内居民通过境外特殊目的公司融资及返程投资外汇管理有关问题的通知》(汇发〔2005〕75 号,以下简称 75 号文)关于返程投资应办理个人境外投资外汇登记的规定,但是 75 号文未对该种违规情形规定明确的罚则。

截至 2011 年,海外红筹架构已解除,拆除了原协议控制模式;根据天涯社区的说明,鉴于海外红筹架构已解除,境内居民自然人邢明、李木、吴淑民无法按照 75 号文的规定补办个人境外投资外汇登记。

2014 年 7 月 4 日,国家外汇管理局发布了《关于境内居民通过特殊目的公司境外投融资及返程投资外汇管理有关问题的通知》(汇发〔2014〕37 号,以下简称 37 号文),并废止了 75 号文。37 号文规定,境内居民未按规定办理相关外汇登记、未如实披露返程投资企业实际控制人信息、存在虚假承诺等行为,外汇局根据《外汇管理条例》第 48 条第 5 项进行处罚。《外汇管理条例》第 48 条规定:"有下列情形之一的,由外汇管理机关责令改正,给予警告,对机构可以处 30 万元以下的罚款,对个人可以处 5 万元以下的罚款:(一)未按照规定进行国际收支统计申报的;(二)未按照规定报送财务会计报告、统计报表等资料的;(三)未按照规定提交有效单证或者提交的单证不真实的;(四)违反外汇账户管理规定的;(五)违反外汇登记管理规定的;(六)拒绝、阻碍外汇管理机关依法进行监督检查或者调查的。"

根据邢明、李木、吴淑民的说明,邢明、李木、吴淑民没有因为未办理及补办境内居民个人境外投资的外汇登记手续而被外汇管理部门处罚的情形。

邢明、李木、吴淑民未办理及补办境内居民个人境外投资的外汇登记系其个人行为,且在海外红筹架构解除后,该等行为与天涯社区、天涯社区的经营不存在直接关系。

天涯控股将境外私募融资的资金通过新设天涯信息、向天涯信息缴付出资的方式提供给天涯信息,根据国家外汇管理局海南分局于 2007 年 4 月 12 日、6 月 7 日、3 月 27 日出具的编号分别为 07047、07070 的《外商直接投资外方出资情况询证回函》及(琼)汇资核字第 0460000200700034 号《国家外汇管理局资本项目外汇业务核准件》,在缴付出资过程中相关主体所涉及的外汇出入境均依据我国外汇管理的相关法律法规履行了审批程序。

(2)海外投资者提供资金支持的形式及途径。

如本补充法律意见书所述,海外红筹架构搭建及红筹架构解除过程中,投资人系以增资方式投资天涯控股,天涯控股以新设天涯信息或向天涯信息增资方式提供资金,天涯有限公司系以增资方式进行股权调整,不涉及股权转让。

(3)税务。

在海外红筹架构解除过程中,天涯控股回购了 Google 持有的天涯控股股份。当时有效的《国家税务总局关于加强非居民企业股权转让所得企业所得税管理的通知》(国税函〔2009〕698 号)并未明确规定回购股份属于该文件规范的范围。

根据海口市龙华区地方税务局、海口市龙华区国家税务局分别出具的纳税证明,天涯社区自 2012 年 1 月 1 日至 2014 年 11 月 30 日依法按时申报缴纳各项税款,暂未发现税收违法违规处罚记录。

根据海口市龙华区国家税务局第三分局、海口市龙华区地方税务局分别出具的纳税证明,天涯信息自 2007 年 3 月 1 日至 2015 年 4 月 30 日(纳税所属期)正常申报纳税,暂未发现重大违法行为。

根据天涯信息、天涯社区等各境内主体的主管税务机关出具的前述纳税证明,天涯信息、天涯社区未有因境外红筹搭建及解除过程而与税务机关就税务问题发生过任何争议,亦未有因境外红筹搭建及解除过程而被税务机关处罚的情形。

公司实际控制人邢明承诺:在天涯社区海外红筹架构的建立及解除、废止过程中涉及的股份回购、增资等全部事项均符合当地法律规定,股份回购手续已全部办理完毕,不存在潜在的纠纷和隐患;如果因上述事项产生纠纷导致天涯社区利益遭受损失,所有损失由其全部承担。

据此,本所认为,天涯社区及其实际控制人、天涯信息及投资者等不存在未予解决的税收缴纳义务。

综上所述,本所认为,天涯有限公司废止海外红筹架构、拆除原协议控制模式履行的相关程序符合当地法律规定;海外红筹架构涉及的有关主体中天涯信息已开始清算,其他境外主体将在天涯信息注销后启动注销程序,至今无任何纠纷发生;且实际控制人邢明已经承诺如因相关事项产生纠纷导致天涯社区利益遭受损失,所有损失全部由其承担。因此,上述事项不会对天涯社区本次挂牌构成实质性影响。

案例 11-2 韩都电商 838711

【问题】VIE 架构拆除

【问题描述】

关于公司搭建及拆除 VIE,请主办券商及律师补充核查 VIE 协议控制架构的搭建和拆除过程是否符合外资、外汇、税收等有关规定,是否存在行政处罚风险;VIE 协议控制架构是否彻底拆除,拆除后标的资产股权权属是否清晰,是否存在诉讼等法律风险;VIE 协议控制架构拆除后,标的资产的生产经营是否符合国家产业政策相关法律法规等规定;公司股权是否明晰。

【问题解决】①

1. VIE 协议控制架构搭建和拆除的合规性。

(1)外资、外汇登记情况。

在公司 VIE 架构搭建过程中,嘉信控股(香港)有限公司于 2011 年 8 月设立了北京韩都

① 《北京德恒(济南)律师事务所关于韩都衣舍电子商务集团股份有限公司申请股票在全国中小企业股份转让系统挂牌并公开转让的补充法律意见(一)》,第 31 ~ 38 页。

衣舍科技有限公司，于2013年4月设立了万维嘉信（山东）电子商务有限公司，两公司的设立都经过了当地商务局的审批，外汇流入、流出办理情况合法、合规。

根据国家外汇管理局于2005年10月21日发布的《国家外汇管理局关于境内居民通过境外特殊目的公司融资及返程投资外汇管理有关问题的通知》（汇发〔2005〕75号，现已失效），境内居民法人或境内居民自然人以其持有的境内企业资产或权益在境外进行股权融资（包括可转换债融资）为目的而直接设立或间接控制境外企业需在所在地外汇分局、外汇管理部申请办理境外投资外汇登记手续。

赵迎光、张虹霞、吴振涛、王科大、刘军光、杜廷国直接设立或间接控制境外企业及其返程投资情况如表11－2－1所示：

表11－2－1　赵迎光等6人直接设立或间接控制境外企业及返程投资情况

序号	居民（自然人）	境外企业名称	返程投资境内企业
1	赵迎光	Yuqi	北京韩都 山东万维
		Handu Esell	
		嘉信控股	
2	张虹霞	Joyful Heart	
		Handu Esell	
		嘉信控股	
3	吴振涛	Lily & Morton	
		Handu Esell	
		嘉信控股	
4	王科大	Ever Aaeron	
		Handu Esell	
		嘉信控股	
5	刘军光	Jennie & Jackie	
		Handu Esell	
		嘉信控股	
6	杜廷国	Sunny & Albert	
		Handu Esell	
		嘉信控股	

经核查，韩都衣舍股东赵迎光、张虹霞、吴振涛、王科大、刘军光、杜廷国依据2015年《国家外汇管理局关于境内居民通过境外特殊目的公司融资及返程投资外汇管理有关问题的通知》及相关的法律法规在国家外汇管理局北京管理部办理了个人境外投资外汇登记，符合外汇方面的相关法律法规的规定，其行为合法有效。

由于VIE架构已拆除，外汇注销登记已启动，赵迎光、张虹霞、吴振涛、王科大、刘军光、杜廷国 6 个自然人将在近期向国家外汇管理局北京管理部申请办理境内居民个人境外投资的外汇注销登记手续。

2016 年 1 月 19 日，国家外汇管理局山东省分局出具《证明》，证明自 2014 年 1 月至 2015 年 12 月期间，在日常业务办理中，未发现公司有违反经常项目、资本项目项下外汇管理法律法规的行为。

（2）税收缴纳情况。

根据开曼当地律师事务所 Travers Thorp Alberga 出具的法律意见，在开曼群岛，根据开曼群岛的法律，公司决策的执行无须缴付（直接评估或预扣税）任何税款、费用、手续费［印花税除外（如果适用的话）］给政府或者其他税务机关。公司决策在开曼群岛执行将会被课以名义上的印花税，但是不会实际上被扣缴印花税。开曼群岛有关公司当前没有任何形式的收入所得税、企业所得税、资本收益税、地产税、遗产税、赠与税。

经本所律师核查，海外投资者通过认购 Cayman 公司 Handu Esell 增发股份的形式投资 Cayman 公司 Handu Esell。Cayman 公司 Handu Esell 取得境外融资后主要用途是通过嘉信控股（香港）有限公司向国内经营实体北京韩都衣舍科技有限公司、万维嘉信（山东）电子商务有限公司投资并用于日常运营。海外投资者共计实缴出资 1070 万美元，经各方一致同意后，清算回购海外投资者股份价款为 984.194 2 万美元，清算回购价款低于投资款数额，未获得收益，按照开曼群岛当地法律并不产生纳税义务。当时有效的《国家税务总局关于加强非居民企业股权转让所得企业所得税管理的通知》（国税函〔2009〕698 号）并未明确规定回购股份属于该通知规范的范围。

2016 年 1 月 18 日，济南市高新技术产业开发区国家税务局出具《国家税务局涉税证明》，证明公司在 2014 年 1 月 1 日至 2015 年 12 月 31 日，税款已按期入库，未发现欠税。经征管系统查询，该期间暂未发现税收违法行为处理记录。

2016 年 1 月 18 日，济南市地方税务局高新技术产业开发区分局出具《纳税人涉税保密信息查询告知书》（济地税高新〔2016〕10003 号），证明 2014 ~ 2015 年度公司纳税合计 13 599 001.6 元，未发现有涉税违法行为记录。

根据韩都衣舍 2016 年 3 月 20 日签署的《无重大违法违规情况的承诺》等文件，近两年来韩都衣舍遵守国家及地方有关税务法律、法规，建立健全内部财务制度，自觉缴纳各种税款，不存在偷税、漏税的情况，也未出现过因偷税、漏税而遭受税务机关处罚的情形。

综上所述，根据股份公司的说明，经本所律师核查，韩都衣舍 VIE 架构搭建及解除过程中，已根据相关法律、法规规定就其境外投资行为在外汇管理部门履行了相应法律程序，不存在违反国家外汇及税收监管规定的情形。

2. 经核查，VIE 协议控制架构的海外相关主体包括嘉信控股（香港）有限公司、Cayman 公司 Handu Esell 以及 6 家 BVI 公司。

（1）嘉信控股（香港）有限公司。

2015 年 12 月 18 日，香港公司注册处核发《公司注销批准书》，批准注销嘉信控股。2016 年 4 月 22 日，香港公司注册处核发《公司注册处撤销解散通知》，至此嘉信控股已注销完毕。

(2)Cayman 公司 Handu Esell。

2016 年 4 月 8 日,开曼群岛公司注册署出具了编号为 MS－252474 的"Certificate of Dissolution",该文件载明 Handu Esell Holdings Limited 公司于 2016 年 7 月 7 日解散并即时从公司登记册注销。

(3)6 家 BVI 公司。

英属维尔京群岛公司事务注册署于 2016 年 4 月 25 日出具了编号为 D37E174CB7 的"Certificate of Dissolution",载明 Yuqi Holdings Limited 公司符合注销条件,并于 2016 年 4 月 25 日解散。

英属维尔京群岛公司事务注册署于 2016 年 4 月 25 日出具了编号为 83F6199063 的"Certificate of Dissolution",载明 Sunny & Albert Holdings Limited 公司符合注销条件,并于 2016 年 4 月 25 日解散。

英属维尔京群岛公司事务注册署于 2016 年 4 月 25 日出具了编号为 740B3789D7 的"Certificate of Dissolution",载明 Jennie & Jackie Holdings Limited 公司符合注销条件,并于 2016 年 4 月 25 日解散。

英属维尔京群岛公司事务注册署于 2016 年 4 月 25 日出具了编号为 C1BA00213F 的"Certificate of Dissolution",载明 Ever Aaeron Holdings Limited 公司符合注销条件,并于 2016 年 4 月 25 日解散。

英属维尔京群岛公司事务注册署于 2016 年 4 月 25 日出具了编号为 E03A886C02 的"Certificate of Dissolution",载明 Lily & Morton Holdings Limited 公司符合注销条件,并于 2016 年 4 月 25 日解散。

英属维尔京群岛公司事务注册署于 2016 年 4 月 25 日出具了编号为 D38A0E81B7 的"Certificate of Dissolution",载明 Joyful Heart Holdings Limited 公司符合注销条件,并于 2016 年 4 月 25 日解散。

经核查,自 VIE 架构开始搭建到解除的过程中,境外主体 Cayman 公司 Handu Esell、嘉信控股(香港)有限公司均未直接持有公司的资产,没有资产需要转回公司,对公司亦不存在资金给付义务。北京韩都衣舍科技有限公司与山东韩都衣舍电子商务有限公司、北京财富宝库服饰有限公司签订的有关 VIE 协议控制文件并未履行,且所有 VIE 协议都已解除,因此公司并无任何资产权益流出公司。

VIE 搭建拆除过程中,只有 Cayman 公司 Handu Esell 在回购海外机构投资者股份时有资金给付义务,Cayman 公司 Handu Esell 经股东协商一致,共计支付 984.194 2 万美元,相关回购对价/价款已支付完毕,没有产生资金给付纠纷。

相关拆除以及回购都签订了法律文件,并不存在潜在法律风险,不会对申请挂牌公司造成影响,且公司实际控制人已作出承诺,对上述事项负责。VIE 架构的协议控制下的山东韩都衣舍电子商务有限公司也已将资产、股权转让给挂牌主体——韩都衣舍,山东韩都衣舍电子商务有限公司已启动注销程序,不存在潜在的法律风险。

经本所律师核查,公司有关 VIE 协议控制架构现已彻底拆除,VIE 架构的搭建、解除未对公司目前资产独立性产生影响。目前,韩都衣舍合法拥有其生产经营必需资产的所有权/使用权，拆除后标的资产股权权属清晰，不存在诉讼等法律风险，不会对公司本次申请挂牌产生实质性障碍。

3. 根据公司提供的《审计报告》等资料，目前股份公司主要从事服装的设计、生产与销售，为消费者提供"一揽子"服装时尚解决方案。

根据中国证监会发布的《上市公司行业分类指引》(2012 年修订)，公司所属行业为"纺织服装、服饰业"，行业代码为"C18"。根据《国民经济行业分类》(GB/T 4754—2011)，公司所从事业务属于"纺织服装、服饰业"，行业代码"C18"。根据股转系统《挂牌公司管理型行业分类指引》，公司属"C18，纺织服装、服饰业"；根据股转系统《挂牌公司投资型行业分类指引》，公司属"13，非日常生活消费品"——"1311，耐用消费品与服装"——"131112，纺织品、服装与奢侈品"。

根据国家发展与改革委员会于 2013 年 2 月 16 日公布的《产业结构调整指导目录(2011 年本)》(修正)等文件，公司业务符合国家产业政策要求，不属于国家产业政策限制发展的行业。

我国现行法律、法规及政策对服装行业的准入尚无具体针对性的规定。结合服装行业的具体情况，公司在该行业经营过程中涉及的法律、法规及政策主要包括《公司法》《商业特许经营管理条例》《知识产权法》《零售商促销行为管理办法》等，这些法律法规、政策均鼓励服装企业发展品牌，鼓励连锁经营模式，鼓励农村市场消费的升级，维护公司的合法利益，有利于公司的发展。

综上，本所律师认为，目前公司业务属于国家明确鼓励发展的产业，符合国家产业政策要求，不属于国家产业政策限制发展的行业、业务。

4. 截至本补充法律意见出具之日，股份公司共有 25 名股东，公司股东的持股数量及持股比例情况见表 11－2－2：

表 11－2－2　截至本补充法律意见出具之日，公司股东持股数量及比例

序号	发起人姓名或名称	持股数额(万股)	持股比例(%)
1	赵迎光	3679.000 2	18.153 8
2	张虹霞	2176.2	10.738 3
3	刘军光	2176.2	10.738 3
4	杜廷国	1338.071 8	6.602 6
5	吴振涛	1000.815 4	4.938 5
6	欧瑞可软件	323.780 6	1.597 7
7	韩酷投资	255.357	1.26
8	都腾投资	255.357	1.26
9	衣迅投资	255.357	1.26
10	舍谷投资	255.357	1.26
11	李冰冰	110.207 5	0.543 8

续表

序号	发起人姓名或名称	持股数额(万股)	持股比例(%)
12	黄晓明	110.207 5	0.543 8
13	任振泉	80.150 2	0.395 5
14	Jolly View	2241.824	11.062 1
15	Big Profit	1578.571 8	7.789 4
16	Best Jolly	557.142 3	2.749 2
17	KIP	523.841 5	2.584 9
18	景林景麒	832.310 7	4.107
19	景林羲域	146.877 9	0.724 8
20	景林九盛	1639.339	8.089 2
21	蔚然大观	187.197 4	0.923 7
22	韩投凤凰	258.304 8	1.274 6
23	珠海乾亨	81.225 3	0.400 8
24	汉理前泰	121.838 6	0.601 2
25	汉理前骏	81.225 3	0.400 8
合计		20 265.759 8	100

本所律师查询了公司工商档案,并访谈公司管理层,公司股东也均出具了相关承诺:股东持有的公司股份不存在被质押、冻结等限制性情形,亦不存在股权代持的情形。

综上,本所律师认为,目前公司不存在股权代持的情形,亦不存在影响公司股权明晰的问题,公司现有股权不存在权属争议纠纷。公司自设立至今历次股权变动真实有效,符合“股权清晰、股票发行和转让合法、合规”的挂牌条件。

案例 11－3　建运股份 838785

【问题】VIE 架构拆除

【问题描述】

请公司补充披露并请主办券商及律师补充核查:(1)境外主体是否曾筹划上市进展、未上市原因等情况;(2)VIE 协议控制架构搭建和拆除过程是否符合外资、外汇、税收等有关规定,是否存在行政处罚风险;(3)VIE 协议控制架构是否彻底拆除,拆除后标的资产股权权属是否清晰,是否存在诉讼等法律风险;(4)VIE 协议控制架构拆除后,公司的生产经营是否符合国家产业政策相关法律法规等规定;(5)VIE 协议控制架构拆除后,公司主营业务和董事、高级管理人员、实际控制人的变化情况。

【问题解决】①

根据公司书面说明,设立 Ultimate Ltd. 以及搭建 VIE 架构的目的是进行境外融资及筹划境外上市,但在 Ultimate Ltd. 设立以及 VIE 架构搭建之后,公司从未实际筹划或实施境外上市工作。考虑到 VIE 架构下的实际业务活动及主要客户基本均在境内,境内市场对于该等业务更为熟悉。同时,根据 2015 年 6 月 4 日国务院常务会议精神,政府鼓励特殊股权结构类创业企业在境内上市,海外融资前景较不明朗,结合公司自身主要客户均在国内,并且未来发展的重点也在国内,境外上市并不能充分发挥该等优势等因素,公司终止了境外上市计划决定拆除 VIE 架构。

1. VIE 协议控制架构搭建过程的合法、合规性。

(1)外资。

根据公司提供的资料并经本所经办律师核查,公司 VIE 架构搭建涉及的一家外商独资企业即建宜信息的设立及变更已经履行了外资审批程序,具体情况为:建宜信息设立时,上海市闵行区人民政府下发了《关于设立港商独资建宜信息技术(上海)有限公司的批复》(闵商务发〔2010〕686 号),并颁发《台港澳侨投资企业批准证书》。建宜信息的设立已经履行了必要的所涉外资行政审批手续。

(2)外汇。

根据当时适用的《国家外汇管理局关于境内居民通过境外特殊目的公司融资及返程投资外汇管理有关问题的通知》(已废止,以下简称 75 号文)的外汇管理规定,境内居民设立或控制境外特殊目的公司之前,应向所在地外汇分局、外汇管理部申请办理境外投资外汇登记手续。75 号文所称"控制",是指境内居民通过收购、信托、代持、投票权、回购、可转换债券等方式取得特殊目的公司或境内企业的经营权、收益权或者决策权。VIE 架构下各主体均于 2010 年设立,应适用当时有效的 75 号文。75 号文所称"特殊目的公司",是指境内居民法人或境内居民自然人以其持有的境内企业资产或权益在境外进行股权融资(包括可转换债融资)为目的而直接设立或间接控制的境外企业。

VIE 架构的搭建过程中,主要包括以下 4 个主体公司:

①Ultimate Ltd.,为境外拟上市实体,于 2010 年 1 月 5 日在英属维尔京群岛注册成立;

②Lucky Creation Enterprise Limited,为 Ultimate Ltd. 投资设立的持股主体,于 2010 年 4 月 1 日在中国香港注册设立;

③建宜信息,为 Lucky Creation Enterprise Limited 投资设立的外商独资企业,于 2010 年 7 月 26 日在中国上海注册设立;

④建运有限公司,为中国境内运营实体,于 2010 年 7 月 2 日在中国上海注册设立,设立时注册资本为 50 万元。

以上公司设立完成后,VIE 结构具体情况如图 11-3-1 所示:

---

① 《北京金诚同达(上海)律师事务所关于上海建运信息技术股份有限公司申请股票在全国中小企业股份转让系统挂牌并公开转让的补充法律意见书》,第 15~24 页。

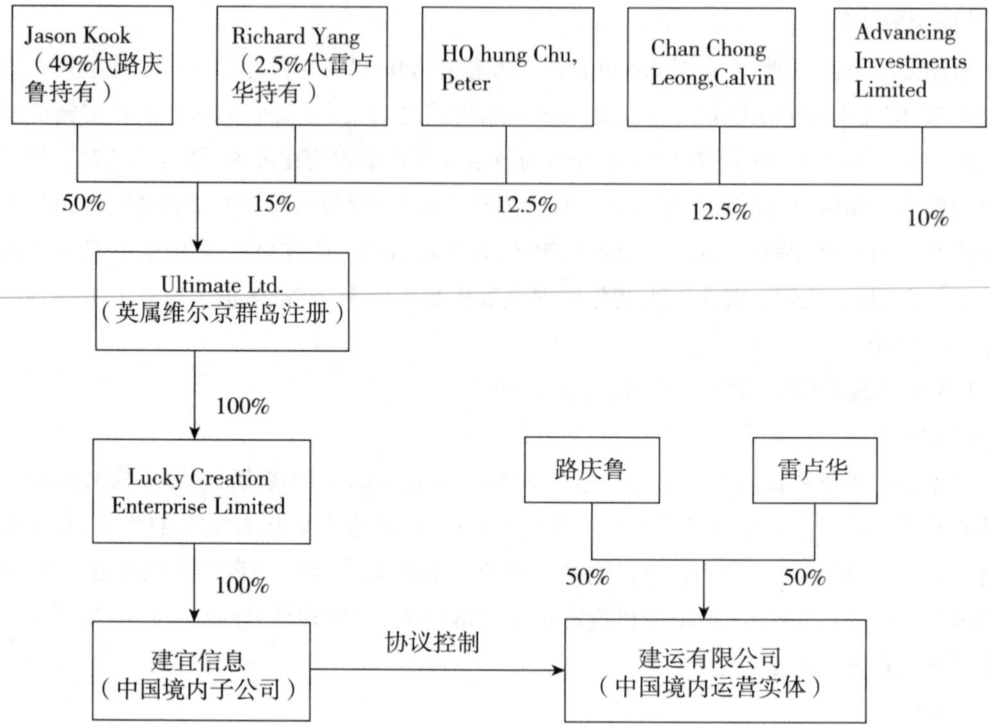

图 11－3－1　公司 VIE 具体结构

经核查，VIE 架构的搭建过程中，两个境外主体所登记股东中均无境内居民，不属于 75 号文所称的“特殊目的公司”，无须向外汇局申请办理境外投资外汇登记手续。根据公司提供的资料以及路庆鲁出具的说明，VIE 架构设立后，Ultimate Ltd. 外资股东存在代路庆鲁和雷卢华持有 Ultimate Ltd. 股份的情形。在 VIE 架构拆除后股份代持关系已全部解除，故无须向外汇局申请补办境外投资外汇登记手续。

同时，公司控股股东路庆鲁出具了承诺：“在 VIE 架构的搭建、变更及解除过程中，所涉境外公司的设立、股权转让等行为均未发生外币资金汇出事项，故无须办理相应的外汇登记、审批手续，也不存在违反外汇汇出的相关法律、法规规定的情形。如经有关部门要求或决定，本人将按主管部门的要求补办外汇登记手续。如因上述事项导致公司承担责任或遭受损失，本人将及时、足额地向公司赔偿所发生的与此有关的所有损失。”

（3）税收。

VIE 架构存续期间，建运股份工商登记状态下的股东为路庆鲁和雷卢华，建宜信息工商登记状态下的股东为 Lucky Creation Enterprise Limited，此期间建运股份及建宜信息均未发生过工商登记状态下的股权变动，故 VIE 架构的搭建不涉及中国境内股权转让行为。因此，此次 VIE 架构的搭建不涉及中国境内股权转让所涉及的股权转让所得税缴纳问题。

2016 年 4 月 1 日，公司取得了由上海市宝山区国家税务局、上海市地方税务宝山区分局下发的《涉税事项调查证明材料》，公司从 2013 年 1 月 1 日至 2015 年 12 月 31 日无欠税，未受过行政处罚，均按时申报。

2016 年 4 月 1 日，上海市闵行区国家税务局、上海市地方税务局闵行区分局出具《涉税事项调查证明材料》，建宜信息于 2013 年 1 月至 2015 年 12 月，按期申报，未发生欠税情况，亦未见因税收违法事项被处罚的记录。

经公司书面确认，建运股份、建宜信息已及时、合法缴纳了全部应纳税款，未曾有偷税、漏税、欠税的行为发生，也不存在因违反有关税收的法律、法规而受到任何处罚或被追究刑事责任的情形。

2. VIE 协议控制架构拆除过程的合法、合规性。

（1）外资。

建宜信息被建运股份收购后变为内资公司时，上海市闵行区人民政府下发《关于建宜信息技术（上海）有限公司股权转让、变更企业类型的批复》（闵商务发〔2015〕1349 号）。收购建宜信息，公司已经履行了必要的所涉外资行政审批手续。

（2）外汇。

①外资股东退出。

2015 年 7 月，公司终止了境外上市计划，境外股东决定转让其在 VIE 结构下的全部股东权益。2015 年 7 月至 10 月，Jason Kook、Richard Yang、Ho Hung Chu，Peter、Chan Chong Ieong，Calvin 将各自所持全部股权均转让给路庆鲁。根据路庆鲁所出具的说明，上述股权转让系由路庆鲁委托 Jason Kook 代为办理并支付相关款项，不存在外币资金汇出事项，不存在违反外汇汇出的相关法律法规规定的情形。

②收购建宜信息。

根据公司提供的资料并经本所经办律师核查，公司 VIE 架构拆除涉及收购外商独资企业建宜信息。经核查，截至 2015 年 6 月 30 日，建宜信息的净资产为负数。根据控股股东路庆鲁出具的说明，本次股权转让的定价依据系参照建宜信息截至 2015 年 6 月 30 日的净资产情况，经双方协商一致确认建宜信息的收购对价为 100 元，上述对价资金汇出事项以人民币结算，系由建宜信息原股东 Lucky Creation Enterprise Limited 的实际控制人路庆鲁代为收款。上述转让未发生外币资金汇出事项，不存在违反外汇汇出的相关法律法规规定的情形。

同时，公司控股股东路庆鲁出具承诺："在 VIE 架构的搭建、变更及解除过程中，所涉境外公司的设立、股权转让等行为均未发生外币资金汇出事项，故无须办理相应的外汇登记、审批手续，也不存在违反外汇汇出的相关法律、法规规定的情形。如经有关部门要求或决定，本人将按主管部门的要求补办外汇登记手续。如因上述事项导致公司承担责任或遭受损失，本人将及时、足额地向公司赔偿所发生的与此有关的所有损失。"

（3）税收。

①外资股东退出。

2015 年 7 月至 10 月，Jason Kook、Richard Yang、Ho Hung Chu，Peter、Chan Chong Ieong，Calvin 将各自所持 Ultimate Ltd. 全部股权转让给路庆鲁系按初始投资成本平价转让。根据公司的说明并经本所律师核查，鉴于公司前期投入较大，截至 2015 年 6 月，建宜信息和建运有限公司的净资产合计约为 -38 万元（未经审计），经各方协商后，Richard Yang 等外方股东决定以初始投资价格向路庆鲁转让其股权，同时 Advancing Investments Limited 将所持 20% 股权转让给 SinoAir Inc.。外资股东以初始投资价格转让所持 Ultimate Ltd. 全部股权及权益,不涉及股权转让所得税款缴纳事项。

②收购建宜信息。

根据公司提供的资料并经本所律师核查,公司 VIE 架构拆除涉及建运股份收购建宜信息,根据控股股东路庆鲁出具的说明,本次股权转让的定价依据系参照建宜信息截至 2015 年 6 月 30 日的净资产情况,经双方协商一致确认建宜信息的收购对价为 100 元,低于初始投资成本 173 万港币,故不涉及股权转让所得的税款缴纳事项,不存在违反税收相关法律法规规定的情形。

公司控股股东路庆鲁出具了承诺:"VIE 协议控制架构的搭建和拆除过程均已履行了所涉及的外资、外汇、税收等有关规定,不存在行政处罚风险。如因上述事项导致公司遭到行政处罚而承担责任或遭受损失,本人将承担因此而使上海建运信息技术股份有限公司受到的任何罚款或损失。"

综上所述,本所律师认为,VIE 协议控制架构的搭建和拆除过程符合外资、外汇、税收等有关规定,不存在行政处罚风险。

3. 根据公司提供的资料及本所律师核查,公司 VIE 架构拆除的具体步骤如下:

(1)签署有关协议。

2015 年 10 月 30 日,建宜信息、建运有限公司及其股东路庆鲁、雷卢华签署《终止协议》,约定自协议签署之日起解除《购买选择权协议》《管理与咨询服务协议》《技术支持与技术服务协议》《股权质押协议》等一系列控制协议。

(2)解除股权质押。

2015 年 10 月 30 日,建运有限公司与路庆鲁、雷卢华签署《股权出质注销协议》,同意将建运有限 100% 的股权进行出质注销。2015 年 11 月 27 日,上海市宝山区市场监督管理局出具股质登记注字〔122010〕第 0048 号和股质登记注字〔122010〕第 0049 号《股权出质注销登记通知书》,确认办理股权出质注销登记手续。

(3)解除股权代持关系。

Ultimate Ltd. 第二次股权变更后,路庆鲁持有 80% 股权,Sino Air Inc. 持有 20% 股权,根据 Ultimate Ltd. 与建运有限公司股东权益一致原则,路庆鲁实际持有建运有限公司 80% 股权,Sino Air Inc. 实际持有建运有限公司 20% 股权。因此,雷卢华名义持有的建运有限公司 50% 股权中,30% 为代路庆鲁持有,20% 为代 Sino Air Inc. 持有。

2015 年 12 月 11 日,雷卢华将所持建运有限公司 50% 的股权作了转让,其中 19% 股权转让给张嵘,15% 股权转让给孙晓晨,7% 股权转让给周维,6% 股权转让给杜甲科,3% 股权转让给路庆鲁。

根据公司提供的材料以及路庆鲁先生、张嵘、Sino Air Inc. 出具的说明,雷卢华将所持建运有限公司 19% 股权转让给张嵘,实际是 Sino Air Inc. 将 19% 股权转让给张嵘,相关的股权转让款也实际由张嵘向 Sino Air Inc. 支付。Sino Air Inc. 所持股权由 20% 变更为 19% 的原因是公司未来计划向管理层转让 5% 股权用于股权激励,根据股东同比例转让的原则,路庆鲁拟转让 4% 股权,Sino Air Inc. 拟转让 1% 股权。因此,Sino Air Inc. 在解除代持关系并向张嵘转让时,转让比例变更为19%,未来实施管理层股权激励时,张嵘不再转让股权,全部5%的股权激励份额均由路庆鲁单独转让。

根据公司提供的材料以及路庆鲁先生、雷卢华先生出具的说明,雷卢华将所持建运有限公司15%股权转让给孙晓晨,将所持7%股权转让给周维,将所持6%股权转让给杜甲科,实际上均为路庆鲁向以上各方转让股权,相关的股权转让款也实际由路庆鲁收取。同时,雷卢华将所持建运有限公司3%股权转让给路庆鲁,解除了双方之间的股权代持关系。

以上股权转让完成后,公司在VIE结构下存在的股权代持关系全部解除。

根据公司提供的资料以及书面确认,VIE协议控制架构已拆除,原VIE协议架构项下的两个境外主体 Ultimate Ltd. 和 Lucky Creation Enterprise Limited 正在办理清算注销手续。

2016年4月13日,公司全体股东出具《股东关于所持股份声明》,主要内容为:"本人/本公司所持上海建运信息技术股份有限公司股份不存在股份质押或第三方权利限制情形,也不存在委托持股、受托持股等情形,所持公司股权明晰,不存在纠纷及潜在纠纷,并愿意承担披露不实引起的全部法律责任。"

同时,公司控股股东路庆鲁出具承诺:"在VIE架构的搭建、变更及解除过程中,公司VIE协议控制架构已彻底拆除,拆除后标的资产股权权属清晰,不存在诉讼等法律风险。如因VIE架构的搭建、变更及解除过程中产生股权争议或使公司及其他股东遭受损失,本人将及时、足额地向公司及受损股东赔偿所发生的与此有关的所有损失。"

经核查,本所律师认为,公司VIE协议控制架构已彻底拆除,拆除后标的资产股权权属清晰,不存在诉讼等法律风险。

4. 根据《审计报告》并经公司确认,公司及其子公司主营业务为通过第三方电子商务平台及其他电子商务领域为品牌企业提供电子商务代运营服务。

根据《国民经济行业分类》(GB/T 4754—2011),公司所属行业为"信息传输、软件和信息技术服务业(I)"中的"互联网和相关服务(I6490)"。根据国家发改委制定的《产业结构调整指导目录(2011年本)》,公司业务不属于该目录中的限制类和淘汰类产业,公司业务符合国家产业政策要求。

综上,本所律师认为,公司业务不属于国家产业政策限制发展的行业、业务,公司业务符合国家产业政策要求,公司的生产经营符合国家产业政策相关法律法规等规定。

5. 经公司确认并经本所律师查验公司的合同或订单记录,VIE协议控制架构拆除后,公司主营业务为电子商务代运营业务,未发生变化。

经公司及控股股东路庆鲁确认并经核查,VIE架构于2015年12月拆除。经查验公司股东大会决议、董事会决议并经核查了公司工商档案,VIE架构存续期间,路庆鲁兼任公司执行董事和总经理;VIE架构拆除至公司2016年3月24日整体变更为股份有限公司期间,仍由路庆鲁兼任公司执行董事和总经理;整体变更为股份有限公司后,为完善公司组织结构,进一步提高公司管理水平,公司设立了董事会,选举路庆鲁、朱丽、潘柳芳、周维、徐雪娜为董事,并聘请路庆鲁担任总经理,徐雪娜担任副总经理,潘柳芳担任财务总监兼董事会秘书。

经核查,在2014年1月1日至2015年12月18日期间,路庆鲁先生与原股东雷卢华先生各持有建运有限公司50%的股权,但路庆鲁先生自公司设立以来一直担任建运有限公司的执行董事、总经理以及建运股份的董事长、总经理,能够对公司经营管理产生重大影响。同时,2010 年 7 月 2 日,雷卢华向路庆鲁出具《一致行动人承诺函》,承诺"本人在行使建运信息各项股东权利时,将与路庆鲁先生保持一致行动,作出与路庆鲁先生完全相同的意思表示,在建运信息存续期间内,本承诺无条件且不可撤销"。

2015 年 12 月 18 日至本补充法律意见书出具之日,公司共发生过一次增加注册资本和整体变更为股份有限公司,路庆鲁一直持有公司 50% 以上股权。截至目前,路庆鲁先生直接持有建运股份 255.35 万股,占建运股份总股本的 51.07%,为建运股份的控股股东。此外,路庆鲁先生担任股份公司董事长、总经理,能够对股份公司股东大会、董事会决议以及公司经营管理产生重大影响。

综上所述,自公司设立至今,路庆鲁先生一直为公司的实际控制人,VIE 协议控制架构拆除后,公司实际控制人未发生变化。

案例 11-4 九城教育 836670

【问题】保留 VIE 架构

【问题描述】

关于公司股权结构,请主办券商和律师对以下事项进一步核查:(1)公司性质,公司及子公司业务是否符合国家产业政策;(2)境外主体是否在境外融资,若有:境外融资方式,有无涉及公司及其关联方利益的境外投资人权益安排,是否存在纠纷或潜在纠纷;(3)公司股权架构搭建过程及相关协议签署、执行及终止情况,是否涉及股权质押、资产或业务重组,与公司业务相关的关键资源要素、核心资产是否完整、无争议;(4)公司股权架构搭建过程中是否遵守外商/境外投资审批、外汇管理、税务、产业政策、反垄断等方面的规定,历次股权结构变化是否存在违反外汇、境外投资监管相关规定的情形;(5)公司是否存在股息分配、股权激励/员工持股计划行为,如果存在,请补充披露历次股息分配和股权激励行为;(6)股权架构中形成控制关系的各主体及其控制企业与公司是否存在同业竞争,若存在,相应的规范措施;(7)报告期内公司实际控制人、董事、监事、高级管理人员是否发生变更,对公司持续经营的影响;(8)结合报告期内公司业务经营情况核查其经营是否合法规范;(9)对公司是否符合股权明晰、合法规范经营的挂牌条件充分论证并发表明确意见。请公司对前述事项补充披露。

【问题解决】①

1. 经核查公司及其股东的营业执照、工商档案,公司系由九城信息、九育投资两个境内法人依据我国法律设立并合法存续,公司的性质为境内企业法人。

经核查,公司及其子公司主要从事在移动互联网领域内,以游戏应用制作技能为导向,提供技术服务、软件应用开发及非学历、非证书的技能培训、咨询等相关专业化服务。

根据中国证监会颁布的《上市公司行业分类指引》(2012 年修订),公司所属行业为教育

---

① 《上海市锦天城律师事务所关于上海第九城市教育科技股份有限公司申请股票在全国中小企业股份转让系统挂牌并公开转让的补充法律意见书(一)》,第 2～29 页。

行业，行业分类代码为 P82。根据《国民经济行业分类》(GB/T 4754—2011)，公司所属行业为技能培训、教育辅助及其他教育行业，所属行业代码是 P8291。根据全国中小企业股份转让系统指定的《挂牌公司管理型行业分类指引》，公司按门类分属于教育(分类代码 P)，按大类分属于教育(分类代码 82)，按中类分属于技能培训、教育辅助及其他教育(分类代码 829)，按小类分属于职业技能培训(分类代码 8291)。据全国中小企业股份转让系统指定的《挂牌公司投资型行业分类指引》，公司按一级行业分类属于非日常生活消费品(分类代码 13)，按二级行业分类属于消费者服务(分类代码 1312)，公司按三级行业分类属于综合消费者服务(分类代码 131211)，公司按四级行业分类属于教育服务(分类代码 13121110)。

根据《产业结构调整指导目录(2011 年本)》(2013 年修正)，教育类产业不属于限制类或淘汰类产业。鉴于公司的控股股东九城信息通过签署的"一揽子"协议(以下简称 VIE 协议)最终被境外公司 The9 控制，根据《外商投资产业指导目录》(2015 年修订)，限制类外商投资教育产业包括"高等教育机构、普通高中教育机构和学前教育机构"，禁止类外商投资教育产业包括"义务教育机构，军事、警察、政治和党校等特殊领域教育机构"，公司及其子公司提供的是非学制类的培训服务，因此，公司及其子公司所属产业不属于《外商投资产业指导目录》(2015 年修订)限制类和禁止类外商投资教育产业的范围。

基于上述情况，本所律师认为，公司的性质为境内企业法人，公司及其子公司开展的业务符合国家产业政策。

2. The9 的境外融资情况。

(1)根据公司提供的 The9 历次董事会决议、股东会决议和股东名册，The9 通过向投资人、创始人(包括朱骏、刘峰、秦洁、周静斐、张勇，以下统称为创始人)发行普通股和 A 系列优先股实现融资。截至本补充法律意见书出具之日，The9 向其历任股东发行普通股、A 系列优先股的详情见表 11-4-1：

表 11-4-1 The9 向其历任股东发行普通股、A 系列优先股情况

序号	发行时间	认购对象	认购股份种类、数量	备注
1	1999 年 12 月 22 日	Carad Limited	普通股 1 股	2000 年 1 月 4 日 Carad Limited 将 1 股普通股转让给 Bosma Limited
2	2000 年 4 月 3 日	Bosma Limited	普通股 15 499 股	Bosma Limited 持有的 15 500 股普通股细分为 1 550 000 股并全部转换为 A 系列优先股
3	2000 年 4 月 13 日	朱骏	普通股 1 656 000 股	—
		刘峰	普通股 448 500 股	
		秦洁	普通股 448 500 股	
		周静斐	普通股 448 500 股	
		张勇	普通股 448 500 股	
4	2003 年 12 月 15 日	Bosma Limited	A 系列优先股 723 000 股	—

续表

序号	发行时间	认购对象	认购股份种类、数量	备注
5	2003 年 12 月 15 日	朱骏	A 系列优先股 527 000 股	—
6	2004 年 12 月 15 日	Bank of NewYork	普通股 5 400 00 股	—
	2004 年 12 月 20 日	Bank of NewYork	普通股 911 250 股	—
	2005 年 8 月 22 日	Bank of NewYork	普通股 600 000 股	—
	2007 年 3 月 2 日	Bank of NewYork	普通股 573 974 股	—
7	2007 年 5 月 29 日	EA International (Studio and Publishing) LTD(以下简称 EA)	普通股 4 506 820 股	—

(2)涉及实际发行股份的融资协议。

根据公司提供的与 The9 境外融资相关的协议，The9 在向前述认购对象发行普通股和 A 系列优先股进行融资时对涉及公司及其关联方利益的境外投资人权益安排阐述如下：

①根据 The9、Bosma Limited 和创始人于 2000 年 4 月 3 日签署的《股权认购协议》和《股东协议》，其中涉及公司及其关联方利益的境外投资人权益安排包括以下几个方面（见表 11 -4 -2）：

表 11 -4 -2 协议涉及公司及其关联方利益的境外投资人权益安排

协议主体	协议名称	权益安排内容
The9、Bosma Limited 与创始人（朱骏、刘峰、秦洁、周静斐、张勇）	《股权认购协议》	1. 若拟转移的资产在本次认购完成后 120 天内未能按照约定转移至相关方，则 The9 有权以 1 美元的对价向创始人购买其所持有 The9 的所有股份 2. 若 Bosma Limited 在本次认购完成后 120 天内未将第三期款项汇入 The9 的账户，则 The9 有权以 1 美元的对价向 Bosma Limited 购买其所持有 The9 的 604 878 股股份
The9、Bosma Limited 与创始人（朱骏、刘峰、秦洁、周静斐、张勇）	《股东协议》	1. The9 的管理层股东（管理层股东为 The9 及其关联方届时担任董事或管理人员的股东，不包括朱骏、张勇以及 Bosma Limited 委派的董事会成员）的竞业限制义务 2. Bosma Limited 持有的 A 系列优先股享有优先分红、优先清算的权利 3. The9 的管理层股东在未完成业绩目标时对 Bosma Limited 和朱骏负有强制股权转让义务 4. The9、Bosma Limited 与创始人均享有 The9 后续发行股份时的优先认购权 5. 任何届时合计持有已发行的普通股不少于 3% 的股东或管理层股东出售、转让或处置其持有 The9 的股份时，其他股东享有优先购买权 6. 若其他股东未行使上述优先购买权的，非转让方股东享有在同等条件下向拟受让方出售或处置其持有的 The9 股份的权利

②根据 The9 和 Bosma Limited、朱骏于 2001 年 10 月 12 日分别签署的《可转债协议》，Bosma Limited、朱骏分别向 The9 提供可转换贷款 600 000 美元和 400 000 美元，The9 授予 Bosma Limited 和朱骏在适当的时机将该等贷款转换成用于认购 The9 的 A 系列优先股对价的选择权。

2003 年 12 月 15 日，The9 向 Bosma Limited 发行 A 系列优先股 723 000 股，向朱骏发行 A 系列优先股 527 000 股。

③根据 The9、EA、Incsight Limited 和 Electronic Arts Inc. 于 2007 年 5 月 20 日签署的《股东协议》，EA 享有以下权益安排：在 Incsight Limited 拟向 EA 的竞争者出售、转让或处置其持有 The9 的 10% 以上股份时，EA 享有优先购买权；The9 拟发行新股时，EA 享有优先认购权。

(3)未实际发行股份的融资协议。

根据 The9 和 Bosma Limited、朱骏于 2002 年 10 月 7 日分别签署的《可转债协议》，Bosma Limited、朱骏分别向 The9 提供可转换贷款 2 250 000 美元和 750 000 美元，The9 授予 Bosma Limited 和朱骏在适当的时机将该等贷款转换成用于认购 The9 的 B 系列优先股对价的选择权。

根据 The9 截至 2015 年 7 月 31 日的股东名册，The9 未向 Bosma Limited、朱骏实际发行前述 B 系列优先股。

(4)根据 The9 出具的书面说明，除以上协议涉及的权益安排外，The9 已发行的其余普通股均未有其他权益安排，以上协议中涉及 The9 及其关联方利益的境外投资人权益安排不存在任何纠纷或潜在纠纷。

3. Game Now(Hong Kong)的境外融资情况。

根据公司提供的 Game Now(Hong Kong)设立至今的备案材料，Game Now(Hong Kong)仅于设立时向其发起人 Fairwind Nominees Limited 和 Fairweather(Nominees)Limited 分别发行普通股各 1 股，根据 Game Now(Hong Kong)出具的书面说明，除前述已发行的普通股外，Game Now(Hong Kong)未发生过任何其他境外融资，已发行的普通股不涉及任何权益安排，也不存在任何纠纷或潜在纠纷。

基于上述情况，境外主体 The9 通过发行股份以及可转债实现融资，该等融资存在涉及 The9 及其关联方利益的境外投资人权益安排，但不存在任何纠纷或潜在纠纷；境外主体 Game Now(Hong Kong)除已发行的普通股外，未发生过任何其他境外融资，已发行的普通股不涉及任何权益安排，也不存在任何纠纷或潜在纠纷。

4. 公司 VIE 搭建前的股权架构。

(1)The9 的设立及其至 VIE 搭建前的股权演变。

The9 于 1999 年 12 月 22 日成立，授权资本为 50 000 美元，分为 50 000 普通股，向 Carad Limited 发行 1 股普通股。2000 年 1 月 4 日 Carad Limited 将其持有 The9 的 1 股普通股转让给 Bosma Limited。

2000 年 4 月 3 日，Bosma Limited 认购 The9 普通股 15 499 股，认购价格总计为 4 100 000 美元，认购完成后 Bosma Limited 持有的 15 500 股细分为 1 550 000 股(每股 0.01 美元)，并全部转换为 A 系列优先股。The9 未发行的 34 500 股细分为 3 450 000 普通股(每股 0.01 美

元)，并根据《认购协议》分别向朱骏发行普通股 1 656 000 股，向刘峰发行普通股 448 500 股，向秦洁发行普通股 448 500 股，向周静斐发行普通股 448 500 股，向张勇发行普通股 448 500 股。同时 The9 的授权资本由 50 000 美元增加至 100 000 美元(其中已发行普通股 3 450 000 股，已发行的 A 系列优先股 1 550 000 股)。

2001 年 7 月 31 日，The9 发生以下股权转让(见表 11－4－3)：

表 11－4－3　2001 年 7 月 31 日，The9 股权转让情况

转让方	受让方	转让的普通股
刘　峰	朱　骏	168 500 股
秦　洁	朱　骏	101 500 股
秦　洁	Bosma Limited	67 000 股
周静斐	Bosma Limited	113 000 股
周静斐	张　勇	55 500 股

2001 年 10 月 12 日，The9 的授权资本从 100 000 美元增加至 11 250 000 美元(其中普通股 8 450 000 股，A 系列优先股 2 800 000 股)。

2003 年 12 月 15 日，根据 The9 和 Bosma Limited、朱骏于 2001 年 10 月 12 日分别签署的《可转债协议》，The9 向 Bosma Limited 发行 A 系列优先股共计 723 000 股，认购总价为 600 000 美元，向朱骏发行 A 系列优先股共计 527 000 股，认购总价为 400 000 美元。

(2) Game Now(Hong Kong)的设立及其至 VIE 搭建前的股权演变。

Game Now(Hong Kong)于 2000 年 1 月 17 日设立，授权资本为 10 000 港元，划分为 10 000股，其发起人 Fairwind Nominees Limited 和 Fairweather(Nominees) Limited 分别认购 1 股普通股。

2000 年 2 月 1 日，Fairwind Nominees Limited 与 Bosma Limited 签署《股权转让协议》将其持有 Game Now(Hong Kong)的 1 股普通股转让给 Bosma Limited，Fairweather(Nominees) Limited 与 The9 签署《股权转让协议》将其持有 Game Now(Hong Kong)的 1 股普通股转让给 The9。

(3) 九城计算机的设立。

Game Now(Hong Kong)于 2000 年 6 月 12 日独资设立九城计算机，注册资本为 260 万美元。九城计算机的设立经上海市张江高科技园区领导小组办公室于 2000 年 5 月 23 日核发的《关于设立第九城市计算机技术咨询(上海)有限公司的批复》(沪张江园区办项字〔2000〕008 号)同意，于 2000 年 5 月 26 日取得由上海市人民政府颁发的批准号为外经贸沪张独资字〔2000〕0695 号《外商投资企业批准证书》，于 2000 年 6 月 12 日取得由国家工商行政管理局核发的注册号为企独沪浦总字第 313244 号(浦东)的《企业法人营业执照》。

至此，VIE 结构搭建前，The9 和九城计算机的持股结构见图 11－4－1：

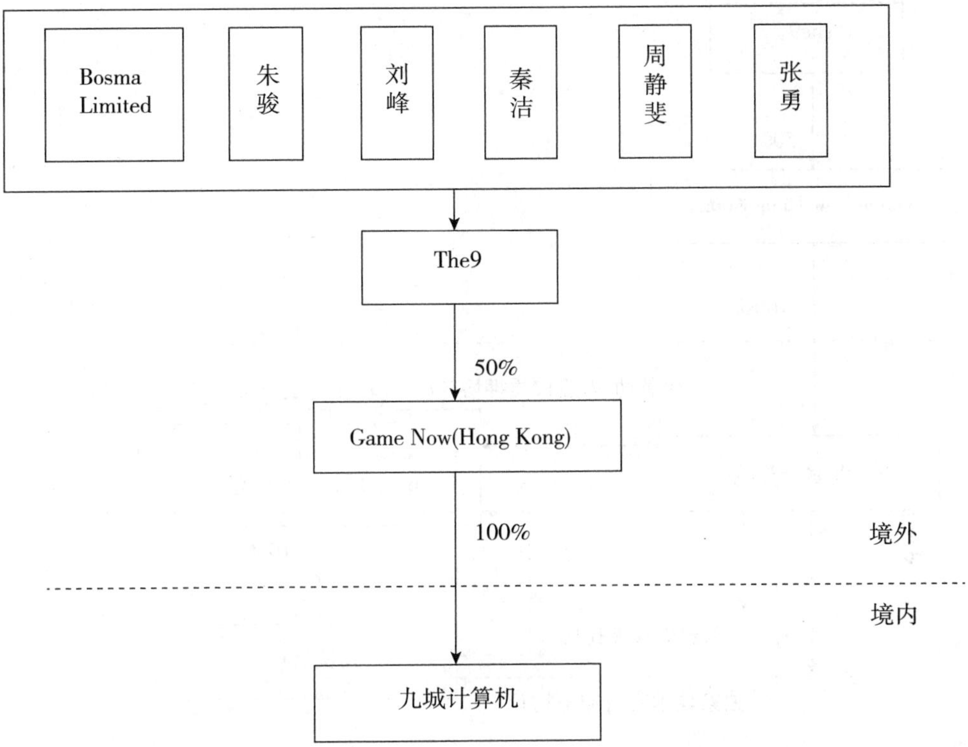

图 11－4－1　VIE 搭建前 The9 和九城计算机持股结构

5. 搭建 VIE 的过程。

(1)2000 年 9 月 29 日，九城信息由张勇、秦洁、胡孝贤出资设立，注册资本为 50 万元，并取得由上海市工商行政管理局宝山分局核发的《企业法人营业执照》(注册号为 3101132010789)。经过历次增资、股权转让后，九城信息的股东于 2004 年 2 月 6 日变更为朱骏、秦洁，注册资本增加至 300 万元。

(2) VIE 协议的签署。

2004 年 1 月 1 日，九城信息与九城计算机签署了《独家技术支持服务协议》。

2004 年 1 月 1 日，九城计算机和朱骏、秦洁签署了《借款协议》，约定由九城计算机向朱骏提供 192 万元的借款，向秦洁提供 108 万元的借款，借款利率为零。

2004 年 1 月 1 日，九城计算机和朱骏、秦洁签署了《关于上海久诚信息技术有限公司之股权质押协议》。

2004 年 2 月 6 日，九城计算机和九城信息、朱骏、秦洁签署了《关于上海久诚信息技术有限公司之股东表决权委托协议》。

2004 年 2 月 6 日，朱骏、秦洁和九城计算机签署了《关于上海久诚信息技术有限公司之股权转让期权协议》。

至此，境内外相关公司股权及 VIE 架构见图 11－4－2：

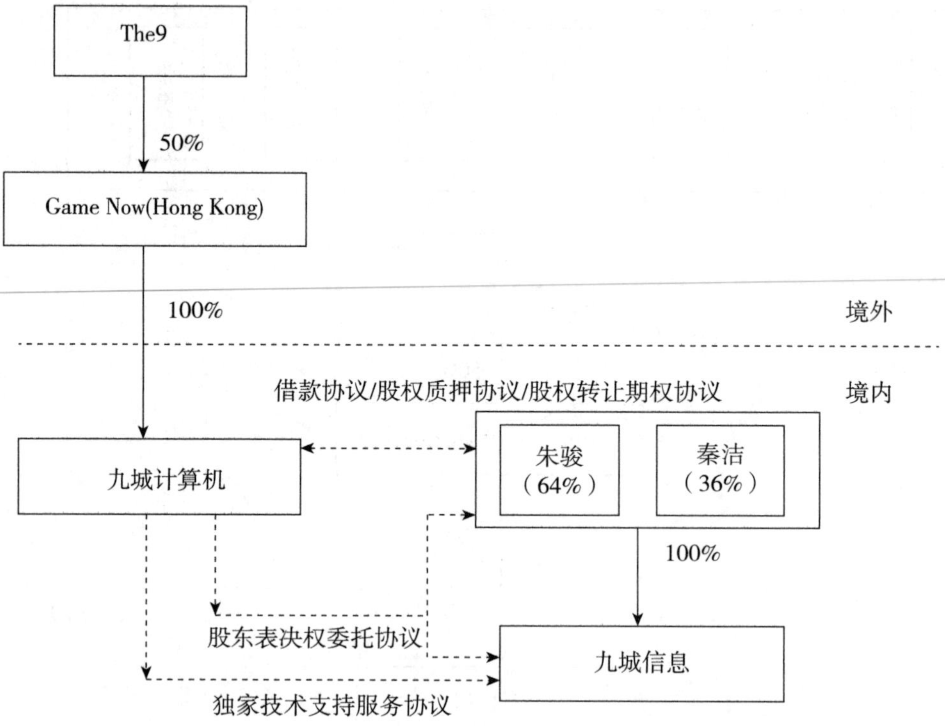

图 11-4-2　截至 2004 年 2 月 6 日 VIE 架构

(3) VIE 结构的第一次变更。

2004 年 7 月 19 日，九城计算机和朱骏、秦洁签署了《借款协议》，约定由九城计算机向朱骏提供 448 万元的借款，向秦洁提供 252 万元的借款，借款利率为零。

2004 年 7 月 22 日，朱骏、秦洁向九城信息增资共 700 万元，九城信息就本次增资办理了工商变更登记手续，不存在违反相关法律法规的情形。

2004 年 7 月 19 日，九城计算机和朱骏、秦洁签署了《关于上海久诚信息技术有限公司之股权质押协议》，并同意以该协议代替各方于 2004 年 1 月 1 日签署的《关于上海久诚信息技术有限公司之股权质押协议》。

(4) VIE 结构的第二次变更。

2005 年 5 月 1 日，九城计算机和朱骏、秦洁签署了《借款协议》，约定由九城计算机向朱骏提供 832 万元的借款，向秦洁提供 468 万元的借款，借款利率为零。

2005 年 5 月，朱骏、秦洁向九城信息增资共 1300 万元，九城信息就本次增资办理了工商变更登记手续，不存在违反相关法律法规的情形。

2005 年 6 月 2 日，九城计算机和朱骏、秦洁签署了《关于上海久诚信息技术有限公司之股权质押协议》，并同意以该协议代替各方于 2004 年 7 月 19 日签署的《关于上海久诚信息技术有限公司之股权质押协议》。

(5) VIE 结构的第三次变更。

2006 年 8 月 14 日，秦洁与王勇签署了《股权转让协议》，秦洁将其持有九城信息 36% 的股权作价 828 万元转让给王勇。同日,秦洁、王勇、朱骏、九城信息、九城计算机签署了《合同权益之转让协议》。

鉴于上述《合同权益之转让协议》因保管不善已遗失,秦洁、王勇、朱骏、九城信息、九城计算机于 2016 年 1 月 18 日出具《声明》就《合同权益之转让协议》的主要内容确认如下:

①根据《合同权益之转让协议》,秦洁在向王勇转让其持有九城信息 36% 股权的同时一并向王勇转让其在以下各项协议(以下统称原协议 A)项下的全部权利和义务(见表 11 -4 -4):

表 11 -4 -4　原协议 A 项下秦洁向王勇转让的全部权利义务

序号	协议名称	签署各方	签署日期
1	《贷款协议》	秦洁、朱骏(作为借款人)与九城计算机(作为出借人)	2004 年 1 月 1 日
			2004 年 7 月 19 日
			2005 年 5 月 1 日
2	《转股期权协议》	秦洁、朱骏与九城计算机	2004 年 2 月 6 日
3	《表决权委托协议》	秦洁、朱骏与九城计算机、九城信息	2004 年 2 月 6 日
4	《质押协议》	秦洁、朱骏(作为出质人)与九城计算机(作为质权人)	2005 年 6 月 2 日

②根据《合同权益之转让协议》,秦洁向王勇转让其在《贷款协议》项下的全部权利和义务。因此,秦洁应在《股权转让协议》约定的股权转让生效日后 5 日内向王勇指定的银行账户汇入 828 万元,秦洁和王勇同意该款项和《股权转让协议》项下王勇应向秦洁支付的股权购买价款相互冲抵。九城计算机同意,上述《贷款协议》项下的权利义务转让以及价款冲抵视同秦洁已于转股生效日向九城计算机清偿其在《贷款协议》下的全部借款。

③根据《合同权益之转让协议》,九城计算机作为原协议 A 项下的合同相对方同意该等权益转让,朱骏作为原协议 A 的合同相关方认可该等权益转让,九城信息作为《表决权委托协议》的合同相关方认可该等权益转让。

2010 年 8 月 24 日,Bosma Limited 与 The9 签署《股权转让协议》将其持有的 Game Now (Hong Kong)的 1 股转让给 The9,至此,Game Now(Hong Kong)已发行的股份均由 The9 持有,Game Now(Hong Kong)变更为 The9 的全资子公司。

2010 年 10 月 18 日,朱骏、王勇与九城计算机签署了《关于上海第九城市信息技术有限公司之股权质押协议》。

2010 年 10 月 26 日,朱骏、王勇分别取得由上海市工商行政管理局浦东新区分局核发的《股权出质设立登记通知书》(股质登记设字〔152010〕第 0265 号、股质登记设字〔152010〕第 0266 号)。

2010 年 12 月 15 日,九城信息与九城计算机签署了《独家技术服务协议》,约定由九城计算机为九城信息提供与其业务有关的技术服务,九城信息向九城计算机支付相当于其当年业务收入扣除双方认可的业务成本后余额的 90% 的业务服务费,双方约定 2010 年 1 月 1 日至 2012 年 12 月 31 日为业务服务费豁免期。本协议效力追溯至 2010 年 1 月 1 日,除非本协议明确约定，或双方书面约定终止本协议，本协议有效期为20年。

至此，境内外相关公司股权及VIE架构见图11－4－3：

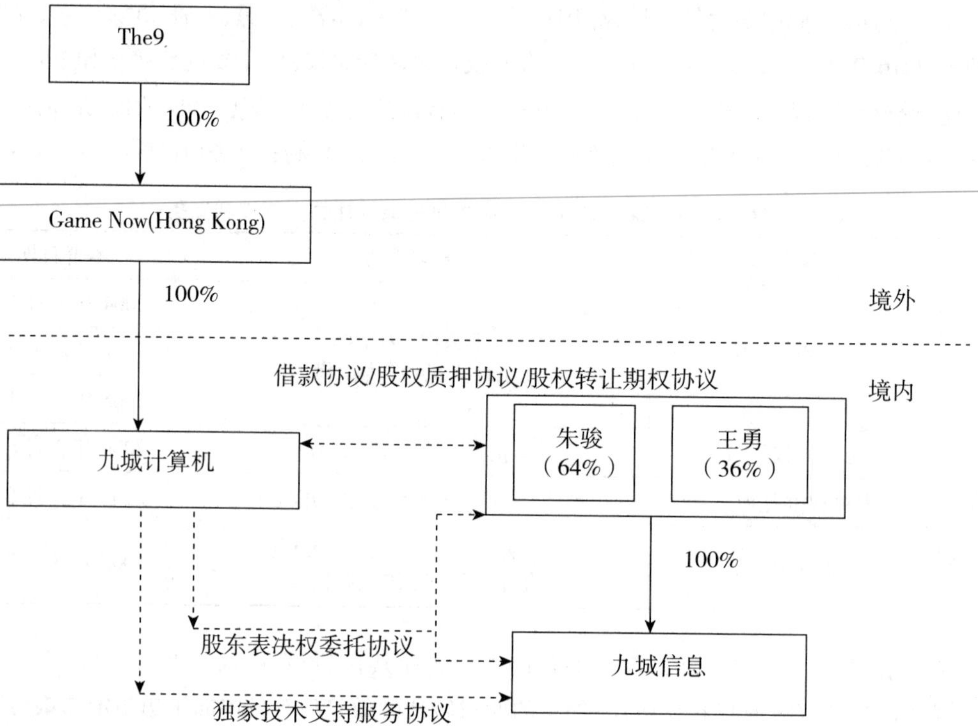

图11－4－3　截至2010年12月15日VIE架构

(6)VIE结构的第四次变更。

2011年10月25日，朱骏与吉炜签署了《股权转让协议》，朱骏将其持有九城信息64%的股权作价1472万元转让给吉炜。

2011年11月7日，王勇、朱骏(作为甲方)分别与九城计算机(作为乙方)签署了《股权质押终止协议》，约定甲方已归还乙方全部借款，甲乙双方之间不再存在债权债务关系，乙方同意解除甲方持有的九城信息股权的质押担保。同日，王勇、朱骏分别取得由上海市工商行政管理局浦东新区分局核发的《股权出质注销登记通知书》(股质登记注字〔152010〕第0265号、股质登记注字〔152010〕第0266号)，已办理股权出质注销登记手续。

2011年11月24日，王勇、吉炜和九城信息、九城计算机签署了《关于上海第九城市信息技术有限公司之股东表决权委托协议》。

2011年11月24日，王勇、吉炜和九城计算机签署了《关于上海第九城市信息技术有限公司之独家股权转让期权协议》。

2011年11月24日，王勇、吉炜与九城计算机签署了《借款协议》。该协议项下的借款金额总计为2300万元(其中王勇借款金额为828万元，吉炜借款金额为1472万元)，借款利率为零，鉴于九城计算机已向秦洁和朱骏提供全部借款，王勇、吉炜根据相关《合同权益之转让协议》承担本《借款协议》项下的借款，九城计算机无须向王勇和吉炜另行支付任何借款金额。

2011 年 11 月 24 日，王勇、吉炜分别与九城计算机签署了《关于上海第九城市信息技术有限公司之股权质押协议》。

2011 年 11 月 25 日，朱骏（作为转让方）、吉炜（作为受让方）、王勇、九城计算机和九城信息签署了《合同权益之转让协议》，确认朱骏在向吉炜转让其持有九城信息 64% 股权的同时一并向吉炜转让其在以下各项协议（以下统称原协议 B）的全部权利和义务（见表 11－4－5）：

表 11－4－5 原协议 B 项下朱骏向吉炜转让的全部权利义务

序号	协议名称序号	签署各方	签署日期
1	《贷款协议》	秦洁、朱骏（作为借款人）与九城计算机（作为出借人）	2004 年 1 月 1 日
			2004 年 7 月 19 日
			2005 年 5 月 1 日
2	《转股期权协议》	秦洁、朱骏与九城计算机	2004 年 2 月 6 日
3	《表决权委托协议》	秦洁、朱骏与九城计算机、九城信息	2004 年 2 月 6 日
4	《质押协议》	秦洁、朱骏（作为出质人）与九城计算机（作为质权人）	2010 年 10 月 18 日

根据该《合同权益之转让协议》，九城计算机作为原协议 B 项下的合同相对方同意该等权益转让，王勇作为原协议 B 的合同相关方认可该等权益转让，九城信息作为《表决权委托协议》的合同相关方认可该等权益转让。根据该协议，朱骏向吉炜转让其在《贷款协议》项下的全部权利和义务，因此，朱骏应在《股权转让协议》约定的股权转让生效日后 5 日内向吉炜指定的银行账户汇入 1472 万元，朱骏和吉炜同意该款项和《股权转让协议》项下吉炜应向朱骏支付的股权购买价款相互冲抵。九城计算机同意，上述《贷款协议》项下的权利义务转让以及价款冲抵视同朱骏已于转股生效日向九城计算机清偿其在《贷款协议》下的全部借款。

2011 年 11 月 25 日，吉炜、王勇分别取得由上海市工商行政管理局浦东新区分局核发的《股权出质设立登记通知书》（股质登记设字〔152011〕第 0276 号、股质登记设字〔152011〕第 0277 号）。

至此，境内外相关公司股权及 VIE 架构见图 11－4－4：

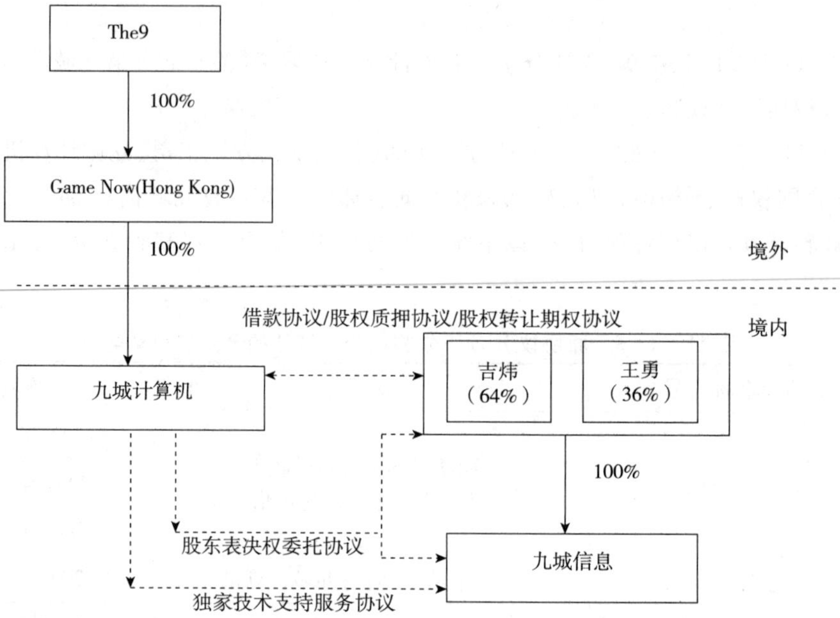

图 11－4－4 截至 2011 年 11 月 25 日 VIE 架构

(7)VIE 结构的第五次变更。

2014 年 4 月 10 日,王勇(作为甲方)与九城计算机(作为乙方)签署了《股权质押终止协议》,约定甲方已归还乙方全部借款 828 万元,甲乙双方之间不再存在债权债务关系,乙方同意解除甲方持有的九城信息 36% 股权的质押担保。2014 年 4 月 23 日,王勇取得由上海市浦东新区市场监督管理局核发的《股权出质注销登记通知书》(股质登记注字〔152011〕第 0277 号),已办理股权出质注销登记手续。

2014 年 4 月 22 日,王勇(作为转让方)、林智敏(作为受让方)、吉炜、九城计算机和九城信息签署了《合同权益之转让协议》,王勇在向林智敏转让其持有九城信息 36% 股权的同时一并向林智敏转让其在以下各项协议(以下统称原协议 C)的全部权利和义务(见表 11－4－6):

表 11－4－6 原协议 C 项下王勇向林智敏转移的全部权利义务

序号	协议名称	签署各方	签署日期
1	《借款协议》	王勇、吉炜(作为借款人)与九城计算机(作为出借人)	2011 年 11 月 24 日
2	《转股期权协议》	王勇、吉炜与九城计算机	2011 年 11 月 24 日
3	《表决权委托协议》	王勇、吉炜与九城计算机、九城信息	2011 年 11 月 24 日
4	《质押协议》	王勇、吉炜(作为出质人)与九城计算机(作为质权人)	2011 年 11 月 24 日

根据该《合同权益之转让协议》,九城计算机作为原协议 C 项下的合同相对方同意该等

权益转让,吉炜作为原协议 C 项的合同相关方认可该等权益转让,九城信息作为《表决权委托协议》的合同相关方认可该等权益转让。根据该协议,王勇向林智敏转让其在《借款协议》项下的全部权利和义务。因此,王勇应在《股权转让协议》约定的股权转让生效日后 5 日内向林智敏指定的银行账户汇入 828 万元,王勇和林智敏同意该款项和《股权转让协议》项下林智敏应向王勇支付的股权购买价款相互冲抵。九城计算机同意,上述《借款协议》项下的权利义务转让以及价款冲抵视同王勇已于转股生效日向九城计算机清偿其在《借款协议》下的全部借款。

2014 年 4 月 22 日,林智敏、吉炜与九城信息、九城计算机签署了《关于上海第九城市信息技术有限公司之股东表决权委托协议》。

2014 年 4 月 22 日,林智敏、吉炜与九城信息、九城计算机签署了《关于上海第九城市信息技术有限公司之独家股权转让期权协议》。

2014 年 4 月 22 日,林智敏、吉炜与九城计算机签署了《借款协议》,该协议项下的借款金额总计为 2300 万元(其中林智敏借款金额为 828 万元,吉炜借款金额为 1472 万元),借款利率为零。

2014 年 4 月 22 日,林智敏与九城计算机签署了《关于上海第九城市信息技术有限公司之股权质押协议》。

2014 年 5 月 8 日,林智敏取得由上海市浦东新区市场监督管理局核发的《股权出质设立登记通知书》(股质登记设字〔152014〕第 0145 号)。

至此,境内外相关公司股权及 VIE 架构见图 11 -4 -5:

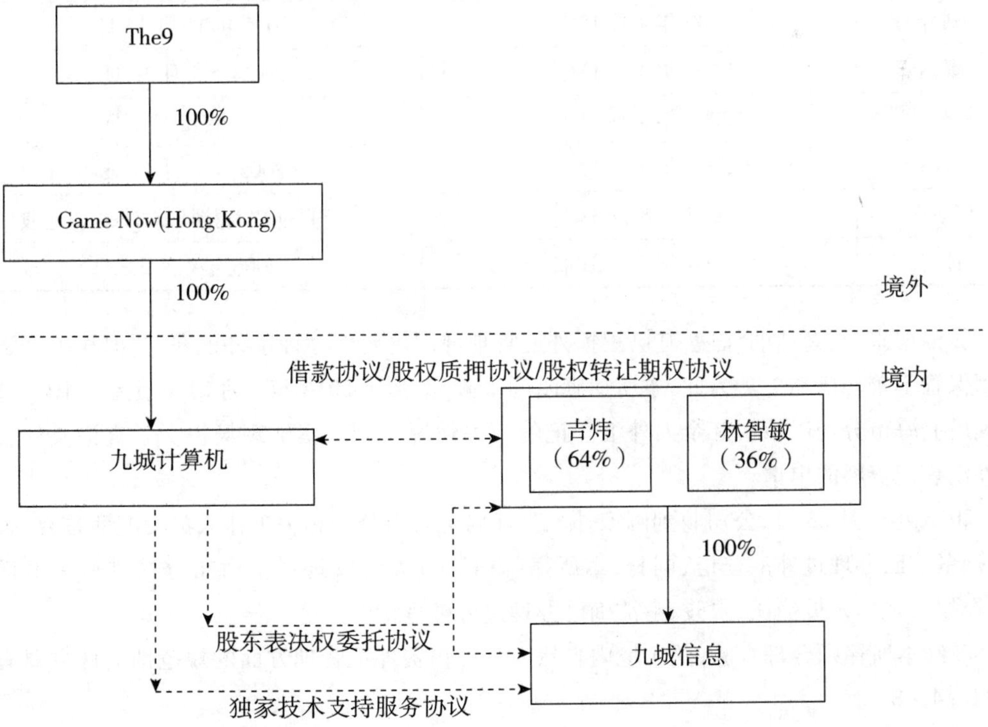

图 11 -4 -5 截至 2014 年 5 月 8 日 VIE 架构

基于上述情况，公司股权架构搭建过程中涉及股权质押，但不涉及资产及业务重组，与公司业务相关的关键资源要素、核心资产完整且不存在任何争议。

6. 外商投资审批程序。

九城计算机为外商独资企业，其设立时取得了由上海市人民政府颁发的批准号为外经贸沪张独资字〔2000〕0695 号《外商投资企业批准证书》，并取得了国家工商行政管理局核发的注册号为企独沪浦总字第 313244 号(浦东)的《企业法人营业执照》。九城计算机的注册资本后续发生变更时均取得了上海市人民政府的批准及上海市工商行政管理局浦东新区分局的核准，并在上海市工商行政管理局浦东新区分局办理了相应的备案登记手续。

7. 外汇管理。

(1)九城计算机的外汇登记。

九城计算机持有编号为 2100000017293 的《外汇登记证》。

(2)相关自然人的外汇登记。

①经本所律师对 The9 历任自然人股东的核查，以下自然人在作为境内居民期间曾直接或间接持有 The9 的普通股权益(见表 11 -4 -7)：

表 11 -4 -7　The9 自然人股东持有权益的时间

姓名	开始直接或间接持有 The9 普通股权益的时间	停止直接及间接持有 The9 普通股权益的时间
朱骏	2000 年 4 月 13 日	截至目前仍间接持有 The9 普通股
刘峰	2000 年 4 月 13 日	2005 年 11 月 14 日
秦洁	2000 年 4 月 13 日	2007 年 5 月 29 日
周静斐	2000 年 4 月 13 日	2005 年 12 月 2 日
张勇	2000 年 4 月 13 日	2005 年 6 月 13 日
何旭东	2004 年 5 月 31 日	截至目前仍直接持有 The9 普通股
孙涛	2004 年 5 月 31 日	2006 年 4 月 3 日

②根据朱骏、秦洁的陈述，其已根据外汇管理部门的要求办理了外汇登记，但相关登记资料因保管不善均已遗失。为此，本所律师陪同朱骏、秦洁于 2016 年 1 月 21 日走访了国家外汇管理局上海市分局以核实其个人外汇登记的相关情况，朱骏、秦洁现场提交了查询及补发个人外汇登记资料的申请。

2016 年 1 月 25 日，公司收到国家外汇管理局上海市分局相关工作人员的电话答复，告知朱骏、秦洁已办理过外汇登记；同日，本所律师向国家外汇管理局上海市分局进行了电话复核，经相关工作人员确认，朱骏、秦洁确已办理过外汇登记。

③经本所律师合理查验，关于境内自然人境外投资外汇管理方面的规范性文件主要有见表 11 -4 -8：

表 11-4-8　关于境内自然人境外投资外汇管理的规范性文件汇总

序号	文件名称	实施日期	备注
1	《国家外汇管理局关于完善外资并购外汇管理有关问题的通知》(汇发〔2005〕11 号,以下简称 11 号文)	2005 年 1 月 24 日	—
2	《国家外汇管理局关于境内居民个人境外投资登记及外资并购外汇登记有关问题的通知》(汇发〔2005〕29 号,以下简称 29 号文)	2005 年 4 月 21 日	—
3	《国家外汇管理局关于境内居民通过境外特殊目的公司融资及返程投资外汇管理有关问题的通知》(汇发〔2005〕75 号,以下简称 75 号文)	2005 年 11 月 1 日	75 号文实施之日起,11 号文及 29 号文同时停止执行
4	《关于境内居民通过特殊目的公司境外投融资及返程投资外汇管理有关问题的通知》(汇发〔2014〕37 号,以下简称 37 号文)	2014 年 7 月 4 日	37 号文实施之日起,75 号文同时废止

根据上述规范性文件的实施时间及本所律师的合理查验,刘峰、周静斐、张勇在 2000 年认购 The9 的股份并通过 Game Now(Hong Kong)于 2000 年设立九城计算机、2004 年搭建 VIE、朱骏向 The9 提供借款以及何旭东和孙涛在 2004 年受让 The9 的股份时,中国并没有明确的外汇管理规定对境内自然人的境外投资行为进行规范。因此,本所律师认为前述认购股份、设立九城计算机、搭建 VIE、提供借款以及受让股份时未办理外汇登记手续的行为不违反我国当时有效的外汇管理规定。

29 号文第 1 条规定,境内居民个人将境内资产、股权注入境外企业并直接或间接持有境外企业股份、股票的,如境内被并购企业(或为并购而设立的企业)2005 年 1 月 24 日之前发生的最近一期关联外资并购交易已于该日期之前办妥外商投资企业批准证书,境内居民个人应按照附件格式到被并购企业所在地外汇局补办境外投资外汇登记。

75 号文第 1 条规定,该文件所称“特殊目的公司”,是指境内居民法人或境内居民自然人以其持有的境内企业资产或权益在境外进行股权融资(包括可转换债融资)为目的而直接设立或间接控制的境外企业。第 8 条规定,该文件实施前,境内居民已在境外设立或控制特殊目的公司并已完成返程投资,但未按规定办理境外投资外汇登记的,应按照该文件规定于 2006 年 3 月 31 日前到所在地外汇局补办境外投资外汇登记。境内居民补办境外投资外汇登记后,外汇局可为相关境内企业办理外资、外债外汇登记手续。

37 号文第 12 条规定,该文件实施前,境内居民以境内外合法资产或权益已向特殊目的公司出资但未按规定办理境外投资外汇登记的,境内居民应向外汇局出具说明函说明理由。外汇局根据合法性、合理性等原则办理补登记,对涉嫌违反外汇管理规定的,依法进行行政处罚。

基于对上述规定的理解,本所律师认为,自 29 号文及 75 号文实施后至 37 号文实施前的期间,我国外汇管理部门并未要求我国公民以其境外资产进行境外投资办理外汇补登记。37 号文实施后,境内居民以境内外合法资产或权益向特殊目的公司出资的均需办理外汇登记或办理外汇补登记。

根据 The9 出具的书面说明,刘峰、周静斐、张勇、何旭东、孙涛在 2011 年后均已不在 The9

及其控制的其他企业中任职，现阶段无法联系上该等人员。

本所律师就是否可以查阅个人外汇登记的相关资料咨询了国家外汇管理局上海市分局，国家外汇管理局上海市分局相关工作人员答复目前个人外汇登记的相关资料暂不接受律师查询。

鉴于本所律师通过合理途径无法核实刘峰、周静斐、张勇在2000年认购The9股份以及何旭东、孙涛在2004年受让The9股份的资金来源及该等人员办理外汇登记的具体情况，因此，本所律师无法就刘峰、周静斐、张勇、何旭东、孙涛是否需要补办外汇登记作出判断。但基于未补办外汇登记的法律后果系由刘峰、周静斐、张勇、何旭东、孙涛其个人承担，且刘峰、周静斐、张勇、何旭东、孙涛并未担任公司的董事、监事、高级管理人员，本所律师认为，刘峰、周静斐、张勇、何旭东、孙涛是否需要办理外汇登记或是否已经办理外汇补登记均不构成公司本次挂牌的法律障碍。

8. 税务。

经核查，本所律师认为，公司股权架构搭建过程中不涉及我国境内股权转让行为。因此，我国境内股权转让所涉及的股权转让所得税问题不适用于此次股权架构搭建。

9. 产业政策。

（1）根据公司提供的资料并经核查九城信息的工商档案，九城信息于2001年1月11日获得由上海市通信管理局核发的《电信与信息服务业务经营许可证》（经营许可证编号：沪ICP证000149），该证书有效期自2001年1月9日至2006年1月8日。截至本补充法律意见书出具之日，九城信息持有工业和信息化部于2015年8月21日核发的《增值电信业务经营许可证》（经营许可证编号：B2－20050191），根据其后附的年检情况记录表显示，九城信息持有的《增值电信业务经营许可证》已通过自2006年以来的历次年检。

（2）根据《外商投资电信企业管理规定》（2001年）以及《外商投资电信企业管理规定》（2008年修订）的规定，经营增值电信业务（包括基础电信业务中的无线寻呼业务）的外商投资电信企业的外方投资者在企业中的出资比例，最终不得超过50%。

（3）经核查，九城信息在持有前述《电信与信息服务业务经营许可证》以及《增值电信业务经营许可证》期间，其股东均为境内自然人，因此，九城信息取得和持有《电信与信息服务业务经营许可证》《增值电信业务经营许可证》不存在违反产业政策的情形。

10. 反垄断。

根据The9出具的声明以及本所律师的适当核查，公司股权架构搭建过程中不存在《反垄断法》规定的经营者达成垄断协议、经营者滥用市场支配地位或具有或可能具有排除、限制竞争效果的经营者集中的情形。

11. 经公司确认并经本所律师核查，公司自成立以来不存在股息、利润分配的情形。

根据九育投资全体合伙人秦洁、靳琪、袁龙、吕孝乾以及李刚出具的声明，九育投资系为激励公司员工而设立的员工持股平台，九育投资除持有公司股份外无其他投资和经营活动，同时，秦洁声明其在九育投资中的财产份额将根据公司的经营状况转让给需要激励的员工；经核查，九育投资的全体合伙人均在公司任职。截至本补充法律意见书出具之日，九育投资各合伙人的出资方式、出资额、出资比例及其在公司的任职情况如下（见表11－4－9）：

表 11-4-9 截至本补充法律意见书出具之日合伙人出资方式、出资额、出资比例及其在公司的任职情况

序号	合伙人	合伙人类型	出资方式	出资额	出资比例	在公司任职情况
1	秦洁	普通合伙人	货币	383.33 万元	83.3%	董事长
2	靳琪	有限合伙人	货币	23 万元	5%	董事、总经理
3	袁龙	有限合伙人	货币	19.17 万元	4.2%	副总经理
4	吕孝乾	有限合伙人	货币	15.33 万元	3.3%	副总经理
5	李刚	有限合伙人	货币	19.17 万元	4.2%	董事会秘书、副总经理
合计				460 万元	100%	—

根据公司提供的资料，The9 于 2004 年 11 月 26 日作出董事会决议，通过"2004 股票期权计划"。2010 年 8 月 27 日，The9 通过董事会决议，对在其自身及其子公司任职的员工（包括但不限于其子公司的董事）实施"2004 股票期权计划（修订版）"。该计划一经董事会批准即生效，有效期为 20 年，每份期权的受益期自授予之日起不得超过 5 年（到期日不得晚于 2015 年 8 月 26 日）。

经核查，与公司存在劳动合同关系的董事、监事、高级管理人员中仅公司董事会秘书李刚和财务负责人林琳在公司实际控制人 The9 控制的其他公司任职期间参与了前述股票期权计划。其中，李刚接受了 5000 份股票期权，林琳接受了 300 份股票期权，截至 2015 年 8 月 26 日，李刚和林琳均未行权。

12. 经核查公司及其子公司的《营业执照》、主要业务合同并经公司确认，公司及其子公司的主营业务为"在移动互联网领域内，以游戏应用制作技能为导向，提供技术服务、软件应用开发及非学历、非证书的技能培训、咨询等相关专业化服务"。

经核查，公司的控股股东及实际控制人控制或能够施加重大影响的除九城教育及其子公司外的企业共 46 家，经对比该等企业的经营范围或主营业务，该等企业中的 31 家未从事与公司及其子公司之业务相竞争的经营性业务，该等企业中的 15 家企业与公司及其子公司经营范围类似或部分重合。针对该 15 家企业，The9 及九城信息对其控制（持股 50% 以上）的企业的主营业务出具了书面说明，控股股东能够施加重大影响的企业对其主营业务出具了书面说明，该 15 家企业实际上亦未与公司及其子公司之业务相竞争，具体情况如下（见表 11-4-10）：

表 11-4-10 该 15 家企业经营介绍

序号	名称	关联关系	主营业务	经营范围
1	九拓（上海）信息技术有限公司	同一实际控制人	游戏的设计、开发和制作	计算机软件、硬件及外部设备的研发，自有研发成果的转让，提供相关的技术咨询与技术服务
2	九京时代信息技术（北京有限公司）	同一实际控制人	计算机软硬件的开发、设计，技术咨询和服务	开发、设计、制作计算机软件；开发、设计计算机硬件及外部设备；提供技术咨询和技术服务

续表

序号	名称	关联关系	主营业务	经营范围
3	第九城市计算机技术咨询(上海)有限公司	同一实际控制人	计算机软硬件的技术咨询和技术服务	计算机软件、硬件及外部设备的开发、生产,销售自产产品,提供相关的技术咨询与技术服务;企业管理咨询,投资咨询(涉及许可经营的凭许可证经营)
4	九创互动信息技术(北京)有限公司	同一实际控制人	游戏的技术咨询和技术服务	计算机软件的开发、设计、制作;计算机硬件及外部设备的开发、设计;销售自产产品;提供技术咨询和技术服务;企业管理咨询、投资咨询
5	九城互动信息技术(上海)有限公司	同一实际控制人	游戏的技术咨询和技术服务	计算机软件的开发、设计、制作,计算机硬件及外部设备的开发、设计,销售自产产品,提供相关的技术咨询和技术服务,企业管理咨询,投资咨询(涉及行政许可的,凭许可证经营)
6	上海火翼翱翔信息技术有限公司	受控股股东直接控制	计算机领域内的技术服务	计算机、电子科技领域内的技术服务,电子商务(除增值电信、金融业务),计算机及配件、通讯设备、仪器仪表、建材、办公用品、服装、工艺品的销售(依法须经批准的项目,经相关部门批准后方可开展经营活动)
7	上海九城广告有限公司	控股股东持股46.69%	广告的承接、制作及发布	承接广告设计、制作及发布,电脑图文设计制作,企业形象设计策划,企业营销策划,商务信息咨询服务(除经纪)(依法须经批准的项目,经相关部门批准后方可开展经营活动)
8	上海梦想互联数码科技有限公司	控股股东持股20%	游戏研发,技术转让	数码产品的研发,计算机软、硬件的开发、销售,系统集成,并提供相关的技术咨询、技术服务、技术转让,网络工程,通信产品的销售(依法须经批准的项目,经相关部门批准后方可开展经营活动)
9	北京穿云互动网络科技有限公司	受控股股东直接控制	软件的技术开发、技术咨询、技术服务、技术转让	技术开发、技术咨询、技术服务、技术转让;软件开发;计算机系统服务;设计、制作、代理、发布广告;市场调查;经济贸易咨询;投资咨询;企业管理咨询;企业策划、设计;销售计算机、软件及辅助设备、机械设备、电子产品、通信设备(依法须经批准的项目,经相关部门批准后方可开展经营活动)
10	杭州火雨网络科技有限公司	受控股股东直接控制	游戏的技术开发、技术服务、技术咨询、成果转让	一般经营项目:计算机软硬件、网络技术的技术开发、技术服务、技术咨询、成果转让;计算机网络设备的安装;智能楼宇综合布线;计算机维修;其他无须报经审批的一切合法项目

续表

序号	名称	关联关系	主营业务	经营范围
11	上海九畅投资有限公司	受控股股东直接控制	实业投资,投资管理	实业投资,投资管理,从事电子科技、计算机软件专业领域内的技术开发、技术咨询、技术服务、技术转让;通信设备(除卫星电视广播地面接收设施)、仪器仪表、建材、办公用品、服装、工艺品(除文物)的销售,贸易经纪与代理(除拍卖),从事货物及技术的进出口业务(依法须经批准的项目,经相关部门批准后方可开展经营活动)
12	上海玖视互动网络科技有限公司	受控股股东直接控制	平台技术服务和内容集成	计算机、电子、生物化学领域内的技术服务,电子商务(不得从事增值电信、金融业务),计算机及配件、通信设备、仪器仪表、建材、办公服务器、工艺品、服装的销售。(依法须经批准的项目,经相关部门批准后方可开展经营活动)
13	中兴九城网络科技无锡有限公司	控股股东间接持股24.12%	软硬件的研发、销售	许可经营项目:无 一般经营项目:计算机网络工程的设计、安装、调试、维护;计算机软件的研发;信息系统设计与系统集成;通信技术的研发;通信产品(不含卫星电视广播地面接收设施)的设计、研发、销售、技术咨询、技术服务;通信工程施工、建筑智能化工程施工;自营各类商品及技术的进出口业务(国家限定公司经营或禁止进出口的商品和技术除外);电子产品及配件的销售
14	上海神财诚久信息技术有限公司	受控股股东直接控制	手机游戏运营平台	从事信息科技、软件科技领域内的技术开发、技术咨询、技术服务、技术转让,计算机软件的开发、销售,系统集成,计算机辅助设备、通信设备、仪器仪表、建材、文化办公用品、工艺礼品、服装的销售(依法须经批准的项目,经相关部门批准后方可开展经营活动)
15	上海斐凡信息技术有限公司	控股股东间接持股46.69%	移动互联网整合营销、数据精准营销平台、移动互联网技术服务、移动互联网内容营销、线下活动及道具制作	从事信息技术、计算机、网络领域内的技术咨询、技术服务、技术开发、技术转让,企业管理咨询、商务信息咨询(咨询类项目除经纪),会务服务,展览展示服务(除展销),设计、制作、代理各类广告,数码产品、电子产品、计算机、软件及辅助设备(除计算机信息系统安全专用产品)、服装服饰、针纺织品、皮革制品、日用百货、金属制品、五金交电、办公用品的销售(依法须经批准的项目,经相关部门批准后方可开展经营活动)

为有效防止及避免同业竞争,公司的控股股东、实际控制人、董事、监事、高级管理人员均出具了《关于避免同业竞争的承诺函》,承诺其目前未从事或参与与公司存在同业竞争的行为,与公司不存在同业竞争,为避免与公司产生新的或潜在的同业竞争,其将不在我国境内外

直接或间接从事或参与任何在商业上对公司构成竞争的业务及活动，或拥有与公司存在竞争关系的任何经济实体、机构、经济组织的权益，或以其他任何形式取得该经济实体、机构、经济组织的控制权，或在该经济实体、机构、经济组织中担任高级管理人员或核心人员。

基于上述情况，本所律师认为，股权架构中形成控制关系的各主体及其控制企业与公司不存在同业竞争；公司的控股股东、实际控制人、董事、监事、高级管理人员出具的《关于避免同业竞争的承诺函》对于防范未来发生同业竞争的情况具有约束作用。

13. 经核查，报告期内公司的实际控制人为 The9，未发生变更。

经核查，报告期内，公司的董事、监事、高级管理人员的变更情况如下（见表 11 - 4 - 11）：

表 11 - 4 - 11　报告期内公司董事、监事、高级管理人员变更情况

时间	董事	监事	高级管理人员	变更情况
2012 年 4 月 17 日	王勇（执行董事）	韩军平	—	—
2014 年 4 月 22 日	林智敏（执行董事）	韩军平	—	变更董事
2015 年 6 月 8 日	秦洁（董事长）、韩军平、靳琪、陈海波、邹昱星	席鸽、李义文、胡晓燕	靳琪、李刚、林琳、袁龙、吕孝乾	变更董事、监事、高级管理人员
2015 年 7 月 6 日	秦洁（董事长）、孙洪波、靳琪、陈海波、邹昱星	席鸽、李义文、胡晓燕	靳琪、李刚、林琳、袁龙、吕孝乾	变更董事

基于上述情况，本所律师认为，报告期内，公司在股份改制后设立了董事会、监事会并构建了管理团队，健全了公司治理结构，有利于提高公司的可持续经营能力。

14. 根据公司现行有效的《营业执照》，公司经营范围为：教育科技领域内的技术开发、技术转让、技术咨询、技术服务，教育软件的研发、设计、制作、销售，教学设备、计算机硬件、文化办公用品的研发、销售，人才咨询（除经纪）。

根据无锡创游现行有效的《营业执照》，无锡创游的经营范围为：网络技术的研发、技术咨询、技术转让、技术服务；计算机培训（不含发证，不含国家统一认可的职业证书类培训）；办公用品、日用品的销售；计算机硬件及辅助设备的销售、租赁；利用自有资金对外投资；社会经济咨询服务；设计、制作、发布、代理各类广告业务；自营和代理各类商品及技术的进出口业务（国家限定企业经营或禁止进出口的商品和技术除外）。依法须经批准的项目，经相关部门批准后方可开展经营活动。

经公司确认并经本所律师核查，在报告期内，公司在经营范围未涵盖"计算机培训"的情况下签署了相关培训业务合同并开展该等业务，存在超越经营范围的情形。为规范前述情形，公司于 2015 年 5 月出资成立了无锡创游并以无锡创游为主体签署相关的培训业务合同及开展相关培训业务，同时，公司声明今后将严格按照公司及子公司的经营范围开展相关业务。截至本补充法律意见书出具之日，公司及其子公司的实际经营业务均在其经核准的经营范围之内。

2015 年 7 月 31 日，上海市工商局出具《证明》，证明公司自 2013 年 1 月 1 日至开具证明之日，没有发现违反工商行政管理法律法规的违法行为而受到工商机关行政处罚的记录。

公司控股股东九城信息已出具书面承诺："若九城教育（包括其前身）因其设立之日起至

规范经营期间存在的任何超越经营范围行为而招致任何费用支出、经济赔偿或其他经济损失，则由本企业无条件全额承担赔偿责任，或在九城教育必须先行支付该等费用的情况下，及时向九城教育给予全额补偿，以保证不因上述超越经营范围的行为致使九城教育遭受任何损失；上述责任不可撤销且为连带责任。”

根据《公司法》的规定，公司的经营范围由公司章程规定，并依法登记。

公司可以修改公司章程，改变经营范围，但是应当办理变更登记。根据《公司登记管理条例》的规定，公司登记事项发生变更时，未依照该条例规定办理有关变更登记的，由公司登记机关责令限期登记；逾期不登记的，处以 1 万元以上 10 万元以下的罚款。

基于上述情况，公司在报告期内存在超越经营范围的情形，目前已采取措施规范，不存在被公司登记机关责令限期办理变更经营范围的风险，且公司在报告期内并未因此受到公司登记机关的处罚。因此，本所律师认为，公司在报告期内超越经营范围的情形不构成重大违法违规行为，不构成公司持续经营的法律障碍。

15. 经核查，公司（包括其前身九育有限公司）自设立之日起至本补充法律意见书出具之日，仅于 2015 年 4 月发生过一次股权转让的情形，此次股权转让的转让方与受让方已签署了《股权转让协议》并履行了股东会决议、修改公司章程、工商变更登记等程序且受让方已向转让方足额支付了股权转让款。

经公司全体股东确认及本所律师核查，公司各股东所持股份为其真实持有，不存在信托持股、委托持股的情况，公司各股东所持股份不存在质押或其他任何形式的限制转让的情形，所持股份无被冻结、保全情形，也不存在任何形式的股权纠纷或潜在纠纷。

2015 年 7 月 31 日，上海市工商局出具《证明》，证明公司自 2013 年 1 月 1 日至开具证明之日，没有发现违反工商行政管理法律法规的违法行为而受到工商机关行政处罚的记录。

2015 年 8 月 27 日，上海市浦东新区国家税务局、上海市浦东新区地方税务局出具《税务证明》，证明公司已依法办理了税务登记，在 2013 年 1 月 1 日至 2015 年 7 月 31 日期间，能按税法的规定按期办理纳税申报，暂未发现有欠税、偷逃税款和重大违反税收管理法规的情形。

2015 年 9 月 14 日，上海市公积金管理中心出具《住房公积金缴存情况证明》，证明公司于 2012 年 8 月建立住房公积金账户，为职工缴存住房公积金。公司开户缴存以来未受到该中心的行政处罚。

2015 年 11 月 20 日，上海市浦东新区人力资源和社会保障局出具《证明》，证明公司自 2013 年 1 月至今能够遵守劳动和社会保障方面的法律、法规和规范性文件规定，未发现因社会保险少缴、欠缴而受到行政处罚或劳动争议仲裁败诉的情况。

基于上述情况，本所律师认为，公司符合股权明晰、合法规范经营的挂牌条件。

案例 11－5　九城教育 836670

【问题】保留 VIE 架构问题

【问题描述】

请主办券商和律师对公司股权架构是否符合股权明晰的挂牌条件进一步分析并发表明

确意见。请公司对前述事项补充披露。

【问题解决】①

1. 股东资格

截至本补充法律意见书出具之日,公司全体股东(九城信息与九育投资)均依法设立并有效存续,不存在国家法律、法规、规章及规范性文件规定不适宜担任股东的情形。

2. 出资情况

经核查,公司前身九育有限公司的设立出资、历次增资及整体变更为股份有限公司时均履行了股东(大)会决议、修改公司章程、经会计师事务所验证出资并出具《验资报告》、办理工商设立/变更登记等程序。

3. 股权转让

(1)经核查,公司(包括其前身九育有限公司)自设立之日起至本补充法律意见书出具之日,仅于 2015 年 4 月发生过一次股权转让的情形,即九城信息将其持有九育有限公司 36% 的股权作价 450 万元转让给九育投资,该次股权转让的转让方与受让方已签署了《股权转让协议》并履行了股东会决议、修改公司章程、工商变更登记等程序且受让方已向转让方足额支付了股权转让款。

(2)经核查,九城信息将九育有限公司 36% 的股权转让给九育投资时九城信息的股东以及九育投资的合伙人均为中国境内自然人。因此,九城信息以及九育投资持有公司的股权均不属于国有股权,公司申请挂牌前的股权转让不适用国资管理的相关规定。

(3)经核查公司及其股东的营业执照、工商档案,公司(包括其前身九育有限公司)不属于外商投资企业。因此,公司申请挂牌前的股权转让不适用商务部门关于外商投资企业的相关规定。

4. 股份权利受限情况

经公司全体股东确认及本所律师核查,截至本补充法律意见书出具之日,公司各股东所持股份为其真实持有,不存在信托持股、委托持股的情况,公司各股东所持股份不存在质押或其他任何形式的限制转让的情形,所持股份无被冻结、保全情形,也不存在任何形式的股权纠纷或潜在纠纷。

5. VIE 架构对公司股权明晰的影响

(1)经核查,公司实际控制人 The9 成立于 1999 年 12 月 22 日,公司控股股东九城信息成立于 2000 年 9 月 29 日,VIE 架构于 2004 年 2 月 6 日首次搭建完成,The9 于 2004 年 12 月 15 日在美国纳斯达克正式挂牌交易。

鉴于公司前身九育有限公司系由九城信息于 2012 年 5 月 8 日全资设立,晚于 VIE 架构首次搭建完成后近 8 年,且公司并非九城信息唯一的控股子公司,其收入及利润情况对九城信息不构成重大影响,因此,本所律师认为,VIE 架构并非为设立公司而搭建。

(2)经核查,VIE 架构自首次搭建完成后发生了 5 次变更,具体情况详见本所出具的《补充法律意见书(一)》,在 VIE 架构自首次搭建及后续 5 次变更的相关控制协议中,协议主体

---

① 《上海市锦天城律师事务所关于上海第九城市教育科技股份有限公司申请股票在全国中小企业股份转让系统挂牌并公开转让的补充法律意见书(二)》,第 2 ~4 页。

均未涉及公司,相关控制协议的权利义务均由九城计算机与九城信息及其股东享有或承担,公司并不受相关控制协议的约束。

鉴于九城信息已于 2015 年 4 月将所持九育有限公司的部分股权转让给九育投资,在该次股权转让过程中并未出现九育有限公司股权转让受限或需要调整 VIE 架构的事项,且该次股权转让已经工商行政管理部门核准,合法有效,因此,九城信息与九育投资持有公司的股份并未因 VIE 架构而存在潜在纠纷。

(3)公司股东系通过持有公司股份行使股东权利(表决权、分红权、处分权等),九城信息对九城教育的控制亦是通过控股关系实现;公司股东并未与第三方签署任何有关股东权利的控制协议。因此,公司股东可依据其内部决策机制自行决定是否转让所持公司的股份,如公司后续引入新股东,则该等新股东同样可依据其所持公司股份行使股东权利并可依据其内部决策机制自行决定是否转让所持公司的股份。

综上所述,本所律师认为,公司股权架构符合股权明晰的挂牌条件。

第十二章　上市公司分拆子公司挂牌

一、上市公司子公司挂牌新三板的一般性问题

上市公司分拆其子公司挂牌新三板，应首先考虑其子公司是否符合新三板挂牌的一般性条件。在初步判断其子公司符合新三板挂牌一般性条件的情况下，上市公司应履行相应的程序（如履行董事会、股东大会决议、信息披露等）审议子公司挂牌事项并按要求公告。

国有上市公司分拆其子公司挂牌新三板除了要注意上述一般性问题外，还应关注国有资产的问题。如果国有公司的子公司为其全资子公司，根据《公司法》（2013 年修正）第 78 条的规定，股份有限公司的发起人为 2 人以上 200 人以下，则需要引入股东之后再进行股份制改造。如果国有公司的子公司不是全资子公司，则不需要引入股东直接进行股份制改造。

国有上市公司需要首先履行必要的内部决策程序（董事会、股东大会审议相关决策）；关于历次增资和股权转让是否涉及国有资产的说明，如涉及国有股权，则应说明国有股权变更的基本事项、转让及受让主体、程序合法合规性等问题（重点关注问题）。

香港上市公司分拆子公司挂牌新三板，应首先在内部履行相关决策程序，批准其子公司挂牌新三板，并且将相关决议公告。另外，还应该向香港联交所提交子公司分拆上市的相关建议；申请挂牌主体和香港上市公司都应承诺履行相应的信息披露义务；香港上市主体的控股股东、实际控制人还应出具关于同业竞争的相关承诺。

二、上市公司子公司分拆上市的特殊性问题

1. 详细阐述子公司与上市公司是否存在同业竞争

《非上市公众公司信息披露内容与格式准则第 1 号——公开转让说明书》第 22 条第 1 款规定：“申请人应披露是否存在与控股股东、实际控制人及其控制的其他企业从事相同、相似业务的情况。对存在相同、相似业务的，申请人应对是否存在同业竞争作出合理解释。”

子公司是否与控股股东、实际控制人及其控制的其他企业从事相同、相似业务的情况是股转公司关注的重点问题。为了避免子公司因同业竞争问题而影响挂牌，在挂牌之前就应解决同业竞争问题。

拟在新三板挂牌的子公司如在业务上与上市公司没有任何关系，属于完全不同的行业，则不存在同业竞争的问题，子公司只需从业务、产品、主要客户等方面证明与上市公司不存在同业竞争即可。但是，如果子公司与上市公司之间存在明显的同业竞争，那么在挂牌之前就应该解决。

2. 详细阐述子公司与上市公司的关联交易

根据《全国中小企业股份转让系统挂牌公司信息披露细则(试行)》第31条的规定:"挂牌公司的关联交易,是指挂牌公司与关联方之间发生的转移资源或者义务的事项。"关联交易与普通交易之间的重大区别在于前者是发生在具有特定关联关系的当事人之间的交易。

关联交易在符合一定条件的情形下是允许存在的,监管部门对于公司关联交易的基本态度是减少和规范。公司存在的关联交易必须符合以下条件:(1)实体上应符合市场化的定价和运作要求,做到交易价格和条件公允;(2)在程序上必须严格遵循公司章程和相应制度的规定;(3)在数量和质量上不能影响到公司的独立性;(4)必须对关联交易进行信息披露。从子公司的角度来看,即使关联交易无法避免,但也应该使关联交易的披露充分、决策科学、定价公允,存在合理。判断的标准应该是上市公司不通过关联交易侵占子公司利益,子公司也不损害上市公司的利益。

3. 关注子公司的独立性问题

关于独立性的问题,一般是从以下方面考量:第一,子公司挂牌是否影响上市公司核心资产及业务的独立经营能力、持续盈利能力,其中挂牌公司总资产、净资产、净利润占上市公司比例不能过大;第二,挂牌公司业务、资产、人员、机构和财务是否独立,是否有独立面向市场的能力和持续经营能力;第三,上市公司与挂牌公司高管是否存在交叉持股的情况。

4. 上市公司公开募集资金是否投向子公司业务,投入的金额、比例及对公司财务状况和成果的影响

从现有相关的案例来看,基本上都是详细披露了上市公司历次募集资金的投资情况,并说明不存在募投项目投入子公司的情形。如果存在募投项目投入,则需要关注投资的金额以及占募集资金的比例,挂牌主体的经营业绩情况,是否达到了上市公司募集资金时承诺的业绩,是否存在减值的情况等。毕竟,上市公司分拆子公司挂牌新三板之后,一个是上市公司,另一个是挂牌公司,都是公众公司,两边的投资者都要保护好。

5. 关注关联资金往来问题

上市公司在资金问题上存在两个极端要么不差钱,要么很差钱。不管是哪一种情形都有可能导致与下属子公司存在金额较大的资金往来,并且由于控股子公司合并报表可以抵消,所以一般不会很关注这个问题。但是,在子公司单独挂牌上市的情况下,那么子公司就应该按照单独的主体进行规范要求,关联资金往来问题应在递交申报材料前清理完毕。

案例 12-1 大族激光 002008 分拆子公司元亨光电 430382

【问题】一般上市公司分拆子公司挂牌新三板

【问题描述】

元亨光电于2014年1月在新三板挂牌,挂牌时上市公司大族激光持有其51%的股权。元亨光电主要从事LED显示屏、LED照明等LED应用产品的技术开发、生产、销售、安装及售后服务。请公司补充并披露:

(1)上市公司及其关联方与申请挂牌公司是否存在同业竞争或严重的有失公允的关联交

易，申请挂牌公司是否影响上市公司资产、业务、人员、技术等的独立性和完整性。申请挂牌公司业务和资产是否独立、完整，是否具有独立的面向市场能力和持续经营能力。

(2)申请挂牌事项是否须履行上市公司股东大会、董事会决议，是否需(已)履行重大事项公告等信息披露义务、公司申请挂牌是否需要征求证监会或证券交易所等主管部门意见。

(3)申请挂牌公司报告期内的收入、利润占上市公司当期收入、利润的情况。

(4)是否涉及使用上市公司募集资金投入到申请挂牌公司的情况。

【问题解决】①

1. 上市公司及其关联方与申请人是否存在同业竞争。

根据上市公司披露的相关文件，大族激光的主营业务是激光加工设备的研发、制造及销售，主要产品为激光信息标记设备、激光焊接设备、激光切割设备和 PCB 设备等。申请人的主营业务是中高端 LED 应用产品生产、销售及安装，主要产品为 LED 显示屏产品及 LED 照明产品等。申请人与上市公司不存在同业竞争。

报告期内，申请人在 LED 产业领域与控股股东下属的路升光电、国冶星光、大族绿能及大族能联之间存在同业经营的情况，但是申请人与控股股东下属企业的实际经营业务属于相同行业的不同细分方向，其中路升光电、国冶星光主要从事上游业务，大族能联主要从事太阳能及光电、光刃业务，大族绿能主要从事室内照明及户外亮化等业务。申请人控股股东大族激光及实际控制人高云峰都已出具承诺函，承诺逐步将该部分存在同业竞争的业务通过拆分、转让、整合、停止经营等方式进行规范。

根据公司控股股东、实际控制人及管理层的股东签署的《关于避免深圳市大族元亨光电股份有限公司与控股股东、实际控制人控制的其他企业形成同业竞争问题的解决措施》，对潜在同业竞争问题进行规范的具体措施见表 12－1－1：

表 12－1－1　对潜在同业竞争问题进行规范的具体措施

名称	主营业务领域	避免同业竞争措施的计划实施期限	解决期限
大族能联	城区大型光伏屋顶电站、郊区大型光伏地面、边远缺电地区离网发电系统	实际未从事 LED 业务，计划于 2014 年 6 月底前完成工商登记变更，删除经营范围中与 LED 业务有关的相关内容	6 个月
大族绿能	室内外照明，户外亮化工程	产品设计 LED 下游照明业务，与申请人同业经营。为避免未来发生竞争的可能，现已依照控股股东及实际控制人《关于避免同业竞争承诺函》中的相关约定进行解决，具体如下： (1)2014 年 12 月底前由申请人完成对大族绿能整体业务和资产的收购； (2)上述同业经营问题彻底解决前，大族绿能承诺在经营过程中不得与申请人竞争；否则，因此获得的收益将划归申请人所有	12 个月

① 《关于深圳市大族元亨光电股份有限公司申请股票在全国中小企业股份转让系统挂牌的补充法律意见书之一》，第 2～7 页。

申请人管理层股东张庆新、王占明、邝野、钟涛、焦伟棋共同承诺，如上述解决期限到期后，申请人与大族绿能依然存在同业竞争（或已经产生同业竞争）的问题，上述股东将同意申请人以截至2013年年末经审计净资产为基础并按照该基准日至收购前一个月末的期间累计净利润进行增减调整后的价格，购买大族绿能的部分或全部股权（申请人持股比例至少达到控股地位）；以便彻底解决该潜在的同业竞争问题。

综上所述，本所律师认为，申请人与上市公司之间不存在同业竞争，申请人与上市公司下属的路升光电、国冶星光、大族绿能及大族能联之间存在同业经营的情况，但属于相同行业的不同细分方向，且申请人控股股东和实际控制人已承诺并制定具体措施解决潜在的同业竞争问题，该情形不会构成申请人申请挂牌的实质性法律障碍。

2. 上市公司及其关联方与申请人是否存在严重的有失公允的关联交易。

根据申请人会计师出具的《审计报告》，申请人报告期内与上市公司及其关联方主要存在以下类型的关联交易：

（1）购销商品的关联交易。

申请人与大族激光、路升光电、国冶星光存在购销商品关联交易。

（2）关联租赁。

大族激光出租厂房与宿舍给元亨光电。

根据申请人会计师出具的《审计报告》及发行人的说明，上述关联交易的定价原则皆为按照市场价格定价。申请人2013年第三次临时股东大会对公司2011年1月1日至2013年7月31日期间的关联交易进行了确认，确认报告期内关联交易的价格未偏离市场独立第三方的价格，不存在损害公司及公司股东合法权益的情况。

综上所述，本所律师认为，申请人与上市公司及其关联方不存在严重的有失公允的关联交易。

3. 申请人是否影响上市公司资产、业务、人员、技术等的独立性和完整性。

申请人系于2002年8月20日经广东省深圳市人民政府深府股〔2002〕28号文件批准，以发起方式设立的股份有限公司。2010年1月，上市公司为进一步完善在LED产业链上的布局，对申请人进行收购增资并成为申请人的控股股东。在上市公司收购申请人之前，上市公司和申请人之间不存在任何关联关系。

申请人在被上市公司收购之前，已独立运营3年以上，拥有自己的资产、业务、人员和技术。申请人核心技术团队及高级管理人员张庆新、王占明、邝野、中天等人依然在申请人处任职，并持有申请人的股份。申请人不存在占用上海市公司资产、资金的情况，且其业务、人员、技术都独立于上市公司。

本所律师认为，申请人不存在影响上市公司资产、业务、人员、技术等的独立性和完整性的情况。

4. 申请人的商标权、专利权、软件著作权、机器设备等主要资产不存在与其控股股东、实际控制人共用的情形；申请人对其所有的主要资产拥有完全的控制权和支配权，其资产、资金不存在被其控股股东、实际控制人提供担保的情形。

申请人的主营业务为中高端LED应用产品生产、销售及安装业务，申请人已设立股东大会、董事会与监事会等议事决策、执行及监督机构,并已聘请总裁、常务副总裁、副总裁、董事会秘书、财务总监等高级管理人员,具有与其业务运营和经营管理相适应的内部组织机构和必要的人员;申请人具有独立的生产经营和管理决策系统,拥有独立的会计核算体系,能够独立地进行采购、生产、销售等生产经营活动,独立对外承担债务和责任。

据此,本所律师认为,申请人具有完整的业务体系和直接面向市场独立经营的能力,其资产完整、业务独立,在独立性方面不存在严重缺陷。

5. 根据上市公司的说明并经查验上市公司的《公司章程》《股东大会议事规则》《董事会议议事规则》《总经理工作细则》等内部决策文件的规定,上市公司董事会运用公司资产所作出的对外投资、收购出售资产、贷款审批、资产抵押等事项的权限包括:批准不超过公司最近经审计的净资产 30% 的对外投资;批准 1 年之内不超过公司最近经审计的总资产 20% 的收购出售资产;批准 1 年之内不超过公司最近经审计的总资产 20% 的资产抵押。超过董事会权限的重大投资项目应当组织有关专家、专业人员进行评审,并报股东大会批准。

上市公司董经理的职权范围包括:根据董事会授权,经董事长书面同意,批准单项不超过公司最近一期经审计的净资产额 5% 的公司对外投资、收购出售资产、贷款审批、资产抵押、对外担保、委托理财等事项,涉及关联交易的除外。

根据上市公司 2012 年度审计报告及申请人会计师出具的审计报告,截至 2012 年 12 月 31 日,上市公司的净资产额为 3 700 259 212.69 元,申请人的净资产额为 85 647 838.34 元,占上市公司净资产额的 2.31%,申请人的资产总额为 166 396 905.33 元,占上市公司净资产额的 4.50%,均未达到上市公司最近一期经审计的净资产的 5%,申请人本次申请挂牌的事项在上市公司总经理审批权限范围内,不需要履行上市公司股东大会、董事会决议程序。

根据《上市公司信息披露管理办法》第 30 条第 1 款的规定,发生可能对上市公司证券及其衍生品种交易价格产生较大影响的重大事件,投资者尚未得知时,上市公司应当立即披露,说明事件的起因、目前的状态和可能产生的影响。上述重大事件包括公司经营方针和经营范围的重大变化等 21 种情况,其中并不包括上市公司控股子公司申请在全国股份转让系统挂牌。截至本补充法律意见书出具之日,中国证监会也没有对上市公司控股子公司申请在全国股份转让系统挂牌是否属于上市公司应当履行信息披露义务的重大事件作出明确的规定。

根据上市公司的说明,在申请人获得股份转让系统同意挂牌的审查意见及中国证监会核准文件后,上市公司会就申请人股票在全国中小企业股份转让系统挂牌事宜进行公告,既不需要就申请人本次申请挂牌事宜进行公告,亦不需要就申请人本次申请挂牌事宜征求证监会或深圳证券交易所等主管部门的意见。

6. 2010 年 1 月 12 日,大族激光董事会发布公司对外投资的公告,公告宣布为进一步完善在 LED 产业链上的布局,经大族激光总经理批准,大族激光决定投资 1800 万元收购元亨光电 26.5% 的股份,同时对元亨光电以现金方式增资 2380 万元,本次收购及增资完成后,大族激光将合计持有元亨光电 51% 的股份。根据大族激光的说明,本次收购及增资的资金为上市公司自有资金。

根据大族激光董事会《关于 2010 年度募集资金存放与使用情况的专项报告》,上市公司截至 2010 年 12 月 31 日募集资金存放与使用的情况如下:

(1)非公开发行募集资金项目:公司于2007年6月7日以非公开发行股份方式募集资金净额33 000万元,归还募集资金到位前投入的金额8929.87万元,尚未使用的资金6106.52万元。公司截至2010年12月31日募集资金专户余额合计6603.46万元。非公开发行募集资金投入项目为大功率激光切割机产业化建设项目。

(2)公开发行募集资金项目:公司于2008年7月9日以公开发行股份方式募集资金净额95 590.90万元,截至2010年12月31日,公司直接投入募集资金项目35 183.87万元,归还募集资金到位前投入的资金21 761.78万元,募集资金结余38 645.25万元。2010年12月,公司将募集资金结余资金中的36 000万元永久补充流动资金。公司截至2010年12月31日募集资金专户余额合计4391.79万元。公开发行募集资金投入项目为激光信息标记设备扩产建设项目、激光焊接设备扩产建设项目及机械加工配套生产基地一期建设项目。

综上所述,本所律师认为,大族激光不存在使用募集资金投入申请挂牌公司的情况。

案例12-2 达安基因002030分拆子公司达瑞生物832705

【问题】国有上市公司分拆子公司挂牌

【问题描述】

中山大学达安基因股份有限公司(002030)(以下简称达安基因)于2014年分拆其控股子公司广州市达瑞生物技术有限公司(832705,2015年7月9日成功挂牌)(以下简称达瑞生物)挂牌新三板。

1. 关于产业政策,请主办券商、律师核查以下事项并发表明确意见:(1)公司业务是否符合国家产业政策要求,是否属于国家产业政策限制发展的行业、业务;(2)若为外商投资企业,是否符合外商投资企业产业目录或其他政策规范的要求;(3)分析产业政策变化风险。

2. 请公司补充披露:(1)国有股权变更的基本事项,包括且不限于转让主体的性质、出资单位、主管部门情况,内部决策程序的履行情况,有权机关的批准或备案情况,清产核资、资产评估及相应核准、备案程序履行情况,转让交易方式、权属登记情况;(2)转让、受让主体,以及批复或备案机构的适格性;(3)股权变更程序是否合法、合规及相关依据;(4)存在国有股权变更瑕疵的,通过整改措施是否已消除法律瑕疵,达到股权明晰、权属确定,以及有无潜在纠纷风险;(5)是否存在侵害职工权益的情形,是否存在国有资产流失的情形;(6)公司股权是否符合"股权明晰,股票发行和转让行为合法、合规"的挂牌条件。请主办券商及律师补充核查并发表明确意见。

3. 公开转让说明书披露,达安基金与公司的诊断产品所适用的诊断项目存在重叠,但因应用技术范畴不同,在临床诊断上构成互补而非竞争关系。请公司补充说明该公司行业上下游、主要产品、主要客户、生产能力、技术储备等,详细分析并举例说明"所适用的诊断项目存在重叠,但因应用技术范畴不同,在临床诊断上构成互补而非竞争关系"的依据及合理性;说明该公司是否与公司经营相同或相似业务,是否存在同业竞争的情况。请主办券商及律师发表意见。

【问题解决】①

1. 根据《国民经济行业分类》(GB/T 4754—2011),公司所属行业为"制造业"中第 27 大类"医药制造业"项下第 272 中类"化学药品制剂制造"。按照国家发展改革委员会发布的《产业结构调整指导目录(2011 年本)》修正版,不属于限制类或淘汰类行业。公司的业务符合国家产业政策的要求。公司非外商投资企业。考虑到现代医疗服务业的迅速发展和国家对医药产业的扶持,以及第三方检测服务行业产值的爆发式增长,本所律师认为,公司所属行业未来不会被列为限制类或淘汰类行业,不存在产业政策变化风险。

2. 就公司 2006 年 6 月发生的股权转让,本所律师补充发表意见如下:

对"国有股权"概念进行定义的《股份有限公司国有股权管理暂行办法》(国资企发〔1994〕81 号)已于 2008 年 1 月 31 日废止。2009 年 5 月 1 日《企业国有资产法》(以下简称《国有资产法》)施行前,有关国有资产转让的问题适用《企业国有产权转让管理暂行办法》(国务院国有资产监督管理委员会、财政部令第 3 号,以下简称《国有产权转让办法》)的规定。

《国有产权转让办法》第 2 条规定:"国有资产监督管理机构、持有国有资本的企业(以下统称转让方)将所持有的企业国有产权有偿转让给境内外法人、自然人或者其他组织(以下统称受让方)的活动适用本办法。金融类企业国有产权转让和上市公司的国有股权转让,按照国家有关规定执行。本办法所称企业国有产权,是指国家对企业以各种形式投入形成的权益、国有及国有控股企业各种投资所形成的应享有的权益,以及依法认定为国家所有的其他权益。"

从上述规定可以看出,《国有产权转让办法》规定的适用范围包括国家对企业以各种形式投入形成的权益、国有及国有控股企业各种投资所形成的应享有的权益,以及依法认定为国家所有的其他权益的转让。经本所律师核查,达安基因前十大股东当中的中大控股、广州生物工程中心所持有的达安基因股份属国有资产,上述两家法人股东在达安基因中合计持有股份的比例虽然不足 50%,但依其出资额或者持有的股份所享有的表决权已足以对股东会、股东大会的决议产生重大影响,已达到控股标准。因此,达安基因属于国有控股上市公司。

鉴于《国有产权转让办法》第 2 条第 2 款将"上市公司的国有股权转让"排除在该办法的适用范围之外,且未明确"上市公司的国有股权"是否包含因上市公司对外投资而形成的由上市公司的国有股东间接持有的股权,本所律师认为,2006 年 6 月,达安基因将其持有的达瑞有限公司 35% 股权(即达瑞有限公司出资额 175 万元)转让给李仪时所适用的法律法规,就该等转让行为是否需履行《国有产权转让办法》规定的企业国有产权转让程序未有明确规定。在实践中,存在上市公司转让子公司股权不适用《国有产权转让办法》规定程序的情况,如上市公司紫光股份(000938)于 2004 年 9 月 10 日转让子公司紫光华宇[即上市公司华宇软件(300271)],即未评估或进场交易;根据紫光华宇首次公开发行并上市文件中《北京市金杜律师事务所为北京紫光华宇软件股份有限公司首次公开发行股票并在创业板上市出具法律意

① 《关于广州市达瑞生物技术股份有限公司股份进入全国中小企业股份转让系统挂牌并公开转让的补充法律意见书(一)》,第 25 ~ 38 页。

见书的律师工作报告》所披露的项目经办律师走访国务院国资委产权管理局股权处的内容，国资委股权处认为：国有企业控股的上市公司转让其子公司股权，是否需评估、进场交易应由该上市公司根据其公司章程由董事会、股东大会表决；如果表决的结果为不经评估、进场交易即进行转让，则应根据表决结果直接办理股权转让事宜，国资部门对此无异议。

目前，国有资产法规体系中效力层级最高、生效时间最晚的《国有资产法》第2条规定，企业国有资产，是指国家对企业各种形式的出资所形成的权益。第5条规定，国家出资企业，是指国家出资的国有独资企业、国有独资公司，以及国有资本控股公司、国有资本参股公司。第11条第1、2款规定，国务院国有资产监督管理机构和地方人民政府按照国务院的规定设立的国有资产监督管理机构，根据本级人民政府的授权，代表本级人民政府对国家出资企业履行出资人职责；国务院和地方人民政府根据需要，可以授权其他部门、机构代表本级人民政府对国家出资企业履行出资人职责。因此，国家出资企业为履行出资人职责的机构系国有资产监督管理机构或取得其授权代表本级人民政府履行出资人职责的国有独资企业、国有独资公司，以及国有资本控股公司、国有资本参股公司。《国有资产法》第33条进一步规定，国有资本控股公司、国有资本参股公司有该法第30条所列事项的，依照法律、行政法规以及公司章程的规定，由公司股东会、股东大会或者董事会决定。由股东会、股东大会决定的，履行出资人职责的机构委派的股东代表应当按照委派机构的指示提出提案、发表意见、行使表决权，并将其履行职责的情况和结果及时报告委派机构。该法第30条所列事项包括国家出资企业合并、分立、改制、上市，增加或者减少注册资本，发行债券，进行重大投资，为他人提供大额担保，转让重大财产，进行大额捐赠，分配利润，以及解散、申请破产等。如参照《国有资产法》第33条的规定，达安基因于2006年6月将其持有的达瑞有限公司35%股权（达瑞有限公司出资额175万元）转让给李仪属于转让重大财产，应当依照法律、行政法规以及公司章程的规定，由公司股东会、股东大会或者董事会决定，但无须按照《企业国有资产产权登记管理办法》《国有产权转让办法》的规定办理国有产权变更的相关审批及登记手续。经本所律师核查此次达瑞有限公司35%股权转让时适用的达安基因公司章程（由达安基因2005年度股东大会审议通过），该章程第113条规定，公司购买、出售、置换入的资产总额占公司最近一个会计年度经审计的合并报表总资产的比例不超过20%的；或购买、出售、置换入的资产净额（资产扣除所承担的负债）占公司最近一个会计年度经审计的合并报表净资产的比例不超过20%的；或购买、出售、置换入的资产在最近一个会计年度所产生的主营业务收入占公司最近一个会计年度经审计的合并报表主营业务收入的比例不超过20%的，由董事会批准，达到或超过此比例的须由董事会审议后提请股东大会批准。根据达安基因《2005年度财务报告之审计报告》记载，2005年度达安基因总资产为296 848 670.36元，净资产为268 113 394.88元，主营业务收入为162 471 891.67元；而根据达瑞有限公司2005年度财务报表，截至2005年12月31日，达瑞有限公司总资产为7 485 564.98元，净资产为4 610 355.44元，净利润为-451 507.51元。故此，达安基因此次转让的达瑞有限公司35%股权（175万元出资）在达安基因董事会审批权限范围内。

达安基因于2006年3月15日召开第二届董事会第十一次会议，审议通过了《关于实施广州达瑞抗体工程技术有限公司激励机制的议案》，同意将达安基因持有的达瑞有限公司

35%股权授予李仪(实为代李明受让并持有该部分激励股权)。

故此,本所律师认为,本次达安基因转让公司35%股权在实施股权转让前已依据上市公司章程的规定,由董事会在章程确定的审批权限范围内就该等股权转让事宜作出决议,已履行了必要的内部审批与授权手续,符合当时适用的法律、法规和规范性文件的要求;且2006年8月22日,达安基因第二届董事会第十次会议审议通过了《关于广州市达瑞抗体工程技术有限公司增资扩股的议案》,同意将第二届董事会第十一次会议审议通过的股权转让方案调整为由李仪、孙启鸿分别代李明以无形资产出资,股权结构在增资前已先行恢复至本次股权转让发生前的状态,不存在国有资产流失。

根据前述情况,达安基因已由其董事会在上市公司章程赋予的审批权限范围内就该次股权转让事宜作出决议,股权变更程序合法、合规。本次股权转让不存在国有股权变更瑕疵。本次股权转让系根据达瑞有限公司设立初期达安基因拟订的股权激励方案而作出,且2006年8月,达安基因已将直接股权转让方案调整为由李仪、孙启鸿分别代李明以无形资产出资,股权结构在增资前已先行回复至股权转让发生前的状态,不存在国有资产流失。公司股权符合"股权明晰,股票发行和转让行为合法合规"的挂牌条件。

3. 达安基因是以荧光定量PCR技术产品为主导的生物医药高科技企业,主要产品为乙型肝炎病毒(HBV)核酸定量检测试剂盒(PCR－荧光探针法)、丙肝炎病毒(HCV)核酸检测试剂盒(PCR－荧光探针法)、人类免疫缺陷病毒1型(HIVI)核酸定量检测试剂盒(巢式PCR－荧光法)等试剂盒。公司是以时间分辨荧光免疫技术(TRFIA)产品为主导的生物医药高科技企业,主要产品为乙肝两对半(HBsAg、HBsAb、HBeAg、HBeAb、HBcAb)、产前筛查(AFP、Free－β－hCG、FE3、PAPP－A)等试剂盒。

本所律师经对公司及达安基因相关人员进行访谈、通过公开渠道查阅相关技术规范及学术文献等资料,认为尽管公司与达安基因的产品主要销售客户均为医院临床检验科,但因应用技术范畴不同,在临床诊断上构成互补而非竞争关系。如针对HBV的检测,血清HBV－DNA荧光定量PCR(达安基因的产品)测定可以直接反映病毒复制状态,具有很多临床应用价值,但不能完全反映病毒复制静息期肝细胞内HBV病毒状态。HBV－DNA阴性并不完全代表体内HBV已被清除,结合HBV两对半(公司产品)各项指标更能客观反映体内HBV病毒状态,正确判断预后和治疗。

综上所述,公司与达安基因的产品不存在竞争关系。

案例12－3 恒大地产3333.HK分拆子公司恒大文化834899

【问题】香港上市公司分拆子公司挂牌新三板

【问题描述】

恒大地产(3333.HK)公布,将分拆旗下的恒大文化在内地新三板挂牌。2015年12月4日,恒大文化在新三板挂牌。

1. 关于产业政策,请主办券商、律师核查以下事项并发表明确意见:(1)公司业务是否符合国家产业政策要求,是否属于国家产业政策限制发展的行业、业务;(2)若为外商投资企业,是否符合外商投资企业产业目录或其他政策规范的要求；(3)分析产业政策变化风险。

2. 关于关联方交易，请主办券商及律师核查报告期内关联交易的内部决策程序的履行及规范情况。

3. 关于关联方和实际控制人，请主办券商和律师补充核查：(1)公司实际控制人的国籍、境外居留权情况；(2)公司是否存在应披露未披露的关联方和关联交易；(3)公司与实际控制人控制的全部企业是否存在同业竞争，解决措施的有效性，说明判断依据。请主办券商和律师说明公司境外关联方的核查方法和尽职调查程序。

【问题解决】①

1. 根据《上市公司行业分类指引》(2012 年修订)，恒大文化股份的业务属于“文化、体育和娱乐业”中的“广播、电视、电影和影视录音制作业”；根据《国民经济行业分类》，恒大文化股份的业务属于“文化、体育和娱乐业”中的“广播、电视、电影和影视录音制作业”。根据《产业结构调整指导目录(2011 年本)》(2013 年修正)，恒大文化股份的业务不属于国家产业政策限制发展的行业。

根据恒大文化股份的工商登记档案资料、《营业执照》等文件，恒大文化股份及其子公司不属于《指导外商投资方向规定》《关于外商投资企业境内投资的暂行规定》《中外合资经营企业法》《中外合作经营企业法》《外资企业法》等法律法规规定的外商投资企业或其再投资企业。

根据《中共中央关于深化文化体制改革推动社会主义文化大发展大繁荣若干重大问题的决定》《国家“十二五”时期文化改革发展规划纲要》《中共中央关于全面深化改革若干重大问题的决定》等政策，本所律师认为，恒大文化股份所属的行业属于国家鼓励发展的行业，目前未发现产业政策变化的风险。

2. 经本所律师核查，报告期内，公司属于有限责任公司，《公司章程》并未对关联交易的内部决策程序进行明确规定。鉴于恒大地产集团直接持有或者通过其全资子公司间接持有公司100%的股权，报告期内的关联交易未履行内部决策程序不存在损害公司其他股东利益的情形。

经本所律师核查，公司整体变更为股份有限公司后，已制定了《公司章程》《股东大会议事规则》《董事会议事规则》《关联交易管理制度》等规章制度，已明确了关联交易的决策权限和决策程序。

经本所律师核查，恒大文化股份于2015 年7 月2 日召开的第一届董事会第三次会议及于2015 年7 月17 日召开的2015 年第二次临时股东大会审议通过了《关于预计公司 2015 年下半年日常关联交易的议案》。本所律师认为，恒大文化股份已切实履行上述关联交易制度。

3. 根据恒大文化股份实际控制人许家印提供的《香港永久性居民身份证》，许家印拥有香港永久居留权。

经本所律师核查，《公开转让说明书》已明确控股股东、实际控制人及其控制或有重大影响的企业为关联方，但鉴于恒大文化股份实际控制人控制或有重大影响的企业数量较多，《公

---

① 《北京市金杜律师事务所关于恒大文化产业集团股份有限公司申请股票在全国中小企业股份转让系统挂牌并公开转让的补充法律意见书(一)》，第 10～12 页。

开转让说明书》已按照以下标准披露了其中部分企业的基本信息和关联关系情况:(1)在报告期内与恒大文化股份发生重大关联交易的企业;(2)在我国境内投资设立企业的境外关联企业;(3)从事非房地产开发业务的主要企业。基于上述情况,本所律师认为,恒大文化股份的关联方披露完整,不存在应披露未披露的关联方。根据《审计报告》及恒大文化股份出具的确认与承诺,恒大文化股份不存在应披露未披露的关联交易。

根据香港联交所上市公司 Evergrande Real Estate Group Limited(股票代码:03333)披露的 2009 年至 2014 年年报所载明的有关联人士、恒大文化股份提供的恒大文化股份实际控制人许家印控制的企业的基本信息(包括企业名称、注册地、主营业务、持股比例)以及许家印出具的承诺函,并经本所律师核查,恒大文化股份与实际控制人控制的其他企业不存在同业竞争。其中就恒大文化股份的境外关联企业,本所律师查阅了恒大文化股份提供的境外关联企业的基本信息(包括企业名称、注册地及主营业务)以及许家印出具的承诺函。

为了避免潜在的同业竞争,恒大文化股份控股股东、实际控制人已出具避免同业竞争的承诺函。经本所律师核查,前述承诺函具备可行性,将来可有效避免与恒大文化股份之间的同业竞争。

第十三章　环 保 问 题

一、拟挂牌公司是否需要环保核查

根据《挂牌条件标准指引》的规定："公司业务须遵守法律、行政法规和规章的规定，符合国家产业政策以及环保、质量、安全等要求。"企业在经营过程中依法履行相应的环保手续也是新三板挂牌条件"合法合规经营"及"持续经营能力"的延伸。对于拟挂牌的企业，首先，需要核查该企业所处的行业性质，确定其是否需要环保核查。一般情况下，拟挂牌企业若属于非生产型企业，则不属于需要环保资质核查的企业；若属于生产型企业，则需要对公司的各项可能涉及环保问题的事项进行核查，要依法取得各项环保验收文件。其次，从程序上和实质上说明拟挂牌企业的环保事项合法、合规的结论。

二、对拟挂牌公司是否属于重污染行业进行判断

对于需要进行环保资质核查的拟挂牌企业，也要区分其是否属于重污染行业。根据已经废止的《国家环境保护部办公厅关于印发的〈上市公司环保核查行业分类管理名录〉的通知》（环办函〔2008〕373号），管理名录所指重污染行业包括火电、钢铁、水泥、电解铝、煤炭、冶金、建材、采矿、化工、石化、制药、轻工（酿造、造纸、发酵）、纺织、制革共14个行业大类。而根据环境保护部、国家发展和改革委员会、中国人民银行、中国银行业监督管理委员会联合发布的《企业环境信用评价办法（试行）》（环发〔2013〕150号）第3条第2款第3项的规定，重污染行业包括：火电、钢铁、水泥、电解铝、煤炭、冶金、化工、石化、建材、造纸、酿造、制药、发酵、纺织、制革和采矿业16类行业，以及国家确定的其他污染严重的行业。

全国股转系统就重污染行业的企业在新三板挂牌出具了专门指引性文件。《全国中小企业股份转让系统挂牌业务问答——关于挂牌条件适用若干问题的解答（一）》规定："（一）推荐挂牌的中介机构应核查申请挂牌公司及其子公司所属行业是否为重污染行业。重污染行业认定依据为国家和各地方的相应监管规定，没有相关规定的，应参照环保部、证监会等有关部门对上市公司重污染行业分类规定执行。（二）申请挂牌公司及其子公司所属行业为重污染行业，根据相关法规规定应办理建设项目环评批复、环保验收、排污许可证以及配置污染处理设施的，应在申报挂牌前办理完毕；如公司尚有在建工程，则应按照建设进程办理完毕相应环保手续。"

此外，在对拟挂牌主体是否属于重污染行业进行判断时，还应充分考虑各个地方的相关规定，以免遗漏。在对企业进行判断后，要明确相应的情形，根据股转系统在《挂牌审查一般问题内核参考要点（试行）》对环保问题详细的核查要求办理相应的环保手续。

三、公司申请挂牌的基本环保要求

1. 重污染行业公司的基本环保要求

如果申请挂牌公司及其子公司所属行业为重污染行业，根据相关法规规定（包含各地方相应的监管规定）应办理建设项目环评批复、环保验收、排污许可证以及配置污染处理设施的，应在申报挂牌前办理完毕。

企业如有建设项目，需要履行相应环保审批流程。根据《环境影响评价法》《建设项目环境保护管理条例》的相关规定，企业要履行如下审批流程：(1)建设单位根据建设项目对环境影响的大小，编制《环境影响报告书》、《环境影响报告表》或《环境影响登记表》；(2)企业将上述材料报送至环保部门审批；(3)经审批后，企业根据批复进行开工建设；(4)建设完成后，根据需要由环保部门对建设项目进行验收。

同时需要核查企业的日常环保运转情况，确保环保设施正常；建立环境保护责任制度和突发环境应急预案；依法申报和处理工业固废、危废、禁止使用或重点防控的物质等。

此外，还需如实披露公司是否被环保监管部门列入重点排污单位名录，是否依法公开披露环境信息以及是否存在过环保重大违法情形等。

2. 非重污染行业公司申请挂牌的基本环保要求

如果申请挂牌公司及其子公司所属行业不属于重污染行业，首先根据公司的业务等相关资料判断公司是否需要办理排污许可证。如果是需要办理排污许可证的企业，应在申报挂牌前办理完毕。

按照相关法规规定应制定环境保护制度、公开披露环境信息的，应按照监管要求履行相应义务。另外，还需要核实拟挂牌企业及其子公司最近24个月内是否存在环保方面的重大违法违规问题。

四、解决思路

1. 如实披露公司环保审批手续及日常环保的情况

主办券商和律师应在企业挂牌前，对企业的环保问题进行彻底的核查，对于公司环保审批手续履行情况，以及日常环保运转是否符合相关批复的规定进行详细披露。

2. 针对未及时办理环保审批手续的情形进行合理说明

如企业存在未按规定办理环评验收即开工建设、未办理排污许可证就排污或其他未按规定办理环保审批程序的情形，企业应作出合理的解释。

3. 补办环保审批程序

如企业有任何环保程序未履行，应尽早发现尽早补办。如企业尚有在建工程，应按照建设进程申请办理环保手续。注意相应的环保手续应于递交申报材料前办理完毕。

4. 走访环保部门，确认企业环保事项的合法合规性

根据《关于改革调整上市环保核查工作制度的通知》的规定，各级环保部门不得再为各类企业出具环保守法证明等任何形式的类似文件。因此，环保部门不会再为企业出具合规证明，拟挂牌公司、券商及律师如需确认公司相应的环保手续是否已履行完毕，可以走访主管的

环保部门,对公司的环保合规问题进行现场确认。

5. 实际控制人出具承诺

关于拟挂牌企业历史上存在的环保手续未办理完毕即开始生产的情形,实际控制人可出具相关承诺,如企业就环评问题被相关部门处罚,实际控制人自愿以现金形式向企业足额补偿损失。

案例13-1　中核辐照837816

【问题】是否属于重污染行业,是否需要取得排污证

【问题描述】

关于公司的环保问题,请主办券商和律师补充说明:(1)公司及其子公司是否需要办理排污许可证以及取得情况;是否属于重污染行业。(2)结合公司的业务流程核查公司日常环保合规情况,是否存在环保违法和受处罚的情况。(3)公司是否存在环评等行政许可手续未办理或未办理完成等环保违法情形;若存在,请核查违法原因以及公司的补救措施的进展及是否可行。请主办券商和律师综合以上事项对公司的环保事项的合法合规性发表明确意见。

【问题解决】①

1. 根据吉林省环境保护厅关于《吉林中核辐照技术有限公司钴-60辐照装置项目竣工环境保护验收会议纪要》及公司生产工艺并经本所律师核查,公司项目运行过程中,贮源井中井水循环使用不外排,生活废水经化粪池处理后排入吉林市起步区污水管网;放射源工作时产生的生产废气在放射源降至井水贮存位后,同时开启已安装的2台排风机,3分钟内可使生产废气符合《γ辐照装置的辐射防护与安全规范》的要求。公司厨房安装油烟净化装置,可使厨房油烟净化率高达80%,满足环评要求;公司生产中使用的密封源钴-60退役时,由销售方回收处理。生活垃圾由环卫部门定期收取。

综上,公司不需要办理排污许可证。根据《国民经济行业分类》(GB/T 4754—2011)分类标准、《上市公司行业分类指引》,公司从事的主营业务同样属于其他制造业的核辐射加工(行业代码:C4130)。参考环境保护部2008年下发的环办函〔2008〕373号《上市公司环保核查行业分类管理名录》,重污染行业主要包括火电、钢铁、水泥、电解铝、煤炭、冶金、建材、采矿、化工、石化、制药、轻工(酿造、造纸、发酵)、纺织、制革。公司所处行业不属于重污染行业。

2. 2014年8月14日,公司取得吉林省环保厅为公司出具编号为2014137《试运行许可证》。2015年5月11日,吉林省环境保护厅出具吉环审验字〔2015〕77号验收意见并正式运营。2015年6月和2015年12月,环境保护部东北核与辐射安全监督站分别对公司进行辐射安全例行监督检查,检查结论均为公司辐照装置运行正常,各连锁功能有效,运行以来没有事故发生,各项检测结果正常。在管理制度及其执行方面,公司各项规章制度较为齐全,执行良好。

---

① 《北京市京都律师事务所大连分所关于吉林中核辐照股份有限公司申请股票在全国中小企业股份转让系统挂牌暨公开转让事宜之补充法律意见书(一)》,第3~5页。

同时,针对公司不符合环保要求的小项目提出整改要求,公司在接到监督检查报告后对不符合环保要求的项目进行及时整改并按时向环境保护部东北核与辐射安全监督站报送整改报告。另经在环保网站查询,公司不存在因违反环保法规被行政处罚的情形。公司环保情况经过环境保护部东北核与辐射安全监督站例行检查,不存在环保违法和受处罚的情况。

3. 中核有限公司就吉林中核辐照技术有限公司钴－60 辐照装置项目取得吉林省环境保护厅出具的吉环审字〔2013〕175 号《关于〈吉林中核辐照技术有限公司钴－60 辐照装置项目环境影响投告书〉的批复》,原则同意《报告表》的评价结论。2014 年 8 月 14 日,吉林省环保厅为公司出具编号为 2014137《试运行许可证》。2015 年 5 月 11 日,吉林省环境保护厅出具吉环审验字〔2015〕77 号验收意见,认为中核辐照上述建设项目基本落实了环评批复要求,同意验收。公司的建设项目均已履行相应的环保审批手续。

本所律师认为,根据公司生产工艺、环保相关资料并经本所律师核查,公司不需要办理排污许可证。公司所处行业不属于重污染行业。公司的建设项目均已履行相应的环保审批手续,不存在环评等行政许可手续未办理或未办理完成等环保违法情形。公司环保事项合法合规,不存在违反国家环境保护法律、法规行为及因此被环境保护机关给予行政处罚的情形。

案例 13－2 微科生物 838836

【问题】重污染行业的环保问题

【问题描述】

请主办券商、律师说明公司是否按照《挂牌审查一般问题内核参考要点(试行)》中环保问题的核查要点对公司环保问题进行充分核查。

【问题解决】①

本所律师已按《挂牌审查一般问题内核参考要点(试行)》中环保问题的核查要点对公司环保问题进行了充分核查,具体如下:

1. 根据国家统计局发布的《国民经济行业分类》(GB/T 4754—2011),公司所处行业为“制造业”之“化学原料和化学制品制造业”之“农药制造”之“生物化学农药及微生物农药制造(C2632)”;根据中国证监会发布的《上市公司行业分类指引》(2012 年修订),公司所处行业为“生物化学农药及微生物农药制造(C2632)”;根据全国中小企业股份转让系统颁布的《挂牌公司管理型行业分类指引》,公司所处行业为“生物化学农药及微生物农药制造(C2632)”。

根据《环境保护部办公厅关于印发〈上市公司环保核查行业分类管理名录〉的通知》,肥料制造、化学农药制造、生物化学农药及微生物农药制造属于上述名录记载的行业。

综上,本所律师认为,公司所处行业属于重污染行业。

---

① 《北京市康达律师事务所关于辽宁微科生物工程股份有限公司申请股票在全国中小企业股份转让系统挂牌的补充法律意见书(一)》,第 8 ~ 10 页。

2. 公司建设项目的环评批复及环评验收办理情况。

2007 年 1 月 12 日,朝阳市环保局出具了《关于辽宁微科生物工程有限公司生物农药和生物肥料工业化生产线建设项目环境影响报告书批复意见的函》(朝环函〔2007〕8 号),微科有限公司在朝阳经济技术开发区投资 3000 万元,建设年产梧宁霉素 3000 吨、土壤修复剂 1 万吨项目属鼓励类,符合国家产业政策。

2011 年 8 月 5 日,朝阳市环保局核发了《关于辽宁微科生物工程有限公司〈辽宁省微科生物工程有限公司新建生物农药和生物肥料工业化生产线项目环境影响报告表〉环境保护竣工验收意见》(朝环验〔2011〕15 号),同意通过验收。

2013 年 9 月 12 日,朝阳市龙城区环保局出具了《辽宁微科生物工程有限公司新建生物农药生产线项目环境保护行政许可的批复意见》(朝龙环审〔2013〕73 号),项目符合国家产业政策,选址符合环保要求。

2016 年 3 月 30 日,朝阳市龙城区环保局出具了《关于辽宁微科生物工程有限公司扩建生物农药生产线项目环境保护竣工验收的意见》(朝龙环验〔2016〕1 号),通过现场检查,项目执行了"环境影响评价"和"三同时"制度,同意该建设项目通过验收。

因此,本所律师认为,微科生物历次建设项目均依法办理了环评批复和环评验收,严格执行了"三同时"制度,符合环保法律法规的规定。

3. 公司排污情况及排污许可证。

公司生产过程中会产生废气、废水、固体废物和噪声。废气主要来自公司生产过程中使用的 DZL2 - 1.5 - AⅡ锅炉,该锅炉年工作 1440 小时,产生的主要废弃物为烟尘、二氧化硫和氮氧化物,但公司已为该锅炉安装了沈阳蓝天环保设备厂生产的 CCA 型系列烟气净化器,对生产过程中产生的废气进行了净化处理。废水主要来自于生物农药发酵及清洗储罐,绝大部分循环利用,其中一小部分卖给朝阳金禾有机食品有限公司作为农作物营养剂使用,不对外排放任何废水。固体废物主要来自生物农药生产过程中产生的发酵滤渣,该部分滤渣全部作为了生物肥料的生产原料再利用。噪声主要来自于生产锅炉运行过程中,经检测,厂界噪声符合《工业企业厂界噪声标准》(GB 12348 - 90)。因此,公司生产过程不存在污染物排放。

2016 年 4 月 15 日,朝阳市龙城区环保局核发了《排污许可证》(证书编号:211303 - 2016 - 000001 - A),排放重点污染物及特征污染物种类:颗粒物、二氧化硫、氮氧化物、粉尘,有效期限为 2016 年 4 月 15 日至 2018 年 4 月 14 日。

4. 公司的日常环保运转。

公司有关污染处理设施均正常有效运转;公司结合自身生产情况依法建立了环境保护责任制度和突发环境应急预案;报告期内,公司不存在工业固体废物和危险废物申报和处理情况,没有禁止使用或重点防控的物质处理问题。

本所律师查阅了朝阳市环境保护局官网披露的《朝阳市重点污染单位名录》,微科生物未被列入该目录。

2016 年 3 月 17 日,朝阳市龙城区环保局出具了《环保证明》,微科生物及其前身最近 36 个月内的生产经营活动符合国家有关环境保护的法律、法规和规范性文件的要求,不存在因违反国家环保法律、行政法规和地方性规章而受到环保部门行政处罚的情形。

根据上述环保监管机关出具的合规证明并经核查，本所律师认为，公司报告期内在环保方面不存在重大违法违规，不存在构成行政处罚的情形。报告期内，公司不存在环保事故、环保纠纷或潜在纠纷。

经核查，公司已办理了《排污许可证》，且不存在建设项目尚未办理环评批复或验收手续的情形。

根据朝阳市龙城区环保局出具的证明并经本所律师核查，报告期内公司不存在违反环保法律法规的情形，亦不存在被环保机关采取行政处罚措施的情形。

案例 13 - 3 伟旺达 833488

【问题】非重污染行业的环保问题

【问题描述】

请主办券商及律师核查：(1)公司所处行业是否为重污染行业，以及认定的依据或参考。(2)若公司不属于前述重污染行业，请核查：①公司建设项目的环保合规性，包括且不限于公司建设项目的环评批复、环评验收及“三同时”验收等批复文件的取得情况；②公司是否需要办理排污许可证以及取得情况；③结合公司的业务流程核查公司日常环保合规情况，是否存在环保违法和受处罚的情况。

【问题解决】[①]

根据《国民经济行业分类》(GB/T 4754—2011)，公司属于 C39 计算机、通信和其他电子设备制造业。

经本所律师核查，公司所处行业不属于《上市公司环保核查行业分类管理名录》(环办函〔2008〕373 号)所指的重污染行业。

本所律师核查了公司提供的工商档案资料、经营证照和其他文件资料，对公司生产现场进行了考察，并对公司有关人员进行了访谈。

公司设立时，经东莞市环境保护局东城分局审查，同意公司填报的《建设项目环境影响登记表》并作出审批意见，同意公司在东莞市东城温塘温竹路温竹二巷 7 号的项目建设，不得排放生产性废水、废气。

2007 年，公司的经营场所搬迁至东莞市东城区桑园玉岭工业区的租赁房屋。2015 年 6 月 15 日，东莞市环境保护局东城分局出具《建设项目竣工环境保护验收申请登记卡》，该局同意公司该建设项目通过环保竣工验收。

2015 年，公司的经营场所搬迁至东莞市南城区黄金路 1 号东莞天安数码城 B 区 2 号厂房 1101 ~ 1107。2013 年 10 月 28 日，东莞市环境保护局南城分局出具南环评验〔2013〕025 号《关于东莞天安数码 B 区建设项目竣工环境保护验收意见的函》，该局同意东莞天安数码城 B 区项目通过环保竣工验收。

---

① 《广东莞泰律师事务所关于广东伟旺达科技股份有限公司申请股票在全国中小企业股份转让系统挂牌并公开转让的补充法律意见书》，第 19 ~ 22 页。

2015 年 6 月 25 日，公司取得了由东莞市环境保护局核发的《广东省污染物排放许可证》（许可证编号：4419132015000012），有效期限至 2020 年 6 月 24 日。

公司及公司的董事长、法定代表人陈中伟声明，公司不存在环保违法和受处罚的情况。

经查询东莞市环境保护局的官方网站（http://dgepb. dg. gov. cn/）的“环境监管信息公开”一栏，未发现公司有受到环保部门行政处罚的记录。

鉴于上述核查的事实，本所认为：公司厂房建设项目已取得环境保护部门的批复意见；公司生产过程中的主要污染物排放符合国家相关环境保护标准；公司日常业务经营的环境保护合法、合规；公司不存在环保违法和受处罚的情况。因此，公司的生产经营活动符合有关环境保护的规定，合法、合规。

案例 13－4 三角防务 836582

【问题】是否存在环保违法情形

【问题描述】

请主办券商及律师核查：(1)公司所处行业是否为重污染行业，以及认定的依据或参考。(2)若公司不属于前述重污染行业，请核查：①公司建设项目的环保合规性，包括且不限于公司建设项目的环评批复、环评验收及“三同时”验收等批复文件的取得情况；②公司是否需要办理排污许可证以及取得情况；③结合公司的业务流程核查公司日常环保合规情况，是否存在环保违法和受处罚的情况。

【问题解决】①

依据《国家环境保护总局关于对申请上市的企业和申请再融资的上市企业进行环境保护核查的通知》（环发〔2003〕101 号）、《国家环境保护总局办公厅关于进一步规范重污染行业生产经营公司申请上市或再融资环境保护核查工作的通知》（环办〔2007〕105 号）和《上市公司环保核查行业分类管理名录》（环办函〔2008〕373 号），重污染行业包括：冶金、化工、石化、煤炭、火电、建材、造纸、酿造、制药、发酵、纺织、制革、采矿业、钢铁、水泥、电解铝。公司的经营范围为“机械产品、航空、航天、电力、船舶、有色金属等行业的模锻件产品、航空、航天零部件及系统的研制、生产、销售（不含民用航空器材）；货物或技术的进出口业务（国家禁止或限制进出口的货物、技术除外）。依法须经批准的项目，经相关部门批准后方可开展经营活动”。

根据《公开转让说明书》、公司提供的资料及说明，公司的经营范围为机械产品、航空、航天、电力、船舶、有色金属等行业的模锻件产品、航空、航天零部件及系统的研制、生产、销售（不含民用航空器材）；货物或技术的进出口业务（国家禁止或限制进出口的货物、技术除外）。根据《国民经济行业分类》（GB/T 4754—2011），公司的主营业务属于“金属制品业”大类，“其他金属制品制造”中类，“锻件及粉末冶金制品制造行业”小类，代码为 3391。根据中国证监会发布的《上市公司行业分类指引》（2012 年修订），公司的主营业务属于“C33 金属制

---

① 《北京市海润律师事务所关于西安三角防务股份有限公司在全国中小企业股份转让系统挂牌并公开转让之补充法律意见书（一）》，第 36～40 页。

品业”。根据全国股让公司的《挂牌公司管理型行业分类指引》,公司主营业务属于“C33 金属制品业”。根据全国股转公司的《挂牌公司投资型行业分类指引》,公司主营业务属于“121010 航空航天与国防”。

综上,本所律师认为,公司所处行业不属于重污染行业。

1. 公司建设项目的环保合规性

公司的大型航空模锻液压机及模锻件生产线项目,位于西安阎良国家航空产业基地蓝天二路8号,建设内容为400MN模锻、31.5MN自由锻液压机各一台,并以此为主要设备锻件加工生产线一套,目前已通过竣工验收环评。

2013年11月25日,西安市环境保护局出具市环批复〔2013〕463号《西安市环境保护局关于同意西安三角航空科技有限责任公司大型航空模锻液压机及模锻件生产线建设项目试生产的函》,同意该项目试生产,试生产期限“自批复之日起3个月”。

2015年10月15日,西安市环境保护局环评处、大气处、西安市环境监理处、航空基地环保分局工作人员组成的“大型航空模锻液压机及模锻件生产线项目竣工环境保护验收组”出具的验收意见显示,依据西安市环保局阎良分局环境监测站(阎环验字〔2015〕第017号)验收监测报告,项目主要污染物排放符合环评批复要求;验收组同意在公司完善打磨工序建设、危险废物暂存点建设、验收监测报告、补充粉尘无组织监测、监理环境保护管理制度等工作后,通过竣工环保验收。

2015年11月7日,公司获得西安市环境保护局出具的《西安市环境保护局关于大型航空模锻液压机及模锻件生产线项目竣工环境保护验收的批复》(市环批复〔2015〕258号),其中“环境保护‘三同时’执行情况及验收组意见”部分记载:“验收组认为,该项目在补充有关资料后,同意该项目通过竣工环评验收。2015年11月6日,该项目补充了有关资料。”由此,西安市环境保护局出具的批复同意项目已建设内容通过竣工验收环评。

公司试生产期限自2014年2月25日到期后,公司未及时申请环保验收,也未办理试生产延期手续。2014年2月25日至2015年11月7日,公司生产存在环保手续不健全期间生产的瑕疵。对此,公司第一大股东西安航空产业投资有限公司于2015年11月20日出具了承诺函,承诺如公司由于报告期内存在的环保未验收而进行生产导致的相关处罚,由其承担,与公司无关。

综上,经对公司提供的资料进行核查,并对西安市环境保护局航空基地分局相关负责人员进行访谈,本所律师认为,公司建设项目所需的批复文件已办理完毕,不存在环境保护方面重大违法违规情况。

2. 公司是否需要办理排污许可证以及取得情况

《陕西省排污许可证管理暂行办法》第2条第1款规定:“本办法所称排污单位是指在本省行政区域内涉及排放废水、废气、固体废物和噪声的企业、事业单位和其他生产经营者。”据此,公司需依法办理《排污许可证》。经本所律师核查,公司已取得西安市环境保护局颁发的PXDQ01143200001－1601号《排污许可证》。

3. 公司日常环保合规情况,是否存在环保违法和受处罚的情况

根据公司出具的声明,并经本所律师核查环境保护部公布的环境违法企业名单等资料以

及对西安市环境保护局航空基地分局相关负责人员进行访谈，本所律师认为，公司生产经营活动符合有关环境保护的要求，报告期内不存在因违反环境保护方面的法律、法规和规范性文件而受到行政处罚的情形。

案例 13-5 飞世尔 836541

【问题】环保是否合法、合规

【问题描述】

关于公司环保是否合规的问题，请主办券商、律师核查以下事项并发表明确意见：(1)公司的日常生产经营需要遵守的相关环保规定，公司日常环保运营是否合法、合规；(2)是否需要并且取得相应的环保资质、履行相应的环保手续（如排污许可证、环评批复、环评验收，存在危险物处理、涉及核安全以及其他需要取得环保行政许可事项的，公司是否已经取得）；(3)公司所处行业根据国家规定是否属于重污染行业。

【问题解决】[①]

1. 日常环保

(1)公司的日常生产经营需要遵守的环保规定。

根据《环境保护法》第 40 条第 1 款、第 3 款的规定，国家促进清洁生产和资源循环利用。企业应当优先使用清洁能源，采用资源利用率高、污染物排放量少的工艺、设备以及废弃物综合利用技术和污染物无害化处理技术，减少污染物的产生。

根据《清洁生产促进法》第 18 条的规定，新建、改建和扩建项目应当进行环境影响评价，对原料使用、资源消耗、资源综合利用以及污染物产生与处置等进行分析论证，优先采用资源利用率高以及污染物产生量少的清洁生产技术、工艺和设备。

根据《环境影响评价法》第 16 条、《建设项目环境保护管理条例》第 7 条的规定，国家根据建设项目对环境的影响程度，对建设项目的环境影响评价实行分类管理。建设单位应当根据建设项目对环境的影响组织编制环境影响报告书、环境影响报告表或者填报环境影响登记表。

根据《环境影响评价法》第 22 条第 1 款、《广东省建设项目环境保护管理条例》第 15 条及《建设项目环境保护管理条例》第 10 条第 1 款的规定，建设项目环境影响报告书、环境影响报告表或者环境影响登记表，由建设单位报有审批权的环境保护行政主管部门审批；建设项目有行业主管部门的，其环境影响报告书或者环境影响报告表应当经行业主管部门预审后，报有审批权的环境保护行政主管部门审批。

根据《环境影响评价法》第 24 条第 1 款、《建设项目环境保护管理条例》第 12 条第 1 款的规定，建设项目环境影响报告书、环境影响报告表或者环境影响登记表经批准后，建设项目的性质、规模、地点或者采用的生产工艺发生重大变化的，建设单位应当重新报批建设项目环境

---

① 《北京市大成(深圳)律师事务所关于深圳飞世尔新材料股份有限公司申请股票在全国中小企业股份转让系统挂牌并公开转让的补充法律意见书(一)》，第 10～14 页。

影响报告书、环境影响报告表或者环境影响登记表。

根据《环境影响评价法》第26条的规定，建设项目建设过程中，建设单位应当同时实施环境影响报告书、环境影响报告表以及环境影响评价文件审批部门审批意见中提出的环境保护对策措施。

（2）公司日常环保运营。

2005年5月30日，深圳市环境科学研究所出具《环境影响报告表》，确认公司主要从事电子产品、环保清洗剂和微电子材料的研究和生产以及石油精和异丙醇的销售，项目营运的产品为LCD生产使用，其中环保清洗剂和光固化胶粘剂通过将原材料按配方比例通过物理溶解、混合制成。鹏华工业园内生活配套设施齐全，有良好的水、电供应和安全设施。在严格落实本表提出的建议后，项目建设符合该区域的环境功能区划要求，该项目选址合理，并符合产业政策导向，从环境保护的角度项目建设是可行的。

2005年11月8日，深圳市环境保护局核准了公司在鹏华工业园10号厂房一楼东新建，并出具的《建设项目环境影响审查批复》（深环批〔2005〕90262号）。

2012年6月7日，深圳市宝安区环境保护和水务局核准了公司在鹏华工业园10号厂房1楼东、4楼东扩建，并出具了《建设项目环境影响审查批复》（深宝环水批〔2012〕602280号）。

根据《建设项目环境影响审查批复》（深宝环水批〔2012〕602280号）规定，公司没有放射源、辐射源，没有放射性、辐射性物质产生；没有工业废水排放，如有亦须另行申报；公司推行清洁生产。

根据《建设项目环境影响审查批复》（深宝环水批〔2012〕602280号）的要求，生活污水须经三级化粪池处理后通过市政管网排入龙华污水处理厂集中处理；排放废气执行DB 4427—2001的二级标准，所排废气须经处理，达到规定标准后，经过管道高空排放；噪声执行GB 12348—2008的2类区标准，白天≤60分贝，夜间≤50分贝。2015年5月25日，深圳市二轻环联检测技术有限公司出具编号为201505E03号《检测报告》，根据该报告，检测目的是对公司污染物排放现状进行检测，检测内容包括污水、废气、噪声，采样地点分别是：生活污水排放口、车间废气无组织监控点、厂东西南北对出界外1米，检测结果均达到《建设项目环境影响审查批复》（深宝环水批〔2012〕602280号）要求的标准。

根据《建设项目环境影响审查批复》（深宝环水批〔2012〕602280号）的要求，生产、经营中产生的工业固体废弃物不准擅自排放或混入生活垃圾中倾倒，工业危险废物须委托环保部门认可的工业废物处理站集中处理，有关委托合同须报环保部门备案。2015年7月3日，公司与深圳市宝安工业废物处理站签订《工业废物处理协议》（深宝工废协议第〔2015－1209〕），委托该废物处理站处置工业废物，协议有效期为2015年7月3日至2016年7月3日。

根据公司于2015年10月28日出具的《确认函》，公司自2013年1月1日《确认函》出具之日起，严格遵守环境保护方面的法律法规，生产经营活动符合有关环境保护的要求，不存在因环境保护而产生任何侵权之债或其他纠纷，也不存在因违反环境保护法规而受到行政处罚的情形。

2014年10月，环保部发布《关于改革调整上市环保核查工作制度的通知》，明确各级环保部门不得再为各类企业出具环保守法证明等任何形式的类似文件。为进一步核查公司日常环保问题，本所律师于2016年1月8日走访深圳市龙华新区城市建设局环保水政监察大队，经该监察大队确认公司不存在违反环保法的相关规定而被处罚的情形。另经查询深圳人居环境网(http://www.szhec.gov.cn/)，报告期内，公司不在环保系统查处违法企业名单中。

综上，本所律师认为公司日常环保运营合法、合规。

2.环保手续

(1)公司已按要求取得环评批复。

根据《环境影响评价法》第22条第1款、《广东省建设项目环境保护管理条例》第15条及《建设项目环境保护管理条例》第10条第1款的规定，建设项目环境影响报告书、环境影响报告表或者环境影响登记表，须由建设单位报有审批权的环境保护行政主管部门审批。

2005年11月8日，深圳市环境保护局核准了公司在鹏华工业园10号厂房一楼东新建，并出具的《建设项目环境影响审查批复》(深环批〔2005〕90262号)。2012年6月7日，深圳市宝安区环境保护和水务局核准了公司在鹏华工业园10号厂房1楼东、4楼东扩建，并出具了《建设项目环境影响审查批复》(深宝环水批〔2012〕602280号)。

(2)公司无须取得环评验收。

根据《建设项目环境保护管理条例》第20条第1款、《深圳经济特区建设项目环境保护管理条例》第25条的规定，建设项目竣工后，建设单位应当向审批该建设项目环境影响报告书、环境影响报告表或者环境影响登记表的环境保护行政主管部门，申请该建设项目需要配套建设的环境保护设施竣工验收。

根据《深圳市建设项目竣工环境保护验收管理办法》第6条、第7条的规定，Ⅰ级和Ⅱ级建设项目必须经有审批权限的环保部门验收合格后，方可投入生产或者使用；Ⅲ级建设项目免于办理建设项目竣工环境保护验收手续。其中，Ⅰ级建设项目包括：编制环境影响报告书的污染类建设项目和生态类建设项目；Ⅱ级建设项目包括：编制环境影响报告表的生态类建设项目；编制环境影响报告表且环境影响报告表认定需配套建设污水、废气等污染防治设施，并要求纳入“三同时”管理的污染类建设项目；Ⅲ级建设项目包括：编制环境影响报告表且环境影响报告表认定不需配套建设污水、废气等污染防治设施，且未要求纳入“三同时”管理的污染类建设项目；填报环境影响登记表的污染类建设项目和生态类建设项目。

根据2012年6月7日深圳市宝安区环境保护和水务局出具的《建设项目环境影响审查批复》(深宝环水批〔2012〕602280号)，并经深圳市龙华新区城市建设局环保水政监察大队工作人员确认，公司的项目不属于需配套建设污水、废气等污染防治设施，且未要求纳入“三同时”管理的污染类建设项目，属于上述规定的“Ⅲ级建设项目”，因此无须进行环评验收。

(3)公司无须取得排污许可证及其他环保行政许可。

根据《广东省排污许可证管理办法》第2条第1款的规定，在生产过程中排放大气污染物的；排放工业废水、医疗污水以及含重金属、病原体等有毒有害物质的其他废水和污水的；在城镇、工业园区或者开发区等运营污水集中处理设施的；经营规模化畜禽养殖场的；其他依法应当取得排污许可证的行为应当办理排污许可证。

公司生产过程中产生的污水、废气经深圳市二轻环联检测技术有限公司检测达到《建设项目环境影响审查批复》(深宝环水批〔2012〕602280号)的标准，且根据《建设项目环境影响审查批复》(深宝环水批〔2012〕602280 号)的规定,公司没有工业废水排放。公司不存在须依《广东省排污许可证管理办法》第 2 条办理排污许可证的情形。

此外,公司的主营业务"异方性导电膜、UV 胶、环保清洗剂等微电子材料的研发、生产与销售"未涉及危险物处理、核安全以及其他需要取得环保行政许可事项。

综上,本所律师认为,公司已按要求取得环评批复,无须办理排污许可证、环评验收,无须取得危险物处理、涉及核安全以及其他方面的环保行政许可。公司已取得相应的环保资质、履行相应的环保手续。

3. 是否属于重污染行业

根据《国家环境保护部办公厅关于印发〈上市公司环保核查行业分类管理名录〉的通知》(环办函〔2008〕373 号),管理名录所指重污染行业包括火电、钢铁、水泥、电解铝、煤炭、冶金、建材、采矿、化工、石化、制药、轻工(酿造、造纸、发酵)、纺织、制革共 14 个行业大类。

经核查,公司的主营业务为异方性导电膜、UV 胶、环保清洗剂等微电子材料的研发、生产与销售。根据《上市公司行业分类指引》(2012 年修订),公司属于"化学原料和化学制品制造业"(行业代码 C26);根据《国民经济行业分类》(GB/T 4754—2011),公司属于"信息化学品制造"(行业代码 C2664);根据全国股转公司《挂牌公司管理型行业分类指引》(2015 年发布),公司行业属于"化学原料和化学制品制造业"(C26)。

综上,本所律师认为,公司所处行业属于重污染行业,但经核查公司的生产流程以及已取得的相应环保文件,公司的生产过程遵守环保相关规定,逐项落实《建设项目环境影响审查批复》提出的环保措施,公司的生产不会对环境产生重污染。

案例 13-6 芳源环保 839247

【问题】公司及其子公司环保合法、合规性

【问题描述】

请主办券商、律师补充核查公司(子公司)是否为重污染,公司(子公司)是否需要办理排污许可或设置环保措施,以及环保措施办理情况,并结合《全国中小企业股份转让系统挂牌业务问答——关于挂牌条件适用若干问题的解答(一)》的规定补充核查公司环保合法合规性并发表明确意见。

【问题解决】①

根据原国家环境保护总局 2003 年 6 月 16 日发布的《关于对申请上市的企业和申请再融资的上市企业进行环境保护核查的通知》(环发〔2003〕101 号)、2008 年 2 月 22 日发布的《关于加强上市公司环境保护监督管理工作的指导意见》(环发〔2008〕24 号),以及原国家环境保护总局办公厅 2007 年 8 月 13 日发布的《关于进一步规范重污染行业生产经营公司申请上市或再融资环境保护核查工作的通知》(环办〔2007〕105 号)、环境保护部办公厅发布的《关于印

① 《广东华商律师事务所关于广东芳源环保股份有限公司申请股票在全国中小企业股份转让系统挂牌并公开转让之补充法律意见书(一)》,第 9~12 页。

发〈上市公司环保核查行业分类管理名录〉的通知》(环办函〔2008〕373 号),芳源环保、芳源金属材料所处行业属于重污染行业,金明检测所处行业不属于重污染行业。

1. 芳源环保的环境保护

(1)根据江门市环境保护局于 2002 年 5 月 27 日出具的《关于江门市芳源环境科技开发有限公司环保立项的批复》(江环技〔2002〕65 号),江门市环境保护局同意芳源环境在江门市蓬江区白石凤山工业区 18 号厂房从事废旧电池和含镍废料的综合利用及环保设备的加工制造、年处理废旧电池 1200 吨、年产硫酸镍 1800 吨的建设项目。

根据江门市环境保护局于 2002 年 7 月 19 日出具的《关于江门市芳源环境科技开发有限公司增加经营范围申请的批复》,江门市环境保护局同意芳源环境增加"非生产性废旧金属收购及向收购企业收购生产性废旧金属自用"的经营范围。

根据芳源环境填写并由江门市环境保护局于 2002 年 10 月 18 日出具验收意见的《江门市建设项目环境保护验收报告表》,江门市环境保护局同意芳源环境的上述建设项目通过环境保护验收。

(2)根据江门市新会区环境保护局于 2004 年 8 月 16 日出具的《关于江门市芳源环境科技开发有限公司建设项目环境影响报告表审批意见的函》(新环建〔2004〕510 号),江门市新会区环境保护局同意芳源环境搬迁至江门市新会区五和农场工业区并进行生产扩建。

根据江门市新会区环境保护局于 2004 年 11 月 30 日出具的《关于江门市芳源环境科技开发有限公司建设项目竣工环境保护验收批复》(新环验〔2004〕299 号),江门市新会区环境保护局同意芳源环境上述建设项目通过环境保护验收。

(3)根据江门市新会区环境保护局于 2005 年 12 月 5 日出具的《关于江门市芳源环境科技开发有限公司建设项目环境影响报告表审批意见的函》(新环建〔2005〕302 号),江门市新会区环境保护局同意芳源环境扩建球形氢氧化镍项目。

根据江门市新会区环境保护局于 2006 年 9 月 7 日出具的《关于江门市芳源环境科技开发有限公司球形氢氧化镍扩建项目环境保护验收意见的函》(新环验〔2006〕172 号),江门市新会区环境保护局同意芳源环境上述建设项目通过环境保护验收。

(4)芳源环保现持有江门市新会区环境保护局 2016 年 5 月 4 日核发的许可证编号为 4407052011000077 的《广东省污染物排放许可证》,排污种类为废气、废水,有效期自 2016 年 5 月 4 日至 2021 年 5 月 4 日;芳源环保现持有广东省环境保护厅于 2015 年 9 月 14 日核发的许可证编号为 4407050041 的《危险废物经营许可证》,核准经营范围为收集、贮存、处理含镉废物(HW26,394 - 002 - 26)、含镍废物(HW46,261 - 087 - 46、394 - 005 - 46)及废镍镉、镍氢电池(HW49,900 - 044 - 49)1000 吨/年,有效期为 2015 年 9 月 14 日至 2020 年 9 月 14 日。

(5)芳源环境于 2015 年 11 月 20 日与河源市金宇有色金属有限公司签订《危险废物转移处置合同》。根据该合同,芳源环境将其在生产过程中产生的固态含镍废物委托给该公司集中处理,芳源环境按照约定的价格和方式支付费用给该公司,江门市环境保护局于 2016 年 1 月15 日出具了同意的审核意见。

2. 芳源金属材料的环境保护

(1)根据江门市新会区环境保护局于 2007 年 5 月 8 日出具的《关于江门芳源金属材料科

技有限公司高品级金属镍生产项目环境影响报告表的批复》(新环建〔2007〕71号),江门市新会区环境保护局同意芳源金属材料在江门市新会区五和孩儿山从事高品级金属镍生产的建设项目。

根据江门市新会区环境保护局于2008年6月16日出具的《关于江门芳源金属材料科技有限公司高品级金属镍生产建设项目竣工环境保护验收的决定书》(新环验〔2008〕87号),江门市新会区环境保护局同意芳源金属材料上述建设项目通过环境保护验收。

(2)芳源金属材料现持有江门市新会区环境保护局于2016年5月18日核发的许可证编号为4407052011000076的《广东省污染物排放许可证》,排污种类为废气、废水,有效期为2016年5月18日至2021年5月18日。根据芳源环保出具的《声明、承诺与保证》,并经本所律师合理核查,报告期内芳源环保(追溯至芳源环境)、芳源金属材料、金明检测不存在因违反环境保护方面的法律、法规和规范性文件而受到处罚的情形,芳源环保、芳源金属材料、金明检测在环境保护方面合法、合规。

案例13-7 博汇股份831213

【问题】存在环保方面的处罚

【问题描述】

公司主要从事橡胶助剂、塑料助剂、沥青助剂、润滑油助剂等芳烃系列产品和轻质燃料油的研发、生产、销售业务;报告期内公司因未办理环评事项即投入生产而受到环保监管部门处罚。(1)请主办券商和律师对前述处罚是否属于重大违法违规进一步分析并发表明确意见。(2)请公司补充披露开展业务遵守国家或行业有关日常环保监管规范的情况,是否办理完毕环评手续,公司日常业务中各类污染排放标准、处理措施和流程。请主办券商和律师对前述事项进行核查,对公司是否符合挂牌条件发表明确意见。

【问题解决】①

1.环保处罚的情况

2012年9月14日,博汇有限公司因在未取得环境影响评价审批文件的情况下,新建12个卧式储罐、1台2吨蒸汽锅炉且投入生产使用,被宁波市环境保护局以甬环罚字〔2012〕第62号行政处罚决定书处以停止使用12个卧式储罐、1台2吨蒸汽锅炉的使用和罚款10万元。

经核查,该未办理环评事项即投入生产的行为未造成环境污染事故,该12个卧式储罐、1台2吨蒸汽锅炉的停止使用,不影响公司的持续经营。

根据《宁波市重大环境违法违规行为认定处理办法(试行)》第5条的规定,有下列情形之一的,可以认定为重大环境违法违规行为:(1)偷排污染物或者故意不正常使用处理设施且排放污染物超标严重的;(2)将危险废物以倾倒、填埋等方式直接进入水体、土壤、海洋等环境并有主观意图的;(3)拒绝、阻扰环保执法人员依法实施现场监督检查或者拒不配合环境违法

① 《北京市大成(杭州)律师事务所关于公司股票在全国中小企业股份转让系统挂牌公开转让的补充法律意见书(一)》,第10~13页。

案件查处工作的；(4)拒不履行环保行政处罚决定，被依法申请强制执行的；(5)以欺骗、虚假手段取得环保行政许可的；(6)因违法排污造成环境污染事故的；(7)被责令停产整治的；(8)逾期未完成限期治理任务，被责令停产或停业的；(9)被实施环境行政强制措施的；(10)其他严重违反环保法律、法规、规章规定的环境行为。

经本所律师核查：(1)公司该未办理环评事项即投入生产的行为未造成环境污染事故，不存在《宁波市重大环境违法违规行为认定处理办法(试行)》第5条第1项和第2项规定的情形。(2)公司积极配合环保执法人员的监督检查，不存在《宁波市重大环境违法违规行为认定处理办法(试行)》第5条第3项规定的情形。(3)公司履行了环保处罚决定，未被申请强制执行。不存在《宁波市重大环境违法违规行为认定处理办法(试行)》第5条第4项规定的情形。(4)公司未以欺骗、虚假手段取得环保行政许可。不存在《宁波市重大环境违法违规行为认定处理办法(试行)》第5条第5项规定的情形。(5)公司未办理环评事项即投入生产的行为没有造成环境污染事故，公司也未被责令停产、停业，也未被实施环境行政强制措施。不存在其他严重违反环保法律、法规、规章规定的环境行为的情形。故公司不存在《宁波市重大环境违法违规行为认定处理办法(试行)》第5条第6~10项规定的情形。

公司控股股东及实际控制人承诺，如因未办理环评事项即投入生产的行为，导致公司后续受到处罚或损失以及其他费用，控股股东及实际控制人将承担一切因此所产生的全部责任，确保公司不会因此遭受任何损失。

根据上述核查，公司未办理环评事项即投入生产的行为不存在《宁波市重大环境违法违规行为认定处理办法(试行)》规定的可以认定为重大环境违法违规行为的情形。本所律师认为，公司未办理环评事项即投入生产的行为不是重大违法违规的行为，不会对公司本次挂牌构成实质性障碍，公司符合合法规范经营的挂牌条件。

2. 日常环保

公司主要从事芳烃类产品和轻质燃料油的生产。在生产过程中执行的环境保护标准如下：厂界非甲烷总烃适用《大气污染物综合排放标准》(GB 16297—1996)；各测点厂界噪声适用《工业企业厂界环境噪声排放标准》(GB 12348—2008)3类区标准；生活污水排放适用《污水排入城市下水道水质标准》(CJ 3082—1999)。

宁波市环境保护局以甬环验〔2012〕97号批准了公司年产3.5万吨芳烃油、1.5万吨石油树脂生产项目，公司的业务开展已办理完毕环评手续。

公司在开展业务中不断完善各项环保制度和环保举措，并进行明确的职责分工，定期对执行环保情况进行监督，具体的环保措施如下：

(1)针对公司受到的环保部门处罚，公司在改造、新建生产相关装置或设备时，由安全环保部会同生产部充分沟通和论证，并由安全环保部及时与环保主管部门沟通，严格履行相关规定的程序，避免违反环保要求的事件再次发生。

(2)公司主要排污包括污水、废气和固废三块，固废收集后专门委托宁波大地化工环保有限公司处理。生产区和罐区产生的污水经过一级和二级隔油池，将污水主要指标pH值控制在6~9、COD控制在120以下、SS控制在150以下等二级排放水的排放标准，并将达到二级标准的污水输送到宁波北区污水处理有限公司再处理。公司废气经管网收集后通过真空机组和风机输送，经焚烧炉充分燃烧后达到烟尘小于200毫克/立方米、格林曼黑度达到1级、SO_2控制在850毫克/立方米以下的二级排放标准，并高空排放。公司通过对“三废”预处理后再委托处理方式，及尾气充分燃烧的处理，都达到国家排放标准。

（3）公司安全环保部定期对公司执行环保情况进行监督检查和评价。

经核查，本所律师认为，公司近两年来，虽然在环保方面受到过行政处罚，但未不构成重大违法违规行为。故公司近两年来在环保方面没有重大违法违规行为，符合合法规范经营的挂牌条件。

案例13－8　嘉泰激光835771

【问题】未办理环评手续

【问题描述】

公司（子公司）是否属于重污染行业；如是，根据《全国中小企业股份转让系统挂牌业务问答——关于挂牌条件适用若干问题的解答（一）》“申请挂牌公司及其子公司所属行业为重污染行业，根据相关法律法规规定应办理建设项目环评批复、环保验收、排污许可证以及配置污染处理设施的，应在申报挂牌前办理完毕；如公司尚有在建工程，则应按照建设进程办理完毕相应环保手续”的要求，请律师补充发表专项意见；如不属于重污染，请补充说明排污许可证和污染处理设施配置办理情况。

【问题解决】①

1. 尽职调查过程

核查了工商登记资料、公司章程、环保部门关于重污染行业的规定、温州经济技术开发区环保局出具的证明文件、查阅了温州经济技术开发管委会发布的《关于浙江嘉泰激光科技股份有限公司年产1000台工业激光设备建设项目竣工环境保护验收意见的函》以及公司的相关资质及许可等。

2. 事实依据

2015年9月28日《营业执照》、《公司章程》、《环境保护法》、《浙江省排污许可证管理暂行办法》、《环境保护部关于对申请上市的企业和申请再融资的上市企业进行环境保护核查的通知》（环发〔2003〕101号）、《国家环境保护总局办公厅关于进一步规范重污染行业生产经营公司申请上市或再融资环境保护核查工作的通知》（环办〔2007〕105号）、《环境保护部办公厅关于印发〈上市公司环保核查行业分类管理名录〉的通知》（环办函〔2008〕373号）、2014年12月22日温州经济技术开发区城市管理与行政执法局颁发的《城市排水许可证》、2015年10月20日温州经济技术开发区管理委员会核发的《浙江省排污许可证》、2015年10月8日《环保守法证明》、《关于浙江嘉泰激光科技有限公司年产1000台激光设备建设项目环境影响报告表的批复》（温开环建〔2015〕70号）、《关于浙江嘉泰激光科技股份有限公司年产1000台工业

---

① 《北京市中银律师事务所关于浙江嘉泰激光科技股份有限公司申请股票在全国中小企业股份转让系统挂牌并公开转让的补充法律意见书（一）》，第3～7页。

激光设备建设项目竣工环境保护验收意见的函》(温开环验〔2015〕46号)。

3.分析过程

根据公司2015年9月28日的《营业执照》,公司的经营范围为:“货运:普通货运(在《道路运输经营许可证》有效期内经营);工业激光设备研发、制造、销售、出租;货物进出口、技术进出口。依法须经批准的项目,经相关部门批准后方可开展经营活动”。根据公司提供的资料,公司主营业务为:“工业激光加工设备的研发、生产和销售”。激光加工技术不同于传统的机械加工,无磨损、无噪声、不易受电磁干扰、无环境污染。根据《环境保护部关于对申请上市的企业和申请再融资的上市企业进行环境保护核查的通知》(环发〔2003〕101号)、《国家环境保护总局办公厅关于进一步规范重污染行业生产经营公司申请上市或再融资环境保护核查工作的通知》(环办〔2007〕105号)及《环境保护部办公厅关于印发〈上市公司环保核查行业分类管理名录〉的通知》(环办函〔2008〕373号)的规定,将重污染行业的范围界定为:冶金、化工、石化、煤炭、火电、建材、造纸、酿造、制药、发酵、纺织、制革、采矿业、钢铁、水泥、电解铝等。

根据《上市公司行业分类指引》(2012年修订),公司所属行业为“制造业(C)”之“专用设备制造业(C35)”;根据《国民经济行业分类》(GB/T 4754—2011),公司所属行业为“制造业(C)”之“专用设备制造业(C35)”之“电子工业专用设备制造业(C3562)”;根据《挂牌公司投资型行业分类指引》,公司属于“智能电子识别设备(17111111)”;根据《挂牌公司管理型行业分类指引》,公司属于“电子工业专用设备制造(C3562)”。公司不存在子公司情形。综上,本所律师认为,公司所处行业不属于重污染行业。

《环境保护法》第45条规定:“国家依照法律规定实行排污许可管理制度。实行排污许可管理的企业事业单位和其他生产经营者应当按照排污许可证的要求排放污染物;未取得排污许可证的,不得排放污染物。”《浙江省排污许可证管理暂行办法》第2条规定:“在本省行政区域内的下列污染物排放企业、事业单位(以下统称排污单位),应当按照本办法规定取得排污许可证;法律、法规另有规定的,从其规定:(一)排放主要大气污染物且经依法核定排放量的;(二)排放工业废水、医疗污水的;(三)排放规模化畜禽养殖污水的;(四)向环境排放餐饮污水的;(五)运营城乡污水集中处理设施的;(六)其他应当依法取得排污许可证的排污单位。”公司所产生的废水主要为职工生活污水,公司生产活动主要为对外购原材料、配件及外协加工件等进行装配的活动(公司业务流程中所涉及的氧化处理、磨光、上漆等可能对环境产生较大影响的生产环节,公司选择外协加工),故公司并不属于法律法规强制要求办理排污许可证的范围。2015年10月8日,温州经济技术开发区市政环保局出具《环保守法证明》,证明浙江嘉泰激光科技股份有限公司自成立以来,严格执行国家环保有关法律法规规定,近三年来未发生重大环保纠纷问题,也未受到环保违法行为行政处罚。公司虽不属于法律法规规定必须办理排污许可证的企业范围,但公司为了谨慎起见,也已分别于2014年12月22日取得了温州经济技术开发区城市管理与行政执法局颁发的《城市排水许可证》(有效期自2014年12月22日至2019年12月21日)并于2015年10月20日取得了温州经济技术开发区管理委员会核发的《浙江省排污许可证》(有效期限自2015年10月20日起至2018年10月19日止)。

经本所律师核查,公司污染处理设施配置办理情况如下:针对生活废水,公司有配置化粪池，经化粪池处理达到纳管标准后，进入温州经济技术开发区第二污水处理厂处理达标后排放；针对生产经营过程中产生的少量废气，公司有设置抽风装置及独立的焊接车间，加强车间通风，并尽可能收集后有组织排放；针对生产经营过程中产生的少量噪声，公司合理布局生产车间，高噪音设备采取相应隔声减震措施，加强设备的维护，确保设备处于良好的运转状态，杜绝因设备不正常运转产生的高噪声现象；针对生产经营过程中产生的固废，公司有设置废物收集装置，生活垃圾经收集后委托环卫部门统一清运处理，金属边角料收集后定点堆放，外售给回收商重新综合利用，废乳化液委托有资质的单位处理，粉尘沉降后经收集与金属边角料一起外售回收综合利用等。

经本所律师核查，公司"年产1000台激光设备建设项目"在报告期内未办理环评手续，但截至本法律意见书出具之日，公司已办理完成了上述项目的全部环评手续。2015年9月23日，温州经济技术开发区管理委员会出具了《关于浙江嘉泰激光科技有限公司年产1000台激光设备建设项目环境影响报告表的批复》（温开环建〔2015〕70号），同意项目实施。2015年10月，浙江中谱检测科技有限公司出具了《浙江嘉泰激光科技有限公司年产1000台激光设备建设项目竣工环境保护验收监测报告》（中谱检〔2015〕竣字第075号），确认公司竣工环境保护项目基本落实了环境保护"三同时"制度和环境影响评价报告表及批复的意见，有较齐全的环保管理制度，在正常生产的情况下，污染物排放浓度均能达标排放。

2015年10月16日，温州经济技术开发区管理委员会出具了《关于浙江嘉泰激光科技股份有限公司年产1000台工业激光设备建设项目竣工环境保护验收意见的函》（温开环验〔2015〕46号），同意项目通过竣工环境保护验收。

虽然在2015年办理完成环评手续之前，公司未就关于"年产1000台激光设备建设项目"办理过环评手续，但是公司未收到有关主管机关的责令整改通知；公司经自查后及时申请了环评且已经通过环评验收，未办理环评的行为已经纠正；且公司已经取得了环境保护主管机关出具的守法证明。公司控股股东及实际控制人出具了有关声明与承诺，确认将来因报告期内未办理环评手续而导致公司遭受任何损失或受到有关主管部门的任何处罚的，由控股股东及实际控制人承担全部责任，并由其对公司所遭受的损失全额补偿。

4. 结论意见

本所律师认为，公司所从事的行业不属于重污染行业，公司虽不属于法律法规强制规定应办理排污许可证范围但仍主动申请并取得了排污许可证，公司生产经营所涉及的污染物排放较少，对环境的影响较小，公司目前的污染处理设施配置完备，能有效防范污染。公司报告期内存在未及时办理环评手续的情况，但并不构成重大违法违规，不会对公司的生产经营构成潜在重大不利影响。因此，公司报告期内存在未及时办理环评手续的情况，但公司经自查后及时申请了环评且已经通过环评验收，未办理环评的行为已经纠正，且公司已经取得了环境保护主管机关出具的守法证明。故并不会构成重大违法违规，不会对公司的生产经营构成潜在重大不利影响。

第十四章　主 要 资 产

一、资产权属核查的必要性

新三板挂牌中，之所以需要理顺公司资产的权属问题，达到资产权属清晰的效果，是因为担心公司资产权属不明或资产纠纷等状况影响公司的正常经营活动及持续经营能力。

根据《挂牌条件标准指引》规定“公司股东的出资合法、合规”，“以实物、知识产权、土地使用权等非货币财产出资的，应当评估作价，核实财产，明确权属，财产权转移手续办理完毕”。另外，《挂牌审查一般问题内核参考要点（试行）》也要求必须对拟挂牌公司的资产进行详细核查，审核公司资产权属是否清晰。

二、解决思路

1. 详细披露资产权属瑕疵的基本情况

如拟挂牌企业的资产权属存在瑕疵的，应详细披露该瑕疵产生的原因、存续时间、权属现状、对公司经营的影响等情况。

2. 确保资产权属瑕疵对企业持续经营不构成重大影响

企业的资产权属瑕疵并非都会对企业挂牌构成重大影响，但如果该资产构成企业持续经营的重要因素则要另当别论了。比如，企业主要生产经营地所在的厂房没有权属证书的，企业应在挂牌申报前取得相应权属证书，如无法取得证书的，应给出充足的理由和依据，同时根据实际情况制定相应有效的替代措施，确保存在瑕疵的资产对公司未来持续经营不构成重大影响，对企业挂牌不构成重大障碍。

3. 实际控制人出具相应承诺

就解决资产瑕疵问题的过程中可能产生的风险及公司可能遭受的损失，建议由公司的实际控制人出具相应兜底承诺。

案例 14－1　新比克斯 832209

【问题】厂房和宿舍建设在承租的未取得集体土地使用权证书的土地上

【问题描述】

广东新比克斯实业股份有限公司（以下简称新比克斯）目前所用厂房和宿舍位于东莞市茶山镇京山村工业园，包含一栋 3 层厂房和一栋 5 层宿舍，建筑面积 8527.8 平方米。该厂房和宿舍所属土地是由公司向东莞市茶山镇京山村村委会租赁，根据东莞市国土资源局于 2006

年9月22日核发的东莞市(县)(2006)划拨准字第20060095号建设用地批准书,该地块土地所有权性质为集体所有,土地用途为工业用途,工地产权属于东莞市茶山镇京山村村民委员会所有,目前该地块尚未取得集体土地使用权证书。上述厂房和宿舍为公司自建,因报建手续存在瑕疵,且建筑物所在建设用地为租赁,公司尚无法取得房地产权证书,故存在权属瑕疵。请公司补充披露:

(1)该地块未取得集体土地使用权证书的具体原因;

(2)公司在租赁土地上自建房产是否经出租人同意,是否存在违约风险;

(3)公司报建手续存在瑕疵的具体内容,公司房产是否按照法律法规规定履行了必要程序,是否存在被拆除或被相关部门处罚的风险;

(4)若以上房屋被认定为违法建筑,请公司详细分析对公司财务及经营可能产生的影响。

请主办券商及律师补充核查以上事项,对公司是否存在违法违规的行为发表意见,对公司是否符合"合法、合规经营"的挂牌条件发表意见。

【问题解决】①

1.根据本所律师核查及新比克斯的说明,东莞市茶山镇京山村享有该地块集体土地所有权,京山工业园区内的土地均由京山村委会统一到国土部门申报办理集体土地使用权证书。根据东莞市茶山镇京山村村委会于2015年3月16日出具的《情况说明》,该地块未取得集体土地使用权证书的具体原因是:东莞市盛国钢材有限公司的用地红线与实际使用面积不相符,导致整个地块集体土地使用证延迟办理。

2.根据本所律师核查及新比克斯的说明,2006年8月22日,怡之丰与东莞市茶山镇京山村委会签订了《租赁场地合同书》,约定租赁位于东莞市茶山镇京山村工业园的集体土地,土地用途为工业用地,面积为6501.3平方米,租赁期限为20年,用于兴建厂房经营,租金为每年人民币146 250元。《租赁场地合同书》已经明确约定,租赁用途为兴建厂房经营。东莞市茶山镇京山村村民委员会出具《证明》,内容为"该厂房3层,建筑面积6230.3平方米,宿舍高5层,建筑面积2297.5平方米,建筑物产权属于怡之丰所有"。

2014年12月9日,东莞市茶山镇京山村村民委员会在村委会召开村民代表大会,同意土地的出租事宜,同意东莞市茶山镇京山村村委会与怡之丰签订《租赁场地合同书》,同意东莞市茶山镇京山股份经济联合社与怡之丰签订《租赁合同的补充协议》。

本所律师认为,新比克斯在租赁土地上自建房产是经过出租人同意,并经村民代表追认,不存在违约风险。

3.根据本所律师核查及新比克斯的说明,新比克斯报建手续存在瑕疵的具体内容是:新比克斯厂房、宿舍在建设时期缺少开工建设到竣工验收的相关文件,上述房屋建设前没有完整的报建手续。但新比克斯取得了编号为东莞市(县)〔2006〕划拨准字第20060095号《建设用地批准书》,编号为2006－29－00023号的《建设用地规划许可证》,厂房、宿舍的施工单位是东莞市茶山建筑工程公司,监理单位是东莞市鸿业工程建设监理有限公司,由建材广州地

---

① 《广东历维永盛律师事务所关于广东新比克斯实业股份有限公司申请股票在全国中小企业股份转让系统挂牌的补充法律意见书(二)》,第3～5页。

质工程勘察院东莞勘查部负责勘察，由东莞市鸿科建筑设计室负责设计，并取得了相应的工程竣工验收报告。本所律师认为，新比克斯在报建手续上存在瑕疵、存在被强拆和处罚的风险，但新比克斯的股东承诺愿意承担新比克斯因上述厂房和宿舍搬迁所造成的损失。

4. 若以上房屋被认定为违法建筑，面临房屋被拆无法继续在该房屋经营的风险，短期内会对新比克斯的经营及财务产生一定影响，但不会对新比克斯的财务、经营造成重大不利影响，原因是：(1)新比克斯的股东承诺愿意承担新比克斯因上述厂房和宿舍搬迁费用和搬迁所造成的损失；(2)新比克斯核心竞争力是十多年经营积累的营销网络和忠实的业务团队；(3)新比克斯不需要生产产品，对租赁场地的要求不高，符合批发零售业需求的租赁场地在当地普通存在，容易获得。因此，经过搬迁厂房的一段调整期，新比克斯仍可以正常经营。

因此，本所律师认为，若上述房屋被认定为违法建筑，会在一段期间内对新比克斯造成影响，但调整期过后不会对新比克斯的财务及经营产生影响。

5. 新比克斯租赁土地和自建厂房存在权属瑕疵，按照目前的政策法规无法取得权属证书，但不对本次挂牌构成实质性影响，理由如下：

(1)根据 2005 年 10 月 1 日起施行的《广东省集体建设用地使用权流转管理办法》第 7 条第 1 款"出让、出租和抵押集体建设用地使用权，须经本集体经济组织成员的村民会议 2/3 以上成员或者 2/3 以上村民代表的同意"、第 8 条第 1 项"下列建设项目可以使用集体建设用地：1. 兴办各类工商企业，包括国有、集体、私营企业，个体工商户……"第 13 条"集体建设用地使用权出让、出租，应当签订书面合同。集体建设用地使用权出让、出租的最高年限，不得超过同类用途国有土地使用权出让的最高年限"的规定，新比克斯租赁集体建设用地自建厂房的行为符合广东省地方政策。

(2)厂房、宿舍虽报建存在瑕疵，但房产、宿舍均由合法合规的建筑企业承建，取得了工程竣工验收报告。

(3)大股东承诺如因土地、厂房权属瑕疵导致的被拆迁风险，大股东愿意承担新比克斯的所有损失和法律责任。

(4)新比克斯自设立以来，未受到工商、税务、社保、质监等政府部门的处罚，近 2 年亦不存在任何重大违法违规行为。

因此，本所律师认为，新比克斯租赁土地并建造房产事宜虽存在权属瑕疵但未对本次挂牌造成实质性影响。

案例 14－2 博识达 839440

【问题】房产房地权属不一致

【问题描述】

公司租赁房屋的所有权人为领谊有限公司，领谊有限公司的实际控制人为杨剑中与李妮，且该房产因房地权属不一致，存在法律瑕疵。请主办券商及律师补充核查：(1)公司该项关联交易是否必要、公允；(2)股东房产存在法律瑕疵对公司生产经营是否存在重大不利影响，公司解决措施是否有效。

【问题解决】①

1. 本所律师查阅了《厂房租赁合同》《审计报告》,访谈公司负责人,并对公司附近厂房出租价格进行了走访调查,对公司该项关联交易是否必要、公允进行了核查。

经核查,由于公司目前规模较小且处于发展初期,资金需求量大,因此购置生产经营用房存在一定的资金压力,控股股东为了体现对公司的支持,将其自有房产结合市场价后以相对优惠的价格租赁给公司,保证了公司拥有固定的生产经营场所。公司所处地理位置较为偏僻,距离镇中心较远。经核查,该地区同类厂房租赁价格约为每月 8 ~ 10 元/平方米,公司租赁领谊公司厂房价格约为每月 6.3 元/平方米,公司 2013 年 9 月 27 日至 2014 年 12 月 31 日租赁该房产面积 2850 平方米,租赁价格 18 000 元/月。随着公司生产规模的扩大,2015 年 1 月 1 日,公司租赁该厂房面积 7980/平方米,租赁价格为 50 000 元/月,虽然公司关联租赁价格相对优惠,但关联交易占比较小,对公司业务完整性及持续经营能力无重大影响。

综上,本所律师认为,在公司发展初期,控股股东将厂房租赁给公司作为经营办公使用是必要的,且房屋租金相对优惠,不会损害公司及其他股东的利益。

2. 本所律师查阅厂房的土地房产资料,访谈领谊公司的董事及公司的负责人,查看公司控股股东、实际控制人出具的承诺书,对相关问题进行了核实。

经核查,1999 年 9 月 8 日,领谊有限公司与东莞市桥头镇大洲村委会签订了《协议书》,协议约定,东莞市桥头镇大洲村委会将集体土地使用权证号为东府集建(1998)字第 041897/1900250410748 号地皮出租给领谊有限公司建厂房或兴办企业之用;土地总面积为 15 109.8 平方米;期限从 1993 年 3 月 5 日起至 2043 年 3 月 5 日止;期满时由东莞市桥头镇大洲管理区无偿收回土地使用权,该土地建筑物、附着物等无偿归东莞市桥头镇大洲村委会。2009 年 7 月 15 日,东莞市桥头镇大洲社区居民委员会向东莞市城市管理综合执法局递交了《东莞市已建房屋申请补办房地产权手续登记备案表》(备案编号:桥补〔2009〕第 773 号、桥补〔2009〕第 774 号、桥补〔2009〕第 775 号)。经过实地勘测,现场勘测人员认为情况属实;东莞市桥头镇大洲社区居民委员会认为情况属实,同意申请;东莞市城市管理综合执法局桥头分局同意报镇(街)补办工作办公室审定;桥头镇已建房屋补办房地产权手续办公室对该申请进行公示,经公示无异议,同意上报备案;最后东莞市城市管理综合执法局对该申请同意备案。

但由于该项土地的使用权人与地上建筑物的所有人权属不一致,难以办理房产证。公司承租的厂房虽存在未办理房产证的瑕疵,但领谊有限公司自建的厂房取得了规划局的许可,办理了相关建设审批手续,且村委会进行补办房产证的登记备案,桥头镇已建房屋补办房地产权手续办公室及东莞市城市管理综合执法局桥头分局同意房产补办申请。因此,该厂房不属于违章建筑,不存在厂房被拆除的风险。东莞地区因政府招商引资在集体土地上兴建厂房,土地与厂房权属不一致导致无法办理房产证的情况众多。目前,公司承租的厂房权属清晰,不属于违章违规建筑,且公司与承租人签订了长达 10 年的租赁合同,无法继续使用该厂房的可能性小。并且,公司对场地的特殊性要求不高,即使需要搬迁,也可以在短时间内完

---

① 《广东君华律师事务所关于广东博识达科技股份有限公司申请股票在全国中小企业股份转让系统挂牌并公开转让之补充法律意见书(一)》,第 7 ~9 页。

成,不会对正常的生产经营产生重大不利影响。

综上所述,本所律师认为,公司承租的厂房虽存在权属法律瑕疵,但土地和厂房的权属人都在书面协议中约定、承认了各自物的权属,双方不存在权属争议。并且,公司厂房建设合法、合规,不属于违章建筑,不存在房屋拆迁风险。公司与承租人签订了长达10年的租赁合同,无法继续使用该厂房的可能性小。另外,如未来公司因厂房权属问题需要搬迁,公司的控股股东、实际控制人也出具承诺:在租赁期限内如上述厂房因期限瑕疵而导致公司经营场所搬迁,将全额赔偿公司因厂房问题所导致的搬迁费用、生产停滞所造成的损失及其他费用,确保公司不会因此遭受任何损失。控股股东作出的承诺为其真实的意思表示,具有法律效力,该项措施可有效避免公司因厂房权属问题造成的损失。本所律师认为公司的解决措施合法有效。

案例 14-3 创意双星 839430

【问题】土地与厂房未取得权属证书

【问题描述】

公司尚有两宗集体流转土地和三处厂房尚未取得权属证书。(1)请主办券商及律师核查公司获取前述两宗土地所履行的程序并就流转程序是否符合我国相关法律法规的规定发表明确意见。(2)请主办券商及律师核查公司目前对该宗土地的实际使用是否符合土地规定的用途、是否属于重大违法违规行为。(3)请公司补充说明并披露前述土地和厂房权属证书的办理进度、未及时办理权属证书的原因、相关审批手续的办理情况,是否存在违法违规的情形、可能产生的风险和后果、是否存在权属争议、是否存在遭受行政处罚或房屋被拆除的风险;若前述房屋无法办理产权证书,对公司资产、财务、持续经营所产生的具体影响以及公司采取的应对措施。(4)请主办券商、律师及申报会计师核查公司对前述集体土地的使用、房屋尚未办理产权证书等事项是否涉及重大违法违规,是否对公司经营和财务产生重大不利影响并发表明确意见。(5)请公司补充说明并披露公司采取的规范措施,请主办券商及律师核查公司规范措施的有效性并发表明确意见。

【问题解决】①

1. 公司获取前述两宗土地已经履行的程序。

(1)土地权利人汕头市澄海区莲下镇东湾经济联合社分别于2004年12月12日和2007年4月25日与汕头市澄海区莲下镇双星塑料厂签订《土地使用权有偿使用合同》,汕头市澄海区莲下镇东湾经济联合社分别将上述两块土地交由汕头市澄海区莲下镇双星塑料厂有偿使用,有偿使用期限为50年。上述《土地使用权有偿使用合同》经汕头市澄海区莲下镇农村承包合同办理处鉴证。2011年3月1日,股份公司与汕头市澄海区莲下镇双星塑料厂签订《土地使用权有偿使用合同》,经汕头市澄海区莲下镇东湾经济联合社同意,汕头市澄海区莲

---

① 《北京市天银律师事务所关于广东创意双星科技股份有限公司在全国中小企业股份转让系统挂牌并公开转让的补充法律意见书(之一)》,第3~7页。

下镇双星塑料厂将上述两块土地交股份公司有偿使用,有偿使用费为221.117 5万元。

(2)2011年1月8日,汕头市澄海区莲下镇东湾经济联合社召开村民代表大会,本次会议应到会党员、村民代表143人,实到126人,参加大会投票表决人数为107人,会议听取并审议了村集体建设用地使用权流转事项,并以85票通过了村集体建设用地使用权流转事项。相关决议内容为"第六次村集体建设用地使用权可以进行流转,每亩收取流转费4000元,流转费专项用于村公益事业建设"。

(3)公司获取前述两宗土地尚需按照集体建设用地流转程序取得《集体土地使用权证》,公司目前正在按照集体建设用地流转程序申请合法用地手续。

根据《广东省集体建设用地使用权流转管理办法》第7条第1款"出让、出租和抵押集体建设用地使用权,须经本集体经济组织成员的村民会议2/3以上成员或者2/3以上村民代表的同意"、第8条第1项"下列建设项目可以使用集体建设用地:1.兴办各类工商企业,包括国有、集体、私营企业,个体工商户……"和第13条"集体建设用地使用权出让、出租,应当签订书面合同。集体建设用地使用权出让、出租的最高年限,不得超过同类用途国有土地使用权出让的最高年限"等相关条款的规定,公司获取上述两宗土地已经履行的程序和正在履行的土地流转程序符合相关法律、法规的规定。

本所律师认为,公司获取两宗集体建设用地已经履行的程序和正在履行的土地流转程序符合相关法律、法规的规定。

2.根据土地权利人汕头市澄海区莲下镇东湾经济联合社提供的粤(2016)澄海区不动产权0000151号、粤(2016)澄海区不动产权0000152号《不动产权证书》,上述两宗土地权利类型为集体建设用地使用权,用途为工业用地。因此,公司目前对该宗土地的实际使用符合土地批准用途、不属于重大违法违规行为。

本所律师认为,公司目前对两宗土地的实际使用符合土地批准用途、不属于重大违法违规行为。

3.公司未办理土地、厂房权属证书的主要原因为前述两宗土地的权利人汕头市澄海区莲下镇东湾经济联合社在2016年8月1日前尚未取得《不动产权证书》。经核查,汕头市澄海区莲下镇东湾经济联合社已于2016年8月1日取得前述两宗土地《不动产权证书》,目前公司可以按照集体建设用地流转程序申请取得集体建设用地使用权,公司在取得集体建设用地使用权证后,可以申请办理相关房地产权证。公司实际控制人王友生、王航作出承诺:"作为股份公司控股股东及实际控制人,我们在此保证上述集体流转土地使用权证书在2016年10月31日之前办理完毕,三处房地产权证书在2017年10月31日之前办理完毕。"

根据公司说明及本所律师核查,公司已经使用的两宗集体建设用地和自建的三处房产目前不存在与第三方之间的产权纠纷,公司三处房产属于未批先建,公司于2015年8月31日收到《住房和城乡建设行政处罚决定书》(澄建处补〔2015〕007号),处罚金额为11.230 8万元,罚款已全额缴纳完毕。汕头市澄海区住房和城乡建设局于2016年5月23日出具了《关于汕头市澄海区双星玩具有限公司行政处罚有关情况的说明》:"汕头市澄海区双星玩具有限公司已于2015年9月2日自动履行行政处罚内容,缴纳罚款11.230 8万元,该行政处罚案件现已结案。汕头市澄海区双星玩具有限公司的正常生产经营活动不受本行政处罚案件的影响。”除此之外,报告期内公司不存在重大违法违规行为及因违法违规而被处罚的情况。由于公司未批先建的违法行为已经主管部门作出行政处罚并已结案,且认为公司的正常生产经营活动不受本行政处罚案件的影响,因此不存在房屋被拆除的风险。

由于汕头市澄海区莲下镇东湾经济联合社已于2016年8月1日取得前述两宗集体建设用地的《不动产权证书》,公司目前正在按照集体建设用地流转程序申请集体建设用地使用权并办理权属证书,公司实际控制人已承诺于2016年10月31日前办理完毕集体土地使用权证,三处房地产权证书在2017年10月31日之前办理完毕。如果前述房屋无法办理产权证书,作为防范措施,公司的实际控制人承诺:“如果前述三处房屋无法办理产权证书,作为股份公司控股股东及实际控制人,我们将回购股份公司有瑕疵的不动产,保证股份公司资产不受损失。”以此保证此事项不对公司资产、财务、持续经营造成重大影响。

4. 公司使用的两宗集体建设用地,权利人为汕头市澄海区莲下镇东湾经济联合社,根据权利人拥有的《不动产权证书》,上述两宗土地权利类型为集体建设用地使用权,用途为工业用地,公司使用该两宗土地是按照与汕头市澄海区莲下镇东湾经济联合社签订的相关协议有偿使用,且符合土地批准用途,不属于重大违法违规行为。

公司使用房产属于未批先建,对此,汕头市澄海区住房和城乡建设局已对公司作出行政处罚,公司已缴纳罚款,该行政案件已结案。根据汕头市澄海区住房和城乡建设局说明,公司的正常生产经营活动不受该行政处罚案件的影响。

本所律师认为,公司使用的两宗集体土地、房屋尚未办理产权证书等事项不涉及重大违法违规,不会对公司经营和财务产生重大不利影响。

5. 为依法办理土地、房屋产权证书,公司采取的规范措施为:(1)公司多次与汕头市澄海区莲下镇东湾经济联合社协调,督促其办理前述两宗集体建设用地的《不动产权证书》,汕头市澄海区莲下镇东湾经济联合社已于2016年8月1日取得《不动产权证书》。(2)公司实际控制人王友生、王航作出承诺:“1. 作为股份公司控股股东及实际控制人,我们在此保证上述集体流转土地使用权证书在2016年10月31日之前办理完毕,三处房地产权证书在2017年10月31日之前办理完毕。2. 如果前述三处房屋无法办理产权证书,作为股份公司控股股东及实际控制人,我们将回购股份公司有瑕疵的不动产,保证股份公司资产不受损失。3. 本人对承诺事项负责并愿意承担相应法律责任。”(3)公司已向汕头市澄海区住房和城乡建设局缴纳未批先建罚款,该未批先建的行政处罚案件现已结案。汕头市澄海区住房和城乡建设局于2016年5月23日出具了《关于汕头市澄海区双星玩具有限公司行政处罚有关情况的说明》:“汕头市澄海区双星玩具有限公司已于2015年9月2日自动履行行政处罚内容,缴纳罚款11.230 8万元,该行政处罚案件现已结案。汕头市澄海区双星玩具有限公司的正常生产经营活动不受本行政处罚案件的影响。”(4)公司管理层加强了相关法律法规学习,提高风险防范意识,规范未来办理资产权属证书的法律程序。

本所律师认为,公司上述规范措施切实可行,具备有效性,风险可控。

案例 14－4 纽恩特 835355

【问题】专利共有

【问题描述】

上海纽恩特实业股份有限公司 3 项专利发明均为与东华大学共同所有。请公司补充披露 3 项专利的权属划分、权益约定。请主办券商及律师核查公司在知识产权方面是否存在对他方的依赖，是否影响公司资产、业务的独立性，并发表明确意见。

【问题解决】①

根据纽恩特有限公司与东华大学于 2011 年 8 月 2 日签订的《技术开发合同》，纽恩特有限公司委托东华大学开发高效节能多功能技术开发及在箱包材料中的应用项目，东华大学作为技术支持协助纽恩特有限公司提高箱包面料的功能性和品质，技术成果专利申请权、技术秘密的使用权和转让权归纽恩特有限公司和东华大学所有。截至本补充法律意见书出具之日，就上述项目开发并申请取得的发明专利“一种箱包面料防静电抗菌除异味涂层胶及其制备和应用”（专利号：201210391686.2）、“一种具有抗静电和防污功能的涤纶箱包面料制备方法”（专利号：201210391155.3）和“一种耐晒耐汗渍牢度涤纶箱包材料制备方法”（专利号：201210391154.9）的专利权人为纽恩特有限公司和东华大学。

根据上述《技术开发合同》的约定以及《专利法》等法律法规的规定，纽恩特有限公司作为上述 3 项专利的共同所有权利人，有权单独使用上述 3 项专利用于箱包的生产和销售或者以普通许可方式许可他人使用上述 3 项专利，无须经东华大学同意，且除已支付的研究开发经费和报酬外无须再向东华大学支付任何费用；未经纽恩特有限公司同意，东华大学无权将上述 3 项专利独占或者排他许可其他第三方使用，亦不得将上述 3 项专利转让予其他第三方，否则许可或者转让行为无效。

综上，本所律师认为，上述 3 项专利共同所有的权属关系并不影响纽恩特有限公司对该等专利的单独使用，且纽恩特单独使用上述 3 项专利用于箱包的生产和销售并不依赖东华大学；上述 3 项专利共同所有的权属关系对纽恩特资产、业务的独立性不存在重大不利影响。

案例 14－5 长兴制药 835269

【问题】专利共有

【问题描述】

长兴制药股份有限公司两项主要专利项目均为与其他主体共同所有。请公司补充披露专利权属和利益分配的约定。请主办券商及律师核查以下事项并发表明确意见：(1) 是否存在权利瑕疵、权属争议纠纷或权属不明的情形，公司相对应的解决措施及其有效性；(2) 公司在知识产权方面是否存在对他方的依赖，是否影响公司资产、业务的独立性。

---

① 《北京市金杜律师事务所关于上海纽恩特实业股份有限公司申请股票在全国中小企业股份转让系统挂牌并公开转让的补充法律意见书（一）》，第 6～7 页。

【问题解决】①

1. 公司与其他主体共同所有的专利明细如表 14－5－1 所示：

表 14－5－1　公司与其他主体共同所有的专利明细

序号	专利权人	专利名称	专利号	专利类型	专利期限	他项权利
1	赵利民、长兴制药有限公司	虫草头孢多糖在制药中的应用	200610096584.2	发明	至 2026 年 9 月 29 日	无
2	浙江工业大学、长兴制药有限公司	一种盐酸甲氧那明的合成方法	201110161077.3	发明	至 2031 年 6 月 15 日	无

（1）一种盐酸甲氧那明的合成方法专利。

公司于 2010 年 4 月 9 日与浙江工业大学签订《技术开发（合作）合同》，共同参与研究开发“盐酸甲氧那明的开发及产业化”项目，合同约定合作各方均有申请专利的权利，专利所有权归双方共同所有，使用权及有关利益分配方式均归长兴制药。双方于 2011 年 6 月 15 日共同申请了名称为“一种盐酸甲氧那明的合成方法”的专利，并于 2013 年 7 月 31 日获得专利授权。

（2）虫草头孢多糖在制药中的应用。

谈伟平、赵利民于 2006 年 5 月 18 日签订《协议》，合作进行“虫草多糖胶囊适应症主治急慢性肾功能衰竭”的主要药效学试验，合同就合作项目申请专利事项达成协议，约定专利为双方共同拥有，谈伟平拥有该产品专利独家使用和生产权。谈伟平、赵利民于 2006 年 9 月 30 日就该合作项目成果共同申请了名称为“虫草头孢多糖在制药中的应用”的专利，并于 2011 年 2 月 2 日获得专利授权。谈伟平现任公司总经理，申请该专利时为公司控股股东、董事长兼经理，该项目成果系其为执行本单位任务，且主要是利用本单位的物质条件所完成的职务发明。2015 年 7 月 8 日，谈伟平将名下该专利共有份额无偿过户给长兴制药。2015 年 11 月 16 日，公司与赵利民、谈伟平签订《协议》，确认该专利由公司与赵利民共同署名，公司拥有该专利独家使用和生产权，有关利益分配均归公司所有。

公司目前生产的产品未使用该项专利。

本所律师于 2015 年 11 月 9 日对专利共有人赵利民进行了电话访谈，赵利民确认“虫草头孢多糖在制药中的应用”专利为他和长兴制药共同拥有，长兴制药拥有该产品专利独家使用和生产权。该专利不存在任何权利瑕疵、权属纠纷，也不存在第三方可以主张的任何权利。他与长兴制药之间就“虫草头孢多糖在制药中的应用”专利合作不存在纠纷及潜在纠纷。

根据赵利民、谈伟平承诺：长兴制药与赵利民共有的专利“虫草头孢多糖在制药中的应用”（专利号为 ZL200610096584.2）由长兴制药和赵利民共同拥有，该专利不存在任何权利瑕疵、权属纠纷，也不存在第三方可以主张的任何权利，如上述专利因权利瑕疵、权属纠纷等原

① 《浙江天册律师事务所关于长兴制药股份有限公司申请股票在全国中小企业股份转让系统挂牌并公开转让的补充法律意见书之（一）》，第 13～15 页。

因给长兴制药造成任何损失，由本人全额予以补偿。

本所律师在国家知识产权局网站检索了相关专利信息，核查了专利证书、公司与专利共有人签订的合同，对公司总经理谈伟平、专利共有人赵利民进行了访谈。本所律师经核查后认为，公司两项与其他主体共有的专利不存在权利瑕疵、权属争议纠纷或权属不明的情形。

2. 本所律师就公司专利权属情况进行了核查，并对公司总经理谈伟平就公司知识产权情况进行了访谈，根据谈伟平确认：公司上述与其他主体共有的专利，相关权属及利益归属约定明确，专利权属登记合法、有效，长兴制药拥有独立于其他单位或个人的研发部门，与其他科研机构、专业人员进行的研发合作均签署了合法有效的协议，在现有知识产权方面不存在对其他方的依赖，不存在影响公司资产、业务独立性的情况。

案例 14－6 誉兴通 838508

【问题】租赁房屋暂未办理产权登记

【问题描述】

公司租赁房屋暂未办理产权登记，请公司补充披露：(1)房产的权属是否清晰，是否存在权属纠纷或潜在纠纷；(2)该房产对于公司正常生产经营的重要性；(3)无法办理产权证的原因，是否存在完全无法办理的问题，补办事项的进展及是否可行、可预期；(4)分析公司存在的风险、相应的风险管理措施及其有效性、风险可控性，量化发生房屋拆迁将给公司带来的搬迁费用和经济损失；(5)以上事项是否影响公司的持续经营能力。请主办券商、律师核查以上事项并发表意见。

【问题解决】①

1. 根据深圳市南山区人民法院出具的深南法执(2000)第 481 号民事裁定书、深圳市南山区人民法院出具的《证明》及深圳市市场监督管理局出具的〔2009〕第 2329329 号《变更(备案)通知书》，南山区大冲高新科技工业村 29 栋南座 3、4、5、6 层厂房及 3、4、5、6 层厂房与北座的连廊通道(公司现租赁的房产位于该座楼房 4 层)已由深圳京山民间科技开发(集团)股份有限公司变卖给了深圳市华璟科技有限公司，深圳市华璟科技有限公司拥有上述房产的所有权。

本所律师认为，虽然上述房产截至本法律意见书出具之日仍未办理房产证，但《物权法》第 28 条规定："因人民法院、仲裁委员会的法律文书或者人民政府的征收决定等，导致物权设立、变更、转让或者消灭的，自法律文书或者人民政府的征收决定等生效时发生效力。"因此，深圳市华璟科技有限公司获得上述房产所有权的裁定书已生效，深圳市华璟科技有限公司拥有上述房产的所有权，有权对上述房产进行租赁。

据此，本所律师认为，公司租赁的房产权属清晰，不存在权属纠纷或潜在纠纷。

2. 本所律师通过对公司管理层进行询问、实地走访等方式核查了该房产对公司正常生产经营的重要性。

---

① 《北京市中银(深圳)律师事务所关于深圳市誉兴通科技股份有限公司申请股票进入全国中小企业股份转让系统挂牌并公开转让的补充法律意见书》，第 7～10 页。

经核查，本所律师认为公司租赁的上述房产仅用于日常办公，公司属于轻资产企业，对办公场所没有特殊要求，因此公司租赁的上述房产具有可替代性。如公司因房产证未办理的原因导致租赁合同解除，公司搬迁的成本也较低，不会对公司的正常经营造成不利影响。

3. 本所律师通过对公司管理层进行询问、实地走访等方式核查了该房产未办理产权证的原因。

经核查，深圳市华璟科技有限公司未办理产权证的原因是由于暂时无法支付相关的办证费用。本所律师认为，深圳市华璟科技有限公司已获得法院的生效裁定书，缴纳相关办证费用后即可办理产权证明，不存在无法办理产权证的问题。但由于办证费用较高，进度较缓，暂无时间进度表。

4. 因公司租赁的房屋无产权证明，公司存在房屋租赁合同解除而面临办公地址搬迁的风险。为了降低上述风险对公司的影响，公司采取了以下措施：(1)公司与出租方保持沟通，一旦出现解除合同的情形，出租方会提前通知公司并为公司提供充分的搬迁时间；(2)公司管理层已选好替代物业的所在地区，该地区可选择的物业非常多，公司若因租赁办公场所需要搬离，较易在该地区取得替代物业；(3)公司实际控制人金少武出具书面承诺："如因公司目前租用的办公场所发生产权纠纷或相关租赁协议无效或被撤销而导致公司需要变更经营场所的，本人自愿承担公司因此产生的所有费用和损失。"

公司的设备设施主要是电脑和办公桌椅，无大型设备设施。根据公司测算，若公司未来办公场所需要搬迁，公司的搬迁费用及经济损失约为 20 万元，占 2015 年度营业收入的 1.61%，占营业成本的 2.5%，即使没有实际控制人的赔付而需由公司全额承担，搬迁导致的损失亦在公司可承担的范围之内。

据此，本所律师认为，公司租用的办公房产未办理产权证明的事实不影响公司的持续经营能力。

案例 14－7　帅马安防 838515

【问题】部分房产权属瑕疵

【问题描述】

请主办券商、律师核查以下事项并发表明确意见：(1)房产的权属是否清晰，是否存在权属纠纷或潜在纠纷；(2)房产对于公司正常生产经营的重要性；(3)无法办理产权证的原因，是否存在完全无法办理的问题，补办事项的进展及是否可行、可预期；(4)分析公司存在的风险、相应的风险管理措施及其有效性、风险可控性，量化发生房屋拆迁将给公司带来的搬迁费用和经济损失；(5)以上事项是否影响公司的持续经营能力。

【问题解决】①

1. 房产权属

核查过程及获取资料。本所律师进行了现场核查、询问，获取和查询了如下材料：

---

① 《北京市鑫诺律师事务所关于江苏帅马安防科技股份有限公司申请股票在全国中小企业股份转让系统挂牌并公开转让的补充法律意见书(一)》，第 4～9 页。

(1)公司土地使用权证、房屋所有权证;

(2)《审计报告》《资产评估报告》;

(3)公司分别与关联方吴江市帅马门窗有限公司(以下简称帅马门窗)、非关联方苏州凯德安全产品有限公司(以下简称苏州凯德)签订的《为应对房屋拆迁风险的合作备忘录》;

(4)公司未取得产权证的建筑物明细;

(5)公司共同实际控制人出具的承诺;

(6)公司出具的书面说明。

同时,本所律师通过以下网络查询了相关信息:

(1)中国法律裁判文书网;

(2)全国法院被执行人信息查询系统;

(3)全国企业信用信息公示系统。

2. 结论意见

(1)关于公司房产的权属是否清晰,是否存在权属纠纷或潜在纠纷。

根据公司的确认及《审计报告》,并经本所律师核查,截至本补充法律意见书出具之日,公司拥有的土地使用权和房产情况如表 14-7-1 和表 14-7-2 所示:

表 14-7-1 公司土地使用权情况

序号	证号	坐落	用途	取得方式	面积(平方米)	登记日期	他项权利
1	吴国用(2015) 第 1101761 号	黎里镇元荡村	工业	出让	14 919.70	2015 年 9 月 21 日	抵押

表 14-7-2 公司房屋产权证情况

序号	证号	坐落	房屋性质	建筑面积(平方米)	登记日期	他项权利
1	苏房权证吴江字 第 25093243 号	黎里镇元荡村	工业	①1823.77 ②1222.06 ③1152.62	2015 年 10 月 20 日	抵押
2	苏房权证吴江字 第 25093242 号	黎里镇元荡村	工业	①1823.77 ②1222.06	2015 年 10 月 20 日	抵押

根据公司说明,并经本所律师核查,公司除上述已取得房屋产权证的房产外,仍有部分扩建房屋(8846.99 平方米)未办理报建手续,存在产权瑕疵,但上述建筑物所占用土地均是在公司已取得的土地使用权范围之内。

根据公司说明,并经本所律师核查中国法律裁判文书网、全国法院被执行人信息查询系统、全国企业信用信息公示系统,上述房屋自建造以来,未发生任何产权纠纷。

据此,本所律师认为,除上述部分未取得产权证的房屋有被责令限期拆除的风险外,公司房产权属清晰,不存在纠纷或潜在纠纷。

(2)房产对于公司正常生产经营的重要性。

根据公司说明,上述未取得产权证的房屋面积(8846.99 平方米)占公司房产总面积(16 091.27

平方米)的54.98%,上述未取得产权证的房屋主要用于生产和仓储,生产用的厂房内均为易搬迁、安装方便的设备。

未取得产权证的房屋基本情况及对公司的重要程度见表14-7-3:

表14-7-3 未取得产权证的房屋基本情况及对公司的重要程度

建筑物名称	面积(平方米)	用途	重要程度
东厂房加层	2900	仓库、堆放成品	一般
电焊车间	360	生产用	有一定重要性
西厂房	1152	生产用	较重要
宿舍	1027.98	底楼是宿舍、二楼至三楼是员工宿舍	一般
中厂房	2040	生产用	一般
中厂房加房	1160	生产用	有一定重要性
北厕所	83.26	厕所	一般
传达室、配电间、厕所	123.75	门卫、配电间、厕所	较重要
合计	8846.99	—	—

(3)无法办理产权证的原因。

根据公司说明,有限公司阶段,公司治理不规范,公司管理层法律意识较为淡薄。随着产品销售、生产订单的急速增长,公司急需更多设备进行生产和较大空间储存成品。为满足生产需求,公司在未按照当时相关法律法规规定先行办理规划、建设等报批手续情况下,进行了部分厂房扩建、加层,以致目前未能取得扩建部分房屋的房产证。

经核查,公司上述未取得产权证的房屋均是在公司有土地使用权证的土地上建设的。目前,公司正积极与相关部门沟通,推进产权证的补办事宜,上述房屋的产权证有无法办理的风险。

经查询《江苏省城市规划管理技术规定——苏州市实施细则之一"指标核定规则"(2015年版)》《区政府关于印发吴江区节约集约利用土地实施意见的通知》(吴政规字〔2013〕8号),按照上述相关规定,吴江区一般工业厂房的容积率为1:1,即帅马股份地上总建筑面积为14 919.7平方米,公司目前取得房产证的房屋面积为7243.51平方米。因此,按照最新容积率要求,公司上述未办理产权证的房屋并非完全没有可能补办产权证。

(4)风险管理措施。

《城乡规划法》第64条规定:"未取得建设工程规划许可证或者未按照建设工程规划许可证的规定进行建设的,由县级以上地方人民政府城乡规划主管部门责令停止建设;尚可采取改正措施消除对规划实施的影响的,限期改正,处建设工程造价百分之五以上百分之十以下的罚款;无法采取改正措施消除影响的,限期拆除,不能拆除的,没收实物或者违法收入,可以并处建设工程造价百分之十以下的罚款。"

根据上述规定,公司未取得产权证的房屋有被相关部门责令限期拆除,并处建设工程造价10%以下的罚款的风险。

根据公司说明，公司未取得产权证的房屋主要用于生产和仓储，生产用的厂房内均为易搬迁、安装方便的设备，搬迁成本较小，其他员工宿舍等房屋也易搬迁，公司完全可以在相关部门限期内完成相关设备的搬迁，从而不影响公司的正常生产经营。

为避免上述搬迁风险给公司经营带来的影响，公司已分别与关联方帅马门窗、非关联方苏州凯德签订了《为应对房屋拆迁风险的合作备忘录》，约定一旦上述风险发生之时，帅马门窗及苏州凯德将其所拥有的部分厂房出租给公司，保证公司的生产经营。同时双方均约定房租定价原则上不高于市场价。

经核查，帅马门窗和苏州凯德目前拥有的房产情况见表 14 –7 –4：

表 14 –7 –4　帅马门窗和苏州凯德目前拥有的房产情况

序号	权利人	证号	坐落	房属性质	建筑面积(平方米)	他项权利
1	帅马门窗	吴房权证莘塔字第 15000550 号	芦墟镇莘塔大街 626 号	非居住用房	1263.56	——
2	苏州凯德	吴芳权证汾湖字第 06008338 号	汾湖镇龙港路南侧	工业	①1597.83 ②1550.29	——
3	苏州凯德	吴芳权证汾湖字第 06008339 号	汾湖镇龙港路南侧	工业	①2752.26 ②1274.06 ③36.36	——

帅马门窗和苏州凯德现有的上述房屋产权的面积合计 8474.36 平方米，公司未取得产权证的房屋面积合计为 8846.99 平方米，若公司发生被相关部门责令限期拆除无产权证的房屋，帅马门窗和苏州凯德承诺将其拥有产权证的房屋出租给公司，基本能保证公司的正常经营。

同时，公司实际控制人马振宇、马留生已出具承诺，若公司上述扩建厂房一旦发生拆迁等风险时，将由其二人承担一切损失。

目前，公司正积极与相关主管部门沟通，推进产权证的补办事宜。

据此，本所律师认为，公司风险应对措施及实际控制人作出的承诺可行、有效，若无产权证的房屋被拆除，也依然能够保证公司的持续经营。

(5)风险可控性量化。

根据公司说明，并经本所律师核查，公司未办理产权证的厂房主要系钢结构单层标准化车间，用于公司保险箱产品的电焊点焊作业、保险箱成品及辅助材料的仓储存放；其他为员工宿舍等同样易于搬迁的房屋，一旦发生房屋搬迁情形，可能产生的费用及经济损失情况如下：

①搬迁费用，是指厂房内部设备的搬运、运输的车辆及人工费用。本项费用约 4 万元。

②拆迁费用，是指钢结构车间拆卸的人工费用。公司所在区域人工费用为 150 ~200 元/日，本项工作约需 6 人，时间约需 7 天，即人工费 1 万元左右；机器设备运输费用约 3 万元。

③场地租赁费用，是指租赁替代厂房的费用。公司周边同类厂房租赁市场价格约为 100 元/平方米/年，即同等厂房的租赁费约 80 万元/年。

④直接经济损失，是指直接灭失的房屋净值。截至 2015 年 12 月 31 日，上述厂房净值余额约为 600 万元。钢结构建筑拆除后，大部分建筑材料仍能继续使用，且随着拆除时间的后

延，房屋净值余额逐年减少。

⑤公司未取得产权证的房屋搬迁时公司保险箱电焊和点焊工作会暂停，以及公司违建可能被相关部门处以罚款等造成其他经济损失。

（6）影响。

经核查，公司对上述事项已采取了补救措施，上述未办理产权证的房屋若发生拆迁风险，不会对公司生产经营造成重大不利影响，且公司实际控制人业已出具承诺补偿公司因上述事项带来的全部损失。因此，以上事项不会对公司的持续经营能力造成重大不利影响。

综上所述，本所律师认为：

（1）公司已取得房屋所有权证书的房产权属清晰，不存在纠纷或潜在纠纷。

（2）公司未取得产权证的房屋主要用于生产和仓储，生产用的厂房内均为易搬迁、安装方便的设备，公司已采取了必要的措施保证公司的正常生产经营。

（3）公司正积极与相关主管部门沟通，推进产权证的补办事宜，但该部分房屋存在无法办理产权证的风险。上述未办理产权证的房屋并非完全没有可能补办产权证。

（4）公司已采取措施应对上述风险，且实际控制人已承诺承担公司因上述房屋发生拆迁等风险而遭受的一切损失，上述风险管理措施有效、具有可操作性。

（5）以上事项不会对公司的持续经营能力造成重大不利影响。

案例 14－8　众信科技 839275

【问题】租赁房屋无房产证

【问题描述】

公司披露，公司与丁伯源签订的《房屋租赁合同》中涉及的租赁房屋系在农村集体用地上兴建的房屋，未办理房产证。（1）请主办券商及律师结合相关法律法规的规定、土地的具体性质核查公司对租赁的集体土地的建设、使用等方面是否合法、合规并发表明确意见。（2）请主办券商及律师结合国家及地方法律法规关于集体土地流转方面的规定核查公司租赁集体土地方面的手续是否完备、出租方是否履行法定的决策程序、是否获得土地承包农户的同意等并发表明确意见。（3）请公司补充说明并披露公司租赁的相关房产未办理产权证书的原因、无法办理产权证书的房产及其用途、公司是否存在违法违规的情形、可能产生的风险和后果、是否存在权属争议、公司是否因此存在遭受行政处罚或房屋被拆除的风险；若公司租赁使用的房屋无法办理产权证书，对公司资产、财务、持续经营所产生的具体影响以及公司采取的应对措施。（4）请主办券商及律师核查公司租赁的相关房屋尚未办理产权证书及前述集体土地过程中是否存在重大违法违规情形并发表明确意见。

【问题解决】①

1．2013 年 12 月 30 日，众信皮革与丁伯源签订《房屋租赁合同》，众信有限公司向丁伯源

---

①　《上海艾帝尔律师事务所关于泉州众信超纤科技股份有限公司申请股票在全国中小企业股份转让系统挂牌并公开转让的补充法律意见书之一》，第 5～7 页。

租赁房屋作为仓库，面积为700平方米，租金为5000元/月。租赁期自2014年1月1日起至2018年12月31日止。公司与丁伯源签订的《房屋租赁合同》中涉及的租赁房屋系在农村集体用地上兴建的房屋，该房屋系丁伯源自行建造，并非公司建造，公司目前只是租赁使用该房屋，仅用作公司仓库。

丁伯源建造该房屋系在二十几年前，当时在农村法律意识淡薄，建造房屋无人办理相关手续，且相关政府部门并未就办理相关手续出台具体实施细则。所以，该房屋并未且至今亦不能办理任何手续。

2. 由于房屋本身并未办理任何手续，丁伯源将该房屋出租给公司亦未履行农村集体用地流转的相应手续，公司租赁使用该房屋在合法性上存在一定瑕疵，公司有搬迁仓库的风险。经与房屋所在地村集体组织沟通，该种租赁房屋未办理任何手续的情况在当地普遍存在，因无相关政府部门办理房屋手续的实施细则，村集体组织目前无法出具其他相关证明文件。

3. 公司租赁该房屋年租金仅为人民币6万元，鉴于公司仓储无特殊条件要求，租赁合同有一定瑕疵和搬迁仓库不影响公司持续经营，对公司的财务影响也较小。为避免租赁房屋被拆除及搬迁对公司造成的影响亦为将来扩大经营创造条件，公司已于2016年7月13日与丁伯源就解除租赁合同签订《租赁合同解除协议》，确认租赁合同于2016年9月1日起被解除。公司另外与泉州强源威尔体育用品有限公司于同日签订《租赁合同》，公司向泉州强源威尔体育用品有限公司承租其自有厂房1000平方米，租赁期限自2016年8月15日起至2019年8月15日止，年租金为人民币144 000元。新租赁房屋为泉州强源威尔体育用品有限公司单独所有之房屋，拥有晋房权证陈埭字第201302362号房地产权证。

因此，本所律师认为，公司租赁丁伯源之房屋在合法性上存在一定瑕疵，公司有搬迁仓库的风险，但公司所在地为福建省晋江市，服装和制鞋工业发达，可供租赁的仓库较多且价格相对低廉和稳定。公司仓储亦无须特定条件和设备，即使发生纠纷导致公司仓库需要搬迁亦不会影响到公司的经营。为应对该风险，从公司生产经营情况出发，公司已经另行租赁泉州强源威尔体育用品有限公司之仓库，并于2016年8月31日之前完成搬迁。

4. 综上所述，本所律师认为公司租赁丁伯源无产权证之房屋和未办理集体土地用房流转手续存在一定法律瑕疵，但并不构成重大违法违规亦不构成公司挂牌的实质性障碍。并且，公司控股股东、实际控制人徐林英承诺，如因租赁丁伯源房屋使公司遭受任何行政处罚，由其承担一切不利后果。

第十五章　劳 动 用 工

一、概述

关于劳动用工在企业挂牌上市过程中是否应予注意的问题，在法律依据方面，与其直接相关的是《公开发行证券公司信息披露的编报规则（第12号）——公开发行证券的法律意见书和律师工作报告》（该文件是监管机构对法律意见书内容与格式的指引性文件）。该文件虽未在法律意见书的必备内容中涵盖劳动用工，但其规定的在律师工作报告中"重大债权债务"一节的必备内容及"发行人是否有因环境保护、知识产权、产品质量、劳动安全、人身权等原因产生的侵权之债，如有，应说明对本次发行上市的影响"中涉及劳动用工相关内容；不过此处侧重的也是劳动安全可能产生的债权债务纠纷，并未明确劳动用工整体的合规性问题。

在没有明确法律依据的情况下，一般理论上的理解是挂牌上市要求企业各方面都达到合法合规，因此劳动用工方面也需要合法、合规。但是关于企业的合规性，其内涵是非常丰富的，包含的内容也非常繁杂，从为什么劳动用工在挂牌上市的法律意见书中需要进行重点披露以及核查分析的角度出发进行思考，我们就能对劳动用工在上市过程中可能出现的问题及相关的解决方案有一个更加全面和深入的理解。

正如马云在阿里巴巴集团所提出的理念"客户第一、员工第二、股东第三"，企业的生产经营都是由人来执行操作。虽然工业自动化程度越来越高，但是工业自动化对技术人才的需求和依赖也会越来越强，离开了人，企业法人就真的成为法律上完全虚拟的人了，没有任何存在的价值和意义。核心管理层和员工是企业最核心的资产，而劳动用工相关的法律法规便是调整公司与员工的法律关系，如果在劳动用工方面无法做到合法合规，企业核心管理层和员工则面临流失的风险。对于企业的经营来说，失去了核心管理层和员工，企业的持续经营将面临巨大的风险；对投资者来说，投资一家可能失去核心管理层和员工的企业也是风险极高的。

因此劳动用工的核查必要性来自于投资者的风险，而法律意见书的任何法律核查事项都应当从投资者的投资风险角度出发。

二、常见法律问题

1. 劳动合同及管理制度不合规

大部分民营企业在劳动合同及管理制度方面都会存在一定的瑕疵。企业经营的目的是获取利润，手段就包括降低成本，而人力资源成本往往是企业成本非常高的一项，因此企业都有比较强烈的需求，通过各种方式（如扣押员工工资、加班不支付加班工资、不签署劳动合同、设置内部高额处罚、限制员工法定假期休假等）降低企业的用工成本。这些手段虽然在一定程度上可以降低企业的成本，但是这些不规范的情形对于企业也是巨大的风险，一旦形成群体性的劳动争议，企业可能要额外付出高额的赔偿。

2. 社保公积金缴纳不规范

在实践中，企业未依法足额缴纳社保和公积金的情况非常普遍，主要表现为未开户或者不缴纳或者不足额缴纳。根据《社会保险法》《住房公积金管理条例》及各地方性法规的规定，企业应按照法律法规规定的标准和要求为职工缴纳社会保险和住房公积金。但企业和员工，都存在不愿意缴纳的动机：企业可以降低在这方面需要配套支付的费用，员工可以多领取当时应得的工资。而造成这一现象的原因有我国社保费率过高的因素。虽然目前的政策趋势是降低企业的负担，也适当地降低了失业险、工伤险、生育险费率，但社保及公积金的高比例支出对企业仍然是沉重的负担。

3. 劳务派遣不规范

在《劳动合同法》实施之后，企业为了规避法律对于用人单位的严格限制，不提高企业的人力成本，保持原来用工的灵活性，往往也会采用劳务派遣的方式。例如，传统制造业企业，在生产旺季来临时，企业原有的员工无法满足生产的需求，就需要增加人员，但是旺季结束，人员又会过剩，企业就产生了使用劳务派遣的需求；而某些护肤品企业，其业务模式是研发设计相关产品，再委托外部厂商进行生产，产品生产后由公司在各渠道门店进行销售，公司在营销渠道方面需要大量的销售员在全国各地负责具体的销售事宜，公司为解决销售员的招聘和管理问题，主要就通过劳务派遣公司来实现。但是随着《劳务派遣暂行规定》的出台以及缓冲期的结束，企业需要全面执行《劳务派遣暂行规定》的要求，其中对于劳务派遣人数10%比例的要求是大部分企业无法达到的；这也是企业最常见的不规范情形。

三、解决思路

1. 如实披露劳动用工瑕疵情况

对于劳动用工的瑕疵问题，首先需要通过法律尽职调查获取企业关于劳动用工、社保公积金缴纳相关的客观文件资料，不论是企业的劳动合同、人事管理制度、员工手册、工资表、社保公积金缴纳明细记录、劳务派遣用工情况等文件，还是实际执行的相关情况，都需要全面谨慎核查，从而全面掌握企业在劳动用工方面的细致情况。同时，通过核查发现的报告期内的问题，必须进行如实披露，反映企业最真实的情况，先确认真实性是第一位。

2. 披露用工法律风险以及公司采取的规范措施

在第一步确认真实性的前提下，再根据劳动用工相关法律法规的规定，详细分析公司可能面临的法律风险、行政处罚等，并且尽可能量化对公司可能造成的经济损失。虽然在我国目前的国情下，企业因为社保公积金缴纳被追缴和处罚的可能性微乎其微，但既然已有现行有效的法律规定，行政机关就有随时处罚的权力。因此，从风险的角度来考虑，必须根据事实和法律发表法律意见，而不能掺杂其他的因素。同时在报告期内，公司应也根据中介机构的要求进行相应的整改和规范，详细披露整改规范的具体措施和成果，使公司申报前在劳动用工方面的风险降到最低。

具体而言,对于劳动合同的签署以及用工管理制度的规范,是必须要严格执行的。社保公积金的缴纳,原则上也应当全员足额缴纳。同时,具体缴纳情况可以根据企业的实际情况灵活处理,区分不同的行业属性、人员构成、人数等情况,如科技创新类企业一般人员相对精简,缴纳成本不高,则应当全员缴纳,而对于部分传统制造业企业,其员工人数较多且员工主要为外出的农民工,员工大部分在户籍地已购买新农村养老保险和新农村合作医疗保险,此种情况则可以不购买相应险种,但是其他险种(尤其是工伤保险)还是应当购买。

另外对于社保公积金的缴纳金额,实践中大部分企业即使是缴纳了,也没有根据法律规定按照上一年度的平均工资足额进行缴纳,或者是根据当地企业最低工资标准来缴纳。之前一般也对此种方式予以认可,但是最近几年社保公积金管理机构对于缴纳金额也控制得越来越严格,需要引起中介机构的重视,对于相关事项的核查以及发表意见都需要谨慎。

3. 行政主管部门合规确认

在实践中,针对公司合法合规的核查,由于以往从公司的层面核查公司是否存在重大违法违规行为存在一定的风险,企业可能会隐瞒存在的其瑕疵,因此可以通过向主管部门进行走访并开具合规证明的方式,确认公司的合法、合规。对于公司在经营过程中存在的一些不合规的瑕疵,如果行政主管部门能够出具相应的合规证明,则可以证明主管部门对于公司瑕疵事项的认可,从中介机构的风险角度考虑,也可以对发表结论性意见提供一定的支撑。

4. 公司实际控制人兜底承诺

公司实际控制人出具《承诺函》,对于公司不合规事项可能带来的风险和经济损失进行兜底的做法,基本上已经成为解决公司合规瑕疵的标准动作。但是笔者建议,如果公司可能面临的追缴或行政处罚金额比较大,可以在财务上进行相应的费用计提,一旦发生追缴或处罚的情况,可以将该笔费用支付出去,2 年后再进行冲销,而不影响公司未来的利润。但这种情况在实践中真正发生的可能性很小。虽然此种方式对于公司当前的利润有一定的影响,但是从谨慎性的角度考虑,还是很有必要的。

案例 15-1 星龙科技 830924

【问题】社保公积金缴纳不规范

【问题描述】

公司存在部分员工未缴纳社保及住房公积金的情形。

【问题披露】①

1. 经公司书面确认,截至 2014 年 2 月 28 日,公司的员工人数为 55 人。公司与员工均签订了书面劳动合同,依法建立了劳动关系。

经核查,本所律师认为,公司与员工签订的劳动合同的形式和内容符合我国劳动法律法规的规定。

① 《北京大成律师事务所关于深圳市星龙科技股份有限公司股票申请在全国中小企业股份转让系统挂牌并公开转让的法律意见书》,第 60 ~ 61 页。

2. 根据公司书面确认，截至 2014 年 2 月 28 日，公司已为 53 名员工购买了医疗保险、工伤保险、养老保险、失业保险及生育保险。

经核查，公司未为其中 2 名员工缴纳社会保险的原因为：该两名员工已办理了退休手续，公司不需为其缴纳社会保险。经星龙科技确认并经本所律师核查，截至本法律意见书出具之日，公司不存在因违反社会保险的法律法规而受到行政处罚的情形。

3. 公司根据《住房公积金管理条例》以及《深圳市住房公积金缴存管理暂行规定（试行）》等相关规定，为员工缴纳住房公积金。截至 2013 年 12 月 31 日，公司已为 45 名员工缴纳住房公积金，另外 10 名员工未缴纳住房公积金。

2014 年 3 月 24 日，公司实际控制人黄建钟、陈汉新、黄清乐出具《承诺函》，承诺若因公司缴纳社会保险及住房公积金的瑕疵导致公司需补缴住房公积金或受到罚款等处罚，或导致其他任何纠纷的，黄建钟、陈汉新及黄清乐将无偿代为承担相应的补缴义务或罚款等处罚，并全额承担相关经济损失，保证星龙科技不因此遭受任何损失。

经核查，公司原来在员工住房公积金缴存方面存有一定瑕疵，但相关行政机关未向公司追缴，公司未因住房公积金缴存问题受到相关行政机关的处罚，且公司实际控制人已出具《承诺函》，保证无偿代为承担补缴义务及相关经济损失。本所律师认为，公司未为员工缴纳住房公积金事项对公司本次股票公开转让不构成实质性障碍，不会对公司本次挂牌造成实质性影响。

案例 15－2　酷武股份 837241

【问题】劳务派遣不合规

【问题描述】

请公司、主办券商及律师根据劳务派遣整改进度、劳务派遣相关法规的实施时间、公司劳务用工调整对公司业务、财务的影响，说明公司遵守劳务派遣规定的实际情况、劳务用工的合规性，以及上述情况对公司持续经营是否存在重大不利影响。请主办券商及律师补充核查并发表明确意见。

【问题解决】①

1. 核查程序与方式

本所律师业已经过以下方式核查：查询相关法律法规、查阅核对公司提供的劳务派遣协议、情况说明、职工花名册、公司与劳务派遣公司签订的劳务派遣协议、劳务派遣公司营业执照等资料文件、向劳务派遣公司发函询证人数，并与公司人力资源经理、财务负责人进行了访谈。

2. 公司使用劳务派遣员工及调整概况

（1）根据公司提供的资料并经本所律师核查，截至 2015 年 11 月 30 日，公司的员工总数为 440 名，其中使用的劳务派遣员工总数为 90 名，劳务派遣员工占用工总数的 20%。为降低

---

① 《北京市大成（深圳）律师事务所关于上海酷武供应链管理股份有限公司股票申请在全国中小企业股份转让系统挂牌并公开转让的补充法律意见书（一）》，第 3～5 页。

劳务派遣员工比例,公司于2016年1月8日制定并在上海市宝山区人力资源和社会保障局备案登记了确实可行的《劳动用工调整方案》。经过调整,截至2016年2月29日,公司的员工总数为382名,其中使用的劳务派遣员工总数为38名,劳务派遣员工占用工总数的9.9%。正在履行的劳务派遣协议具体情况见表15-2-1:

表15-2-1　正在履行的劳务派遣协议具体情况

劳务派遣公司名称	劳务派遣经营许可证编号	劳务派遣人数	劳务派遣协议期限	派遣员工主要工作岗位	派遣员工的薪资待遇(元)	是否与公司存在关联关系
廊坊国盛劳务派遣有限公司	13102220 14003	6	2015年10月24日至2017年10月23日	操作员	4000/月左右,根据实际核算	无
北京阳光众和人力资源服务有限公司	(京)13011	6	2014年3月13日至2016年3月12日	操作员	4000/月左右,根据实际核算	无
昆山腾达物业管理有限公司	3205832014 10270186	6	2015年7月1日至2016年6月30日	操作员	4500/月左右,根据实际核算	无
昆山市仁之源劳务服务有限公司	3205832014 02120033	5	2014年10月10日至2016年10月9日	操作员	4500/月左右,根据实际核算	无
南京兴昌企业管理咨询有限公司栖霞分公司	3201152014 06100027	10	2015年6月1日至2017年2月28日	操作员	4000/月左右,根据实际核算	无
上海通顺劳务派遣有限公司	闵人社派许字第00056号	5	2015年2月1日至2017年1月31日	操作员	4500/月左右,根据实际核算	无
劳务派遣员工人数总计		38	公司员工总人数	382	劳务派遣员工占公司员工总数的比例	9.9%

根据本所律师核查:

①与公司签订劳务派遣协议的劳务派遣公司的注册资本均大于或等于200万元且均具备从事劳务派遣业务的相关资质许可,均具备经营场所和设施,符合现行法律法规的相关要求。

②公司与劳务派遣公司签订的《劳务派遣协议》依法约定了派遣岗位、人员数量、派遣期限、劳动报酬和社会保险费的数额与支付方式以及违约责任等条款。《劳务派遣协议》内容及形式合法有效,上述劳务派遣协议目前正在履行,履行过程中没有产生纠纷。

③公司在报告期内在包装员、分拣员等此类替代性、辅助性的岗位使用了较多的被派遣劳动者。《劳务派遣暂行规定》(人力资源和社会保障部令第22号)第4条第1款规定:“用工单位应当严格控制劳务派遣用工数量,使用的被派遣劳动者数量不得超过其用工总量的10%。”第28条第1款规定:“用工单位在本规定施行前使用被派遣劳动者数量超过其用工总

量10%的，应当制定调整用工方案，于本规定施行之日起2年内降至规定比例。但是，《全国人民代表大会常务委员会关于修改〈中华人民共和国劳动合同法〉的决定》公布前已依法订立的劳动合同和劳务派遣协议期限届满日期在本规定施行之日起2年后的，可以依法继续履行至期限届满。"公司根据前述相关法律法规的要求，在法律规定的期限内，通过将劳务派遣员工转为本单位职工或派遣劳动者的劳动合同期满，由劳务派遣单位依法终止被派遣劳动者的劳动合同等方式降低劳务派遣用工比例。截至2016年2月29日，公司使用劳务派遣员工占用工总数的比例为9.9%，符合现行法律法规对于使用劳务派遣员工的岗位和比例的相关要求。

（2）根据公司说明，公司主营仓储精细化管理及相关服务。在为客户尤其是B2C业务客户提供具体服务时，涉及的高频次的订单匹配、货品分拣、包装出库等工序操作相对简单，替代性及辅助性较强。同时为降低少部分用工成本，故报告期内公司在此类替代性、辅助性的岗位使用了较多的被派遣劳动者。但公司在法律规定的期限内，通过转为本单位职工或派遣劳动者的劳动合同期满，由劳务派遣单位依法终止被派遣劳动者的劳动合同等方式降低劳务派遣用工比例后，加强新老员工培训，提高工作效率，实现调整用工期间人员平滑过渡，使公司原有的业务开展基本不受影响。

（3）根据公司说明，经对2015年公司相同岗位的正式员工和劳务派遣员工实际薪资水平测算对比，及用工调整过程中的公司账务流水观察，本次用工调整后公司预计将新增加年用人成本397 920.73元，占公司2016年成本预算的0.54%，占公司2016年预计净利润的7.49%，不会对公司财务造成重大影响。

3. 结论

综上，本所律师认为，公司切实遵守劳务派遣的相关规定、公司劳务用工合法合规、公司劳务用工调整不会对公司的持续经营造成重大不利影响。

案例15－3 京格建设839208

【问题】劳务分包不合规

【问题描述】

关于公司劳务外包与无资质的工程队包工头合作，请公司补充披露是否依然存在合作关系、无资质工程队的清理情况、在建项目是否与有资质的劳务公司签订协议。请主办券商及律师核查并发表明确意见。

【问题解决】①

1. 核查程序

本所律师业已经过以下方式核查：查询相关法律法规；查阅公司的在建项目施工合同；查阅公司与个人、劳务公司签署的劳务分包合同；查阅劳务公司资质证件；查阅公司的财务报

① 《北京市大成（深圳）律师事务所关于深圳市京格建设股份有限公司股票申请在全国中小企业股份转让系统挂牌并公开转让的补充法律意见书（二）》，第33～35页。

表；查看公司及股东出具的情况说明；并与公司有关股东进行了访谈。

2. 核查结果

（1）根据公司出具的说明，并经本所律师核查，报告期内公司将少量的建设工程劳务作业分包给个人组建的工程队，涉及的劳务分包合同金额占公司同类劳务分包总合同金额比例为15.98%，比例较低；2014年、2015年采购中，公司向自然人采购劳务作业的金额分别为377.99万元、349.64万元，占当期劳务采购总额的比例分别为3.45%、2.81%，占比较低且金额逐渐减少。截至公司本次申请挂牌申报前，公司已停止全部相关的劳务作业个人分包行为，报告期内存在的个人分包合同已全部履行完毕，公司与相关无资质的工程队包工头不存在合作关系。

（2）报告期内公司涉及无资质工程队包工头的劳务分包合同履行及清理情况见表15－3－1：

表15－3－1　报告期内涉及无资质工程队包工头的劳务分包合同履行及清理情况

序号	签订时间	工程队	合同内容	工程项目	金额（万元）	履行情况	清理情况
1	2015年12月1日	彭良国	劳务分包	明硐湖国际新城项目环湖景观工程	43.75	履行完毕	已清理
2	2014年10月24日	蒲元成	劳务分包	博罗县生活垃圾焚烧发电项目生活办公区建筑工程	517.47	履行完毕	已清理
3	2015年1月2日	彭良权	劳务分包	博罗县生活垃圾焚烧发电项目生活办公区建筑工程	182.31	履行完毕	已清理
4	2014年10月27日	彭良国	劳务分包	龙岗智慧警务机房工程（小型工程）	2.87	履行完毕	已清理
5	2013年9月17日	赵丙辉	劳务分包	深圳市轨道交通7号线BT项目7302标	108.93	履行完毕	已清理
6	2014年10月	彭良强	劳务分包	南安市石井镇贤林大道道路工程路面工程	32.27	已终止	已清理
7	2014年11月	冯生超	劳务分包	博罗县生活垃圾焚烧发电项目生活办公区建筑工程	0.5	履行完毕	已清理
8	2014年9月27日	周亚伟	劳务分包	博罗县生活垃圾焚烧发电项目生活办公区建筑工程	1.5	履行完毕	已清理
9	2014年10月21日	蔡景刘	劳务分包	博罗县生活垃圾焚烧发电项目生活办公区建筑工程	90.33	履行完毕	已清理
10	2014年9月27日	许创辉	劳务分包	博罗县生活垃圾焚烧发电项目生活办公区建筑工程	114.39	履行完毕	已清理
11	2014年10月21日	张春阳	劳务分包	博罗县生活垃圾焚烧发电项目生活办公区建筑工程	28.72	履行完毕	已清理
12	2014年12月	罗志全	劳务分包	博罗县生活垃圾焚烧发电项目生活办公区建筑工程	15.53	履行完毕	已清理
13	2014年12月	盛新军	劳务分包	博罗县生活垃圾焚烧发电项目生活办公区建筑工程	57	履行完毕	已清理

续表

序号	签订时间	工程队	合同内容	工程项目	金额(万元)	履行情况	清理情况
14	2015年3月30日	曹良仁	劳务分包	南山街道妈湾片区社区服务中心社区服务基础设施建设工程	17.78	履行完毕	已清理
15	2015年2月	隆建军	劳务分包	南山街道妈湾片区社区服务中心社区服务基础设施建设工程	6.98	履行完毕	已清理
16	2015年2月	詹展涛	劳务分包	南山街道妈湾片区社区服务中心社区服务基础设施建设工程	7.01	履行完毕	已清理
17	2015年10月28日	陈大平	劳务分包	尖岗山泵房改造工程	68.67	履行完毕	已清理
18	2015年10月	庄永芳	劳务分包	南山街道妈湾片区社区服务中心社区服务基础设施建设工程	2.61	履行完毕	已清理
19	2015年11月	熊孝堂	劳务分包	博罗县生活垃圾焚烧发电项目生活办公区建筑工程	3.28	履行完毕	已清理
20	2015年12月	郑金红	劳务分包	立新水厂会议室、化验室药品间改造工程/长流陂水厂四楼宿舍修缮工程	21.87	履行完毕	已清理
21	2013年9月17日	徐景洪	劳务分包	深圳市轨道交通7号线BT项目7302标	210.16	履行完毕	已清理

(3)截至本《补充法律意见书(二)》出具之日,公司在建项目与有资质劳务公司签署的劳务分包合同情况见表15-3-2:

表15-3-2 公司在建项目与有资质劳务公司签署的劳务分包合同情况

序号	在建项目	签订时间	合同相对方	资质号	合同内容	金额(万元)	履行情况	备注
1	南安市石井镇贤林大道道路工程路面工程	—	—	—	—	—	—	备注1
2	明硐湖国际新城项目环湖景观工程	—	—	—	—	—	—	备注2
3	5号线交通疏解工程	2016年1月	四川省仪銮劳务有限公司	D351517214	劳务作业	根据项目结算确定	正在履行	—

注:1.南安市石井镇贤林大道道路工程路面工程项目,因征地拆迁等客观原因,该项目自2015年6月开始停工,近期相关问题已得到解决,公司已组织相关管理人员进场做复工相应准备。原京格有限公司与个人工程队彭良强签订的劳务分包合同已经终止,公司目前正在进行招标流程,筛选有资质的劳务公司承接本项目劳务施工内容。

2.明硐湖国际新城项目环湖景观工程项目,公司目前已经完成现场施工相关工作,等待项目验收。原公司与个人工程队彭良国于2015年12月1日签订的劳务分包合同已经履行完毕,现场施工相关的劳务作业已于2016年1月全部完成,公司不需要再与其他劳务公司签署分包合同。

3. 公司劳务作业分包情况

(1)根据公司说明及提供的资料,并经本所律师核查,公司在报告期内存在建设工程劳务作业分包情形。

劳务作业分包前,公司核查了劳务分包公司的相关资质证书,并与四川聚众源劳务有限责任公司、四川仪蓥劳务有限公司深圳分公司等公司签订了《劳务合同》。

(2)此外,公司在报告期内存在将建设工程劳务作业分包给个人的情形。

报告期内公司曾与徐景洪、彭良权等自然人签订《劳务合同》,将部分工程劳务作业分包给个人。

《建筑法》第29条规定:"禁止总承包单位将工程分包给不具备相应资质条件的单位。"第67条第1款规定:"承包单位将承包的工程转包的,或者违反本法规定进行分包的,责令改正,没收违法所得,并处罚款,可以责令停业整顿,降低资质等级;情节严重的,吊销资质证书。"

《建设工程质量管理条例》第62条第1款规定:"违反本条例规定,承包单位将承包的工程转包或者违法分包的,责令改正,没收违法所得,对勘察设计单位处合同约定的勘察费、设计费百分之二十五以上百分之五十以下的罚款;对施工单位处工程合同价款百分之零点五以上百分之一以下的罚款;可以责令停业整顿,降低资质等级;情节严重的,吊销资质证书。"

《建筑工程施工转包违法分包等违法行为认定查处管理办法(试行)》第9条规定:"存在下列情形之一的,属于违法分包:(一)施工单位将工程分包给个人的……"第13条第2项规定:"对认定有转包、违法分包违法行为的施工单位,依据《建筑法》第六十七条和《建设工程质量管理条例》第六十二条规定,责令其改正,没收违法所得,并处工程合同价款0.5%以上1%以下的罚款;可以责令停业整顿,降低资质等级;情节严重的,吊销资质证书。"

公司将部分工程劳务作业分包给个人的行为,违反了《建筑法》《建设工程质量管理条例》《建筑业企业资质管理规定》《建筑业企业资质标准》《房屋建筑和市政工程基础设施工程施工分包管理办法》等相关法律法规的规定,存在被主管部门要求责令改正、没收违法所得并处罚款等行政处罚的风险。截至本法律意见书出具之日,公司暂未收到主管部门的行政处罚通知。

(3)根据公司出具的说明,并经本所律师核查,公司将部分建设工程劳务作业分包给自然人的原因为:建设工程中非主体、非专业施工部分工程,操作简单重复,对操作人员无专业资质要求,同时考虑到个人自组的工程队承包劳务分包的价格较低,且该部分自组工程队此前一直从事建设施工劳务作业,具有一定的劳务施工经验,公司前期规范意识较弱,为节省成本,故将部分建设工程劳务作业分包给个人。

根据公司出具的说明,并经本所律师核查,报告期内公司仅将少量的建设工程劳务作业分包给个人,涉及的合同金额占公司同类劳务分包总合同金额比例较低,为15.98%;2014年、2015年前五大采购中,公司向自然人采购劳务作业的金额分别为377.99万元、349.64万元,占当期劳务采购总额的比例分别为9.59%、3.49%,占比较低且金额逐渐减少。截至本法律意见书出具之日,公司已停止全部相关的劳务作业个人分包行为,报告期内存在的个人分包合同已全部履行完毕,公司后续涉及需要进行劳务分包作业的将严格按照法律法规的规定选择有资质的单位进行劳务分包。

根据本所律师在深圳市住房和建设局网站(http://www.szjs.gov.cn/ztfw/gcjs/cxda/cxda_xzcf/)的查询,报告期内未发现公司存在因违反住房和建设相关法律法规而受到行政处罚、警示或不良行为记录。

2016年5月3日,深圳市龙岗区安全生产监督管理局出具《安全生产情况证明表》。经查,深圳市京格建设股份有限公司自2013年1月1日至2016年3月31日,未因违反安全生产法律法规而受到该局行政处罚,该局也未接到有关该公司发生安全生产事故的报告。

公司控股股东中经科控股、实际控制人彭梁鸿均出具《承诺函》,承诺将督促公司严格执行劳务分包规范措施并遵守相关劳务分包法律法规的规定,如因公司存在的将部分建设工程劳务作业分包给个人的情形,被主管部门责令改正、没收违法所得或罚款而遭受任何经济损失的,控股股东和实际控制人将无偿全额补偿公司遭受的全部损失。

综上所述,本所律师认为,公司在报告期内存在的劳务作业分包瑕疵,不属于重大违法违规行为,不会对公司的持续经营产生重大不利影响,不会对公司本次申请挂牌构成实质性障碍。

案例15-4 乐生活837249

【问题】劳务派遣比例高于10%

【问题描述】

请主办券商和律师对公司用工模式、用工的合法合规性进一步核查并发表明确意见。请公司对前述事项补充披露。

【问题解决】①

本所律师核查了公司提供的员工名册、员工工资表、业务外包合同、劳务派遣协议及经提供派遣服务的单位确认的劳务派遣员工名单,公司以签订劳动合同用工作为主要用工形式,并在部分辅助性岗位(保洁员、地库管理员等)使用劳务派遣公司派遣的员工。截至2016年1月31日,公司及子公司共有劳务派遣员工191人,其中乐生活股份13人,派遣比例3.13%;郑州思达178人,派遣比例47.34%。

本所律师认为,郑州思达的劳务派遣比例高于10%,不符合《劳务派遣暂行规定》的规定。

根据郑州思达制定的《用工模式调整方案》,郑州思达将通过委托具有相应资质的专门提供保安、保洁等服务的公司,通过业务外包的方式,减少派遣员工的使用比例,以使郑州思达使用的被派遣劳动者数量不高于其用工总量的10%。同时,乐生活股份亦承诺将督促郑州思达在2016年3月1日前完成前述用工模式调整。

除上述披露的问题及《法律意见书》中已披露的社会保险费及住房公积金缴纳的问题外,

---

① 《关于乐生活(北京)智慧社区投资发展股份有限公司申请股票在全国中小企业股份转让系统挂牌并公开转让的补充法律意见书(一)》,第4~5页。

本所律师认为,公司的用工形式合法、合规。

案例 15-5 艾利艾 837511

【问题】劳务派遣用工不规范

【问题描述】

请公司说明,并请律师补充核查以下事项并发表明确意见:(1)公司采取劳务派遣的基本情况,包括且不限于使用劳务派遣人员人数、采取劳务派遣人员的原因、劳务派遣人员具体岗位或工种;(2)公司与劳务派遣公司是否存在关联关系,采取劳务派遣的用工方式是否影响公司技术和服务稳定性、保密性要求,采取大量劳务派遣人员对公司生产经营及持续发展的影响;(3)公司采取劳务派遣用工的合法、合规性,公司若将劳务派遣员工转为与公司签订劳动合同的员工后对公司支付社会保险等成本费用的影响。

【问题解决】①

1. 公司采取劳务派遣的原因是将辅助性工作集中采用劳务派遣方式,便于管理,提高公司运营效率。截至本补充法律意见书出具之日,公司共有劳务派遣员工 28 人,工作地点为河北保定,主要工作内容为对互联网数据进行清洗、筛选及监测,将无用、无效的信息进行清除,提高数据的准确性;同时对一些数据做标记,提供基础内容支撑。

2. 公司于 2012 年 8 月 14 日与北京易才人力资源顾问有限公司(以下简称易才)签署《劳务派遣协议》,由易才为公司提供派遣服务。本所律师通过全国企业信用信息公示系统查询了易才的基本情况、股东及董监高信息,同时经向公司管理层了解,确认公司与易才不存在关联关系。

根据公司说明,劳务派遣员工所从事工作不涉及公司核心技术,其主要工作内容为对互联网数据进行清洗、筛选及监测,将无用、无效的信息进行清除,提高数据的准确性;同时对一些数据做标记,提供基础内容支撑。上述工作均为辅助性工作,具有较强的可替代性,因此劳务派遣的用工方式不影响公司技术和服务的稳定性、保密性要求,不会影响公司生产经营及持续发展。

3.《劳务派遣暂行规定》第 4 条第 1 款:“用工单位应当严格控制劳务派遣用工数量,使用的被派遣劳动者数量不得超过其用工总量的 10%。”公司共有员工 79 人,劳务派遣员工数量为 28 人,被派遣劳动者数量占用工总量的 26.17%,不符合上述法律规定。

为解决上述瑕疵,公司原计划在河北成立分公司以解决社保不规范的问题,但考虑到保定当地的业务规模目前较小,发展仍存在较大的不确定性,公司将视在保定的业务规划和发展情况决定将来是否设立分公司。公司改为与劳务派遣员工直接签订劳动合同的方式来解决用工的不规范性,公司已于 2016 年 3 月 31 日解除与易才的《劳务派遣协议》,并于 2016 年 4 月 1 日与原劳务派遣员工直接签订了劳动合同,建立了劳动关系。该 28 名员工因工作地点

---

① 《关于北京艾利艾互联网科技股份有限公司申请股票在全国中小企业股份转让系统挂牌并公开转让的补充法律意见书(一)》,第 3~5 页。

在河北，为保障员工享受社保待遇的便利性，公司委托易才继续为该28名员工在保定当地缴纳社保。虽然委托第三方为异地用工缴纳社保的行为仍存在一定的不规范性，但是法律目前并未禁止以该种方式缴纳社保，公司该行为不会受到社保部门的行政处罚。目前，公司为劳务派遣员工均依法缴纳了社会保险，劳务派遣形式转为直接签订劳动合同后，不会大幅增加公司成本费用。

本所律师认为，公司劳务用工不规范的事实不影响公司的持续经营能力，对本次挂牌不构成实质性障碍。

案例15-6 云建钢构839395

【问题】存在劳务派遣用工

【问题描述】

公司存在劳务派遣，请公司予以说明，并请主办券商、律师补充核查以下事项并发表明确意见：(1)公司采取劳务派遣的基本情况，包括且不限于使用劳务派遣人员人数、采取劳务派遣人员的原因、劳务派遣人员具体岗位或工种；(2)公司与劳务派遣公司是否存在关联关系，采取劳务派遣的用工方式是否影响公司技术和服务稳定性、保密性要求，采取大量劳务派遣人员对公司生产经营及持续发展的影响；(3)公司采取劳务派遣用工的合法、合规性，公司若将劳务派遣员工转为与公司签订劳动合同的员工后对公司支付社会保险等成本费用的影响。

【问题解决】①

1. 公司采取劳务派遣方式用工的基本情况

(1)核查方法及过程

①通过查阅公司的员工名册及派遣员工名册，调查公司员工及派遣员工人数、岗位等情况；

②通过抽查公司员工的劳动合同及查阅《劳务派遣合同》，调查公司员工及派遣员工与公司之间有关用工形式、岗位等方面的约定情况；

③通过对公司人力资源人员进行访谈并取得公司的书面说明文件，调查公司采取劳务派遣用工形式的理由以及劳务派遣人员的具体用工情况。

(2)事实依据

①员工名册及派遣员工名册；

②劳动合同、劳务派遣合同；

③访谈记录；

④公司出具的《关于劳动派遣用工的情况说明》。

(3)分析过程

①经核查，截至2016年7月31日，公司员工总数人为1022人，其中使用劳务派遣人员人

---

① 《北京盈科(昆明)律师事务所关于云南建工钢结构股份有限公司申请股票在全国中小企业股份转让系统挂牌并公开转让之补充法律意见书(一)》，第21~26页。

数为 56 人,占公司用工总量的 5.48%。

②经核查,公司采用劳务派遣用工形式的原因主要是考虑到劳务派遣用工的灵活性,能够有效简化人力资源管理,提高员工管理效能及公司管理效率。

③经核查,劳务派遣人员主要工作岗位或工种为清洁工、安装工、油漆工、打磨工、拼装工、起重工等辅助性、临时性、可替代性及流动性强的岗位。

(4)结论意见

本所律师认为,公司聘用劳务派遣人员的人数及岗位、工种符合《劳动合同法》及《劳务派遣暂行规定》等相关规定。

2. 公司与劳务派遣公司是否存在关联关系及影响

(1)核查方法及过程

①通过查阅公司提供的劳务派遣合作公司名单、劳务派遣公司的营业执照、业务资质,调查公司合作的劳务派遣公司基本情况及是否存在劳务派遣业务资质;

②通过查询全国企业信用信息公示系统(http://gsxt.gdgs.gov.cn/),调查劳务派遣公司的工商登记信息,包括相关法定代表人、股东、执行董事等信息;

③通过对公司人力资源人员及公司高管访谈并取得公司的书面确认意见,调查公司、董事、监事及高级管理人员与劳务派遣公司是否存在关联关系。

(2)事实依据

①劳务派遣合作公司名单;

②劳务派遣合作公司的营业执照、劳务派遣业务资质;

③访谈记录;

④公司出具的确认函;

⑤查询记录。

(3)分析过程

经核查,报告期内公司合作的劳务派遣公司为云南华融人力资源服务有限公司、云南华康劳动服务有限公司。

①云南华融人力资源服务有限公司为自然人出资设立的有限责任公司,成立于 2011 年 6 月 15 日。根据其持有昆明市五华区工商行政管理局于 2016 年 4 月 7 日核发的统一社会信用代码为 91530102577253563K 的《营业执照》,其注册资本为 200 万元,法定代表人为曹荣富,住所为云南省昆明市五华区华山办事处新闻路 337 号报业尚都商务楼 1 幢 8 层 817 室;经营范围为:劳务派遣、劳务外包、劳动保障事务代理、企业营销策划、企业管理咨询。其现持有昆明市五华区人力资源和社会保障局于 2014 年 7 月 30 日颁发的编号为 530102001 的《劳务派遣经营许可证》。

截至本《补充法律意见书》出具之日,云南华融人力资源服务有限公司的股东为曹荣富、曹旭,其中曹荣富担任执行董事兼总经理,曹旭担任监事。

公司及公司董事、监事、高级管理人员与云南华融人力资源服务有限公司不存在关联关系。

②云南华康劳动服务有限公司为自然人出资设立的有限责任公司,成立于 2008 年 9 月 18 日。根据其持有昆明市工商行政管理局于 2016 年 1 月 6 日核发的社会统一信用代码为

915301006787044号的《营业执照》，其注册资本为800万元，法定代表人为张招勇，住所为云南省昆明市滇池路挪威森林17幢73号；经营范围为：劳务派遣，劳务分包，建筑防水工程，机电设备安装维修，园林绿化工程，水电安装，建筑材料、五金交电、机械设备、劳保用品的销售。其现持有昆明滇池国家旅游度假区劳动和社会保障局于2015年5月7日颁发的编号为53010004的《劳务派遣经营许可证》。

截至本补充法律意见书出具之日，云南华康劳动服务有限公司的股东为张会、张招勇，其中张招勇担任执行董事兼总经理，张会担任监事。

公司及公司董事、监事、高级管理人员与云南华康劳动服务有限公司不存在关联关系。

（4）结论意见

本所律师认为，公司使用的劳务派遣人员主要从事简单、易操作、可替代性工作，该等工作不要求人员具备较高的专业技能，且不涉及公司的核心技术。公司及公司董事、监事、高级管理人员与劳务派遣公司不存在关联关系，且公司采取劳务派遣的用工方式不影响公司技术和服务稳定性和保密性要求，也不影响公司生产经营及持续发展。

3. 公司采取劳务派遣用工的合法合规性，公司若将劳务派遣员工转为与公司签订劳动合同的员工后对公司支付社会保险等成本费用的影响

（1）核查方法及过程

①通过对公司相关人员进行访谈并取得公司的书面确认意见，调查公司采取劳务派遣用工的合法合规性以及公司员工社会保险等成本情况；

②通过取得劳动及人力资源主管政府部门出具的证明文件，调查公司劳动用工方面的合法合规性；

③通过询问会计师专业意见，并对劳务派遣员工转为公司劳动合同制员工所需的社会保险等成本的测算，调查是否影响公司的经营活动或财务状况。

（2）事实依据

①访谈记录；

②公司出具的确认函；

③主管部门出具的证明文件。

（3）分析过程

经核查，公司劳务派遣用工的派遣员工人数、岗位或工种均符合《劳动合同法》《劳务派遣暂行规定》等相关规定。

通过测算，若劳务派遣员工转为与公司签订劳动合同的员工，公司每月需支付979.25元/人/月的社会保险，每月共计需缴纳54 838元，全年合计缴纳658 056元，上述费用占公司2014年度、2015年度营业成本的0.11%和0.1%，其金额较小，对公司的持续性经营不构成实质性障碍。

（4）结论意见

本所律师认为，公司采取劳务派遣用工合法、合规。公司若将劳务派遣员工转为公司劳动合同制员工将不会对公司的经营活动及财务状况产生重大、不利影响。

案例 15-7 护航科技 839515

【问题】人事外包公司缴纳部分员工社保、住房公积金

【问题概述】

公司员工较多,请主办券商和律师核查公司劳动用工是否规范,并就相关的法律风险是否对公司挂牌产生影响发表明确意见。请公司补充披露上述情况。

【问题解决】①

针对上述问题,本所律师核查了公司员工花名册、公司与员工签订的劳动合同、社保缴纳表、公积金缴纳表、海淀区人力资源和社会保障局出具的证明等资料。

经核查,截至 2016 年 5 月 31 日,公司及下属子公司共有正式员工 750 人。护航科技持有北京市海淀区社会保险基金管理中心于 2010 年 5 月 9 日颁发的社保登记证。公司及各子公司存在部分员工社保、公积金通过人事外包公司缴纳的情况,现已经取得代缴公司出具的代缴证明。

具体情况如下:护航科技员工 616 人,其中本公司缴纳 294 人,由代缴公司缴纳 307 人,15 人当月入职未赶上增员时间而未予缴纳;上海护航员工 33 人,31 人缴纳了社保,2 人未缴纳,其中 1 人离职减员未缴纳,另 1 人当月入职未赶上增员时间而未予缴纳;厦门护航拥有员工 47 人,其中 33 人缴纳了社保,14 人未缴纳,其中 2 人离职减员未缴纳,12 人当月入职未赶上增员时间而未予缴纳;深圳护航拥有员工 31 人,21 人缴纳社保,10 人未缴纳,其中 9 人离职减员未缴纳,1 人当月入职未赶上增员时间而未予缴纳;北京随方拥有员工 23 人,25 人缴纳了社保,其中 2 人离职,但是公司当月仍为其缴纳了社保。

北京市人力资源与社会保障局于 2016 年 6 月出具《社会保险缴费证明》,证明护航科技已办理了养老、失业、工伤、生育、基本医疗 5 项社会保险的参保手续,截至 2016 年 6 月无欠费记录。

2016 年 5 月 17 日,北京住房公积金管理中心中关村管理部出具《证明》,证明护航科技依法缴存住房公积金,未发现有违反住房公积金法律、法规和规章的行为。

本所律师通过查阅全国法院被执行人信息查询网站、全国企业信用信息网站等各官方网站以及访谈公司管理层、普通员工,截至本补充法律意见书出具之日,未发现公司与员工产生劳动争议纠纷的情况。

2016 年 6 月 6 日,公司全体股东出具承诺,若公司因为员工缴纳的各项社会保险及住房公积金不符合规定给公司造成的损失,全体股东承担连带责任。

基于以上核查,结合护航科技及董事、监事、高级管理人员出具的说明并经本所律师适当核查,未发现护航科技因违反劳动用工、劳动保护等方面的法律、法规与规范性的规定而受到行政处罚的情形。本所律师认为,截至补充法律意见书出具之日,公司劳动用工规范,不存在重大法律风险,不会对公司挂牌产生重大影响。

---

① 《北京市中伦文德律师事务所关于北京护航科技股份有限公司申请股票在全国中小企业股份转让系统挂牌并公开转让的补充法律意见书》,第 12 ~ 13 页。

案例 15-8 中大新材 839471

【问题】社保、住房公积金补充说明

【问题描述】

请主办券商及律师对公司子公司员工社保、公积金缴纳状况的合法合规性进行补充核查并发表明确意见。

【问题解决】①

截至本补充法律意见书出具之日，滕州公司共有9名员工，其中1名员工与原单位签署了离岗休养协议，滕州公司无须为其缴纳社保和住房公积金；其中7名员工为农村户口，已参加了新农合险；其中1名员工公司已为其缴纳了社保，因不愿缴纳个人所应负担的部分，其已出具声明自愿放弃缴纳住房公积金。

石嘴山市公司共有5名员工，其中1名员工社保和住房公积金均在原单位代缴，公司无须为其缴纳社保和住房公积金；其中1名员工达到退休年龄，石嘴山公司无须为其缴纳社保和住房公积金；其中2名员工为农村户口，已参加新农合，石嘴山公司无须为其缴纳社保和住房公积金；其中1名员工，因在原单位缴纳社保，社保转移手续正在办理中，石嘴山公司预计2016年9月开始可以为其缴纳社保。

熊耳山公司共有5名员工，其中4名员工为农村户口且已参加新农合，公司无须为其缴纳社保和住房公积金；其中1名员工，公司已为其缴纳了社保，因其不愿缴纳个人所应负担的部分，其已出具声明自愿放弃缴纳住房公积金。

根据《山东省人民政府办公厅关于进一步加强住房公积金管理工作的意见》规定，有关部门要研究将进城务工人员纳入住房公积金制度覆盖范围的办法，在城市中有稳定工作的进城务工人员及其单位可暂按较低的缴存比例，先行建立住房公积金账户。因此，对于农村户口的员工，相关法律法规并未要求企业强制为其缴纳住房公积金。

综上，本所律师认为，公司子公司员工社保、住房公积金缴纳合法、合规。

案例 15-9 壹豪科技 838330

【问题】劳动用工合规性

【问题描述】

请主办券商、律师核查以下事项并发表明确意见：(1)公司是否存在劳务派遣情形；(2)公司是否存在劳务分包情形；(3)公司劳动用工是否合法、合规。

【问题解决】②

---

① 《山东德衡律师事务所关于山东中大新材料股份有限公司申请股票在全国中小企业股份转让系统挂牌并公开转让的补充法律意见书(一)》，第42~43页。

② 《上海市锦天城(深圳)律师事务所关于广东壹豪新材料科技股份有限公司申请股票在全国中小企业股份转让系统挂牌公开转让的补充法律意见书(一)》，第7~9页。

1. 经公司说明并经本所核查，截至2016年6月24日，公司在册员工75人，劳务派遣员工为3人，劳务派遣员工的岗位均为公司保安，均为辅助性工作岗位。

根据公司确认，以上劳务派遣员工均与派遣单位东莞市锦创劳务派遣有限公司(以下简称派遣单位)签署《劳动合同》。该派遣公司成立于2014年3月13日，注册资本200万元，已取得《劳务派遣经营许可证》。公司与该派遣单位不存在关联关系，不属于公司另行设立的劳务派遣单位。公司与派遣单位签订了《临时工代理协议书》，约定了派遣人员数量、劳动报酬、保险支付方和支付方式、员工纠纷责任方等。公司未将被派遣员工再另行派遣至其他用人单位。

本所认为，公司使用派遣劳动者符合《劳动合同法》关于劳务派遣员工只能在临时性、辅助性或者替代性的工作岗位上实施、用工单位严格控制劳务派遣用工数量及劳务派遣人员不得超过其用工总量的一定比例的规定，并符合《劳务派遣暂行规定》第4条第1款“用工单位应当严格控制劳务派遣用工数量，使用的被派遣劳动者数量不得超过其用工总量的10%”的规定。

综上，公司劳务派遣用工符合法律、法规的规定，对本次挂牌不构成实质性影响。

2. 经本所核查及公司书面确认，公司不存在劳务分包情形。

3. 根据公司提供的员工名册、劳动合同样本、员工社保缴纳的清单及高管访谈记录等材料，截至2015年12月31日，公司在册员工66人，劳务派遣员工3人；截至2016年6月24日，公司在册员工75人，劳务派遣员工仍为3人，公司已与全部员工签订劳动合同，并按照有关规定建立社会保险缴纳制度，为全体员工缴纳了社会保险。公司为22人缴纳了住房公积金，其他人员未缴纳住房公积金原因在于该等人员户籍所在地为东莞市以外其他地区，而由于住房公积金使用在行政区域上的限制，该等人员同意暂不缴纳住房公积金，公司为在东莞市无住房条件的员工提供住宿条件作为补充。

针对公司存在未能为全体员工缴纳住房公积金的情形，实际控制人郑豪出具《关于社保、公积金的声明与承诺》，承诺“本人将督促公司完善员工社保、公积金的缴纳情况，如果壹豪科技因违反社保、公积金法律法规而被有关机关予以行政处罚，导致公司遭受经济损失的，本人愿意对公司进行相应补偿，并尽最大努力使公司免受任何不利影响”。

东莞市社会保障局于2016年5月5日出具东社证〔2016〕00090号《证明》，证明公司从2013年1月至2016年3月无欠缴社会保险费的情形，且未有因违反社会保险法律法规而受到社保局行政处罚的记录。

综上，公司在劳动用工方面符合法律法规的有关规定，但在住房公积金方面，除少量员工暂未缴纳住房公积金外，公司已按照法律、法规及规范性文件的规定为其他员工缴纳社会保险和住房公积金，未发生因违法违规行为而受到相关部门处罚的情况。

第十六章 安 全 生 产

一、安全生产的要求

根据《挂牌条件标准指引》的规定:“公司业务须遵守法律、行政法规和规章的规定,符合国家产业政策以及环保、质量、安全等要求。”在企业挂牌新三板的过程中,安全生产问题不仅涉及公司的经营是否合法、合规,同时安全生产的瑕疵带来的处罚风险也会严重制约着公司的持续经营能力。

二、解决思路

1. 核查是否需要取得安全生产许可证

在了解公司安全生产问题时,首先应当核查拟挂牌公司是否属于《安全生产许可证条例》规定的需取得安全生产许可证后方可开始生产经营的“矿山企业、建筑施工企业和危险化学品、烟花爆竹、民用爆破器材生产企业”。如属于前述要求的企业范围,公司应依法取得安全生产许可证。公司若无法取得安全生产许可证则必须披露其原因、相关整改措施及其进展,并在申报前完成申请并取得安全生产许可证。

2. 详细披露公司的安全生产相关的制度建设

查阅、核实并披露公司的安全生产管理制度建设情况,以及公司日常业务环节安全生产、安全施工防护、风险防控等方面采取的措施,并可以通过实地走访、现场调查等多种形式来了解并核实公司安全生产制度的落实到位情况,相关设施的有效正常运转情况。

3. 详细披露报告期内已发生的事故和规范措施

如拟挂牌主体在报告期内出现了安全生产事故,需要详细披露该事故的完整情况,同时说明并核查公司对此所采取的防范措施并评估其有效性。

一方面,需要真实、充分、准确披露公司报告期内的安全生产方面的事故、纠纷、处罚,包括事故处理的程序,事故经过、原因、人员伤亡认定、事故发生后公司的妥善处理等情况。如公司出现的安全生产事故,根据相关规定需要取得政府部门出具文件才能恢复生产的,应及时依规定取得相关政府部门的审批文件。

另一方面,需要依据相关法律法规,判断公司的安全生产事故是否具有严重情节,是否为重大或特大事故,评估其行政处罚的风险,并论证其不会影响公司的持续经营能力。同时需要详细说明公司在安全事故发生之后所采取的整改措施,核实其落实情况,以此论证说明公司已经全面排查事故隐患,生产经营活动不会因此受到影响。

4. 取得合法、合规证明

拟挂牌主体需要向当地安监部门申请并取得其安全生产方面的合规证明，主管部门确认公司报告期内在安全生产方面不存在重大违法违规行为。

5. 实际控制人、控股股东出具承诺函

必要时可由公司实际控制人、控股股东就公司安全生产的合法、合规情况出具相应承诺，保证公司不会遭受因安全生产或者安全事故等潜在风险或纠纷可能造成的任何经济损失。实际上，实际控制人、控股股东的承诺是锦上添花的事，如果只有承诺是行不通的。

案例 16 - 1　迪尔化工 831304

【问题】危险化学品生产使用企业的安全生产要求

【问题描述】

公司主营业务为浓硝酸、稀硝酸的生产和销售。请律师和主办券商补充核查：(1)公司是否符合国家产业政策，是否属于《产业结构调整指导目录(2011 年本)》(2013 年修正)规定的限制类或禁止类企业，并就是否符合挂牌条件发表明确意见；(2)公司生产经营场所是否符合当地的产业规划，是否存在搬迁风险，建议公司作重大事项提示；(3)公司是否属于危险化学品生产使用企业；(4)依据《危险化学品环境管理登记办法(试行)》等国家环境法规的规定，公司及子公司是否需办理危险化学品环境管理登记，公司及子公司各已建及在建生产线及日常生产经营包括产生的废气、废水、固体废物和危险物、噪声等的处置是否符合环境保护部门的监管要求，取得排污许可证，缴纳排污费，环保设施稳定运行且达到环保部门的日常监管要求；(5)依据《危险化学品安全管理条例》，公司新建、改建、扩建生产、储存危险化学品的建设项目，是否已通过安全生产监督管理部门的安全条件审查，日常生产经营是否符合安全生产监督管理部门的监管要求；(6)公司披露的竞争优势包括可以采取多种运输方式(水路、公路、铁路运输)，上述运输方式是否为公司自主实施，公司是否具有相关资质并配备合格人员。

公司及子公司报告期分别受到泰安市质量技术监督局、宁阳县环保局、宁阳县国家税务局稽查局的行政处罚。请主办券商和律师依据《安全生产法》《环境保护法》，进一步核查报告期公司及子公司是否曾发生其他安全生产及环境污染事故，公司是否为生产人员建立了劳动保护措施，是否存在重大违法违规情形，并就是否构成挂牌障碍发表明确意见。

【问题解决】①

1. 经本所律师核查，《产业结构调整指导目录(2011 年本)》(2013 年修正)中针对硝酸的产业政策中，仅有第二类限制类的“石化化工”中有明确规定其包括：“新建纯碱、烧碱、30 万吨/年以下硫黄制酸、20 万吨/年以下硫铁矿制酸、常压法及综合法硝酸、电石(以大型先进工艺设备进行等量替换的除外)、单线产能 5 万吨/年以下氢氧化钾生产装置。”该规定明确了常压法及综合法硝酸为限制类。

---

① 《北京市中银(济南)律师事务所关于山东华阳迪尔化工股份有限公司向全国中小企业股份转让系统申请股票挂牌并公开转让的补充法律意见书》，第 1 ~ 10 页。

据核查，国内硝酸生产工艺法有五种，工艺先进级别由高到低分别：双加压法、高压法、全中压法、常压法及综合法，仅常压法及综合法硝酸为限制类。公司现有硝酸生产线两条，其中一条生产线产能为 3 万吨/年，采用改良型全中压法。另一条生产线产能为 13.5 万吨/年，采用先进的双加压法工艺。

综上，本所律师认为，公司符合国家产业政策；公司双加压法和全中压法硝酸均不属于限制类、禁止类产业，且双加压法为国内最先进的硝酸生产工艺，公司改良后的全中压法为国内较先进的硝酸生产工艺，公司不属于《产业结构调整指导目录（2011 年本）》（2013 年修正）规定的限制类或禁止类企业；符合《挂牌条件标准指引》中有关挂牌条件的规定。

2. 公司生产经营场所位于宁阳经济开发区，本所律师核查了 2010～2030 年宁阳经济开发区总体规划图、宁阳县磁窑镇总体规划图及宁阳县人民政府对磁窑镇总体规划图的审批文件，公司和子公司财富化工的生产经营场所均在总体规划范围内，符合当地的产业规划，在此期间，存在搬迁的可能性较小。

3. 公司属危险化学品生产使用企业，公司按照山东省安全生产监督管理局的要求，取得了《危险化学品生产单位登记证》《危险化学品从业单位安全标准化二级企业证书》，子公司财富化工也均取得了《危险化学品生产单位登记证》《危险化学品从业单位安全标准化三级企业证书》。

4. 公司及子公司是否需办理危险化学品环境管理登记说明如下：《危险化学品环境管理登记办法（试行）》于 2013 年 3 月 1 日起实施，其中第 6 条规定："危险化学品生产使用企业，应当依照本办法的规定，申请办理危险化学品环境管理登记，领取危险化学品生产使用环境管理登记证（以下简称'生产使用登记证'）。新建、改建、扩建危险化学品生产使用项目，应当在项目竣工验收前办理危险化学品生产使用环境管理登记。"

在 2013 年 3 月 1 日之前，公司的两条硝酸生产线均建设完成，子公司财富化工硝酸钾（副产氯化镁）生产线、硝酸镁生产线也均建设完成。目前，子公司在建硝酸铵钙、硝酸钙项目已经立项，但是硝酸铵钙、硝酸钙不属于危险化学品，因此不需要按照《危险化学品环境管理登记办法（试行）》规定办理危险化学品生产使用环境管理登记证。《危险化学品环境管理登记办法（试行）》第 39 条规定："本办法施行前已建的危险化学品生产使用企业，应当在本办法施行后 3 年内完成危险化学品生产使用环境管理登记。"

2014 年 9 月 30 日前，公司及子公司按照《危险化学品环境管理登记办法（试行）》的规定，向宁阳县环保局递交了相关申请文件。宁阳县环保局已经受理，并在 2014 年 9 月 27 日出具了《危险化学品生产使用环境管理登记审查意见》，审查结论为情况属实。

目前，宁阳县环保局已将材料上交至泰安市环保局。通过公司说明，泰安市环保局还未对危险化学品环境登记实施具体的审查工作。公司正在等待泰安市环保局出具审查意见。公司及子公司承诺将在法律规定的期限内办理完成危险化学品生产使用环境管理登记。

综上，公司及子公司将会在 2016 年 2 月 29 日之前完成环境管理登记。本所律师认为，危险化学品生产使用环境管理登记的办理不会存在实质性障碍。

经本所律师核查，报告期内公司及子公司分别受到一次环保部门的处罚。处罚情况说明如下：（1）宁阳县环境保护局于 2013 年 12 月 18 日对公司下发了（宁）环罚字〔2013〕第 5 号

《行政处罚决定书》，并对公司作出罚款 16 548 元的处罚决定。2014 年 2 月 12 日，宁阳县环境保护局出具《确认函》，认定此次行为不属于重大违法行为。除前述事项外，公司在报告期内不存在其他环保处罚事项。（2）宁阳县环境保护局对财富化工下发了（宁）环罚字〔2012〕第 5 号《行政处罚决定书》，并作出罚款 5 万元的处罚决定。2014 年 2 月 12 日，宁阳县环境保护局出具确认函，认定财富化工以上违法行为不属于重大违法行为，其处罚不属于重大行政违法处罚。

公司已经取得宁阳县环保局核发的鲁环许字 370921201408 号《排放污染物许可证》，子公司无任何排放污染物。公司按期缴纳排污费。缴纳情况见表 16－1－1：

表 16－1－1　2012～2013 年公司缴纳排污费情况

	2013 年排污费（元）	2012 年排污费（元）
第一季度	12 369	13 050
第二季度	13 110	12 630
第三季度	12 411	12 924
第四季度	12 543	12 519
合计	50 433	51 123

公司高度重视安全环保工作，公司设有专职环境管理人员，建立健全了环境保护工作的各项管理制度（包括《安全环保管理制度》《环保安全管理制度》《罐区管理制度》《电仪管理制度》等），完善安全标准化体系。公司按照环保部门的要求，安装了在线监测系统，与环保部门联网，实时监测废气、废水排放情况。

目前，公司及子公司各已建及在建生产线日常生产经营产生的废气、废水、固体废物和危险物、噪声等处置符合环境保护部门的监管要求，环保设施稳定运行且达到环保部门的日常监管要求。

5. 经本所律师核查，公司及子公司建设项目见表 16－1－2：

表 16－1－2　公司及子公司建设项目情况

项目名称	项目通过安全生产监督管理部门的安全条件审查意见
公司 3 万吨/年硝酸生产线	该项目于 2001 年 3 月 13 日立项，2002 年 11 月 1 日，《安全生产法》开始实施，其中第 24 条规定，生产经营单位新建、改建、扩建工程项目的安全设施，必须与主体工程同时设计、同时施工、同时投入生产和使用。在 2002 年 11 月 1 日之前，由于项目立项的时间早于《安全生产法》实施时间，安全设施“三同时”不适用此项目。因此，公司 3 万吨/年硝酸项目无须办理安全验收的审查 项目投产后，公司依法取得了《安全生产许可证》及《危险化学品从业单位安全标准化二级企业证书》，只有安全管理工作通过安全管理监督部门的审查才可颁发以上证书，因此，该项目已具备安全生产经营条件

续表

<table>
<tr><th>项目名称</th><th>项目通过安全生产监督管理部门的安全条件审查意见</th></tr>
<tr><td>公司 13.5 万吨/年硝酸生产线</td><td>2005 年 10 月 30 日，山东省安全生产监督管理局组织的安全审查专家组出具《山东华阳迪尔化工有限公司年产 13.5 万吨硝酸项目安全验收意见》，“同意评价机构作出的安全验收评价结论：该项目在设计、施工以及试运行过程中，基本遵循了国家有关安全生产的法律、法规和相关的技术标准；与工程配套的安全设施做到了与主体工程同时设计、同时施工、同时投入生产和使用，试运行情况良好；安全运行正常、可靠。符合安全生产的要求。该项目已具备安全验收的条件”</td></tr>
<tr><td>子公司 2 万吨/年硝酸钾（副产氯化镁）生产线</td><td rowspan="2">泰安市安监局于 2011 年 8 月 24 日组织专家组对财富化工 2 万吨/年硝酸钾、5000 吨/年硝酸镁生产项目进行了安全设施竣工验收审查，并形成了《山东财富化工有限公司一期 2 万吨/年硝酸钾、5000 吨/年硝酸镁生产项目安全设施竣工验收审查意见》，专家组同意通过竣工验收</td></tr>
<tr><td>子公司 0.5 万吨/年硝酸镁生产线</td></tr>
</table>

公司及子公司具备法律、行政法规规定和国家标准、行业标准要求的安全条件，建立健全了安全管理规章制度和岗位安全责任制度，对员工进行安全教育、法制教育和岗位技术培训。公司及子公司均取得了安全监督管理部门下发的安全生产许可证书、危险化学品生产单位登记证书、危险化学品从业单位安全标准化二级/三级企业证书。

综上，本所律师认为，公司通过安全生产监督管理部门的安全条件审查，日常生产经营符合安全生产监督管理部门的监管要求。

6. 公司可以采取多种运输方式，包括水路、公路、铁路运输，因公司不具备相关运输资质，也没有相关运输资质的人员，因此，上述运输全部委托具备危险化学品运输资质的九江华东石化有限公司、沧州大化联星运输有限公司实施。现在公司产品主要以公路运输为主，水路、铁路运输为辅：水路主要是京杭大运河船只；铁路有华阳集团铁路专用线，距离公司约 200 米，方便快捷。这种运输方式的多样性相比只能采用唯一运输形式的企业来说应属于公司的一大优势。

7. 根据公司说明及安监局、环保局出具的证明，报告期内，除法律意见书中已列明的受处罚情形之外，公司及子公司并未发生其他安全生产及环境污染事故。

公司为生产人员建立了劳动保护措施，其中包括防尘防毒措施、防噪声措施、防高温措施、工频电场控制措施等。公司配备了职业病危害防护设施并定期对应急救援装备进行维护，要求职业病防护设施纳入正常设备管理，定期维护、保养、检修，每天由专人检查一次，发现问题及时处理，确保职业病危害防护设施正常运行。

公司及子公司报告期内分别受到泰安市质量技术监督局、宁阳县环境保护局、宁阳县国家税务局稽查局的行政处罚。具体情况如下：

2013 年 12 月 18 日，宁阳县环保局对华阳迪尔下发《行政处罚决定书》（宁环罚字〔2013〕第 5 号），认定公司所排放的总磷浓度超标，该行为违反了《水污染防治法》第 9 条之规定，并依据《水污染防治法》第 74 条之规定，决定对公司罚款 16 540 元。

根据公司说明，公司稀硝酸生产采用先进的双加压生产工艺，不产生工业废水；浓硝酸通过萃取蒸馏制取,产生的酸性废水全部处理后回收利用。但在硝酸生产过程中部分换热器采用冷却循环水实现降温处理,冷却循环水在使用过程中由于浓缩倍数提高,在使用过程中会产生少量沉淀物,为合理控制循环水水质、防止水质恶化而造成设备腐蚀现象,遂在循环水中添加水处理剂,其中有一种复合型缓蚀阻垢剂主要成分就是磷酸盐(药剂名称:DW-428A,其固体含量26.56%,按总磷酸盐计其含量为21.16%,日加药量20~25kg,生产厂家:上海达伟化工有限公司)。经分析,排放水磷超标是水处理剂中的磷酸盐所致。依据公司说明及核查公司与上海达伟化工有限公司签订的新的购销合同,处罚发生后,公司及时更换水处理剂,改用无磷药剂,从根本上解决了磷超标的问题,使外排水严格达标排放。

宁阳县环保局于2014年7月28日出具了《关于山东华阳迪尔化工股份有限公司及子公司山东财富化工有限公司环保处罚整改、跟踪检查的情况说明》:“为了更好地监测、监督公司排污情况,公司在排污口安装了‘24小时污水在线监测仪’,宁阳县环保局通过此检测仪器随时对公司排放口的污水进行实时监测,若有排污超标等违法违规现象,宁阳县环保局的检测系统会自动报警。自此次处罚至今,公司排污情况符合标准,不存在违法违规行为。”

宁阳县环保局于2013年12月20日针对此次违法违规情况出具了《结案报告》,对公司的执行情况进行了说明:“对该公司的罚款已于2013年12月19日收缴到位,建议该公司加强水污染治理设施管理,确保外排废水达标。”

宁阳县环保局于2014年2月12日对公司的本次处罚出具确认函,确认对公司的此次处罚不属于重大行政违法处罚。

本所律师认为,公司生产工艺本身不产生工业废水,所排放的总磷浓度超标,并非公司日常必备生产原料的原因,而是防止设备腐蚀在循环水中添加的水处理剂所致,此种属于偶发情况,因此,以上违法行为不属于重大违法行为。

子公司的行政处罚情况如下:

(1)2012年6月26日,泰安市质监局对财富化工下发《行政处罚决定书》(鲁泰质检罚字〔2012〕35号),认定其在2011年9月28日至2011年11月7日期间未取得生产许可证生产工业硫酸钾与试生产工业硝酸钾未经批检验、未标明“试制品”即销售的行为分别违反了《工业产品生产许可证管理条例》第5条、《工业产品生产许可证管理条例实施办法》第103条的规定,并分别依据《工业产品生产许可证管理条例》第45条、《行政处罚法》第27条第1款第1项与第4项、《工业产品生产许可证管理条例实施办法》第111条的规定予以行政处罚,并决定对其予以合并处罚:责令改正;处罚款19.5万元。

2014年2月13日,泰安市质监局对财富化工的本次处罚出具确认函,确认财富化工的该次违法行为并非重大违法违规行为。经核查,泰安市质量技术监督局的处罚依据为《工业产品生产许可证管理条例》《工业产品生产许可证管理条例实施办法》《行政处罚法》,以上处罚依据并未明确规定“重大违法违规”的判断标准,但是作为处罚机关的泰安市质监局于2014年2月13日,对财富化工的本次处罚出具确认函,确认财富化工的该次违法行为并非重大违法违规行为。另外,泰安市质监局在《行政处罚决定书》中认定:“考虑到你公司生产、销售的产品均自检合格,并于2011年12月28日取得了工业硝酸钾的《全国工业产品生产许可证》,符合《中华人民共和国行政处罚法》第二十七条第一款第一项‘主动消除或者减轻违法行为危害后果的'及第四项'其他依法从轻或者减轻行政处罚的'的规定，予以减轻行政处罚。"

因此，本所律师认为，财富化工所生产、销售产品均自检合格，该次未经许可即销售的行为并未造成严重危害后果，并主动消除违法行为，又存在从轻或者减轻行政处罚的情节。财富化工的该次违法行为不属于重大违法违规行为。

(2)2012年11月22日，宁阳县环保局对财富化工下发《行政处罚决定书》(宁环罚字〔2012〕第5号)，认定其将酸性生产废水排放到无防渗措施的空地内的行为违反了《水污染防治法》第36条之规定，并依据《水污染防治法》第76条之规定，决定对其罚款5万元。

根据宁阳县环保局于2014年7月28日出具的《关于山东华阳迪尔化工股份有限公司及子公司山东财富化工有限公司环保处罚整改、跟踪检查的情况说明》，此次处罚提到的"酸性生产废水排放到无防渗措施的空地上"，事实为财富化工员工准备对硝酸钾装置的循环水池进行清淤处理，操作人员在清理循环水池时，违反相关规定，直接将循环水池内的水打到厂区内东面的空地上，造成厂区东面空地上有积水；而财富化工在生产过程中是无废水排放的。情况发生后，针对可能出现的环境危害，财富化工负责人制定了如下措施并迅速组织实施：

一是将空地上的水打回到应急水池作为循环水使用，此项工作已经于2012年11月22日完成；二是将清理积水后的淤泥挖出，同时以最快的速度联系砖厂，将淤泥经高温烧结、进行无害化处理，该工作已经于2012年11月23日完成；三是整改结束后，公司上下展开环保教育和培训，提高公司全体人员的环保意识，在今后生产过程中，对生产工序进行严格控制、精心管理、精细操作，并对生产工艺过程进行分析研究，针对可能出现问题的环节制定相应的检查制度和紧急情况处理预案，做到有备无患。

宁阳县环保局于2012年11月23日针对此次违法违规情况出具了《结案报告》，对公司的整改结果进行了验收："对公司的罚款已于2012年11月23日收缴到位，该公司立即停止了违法行为，将违法排放的废水进行了收集处理，采取相应措施清理了现场。"

宁阳县环保局于2014年2月12日对公司的本次处罚出具确认函，认定公司的此次违法行为不属于重大违法行为，此次处罚不属于重大行政违法处罚。

本所律师认为，公司此次违法违规行为主要原因并非生产工艺存在漏洞而是工作人员环保意识不强造成的，由于整改及时并未对环境造成危害。宁阳县环保局自上述情况发生后，加强对公司日常生产进行监督检查，自此次处罚至今，公司不存在违法违规行为。因此，公司的该次违法行为不属于重大违法违规行为。

(3)2013年12月10日，宁阳县国家税务局稽查局对公司下发《税务行政处罚决定书》(宁国税稽罚〔2013〕60009号)，认定其在2011年1月1日至2012年12月31日期间，存在偷逃增值税与所得税两方面的违法事实，依据《税收征收管理办法》第63条第1款与第64条的规定，决定对其所偷73 581.4元增值税税款处以38 000元的罚款，并对其编造虚假计税依据行为处以2000元的罚款，应缴款项共计40 000元。

针对《行政处罚决定书》中所列之违法事实，增值税方面，关于相关设备是否属于设备进项税的范围，公司相关财务人员的理解与税务机关的要求存在偏差，最终导致该次处罚的发生；所得税方面，公司相关财务人员由于对不符合规定的发票缺乏辨识能力，致使税务机关最终作出公司编造虚假计税依据的认定，并予以处罚。以上违法事实反映出公司财务人员对税法的理解不够深刻透彻，并未能将其理解与税务机关的要求保持一致，能力及经验有待提高与积累；但是针对违法行为的发生，公司相关人员并非出于主观故意。

另外，经核查包括《税收征收管理法》《增值税暂行条例》《企业所得税法实施条例》《企业所得税法》《发票管理办法》等在内的处罚依据，以上处罚依据并未明确规定“重大违法违规”的判断标准，但是作为处罚机关的宁阳县国家税务局稽查局于2014年2月12日对本次处罚出具确认函，确认对公司的此次处罚不属于重大行政违法处罚。

本所律师认为，上述处罚是财富化工与税务局对增值税及所得税可抵扣额的理解出现偏差所致，不是企业的故意行为，且处罚金额较小，未对公司造成严重不良后果。因此，该次违法行为不属于重大违法违规行为。

综上，《挂牌条件标准指引》规定：“重大违法违规情形是指，凡被行政处罚的实施机关给予没收违法所得、没收非法财物以上行政处罚的行为，属于重大违法违规情形，但处罚机关依法认定不属于的除外；被行政处罚的实施机关给予罚款的行为，除主办券商和律师能依法合理说明或处罚机关认定该行为不属于重大违法违规行为的外，都视为重大违法违规情形。”关于公司及子公司以上共计4次处罚，相应处罚机关已认定以上处罚不属于重大违法违规的情形，并且结合造成处罚的原因及造成损害的程度，本所律师认为，以上行为不属于重大违法违规的情形，不会对公司的本次挂牌构成实质障碍。

案例16－2 丰江电池837375

【问题】安全生产是否合法、合规

【问题描述】

请主办券商及律师核查以下事项并发表明确意见：(1)公司是否需要并取得相关部门的安全生产许可，建设项目安全设施验收情况；(2)公司日常业务环节安全生产、安全施工防护、风险防控等措施；(3)公司报告期以及期后是否发生安全生产方面的事故、纠纷、处罚，若发生，请核查其具体情况、公司的整改措施、对公司持续经营的影响，就其是否构成重大违法行为发表明确意见。请主办券商及律师就公司安全生产事项的合法合规性发表意见。请公司就相应未披露事项作补充披露。

【问题解决】①

1.安全生产许可

经核查，公司不属于《安全生产许可证条例》规定的需取得安全生产许可证后方可开始生产经营的“矿山企业、建筑施工企业和危险化学品、烟花爆竹、民用爆破器材生产企业”，无须办理安全生产许可证。

2.公司安全生产事项的合法合规性

经核查，公司建立了安全生产管理制度及安全生产目标管理体系，设立安全生产管理委

① 《广东信达律师事务所关于广州丰江电池新技术股份有限公司申请股票在全国中小企业股份转让系统挂牌并公开转让的补充法律意见书》，第9～10页。

员会、各部门安全生产责任人制度。根据公司的说明并经核查，公司根据《企业安全生产标准化基本规范》开展生产经营活动，制定了《安全生产责任制度》《安全培训教育管理制度》《安全生产事故应急预案》等安全生产工作制度。公司及铁锂电池分公司制定了《生产安全事故应急预案》；铁锂电池分公司的应急预案已于2015年10月21日在安全生产管理部门进行备案（备案号：DC201510224），有效期至2018年10月20日。因原《安全生产标准化证书》期限届满，公司于2015年12月29日向广州市南沙区安全生产监督管理局申请了安全生产标准化认证，并经安全生产监督管理部门审批通过；铁锂电池分公司通过了安全生产标准化认证，现为安全生产标准化三级企业，获得由广州市安全生产协会颁发的《安全生产标准化证书》（证书编号：AQBⅢQT粤201302722），有效期至2016年11月。综上，本律所律师认为，公司安全生产事项合法、合规。

3. 安全生产方面的事故、纠纷、处罚

根据广州市南沙区东涌镇安全生产委员会出具的证明，公司在2013年1月1日至2015年9月30日期间，没有违反国家、地方有关劳动安全、安全管理方面的法律、法规、规章。根据广州市南沙区东涌镇安全生产委员会出具的证明，铁锂电池分公司在2013年1月1日至2015年9月30日期间，没有违反国家、地方有关劳动安全、安全管理方面的法律、法规、规章。根据公司的说明，自2013年1月1日至补充法律意见书出具之日，公司不存在安全生产方面的事故、纠纷、处罚。

案例16-3 荣辉矿业837754

【问题】安全生产是否合法、合规

【问题描述】

请公司补充说明并披露：(1)公司按照规定制定的安全生产制度及其执行；(2)报告期内的安全事故情况。请主办券商和律师就前述事项进行核查，并就以下事项发表明确意见：(1)公司是否已按照相关规定制定了安全生产制度并切实执行情况；(2)公司是否存有安全事故情形。

【问题解决】①

1. 尽职调查程序

(1)查阅与公司安全生产事项相关的法律、法规和规范性文件；

(2)查阅公司安全生产相关规章制度、公司安全生产情况说明；

(3)审查公司取得的安全生产许可证照；

(4)走访相关政府主管部门，取得合法合规证明；

(5)对关键管理人员和业务人员的访谈；

(6)取得公司及股东的承诺函。

---

① 《北京市中银律师事务所关于西藏荣辉矿业股份有限公司申请股票在全国中小企业股份转让系统挂牌并公开转让项目补充法律意见书》，第8~9页。

2. 事实依据

(1)公司安全生产管理制度;

(2)公司安全生产证照;

(3)政府部门出具的合法合规文件;

(4)对关键管理人员和业务人员的访谈文件;

(5)公司及股东的承诺函。

3. 分析过程

(1)公司按照规定制定的安全生产制度及执行情况。为保障公司安全生产、安全施工防护和风险防控,公司制定了系统的安全管理制度,建立了《安全生产管理制度》《安全生产事故应急预案》《安全生产责任制度》《灾害预防管理制度》《设备管理及检修制度》《矿长及生产责任人的安全职责》《爆破安全操作规程》《炸药库安全管理规程》《安全监督检查制度》《安全教育与培训制度》等,对日常业务环节的安全问题作出相应规定,公司根据相关法律法规及上述规定认真执行安全生产作业。

(2)报告期内的安全事故情况。西藏工布江达县安全生产监督管理局于2015年12月10日出具《证明》,内容为:公司自2013年1月1日至证明出具之日,不存在因违反任何安全生产方面的法律、法规和规范性文件规定遭受行政处罚的情形。西藏自治区安全生产监督管理局于2015年11月19日出具《证明》,内容为:公司自2013年1月1日至证明出具之日,不存在因违反任何安全生产方面的法律、法规和规范性文件规定遭受行政处罚的情形。

4. 核查结论

经本所律师适当核查,公司已按照相关规定制定了诸如《安全生产管理制度》及《安全生产事故应急预案》等比较完备的安全生产制度,确保了公司运行的安全性、规范性,在实际工作中上述制度亦得到切实执行;截至本补充法律意见书出具之日,公司不存有安全生产事故的情形。

案例16-4　闵业机械838958

【问题】安全生产是否合法、合规

【问题描述】

请主办券商及律师核查以下事项并发表明确意见:(1)公司是否需要并取得相关部门的安全生产许可,建设项目安全设施验收情况;(2)公司日常业务环节安全生产、安全施工防护、风险防控等措施;(3)公司报告期以及期后是否发生安全生产方面的事故、纠纷、处罚,若发生,请核查其具体情况、公司的整改措施、对公司持续经营的影响,就其是否构成重大违法行为发表明确意见。请主办券商及律师就公司安全生产事项的合法合规性发表意见。

【问题解决】①

1. 根据《安全生产许可证条例》的规定,国家对矿山企业、建筑施工企业和危险化学品、烟

---

① 《北京市天驰君泰(南京)律师事务所关于江苏闵业机械股份有限公司申请股票在全国中小企业股份转让系统挂牌并公开转让之补充法律意见书(一)》,第14~16页。

花爆竹、民用爆炸物品生产企业实行安全生产许可制度。公司主营多类型复合机的定制化生产及销售,不属于《安全生产许可证条例》规定的必须取得安全生产许可证的企业。

根据《安全生产法》第31条第2款规定,矿山、金属冶炼建设项目和用于生产、储存危险物品的建设项目竣工投入生产或者使用前,应当由建设单位负责组织对安全设施进行验收;验收合格后,方可投入生产和使用。安全生产监督管理部门应当加强对建设单位验收活动和验收结果的监督核查。经核查,公司不涉及矿山、金属冶炼建设项目和用于生产、储存危险物品的建设项目,无须经过安全设施验收。公司不需要取得相关部门的安全生产许可及安全设施验收。

2. 经核查,公司于2014年3月3日获得盐城市安全生产监督管理局颁发的编号为AQBⅢJX(盐)201400022的《安全生产标准化证书》,认定公司为"安全生产标准化三级企业(机械)",有效期至2017年3月。

公司已制定《各级安全生产责任制》,明确总经理、部门分管副总经理、车间主任、副主任、员工及其他各部门安全责任范围;制定《安全作业指导书安全操作规程》,指导电工安全作业,规范普通车床、落地车床、数控车床、立式车床、卧式铣镗床、铣床、牛头刨、砂轮机、空压机、台钻、钻床、砂轮切割机等的安全操作;还制定了《生产安全事故综合应急预案》等一系列规范公司日常业务环节中安全生产的内部制度文件。公司各项安全生产、安全施工防护及风险防控措施已系统化制定并能够得到有效落实。

3. 经核查,公司在报告期及期后未发生安全生产方面的事故、纠纷及处罚。根据盐城市盐都区安全生产监督管理局于2016年3月28日出具的《证明》,闳业股份及其前身闳业有限公司自2013年1月1日起至今,依法经营,不存在违反安全生产相关法律、法规的情形,未受过行政处罚。

综上,本所律师认为:(1)公司不需要取得相关部门的安全生产许可及建设项目安全设施验收;(2)公司日常业务环节贯穿落实了必要的安全生产、安全施工防护、风险防控等措施;(3)公司报告期及期后未发生安全生产方面的事故、纠纷、处罚,公司在安全生产方面合法、合规。

第十七章　诉讼和仲裁

一、重大诉讼和仲裁

在实际的经营过程中,公司与其他主体之间发生诉讼或仲裁都是常见的。而在新三板挂牌时,监管机构之所以关注公司在报告期内的重大诉讼和仲裁,是由于重大诉讼和仲裁的结果都具有不确定性。如果公司败诉或者是承担其他不利后果,将会有可能承担巨额的赔偿或其他责任进而影响企业的营业收入、持续经营能力等,从而构成公司挂牌的实质性障碍。

二、核查诉讼和仲裁事项的必要性

根据《挂牌审查一般问题内核参考要点(试行)》"1.7.8　未决诉讼或仲裁"规定:"公司存在未决诉讼或仲裁的,请主办券商及律师核查:(1)公司诉讼、仲裁的具体事由和进展情况;(2)诉讼、仲裁事项对公司经营的具体影响,若存在不利影响,公司应披露所采取的措施。请公司就相应未披露事项作补充披露。"可见,诉讼、仲裁事项是企业挂牌过程中必须要进行核查的,而对于重大诉讼、仲裁的核查要更为关注。

《全国中小企业股份转让系统挂牌公司信息披露细则(试行)》第37条第1款规定:"挂牌公司对涉案金额占公司最近一期经审计净资产绝对值10%以上的重大诉讼、仲裁事项应当及时披露。"在实践中,挂牌前企业重大诉讼或仲裁案件的重大认定标准可以为涉案金额在企业营业收入、净资产中的占比(可参考前述挂牌公司信息披露的相关规定),或者该案件可能对企业的财务状况、经营成果、声誉、业务活动、未来前景等产生较大影响。

三、解决思路

1. 如实披露诉讼、仲裁案件的情况

如实披露公司、持有公司5%以上(含5%)的主要股东(追溯至实际控制人)、公司董事长、总经理是否存在尚未了结的或可预见的重大诉讼、仲裁案件。

如前述案件已结案,应披露案件的执行情况;若尚未结案,应对案件情况进行真实、充分、准确的披露,包括但不限于受理该案件的法院/仲裁委、提起诉讼/仲裁的日期、诉讼/仲裁的当事人、案由、涉及金额、已生效法律文书的主要内容及案件最新进展情况等。如与对方诉讼当事人之间存在特殊关系也应予以提示。

2. 对诉讼、仲裁案件进行风险评估

若公司将来败诉或是承担其他不利后果,公司及其代理律师应对不利后果进行风险评估,该不利后果是否会对公司的业务、持续经营能力带来重大不利影响。如构成重大不利影响，公司应披露所采取的防范措施及其有效性，并在申报文件中作重大风险提示；若不构成重大不利影响，应详细补充说明并提供证明材料。

3. 公司实际控制人兜底承诺

公司及其实际控制人、股东、董事、监事、高级管理人员书面确认，确认不存在尚未了结的重大诉讼、仲裁案件。同时，由公司实际控制人兜底承诺，保证公司不遭受可能的风险或损失。

案例 17-1 宇超股份 837768

【问题】公司在报告期内存在未决重大诉讼、仲裁案件

【问题描述】

公开转让说明书显示，公司报告期内存在多起未决诉讼，并存在潜在诉讼。请公司补充说明并披露：(1)公司涉及诉讼产生的原因、诉讼标的情况以及诉讼最新进展情况；(2)公司涉及诉讼对公司资产、生产经营的影响；(3)公司涉及诉讼是否对公司持续经营构成重大不利影响；如构成重大不利影响，请公司做重大事项提示。

请主办券商和律师核查并对以下事项发表意见：(1)公司涉及诉讼是否符合公司挂牌条件；(2)公司涉及诉讼是否已经充分履行信息披露义务；(3)公司涉及诉讼对公司业务经营的影响。请申报会计师对公司涉及诉讼的会计处理是否符合企业会计准则的要求补充核查并发表意见。

【问题解决】①

1. 公司涉及诉讼产生的原因、诉讼标的情况以及诉讼最新进展情况

根据公司提供的资料、说明及本所律师核查，截至本补充法律意见书出具之日，公司及子公司尚未了结的重大诉讼、仲裁情况如下：

(1)江苏宇超与江苏同晖电力工程有限公司(以下简称江苏同晖)电力工程施工合同纠纷一案：2014 年，徐州金典科技发展有限公司(以下简称徐州金典)与江苏同晖签订合同，由江苏同晖作为徐州市 20MW 鱼塘水面光伏电站项目的总包方。2015 年 6 月，江苏同晖与江苏宇超签订《电力施工合同》，由江苏宇超作为徐州鱼塘水面光伏电站出线第一基杆上断路器下桩头至 220kV 位庄变进线开关下桩头的线路工程的总承包方，合同总价 740 万元。2015 年 6 月，江苏宇超收到江苏同晖支付的 740 万元合同的款项 468 万元(青苗补偿费 60 万元、合同金额扣除青苗补偿费后的 60% 即 408 万元)，2015 年 7 月收到江苏同晖支付的款项 30 万元。此后，徐州金典出现资金周转困难，无力再推进徐州市 20MW 鱼塘水面光伏电站项目，江苏同晖作为总包方也无法从徐州金典收回工程款，因而未再继续向江苏宇超支付余款。2015 年 8 月，江苏同晖与江苏宇超针对徐州市 20MW 鱼塘水面光伏电站项目签署 3 份新合同，合同价款分别为 205 万元、300 万元、555 万元。江苏宇超因顾虑江苏同晖不能根据合同约定支付价款，因而提起诉讼，要求江苏同晖支付价款后公司再继续履行上述 4 份合同。江苏省宜兴市

① 《关于江苏宇超电力工程股份有限公司申请股票在全国中小企业股份转让系统挂牌并公开转让的补充法律意见书(一)》，第 26 ~ 32 页。

人民法院于2015年11月26日受理本案。根据江苏省宜兴市人民法院于2015年11月27日制作的(2015)宜丁商初字第139号《民事调解书》,就江苏同晖与江苏宇超的电力工程施工合同纠纷一案,经法院调解,双方当事人自愿达成如下协议:①江苏同晖结欠江苏宇超工程款1769万元,江苏同晖于2015年12月10日前支付169万元,2015年12月31日前支付1000万元,2016年1月31日支付600万元;②在江苏同晖付清上述拖欠货款前,江苏宇超保留在该建设施工项目中提供的相关资产的所有权;③如江苏同晖未能按期履行,自愿承担违约金200万元,江苏宇超有权自逾期之日起就未支付款项及违约金一并向法院申请执行。达成调解协议后,2015年12月初,因双方合作关系破裂,价款为205万元、300万元、555万元的3份合同后续并未履行。截至本补充法律意见书签署之日,双方的调解协议尚未执行。

(2)恒屹电力与徐州城置有限公司电力安装承包合同纠纷一案:因电力安装工程承包合同纠纷,恒屹电力向徐州仲裁委员会申请仲裁,请求裁决解除该承包合同,并支付工程款409.03万元及逾期利息、窝工损失90万元、违约至合同未执行部分可得利益80万元,总计约600万元。根据恒屹电力的申请,2015年9月29日,江苏省徐州市中级人民法院出具《民事裁定书》(2015)徐仲保字第00020号,对徐州城置有限公司位于城置国际花园城三期4、6、7号变电站及2号开闭所的证据予以保全;2015年10月20日,恒屹电力向徐州仲裁委员会提出财产保全申请,要求冻结徐州城置有限公司银行存款600万元或查封其相应价值的财产,同时恒屹电力为该事项向中国平安财产保险股份有限公司徐州中心支公司购买平安诉讼财产保全责任保险。2015年10月26日,徐州仲裁委员会向江苏省徐州市中级人民法院出具审查意见书,认为符合保全条件。2015年10月30日,江苏省徐州市中级人民法院出具《民事裁定书》(2015)徐仲保字第00023号,裁定冻结徐州城置有限公司银行存款600万元,如银行存款不足,则查封其相应价值的财产。根据公司的说明,恒屹电力已依据该民事裁定书查封徐州城置有限公司7套商品房。2016年1月4日,徐州城置有限公司以恒屹电力在施工过程中存在无故停工、无序施工并存在工程质量问题为由,向徐州仲裁委员会提交仲裁反请求申请书,请求裁决被反请求人恒屹电力赔偿反请求人徐州城置工期延误经济损失623万元,并负担本案的仲裁费及保全费等。徐州仲裁委员会已受理该仲裁反请求。截至本补充法律意见书出具之日,仲裁双方都在申请工程造价鉴定,鉴定程序尚未开始。

(3)江苏宇超与徐州天马建筑工程有限公司(以下简称徐州天马)建设工程合同纠纷一案:徐州天马声称其持有的与江苏同晖电力工程有限公司签订的工程合同中加盖有江苏宇超的项目合同章,并出具了合同原件以及加盖江苏宇超项目合同章的土方回填确认单、合同结构报价单、工程签证单等单据作为证据。徐州天马因此认定江苏宇超与江苏同晖电力工程有限公司同为工程发包方,对工程欠款承担连带责任,并将江苏同晖电力工程有限公司及江苏宇超起诉至徐州市铜山区人民法院,请求法院判决江苏同晖电力工程有限公司及江苏宇超支付徐州天马工程款150万元。江苏宇超代理律师已针对徐州天马的上述证据作出如下答辩:①徐州天马所提供的建设施工合同附件(安全协议)上虽然盖有江苏宇超项目章,但该印章系徐州天马人员私自制作(江苏宇超已向公安机关报送相关材料,并申请法院调查),并非江苏宇超所有。②江苏同晖提供的合同上并没有江苏宇超的项目章,所以江苏宇超无须向徐州天马承担任何付款责任。③徐州天马提供的土方回填确认单、合同结构报价单、工程签证单的原件上并没有江苏宇超的项目章，徐州天马只是在相关复印件上加盖了江苏宇超的项目章，上述确认单等单据原件上没有项目章，加之江苏宇超项目章又系他人伪造，因此江苏宇超在本案中与徐州天马没有任何权利义务关系，江苏宇超无须承担任何法律责任。徐州市铜山区人民法院于2016年1月22日开庭审理此案。江苏同晖电力工程有限公司不认可原告徐州天马报出的工程量，已聘请有资质的机构审核其工程量；江苏宇超从未使用过项目合同章，也未与徐州天马签订合同，江苏宇超已经向徐州法院提出申请，要求法院到宜兴公安机关提取徐州天马恶意诉讼的证人证词等证据材料。徐州铜山法院于4月1日开庭，作相关鉴定质证。截至本补充法律意见书出具之日，该案正在审理中。

（4）无锡电气与连云港恒隆水务有限公司（以下简称恒隆水务）买卖合同纠纷一案：2008年8月15日，恒隆水务与无锡电气签订了《工业品买卖合同》，合同标的为两台规格型号为SCB10－800kVA的变压器的采购与安装、调试。相关变压器在使用过程中烧毁，经检测，该变压器为铝箔线圈，而不是SCB10－800/10型号的铜箔线圈。2014年6月16日，恒隆水务向连云港市仲裁委员会提出仲裁申请，请求裁决无锡电气更换不符合要求的变压器，赔偿恒隆水务因变压器烧毁而另行购置的85 000元损失，并承担本案全部仲裁费用。庭审过程中，恒隆水务申请对争议变压器的材质进行司法鉴定，鉴定过程必须打开变压器取样，致使变压器损坏而无法正常使用。因此，2015年1月8日，恒隆水务变更仲裁请求，将原仲裁请求中第1项“请求判令被申请人更换不符合要求的变压器”变更为“请求判令被申请人赔偿申请人变压器更换费用96 000元的损失”。根据公司的说明，无锡电气销售的变压器采购自徐州恒力变压器销售有限公司。无锡电气在答辩书中申请追加徐州恒力变压器销售有限公司为仲裁参与人，同时主张恒隆水务没有在法律规定时间内提出质量异议，其仲裁请求应依法予以驳回。截至本补充法律意见书出具之日，该案件尚未有仲裁裁决。

2. 公司涉及诉讼对公司资产、生产经营的影响

（1）江苏宇超与江苏同晖电力工程施工合同纠纷一案中，双方于2015年8月期签订的造价分别为205万元、300万元、555万元的合同从未履行。调解协议达成后不久，因双方合作破裂，公司拟不再履行上述3份合同，因而也未主张要求同晖公司履行调解协议。对于前述3份合同，公司并未付出实际成本，因公司拟不再继续履行上述3份合同，因此也不再要求江苏同晖履行调解协议，故该案件不会导致公司经济利益受损。

（2）徐州城置有限公司电力安装承包合同纠纷一案中，该涉案工程工期之所以没有按照合同约定完工，是反请求人的原因导致不具备施工条件以及反请求人未按照合同约定的付款方式按时付款造成的，因此，工期延误的责任应由反请求人自行承担，其主张赔偿损失不能成立。但是，不能排除存在恒屹电力败诉的可能。如果恒屹电力被判决赔偿徐州城置有限公司工期延误经济损失623万元，会对公司的正常生产经营产生不利影响。但由于第一批次、第二批次工程均已完工并交付使用，徐州城置有限公司尚欠恒屹电力第一批次、第二批次工程价款489.3万元，抵销后恒屹电力最终赔付的金额为133.7万元。且第三批次部分工程已经完工，徐州城置有限公司至少应当支付恒屹电力已完工部分工程的成本费用。综上，即使案件判决中出现对公司最为不利的裁判结果，公司可预计的为本案付出的现金支出应当不会超过200万元。而且，公司控股股东、实际控制人殷新亮已于2016年2月21日出具《承诺函》，

承诺如公司在诉讼和仲裁中败诉,其将以自有资金承担该等诉讼和仲裁对江苏宇超产生的一切诉讼风险和全部赔偿责任。

(3)徐州天马建设工程合同纠纷一案中,江苏宇超与徐州天马并未订立合同,不存在任何权利义务关系,无须承担任何法律责任。若该案出现对公司不利的裁判结果,江苏宇超在支付徐州天马150万元工程款后,可依据与江苏同晖电力工程有限公司签署的工程合同要求江苏同晖电力工程有限公司承担部分工程款,以减少公司损失,因而该案件不会对公司的生产经营造成重大不利影响。

(4)恒隆水务买卖合同纠纷一案涉诉金额较小,占公司营业收入比例较低,不会对公司的生产经营造成重大不利影响。

综上,报告期内,公司存在4起未决诉讼、仲裁,其中公司及子公司作为被告的案件共3起,案件标的金额分别为623万元、150万元和9.6万元,总计782.6万元。公司作为被告的3起案件中,公司均已聘请律师积极应诉,提供充分的答辩理由和证据支持。针对上述诉讼和仲裁,公司控股股东、实际控制人殷新亮于2016年2月21日出具《承诺函》,承诺如公司在上述诉讼和仲裁中败诉,其将以自有资金承担该等诉讼和仲裁对江苏宇超产生的一切诉讼风险和全部赔偿责任。

3. 公司涉及诉讼对公司持续经营的影响

如果出现公司全部败诉,且无法向诉讼第三人追偿,殷新亮也无力承担赔偿责任的最坏情况,将导致公司承担782.6万元的现金支出,影响公司的现金流,从而对公司的生产经营造成重大不利影响。但该等未决诉讼、仲裁全部败诉,且对公司持续经营构成重大不利影响的可能性较低。公司已在公开转让说明书中通过重大事项提示提醒投资者注意公司未决诉讼的风险,充分履行了信息披露义务。

4. 核查结论

根据公司提供的资料并经核查,本所律师认为,公司现有诉讼案件系公司或其子公司正常经营活动中的正常民事纠纷。(1)经对照《挂牌条件标准指引》等相关规定,公司涉及诉讼案件不存在不符合挂牌条件的情况,公司符合挂牌条件。(2)经对照《全国中小企业股份转让系统业务规则(试行)》及《公开转让说明书内容与格式指引》等相关规定,本所律师认为,公司对所涉及诉讼已经充分履行信息披露义务。(3)公司已经聘请了专业人员来开展上述诉讼活动,尽最大努力维护自身利益,且公司实际控制人对此已出具全额赔偿承诺。上述诉讼案件对公司的正常生产经营不构成重大影响,不会影响公司的持续经营能力。

案例17-2 福玛特837916

【问题】公司在报告期内存在未决诉讼案件

【问题描述】

关于未决诉讼,请主办券商、律师补充核查未决诉讼的事由、进度、双方诉求、对公司生产经营的影响。

【问题解决】①

根据公司的陈述并经查验相关诉讼文书，经检索全国法院被执行人信息查询系统、中国裁判文书网等网络信息，截至本补充法律意见书出具之日，公司重大未决诉讼的事由、进度、双方诉求等基本情况如下：

1. 2013 年 6 月，福玛特因合同履行纠纷将厦门安泰迪起诉至法院，在法院强制执行福玛特货款后，对方未履行发货义务，福玛特因此于 2015 年 4 月 29 日提起诉讼，请求解除签订的购销合同，返还货款 423 000 元并要求对方赔偿损失 1 080 909.17 元。福建省厦门市海沧区人民法院于 2016 年 4 月 22 日作出（2015）海民初字第 1772 号民事判决：判决解除双方签订的购销合同，厦门安泰迪返还福玛特全部货款，并要求福玛特支付厦门安泰迪维保费用30 900 元。厦门安泰迪不服一审判决，于 2016 年 5 月 10 日提起上诉，请求撤销原审判决一：解除双方签订的购销合同；撤销原审判决二：厦门安泰迪退还福玛特货款 423 000 元。目前仍在等待二审法院开庭通知。

经查验，福玛特已履行完毕上述合同约定义务，且一审法院判决厦门安泰迪返还福玛特全部货款，此案涉案金额较小，对公司生产经营影响不大。

2. 福玛特因不满北京蓝色印象品牌顾问有限公司提供的公关服务，提出终止服务合同。对方因此于 2016 年 1 月 20 日提起仲裁，请求福玛特支付合同款 311 747 元并支付违约金 15 454.83元。该案已于 2016 年 4 月 20 日开庭，目前等待仲裁结果。经查验，该案涉案金额较小，对公司生产经营影响不大。

3. 深圳市银星智能科技股份有限公司认为福玛特销售的 FMART/福玛特 006ST 家用智能扫地机器人、FMART/福玛特家用超薄智能扫地机器人（型号 E－008 又即 E－008〔W〕）侵害其拥有的名为“一种全自动清洁机器人的垃圾收集装置”的实用新型专利。于 2016 年 1 月 13 日提起诉讼，请求福玛特停止侵权，停止制造、使用、许诺销售、销售涉案侵权产品；收回并销毁市面流通的侵权产品、销毁库存侵权产品和生产、制造侵权产品的专业设备、模具等；支付维权支出 130 120 元并赔偿经济损失 5 869 880 元。目前深圳银星已申请撤诉。

经查验，深圳银星于 2016 年 6 月 1 日出具声明：“截至本声明出具日，福玛特及福玛特关联方与本公司及本公司关联方间不存在任何知识产权方面纠纷，不存在侵犯本公司及本公司关联方知识产权的行为，本公司及本公司关联方与福玛特及福玛特关联方之间不存在纠纷与潜在纠纷。”据此，本所律师认为，该案对公司持续经营能力不构成实质性影响。

4. 因与福玛特对买卖合同履行条款产生争议，深圳银星于 2016 年 3 月 1 日提起诉讼，请求福玛特支付提货货款 11 336 197.11 元及利息 116 432.19 元；支付已完成订单未提货货款 4 591 410.8 元及利息 47 157.62 元；赔偿经济损失 2 035 910 元。目前深圳银星已申请撤诉。因与福玛特家电对应付货款产生争议，深圳银星于 2016 年 3 月 1 日提起诉讼，请求福玛特家电支付货款 3 298 040 元及利息 329 588.75 元，并要求福玛特对此债务承担连带清偿责任。目前深圳银星已申请撤诉。

---

① 《关于福玛特（北京）机器人科技股份有限公司申请股票在全国中小企业股份转让系统挂牌及公开转让的补充法律意见书之一》，第 6～7 页。

经查验，深圳银星于2016年6月1日出具声明："截至本声明出具日，本公司及本公司关联方与福玛特及福玛特关联方之间不存在纠纷与潜在纠纷。"据此，本所律师认为，该案对公司持续经营能力不构成实质性影响。

案例17-3 图聚智能837764

【问题】公司报告期内存在未决诉讼案件

【问题描述】

请主办券商和律师核查未决诉讼的最新进展，并对是否影响公司的持续经营能力发表明确意见。

【问题解决】①

经核查，公司目前现存的未决诉讼仍为原告上海奕通信息科技有限公司起诉图聚有限公司（以下简称图聚智能）的《度假世界WIFI定位项目奕通无线定位软件》合同纠纷案。经与该案的公司委托代理人沟通确认，截至本补充法律意见书出具之日该案一审仍在审理中，尚未结案。

根据原告方提交法院的民事起诉状及相关证据材料，并与公司委托代理人做了进一步沟通，本所律师认为本案调解结案的可能性较大，如果双方无法达成调解，图聚智能仍存在败诉的风险。

根据原告的诉请，如果图聚智能败诉，图聚智能可能承担的最大支付义务为服务费51.3万元、违约金5.7万元以及该案的诉讼费。而根据兴华会计师出具（2015）京会兴审字第04010267号《审计报告》，截至2015年10月31日，图聚智能净资产为人民币48 147 676.41元，货币资金42 326 438.96元，流动资产49 000 783.89元；截至本法律意见书出具之日，公司融资金额已累计达8390万元；另外，2015年11月至今，公司已获得订单总额超过470万元，其中大额订单包括腾讯地图270万元地图授权合同、大希40万元地图制作、喵街20万元整体项目、阿里停车场20万元导航项目等；目前，公司与华为技术有限公司达成解决方案合作伙伴关系，与思科系统公司达成独立软件供应商（ISV）关系。

综上，本所律师认为，公司货币资金充足，后期营业收入及持续经营能力均较强，现存的上述未决诉讼不影响公司的持续经营能力。

---

① 《关于上海图聚智能科技股份有限公司申请股票在全国中小企业股份转让系统挂牌并公开转让的补充法律意见书（三）》，第3页。

第十八章　税 收 问 题

一、关于公司依法纳税的问题

根据《税收征收管理法》(2015 年修正)的规定,纳税人应按时缴纳税款;如不按时缴纳或偷税、漏税,税务机关可以对纳税人处以滞纳金、罚款乃至采取强制措施。

根据全国股转系统《挂牌审查一般问题内核参考要点(试行)》第 4.2 条的规定:“请公司分别披露报告期内及其子公司的流转税与所得率、征收方式、税收优惠情况,如公司业绩对税收优惠政策存在依赖,请披露享受税收优惠的期限以及对公司经营业绩的影响。”

主办券商、会计师、律师应结合公司业务特点、客户对象、报告期内发生的重大资产重组、非货币资产出资规范等实际情况,核查公司税收缴纳的合法合规性,包括但不限于:(1)公司缴纳税种以及税率情况;(2)公司税收缴纳情况,是否存在少计税款、未足额缴纳税款、延期缴纳税款等不规范行为;(3)公司是否存在偷税、漏税等重大违法违规行为。

二、关于以未分配利润转增股本的,股东缴纳个人所得税的问题

根据《挂牌审查一般问题内核参考要点(试行)》的相关规定,中介机构需核查拟挂牌主体是否存在“股东以未分配利润转增股本的情形,公司代缴代扣个人所得税的情况。若未代缴个人所得税,请说明若发生追缴税费的情形,相关防范措施情况”。

根据《国家税务总局关于股份制企业转增股本和派发红股征免个人所得税的通知》(国税发〔1997〕198 号)、《国家税务总局关于原城市信用社在转制为城市合作银行过程中个人股增值所得应纳个人所得税的批复》(国税函〔1998〕289 号)、《国家税务总局关于盈余公积金转增注册资本征收个人所得税问题的批复》(国税函〔1998〕333 号)、《财政部、国家税务总局关于中关村国家自主创新示范区企业转增股本个人所得税试点政策的通知》(财税〔2013〕73 号)的规定,企业以未分配利润、盈余公积、资本公积向个人股东转增股本时,应按照“利息、股息、红利所得”项目,适用 20% 税率征收个人所得税。在实务中,公司进行股份制改造时,都会对公司净资产等进行评估清理,将账面盈余公积、未分配利润和资本公积转增股本,从而形成因原资本溢价形成的资本公积转增股本涉及的个人所得税问题。

三、解决思路

1. 企业存在税收处罚的

(1)真实、详细披露税收相关信息

挂牌主体应披露自己及其子公司在报告期内的税率、税种、征收方式、税收优惠情况,如

享有税收优惠的也应当披露享有的税收政策，并取得税务机关出具的无违法违规证明。

如在报告期内，公司存在不规范纳税的情况，对公司存在未足额缴纳税款、延期缴纳税款等税收瑕疵，公司需要足额补缴税款及滞纳金。

如果公司因未足额缴纳税款、延期缴纳税款等不规范纳税的情况受到税务机关的行政处罚，公司应详细披露处罚产生的原因、行政处罚的金额、公司补缴税款的时间等内容。

新三板挂牌企业绝大部分都需要调整利润并进行企业所得税纳税的调整，企业补税时会有滞纳金的产生，但滞纳金不会构成处罚行为。

(2)实际控制人兜底承诺

针对税收瑕疵问题，应充分论证其不属于重大违法违规行为，公司出具说明，证明其不存在重大税务违法违规行为。同时，可以由实际控制人作出书面承诺，承诺公司不存在重大违法违规行为，并对公司将来可能因税务违规而受到处罚承担相关的赔偿责任。

2. 关于以未分配利润转增股本，股东未缴纳个人所得税的

(1)补缴个人所得税

企业挂牌前存在以未分配利润转增资本的，股东应根据实际增资的部分按照20%的税率补缴个人所得税，同时在相关税务部门开具完税证明。对于未在工商局进行增资变更的，还应在工商管理部门办理实收资本工商变更手续。

(2)申请分期缴纳个人所得税

《财政部、税务总局关于个人非货币性资产投资有关个人所得税政策的通知》(财税〔2015〕41号)规定："个人以非货币性资产投资，属于个人转让非货币性资产和投资同时发生。对个人转让非货币性资产的所得，应按照'财产转让所得'项目，依法计算缴纳个人所得税。""个人应在发生上述应税行为的次月15日内向主管税务机关申报纳税。纳税人一次性缴税有困难的，可合理确定分期缴纳计划并报主管税务机关备案后，自发生上述应税行为之日起不超过5个公历年度内(含)分期缴纳个人所得税。""本通知规定的分期缴税政策自2015年4月1日起施行。对2015年4月1日之前发生的个人非货币性资产投资，尚未进行税收处理且自发生上述应税行为之日起期限未超过5年的，可在剩余的期限内分期缴纳其应纳税款。"

因此，公司在股份制改造时，若存在以未分配利润转增股本需要缴纳个人所得税的情形，应按规定缴纳个人所得税，但可以根据前述规定到当地税务局办理个人所得税分期缴纳。

在实践中，能否办理个税分期缴纳，能分多少期，主要由各地区的税务主管部门自行审查决定。

(3)控股股东、实际控制人出具相关承诺书

控股股东可以在挂牌前出具相关承诺书，承诺因未缴纳个人所得税事宜发生税务机关追缴或处罚情形，由承诺人承担由此造成的一切责任和费用。如给公司造成损失的，承诺人负责赔偿。同时公司为保证公司与股东日后税收的规范性，需要建立、健全财务制度并加强股东和财务人员的税收知识培训。

实际控制人兜底承诺可以避免未分配利润转增资本带来的瑕疵而给公司造成不必要损失，可以默认为企业存在的该情况不会对公司挂牌和持续经营产生不利影响。

(4)提供税收优惠的相关证明文件和法律批文

在实务中,部分地方政府会给予高新技术企业等相关税收优惠政策。如根据广东省政府和广东省地方税务局颁布的相关规定,高新技术企业分配给员工的股份红利,直接再投入企业生产经营的,不列为个人所得税计税所得额。因此,企业存在税收优惠时,应在挂牌前对该情况进行充分说明,并提供相关的证明文件,中介机构对其享受税收优惠政策的合法合规性发表明确意见。

案例 18-1　杰尔斯 833223

【问题】公司以未分配利润转增股本的情形,公司暂未代缴代扣个人所得税

【问题描述】

说明自然人股东纳税情况,并说明其合法合规性及规范措施。存在股东以未分配利润转增股本的情形,公司代缴代扣个人所得税的情况。并说明若发生追缴税费的情形,相关防范措施情况。请主办券商及律师核查以上事项并发表明确意见。

【问题解决】①

1. 核查的方法与程序

主办券商通过查阅公司工商登记变更资料、公司章程、股东名册,查阅上海理德律师事务所出具的补充法律意见书等进行核查,并取得自然人股东的承诺。

2. 分析过程

公司报告期内未对股东进行分红,2015 年 3 月,公司由有限责任公司整体变更为股份有限公司时,以盈余公积、未分配利润转增股本,按照《个人所得税法》第 3 条的规定,利息、股息、红利所得适用税率为 20% 之规定。

2015 年 3 月 20 日,财政部、国家税务总局发布《关于个人非货币性资产投资有关个人所得税政策的通知》,对个人转让非货币性资产的所得,纳税人一次性缴税有困难的,可合理确定分期缴纳计划并报主管税务机关备案后,自发生上述应税行为之日起不超过 5 个公历年度内(含)分期缴纳个人所得税。该通知于 2015 年 4 月 1 日起实施,对 2015 年 4 月 1 日之前发生的个人非货币性资产投资,尚未进行税收处理且自发生上述应税行为之日起期限未超过 5 年的,可在剩余的期限内分期缴纳其应纳税款。依据该通知,企业整体变更为股份有限公司时,自然人股东缴纳的个税可申请在 5 个公历年度内分期缴纳。

截至本反馈意见回复之日,公司尚未代扣代缴股东个人所得税。公司目前正在根据现行有效的税收政策申请个人所得税缓交备案,待取得备案证书后便可申请个人所得税缓交。

主办券商取得自然人股东的承诺:如将来因任何原因出现股东被税务机关追缴相关税费的情形,股东本人将依法、足额、及时履行相应的纳税义务,如因股东本人未及时缴纳税费而导致公司被处罚或产生其他损失的,股东本人将无条件承担相应的责任。同时,公司也就股

---

① 《上海理德律师事务所关于深圳市杰尔斯展示股份有限公司申请股票在全国中小企业股份转让系统挂牌并公开转让的补充法律意见书(一)》,第 6 ~ 9 页。

东个人所得税代扣代缴事宜出具承诺函，承诺如就股东个人所得税缴纳事宜，税务主管部门要求公司履行代扣代缴义务的，公司将严格依法履行。

3. 主办券商及律师意见

经核查，主办券商及律师一致认为：公司在整体变更为股份公司时，存在以未分配利润转增公司股本的情况，根据相关规定公司自然人股东需缴纳个人所得税，而公司也应履行相应的代扣代缴个人所得税的义务。鉴于公司目前正在根据最新的、现行有效的税收政策申请个人所得税缓交备案，待取得备案证书后便可申请个人所得税缓交；同时，公司以及公司自然人股东已就个人所得税代扣代缴及个人所得税缴纳事宜出具了承诺函。相关股东及公司已就个人所得税的缴纳事宜采取了规范措施，且该等规范措施具有可行性。

案例 18－2 日月明 835752

【问题】公司以未分配利润转增股本，公司已代扣代缴个人所得税

【问题描述】

2015 年有限公司整体变更为股份公司，注册资本由 3000 万元增至 5000 万元。请主办券商补充说明公司股东是否存在以未分配利润及盈余公积转增股本；如是，请补充说明自然人股东个人所得税缴纳情况。并请主办券商、律师核查并发表意见。

【问题解决】①

经查验工商登记资料、公司利润分配表及自然人股东谭晓云的《税收完税证明》等资料，2015 年日月明有限公司整体变更为股份公司时，公司股东以未分配利润转增股本 2000 万元，其中公司自然人股东以未分配利润 56.5 万元转增股本。根据公司的说明及南昌市东湖区地方税务局于 2015 年 11 月 25 日出具的《税收完税证明》，公司已为自然人股东办理代扣代缴所得税，缴纳税金 11.3 万元。

经核查，本所律师认为，日月明有限公司整体变更为股份公司，注册资本由 3000 万元增至 5000 万元，公司股东存在以未分配利润转增股本 2000 万元，不存在盈余公积转增股本的情况。公司已就未分配利润转增股本事宜为自然人股东办理代扣代缴所得税，上述行为符合相关法律法规及规范性文件的规定。

案例 18－3 通业科技 835873

【问题】公司以未分配利润转增股本

【问题描述】

公开转让说明书显示，公司历次增资存在以未分配利润转增股本的情形。请主办券商及律师核查：(1)公司代缴代扣个人所得税的情况。若未代缴个人所得税，请说明若发生追缴税

① 《关于江西日月明测控科技股份有限公司申请股票在全国中小企业股份转让系统挂牌并公开转让的补充法律意见书(一)》，第 1～2 页。

费的情形，相关防范措施情况。(2)公司历次股权变更是否依法履行必要程序、是否合法、合规、有无纠纷及潜在纠纷并发表明确意见。请公司就相应未披露事项作补充披露。

【问题解决】①

1. 核查过程

本所律师核查了公司的工商登记资料、历次出资的验资报告及支付凭证，经公司确认，并查阅了公司股东出资时的相关法律法规。

2. 核查情况与意见

公司历史上涉及股东以未分配利润转增股本的增资情况见表18－3－1：

表18－3－1　公司历史上涉及股东以未分配利润转增资本的增资情况

序号	增资工商变更时间	增资股东	股东性质	未分配利润转增金额（万元）	增资后公司注册资本（万元）
1	2006年9月28日	北京嘉祥新科	企业法人	1176	1568
2	2012年11月29日	北京嘉祥新科	企业法人	1432	3000
3	2014年6月19日	深圳英伟迪	企业法人	3800	6800

经核查，公司历次增资中，未涉及自然人股东以未分配利润转增股本的情形，不存在需要公司代缴代扣个人所得税的情况，也不存在未代缴个人所得税需追缴的情况。

经核查并经公司确认，公司历次股权变更已经履行了必要的董事会、股东会（大会）决议等内部决策程序、历次出资已经聘请会计师事务所进行审验并出具《验资报告》，相关股权转让已经签订了股权转让协议，并依法办理了工商变更登记，合法、合规。

截至本补充法律意见书出具之日，公司股东未发生股权纠纷或存在潜在纠纷。

3. 核查结论

综上，本所律师认为：(1)公司历次增资中，未涉及自然人股东以未分配利润转增股本的情形，不存在需要公司代缴代扣个人所得税的情况，也不存在未代缴个人所得税需追缴的情况；(2)公司历次股权变更已经履行了必要的董事会、股东会（大会）决议等内部决策程序、历次出资已经聘请会计师事务所进行审验并出具《验资报告》，相关股权转让已经签订了股权转让协议，并依法办理了工商变更登记，合法、合规。

截至本补充法律意见书出具之日，公司股东未发生股权纠纷或存在潜在纠纷。

案例18－4　金戈炜业838019

【问题】公司在报告期内存在因补税产生的滞纳金

【问题描述】

报告期内公司有营业外支出的情况，请公司补充披露并说明其详细构成，是否存在罚款

---

① 《北京市大成（深圳）律师事务所关于深圳通业科技股份有限公司申请股票在全国中小企业股份转让系统挂牌并公开转让的补充法律意见书（一）》，第1～2页。

等未披露情况，是否存在罚款事项计入其他项的情况。请主办券商、律师和会计师核查并发表意见。

【问题解决】①

根据公司说明、《审计报告》，并经本所律师核查，公司报告期内公司营业外支出的情况见表 18－4－1：

表 18－4－1 公司报告期内营业外支出情况

项目	2015 年	2014 年
1. 罚款（元）	—	—
（1）安全生产监督局罚款	30 000	—
（2）公安消防罚款	10 500	—
（3）汽车违章罚款	750	12 050
2. 其他（元）	—	—
（1）印花税滞纳金	309. 39	125. 25
（2）房产税滞纳金	2387. 26	630. 14
合计	43 946. 65	12 805. 39

《法律意见书》第十九部分之“（一）股份公司及其子公司的诉讼、仲裁或行政处罚情况”已对公司报告期内存在的行政处罚予以披露。

公司报告期内营业外其他支出具体情况如下：

1. 报告期内因公司汽车违章罚款共计人民币 12 800 元，根据《行政处罚法》，公司汽车违章罚款不属于公司报告期内所受到的行政处罚。

2. 报告期内公司依法缴纳的印花税滞纳金、房产税滞纳金共计人民币 3452. 04 元。根据公司说明，房产税滞纳金是因为公司申报缴纳房产税时申报原值口径未包括办理房产证等其他费用原值，与税务局计算口径存在差异，公司主动补充纳税产生的。而依据《税收征收管理法》《行政处罚法》《行政强制法》，滞纳金是行政强制执行方式即执行罚。

本所律师认为，公司不存在罚款未披露的情况，亦不存在罚款事项计入其他事项的情况；公司所属国税局和地税局出具的合法证明结果显示，报告期内公司不存在因税务违规受到税务行政处罚或处理的记录；公司在报告期内的罚款数额较低、情节轻微，不属于重大行政处罚情形，公司报告期内不存在重大违法违规行为，公司符合“合法合规经营”的挂牌条件。

案例 18－5 神州能源 837934

【问题】公司在报告期内因未按时纳税产生了滞纳金

① 《关于江苏金戈炜业环保科技股份有限公司申请股票在全国中小企业股份转让系统挂牌并公开转让之补充法律意见书（一）》，第 27～28 页。

【问题描述】

（1）请公司补充披露营业外支出的具体情况，尤其是税收滞纳金，公司的财务核算基础是否健全有效。（2）请主办券商、律师对公司是否存在重大违法违规行为进行核查并发表明确意见。

【问题解决】①

1. 报告期内，公司营业外支出的具体情况见表 18－5－1：

表 18－5－1　公司报告期内营业外支出情况

项目	2015 年度	2014 年度
非流动资产处置损失合计	590 149.39	—
其中：固定资产处置损失（元）	590 149.39	—
税收滞纳金（元）	128 229	—
赔偿款（元）	372 982	7273.7
罚款（元）	210 000	—
对外捐赠（元）	36 000	—
往来款核销（元）	—	125 035
合计	1 337 360.39	132 308.7

根据《审计报告》、公司提供的说明及相关资料，公司 2015 年度营业外支出较 2014 年度增加 1 205 051.69 元，具体情况如下：

（1）2015 年度公司处置报废固定资产损失 590 149.39 元。

（2）因公司财务人员对应缴纳土地使用税和房产税政策理解有误，导致公司 2015 年 3 月因未从时点开始缴纳土地使用税和房产税而被税务机关征收税收滞纳金 128 229 元。2016 年 1 月，重庆市江津区国家税务局和江津区地方税务局出具《证明》，未发现重庆神州自 2014 年 1 月 1 日以来因违反国家及地方税务管理相关法律法规而受到行政处罚情况。

（3）贵州神州 2015 年因发生安全生产事故被安顺市平坝区安全生产监督管理局行政处罚罚款 21 万元，以及因前述安全事故向安顺市鸿泰建筑工程有限公司支付房屋烧损对应的赔偿款 26 万元。

（4）神州能源 2015 年根据重庆市九龙坡区劳动人事争议仲裁委员会裁定，因未及时签订劳动合同向原员工刘朝宁应付赔偿款 11 万元。

2. 根据重庆市工商局九龙坡区分局、重庆市工商行政管理局南岸区分局、重庆市工商行政管理局渝北区分局、重庆市工商行政管理局江津区分局、安顺市平坝区工商行政管理局、余庆县市场监督管理局、大城县工商行政管理局、德州经济技术开发区市场监督管理局出具的《证明》或《重庆市企业信用查询报告》，并经核查，公司及其子公司报告期内能依法遵守国家有关工商

① 《关于神州能源集团股份有限公司申请股票在全国中小企业股份转让系统挂牌并公开转让的补充法律意见书（一）》，第 12～13 页。

行政管理法律法规规定，不存在因违反工商行政管理相关法律法规而受到行政处罚的情形。

根据重庆市九龙坡区国家税务局陶家税务所、重庆市九龙坡区地方税务局陶家税务所、重庆市江津区国家税务局、重庆市江津区地方税务局、贵州省安顺市平坝区国家税务局、平坝县地方税务局三分局、贵州省余庆县国家税务局、余庆县地方税务局三分局、河北省大城县国家税务局、大城县地方税务局以及重庆市南岸区地方税务局、重庆市渝北区国家税务局龙溪税务所、重庆市渝北区地方税务局龙山税务所等出具的《证明》或《情况说明》，并经核查，公司及其子公司报告期内能遵守国家税收法律法规，依法纳税，不存在因违反国家有关税收法律法规而受到行政处罚的情形。

根据重庆市城乡建设委员会、重庆市南岸区质量技术监督局，以及重庆市九龙坡区经济和信息化委员会、重庆市江津区经济和信息化委员会、安顺市平坝区城市管理局、余庆县经济贸易局、大城县工业和信息化局等燃气行业主管部门出具的《证明》，并经核查，公司及其子公司报告期内能遵守燃气工程设计、安装及燃气管理方面的法律法规，报告期内不存在因违反燃气工程设计、安装及燃气管理方面的法律法规而受到行政处罚的情况。

根据重庆市九龙坡区人力资源和社会保障局、重庆市渝北区人力资源和社会保障局、重庆市南岸区社会保险局、重庆市江津区社会保险局、重庆市住房公积金管理中心、重庆市住房公积金管理中心江津区分中心、安顺市住房公积金管理中心平坝县管理部、安顺市平坝区人力资源和社会保障局、遵义市住房公积金管理中心余庆县管理部、余庆县人力资源和社会保障局、大城县人力资源和社会保障局、德州市住房公积金管理中心、德州经济技术开发区人力资源和社会保障局等出具的《证明》或《参保证明》，并经核查，公司及其子公司报告期内能依法缴纳社会保险，不存在因违反国家社会保险相关法律法规而受到行政处罚的情形。

根据重庆市质量技术监督局、重庆市九龙坡区质量技术监督局、重庆市南岸区质量技术监督局、重庆市江津区质量技术监督局、余庆县市场监督管理局、大城县质量技术监督局等出具的《证明》，并经核查，公司及其子公司报告期内不存在因违反产品质量相关法律法规而受到行政处罚的情形。

根据重庆市九龙坡区环保局、重庆市江津区环境保护局、余庆县环境保护局出具的《证明》，以及对安顺市平坝区环境保护局的现场走访访谈，并经核查，除子公司重庆神州报告期内因环评事项被行政处罚外，公司及其他子公司报告期内不存在因违反环保相关法律法规而受到行政处罚的情形；重庆神州上述行政处罚不属于重大环保违法违规行为。

根据重庆市九龙坡区安全生产监督管理局、重庆市江津区安全生产监督管理局、安顺市平坝区安全生产监督管理局、余庆县安全生产监督管理局等出具的《证明》，并经核查，除子公司贵州神州报告期内因发生安全生产事故被行政处罚外，其他子公司报告期内不存在因违反安全生产相关法律法规而受到行政处罚的情形；贵州神州上述安全生产事故属于一般事故，不构成重大违法违规行为。

根据公司出具的说明、相关人员出具的声明、相关行政主管部门出具的证明文件，除上述行政处罚外，公司及其子公司在报告期内未受到过其他行政处罚。

综上，本所律师认为，截至本补充法律意见书出具之日，公司及其子公司自 2014 年 1 月 1 日以来不存在重大违法违规情形。

案例18-6 奥迪康835620

【问题】公司在报告期内因未按规定纳税产生了滞纳金，并受到行政处罚

【问题描述】

请公司补充披露2013年度税收罚款及滞纳金产生原因。请律师就该行为是否符合"合法规范经营"挂牌条件发表核查意见。

【问题解决】①

2013年度税收罚款及滞纳金产生的依据，经本所律师核查系2014年10月22日，江苏省镇江地方税务局稽查局向公司开具的编号为镇地税稽罚〔2014〕53号的《税务行政处罚决定书》，处罚事项如下：

1. 2012年发生劳务费用527 500元，已计入研发费用中并加计扣除，根据《国家税务总局关于印发〈企业研究开发费用税前扣除管理办法（试行）〉的通知》（国税发〔2008〕116号）规定，以上劳务费用应调增应纳税所得额263 750元。

2. 2012年总经理周贵徽工资及奖金合计480 000元，会计温艳萍工资及奖金合计39 888元，已计入研发工资并加计扣除，根据《国家税务总局关于印发〈企业研究开发费用税前扣除管理办法（试行）〉的通知》（国税发〔2008〕116号）的规定，以上工资应调增应纳税所得额259 444元。

以上合计应调增应纳税所得额523 694元，调整后应纳税所得额为5 633 434.94元，应申报缴纳企业所得税额845 015.25元，已申报缴纳766 461.15元，少缴纳78 554.1元。

3. 2013年总经理周贵徽工资及奖金840 000元，会计温艳萍工资及奖金52 800元，已计入研发工资并加计扣除，根据《国家税务总局关于印发〈企业研究开发费用税前扣除管理办法（试行）〉的通知》（国税发〔2008〕116号），以及《财政部、国家税务总局关于研究开发费用税前加计扣除有关政策问题的通知》（财税〔2013〕70号）的规定，以上工资应调增应纳税所得额446 400元，调整后纳税所得额5 748 260.26元，应申报缴纳企业所得税额862 239.05元，已申报缴纳795 279.04元，少缴纳66 960元。

江苏省镇江地方税务局稽查局对以上行为处以少缴税款50%的罚款，分别为2012年39 277.05元、2013年33 480元，共计缴纳罚款72 757.05元。因迟延缴纳税款，共计缴纳滞纳金17 106.69元。

2015年9月18日，江苏省镇江地方税务局出具《证明》："公司自2013年1月至2015年6月经营期间，无重大违法违规的情形。"

造成上述行政处罚的主要原因为公司当时财务人员对财政部、国家税务总局发布的相关规定理解不透彻，对研发费用的加计扣除项的税务核算存在一定程度的误解，从而导致公司少缴纳部分税款。公司已于2014年10月31日将上述少缴税罚款、滞纳金共计89 863.74元缴纳入库，并在2013年之后严格按照财政部、国家税务总局发布的相关税收管理办法缴纳税

① 《关于江苏奥迪康医学科技股份有限公司申请股票在全国中小企业股份转让系统挂牌并公开转让的补充法律意见书》，第5~6页。

款，再无相关处罚。

本所律师认为，公司上述行为属于不合法规范经营，存在违反法律相关规定的情况。截至本补充法律意见书出具之日，前述违规行为已得到纠正，且前述违规行为处罚金额较小，均不构成重大违法违规，亦不存在影响公司持续经营的情形。为进一步规范将来的运营，公司出具承诺："为避免将来可能存在的违反法律法规导致处罚之风险，承诺将进一步加强内控，坚持按照法律法规合规经营，避免再次受到行政处罚。"

因此，本所律师认为，前述行为不构成重大违法违规，不影响本次挂牌的实质性障碍。

案例 18－7 南深股份 836122

【问题】公司以未分配利润增资需要缴纳的个人所得税，公司依法向相关税务机关申请个人所得税分期缴纳

【问题描述】

公司存在以未分配利润增资需要缴纳的个人所得税的情形，公司已向相关税务机关申请分 5 年缴纳，该申请正在办理中，已取得受理回执。请公司补充披露该项分期缴税的申请获批的风险及公司是否可能因此而受税务机关行政处罚。请主办券商和律师对前述事项进行核查。

【问题解决】①

1. 关于公司申请股东个人所得税分期缴纳的获批风险分析

2015 年 10 月 13 日，南深股份依法向深圳市南山区地税局提交了《关于我公司改制上市过程中有关个税问题的报告》及《转增股本个人所得税纳税人报告表》，向其申请分 5 年缴纳股东因未分配利润增资需要缴纳的个人所得税款，该项申请正在办理中，已取得受理回执。

《国家税务总局关于进一步加强高收入者个人所得税征收管理的通知》（国税发〔2010〕54 号）规定："加强企业转增注册资本和股本管理，对以未分配利润、盈余公积和除股票溢价发行外的其他资本公积转增注册资本和股本的，要按照'利息、股息、红利所得'项目，依据现行政策规定计征个人所得税。"

根据《个人所得税法》第 2 条、第 3 条之规定，个人利息、股息、红利所得，应当缴纳个人所得税，且适用比例税率，税率为 20%。

根据《财政部、税务总局关于个人非货币性资产投资有关个人所得税政策的通知》（财税〔2015〕41 号）规定："个人应在发生上述应税行为的次月 15 日内向主管税务机关申报纳税。纳税人一次性缴税有困难的，可合理确定分期缴纳计划并报主管税务机关备案后，自发生上述应税行为之日起不超过 5 个公历年度内（含）分期缴纳个人所得税。""本通知规定的分期缴税政策自 2015 年 4 月 1 日起施行。对 2015 年 4 月 1 日之前发生的个人非货币性资产投资，尚未进行税收处理且自发生上述应税行为之日起期限未超过 5 年的，可在剩余的期限内

---

① 《关于深圳市南深人力资源股份有限公司申请股票在全国中小企业股份转让系统挂牌并公开转让的补充法律意见书之一》，第 8～10 页。

分期缴纳其应纳税款。”自南深股份设立至今，尚未超过5年，自然股东可在剩余的期限内分期缴纳其应纳税款。

综上所述，南深股份是依法、足额向深圳市南山区地税局申请缓交股东个人所得税款，虽本次申请尚需取得深圳市南山区地税局批准，但获批并不存在实质性的法律风险或障碍。

2. 关于公司本次申请是否可能受到税务机关行政处罚的分析

如上所述，南深股份存在以未分配利润转增股本的情形，现已向深圳市南山区地税局提交了《关于我公司改制上市过程中有关个税问题的报告》及《转增股本个人所得税纳税人报告表》，依法申请缓缴股东个人所得税款。

为了避免因公司改制时涉及的个人所得税事项给公司带来损失，南深股份发起人股东中的全体自然人股东均作出如下承诺：“(1)就公司由有限责任公司整体变更设立为股份有限公司时，涉及本人的个人所得税事项，由本人已经配合公司依法申请缓缴相关税款。(2)如果因公司由有限责任公司整体变更设立为股份有限公司时涉及本人的个人所得税被有关税务机关追缴，本人将无条件地缴纳相关个人所得税款、滞纳金和罚款，并依法承担相关责任。(3)如果公司因未履行相关的代扣代缴义务而受到税务机关的任何处罚，或者要求公司承担任何费用，或者公司因此受到任何损失的，本人将无条件全额承担公司因此所产生的全部相关费用，赔偿公司因此而受到的全部损失，保证公司不因此受到任何损失。(4)本承诺一经作出，不可撤销。”也就是说，南深股份对股份公司设立时相关个人所得税事项已有适当的安排，对发生追缴情形已作出相关防范措施。

且截至本补充法律意见书出具之日，南深股份已获得了深圳市南山区地方税务局颁发的深地税南违证〔2015〕10001711号《深圳市地方税务局税务违法记录证明》和深圳市南山区国家税务局颁发的深国税证(2015)第15591号《深圳市国家税务局税务违法记录证明》，均可证明南深股份自设立税务登记之日起，未发现税务违法记录。

综上所述，本所律师认为，南深股份依法、足额向深圳市南山区地税局申请缓交股东个人所得税款，且公司全体自然人股东出具了《关于公司整体改制时自然人股东相关个人所得税问题的承诺》，保证公司不会因本次申请缓缴个人所得税遭受任何损失。即公司对股份公司设立时相关个人所得税缴纳事项已有适当的安排，对发生追缴情形已作出相关防范措施，故南深股份不会因本次申请股东个人所得税分期缴纳而受到税务机关行政处罚，亦不会对公司的本次挂牌构成实质性障碍。

案例 18－8 洁利来 832734

【问题】公司以未分配利润增资需要缴纳的个人所得税，公司自然人股东依法向相关税务机关申请个人所得税分期缴纳

【问题描述】

请主办券商及律师核查以下事项并发表明确意见：(1)设立(改制)的资产审验情况，如以评估值入资设立股份公司，补充说明是否合法、合规，是否构成“整体变更设立”。(2)自然人股东纳税情况，如未缴纳，说明其合法合规性及规范措施。(3)是否存在股东以未分配利润

转增股本的情形,公司代缴代扣个人所得税的情况。若没有,请说明若发生追缴税费的情形,相关防范措施情况。请公司就相应未披露事项作补充披露。

【问题解决】①

1. 核查过程

本所律师查验了公司的工商登记资料、发起人协议书、股份公司创立会议文件、验资报告、审计报告、营业执照等文件。

2. 核查情况及意见

(1)经本所律师核查,公司股改是以2014年6月30日为审计基准日经审计的有限公司净资产额8 912 364.27元折股880万股,剩余净资产112 364.27元计入资本公积,整体变更为股份有限公司。上述出资经立信中联会计师事务所审验,出具立信中联验字(2014)D-0015号《验资报告》。公司不存在以评估值入资设立股份公司的情形。

本所律师认为,公司改制以经审计净资产折股整体变更为股份有限公司,未以评估值入资设立股份公司,构成"整体变更设立"。

(2)根据立信中联会计师事务所(特殊普通合伙)出具的立信中联审字〔2014〕第D-0303号《洁利来(福建)感应设备有限公司截至2014年6月30日审计报告》,截至审计基准日的2014年6月30日,洁利来有限公司的实收资本为6 000 000元,未分配利润为2 409 196.24元,盈余公积为503 168.03元,资本公积为0元。有限公司整体变更时,存在用盈余公积和未分配利润共计2 912 364.27元转增股本的情形。

根据福建省地方税务局2012年12月18日颁发的《关于个人投资及转增股本个人所得税征管问题的通知》(闽地税函〔2012〕247号,以下简称《通知》)的规定:"对进入上市资源后备库的企业进行股份制改造,用未分配利润、盈余公积、资本公积(不含股份制企业股票溢价发行收入所形成的资本公积金)转增股本,自然人股东获得转增股本数额,按照利息股息红利所得应缴纳的个人所得税。"根据《个人所得税法》第3条的规定,利息、股息、红利所得适用税率为20%。

鉴于上述情况,公司自然人股东黄印章及黄婧须就上述净资产折股环节分别缴纳个人所得税512 284.88元及70 187.98元。截至本反馈意见回复出具日,该二人未就此缴纳个人所得税。

虽然如此,《通知》同时规定,对部分个人投资及转增股本,未实际取得货币性收入,按规定一次性申报缴纳个人所得税存在困难,相关企业也无法履行代扣代缴义务,经纳税人申请,相关企业作一定承诺后,报县(市、区)地税局审核同意,可在不超过5年的期限内,分期纳税。对于股份制改造环节自然人股东获得转增股本数额而可分期纳税的前提条件为"企业进入上市资源后备库"。

此外,2015年3月30日,财政部、税务总局发布的《关于个人非货币性资产投资有关个人所得税政策的通知》(财税〔2015〕41号)规定:"……三、个人应在发生上述应税行为的次月

① 《关于福建洁利来智能厨卫股份有限公司申请股票在全国中小企业股份转让系统挂牌并公开转让的补充法律意见书(一)》,第13~15页。

15日内向主管税务机关申报纳税。纳税人一次性缴税有困难的,可合理确定分期缴纳计划并报主管税务机关备案后,自发生上述应税行为之日起不超过5个公历年度内(含)分期缴纳个人所得税。”“六、本通知规定的分期缴税政策自2015年4月1日起施行。对2015年4月1日之前发生的个人非货币性资产投资,尚未进行税收处理且自发生上述应税行为之日起期限未超过5年的,可在剩余的期限内分期缴纳其应纳税款。”

公司属于列入福建省发展和改革委员会《关于印发2015年省重点上市后备企业和新三板挂牌后备企业名单的通知》(闽发改股证〔2015〕123号)的后备企业,其可适用《通知》及财税〔2015〕41号关于个人所得税分期缴纳的规定。公司及其自然人股东已向所属税务主管部门福州市晋安区地方税务局提出分期缴纳申请,2015年6月2日,福州市晋安区地方税务局出具《税务机关审批意见》同意公司股东上述个人所得税分期缴纳申请。

综上,本所律师认为,公司整体变更为股份有限公司时,已按照相关法律法规规定为自然人股东申请分期缴纳个人所得税,符合相关法律法规的规定。

(3)经本所律师核查,公司存在股东以未分配利润转增股本的情形,公司已按照相关法律法规规定为自然人股东申请分期缴纳个人所得税,符合相关法律法规的规定。

第十九章　行 政 处 罚

一、行政处罚

我国的《行政处罚法》规定了行政处罚的种类：警告；罚款；没收违法所得、没收非法财物；责令停产停业；暂扣或者吊销许可证、暂扣或者吊销执照；行政拘留；法律、行政法规规定的其他行政处罚。依据《挂牌条件标准指引》的规定，没收违法所得、没收非法财物，责令停产停业，暂扣或者吊销许可证、暂扣或者吊销执照等行政处罚类型属于推定的重大违法违规情形；除非处罚机关出具非重大违法违规的证明。

对于挂牌而言，企业要做到合法规范经营并非要求公司没有受到过行政处罚，而是要求挂牌公司在报告期内不存在因重大违法违规行为而受到过行政处罚，同时要求公司控股股东、实际控制人、董事、监事、高级管理人员也必须依法开展经营活动，经营行为合法、合规，不存在重大违法违规行为。

二、行政处罚核查的必要性

根据《挂牌条件标准指引》中"合法合规经营"的要求，公司在挂牌中，要符合"公司及其控股股东、实际控制人、董事、监事、高级管理人员须依法开展经营活动，经营行为合法、合规，不存在重大违法违规行为"的要求。具体要求如下：

1. 公司的重大违法违规行为是指公司最近24个月内因违犯国家法律、行政法规、规章的行为，受到刑事处罚或适用重大违法违规情形的行政处罚。

（1）行政处罚是指经济管理部门对涉及公司经营活动的违法违规行为给予的行政处罚。

（2）重大违法违规情形，是指凡被行政处罚的实施机关给予没收违法所得、没收非法财物以上行政处罚的行为，属于重大违法违规情形，但处罚机关依法认定不属于的除外；被行政处罚的实施机关给予罚款的行为，除主办券商和律师能依法合理说明或处罚机关认定该行为不属于重大违法违规行为的外，都视为重大违法违规情形。

（3）公司最近24个月内不存在涉嫌犯罪被司法机关立案侦查，尚未有明确结论意见的情形。

2. 控股股东、实际控制人合法、合规，最近24个月内不存在涉及以下情形的重大违法违规行为：

（1）控股股东、实际控制人受刑事处罚。

（2）受到与公司规范经营相关的行政处罚，且情节严重；情节严重的界定参照前述规定。

（3）涉嫌犯罪被司法机关立案侦查，尚未有明确结论意见。

3. 现任董事、监事和高级管理人员应具备和遵守《公司法》规定的任职资格和义务，不应存在最近24个月内受到中国证监会行政处罚或者被采取证券市场禁入措施的情形。

三、解决思路

1. 如实全面披露行政处罚内容

根据企业提供的相关资料并经中介机构核实，如实全面披露行政处罚的具体内容，包括但不限于处罚的原因、处罚的内容、公司是否履行了相关义务、处罚的性质、整改规范措施、规范的效果等。

在如实信息披露的前提下，一般会由中介机构根据企业处罚事项产生的原因、企业的主观态度（轻微过失/一般过失）、造成的危害结果、行政机关的处罚方式等方面就该违法行为进行详细解释，并根据相关法律法规判断是否为重大违法违规行为。通常项目可以启动的话，中介机构在前期尽职调查阶段已就企业在报告期内的违法违规行为是否构成重大违法违规行为进行了预判，并确认可以依法作出合理说明；否则，只能以时间换空间，将企业申报挂牌的报告期延迟。

2. 制定具体的整改措施并保证其有效性

针对处罚的事项，企业一方面，应端正态度认识到自身的错误，根据处罚内容履行相应义务；另一方面，企业应积极改正，有针对性地制定相应的整改措施并保证其有效性，确保未来不再发生类似的情形，保证不会对公司的持续经营能力带来重大不利影响。

3. 取得作出处罚决定的机构不属于重大违法违规行为的认定意见

在实践中，如能取得相应部门作出不属于重大违法违规行为的认定结论则最好。这样，中介机构发表的意见也有了有力的支撑。当然，如果法律法规有明确规定的，能够直接依据规定作出判定的，直接下结论即可。

案例19-1 松科快换831276

【问题】公司在报告期内因环保问题受到行政处罚

【问题描述】

关于公司的环保事项：(1)请公司说明目前的生产场所根据《建设项目环境保护管理条例》及其他相关规定办理环境影响报告表（书）的审批情况。(2)请公司补充披露生产过程中污染物排放情况以及排污许可证办理的具体情况。(3)请主办券商和律师核查上述批复及证照的办理情况以及公司的日常生产是否符合环保部门的监管要求并发表意见。(4)2012年8月7日，上海市浦东新区城市管理行政执法局向松科制造出具了第2041262313号《行政处罚决定书》，请公司补充披露该处罚决定书详细内容，请主办券商和律师结合《环境保护法》及其他相关法律法规、规范性法律文件的规定分析上述处罚是否构成重大处罚，并请主办券商和律师对公司是否符合“合法规范经营”的挂牌条件发表意见。

【问题解决】①

1. 根据公司提供的资料并经本所律师核查,公司目前的生产场所内的建设项目系松科制造在上海市浦东新区合庆工业园区 A 区仁庆路 233 号内建设的高精液压产品生产厂房(二期)项目,该项目办理环保审批的情况如下:

(1)2011 年 3 月 29 日,上海市浦东新区环境保护和市容卫生管理局出具了《关于建设高精液压产品生产厂房(二期)项目环境影响报告表的审批意见》(沪浦环保环表决字〔2011〕第 318 号),同意该项目的建设。

(2)2012 年 8 月 14 日,上海市浦东新区环境保护和市容卫生管理局出具了《关于高精液压产品生产厂房(二期)竣工环境保护验收的意见》(沪浦环保竣工决字〔2012〕第 241 号),同意通过环保竣工验收。

本所律师认为,松科制造的建设项目按规定编制了环境影响报告表,该环境影响报告表经由环境保护行政主管部门审批;且该建设项目竣工后,已取得环境保护行政主管部门对该建设项目的环境保护设施竣工验收。因此,松科制造的建设项目符合《建设项目环境保护管理条例》及其他相关规定。

2. 根据《水污染防治法》第 20 条的规定,直接或者间接向水体排放工业废水和医疗污水以及其他按照规定应当取得排污许可证的单位以及城镇污水集中处理设施的运营单位需办理排污许可证;根据《上海市主要污染物排放许可证管理办法》第 4 条的规定,上海市环保局根据管理工作需要,定期会同各区(县)环保局制定排污许可证申领名单,并向社会公布。列入排污许可证申领名单的排污单位应在名单发布后 30 日内向有管辖权的环保部门申领排污许可证,并按照排污许可证规定的要求排放主要污染物。未列入排污许可证申领名单的排污单位暂缓排污许可证的发放。经本所律师查询上海市环境保护局网站发布的《2013 年上海市主要污染物排放许可证核发名单》(2013 年 9 月 10 日发布),松科股份及松科制造均未被列入该名单。根据国家环境保护部办公厅于 2013 年 12 月 26 日公布的《关于印发 2014 年国家重点监控企业名单的通知》(环办〔2013〕116 号),被纳入国家重点监控的企业共计14 410 家,其中废水企业 4001 家,废气企业 3865 家,污水处理厂 3606 家,重金属企业 2771 家,规模化畜禽养殖场(小区)167 家,其中上海市被纳入重点监控的企业共计 43 家,松科股份及松科制造均未被纳入国家重点监控名单。2014 年上海市主要污染物排放许可证核发名单目前尚未公布,经本所律师对上海市环境保护局总量控制处电话咨询,今年上海市排污许可证核发名单基本与国家环境保护部公布的重点监控企业名单一致。根据公司的说明及本所律师对上海市环境保护局总量控制处工作人员的电话咨询情况,公司及松科制造暂无须办理排污许可证。

据此,本所律师认为,松科股份及松科制造暂未被环保主管部门要求办理排污许可证。

根据《城市排水许可管理办法》的规定,因从事制造、建筑、电力和燃气生产、科研、卫生、住宿餐饮、娱乐经营、居民服务和其他服务等活动向城市排水管网及其附属设施排放污水的

---

① 《关于上海松科快换自动化股份有限公司申请股票在全国中小企业股份转让系统挂牌并公开转让的补充法律意见书》,第 12 ~ 15 页。

单位和个体经营者需取得城市排水许可证书；根据《上海市排水管理条例》(2010 年 9 月 17 日第四次修正)第 2 条的规定，排水许可证用于许可产业废水、生活污水和大气降水的接纳、输送、处理、排放的行为。

2012 年 7 月 25 日，松科制造取得上海市浦东新区水务局核发的《排水许可证》(证书编号：沪浦水务排字第 20123048 号)，有效期自 2012 年 7 月 25 日起至 2017 年 7 月 24 日止。

综上所述，本所律师认为，公司及松科制造目前暂时未被环保主管部门要求办理排污许可证；松科制造已按规定办理了排水许可证，符合《水污染防治法》《城市排水许可管理办法》《上海市排水管理条例》等相关法律、行政法规、规范性法律文件的规定。

3. 根据公司的说明及本所律师对上海市环境保护局总量控制处的电话咨询和对上海市浦东新区城市管理行政执法局水务二分队工作人员的现场咨询情况，环保部门对公司及松科制造的日常生产的监管主要为对公司生活污水排放的监测。

根据上海市浦东新区城市管理行政执法局委托的检测单位上海市水环境监测中心浦东新区分中心于 2014 年 6 月 26 日出具的 SHSHJPD(2014)PW 第 1128 号《检测报告》，松科制造的生活污水排放符合标准，未显示松科制造日常生产过程中有产生废水的排放行为。

综上所述，本所律师认为，环保部门对公司的日常生产的监管主要体现为对公司及松科制造生活污水排放的监测，松科制造已经办理了排水许可证，且检测机构的检测结果显示松科制造的生活污水排放符合标准。因此，公司的日常生产符合环保部门的监管要求。

4. 2012 年 8 月 7 日，上海市浦东新区城市管理行政执法局向松科制造出具了第 2041262313 号《行政处罚决定书》，因松科制造于 2012 年 5 月 14 日在浦东新区仁庆路 233 号实施了排放污水水质超标的行为，违反了《上海市排水管理条例》第 19 条第 1 款的规定，依据《上海市排水管理条例》第 42 条的规定，决定对松科制造罚款 2000 元。

根据松科制造的说明，本次排放超标的污水并非松科制造生产过程中所产生的工业污水，与松科制造的生产经营活动无直接关系；根据《环境保护法》《上海市排水管理条例》的相关规定，从处罚机关对松科制造处以罚款的金额来看，处罚机关并不认为本次排放超标属于严重超标的情形。

故本所律师认为，松科制造发生的本次生活污水排放超标事件不属于重大违法违规行为。不影响公司符合“合法规范经营”的挂牌条件。

案例 19－2 德马科技 830805

【问题】公司在报告期内受到行政处罚

【问题描述】

公司 2011 年 5 月 25 日和 2012 年 2 月、2012 年 8 月受到 3 次监管部门的处罚。请主办券商和律师对公司报告期内存在的行政处罚是否属于因重大违法违规行为所致及是否符合挂牌条件发表明确意见。

【问题解决】①

经本所律师核查，德马有限公司或其控股子公司在报告期内存在以下行政处罚事项：

1. 2011 年 5 月 25 日，湖州海关出具海关缉告字〔2011〕9 号《行政处罚告知单》，认定德马有限公司于 2009 年 3 月 18 日领取了编号为 C29079320035 加工贸易登记手册，手册有效期为 2011 年 2 月 2 日；至 2011 年 3 月 7 日前德马有限公司未到湖州海关办理核销手续，该手册下尚有剩余料件福来轮 101 970 个，剩余料件未补税。货物价值为 127 869.81 元。因德马有限公司未按海关规定办理加工贸易核销手续，违反了《海关法》第 33 条第 2 款之规定，对德马有限公司科处罚款 12 000 元。

2014 年 4 月 16 日，湖州海关出具确认证明，德马有限公司上述行为不影响海关分类管理，属于一般违规行为。

根据德玛科技的说明，上述行为的发生系因具体工作人员疏忽，未及时办理加工贸易核销手续所致，德玛有限公司主观上没有违法故意。在上述行政处罚事项发生后，德马有限公司已及时整改，严格按照海关监管要求办理相关手续，未再发生违反海关管理法律法规的行为。

本所律师认为，从处罚性质及金额上分析，根据《海关行政处罚实施条例》，德马有限公司被给予的罚款属于情节相对轻微的行政处罚，且对公司的持续经营影响较小。在上述行政处罚事项发生后，德马有限公司已及时整改，规范情况良好，湖州海关作为行政主管机关亦确认德马有限公司的上述行为不属于重大违法违规行为。

2. 2012 年 2 月，上海德马因未按规定时间申报办理税务变更登记，被上海市地方税务局徐汇区分局第十六税务所处以 200 元的罚款。

3. 2013 年 8 月，因德马科技上海分公司 2013 年 4 月未在规定期限内办理申报纳税，被上海市地方税务局杨浦区分局第五税务所处以 2000 元的罚款。

本所律师认为，根据《税收征收管理法》的规定，罚款额在 2000 元以下的行政处罚，可以由税务所决定。上海德马及德马科技上海分公司上述被给予罚款的行政处罚，系根据《税收征收管理法》由税务所决定的行政处罚，罚款金额较小，违法情节轻微，不属于重大违法违规行为。

综上，德马有限公司或其控股子公司报告期内的上述行政处罚事项不属于因重大违法违规行为所致的行政处罚，德马科技符合“合法合规经营”的挂牌条件。

---

① 《国浩律师（杭州）事务所关于浙江德马科技股份有限公司申请股票在全国中小企业股份转让系统挂牌并公开转让的补充法律意见书（一）》，第 12 ~ 13 页。

第二十章　区域性股权交易中心托管后挂牌问题

一、已在区域性股权转让市场挂牌的企业能否挂牌

根据《国务院关于全国中小企业股份转让系统有关问题的决定》（以下简称《国务院决定》）相关规定，在符合《国务院关于清理整顿各类交易场所切实防范金融风险的决定》（国发〔2011〕38号）要求的区域性股权转让市场进行股权非公开转让的公司，符合挂牌条件的，可以申请在全国股份转让系统挂牌公开转让股份。

对于在已通过国务院清理整顿各类交易场所部际联席会议检查验收的区域性股权转让市场挂牌的公司，申请在全国股份转让系统挂牌前须暂停其股份转让（或摘牌）；取得全国股份转让系统公司出具的同意挂牌的函后，必须在办理股份初始登记前完成在区域性股权市场的摘牌手续。

对于在《国务院决定》发布之前，已在尚未通过国务院清理整顿各类交易场所部际联席会议检查验收的区域性股权转让市场挂牌的公司，须在申请挂牌前完成摘牌手续，由中介机构核查其在区域性股权市场挂牌期间是否符合国发〔2011〕38号的规定，并发布明确意见。

对于在《国务院决定》发布之后，在尚未通过国务院清理整顿各类交易场所部际联席会议检查验收的区域性股权转让市场挂牌的公司，全国股份转让系统公司将在该区域性股权转让市场通过国务院清理整顿各类交易场所部际联席会议检查验收后受理其挂牌公开转让的申请。

二、全国股转系统审核关注点

全国股转系统对于存在前述情形的企业主要的关注点在于企业在区域性股权交易中心托管期间是否有遵循相关规则，是否存在股权转让且股权转让是否合法、合规，是否存在权益持有人累计超过200人的情形等。因此，中介机构需要就企业在区域性股权交易中心托管期间的相关事实全面、如实披露，并就其合法合规性发表明确意见。

以上海股权托管交易中心为例，一般的解决思路为：确认企业挂牌的地方股权交易中心是否经过已通过国务院清理整顿各类交易场所部际联席会议检查验收；核查公司增资及股权转让的合法合规性；说明公司股票是否存在公开发行或变相公开发行情形；核查证明公司本次向全国股份转让系统公司提出挂牌申请，是否属于《国务院决定》第2条约束的情形。

案例20-1　微科生物838836

【问题】公司在上海股权托管交易中心挂牌

【问题描述】

公司在上海股权托管交易中心挂牌,请公司补充披露:(1)公司挂牌的地方股权托管交易中心是否经过验收。(2)根据《国务院关于清理整顿各类交易场所切实防范金融风险的决定》(国发〔2011〕38号),公司股权在广州股权交易中心挂牌转让,投资者买入后卖出或卖出后买入同一交易品种的时间间隔是否少于5个交易日,权益持有人累计是否超过200人。(3)公司股票是否存在公开发行或变相公开发行情形。(4)公司本次向全国股转公司提出挂牌申请,是否属于《国务院决定》第2条约束的情形。请主办券商、律师核查以上公司披露事项,并对公司在地方股权交易中心交易的合法合规性,以及公司是否符合"股权明晰,股份发行和转让行为合法、合规"的挂牌条件发表明确意见。

【问题解决】①

1.根据上海市金融服务办公室2014年出具的《上海市清理整顿各类交易场所领导小组办公室关于本市清理整顿各类交易场所检查验收情况的通知》,上海股权托管交易中心被认定为清理整顿期间按要求规范的交易场所,因此,上海股权托管交易中心已经过验收。

2.本所律师核查了公司在上海股权托管交易中心综合金融服务平台的公示信息、微科生物历次工商变更档案、公司历次股东会及股东大会决议以及公司高管出具的说明。

经核查,微科生物于2014年11月26日在上海股权托管交易中心Q板实现挂牌至今,仅于2015年10月进行过一次股权交易,另分别于2015年1月及2015年12月各进行了一次增资,以上股权转让及增资完成前后,股东人数均为200人以下。且上述股权转让及增资均未在上海股权托管交易中心进行,不存在投资者买入后卖出或卖出后买入同一交易品种的时间间隔少于5个交易日、权益持有人累计超过200人的情形。

3.本所律师核查了公司在上海股权托管交易中心网站上的披露信息、微科生物历次工商变更档案、公司历次股东会及股东大会决议,另根据公司及公司高级管理人员的说明,本所律师认为,自微科生物在上海股权托管交易中心Q板挂牌至今,不存在任何公开发行或变相公开发行的情形。

4.本所律师查阅了《国务院决定》《国务院关于清理整顿各类交易场所切实防范金融风险的决定》《国务院关于推进上海加快发展现代服务业和先进制造业建设国际金融中心和国际航运中心的意见》《上海市清理整顿各类交易场所领导小组办公室关于本市清理整顿各类交易场所检查验收情况的通知》等相关文件,并浏览了上海股权托管交易中心网站。

根据《国务院决定》第2条的规定,"在符合《国务院关于清理整顿各类交易场所切实防范金融风险的决定》(国发〔2011〕38号)要求的区域性股权转让市场进行股权非公开转让的公司,符合挂牌条件的,可以申请在全国股份转让系统挂牌公开转让股份。"根据《国务院关于清理整顿各类交易场所切实防范金融风险的决定》,对各类交易场所的设立和交易制度等制度设计提出了明确要求。

上海股权托管交易中心为区域性股权转让市场,依据2009年4月14日国务院发布的

① 《北京市康达律师事务所关于辽宁微科生物工程股份有限公司申请股票在全国中小企业股份转让系统挂牌的补充法律意见书》,第3~6页。

《国务院关于推进上海加快发展现代服务业和先进制造业建设国际金融中心和国际航运中心的意见》,经上海市政府同意设立,在设立程序和制度设计上均与国务院关于规范各类交易场所的要求保持一致。2014年,上海市金融服务办公室在《上海市清理整顿各类交易场所领导小组办公室关于本市清理整顿各类交易场所检查验收情况的通知》中,将上海股权托管交易中心认定为清理整顿期间按要求规范的交易场所。

本所律师认为,上海股权托管交易中心符合《国务院关于清理整顿各类交易场所切实防范金融风险的决定》要求,公司在上海股权托管交易中心挂牌并进行股权非公开转让,且公司符合全国股份转让系统规定的挂牌条件,属于《国务院决定》第2条约束的情形,公司可以申请在全国股份转让系统挂牌公开转让股份。

5. 本所律师核查了公司提供的设立及历次股权变更的工商档案、核查了公司在上海股权托管交易中心的披露信息。

结合以上核查结论,本所律师认为,自微科生物在上海股权托管交易中心挂牌至今,未在上海股权托管交易中心进行过任何股权交易活动。

根据上海股权托管交易中心发布的《科技创新板(N板)入门指引》中第7条之解释,上海股权托管交易中心Q板为各种类型的境内企业提供股权报价的展示平台,对Q板企业不提供股份转让(交易)服务、不负责股份登记与托管,不强制要求披露财务信息。

经本所律师核查,微科生物股权结构清晰,权属明确,符合"股权明晰,股份发行和转让行为合法合规"的挂牌条件。

案例20-2 泰祺教育837549

【问题】在上海股权交易中心挂牌

【问题描述】

关于公司在地方股权交易中心挂牌,《国务院决定》出台以前,如果在未经验收的地方股权交易中心挂牌的(如天津股权交易所),必须摘牌后再到全国股份转让系统申请挂牌;《国务院决定》出台以后在未经验收的地方股权交易中心托管挂牌的,不能到全国股份转让系统申请挂牌。请主办券商和律师补充核查并发表意见:(1)根据《国务院关于清理整顿各类交易场所切实防范金融风险的决定》(国发〔2011〕38号),公司股权在上海股权交易中心挂牌转让,投资者买入后卖出或卖出后买入同一交易品种的时间间隔是否少于5个交易日;权益持有人累计是否超过200人。(2)公司股票是否存在公开发行或变相公开发行情形,公司股权是否清晰。(3)公司本次向全国股转公司提出挂牌申请,是否属于《国务院决定》第2条约束的情形。(4)公司是否符合"股权明晰,股份发行和转让行为合法合规"的挂牌条件。

【问题解决】①

1. 根据股份公司的说明及本所律师的核查,公司系在上海股权托管交易中心中小企业股

---

① 《北京天驰君泰律师事务所上海分所关于上海泰祺教育培训股份有限公司申请股票在全国中小企业股份转让系统挂牌并公开转让的补充法律意见书(一)》,第3~4页。

权报价系统(以下简称Q板)挂牌,而并非在上海股权托管交易中心非上市股份有限公司股份转让系统(以下简称E板)挂牌。Q板挂牌后,公司的企业类型仍为有限责任公司。根据公司说明及本所律师的核查,Q板仅为挂牌企业提供股权报价服务,并不提供股权托管和交易等服务,有限公司在Q板挂牌期间的任何股权转让行为及增资行为均需在主管工商行政管理部门进行备案登记。

根据公司的说明并查阅公司工商登记资料,在Q板挂牌期间,公司未通过Q板实施任何股权转让及发行股票的行为。据此,本所律师认为,截至本补充法律意见书出具之日,公司在Q板挂牌期间未发生股权转让行为,不存在投资者买入后卖出或卖出后买入同一交易品种的时间间隔少于5个交易日的情形;公司股东人数始终为8名,也不存在权益持有人累计是否超过200人的情形。

2. 根据公司的说明并查阅公司工商登记资料,公司自成立以来(包括在Q板挂牌期间),不存在公开发行或变相公开发行股票的情形;泰祺股份股东所持公司股份均系其合法、真实所有,公司股权清晰。

3.《国务院决定》第2条规定:"建立不同层次市场间的有机联系。在全国股份转让系统挂牌的公司,达到股票上市条件的,可以直接向证券交易所申请上市交易。在符合《国务院关于清理整顿各类交易场所切实防范金融风险的决定》(国发〔2011〕38号)要求的区域性股权转让市场进行股权非公开转让的公司,符合挂牌条件的,可以申请在全国股份转让系统挂牌公开转让股份。"

公司系在上海股交中心Q板挂牌的有限公司。经查询上海股交中心的信息资料,上海股交中心系经国务院同意并由上海市人民政府批准设立。同时,上海股交中心制定了《上海股权托管交易中心中小企业股权报价系统业务管理办法(试行)》《上海股权托管交易中心中小企业报价系统挂牌业务管理规则》《上海股权托管交易中心中小企业股权报价系统信息发布管理规则》等规定。

据此,本所律师认为,上海股交中心符合《国务院关于清理整顿各类交易场所切实防范金融风险的决定》(国发〔2011〕38号)关于特定交易场所应"经批准设立""健全管理制度、严格管理程序"的要求,不属于该文件中规定的需要清理整顿的交易场所。泰祺股份本次挂牌申请不属于《国务院决定》第2条约束的情形。

4. 根据公司的说明并查阅公司工商登记资料,泰祺股份符合"股权明晰、股份发行和转让合法、合规"的挂牌条件。

案例20-3 林美汽车837154

【问题】公司在上海股权交易中心挂牌

【问题描述】

关于公司在地方股权交易中心挂牌,《国务院决定》出台以前,如果在未经验收的地方股权交易中心挂牌的(如天津股权交易所),必须摘牌后再到全国股份转让系统申请挂牌;《国务院决定》出台以后在未经验收的地方股权交易中心托管挂牌的,不能到全国股份转让系统申请挂牌。请主办券商和律师补充核查并发表意见:(1)根据《国务院关于清理整顿各类交易场所切实防范金融风险的决定》(国发〔2011〕38 号),公司股权在上海股权交易中心挂牌转让,投资者买入后卖出或卖出后买入同一交易品种的时间间隔是否少于 5 个交易日;权益持有人累计是否超过 200 人。(2)公司股票是否存在公开发行或变相公开发行情形,公司股权是否清晰。(3)公司本次向全国股转公司提出挂牌申请,是否属于《国务院决定》第 2 条约束的情形。(4)公司是否符合"股权明晰,股份发行和转让行为合法合规"的挂牌条件。

【问题解决】①

1. 根据公司书面说明,并经本所律师适当核查,2009 年,《国务院关于推进上海加快发展现代服务业和先进制造业建设国际金融中心和国际航运中心的意见》提出,"研究探索推进上海服务长三角地区非上市公众公司股份转让的有效途径";2011 年,国家发展和改革委员会印发的《"十二五"时期上海国际金融中心建设规划》(发改财经〔2011〕2991 号)同意,"以上海股权托管交易中心建设为载体,积极探索非上市公司股权托管和非公开转让市场建设";2011 年 11 月 28 日,《上海市人民政府关于本市推进股权托管交易市场建设的若干意见》(沪府发〔2011〕99 号)批准上海股权托管交易中心成立,依法在上海区域内设立、从事股权托管交易及相关业务。

基于上述,本所律师认为,截至本补充法律意见出具之日,林美股份不存在在未经验收的地方股权交易中心挂牌的情形。

2. 本所律师核查了上海股权托管交易中心的相关业务规则,《上海股权托管交易中心挂牌公司股份转让规则》第 11 条规定:"投资者买入后卖出(或卖出后买入)同一挂牌公司股份的时间间隔不少于五个转让日。"《上海股权托管交易中心非上市股份有限公司股份转让业务暂行管理办法》第 51 条规定:"挂牌公司在上海股交中心挂牌进行股份转让后股东总人数不得超过 200 人。"

根据公司提供书面说明,并经本所律师调查,林美股份自 2015 年 1 月 26 日在上海股权托管交易中心中小企业股权报价系统(以下简称 Q 板)挂牌以来,如《法律意见书》第七"公司的股本及其演变"(一)部分第 3 项、第 4 项所述,公司共进行了两次增资及一次股权转让,其中公司增资认缴主体主要为公司原股东及公司员工,公司股权转让的受让方自受让股权后,未再将受让股份进行转让。同时如《法律意见书》第六"公司发起人和股东"(二)部分所述,截至本《补充法律意见》出具之日,公司股东人数为 36 名。

基于上述情况,本所律师认为,截至本补充法律意见出具之日,公司股权仅在上海股权托管交易中心 Q 板挂牌,不存在投资者买入后卖出或卖出后买入同一交易品种的时间间隔少于 5 个交易日情形;权益持有人累计未超过 200 人。

3. 根据公司书面说明,并经本所律师进一步核查,如《法律意见书》第四"本次挂牌的实质条件"(四)部分所述,截至本补充法律意见出具之日,公司历次增资注册资本不存在以公开形式宣传、销售、募集等情形,公司完成股份制改造后,未进行任何的股份的转让或增加公

① 《北京德恒律师事务所关于重庆林美汽车股份有限公司申请股票在全国中小企业股份转让系统挂牌的补充法律意见》,第 3 ~5 页。

司股份的情形。

基于上述情况，本所律师认为，截至本补充法律意见出具之日，公司股票不存在公开发行或变相公开发行情形，公司股权清晰。

4. 根据公司提供的资料，并经本所律师核查，截至本补充法律意见出具之日，上海股权托管交易中心经省级人民政府同意设立，名称中未使用“交易所”字样。上海股权托管交易中心未进行非上市股份有限公司股份的公开发行，要求公司所挂牌板块未开通股权转让功能，要求挂牌交易的非上市股份有限公司的股东不超过200人，与《国务院关于清理整顿各类交易场所切实防范金融风险的决定》（国发〔2011〕38号）的要求相一致。

《国务院决定》第2条规定：“建立不同层次市场间的有机联系。在全国股份转让系统挂牌的公司，达到股票上市条件的，可以直接向证券交易所申请上市交易。在符合《国务院关于清理整顿各类交易场所切实防范金融风险的决定》（国发〔2011〕38号）要求的区域性股权转让市场进行股权非公开转让的公司，符合挂牌条件的，可以申请在全国股份转让系统挂牌公开转让股份。”

基于上述情况，本所律师认为，截至本补充法律意见出具之日，林美股份本次向全国股转公司提出挂牌不属于《国务院决定》第2条约束的情形。

5. 根据本所律师进一步核查，本所律师认为：

（1）截至本补充法律意见出具之日，林美股份的股权结构清晰、权属分明、真实确定、合法合规，股东持有的林美股份的股份不存在权属争议或潜在纠纷。公司的股东不存在国家法律、法规、规章及规范性文件规定不适宜担任股东的情形。公司股权转让不存在需要履行国有资产管理程序和商务主管部门审批的情形。

（2）截至本补充法律意见出具之日，林美股份的设立及历次股权转让均经过股东会审议通过，并依法办理了相关工商登记（备案）手续，合法、合规。

（3）截至本补充法律意见出具之日，林美股份自整体变更设立后，各发起人未转让其持有的林美股份股票，且公司不存在下列情形：

①最近36个月内未经法定机关核准，擅自公开或者变相公开发行过证券；

②违法行为虽然发生在36个月前，目前仍处于持续状态。

（4）截至本补充法律意见出具之日，林美股份的股票限售安排符合《公司法》和《全国中小企业股份转让系统业务规则（试行）》的有关规定。

（5）截至本补充法律意见出具之日，林美股份在区域股权市场挂牌及股权转让为合法、合规。

综上，本所律师认为，截至本补充法律意见出具之日，公司符合“股权明晰，股份发行和转让行为合法、合规”的挂牌条件。

书中涉及法律法规及问答索引

一、法律法规

1. 中华人民共和国公司法(2013 年修正)(2013 年 12 月 28 日修正)

2. 中华人民共和国合伙企业法(2006 年修订)(2006 年 8 月 27 日修正)

3. 中华人民共和国证券法(2014 年修正)(2014 年 8 月 31 日修正)

二、行政法规

1. 国务院办公厅关于清理整顿各类交易场所的实施意见(2012 年 7 月 12 日　国办发〔2012〕37 号)

2. 国务院关于开展优先股试点的指导意见(2013 年 11 月 30 日　国发〔2013〕46 号)

3. 国务院关于全国中小企业股份转让系统有关问题的决定(2013 年 12 月 13 日　国发〔2013〕49 号)

三、中国证监会部门规章与规范性文件

1. 综合类

1.1　非上市公众公司监督管理办法(2013 年 12 月 26 日　证监会令第 96 号)

1.2　全国中小企业股份转让系统有限责任公司管理暂行办法(2017 年 12 月 7 日　证监会令第 89 号)

1.3　公司债券发行与交易管理办法(2015 年 1 月 15 日　证监会令第 113 号)

1.4　关于加强非上市公众公司监管工作的指导意见(2015 年 5 月 15 日　证监会公告〔2015〕13 号)

2. 挂牌准入

2.1　非上市公众公司监管指引第 2 号——申请文件(2013 年 1 月 4 日　证监会公告〔2013〕2 号)

2.2　非上市公众公司监管指引第 4 号——股东人数超过 200 人的未上市股份有限公司申请行政许可有关问题的审核指引(2013 年 12 月 26 日　证监会公告〔2013〕54 号)

3. 信息披露

3.1　非上市公众公司监管指引第 1 号——信息披露(2013 年 1 月 4 日　证监会公告〔2013〕1 号)

3.2　非上市公众公司信息披露内容与格式准则第 3 号——定向发行说明书和发行情况

报告书(2013年12月26日 证监会公告〔2013〕52号)

3.3 非上市公众公司信息披露内容与格式准则第4号——定向发行申请文件(2013年12月26日 证监会公告〔2013〕53号)

4. 公司治理

4.1 非上市公众公司监管指引第3号——章程必备条款(2013年1月4日 证监会公告〔2013〕3号)

4.2 上市公司大股东、董监高减持股份的若干规定(2016年1月7日 证监会公告〔2016〕1号)

4.3 全国中小企业股份转让系统挂牌公司董事会秘书任职及资格管理办法(试行)(2016年9月7日 股转系统公告〔2016〕68号)

5. 并购重组

5.1 非上市公众公司收购管理办法(2014年6月23日 证监会令第102号)

5.2 非上市公众公司重大资产重组管理办法(2014年6月23日 证监会令第103号)

5.3 非上市公众公司信息披露内容与格式准则第5号——权益变动报告书、收购报告书、要约收购报告书(2014年6月23日 证监会公告〔2014〕34号)

5.4 非上市公众公司信息披露内容与格式准则第6号——重大资产重组报告书(2014年6月23日 证监会公告〔2014〕35号)

6. 优先股

6.1 优先股试点管理办法(2014年3月21日 证监会令第97号)

6.2 非上市公众公司信息披露内容与格式准则第7号——定向发行优先股说明书和发行情况报告书(2014年9月19日 证监会公告〔2014〕44号)

6.3 非上市公众公司信息披露内容与格式准则第8号——定向发行优先股申请文件(2014年9月19日 证监会公告〔2014〕45号)

6.4 全国中小企业股份转让系统优先股业务指引(试行)(2015年9月21日 股转系统公告〔2015〕79号)

6.5 全国中小企业股份转让系统优先股业务指南第1号——发行备案和申请办理挂牌的文件与程序(2015年9月21日 股转系统公告〔2015〕80号)

6.6 关于转让优先股有关证券(股票)交易印花税政策的通知(2014年5月27日 财税〔2014〕46号)

7. 税收

7.1 关于上市公司股息红利差别化个人所得税政策有关问题的通知(2015年9月7日 财税〔2015〕101号)

7.2 关于实施全国中小企业股份转让系统挂牌公司股息红利差别化个人所得税政策有关问题的通知(2014年6月27日 财税〔2014〕48号)

7.3 关于在全国中小企业股份转让系统转让股票有关证券(股票)交易印花税政策的通知(2014年5月27日 财税〔2014〕47号)

四、全国中小企业股份转让系统业务规则

● 业务规则类

1. 综合性

1.1 全国中小企业股份转让系统业务规则(试行)(2013 年 12 月 30 日 股转系统公告〔2013〕40 号)

1.2 关于发布《全国中小企业股份转让系统挂牌公司分层管理办法》的公告(2017 年 12 月 22 日 股转系统公告〔2017〕662 号)

1.3 全国中小企业股份转让系统自律监管措施和纪律处分实施办法(试行)(2016 年 4 月 28 日 股转系统公告〔2016〕20 号)

1.4 全国中小企业股份转让系统股票挂牌条件适用基本标准指引(试行)(2017 年 9 月 6 日 股转系统公告〔2017〕366 号)

2. 股票发行业务

2.1 全国中小企业股份转让系统股票发行业务细则(试行)(2013 年 12 月 30 日 股转系统公告〔2013〕49 号)

2.2 全国中小企业股份转让系统投资者适当性管理细则(2017 年 6 月 27 日 股转系统公告〔2017〕196 号)

3. 重大资产重组业务

3.1 全国中小企业股份转让系统非上市公众公司重大资产重组业务指引(试行)(2014 年 7 月 25 日 股转系统公告〔2014〕70 号)

3.2 全国中小企业股份转让系统挂牌公司信息披露细则(2017 年 12 月 22 日 股转系统公告〔2017〕664 号)

3.3 全国中小企业股份转让系统创新层挂牌公司年度报告内容与格式指引(2018 年 1 月 1 日)

3.4 全国中小企业股份转让系统基础层挂牌公司年度报告内容与格式指引(2018 年 1 月 1 日)

3.5 全国中小企业股份转让系统挂牌公司半年度报告内容与格式指引(试行)(2013 年 6 月 26 日 股转系统公告〔2013〕21 号)

● 服务指南类

1. 综合类

1.1 全国中小企业股份转让系统挂牌公司证券简称或公司全称变更业务指南(试行)(2013 年 7 月 10 日 股转系统公告〔2013〕24 号)

1.2 全国中小企业股份转让系统投资者适当性管理证券账户信息报送业务指南(2014 年 4 月 29 日 股转系统公告〔2014〕27 号)

1.3 全国中小企业股份转让系统交易单元业务办理指南(试行)(2014 年 4 月 25 日

股转系统公告〔2014〕29 号）

2. 推荐业务

2.1　全国中小企业股份转让系统申请材料接收须知（2013 年 3 月 19 日）

2.2　股份公司申请在全国中小企业股份转让系统公开转让、定向发行的审查工作流程（2013 年 12 月 30 日　股转系统公告〔2013〕44 号）

2.3　全国中小企业股份转让系统股票挂牌业务操作指南（试行）（2017 年 6 月 16 日　股转系统公告〔2017〕147 号）

2.4　挂牌审查一般问题内核参考要点（试行）（2015 年 6 月 26 日）

2.5　全国中小企业股份转让系统挂牌公司暂停与恢复转让业务指南（试行）（2015 年 11 月 19 日　股转系统公告〔2015〕67 号）

3. 股票发行及重大资产重组

3.1　全国中小企业股份转让系统股票发行业务指南（2013 年 12 月 30 日）

3.2　全国中小企业股份转让系统重大资产重组业务指南第 1 号：非上市公众公司重大资产重组内幕信息知情人报备指南（2014 年 7 月 25 日　股转系统公告〔2014〕71 号）

3.3　全国中小企业股份转让系统重大资产重组业务指南第 2 号：非上市公众公司发行股份购买资产构成重大资产重组文件报送指南（2014 年 7 月 25 日　股转系统公告〔2014〕72 号）

3.4　关于发布《挂牌公司股票发行审查要点》等文件的通知（2015 年 5 月 29 日）

3.5　关于向全国中小企业股份转让系统申请撤回股票发行备案文件有关事项的通知（2016 年 3 月 17 日）

4. 持续督导及信息披露相关

4.1　全国中小企业股份转让系统主办券商和挂牌公司协商一致解除持续督导协议操作指南（2015 年 10 月 20 日　股转系统公告〔2014〕10 号）

4.2　关于申请挂牌期间公司信息披露相关问题的通知（2014 年 4 月 23 日　股转系统公告〔2014〕26 号）

4.3　全国中小企业股份转让系统挂牌公司持续信息披露业务指南（试行）（2014 年 12 月 31 日　股转系统公告〔2014〕119 号）

5. 问题解答

5.1　常见问题解答（汇总）（2015 年 9 月 24 日）

5.2　主办券商投资者适当性管理问题解答（2015 年 9 月 23 日）

5.3　全国股份转让系统就近期热点问题答记者问（2014 年 9 月 1 日）

5.4　关于加强参与全国股转系统业务的私募投资基金备案管理的监管问答函（2015 年 3 月 20 日）

5.5　挂牌公司股票发行常见问题解答——股份支付（2015 年 5 月 29 日）

5.6　非上市公众公司监管问答——定向发行（一）（2015 年 7 月 2 日）

5.7　全国中小企业股份转让系统有限责任公司就优先股相关业务规则答记者问（2015 年 9 月 22 日）

5.8 挂牌公司股票发行常见问题解答(二)——连续发行(2015 年 10 月 29 日)

5.9 全国中小企业股份转让系统机构业务问答(一)——关于资产管理计划、契约型私募基金投资拟挂牌公司股权有关问题(2015 年 10 月 16 日)

5.10 非上市公众公司监管问答——定向发行(二)(2015 年 11 月 24 日)

5.11 关于《非上市公众公司监管问答——定向发行(二)》适用有关问题的通知(2015 年 12 月 17 日)

5.12 挂牌公司信息披露及会计业务问答(一)——利润分配与公积金转增股本(2016 年 1 月 26 日)

5.13 挂牌公司信息披露及会计业务问答(二)——发行费用的会计核算(2016 年 1 月 26 日)

5.14 挂牌公司并购重组业务问答(一)(2016 年 3 月 15 日)

5.15 全国股转公司有关负责人就挂牌公司分层答记者问(2016 年 5 月 27 日)

5.16 全国股转公司有关负责人就金融机构挂牌新三板相关事宜答记者问(2016 年 5 月 27 日)

5.17 挂牌公司并购重组业务问答(二)(2016 年 6 月 16 日)

5.18 私募基金投资者问答(2016 年 5 月 19 日)

5.19 关于收购的投资者问答(2015 年 12 月 14 日)

5.20 关于重大资产重组的投资者问答(2015 年 12 月 15 日)

5.21 挂牌公司股票发行常见问题解答(三)——募集资金管理、认购协议中特殊条款、特殊类型挂牌公司融资(2016 年 8 月 8 日 股转系统公告〔2016〕63 号)

5.22 全国中小企业股份转让系统机构业务问答(二)——关于私募投资基金登记备案有关问题的解答(2016 年 9 月 2 日)

5.23 全国中小企业股份转让系统股票转让方式确定及变更指引(2017 年 12 月 22 日 股转系统公告〔2017〕506 号)

书中涉及案例索引

序号	公司简称	代码	问题
一、股东主体适格性问题			
1	帕特尔	830776	股东存在高校老师、公务员、党政机关领导干部
2	大光明	838538	股东为党政机关领导干部
3	微科生物	838836	股东为公务员
4	汇能科技	831843	股东为大学教授
5	济南科明	830943	股东为大学教授
6	赛普特	835346	股东在加入外国国籍后以中国身份投资设立公司
7	金侨教育	835497	实际控制人在公司存续期间取得外国国籍
二、出资合法合规性问题			
1	科龙电工	837114	出资不实
2	启程科技	839021	出资不实
3	帝杰曼	835681	实物出资未经评估
4	讯美科技	837766	实物出资未经评估
5	五洲阀门	837144	实物出资未经评估
6	泰安众诚	830782	专利出资合法性
7	博益气动	831798	专利出资瑕疵
8	东大高新	837710	专利出资是否存在纠纷
9	威旗科技	834370	债权出资的合法性
10	泰山体育	837739	债权出资的合法性
11	许继配电	839205	债权出资的合法性
12	威奥科技	832310	借款出资的合法性
13	新伟科技	832230	借款出资引起的债权纠纷
14	京源环保	831540	借款出资合法性
三、改制设立问题			
1	金川科技	837205	改制评估报告未经国资备案、净资产低于注册资本

续表

序号	公司简称	代码	问题
2	星辰股份	838433	外资转内资发生减资未经公告程序
3	德运塑业	831349	公司净资产低于注册资本
4	物润船联	831096	公司净资产低于注册资本
5	酷武股份	837241	公司亏损导致公司净资产低于注册资本,无法直接进行股改
6	中集新材	838747	公司在股改前净资产低于注册资本无法直接进行股改
7	远梦家居	835735	外商投资股份有限公司设立
8	天蓝环保	833772	外商投资股份有限公司设立
9	雅昌管业	832998	外资企业股权变更
10	万通液压	830839	股改无评估报告
11	和泰塑胶	830825	股改无评估报告
12	超能国际	836686	公司设立无验资报告
13	高科中天	831800	公司增资无验资报告
14	鼎合远传	834547	公司增资无验资报告
15	祥云股份	834607	验资报告瑕疵
16	环宇环保	837075	验资报告与实际出资不符
四、股权问题			
1	拂尘龙	831426	股权代持
2	雪人股份	002639	股权代持
3	怀业信息	839138	股权代持
4	兴为通	835784	股权代持
5	兴电科技	838904	股权代持
6	雪郎生物	830821	股权质押
7	天线宝宝	834580	股权质押
8	傲基电商	834206	实际控制人股权质押
9	科雷特	832039	股权转让款分期支付
10	乐活天下	838546	股份公司增资同股不同价
11	新乡日升	834004	股份公司设立同股不同价
12	中联信通	831495	公司同次增资同股不同价
13	南京旭建	430485	涉及国资的同股不同价
14	迪尔化工	831304	股权转让同股不同价
15	星龙科技	830924	对赌协议
16	铁血科技	833658	对赌协议

续表

序号	公司简称	代码	问题
17	众巢科技	837797	对赌协议
18	中集新材	838747	国有股认定
19	宏伟供应	833770	国有股认定
五、董事、监事、高级管理人员适格性问题			
1	兴达泡塑	834090	公务员担任公司董事
2	快商科技	839014	教师担任公司董事
3	森锐科技	839182	教师担任公司董事
4	十方通	837158	公司董事、高级管理人员曾担任被吊销企业的法定代表人
5	凯纳股份	836410	公司控股股东、实际控制人曾担任被吊销企业的法定代表人、高管
6	金钻石油	835347	公司监事会主席与控股股东为夫妻关系
六、控股股东、实际控制人			
1	星龙科技	830924	共同实际控制人认定
2	科雷特	832039	共同实际控制人认定
3	睿信传媒	837837	单一实际控制人认定
4	中集新材	838747	无实际控制人认定
5	鹿城银行	832792	无实际控制人认定
6	绿色新材	839048	夫妻认定为共同实际控制人
7	三精科技	838960	夫妻认定为共同实际控制人
8	群晖股份	835060	报告期内实际控制人变更
9	康平铁科	838564	报告期内实际控制人变更
七、业务资质			
1	戈兰迪	832140	业务资质不全
2	九华山酒	831799	业务证书是否齐全
3	荆楚网	830836	业务资质不全
4	京格建设	839208	合同金额超出公司业务资质
八、独立性问题			
1	万农高科	838996	对经销商依赖程度高
2	抱儿钟秀	838947	对经销商依赖程度高
3	港渊科技	837925	过度依赖供应商
4	兴电科技	838904	公司与外协厂商是否存在关联关系或依赖情形
5	普利凯	838637	公司与外协厂商是否存在关联关系或依赖情形

续表

序号	公司简称	代码	问题
九、关联交易			
1	联华盛世	837825	关联资金占用及关联交易
2	美嘉欣	837812	关联资金占用及关联交易
3	艾德韦宣	837732	关联资金占用及关联交易
4	恒瑞消防	837721	关联资金拆借
5	威奥科技	832310	关联交易占比较高
6	第一物业	837498	关联交易占比较高
十、同业竞争			
1	酷武股份	837241	同业竞争及独立性
2	九立股份	838373	同业竞争及独立性
3	科雷特	832039	同业竞争
4	京泰防护	834816	同业竞争
5	兴电科技	838904	同业竞争
6	昌晖股份	837803	同业竞争
7	东方童	837776	同业竞争
8	金戈炜业	838019	同业竞争
9	长阳科技	839162	同业竞争
十一、VIE 架构			
1	天涯社区	833359	VIE 架构拆除
2	韩都电商	838711	VIE 架构拆除
3	建运股份	838785	VIE 架构拆除
4	九城教育	836670	保留 VIE 架构
十二、上市公司分拆子公司挂牌			
1	大族激光 分拆子公司 元亨光电	430382	一般上市公司分拆子公司挂牌新三板
2	达安基因 分拆子公司 达瑞生物	832705	国有上市公司分拆子公司挂牌
3	恒大地产 分拆子公司 恒大文化	834899	香港上市公司分拆子公司挂牌新三板
十三、环保问题			
1	中核辐照	837816	是否属于重污染行业，是否需要取得排污证
2	微科生物	838836	重污染行业的环保问题

续表

序号	公司简称	代码	问题
3	伟旺达	833488	非重污染行业的环保问题
4	三角防务	836582	是否存在环保违法情形
5	飞世尔	836541	环保是否合法、合规
6	芳源环保	839247	公司及其子公司环保合法、合规性
7	博汇股份	831213	存在环保方面的处罚
8	嘉泰激光	835771	未办理环评手续
十四、主要资产			
1	新比克斯	832209	厂房和宿舍建设在承租的未取得集体土地使用权证书的土地上
2	博识达	839440	房产房地权属不一致
3	创意双星	839430	土地与厂房未取得权属证书
4	纽恩特	835355	专利共有
5	长兴制药	835269	专利共有
6	誉兴通	838508	租赁房屋暂未办理产权登记
7	帅马安防	838515	部分房产权属瑕疵
8	众信科技	839275	租赁房屋无房产证
十五、劳动用工			
1	星龙科技	830924	社保公积金缴纳不规范
2	酷武股份	837241	劳务派遣不合规
3	京格建设	839208	劳务分包不合规
4	乐生活	837249	劳务派遣比例高于10%
5	艾利艾	837511	劳务派遣用工不规范
6	云建钢构	839395	存在劳务派遣用工
7	护航科技	839515	人事外包公司缴纳部分员工社保、住房公积金
8	中大新材	839471	社保、住房公积金补充说明
9	壹豪科技	838330	劳动用工合规性
十六、安全生产			
1	迪尔化工	831304	危险化学品生产使用企业的安全生产要求
2	丰江电池	837375	安全生产是否合法、合规
3	荣辉矿业	837754	安全生产是否合法、合规
4	闳业机械	838958	安全生产是否合法、合规

续表

序号	公司简称	代码	问题
十七、诉讼和仲裁			
1	宇超股份	837768	公司在报告期内存在未决重大诉讼、仲裁案件
2	福玛特	837916	公司在报告期内存在未决诉讼案件
3	图聚智能	837764	公司报告期内存在未决诉讼案件
十八、税收问题			
1	杰尔斯	833223	公司以未分配利润转增股本的情形,公司暂未代缴代扣个人所得税
2	日月明	835752	公司以未分配利润转增股本,公司已代扣代缴个人所得税
3	通业科技	835873	公司以未分配利润转增股本
4	金戈炜业	838019	公司在报告期内存在因补税产生的滞纳金
5	神州能源	837934	公司在报告期内因未按时纳税产生了滞纳金
6	奥迪康	835620	公司在报告期内因未按规定纳税产生了滞纳金,并受到行政处罚
7	南深股份	836122	公司以未分配利润增资需要缴纳的个人所得税,公司依法向相关税务机关申请个人所得税分期缴纳
8	洁利来	832734	公司以未分配利润增资需要交纳的个人所得税,公司自然人股东依法向相关税务机关申请个人所得税分期缴纳
十九、行政处罚			
1	松科快换	831276	公司在报告期内因环保问题受到行政处罚
2	德马科技	830805	公司在报告期内受到行政处罚
二十、区域性股权交易中心托管后挂牌问题			
1	微科生物	838836	公司在上海股权托管交易中心挂牌
2	泰祺教育	837549	在上海股权交易中心挂牌
3	林美汽车	837154	公司在上海股权交易中心挂牌

图书在版编目(CIP)数据

新三板挂牌实战：操作详解与实战要点／涂成洲著
.--北京：法律出版社，2018
ISBN 978-7-5197-2179-4

Ⅰ.①新… Ⅱ.①涂… Ⅲ.①中小企业-企业融资-研究-中国 Ⅳ.①F279.243

中国版本图书馆CIP数据核字(2018)第077537号

新三板挂牌实战:操作详解与实战要点
XIN SANBAN GUAPAI SHIZHAN :CAOZUO XIANGJIE YǓ SHIZHAN YAODIAN

涂成洲 著

策划编辑 聂 颖
责任编辑 聂 颖 程 岳
装帧设计 马 帅

出版 法律出版社
总发行 中国法律图书有限公司
经销 新华书店
印刷 固安华明印业有限公司
责任校对 杨锦华
责任印制 胡晓雅

编辑统筹 法律应用·大众读物出版第一分社
开本 787毫米×1092毫米 1/16
印张 27.75
字数 633千
版本 2018年5月第1版
印次 2018年5月第1次印刷

法律出版社/北京市丰台区莲花池西里7号(100073)
网址/www.lawpress.com.cn
投稿邮箱/info@lawpress.com.cn
举报维权邮箱/jbwq@lawpress.com.cn
销售热线/010-63939792
咨询电话/010-63939796

中国法律图书有限公司/北京市丰台区莲花池西里7号(100073)
全国各地中法图分、子公司销售电话：
统一销售客服/400-660-6393
第一法律书店/010-63939781/9782 西安分公司/029-85330678 重庆分公司/023-67453036
上海分公司/021-62071639/1636 深圳分公司/0755-83072995

书号:ISBN 978-7-5197-2179-4
定价:88.00元